Manual de Direito do Consumo

Manual de Direito do Consumo

2020 • 7ª Edição

Jorge Morais Carvalho
Professor da NOVA School of Law
Investigador do CEDIS – Centro de Investigação & Desenvolvimento sobre Direito e Sociedade
Diretor do NOVA Consumer Lab

ALMEDINA

MANUAL DE DIREITO DO CONSUMO

AUTOR

Jorge Morais Carvalho

1ª Edição: Agosto de 2013

EDITOR

EDIÇÕES ALMEDINA, S.A.

Rua Fernandes Tomás, nºs 76-80

3000-167 Coimbra

Tel.: 239 851 904 · Fax: 239 851 901

www.almedina.net · editora@almedina.net

DESIGN DE CAPA

FBA.

PRÉ-IMPRESSÃO

João Jegundo

IMPRESSÃO E ACABAMENTO

PENTAEDRO, LDA.

Fevereiro, 2020

DEPÓSITO LEGAL

466785/20

ALMEDINA | GRUPOALMEDINA

BIBLIOTECA NACIONAL DE PORTUGAL – CATALOGAÇÃO NA PUBLICAÇÃO

CARVALHO, Jorge Morais

Manual de direito do consumo. – 7ª ed. – (Manuais universitários)

ISBN 978-972-40-8340-7

CDU 346

Em memória do meu Avô Necas (Manuel de Freitas Carvalho), nascido em Alfama, Lisboa, a 18/7/1922, um exemplo de simplicidade, tranquilidade e bom humor.
Entre Benfica, a Baixa e a Costa de Caparica, uma vida dedicada aos livros e a distribuir amor e carinho, deixou-nos a 29/12/2016, na Charneca de Caparica

Em memória do meu Avô Morais (Fernando Morais), nascido na Mouraria, Lisboa, a 1/3/1925, um exemplo de otimismo, boa disposição e interesse pela vida, de quem sempre senti o amor absoluta e verdadeiramente incondicional. Depois de uma vida em Campo de Ourique, deixou-nos a 15/1/2017

Em memória da minha Avó Lina (Idalina Teixeira Moutinho de Morais), nascida na Mouraria, Lisboa, a 28/1/1926, um exemplo de vida, pelo grande entusiasmo com os pequenos prazeres, e uma referência pela infinitude do amor e do orgulho com que me brindava. Depois de uma vida em Campo de Ourique e de alguns meses de intenso amor mútuo em Pero Moniz, Cadaval, deixou-nos a 17/8/2017

NOTA INTRODUTÓRIA À 7ª EDIÇÃO

O ano de 2019 foi um ano com muitas novidades em matéria de direito do consumo, em especial no que respeita à legislação nacional e europeia, o que justifica a opção por uma nova edição desta obra.

A nível europeu, destaca-se a aprovação da Diretiva (UE) 2019/770, do Parlamento Europeu e do Conselho, de 20 de maio de 2019, sobre certos aspetos relativos aos contratos de fornecimento de conteúdos e serviços digitais, e da Diretiva (UE) 2019/771, do Parlamento Europeu e do Conselho, de 20 de maio de 2019, relativa a certos aspetos dos contratos de compra e venda de bens, que altera o Regulamento (UE) 2017/2394 e a Diretiva 2009/22/CE e que revoga a Diretiva 1999/44/CE. Pela sua relevância, estes dois diplomas são objeto de um novo subcapítulo nesta obra.

Foi igualmente aprovada a Diretiva (UE) 2019/2161, do Parlamento Europeu e do Conselho, de 27 de novembro de 2019, que altera a Diretiva 93/13/CEE do Conselho e as Diretivas 98/6/CE, 2005/29/CE e 2011/83/UE, do Parlamento Europeu e do Conselho, a fim de assegurar uma melhor aplicação e a modernização das regras da União em matéria de defesa dos consumidores. Este diploma vem alterar alguns dos mais relevantes diplomas de direito do consumo, sendo que, tendo em conta as matérias abrangidas, a transposição para a ordem jurídica interna, que terá de ocorrer até 28 de novembro de 2021, vai ter como consequência a alteração, no mínimo, da Lei de Defesa do Consumidor e dos regimes dos contratos celebrados à distância, das cláusulas contratuais gerais, da indicação de preços, das práticas comerciais com redução de preços e das práticas comerciais desleais.

Estamos, portanto, num momento de grandes mudanças ao nível do direito europeu do consumo.

A nível nacional, as novidades também são significativas.

No dia 15 de março de 2019, foram apresentados os resultados do Estudo sobre Política de Defesa do Consumidor em Portugal*. No essencial, conclui-se que os consumidores gozam de uma proteção legal adequada, sendo problemática, no entanto, a aplicação prática das normas existentes, tendo em conta, em especial, o acesso à justiça.

No que respeita à legislação, destacamos as alterações à Lei de Defesa do Consumidor (Lei nº 63/2019, de 16 de agosto), ao Código da Publicidade (Lei nº 30/2019, de 23 de abril) e aos regimes dos serviços públicos essenciais (Lei nº 51/2019, de 29 de julho), das práticas comerciais com redução de preço (DL nº 109/2019, de 14 de agosto) e da resolução alternativa de litígios de consumo (Lei nº 14/2019, de 12 de fevereiro).

A principal novidade consiste na atribuição ao consumidor de um direito potestativo à arbitragem num centro de arbitragem de consumo em todos os litígios de consumo de valor inferior ou igual a € 5000. Lembra-se que a matéria da resolução alternativa de litígios de consumo consta de obra separada (e complementar) publicada em 2017**, com uma reimpressão em 2019.

Na doutrina, além da 6ª edição deste *Manual de Direito do Consumo* e da reimpressão do *Manual de Resolução Alternativa de Litígios de Consumo*, no ano de 2019 foram igualmente publicados, também pela Almedina, as obras *Direito do Consumo*, de José Engrácia Antunes, *Lições de Direito do Consumo*, de David Falcão, e *Casos Práticos Resolvidos de Direito do Consumo*, sob a minha coordenação.

Em 2019, foi igualmente instituído o NOVA Consumer Lab, que constitui um polo que permite abarcar as atividades desenvolvidas pela NOVA Direito na área do Direito do Consumo, nomeadamente ao nível da informação, formação, investigação, estudos e pareceres, resolução de litígios, revista e outras atividades editoriais, estágios, conteúdos digitais, apoio a consumidores, empresas e outras entidades. Aproveitando a experiência de quase duas décadas da NOVA Direito no acompanhamento e resolução

* https://www.consumidor.gov.pt/pagina-de-entrada/estudo-sobre-politica-de-defesa-do-consumidor-em-portugal-.aspx.

** Jorge Morais Carvalho, João Pedro Pinto-Ferreira e Joana Campos Carvalho, *Manual de Resolução Alternativa de Litígios de Consumo*, Almedina, Coimbra, 2017.

de litígios de consumo, na UMAC – Unidade de Mediação e Acompanhamento de Conflitos de Consumo (a que o NOVA Consumer Lab sucede), o objetivo passa por manter uma aposta clara na relação entre as componentes prática e teórica, abrindo a NOVA Direito à comunidade através da execução das suas atividades.

No que respeita à formação avançada, foram realizados três cursos ao longo do ano de 2019, um sobre contratos de fornecimento de conteúdos e serviços digitais e venda de bens de consumo, um sobre direito da publicidade e atividade publicitária e o último sobre o livro de reclamações e a resolução alternativa de litígios de consumo, em especial o novo regime da arbitragem necessária. Organizamos também várias conferências e palestras, com a presença, entre outros, de Bruno Miragem, Christian Twigg-Flesner, Eleni Kaprou, José Antonio Castillo Parrilla, Madalena Narciso, Mateja Durovic e Sofia Ranchordás. Ao nível de estudos e pareceres, destacamos a nossa participação num estudo sobre a legalidade das condições gerais dos contratos-tipo apresentados pelos comercializadores de energia elétrica e na elaboração de um projeto de articulado de Regulamento de Relações Comerciais comum aos setores da eletricidade e do gás natural, em ambos os casos a pedido da ERSE.

Agradeço à Maria Miguel Oliveira Silva, assessora jurídica do NOVA Consumer Lab, toda a colaboração prestada ao longo deste último ano e a atenta revisão das provas desta obra.

Este manual é dedicado aos colaboradores do NOVA Consumer Lab e aos estudantes que chegaram depois da anterior edição ou que continuaram a partilhar comigo a teoria e a prática do direito do consumo.

É também dedicado a todos os meus orientandos que, desde a última edição, concluíram a tese de mestrado (Carla de Abreu Marques, Eduardo Freitas, Francisca Caeiro Bastos e José Filipe Ferreira).

Albufeira, 31 de dezembro de 2019

NOTA INTRODUTÓRIA À 6ª EDIÇÃO

Publicada no início de 2018, a quinta edição esgotou em menos de um ano. A opção por uma nova edição resulta, mais uma vez, das novidades constantes na legislação, na jurisprudência e na doutrina em matéria de direito do consumo.

A nível europeu, a principal novidade é o "Novo Acordo para os Consumidores" (*New Deal for Consumers*), apresentado pela Comissão Europeia a 11 de abril de 2018, composto, entre outros documentos, por duas propostas de diretivas, uma em matéria de ações representativas para a proteção dos interesses coletivos dos consumidores e a outra, mais genérica, embora não especialmente ambiciosa, que visa introduzir alterações nos regimes das cláusulas abusivas, da indicação de preços, das práticas comerciais desleais e dos direitos dos consumidores.

A nível nacional, o ano de 2018 foi bastante produtivo no que respeita à produção legislativa, destacando-se os seguintes diplomas: Decreto-Lei nº 17/2018, de 8 de março (agências de viagens e turismo, viagens organizadas e serviços de viagem conexos); Lei nº 45/2018, de 10 de agosto, retificada pela Declaração de Retificação nº 25-A/2018, de 10 de agosto [transporte individual e remunerado de passageiros em veículos descaracterizados a partir de plataforma eletrónica (TVDE)]; Lei nº 62/2018, de 22 de agosto (alteração profunda ao regime jurídico da exploração dos estabelecimentos de alojamento local); Decreto-Lei nº 78/2018, de 15 de outubro (alteração ao regime dos contratos celebrados à distância e fora do estabelecimento comercial); Decreto-Lei nº 91/2018, de 12 de novembro (serviços de pagamento e da moeda eletrónica).

Além da atualização do texto, tendo em conta as novidades legislativas, jurisprudenciais e doutrinárias, são introduzidos dois novos capítulos, um sobre o contrato de TVDE, associado a plataformas como a Uber, a Cabify ou a Taxify, e o outro sobre o contrato de alojamento local. Agradeço à Joana Campos Carvalho a leitura atenta e os comentários e sugestões. Aprofunda-se, ainda, o ponto dedicado aos dados pessoais como contraprestação. Agradeço ao Paulo Lacão as observações e a disponibilidade para a discussão do assunto.

Lembra-se que a matéria da resolução alternativa de litígios de consumo consta de obra separada (e complementar) publicada em 2017[*].

Este manual é dedicado aos colaboradores da UMAC e aos estudantes que chegaram depois da anterior edição ou que continuaram a partilhar comigo a teoria e a prática do direito do consumo, em especial no Curso de Direito do Consumo e de Resolução Alternativa de Litígios de Consumo, realizado na Faculdade de Direito da Universidade Nova de Lisboa, que teve cerca de 328 participantes nas seis edições até agora realizadas.

É também dedicado a todos os meus orientandos que, desde a última edição, concluíram a tese de mestrado (Ana Cristina Galego Dias, Denise Soares Faria, Fernanda Ferreira Dias, Maria Bernardes, Maria Jerónimo, Mariana Marreiros, Maria Sofia Mouro, Miguel Vieira Ramos, Rafael Andrade e Ruy Drummond Smith).

Lisboa, 21 de dezembro de 2018

[*] Jorge Morais Carvalho, João Pedro Pinto-Ferreira e Joana Campos Carvalho, *Manual de Resolução Alternativa de Litígios de Consumo*, Almedina, Coimbra, 2017.

NOTA INTRODUTÓRIA À 5ª EDIÇÃO

Publicada no início de 2017, a quarta edição esgotou em menos de um ano. Opta-se por uma nova edição, tendo em conta as novidades ao nível da legislação, da jurisprudência e da doutrina ao longo dos últimos meses.

No que diz respeito a elementos legislativos, a principal novidade resulta do Decreto-Lei nº 74-A/2017, de 23 de junho, que transpôs parcialmente a Diretiva 2014/17/UE para a ordem jurídica portuguesa, regulando os principais aspetos dos contratos de crédito hipotecário e de crédito à habitação.

São objeto de profundas alterações os capítulos relativos ao conceito de consumidor, aos desafios do mercado digital para o direito do consumo, à venda de bens de consumo e ao crédito ao consumo. É, ainda, acrescentado um capítulo sobre o fornecimento de bens ou serviços não solicitados. Agradeço à Joana Campos Carvalho, ao João Pedro Pinto-Ferreira e ao Micael Martins Teixeira a troca de ideias, a leitura atenta e os comentários a estes capítulos.

Procede-se, ainda, a uma atualização bibliográfica e jurisprudencial, com a inclusão de cerca de 70 novas referências bibliográficas, nacionais e estrangeiras, e de mais de 100 decisões de tribunais judiciais, julgados de paz e centros de arbitragem de conflitos de consumo proferidas no último ano sobre matérias de direito do consumo.

A matéria da resolução alternativa de litígios de consumo consta de obra separada (e complementar) publicada em 2017*.

* JORGE MORAIS CARVALHO, JOÃO PEDRO PINTO-FERREIRA e JOANA CAMPOS CARVALHO, *Manual de Resolução Alternativa de Litígios de Consumo*, Almedina, Coimbra, 2017.

Este manual é dedicado aos mediadores da UMAC e aos estudantes que chegaram depois da anterior edição ou que continuaram a partilhar comigo a teoria e a prática do direito do consumo, em especial no Curso de Direito do Consumo e de Resolução Alternativa de Litígios de Consumo, realizado na Faculdade de Direito da Universidade Nova de Lisboa, que teve cerca de 240 participantes nas quatro edições até agora realizadas.

É também dedicado a todos os meus orientandos que, desde a última edição, concluíram a tese de mestrado (Alexandre Marçal Pereira, Diana Morgado, Luiz Felipe Vieira, Margarida Bragança, Martina de Andrade Pegado, Sofia Assunção Soares e Yves Sammy Santana).

Lisboa, 25 de dezembro de 2017

NOTA INTRODUTÓRIA À 4ª EDIÇÃO

Publicada no início de 2016, a terceira edição esgotou em menos de um ano. Entre uma reimpressão ou uma nova edição, optou-se pela segunda hipótese, tendo em conta a grande produção jurisprudencial e doutrinária em matéria de direito do consumo, em Portugal e na Europa, ao longo dos últimos meses.

No que diz respeito a elementos legislativos, a principal novidade resulta da Lei nº 15/2016, de 17 de junho, que alterou o regime do período de fidelização nos contratos de prestação de serviços de comunicações eletrónicas. Agradeço ao João Pedro Pinto-Ferreira e ao Paulo Lacão a troca de ideias, a leitura atenta e os comentários ao (remodelado) capítulo deste livro dedicado ao período de fidelização.

São, ainda, acrescentados dois capítulos, um na introdução, com uma breve análise aos desafios do mercado digital para o direito dos contratos em geral e para o direito do consumo em particular (*big data*; dados pessoais; *Internet of Things*; plataformas digitais; conteúdos digitais; impressoras 3D), e outro sobre os contratos celebrados em estabelecimentos automatizados.

Procede-se, ainda, a uma atualização bibliográfica e jurisprudencial, com a inclusão de cerca de 80 novas referências bibliográficas e de mais de 120 decisões de tribunais judiciais, julgados de paz e centros de arbitragem de conflitos de consumo proferidas no último ano sobre matérias de direito do consumo.

Opta-se por continuar a não incluir neste manual uma análise mais profunda das questões relacionadas com a resolução alternativa de litígios de consumo, prevendo-se, no entanto, para 2017, a edição de obra separada dedicada exclusivamente a essa matéria.

Este manual é dedicado aos mediadores da UMAC e do CNIACC e aos estudantes que chegaram depois da anterior edição ou que continuaram a partilhar comigo a teoria e a prática do direito do consumo, em especial no Curso de Direito do Consumo e de Resolução Alternativa de Litígios de Consumo (RALC), realizado na Faculdade de Direito da Universidade Nova de Lisboa, que teve cerca de 200 participantes nas três edições até agora realizadas, entre os quais a Maria Valentim, que partiu demasiado cedo, aos vinte e dois anos, com tanto ainda para fazer por e com os que a rodeavam. Onde quer que esteja, estou certo de que já distribui amor e alegria.

É também dedicado a todos os meus orientandos que, desde a última edição, concluíram a tese de mestrado (Ana Margarida Andrade, António José Fialho, José Mateus Francisco, Letícia Borges Silveira, Manuel Melo, Mariana Gameiro Branco, Mauro Loeffler, Nielson Ribeiro Modro, Raquel Andreatta Lemos, Silvana Rodrigues e Soraia Lopes).

Lisboa, 5 de janeiro de 2017

NOTA INTRODUTÓRIA À 3ª EDIÇÃO

Esgotada a segunda edição cerca de um ano depois da sua publicação, entende-se que se justifica uma nova edição deste manual.

Em primeiro lugar, houve algumas alterações na legislação, com destaque, por um lado, para o Decreto-Lei nº 10/2015, de 16 de janeiro, que aprovou o Regime Jurídico de Acesso e Exercício de Atividades de Comércio, Serviços e Restauração, alterando, entre outros, o regime das práticas comerciais com redução de preço, e, por outro lado, para a Lei nº 144/2015, de 8 de setembro, sobre resolução alternativa de litígios de consumo. Já o Decreto-Lei nº 205/2015, de 23 de setembro, alterou o regime das práticas comerciais desleais.

Em segundo lugar, a produção jurisprudencial em matérias relacionadas com o direito do consumo foi significativa ao longo do último ano, justificando uma atualização do texto em vários pontos.

São, ainda, acrescentados dois capítulos, ambos na parte dos serviços públicos essenciais, um relativo ao direito a faturação detalhada e o outro à suspensão do serviço.

Este manual é dedicado aos mediadores da UMAC e aos estudantes que chegaram depois da anterior edição ou que continuaram a partilhar comigo a teoria e a prática do direito do consumo e a todos os meus orientandos que já concluíram a tese de mestrado (Abel Nduli, Alexandra Teixeira de Sousa, Ana de Vasconcelos Luís, Ana Isabel Carvalho, Ana Margarida Gil Rosa, Ana Patrícia do Rosário Pereira, Andreia Engenheiro, Ânia Marques Florença, Catarina Torres, Cátia Mendes, Clarissa Moraes Brito, Dália Shashati, Daniela Gouveia Spínola, David Saraiva, Elizabeth de Almeida

Abreu, Eugénia Alves, Flávia Félix, Flávia da Costa de Sá, Helena Guilherme, Joana Batista, João Guilherme Wilson Ribeiro, José Miguel Melo Rodrigues, Lenira Dias, Marco Sousa, Marta Medeiros, Pedro Policarpo, Sara Barroso, Sara Garcia e Suellen Aparecida Bonani).

Lisboa, 5 de outubro de 2015

NOTA INTRODUTÓRIA À 2ª EDIÇÃO

Esgotada a primeira edição cerca de um ano depois da sua publicação, impõe-se uma nova edição deste manual, tendo especialmente em conta a alteração do regime dos contratos celebrados à distância e fora do estabelecimento, resultante da revogação do Decreto-Lei nº 143/2001, de 26 de abril, pelo Decreto-Lei nº 24/2014, de 14 de fevereiro (alterado pela Lei nº 47/2014, de 28 de julho). Este diploma já foi objeto de uma anotação (minha e do João Pedro Pinto-Ferreira, a quem aproveito para agradecer, além da amizade, o empenho e a atenção com que me ajudou a rever essa parte do texto neste livro), publicada pela Almedina no dia 13 de junho de 2014, data da entrada em vigor do decreto-lei.

Substitui-se neste manual os anteriores capítulos relativos aos contratos celebrados à distância e aos contratos celebrados no domicílio e equiparados (designação anterior) por um capítulo dedicado aos contratos celebrados à distância e fora do estabelecimento. A relevância do Decreto-Lei nº 24/2014 e da Lei nº 47/2014 implica ainda alterações ao longo de todo o texto.

Procede-se igualmente à inclusão de referências doutrinárias e jurisprudenciais publicadas posteriormente à primeira edição e à discussão mais aprofundada de alguns pontos na sequência dessas referências.

São ainda acrescentados dois novos capítulos, que tratam de dois temas muito relevantes em matéria de direito do consumo: o período de fidelização, muito comum no conteúdo de contratos de execução duradoura, sem termo final, e a usura no contrato de crédito ao consumo.

Agradeço ao Micael Teixeira a troca de ideias e os comentários acerca da questão da intervenção do juiz nos casos de invalidade atípica nos contratos de consumo.

Este manual é dedicado aos mediadores da UMAC, aos meus orientados e orientandos e aos estudantes que chegaram depois da anterior edição ou que continuaram a partilhar comigo a teoria e a prática do direito do consumo.

Lisboa, 31 de julho de 2014

NOTA INTRODUTÓRIA À 1ª EDIÇÃO

Este manual tem como base as aulas da disciplina de Direito do Consumo, que leciono desde o ano letivo 2009-2010 na Faculdade de Direito da Universidade Nova de Lisboa, integrada no Curso de 2º Ciclo – Mestrado em Direito.

Tem como principais destinatários os estudantes da disciplina ou de disciplinas afins, do primeiro ao terceiro ciclo, que abordem parcial ou integralmente regras de direito do consumo, em especial no domínio do negócio jurídico de consumo.

Dirige-se também a todos os profissionais do direito que se interessam por estas matérias e, em geral, aos consumidores, juristas ou não juristas, que pretendem conhecer com pormenor as regras jurídicas que regulam grande parte dos negócios, mais ou menos complexos, em que participam.

Opta-se por simplificar as indicações de legislação, bibliografia e jurisprudência, podendo ser encontradas no final do livro listas com as referências completas, que permitem uma mais fácil identificação do diploma legal, texto doutrinário ou decisão jurisdicional.

Dedico este manual aos mediadores da UMAC e aos estudantes com quem, ao longo dos últimos doze e quatro anos, respetivamente, discuti grande parte das questões aqui tratadas, numa partilha de saber que me enriqueceu em termos pessoais e profissionais.

São Martinho do Porto, 24 de agosto de 2013

ABREVIATURAS

AAVV	– Autores Vários
Ac.	– Acórdão
AL	– alojamento local
ANACOM	– Autoridade Nacional de Comunicações
ARN	– Autoridade Reguladora Nacional
art.	– art.
arts.	– arts.
B2B	– Business to business
B2C	– Business to consumer
BGB	– Bürgerliches Gesetzbuch
CACCL	– Centro de Arbitragem de Conflitos de Consumo de Lisboa
CC	– Código Civil
CICAP	– Centro de Informação de Consumo e Arbitragem do Porto
CNIACC	– Centro Nacional de Informação e Arbitragem de Conflitos de Consumo
CPC	– Código de Processo Civil
CRP	– Constituição da República Portuguesa
DL	– Decreto-Lei
JP	– Julgado de Paz
LDC	– Lei de Defesa do Consumidor
n.	– nota
nº	– número
ODR	– *Online dispute resolution*
p.	– página
pp.	– páginas
RALC	– Resolução alternativa de litígios de consumo
RGPD	– Regulamento Geral sobre a Proteção de Dados
RJACSR	– Regime Jurídico de Acesso e Exercício de Atividades de Comércio, Serviços e Restauração
RLL	– Resolução de litígios em linha

STJ – Supremo Tribunal de Justiça
TAEG – Taxa anual de encargos efetiva global
TC – Tribunal Constitucional
TJUE – Tribunal de Justiça da União Europeia
trad. – tradução
TRC – Tribunal da Relação de Coimbra
TRE – Tribunal da Relação de Évora
TRG – Tribunal da Relação de Guimarães
TRL – Tribunal da Relação de Lisboa
TRP – Tribunal da Relação do Porto
TVDE – Transporte em veículo descaracterizado a partir de plataforma eletrónica
UE – União Europeia
UMAC – Unidade de Mediação e Acompanhamento de Conflitos de Consumo
V. – Ver
v.g. – *verbi gratia*
Vol. – Volume

1
Introdução ao direito do consumo

1.1. Origens

A problemática da proteção dos consumidores, entendida como tal, tem como marco histórico o famoso discurso do presidente norte-americano JOHN F. KENNEDY, proferido no Congresso a 15 de março de 1962. Nesta intervenção, KENNEDY salientou que "consumidores, por definição, somos todos nós", acrescentando que, apesar de não se encontrarem organizados e de não serem ouvidos, constituem o maior grupo económico a atuar no mercado, sendo influenciados por (e influenciando) todas as decisões tomadas a este nível.

Os primeiros sinais da perceção de que existe um desequilíbrio na base da relação de consumo são, no entanto, anteriores[1], apontando-se o Código de Hamurabi[2], a Bíblia[3] ou o Corão[4] como exemplos.

Nos Estados Unidos da América, nos anos vinte do século passado, foram criadas as primeiras instituições com o objetivo de estudar a problemática do consumo e a defesa dos consumidores. Em matéria de legislação, foram aprovadas na primeira metade do século normas para impedir as práticas comerciais desleais e a publicidade enganosa e promover a etiquetagem de determinados produtos[5].

[1] ANTÓNIO MENEZES CORDEIRO, "Da Natureza Civil do Direito do Consumo", 2004, p. 608.

[2] GILLES PAISANT, *Défense et Illustration du Droit de la Consommation*, 2015, p. 14.

[3] VICTOR MALPARTIDA CASTILLO, "Apuntes en Torno al Derecho del Consumidor", 2002, p. 91.

[4] MUHAMMAD AKBAR KHAN, "The Role of Islamic State in Consumer Protection", 2011, p. 35.

[5] JORGE PEGADO LIZ, *Introdução ao Direito e à Política do Consumo*, 1999, pp. 29 e 30.

Em Portugal, algumas normas penais seculares já protegiam, ainda que indiretamente, os consumidores, punindo práticas comerciais como a venda de substâncias nocivas para a saúde pública ou o engano sobre a natureza ou a quantidade das coisas[6].

É, contudo, a partir do final dos anos sessenta do século passado que a questão começa a ser tratada, em alguns países, de uma forma sistemática, com a aprovação de diplomas legais que visam diretamente a proteção dos consumidores.

A nível europeu, o passo decisivo é dado em meados da década seguinte[7]. Na sequência da Carta do Conselho da Europa de 1973, e inspirado nela, a Comissão Europeia aprovou em 1975 o primeiro programa de ação relativo à proteção dos consumidores, que se refere a cinco direitos fundamentais: a proteção da saúde e da segurança; a proteção dos interesses económicos; a indemnização dos danos; a informação e a educação; a representação. A consagração da proteção dos consumidores nos tratados só se verifica a partir do Ato Único Europeu (1986), tendo sido reforçada a sua posição pelos Tratados de Maastricht (1992), de Amesterdão (1997)[8] e de Lisboa (2007)[9]. O direito europeu do consumo tornou-se, contudo, a fonte inspiradora dos direitos dos Estados-Membros pelo grande número de diretivas aprovado desde o início da década de 80[10/11].

[6] CARLOS FERREIRA DE ALMEIDA, *Os Direitos dos Consumidores*, 1982, p. 40; JORGE PEGADO LIZ, *Introdução ao Direito e à Política do Consumo*, 1999, p. 66.

[7] Sobre o direito europeu do consumo e a sua evolução histórica: L. KRÄMER, *EEC Consumer Law*, 1986; GERAINT HOWELLS e THOMAS WILHELMSSON, *EC Consumer Law*, 1997; JACQUES LAFFINEUR, "L'Évolution du Droit Communautaire Relatif aux Contrats de Consommation", 2001; ANA MARIA GUERRA MARTINS, "O Direito Comunitário do Consumo", 2002; THIERRY BOURGOIGNIE, "Droit et Politique Communautaires de la Consommation", 2004; GUILLERMO PALAO MORENO, "La Protección de los Consumidores en el Ámbito Comunitario Europeo", 2005, pp. 73 a 94; JORGE MORAIS CARVALHO, "La Protección de los Consumidores en la Unión Europea: ¿Mito o Realidad?", 2006.

[8] SANDIE CHILLON, "Le Droit Communautaire de la Consommation après les Traités de Maastricht et d'Admsterdam: un Droit Émancipé?", 1998, p. 260; MÁRIO FROTA, "O Tratado de Amesterdão e a Tutela dos Direitos do Consumidor", 1998, pp. 91 a 93; JORGE PEGADO LIZ, "A «Lealdade» no Comércio ou as Desventuras de uma Iniciativa Comunitária", 2005, pp. 35 a 41.

[9] GILLES PAISANT, *Défense et Illustration du Droit de la Consommation*, 2015, pp. 31 e 32.

[10] Estimamos que, atualmente, cerca de 80% das regras de direito do consumo aplicáveis em Portugal têm origem em diretivas da União Europeia. GILLES PAISANT, *Défense et Illustration du Droit de la Consommation*, 2015, p. 91, refere-se, a propósito das leis francesas de proteção dos consumidores, a uma taxa de harmonização em torno de 70%.

No direito português, além dos sinais referidos, que não revelavam um tratamento sistemático da matéria[12], o primeiro ato no qual se vislumbra a preocupação específica de defesa dos consumidores é a Proposta de Lei sobre a promoção e a defesa do consumidor, apresentada em 1974, poucos dias antes da mudança de regime[13]. Esta Proposta, que iria ser discutida na Assembleia Nacional no dia 25 de abril de 1974[14], não teve seguimento. A Lei 29/81 aprovou a primeira LDC[15].

Em 1982, a primeira revisão da CRP introduziu expressamente na lei fundamental alguns direitos dos consumidores. A proteção dos consumidores deixou de constituir um mero objetivo que deveria ser prosseguido pelo Estado, na medida do possível, entre outros aspetos da política económica, passando a estar previstos alguns direitos[16].

Em 1989, a segunda revisão da CRP continuou o caminho que havia sido iniciado pela revisão anterior rumo à atribuição de direitos aos consumidores, inserindo a matéria, em termos sistemáticos, no capítulo dos direitos fundamentais[17]. Os direitos dos consumidores também foram reforçados com a revisão de 1997[18].

11 Como resulta do Estudo sobre a Política de Defesa do Consumidor em Portugal, apresentado pela Direção-Geral do Consumidor em 2019, os consumidores portugueses reconhecem o papel das instituições europeias na definição das políticas de defesa do consumidor em Portugal e avaliam muito positivamente o contributo da Europa neste domínio.

12 Duarte Ivo Cruz e Nuno de Siqueira, "Notas sobre Defesa do Consumidor", 1971, p. 25.

13 A DECO também foi fundada em fevereiro de 1974 (Luís Silveira Rodrigues, "DECO – Uma Organização de Causas. Uma Organização Mobilizadora", 2016, p. 219).

14 Mário Beja Santos, *De Freguês a Consumidor*, 2015, p. 34.

15 Em Portugal, consideramos que o primeiro diploma de direito do consumo, embora sem referência expressa a consumidor, foi o DL 161/77, que veio proibir "a entrega ou envio, nomeadamente pelo correio, de quaisquer produtos ou publicações que não tenham sido pedidos ou encomendados ou que não constituam o cumprimento de qualquer contrato válido", sendo esses produtos ou publicações "sempre considerados oferta grátis". Datam, ainda, dos anos 70, os primeiros diplomas sobre venda a prestações: DL 490/71 e DL 457/79.

16 José Manuel Meirim, "A Constituição da República e os Consumidores", 1990, p. 182; Fernando Baptista de Oliveira, *O Conceito de Consumidor*, 2009, p. 32; Jorge Miranda, "Anotação ao Artigo 60º da Constituição", 2014, p. 28; António Pinto Monteiro, Sandra Passinhas e Maria Raquel Guimarães, "Enforcement and Effectiveness of Consumer Law in Portugal", 2018, p. 458.

17 José Carlos Vieira de Andrade, "Os Direitos dos Consumidores como Direitos Fundamentais na Constituição Portuguesa de 1976", 2002, p. 44; Carla Amado Gomes, "Os Novos *Trabalhos* do Estado", 2002, p. 34; Adelaide Menezes Leitão, "Tutela do

O art. 60º da CRP tem cariz essencialmente programático[19], embora alguns autores reconheçam a aplicabilidade direta às relações jurídicas de consumo de parte dos direitos consagrados no preceito[20].

Desde o início da década de 80 do século passado, foram publicados inúmeros diplomas que tratam, direta ou indiretamente, de questões relacionadas com o direito do consumo, tendo a primeira LDC sido substituída pela atual em 1996 (Lei 24/96).

Em março de 2006, foi apresentado, para conhecimento e debate público, o Anteprojeto de Código do Consumidor, preparado por uma comissão presidida por ANTÓNIO PINTO MONTEIRO. Apesar de algumas críticas que lhe foram dirigidas[21], a sua aprovação poderia ter constituído um impulso para um aprofundamento do estudo da matéria[22] e teria certamente sido um instrumento relevante para o conhecimento das

Consumo e Procedimento Administrativo", 2005, p. 126; ANTÓNIO PINTO MONTEIRO, "Breve Nótula sobre a Protecção do Consumidor na Jurisprudência Constitucional", 2007, p. 302; JORGE MORAIS CARVALHO, "Consumidores", 2013, pp. 86 e 87. Desvalorizando o alcance da alteração: JOSÉ CASALTA NABAIS, "O Estatuto Constitucional dos Consumidores", 2010, pp. 482 e 483. Assinalando o seu caráter simbólico: VINÍCIO RIBEIRO, "Os Direitos dos Consumidores à Luz da Constituição e da Lei", 2012, p. 471.

[18] CATARINA SAMPAIO VENTURA, "Os Direitos Fundamentais à Luz da Quarta Revisão Constitucional", 1998, p. 517.

[19] ANTÓNIO PINTO MONTEIRO e PAULO MOTA PINTO, "La Protection de l'Acheteur de Choses Défectueuses en Droit Portugais", 1993, p. 282; ADELAIDE MENEZES LEITÃO, *Estudo de Direito Privado sobre a Cláusula Geral de Concorrência Desleal*, 2000, pp. 89 e 90; ANTÓNIO MENEZES CORDEIRO, *Tratado de Direito Civil Português*, Vol. I, Tomo I, 2005, p. 654; ASSUNÇÃO CRISTAS, "Protecção Constitucional do Consumidor e Suas Implicações no Direito Contratual", 2008, p. 52; JOSÉ CASALTA NABAIS, "O Estatuto Constitucional dos Consumidores", 2010, p. 488; JOSÉ ENGRÁCIA ANTUNES, *Direito do Consumo*, 2019, p. 17. Jurisprudência: Ac. do TC, de 3/5/90, e Ac. do TC, de 16/11/2004. V., também, Ac. do TRG, de 15/11/2018, que não anula uma sentença de um tribunal arbitral de consumo que afasta a aplicação de uma norma legal com fundamento na sua inconstitucionalidade.

[20] DIOVANA BARBIERI, "The Binding of Individuals to Fundamental Consumer Rights in the Portuguese Legal System", 2008, pp. 676 e 677.

[21] ANTÓNIO MENEZES CORDEIRO, "O Anteprojecto de Código do Consumidor", 2006, p. 695; JORGE PEGADO LIZ, "Um Código do Consumidor, Para os Consumidores ou Nem uma Coisa Nem Outra?", 2007, p. 27; JOSÉ DE OLIVEIRA ASCENSÃO, "Direito Civil e Direito do Consumidor", 2008, p. 178.

[22] MÁRIO TENREIRO, "Un Code de la Consommation ou un Code Autour du Consommateur?", 1997, p. 340; ANTÓNIO PINTO MONTEIRO, "Quadro Jurídico da Protecção do Consumidor", 1999, p. 44.

regras do direito do consumo por parte de todos os cidadãos, juristas e não juristas[23].

1.2. Noção de consumidor[24]

No Direito, o conceito de consumidor tem como função principal delimitar o âmbito de aplicação (subjetivo) de (vários) regimes jurídicos[25], sendo uma questão muito mais de natureza política do que de técnica jurídica.

Como não existe um conceito único, quer a nível nacional quer a nível internacional, é necessário perceber em cada caso qual o âmbito subjetivo de aplicação do diploma em causa.

Note-se que integram a esfera do direito do consumo muitas normas que não têm o consumidor como referência para a delimitação do seu âmbito de aplicação. As noções de aderente (nas cláusulas contratuais gerais) ou de utente (nos serviços públicos essenciais) não se confundem com a de consumidor, apesar de uma grande proximidade, especialmente no objetivo de proteção que todas pressupõem, proteção esta que é conferida ao adquirente do bem ou do serviço. Estamos, assim, perante normas de direito do consumo que não têm por referência (apenas) o consumidor, qualquer que seja o conceito adotado.

Neste ponto, começa-se por enquadrar os vários conceitos de consumidor consagrados na legislação, quer ao nível do direito europeu quer ao nível do direito nacional, realçando o respetivo âmbito. Segue-se uma análise dos quatro elementos que integram o conceito de consumidor. Por fim, reflete-se em torno da alegação e da prova da qualificação como consumidor.

1.2.1. Enquadramento dos conceitos de consumidor

A generalidade das diretivas europeias que se ocupam de matérias ligadas ao direito do consumo define consumidor, com pequenas variações, como

23 José Luís Arnaut, "Intervenção em Cerimónia Organizada pelo Centro de Direito do Consumo", 2003, p. 48; Paulo Mota Pinto, "O Anteprojecto de Código do Consumidor e a Venda de Bens de Consumo", 2006, p. 120; António Pinto Monteiro, "Harmonização Legislativa e Protecção do Consumidor", 2008, p. 200. Sobre o fenómeno da codificação do direito do consumo, apresentando as vantagens e as desvantagens associadas às várias opções: Gilles Paisant, *Défense et Illustration du Droit de la Consommation*, 2015, pp. 136 a 156.

24 Jorge Morais Carvalho, "O Conceito de Consumidor no Direito Português", 2018.

25 Mário Tenreiro, "Un Code de la Consommation ou un Code Autour du Consommateur?", 1997, p. 354.

"a pessoa singular que atua com fins alheios às suas atividades comerciais ou profissionais".

Nada impede, no entanto, os Estados-Membros de adotarem um conceito diverso de consumidor, mesmo no domínio das diretivas em causa, independentemente de estas serem de harmonização mínima ou máxima, desde que esse conceito seja mais abrangente[26].

No direito português, podemos encontrar várias definições de consumidor, desde as mais restritas, como a do DL 133/2009 ("pessoa singular que [...] atua com objetivos alheios à sua atividade comercial ou profissional"), até às mais amplas, como a do DL 29/2006 ("o cliente final de eletricidade").

A definição central de consumidor é, na ordem jurídica portuguesa, a do art. 2º-1 da Lei de Defesa do Consumidor: "considera-se consumidor todo aquele a quem sejam fornecidos bens, prestados serviços ou transmitidos quaisquer direitos, destinados a uso não profissional, por pessoa que exerça com caráter profissional uma atividade económica que vise a obtenção de benefícios".

Trata-se do diploma que incorpora os princípios gerais do direito do consumo, sendo utilizada como referência no nosso direito, em alguns casos por via de reprodução (DL 67/2003) ou de remissão expressa (DL 171/2007; DL 134/2009) da lei, noutros por via interpretativa (DL 446/85[27]; Lei 23/96[28]). Nos casos em que determinado diploma utiliza mas não define o conceito de consumidor, a tendência mais comum consiste em recorrer à definição da LDC[29], podendo esta, assim, considerar-se residual[30].

Faz-se igualmente apelo à definição da LDC para delimitar o âmbito de aplicação do art. 755º-1-*f*) do CC.

O Ac. do STJ, de 20/3/2014, uniformizou jurisprudência no sentido de que, "no âmbito da graduação de créditos em insolvência o *consumidor*

[26] Gilles Paisant, *Défense et Illustration du Droit de la Consommation*, 2015, p. 162. Jurisprudência: Ac. do TJUE, de 14/3/1991.

[27] Ana Prata, *Contratos de Adesão e Cláusulas Contratuais Gerais*, 2010, p. 92, n. 262.

[28] Flávia da Costa de Sá, *Contratos de Prestação de Serviços de Comunicações Electrónicas*, 2014, p. 16.

[29] Fernando Baptista de Oliveira, *O Conceito de Consumidor*, 2009, p. 77. Jurisprudência: Ac. do TRG, de 16/3/2017.

[30] Paulo Duarte, "A Chamada «Arbitragem Necessária» de «Litígios de Consumo» no Domínio dos Serviços Públicos Essenciais", 2016, p. 456, n. 21. Jurisprudência: Ac. do TRG, de 2/5/2019

promitente-comprador em contrato, ainda que com eficácia meramente obrigacional com *traditio*, devidamente sinalizado, que não obteve o cumprimento do negócio por parte do administrador da insolvência, goza do direito de retenção nos termos do estatuído no art. 755º-1-*f*) do CC".

Nessa decisão, embora fora do âmbito da uniformização de jurisprudência, considera-se consumidor o "utilizador final com o significado comum do termo, que utiliza os andares para seu uso próprio e não com escopo de revenda".

A jurisprudência posterior aponta no sentido de que este entendimento se insere na noção de consumidor consagrada na LDC[31], o que nos parece uma boa solução.

Em matéria de resolução alternativa de litígios de consumo, é necessário ter em conta a definição da Lei 144/2015, que adota a definição restrita da Diretiva 2013/11/UE[32]. Com efeito, o art. 3º-*c*) da Lei 144/2005 define

[31] Ac. do STJ, 14/10/2014; Ac. do STJ, de 25/11/2014; Ac. do STJ, de 17/11/2015; Ac. do STJ, de 24/11/2015; Ac. do STJ, 16/2/2016; Ac. do STJ, de 5/7/2016; Ac. do STJ, de 14/2/2017; Ac. do TRP, de 15/6/2015; Ac. do TRG, de 14/4/2016; Ac. do TRP, de 25/10/2016; Ac. do TRP, de 8/5/2017. Doutrina: Bruno Oliveira Pinto, "A Insolvência e a Tutela do Direito de Retenção", 2014, p. 87. No sentido de que deve ser utilizado como referência o conceito de consumidor do Anteprojeto de Código do Consumidor: Luís Miguel Pestana de Vasconcelos, "Direito de Retenção, Contrato-Promessa e Insolvência", 2011, pp. 8 e 9, n. 25; Ac. do STJ, de 29/5/2014. Esta solução não parece adequada; existindo tantas definições de consumidor no nosso ordenamento jurídico, não se justifica recorrer a uma que, por decisão legislativa, não foi acolhida. Também não parece adequado referir, em simultâneo, os conceitos de consumidor da LDC e do DL 24/2014 (Ac. do STJ, de 24/5/2016; Ac. do STJ, de 31/10/2017; Ac. do TRG, de 26/1/2017[2]; Ac. do TRP, de 6/4/2017): sendo conceitos distintos, a qualificação como consumidor tem de ser aferida face a um diploma ou ao outro (em muitos casos, a pessoa poderá ser qualificada como consumidor face a ambos, mas o seu âmbito não é coincidente). Igualmente criticável parece-nos ser a conclusão de que o conceito de consumidor deve ser entendido no sentido de utilizador final, assim se considerando pessoas que "instalaram nas respetivas frações que prometeram comprar uma agência de seguros e um salão de cabeleireiro" (Ac. do STJ, de 3/10/2017[2]). Se é utilizado o conceito de consumidor, então este deve ter "o significado comum do termo", como se refere no acórdão de uniformização de jurisprudência, e não outro significado mais lato, não adotado em nenhum dos muitos diplomas que definem consumidor. Compreende-se o objetivo de limitar os efeitos da interpretação restritiva (se não mesmo da redução teleológica) do art. 755º-1-*f*) do CC, resultante do acórdão de uniformização de jurisprudência, mas a via para a limitação dos efeitos daquele acórdão não deve ser feita *por linhas tortas*, colocando em causa um conceito já estabelecido, embora com alguns sobressaltos, no nosso ordenamento jurídico.

[32] Jorge Morais Carvalho, João Pedro Pinto-Ferreira e Joana Campos Carvalho, *Manual de Resolução Alternativa de Litígios de Consumo*, 2017, pp. 24 a 37.

consumidor como "uma pessoa singular quando atue com fins que não se incluam no âmbito da sua atividade comercial, industrial, artesanal ou profissional", resultando da alínea *d*) que o profissional, neste diploma designado "fornecedor de bens ou prestador de serviços", é "uma pessoa singular ou coletiva, pública ou privada, quando atue, nomeadamente por intermédio de outra pessoa que atue em seu nome ou por sua conta, com fins que se incluam no âmbito da sua atividade comercial, industrial, artesanal ou profissional". Ao contrário da LDC, que inclui no conceito de consumidor o requisito de que a contraparte seja um profissional (elemento relacional), a Lei 144/2015, seguindo a tradição do direito europeu, distingue os conceitos de consumidor e de profissional, embora esta distinção não tenha implicações práticas significativas.

1.2.2. Elementos

O conceito de consumidor pode ser analisado com referência a quatro elementos (embora alguns deles possam, em determinadas normas, ficar vazios): elemento subjetivo, elemento objetivo, elemento teleológico e elemento relacional[33].

Partimos agora para uma análise dos quatro elementos do conceito de consumidor, tendo como base a definição da LDC, assinalando, em alguns pontos, especificidades resultantes de outros diplomas.

1.2.2.1. Elemento subjetivo

O elemento subjetivo ("todo aquele") é bastante amplo, abrangendo, numa primeira abordagem, todas as pessoas, singulares ou coletivas[34], embora o conceito sofra depois uma forte restrição face ao elemento teleológico.

A questão mais controversa consiste na qualificação jurídica do condomínio, podendo ter quatro respostas: (i) não é consumidor em nenhuma circunstância; (ii) é consumidor se nenhuma fração se destinar a uso profissional; (iii) é consumidor se as frações se destinarem maioritariamente

[33] Carlos Ferreira de Almeida, *Direito do Consumo*, 2005, p. 29.

[34] Paulo Duarte, "O Conceito Jurídico de Consumidor", 1999, pp. 661 a 665. Aparentemente contra, limitando a pessoas singulares: David Falcão, "Conceito de Consumidor", 2010, p. 152. Jurisprudência: Ac. do STJ, de 20/10/2011; Ac. do STJ, de 17/11/2015; Ac. do STJ, 16/2/2016; Ac. do TRE, de 29/1/2015; Ac. do TRL, de 19/5/2015; Ac. do TRG, de 23/2/2017.

a uso não profissional[35]; (iv) é consumidor se pelo menos uma fração se destinar a uso não profissional.

Defende-se a última hipótese, considerando-se consumidor sempre que, numa perspetiva objetiva, o bem ou o serviço em causa possa ser considerado um bem ou um serviço de consumo para uma das pessoas que o condomínio representa. Nos termos do art. 1420º-1 do CC, "cada condómino é proprietário exclusivo da fração que lhe pertence e comproprietário das partes comuns do edifício". Neste sentido, não há dúvida de que as partes comuns constituem bens de consumo quando o seu proprietário (ou um dos seus proprietários) puder ser qualificado como consumidor[36], devendo, em consequência, o condomínio ter a possibilidade de defender os interesses relativos a essas partes em representação do (ou dos) condómino(s)[37]. A conclusão acerca da qualificação do condomínio como consumidor é independente da circunstância de este estar a ser gerido por um profissional[38].

O elemento subjetivo é menos amplo noutros diplomas, como o DL 57/2008, o DL 133/2009 ou o DL 24/2014 ("pessoa singular"), abrangendo apenas as pessoas singulares e não também as pessoas coletivas.

1.2.2.2. Elemento objetivo

O elemento objetivo também tem uma amplitude significativa ("a quem sejam fornecidos bens, prestados serviços e transmitidos quaisquer direitos"), parecendo abarcar qualquer relação contratual estabelecida entre as partes.

Parece-nos que a razão de ser do diploma se estende, no entanto, também a relações não contratuais. Assim, por exemplo, o art. 8º-1-*i*) da LDC impõe ao profissional a prestação de informações relativamente à garantia voluntária ou comercial oferecida (por vezes, negócio jurídico unilateral), podendo referir-se também o art. 12º-2, que alude à responsabilidade civil extracontratual do produtor.

Noutras definições, o elemento objetivo encontra-se circunscrito pelo objeto do diploma. Assim, por exemplo, o DL 133/2009 ("negócios jurí-

[35] João Cura Mariano, *Responsabilidade Contratual do Empreiteiro pelos Defeitos da Obra*, 2015, p. 242. Jurisprudência: Ac. do TRP, de 8/5/2014.

[36] Alexandre Mota Pinto, "Venda de Bens de Consumo e Garantias", 2016, p. 191.

[37] Ac. do TRP, de 26/6/2008.

[38] Ac. do TRL, de 19/5/2015.

dicos abrangidos pelo presente decreto-lei") aplica-se apenas a contratos de crédito ao consumo.

Já na Lei 44/2015, que regula a RALC, o art. 2º-1 determina que esta se aplica aos litígios "resultantes de contratos de compra e venda ou de prestação de serviços". Numa análise literal, o diploma não se aplicaria, por exemplo, aos contratos de crédito ou aos contratos de locação. Esta restrição é incompreensível, pois não existe qualquer fundamento objetivo que permita a aplicação de regras e princípios diferentes aos mesmos procedimentos de RALC apenas em função do tipo contratual em causa[39]. Justifica-se, pois, uma interpretação extensiva do art. 2º-1, que alargue o seu âmbito de aplicação aos restantes tipos contratuais (com exceção dos excluídos, nos termos do art. 2º-2[40]). A referência expressa aos contratos de compra e venda e de prestação de serviços resulta da sua especial importância no contexto do mercado interno e não visa excluir a aplicação do diploma a outros tipos contratuais.

1.2.2.3. Elemento teleológico

Quanto ao elemento teleológico ("destinados a uso não profissional")[41], a atual LDC adota uma formulação diferente da anterior ("uso privado"), embora esta circunstância não reflita qualquer diferença de regime.

A finalidade pode ser revelada por forma positiva ("uso privado") ou por via negativa ("uso não profissional")[42]. Com efeito, qualquer "uso não profissional" deve ser qualificado como "uso privado", uma vez que não

[39] Cátia Marques Cebola, "ADR 3.0 @ Resolução Online de Conflitos de Consumo em Portugal", 2016, pp. 72 e 73.

[40] Jorge Morais Carvalho, João Pedro Pinto-Ferreira e Joana Campos Carvalho, *Manual de Resolução Alternativa de Litígios de Consumo*, 2017, pp. 37 a 40.

[41] A Lei 144/2015 contém uma referência totalmente equivalente ("atue com fins que não se incluam no âmbito da sua atividade comercial, industrial, artesanal ou profissional"). Com efeito, parece-nos que a referência a atividade profissional é suficiente para abranger todas as situações, incluindo no seu âmbito as atividades comercial, industrial ou artesanal. É esta também a definição constante do DL 24/2014 (Jorge Morais Carvalho e João Pedro Pinto-Ferreira, *Contratos Celebrados à Distância e Fora do Estabelecimento Comercial*, 2014, p. 31).

[42] Carlos Ferreira de Almeida, *Os Direitos dos Consumidores*, 1982, pp. 209 e 210. Jurisprudência: Ac. do STJ, de 25/11/2014. Contra: Paulo Duarte, "O Conceito Jurídico de Consumidor", 1999, pp. 674 e 675; Alexandre Dias Pereira, "A Protecção do Consumidor no Quadro da Directiva sobre o Comércio Electrónico", 2000, p. 61, n. 35; David Falcão,

existe, para este efeito, uma terceira categoria de usos, além dos usos profissionais e dos usos não profissionais, incluindo-se os usos privados neste último grupo. Para assinalar a diferença entre as duas formulações, é dado o exemplo do "comprador de uma fração autónoma de um imóvel para arrendamento", considerando-se que, neste caso, o imóvel é destinado a "uso não profissional", embora não seja destinado a "uso privado"[43]. No entanto, neste exemplo, como veremos ao longo deste ponto, deve entender-se que não estamos perante um "uso não profissional", uma vez que a coisa de destina ao exercício de uma atividade económica regular (o arrendamento), não relevando se se trata de atividade principal ou secundária do comprador, pelo que não se encontra preenchido o elemento teleológico e não estamos, portanto, perante uma relação de consumo.

O conceito de "uso não profissional" afasta-se da noção de "destinatário final", mais ampla[44], utilizada em alguns direitos, como o angolano[45], o argentino[46] ou o brasileiro[47]. Na interpretação destes preceitos, podemos encontrar duas correntes principais na doutrina e na jurisprudência[48]: a doutrina finalista (interpretação restrita do conceito, não podendo o objeto ter uso profissional)[49], mais próxima do direito português[50], e a doutrina

"Conceito de Consumidor", 2010, p. 152; João Cura Mariano, *Responsabilidade Contratual do Empreiteiro pelos Defeitos da Obra*, 2015, p. 238.

43 David Falcão, "Conceito de Consumidor", 2010, p. 152.

44 Miriam de Almeida Souza, *A Política Legislativa do Consumidor no Direito Comparado*, 1996, p. 49. José Engrácia Antunes, *Direito do Consumo*, 2019, p. 52, parece equiparar os dois conceitos, ao referir que "o legislador veio apenas considerar relevante o *consumidor final* (...), ou seja, aquele que aquire determinados bens ou serviços *para seu uso privado*".

45 Art. 3º-1 da Lei nº 15/03, de 22 de julho.

46 Art. 1º da Ley 24.240, de Defensa del Consumidor, alterada pela Ley 26.361.

47 Art. 2º do Código de Defesa do Consumidor.

48 Sobre a questão, de forma desenvolvida: Claudia Lima Marques, *Contratos no Código de Defesa do Consumidor*, 2006, pp. 302 a 393; Sergio Cavalieri Filho, *Programa de Direito do Consumidor*, 2014, pp. 66 a 73; Júlio Moraes Oliveira, *Curso: Direito do Consumidor Completo*, 2014, pp. 95 a 106; Cristiano Heineck Schmitt, *Consumidores Hipervulneráveis*, 2014, pp. 166 a 202.

49 Direito angolano: Raúl Carlos de Freitas Rodrigues, *O Consumidor no Direito Angolano*, 2009, p. 62. Direito argentino: Antonio Juan Rinessi, *Relación de Consumo y Derechos del Consumidor*, 2006, p. 50; Dante D. Rusconi, "Nociones Fundamentales", 2009, p. 156; Ariel Ariza, "Contratación Inmobiliaria y Defensa del Consumidor", 2009, p. 43, n. 6; Carlos A. Ghersi e Celia Weingarten, *Manual de los Derechos de Usuarios y Consumidores*, 2011, p. 52; Sergio Sebastián Barocelli e Iván Vladimir Pacevicius, "El Ámbito de Aplicación del Derecho del Consumidor ante el Nuevo Código Civil y Comercial", 2016,

maximalista (interpretação ampla do conceito, estando em causa a retirada do bem do circuito de produção)[51].

O elemento teleológico exclui do conceito todas as pessoas, singulares ou coletivas, que atuam no âmbito de uma atividade profissional[52], independentemente de terem ou não conhecimentos específicos no que respeita ao negócio em causa[53].

p. 69. Direito brasileiro: Claudia Lima Marques, Antônio Herman Benjamin e Bruno Miragem, *Comentários ao Código de Defesa do Consumidor*, 2003, p. 74; Luiz Edson Fachin, "Novo Código Civil Brasileiro e o Código de Defesa do Consumidor", 2005, p. 118; Cláudio Petrini Belmonte, *A Redução do Negócio Jurídico e a Protecção dos Consumidores*, 2003, p. 104; Sergio Pinheiro Marçal, "Definição Jurídica de Consumidor", 2006, p. 111; José Geraldo Brito Filomeno, *Manual de Direitos do Consumidor*, 2016, p. 25. Bruno Miragem, *Curso de Direito do Consumidor*, 2014, p. 59, refere-se a uma evolução da doutrina finalista – o finalismo aprofundado –, tendo em conta o conceito de consumidor por equiparação, em casos de reconhecida vulnerabilidade.

[50] Paulo R. Roque A. Khouri, *Direito do Consumidor*, 2013, p. 38.

[51] Jorge Oscar Rossi, "Derecho del Consumidor", 2009, p. 23; Tiago Machado de Freitas, "A Extensão do Conceito de Consumidor em Face dos Diferentes Sistemas de Proteção Adotados por Brasil e Portugal", 2003, p. 405; Mário Tenreiro, "Un Code de la Consommation ou un Code Autour du Consommateur?", 1997, p. 346.

[52] Miguel Calado Moura e Jorge Morais Carvalho, "Perspetivas Extracontratuais e Contratuais da Prevenção do Perigo na Prática Desportiva do Golfe", 2014, p. 155: o contraente não pode ser qualificado como consumidor, "por faltar o elemento teleológico", "por exemplo, se o contrato for celebrado por uma sociedade de advogados com o objetivo de permitir aos seus colaboradores ou clientes a utilização das instalações e dos equipamentos desportivos". No Ac. do TRL, de 9/6/2016, exclui-se a qualificação como consumidor num caso em que o imóvel objeto do contrato se destina ao exercício da advocacia. Discorda-se da afirmação de José Engrácia Antunes, *Direito do Consumo*, 2019, p. 53, segundo a qual "quando alguém compra alimentos no supermercado, adquire um computador numa loja de eletrónica, arrenda um apartamento para habitação, contrai um empréstimo no banco para aquisição de determinado bem, realiza um seguro de vida, hospeda-se com a família num hotel ou negoceia com uma agência turística as suas próximas viagens de férias, *ninguém duvidará* que os bens fornecidos, os serviços prestados ou os direitos transmitidos o foram para fins de natureza pessoal, familiar ou doméstica, como tal totalmente estranhos a qualquer atividade profissional" (itálico nosso). Ora, se um advogado comprar chocolates num supermercado para oferecer aos seus clientes, não pode ser qualificado como consumidor, uma vez que não está preenchido o elemento teleológico. Também não pode ser qualificado como consumidor o contabilista que compra um computador numa loja de eletrónica com o objetivo de o utilizar totalmente ou principalmente no âmbito da sua atividade profissional.

[53] Aparentemente contra (admitindo a extensão do conceito de consumidor a profissionais, desde que estejam a atuar fora da sua atividade): Jorge Pegado Liz, *Introdução ao Direito e à Política do Consumo*, 1999, p. 193; Sandrina Laurentino, "Os Destinatários da Legislação do Consumidor", 2000, p. 430; Fernando Baptista de Oliveira, *O Conceito de Consumidor*,

Incluem-se, contudo, no conceito as pessoas coletivas que não destinem o bem a uma atividade profissional, como as associações ou as fundações[54].

Encontram-se igualmente incluídas as pessoas singulares que, apesar de terem conhecimentos específicos no que respeita ao negócio em causa, atuam fora do âmbito de uma atividade profissional[55]. Assim, por exemplo, um sapateiro que se dirige a uma sapataria para comprar uns sapatos para utilizar no seu dia-a-dia é um consumidor nessa relação com a sapataria. A jurisprudência do TJUE aponta claramente neste sentido, considerando-se que o conceito de consumidor "é independente dos conhecimentos concretos que a pessoa em questão possa ter ou das informações de que essa pessoa realmente dispõe"[56], não relevando "a experiência que essa pessoa pode adquirir no domínio em que se inserem os referidos serviços nem o seu compromisso para efeitos da representação dos direitos e dos interesses dos utilizadores desses serviços"[57].

Os conhecimentos jurídicos, resultantes, nomeadamente, do exercício das profissões de advogado ou de solicitador, também não impedem a qualificação como consumidor[58].

2009, pp. 63 a 72; Pedro Maia, "Contratação à Distância e Práticas Comerciais Desleais", 2015, p. 151; David Falcão, *Lições de Direito do Consumo*, 2019, p. 21. Jurisprudência: Ac. do TRP, de 11/9/2008; Ac. do TRL, de 18/6/2013; Sentença do JP do Funchal, de 7/7/2015. Excluindo claramente a qualificação como consumidor de uma sociedade comercial que atua no âmbito da sua atividade: Ac. do STJ, de 8/10/2015; Ac. do STJ, de 16/6/2016; Ac. do STJ, de 29/7/2016; Ac. do STJ, de 4/10/2016; Ac. do TRG, de 11/2/2016; Ac. do TRP, de 23/2/2016.

54 Luís Menezes Leitão, "O Direito do Consumo", 2002, p. 22. No Brasil, expressamente: José Geraldo Brito Filomeno, *Manual de Direitos do Consumidor*, 2016, p. 28. Gilles Paisant, *Défense et Illustration du Droit de la Consommation*, 2015, p. 166, critica o conceito de consumidor que limite o elemento subjetivo a pessoas singulares, defendendo que se justifica a qualificação como consumidor das associações.

55 Contra: Pedro Manuel Moreira da Silva Santos, *Responsabilidade Civil e Garantias no Âmbito do Direito do Consumo*, 2012, p. 16; João Cura Mariano, *Responsabilidade Contratual do Empreiteiro pelos Defeitos da Obra*, 2015, p. 241.

56 Ac. do TJUE, de 3/9/2015 (nº 21).

57 Ac. do TJUE, de 25/1/2018 (nº 39). Conclui-se neste aresto que o art. 15º do Regulamento 44/2001 "deve ser interpretado no sentido de que um utilizador de uma conta privada Facebook não perde a qualidade de «consumidor», na aceção deste artigo, quando publica livros, faz conferências, gere sítios web, recolhe donativos e obtém a cedência dos direitos de vários consumidores para os exercer em justiça".

58 Ac. do TJUE, de 3/9/2015.

Tem-se assistido, em alguns domínios, a um fenómeno de equiparação das empresas[59], nomeadamente as microempresas[60], aos consumidores para efeito de proteção. Essas pessoas não são, no entanto, qualificadas como consumidores.

Sendo o bem destinado a uso misto, ou seja, simultaneamente, a uso profissional e não profissional (por exemplo, automóvel para utilizar no exercício da atividade profissional – o que não se confunde com deslocações para o local de trabalho[61] – e na vida privada), o melhor critério para determinar se se trata de uma relação de consumo parece consistir no uso predominantemente dado ao bem[62], independentemente de este corresponder ao seu uso normal[63]. No Direito da União Europeia, a questão coloca-se de forma diversa nos domínios da competência judiciária, por um lado, e dos regimes materiais de direito do consumo, por outro lado. No primeiro caso, o conceito de consumidor é interpretado restritivamente, não sendo aplicável a regra de proteção (que permite ao consumidor, em traços gerais, demandar e ser demandado no tribunal do lugar do seu domicílio), em caso de uso misto, "salvo se a utilização profissional for marginal, a ponto de apenas ter um papel despiciendo no contexto global da operação em causa, sendo irrelevante, a este respeito, o facto de o aspeto extraprofissional ser dominante"[64]. Nos regimes materiais de direito do consumo, pode afirmar-se que o critério do uso predominante é o critério

[59] V., por exemplo, art. 1º-2 do DL 57/2008, na redação dada pelo DL 205/2015.

[60] Giovanni De Cristofaro, "Unfair Business-to-Microenterprise Commercial Practices", 2015, p. 23.

[61] Jorge Morais Carvalho, "O Carro do Contabilista", 2019, p. 14.

[62] Sandrina Laurentino, "Os Destinatários da Legislação do Consumidor", 2000, p. 424; Fernando Baptista de Oliveira, *O Conceito de Consumidor*, 2009, p. 88. Jurisprudência: Ac. do TRC, de 15/12/2016. Contra: Pedro Madeira Froufe, "A Noção de Consumidor a Crédito", 1999, p. 436; L. Menezes Leitão, "Caveat Venditor?", 2002, p. 273; João Cura Mariano, *Responsabilidade Contratual do Empreiteiro pelos Defeitos da Obra*, 2015, p. 241. Jurisprudência: Ac. do TRE, de 29/1/2015. No sentido do texto, Carolina Pia Barros e Maria Rita Neves, "O Computador da Advogada", 2019, p. 16, referem que "um dos critérios que podemos ter em conta é o número de horas passado no computador". Este critério pode ser relevante, mas deve ser articulado com outros, como o número de utilizações ou a sua relevância.

[63] Roberta Mongillo, "Beni di Consumo, Beni ad Uso Promiscuo e Squilibrio Negoziale", 2008, p. 369.

[64] Ac. do TJUE, de 20/1/2005 (nº 39). Geraint Howells, "The Scope of European Consumer Law", 2005, p. 362, assinala que esta interpretação restritiva se circunscreve, de

adotado, atualmente, a nível europeu. Por exemplo, o considerando 17 da Diretiva 2011/83/UE, relativa aos direitos dos consumidores, determina que, "no caso dos contratos com dupla finalidade, se o contrato for celebrado para fins relacionados em parte com a atividade comercial da pessoa e em parte à margem dessa atividade e se o objetivo da atividade for *tão limitado que não seja predominante* no contexto global do contrato, essa pessoa deverá ser igualmente considerada consumidor" (itálico nosso). Releva, portanto, a utilização predominante[65].

Outra questão diz respeito ao momento em que deve ser verificado o destino a dar aos bens ou serviços, podendo colocar-se três hipóteses: (i) celebração do contrato[66]; (ii) entrega do bem ou prestação do serviço[67]; (iii) utilização do bem ou serviço[68]. A resposta depende das circunstâncias concretas do caso e, em especial, do objetivo concreto da qualificação como consumidor. Se estiver em causa a aplicação de uma norma relativa à celebração do contrato, deve verificar-se o destino a dar aos bens ou serviços no momento da celebração do contrato. Note-se que o caráter apenas futuro da atividade profissional que se pretende exercer não afasta a qualificação do uso como profissional, se for esse o objetivo da parte no momento da celebração do contrato[69]. Já se estiver em causa a qualificação como consumidor para efeito de acesso à justiça, deve verificar-se o destino dado aos bens e serviços no momento em que se inicia o processo.

Sendo o negócio jurídico realizado com intervenção de representante, o elemento teleológico deve verificar-se em relação ao representado, inde-

um ponto de vista lógico, ao domínio da competência judiciária. Esta solução é reafirmada nos Acs. do TJUE, de 25/1/2018 e 14/2/2019.

65 SERGIO CÁMARA LAPUENTE, *Contratos y Protección Jurídica del Consumidor*, 2018, p. 68.

66 JOÃO CURA MARIANO, *Responsabilidade Contratual do Empreiteiro pelos Defeitos da Obra*, 2015, p. 237; JOSÉ ENGRÁCIA ANTUNES, *Direito do Consumo*, 2019, p. 50.

67 Ac. do TRL, de 8/6/2006.

68 A propósito da interpretação do art. 15º do Regulamento 44/2001, defende-se no Ac. do TJUE, de 25/1/2018 (n.os 37 e 38), que, em conformidade com a exigência de interpretar de maneira restritiva o conceito de consumidor, previsto nesse diploma, "há, nomeadamente, que ter em conta, no que respeita aos serviços de uma rede social digital destinados a serem utilizados durante um longo período de tempo, a *evolução posterior da utilização que é feita desses serviços*" (itálico nosso), implicando essa interpretação, "nomeadamente, que um demandante utilizador desses serviços possa invocar a qualidade de consumidor apenas *se a utilização* essencialmente não profissional desses serviços, para a qual foi inicialmente celebrado um contrato, *não tiver adquirido, em seguida, um caráter essencialmente profissional*" (itálico nosso).

69 Ac. do TJUE, de 3/7/1997.

pendentemente de o representante ter ou não a qualidade de profissional. Assim, por exemplo, se um advogado celebra um contrato de compra e venda de um imóvel em nome de um cliente, que destina o imóvel a uso não profissional, o cliente poderá ser qualificado como consumidor se estiverem preenchidos os restantes elementos; se uma empresa gestora de um condomínio, preenchendo este o elemento subjetivo do conceito de consumidor, celebra um contrato para a manutenção dos elevadores do prédio, deve considerar-se verificado o elemento teleológico. No mandato sem representação, a qualidade de consumidor deve ser aferida por referência ao mandatário, independentemente de o mandato ser conhecido (art. 1180º do CC). Nos termos do art. 1181º-2 do CC, "o mandante pode substituir-se ao mandatário no exercício dos respetivos direitos". Para perceber quais são os "respetivos direitos", é necessário verificar o elemento teleológico: se o mandatário agir profissionalmente, não estamos perante uma relação de consumo; agindo fora do âmbito de uma atividade profissional, estamos perante uma relação de consumo, podendo o mandante exercer os direitos que originariamente se encontravam na esfera jurídica do mandatário[70/71]. A aplicação das regras especiais de proteção do consumidor relativas à competência judiciária, previstas na legislação europeia, também implicam, naturalmente, que a verificação da qualificação como consumidor seja feita em relação ao representado e não ao representante, não relevando a eventual qualificação deste como consumidor[72].

Independentemente do destino a dar ao bem ou serviço, se uma pessoa se apresentar perante a contraparte como profissional, indicando o nome ou o número de identificação fiscal de uma empresa (por razões fiscais, por exemplo), não se aplica o regime de proteção previsto nos diplomas de direito do consumo. Com efeito, não se admite que uma pessoa pretenda ser simultaneamente consumidor e profissional, beneficiando das vantagens conferidas, em domínios diversos, a cada uma destas categorias de pessoas. Por um lado, a contraparte pode não saber que está a contratar

70 Ac. do TRE, de 15/1/2015.

71 No Ac. do TJUE, de 28/1/2015, conclui-se que não foi celebrado um contrato entre as partes e que, face ao Regulamento 44/2001, "o requisito da celebração de um contrato com o *próprio* profissional em questão não se presta a uma interpretação no sentido de que esse requisito também estaria preenchido no caso de uma cadeia de contratos em aplicação da qual são transferidos determinados direitos e obrigações do profissional em causa para o consumidor" (itálico nosso).

72 Ac. do TJUE, de 25/1/2018.

com um consumidor e, portanto, que tem de cumprir regras específicas naquela relação; se, da interpretação da declaração, nos termos gerais[73], resultar que aquela pessoa é profissional, a prova do uso não profissional de nada lhe serve. Por outro lado, mesmo que saiba, seria abusivo o consumidor beneficiar deste seu comportamento contraditório.

A jurisprudência já considerou – acertadamente – que o uso é "não profissional" no caso de o adquirente do bem ter ajudado, como trabalhador, na sua construção[74], no caso de o adquirente ter cedido o bem a uns amigos que o utilizam para uso não profissional[75] e no caso de o bem ter sido adquirido para uso pessoal do filho[76]. Conclui-se também que o facto de o objeto do contrato ser um terreno destinado à construção urbana não afasta a qualificação como consumidor, se o promitente-comprador não exerce qualquer atividade profissional relacionada com o mercado imobiliário[77]. Diríamos que, mesmo que exercesse uma atividade nessa área, se o terreno se destinasse a uso não profissional, sempre estaria verificado o elemento teleológico. Também não afasta a qualificação como consumidor "a circunstância de o promitente-comprador ter acabado por arrendar as frações prometidas comprar"[78], se mas, neste caso, apenas se esta atividade não for exercida a título profissional.

A qualificação do investidor não qualificado como consumidor é discutível, embora aponte neste sentido o DL 95/2006, que regula os contratos celebrados à distância relativos a serviços financeiros, incluindo no conceito de serviço financeiro qualquer serviço "de investimento" [art. 2º-*c*)]. Este regime é aplicável se o serviço de investimento não for integrável no âmbito de uma atividade profissional do investidor. Se uma pessoa viver dos seus investimentos, não pode ser qualificada como consumidora. Se tiver uma poupança e investir o montante resultante da poupança, será, à partida, consumidora. Numa situação intermédia, a qualificação pode ser mais complexa. O art. 321º-3 do Código dos Valores Mobiliários parece apontar no sentido de que o investidor não qualificado não é consumidor,

73 Paulo Mota Pinto, "O Novo Regime Jurídico dos Contratos a Distância e dos Contratos Celebrados Fora do Estabelecimento Comercial", 2015, p. 58.

74 Ac. do TRG, de 14/4/2016.

75 Ac. do STJ, de 5/7/2016.

76 Sentença do JP de Coimbra, de 27/1/2015.

77 Ac. do TRP, de 15/6/2015.

78 Ac. do TRG, de 26/1/2017[2].

ao estabelecer que "aos contratos de intermediação financeira é aplicável o regime das cláusulas contratuais gerais, sendo para esse efeito os investidores não qualificados *equiparados* a consumidores" (itálico nosso). Se a lei os *equipara* a consumidores é porque não os considera como tal[79].

Igualmente complexa é a questão de saber se um consumidor doméstico de eletricidade que é simultaneamente microprodutor ou microgerador de energia continua a poder ser qualificado como consumidor. Julgamos que mantém a qualidade de consumidor no que respeita ao contrato de fornecimento de energia elétrica que celebra com o comercializador, mas não pode como tal ser qualificado na parte em que vende eletricidade à rede. Isto significa também que o equipamento que permite a geração de energia não pode ser considerado um bem de consumo se for total ou predominantemente utilizado para vender energia à rede. Se for total ou predominantemente utilizado para consumo próprio, é um bem de consumo.

1.2.2.4. Elemento relacional

A noção contém ainda o elemento relacional[80], impondo que a contraparte (em relação ao consumidor) seja uma "pessoa que exerça com caráter profissional uma atividade económica que vise a obtenção de benefícios".

Nos termos do art. 2º-2 da LDC, não releva para a qualificação como consumidor a natureza pública ou privada da atividade exercida pelo profissional. É, no entanto, no que respeita a entidades públicas, necessário que se trate de uma atividade económica desenvolvida pela administração, pela qual seja cobrado um preço (ou, tratando-se de uma liberalidade, esta se insira na estratégia comercial da entidade em causa). Não são relações de consumo aquelas que se estabelecem com a administração relativas a serviços que constituem missão do Estado, como os que dizem respeito à justiça, à polícia, ao serviço nacional de saúde ou à educação pública[81].

A circunstância de a atividade consistir no exercício de uma profissão liberal é irrelevante[82]. A restrição operada pelo art. 23º da LDC deve enten-

[79] José Engrácia Antunes, *Direito do Consumo*, 2019, p. 64.

[80] José Engrácia Antunes, *Direito do Consumo*, 2019, p. 56, refere-se a "uma incontornável componente relacional".

[81] Gilles Paisant, *Défense et Illustration du Droit de la Consommation*, 2015, p. 182; José Engrácia Antunes, *Direito do Consumo*, 2019, p. 66.

[82] Gilles Paisant, *Droit de la Consommation*, 2019, p. 25; José Engrácia Antunes, *Direito do Consumo*, 2019, pp. 57 e 65.

der-se que diz apenas respeito à responsabilidade disciplinar. O direito europeu também aponta neste sentido, considerando-se que o elemento relacional do conceito de consumidor abrange serviços jurídicos[83].

Não resulta deste elemento que o objetivo seja a obtenção de benefícios por parte do profissional na relação concreta estabelecida com o consumidor, abrangendo-se, assim, por exemplo, a oferta de brindes, que têm um conteúdo promocional e se inserem numa atividade económica que visa a obtenção de benefícios, embora não o lucro imediato[84].

Se o profissional ceder o seu crédito a um terceiro, deve considerar-se verificado o elemento relacional no âmbito da relação entre esse terceiro e o devedor, pelo que, se estiverem verificados os restantes elementos do conceito de consumidor, o devedor deve ser qualificado como consumidor[85].

Um fundo imobiliário também deve ser qualificado, para este efeito, como profissional[86].

Já não se encontra abrangido pela definição, por faltar o elemento relacional, o contrato celebrado entre não profissionais (ou particulares)[87]. Note-se que não se pode falar em contrato entre consumidores, uma vez que, se não estiver preenchido o elemento relacional, não estamos perante um consumidor.

No Ac. do TJUE, de 9/11/2016, conclui-se no sentido da aplicação do regime em causa (venda de bens de consumo) aos casos em que o profissional "atua como intermediário por conta de um particular", não informando "devidamente o consumidor comprador do facto de que o proprietário do bem vendido [um automóvel usado] é um particular", isto independentemente de o intermediário ser ou não remunerado pela sua intervenção. Nestes casos, o profissional surge perante o consumidor como contraente/vendedor, pelo que responde como tal[88].

83 Ac. do TJUE, de 15/1/2015.

84 Fernando Dias Simões, "O Conceito de Consumidor no Direito Português", 2012, p. 4.

85 Neste sentido, no Ac. do TJUE, de 20/7/2017, conclui-se que a Diretiva 2005/29/CE é aplicável "a relação jurídica entre uma sociedade de cobrança de dívidas e o devedor em incumprimento num contrato de crédito ao consumo cuja dívida foi cedida a essa sociedade".

86 Ac. do STJ, de 13/11/2018.

87 Ac. do TJUE, de 5/12/2013.

88 Timothy J. Dodsworth, "Intermediaries as Sellers – A Commentary on *Wathelet*", 2017, p. 214; Gilles Paisant, *Droit de la Consommation*, 2019, p. 26.

A identificação da contraparte poderá nem sempre ser fácil, em especial nos negócios de compra coletiva ou na designada economia colaborativa (ou de plataformas), que se estende a setores de atividade muito diversificados[89], em que o contrato é celebrado numa aplicação, muitas vezes não sendo evidente com quem é que se está a contratar[90].

Por exemplo, no caso da Uber, apesar de esta indicar nas condições gerais que não presta serviços de transporte, deve concluir-se que a empresa não é simples intermediária, sendo parte no contrato[91]. Como a atividade é exercida a título profissional, o elemento relacional encontra-se preenchido (v. *infra* 3.6.1).

Já no caso de outras plataformas, como o OLX ou o CustoJusto, a relação com estas empresas é de consumo (se estiverem preenchidos os outros elementos), mas a relação estabelecida com o vendedor do bem poderá ou não ser de consumo, consoante este venda os bens usados com caráter profissional ou não[92].

A fronteira que delimita o caráter profissional de uma atividade, que pode definir a aplicação de regras jurídicas muito diversas[93], não é fácil de traçar. Nos extremos, a solução é clara. Assim, se uma pessoa resolve vender através de uma aplicação o carrinho de bebé do filho que, entretanto, cresceu não está a exercer uma atividade a título profissional. Já se o negócio for comprar e vender carrinhos de bebé nessas aplicações ou arrendar casas, o caráter profissional do exercício da atividade é claro. Mais complexa é a conclusão quanto à verificação do elemento relacional

[89] Por exemplo, o setor do crédito: CHRISTOPH BUSCH e VANESSA MAK, "Peer-to-Peer Lending in the European Union", 2016, p. 181.

[90] GILLES PAISANT, *Droit de la Consommation*, 2019, p. 376, salienta que o utilizador "não está em condições de determinar" a qualidade na qual intervém a sua contraparte, o que "parece colocar em causa o direito do consumo".

[91] JORGE MORAIS CARVALHO, "Uber in Portugal", 2015, p. 64; JORGE MORAIS CARVALHO, "Developments on Uber in Portugal", 2015; JOANA CAMPOS CARVALHO, "A Proteção do Consumidor na *Sharing Economy*", 2016, p. 306; JOANA CAMPOS CARVALHO, "Enquadramento Jurídico da Atividade da Uber em Portugal", 2016; CHRISTOPH BUSCH, HANS SCHULTE-NÖLKE, ANETA WIEWIÓROWSKA-DOMAGALSKA e FRYDERYK ZOLL, "The Rise of the Platform Economy", 2016, p. 8. No sentido de que a Uber presta serviços de transporte, v. Ac. do TJUE, de 20/12/2017, que não se pronuncia, no entanto, sobre questões contratuais.

[92] JOANA CAMPOS CARVALHO, "A Proteção do Consumidor na *Sharing Economy*", 2016, pp. 124 e 125.

[93] TIMOTHY J. DODSWORTH, "Intermediaries as Sellers – A Commentary on *Wathelet*", 2017, p. 213.

em situações intermédias. Por exemplo: a pessoa em causa compra e, posteriormente, vende um carrinho de bebé de seis em seis meses através do OLX (ou um por mês ou de dois em dois meses). As plataformas digitais, além de constituírem, elas próprias, um negócio com grande relevância social e económica, potenciam a existência de muitos negócios à sua volta. Se pensarmos na Airbnb, muitas pessoas passaram, nos últimos anos, a exercer uma atividade profissional, ainda que não seja a sua principal atividade, ao oferecer serviços de alojamento local, celebrando, assim, contratos de consumo. No que respeita a esta discussão no âmbito das plataformas ligadas ao alojamento local, v. *infra* 3.7.8.

Chamado a pronunciar-se sobre esta questão, o TJUE veio definir alguns critérios que podem ser utilizados para decidir um caso concreto, embora assinalando que esses critérios não são taxativos nem exclusivos: (i) verificar se a venda na plataforma em linha foi realizada de forma organizada; (ii) se essa venda teve fins lucrativos; (iii) se o vendedor tem informações e competências técnicas relativas aos produtos que propõe para venda que o consumidor não tem necessariamente, de forma a colocar-se numa posição mais vantajosa face a esse consumidor; (iv) se o vendedor tem um estatuto jurídico que lhe permite praticar atos comerciais e em que medida a venda em linha está ligada à atividade comercial ou profissional do vendedor; (v) se o vendedor é sujeito passivo de IVA; (vi) se o vendedor, atuando em nome de um determinado profissional ou por sua conta, ou por intermédio de outra pessoa que atue em seu nome ou por sua conta, recebeu uma remuneração ou uma participação nos lucros; (vii) se o vendedor compra bens novos ou usados para revenda, conferindo, assim, a esta atividade um caráter de regularidade, uma frequência e/ou simultaneidade em relação à sua atividade comercial ou profissional; (viii) se os produtos à venda são todos do mesmo tipo ou do mesmo valor, nomeadamente, se a proposta está concentrada num número limitado de produtos[94].

Poderá ser suficiente o cumprimento de um dos critérios para se concluir que estamos perante um profissional, mas o cumprimento de um ou mais critérios não determina necessariamente uma conclusão nesse sen-

[94] V. considerandos 38 e 39 do Ac. do TJUE, de 4/10/2018 (*Kamenova*). Para um exemplo da aplicação destes critérios, v. Ana Catarina Machado, António Maria Novais e Carolina Pereira Pires, "O Frigorífico que a Ana Comprou ao Pedro no OLX", 2019, p. 166.

tido. Ainda assim, deve concluir-se que alguns critérios, como a compra para revenda, apontam de forma mais clara no sentido do exercício, para este efeito, de uma atividade profissional.

Este problema é tido em conta na Diretiva 2019/2161, mas de forma manifestamente insuficiente. Por um lado, não são indicados critérios para determinar quando é que uma pessoa para a ser qualificada como profissional[95]. Por outro lado, propõe-se que seja o próprio contraente a indicar à plataforma se é ou não profissional, o que é problemático, desresponsabilizando-se quase totalmente a plataforma quanto à veracidade da informação prestada.

Em suma, o preenchimento do elemento relacional não implica que o negócio se enquadre na atividade profissional principal da pessoa em causa, podendo tratar-se de uma atividade profissional secundária ou acessória[96], mas pressupõe um mínimo de continuidade no exercício dessa atividade[97].

1.2.3. Alegação e prova da qualificação como consumidor

A qualificação como consumidor é matéria de direito, pelo que não tem de ser alegada (nem, muito menos, provada, porque não é matéria de facto)[98].

O ónus da alegação dos factos que consubstanciam a noção de consumidor, nos casos em que o consumidor pretende exercer os seus direitos enquanto tal, é seu, por se tratar de factos que o direito material consagra como constitutivos do direito que pretende fazer valer, sem prejuízo do dever do juiz de o convidar a completar a sua exposição[99].

Já relativamente ao ónus da prova, este cabe ao consumidor relativamente aos factos, referentes aos elementos indicados, que sustentam a qualificação como consumidor, nomeadamente o "uso não profissional". É no elemento teleológico que, a propósito dos elementos da noção de consumidor relativos a este (excluindo, portanto, o elemento relacional), mais

[95] CHRISTIAN TWIGG-FLESNER, "Bad Hand? The «New Deal» for EU Consumers", 2018, p. 172.

[96] GILLES PAISANT, *Droit de la Consommation*, 2019, p. 24; JOSÉ ENGRÁCIA ANTUNES, *Direito do Consumo*, 2019, p. 60.

[97] DAVID FALCÃO, "Conceito de Consumidor", 2010, p. 152.

[98] JOSÉ ENGRÁCIA ANTUNES, *Direito do Consumo*, 2019, p. 47, n. 87.

[99] MICAEL MARTINS TEIXEIRA, "A Prova no Direito do Consumo: Uma Abordagem Tópica", 2016, p. 142.

provavelmente se poderá colocar a questão da dúvida quanto aos factos que a fundamentam.

Como refere MICAEL MARTINS TEIXEIRA, "segundo o critério da distribuição dinâmica do ónus da prova, este deverá impender sobre o consumidor relativamente aos factos que implicam a verificação dos elementos subjetivo, objetivo e teleológico da noção de consumidor e sobre o (suposto) profissional quanto aos factos que implicam a verificação do elemento relacional da mesma noção"[100]. Com efeito, os elementos relativos ao (hipotético) exercício com caráter profissional de uma atividade económica que vise a obtenção de benefícios não são, em princípio, conhecidos da contraparte, sendo totalmente dominados pelo (suposto) profissional, que assim tem toda a facilidade na prova de que não é profissional (versão factual que o favorece). Pense-se no caso da pessoa que vende uma ou mais coisas através do OLX. A contraparte terá dificuldade em saber se essa pessoa vende coisas com caráter profissional, pois não tem informação sobre o número de coisas vendidas, o volume de negócios, etc.. Já o vendedor tem essa informação disponível, uma vez que lhe diz diretamente respeito, podendo facilmente fornecê-la aos autos.

Imaginemos a situação, relativamente comum, em que fica provado nos autos que o imóvel objeto do contrato de compra e venda ou de empreitada se destina à habitação do comprador ou dono da obra e que o vendedor ou empreiteiro é profissional. Neste caso, deve aplicar-se o regime de direito do consumo[101], mesmo que a qualificação como consumidor não tenha sido alegada. Em casos como os deste exemplo, os nossos tribunais aplicam, por vezes, infelizmente, o regime geral sem chegar a discutir a questão[102].

O Ac. do TJUE, de 4/6/2015, aponta claramente neste sentido, determinando que o tribunal "está obrigado, sempre que disponha dos elementos de direito e de facto necessários para tal ou deles possa dispor mediante mero pedido de esclarecimento, a verificar se o comprador pode ser qualificado de consumidor [...], ainda que este não tenha expressamente invocado essa qualidade".

100 MICAEL MARTINS TEIXEIRA, "A Prova no Direito do Consumo: Uma Abordagem Tópica", 2016, p. 149. Subscrevendo este entendimento, v. Ac. do TRG, de 2/5/2019.

101 Ac. do TRG, de 14/4/2016.

102 Ac. do TRP, de 8/5/2014. V., também, Ac. do TRC, de 27/5/2014; Ac. do TRE, de 29/1/2015; Ac. do TRG, de 25/5/2016.

A referência a um pedido de esclarecimento aponta, no direito português, para a aplicação dos arts. 7º e 590º-2 do CPC (princípio da cooperação)[103].

Esta solução deve ser igualmente aplicada no âmbito da resolução alternativa de litígios de consumo, considerando-se a entidade de RALC competente se tiver os elementos necessários para a qualificação do reclamante como consumidor. No caso de ter dúvidas sobre essa qualificação, deve solicitar ao reclamante os esclarecimentos necessários para uma análise adequada da situação. Em princípio, num processo de mediação, a investigação poderá não ser tão intensa, uma vez que, pela sua própria natureza, não é tão relevante a prova dos factos subjacentes ao litígio, centrando-se a negociação assistida pelo mediador essencialmente nos interesses das partes e na tentativa da obtenção de um acordo. Já no que diz respeito à arbitragem, a qualificação como consumidor definirá, em regra[104], a competência do tribunal, afetando, portanto, os seus poderes jurisdicionais[105].

1.3. Multidisciplinaridade e autonomia científica

A natureza jurídica do direito do consumo é controversa.

A própria designação é problemática. Em Portugal, a discussão situa-se em torno das designações direito do consumo[106] e direito do consumidor[107]. Opta-se pela primeira, objetiva, relevando, no essencial, o ato de

[103] MICAEL MARTINS TEIXEIRA, "A Prova no Direito do Consumo: Uma Abordagem Tópica", 2016, p. 142. Segundo este autor (p. 143), o juiz deve mesmo, se for necessário, recorrer "aos mecanismos de produção de prova por sua iniciativa que a lei processual lhe atribui, no âmbito do dever de inquisitoriedade do julgador, constante do art. 411º do CPC". Assinalamos como muito positivo que a doutrina portuguesa faça atualmente referência a esta possibilidade: JOSÉ ENGRÁCIA ANTUNES, *Direito do Consumo*, 2019, p. 51.

[104] JORGE MORAIS CARVALHO, JOÃO PEDRO PINTO-FERREIRA e JOANA CAMPOS CARVALHO, *Manual de Resolução Alternativa de Litígios de Consumo*, 2017, pp. 45 a 49.

[105] Sobre as entidades portuguesas de RALC: JORGE MORAIS CARVALHO, "As Entidades de Resolução Alternativa de Litígios de Consumo", 2018.

[106] LUÍS MENEZES LEITÃO, "O Direito do Consumo", 2002; CARLOS FERREIRA DE ALMEIDA, *Direito do Consumo*, 2005, p. 52; ANTÓNIO MENEZES CORDEIRO, "Da Natureza Civil do Direito do Consumo", 2005; PEDRO ROMANO MARTINEZ, "Anteprojecto do Código do Consumidor", 2006, p. 59; ADELAIDE MENEZES LEITÃO, "A Publicidade no Anteprojecto do Código do Consumidor", 2006, p. 136.

[107] JORGE PATRÍCIO PAÚL, "Concorrência Desleal e Direito do Consumidor", 2005, p. 107; CARLOS ALBERTO DA MOTA PINTO, ANTÓNIO PINTO MONTEIRO e PAULO MOTA PINTO, *Teoria Geral do Direito Civil*, 2005, p. 54; ANTÓNIO PINTO MONTEIRO, "Sobre o Direito do

consumo. A segunda centra-se na figura do consumidor, tendo, portanto, um caráter essencialmente subjetivo.

Uma das caraterísticas principais do direito do consumo, que ninguém coloca em causa[108], é a sua multidisciplinaridade[109]. Além de ultrapassar as fronteiras do direito[110], integra normas de vários ramos e tem afinidade com outros[111].

O direito civil constitui, no entanto, a sede principal do direito do consumo[112], devendo realçar-se igualmente que uma parte das normas que se insere noutros ramos do direito acaba por ter um caráter instrumental em relação ao direito civil do consumo. Assim, o direito administrativo do consumo regula, no essencial, a organização e o funcionamento das instituições que têm por fim a promoção e a defesa dos direitos dos consumidores, analisando e controlando a aplicação da legislação[113]; o direito penal (e contraordenacional) contém regras relativas a um dos meios de punição dos agentes que incumprem a legislação de direito do consumo; o direito processual civil do consumo preocupa-se, em especial, com o acesso do consumidor à justiça, individual e coletivamente[114], judicial e extrajudicialmente, permitindo que os direitos que lhe são atribuídos possam ser,

Consumidor em Portugal e o Anteprojecto do Código do Consumidor", 2006, p. 38; José de Oliveira Ascensão, "Direito Civil e Direito do Consumidor", 2008, p. 167; David Falcão, *Lições de Direito do Consumo*, 2019, p. 15.

108 Gilles Paisant, *Défense et Illustration du Droit de la Consommation*, 2015, p. 122.

109 João Calvão da Silva, *Responsabilidade Civil do Produtor*, 1990, pp. 67 a 69; António Pinto Monteiro, "Do Direito do Consumo ao Código do Consumidor", 1999, p. 212; Carlos Alberto da Mota Pinto, António Pinto Monteiro e Paulo Mota Pinto, *Teoria Geral do Direito Civil*, 2005, p. 54; Adelaide Menezes Leitão, "Tutela do Consumo e Procedimento Administrativo", 2005, p. 121; Nuno M. P. Ribeiro Coelho, "O Consumidor e a Tutela do Consumo no Âmbito do Crédito ao Consumo", 2005, p. 79.

110 José Cunha Rodrigues, "As Novas Fronteiras dos Problemas de Consumo", 1999, p. 46.

111 António Pinto Monteiro, "O Papel dos Consumidores na Política Ambiental", 1996, p. 386.

112 Ewoud Hondius, "Consumer Law and Private Law: Where the Twains Shall Meet", 1997, p. 327; António Menezes Cordeiro, *Tratado de Direito Civil Português*, Vol. I, Tomo I, 2005, p. 209; Nuno Aureliano, *O Risco nos Contratos de Alienação*, 2009, p. 374; Raúl Carlos de Freitas Rodrigues, *O Consumidor no Direito Angolano*, 2009, p. 175.

113 Considerando que "o direito do consumo é essencialmente um sector do direito admnistrativo": Antunes Varela, "Direito do Consumo", 1999, p. 397.

114 Margarida Paz, "Ações Inibitórias e Ações Coletivas", 2017.

na prática, exercidos, mas também, de forma crescente, com a questão do sobreendividamento e da insolvência dos consumidores[115].

No âmbito do direito civil, o direito do consumo integra-se com naturalidade no âmbito das normas que regulam o negócio jurídico e, em especial, o contrato (inseridas nas disciplinas tradicionais de teoria geral do direito civil, direito das obrigações e direito dos contratos)[116], não obstante também existirem normas relevantes em matéria, por exemplo, de responsabilidade civil extracontratual.

O caráter multidisciplinar do direito do consumo é normalmente apontado como argumento no sentido da sua não autonomia científica[117]. Deve também acrescentar-se que a insuficiência das normas que regulam especificamente as relações de consumo leva a que seja muitas vezes necessário recorrer a outros ramos do direito.

Considera-se igualmente que o simples princípio da proteção do consumidor, como parte mais fraca, não constitui uma referência universalizável caraterizadora das normas de consumo ou, constituindo, não é suficiente para justificar a autonomia do direito do consumo[118]. Argumenta-se também no sentido de que esta matéria deve ser generalizada e integrada no direito civil geral[119].

No sentido contrário, vários autores defendem a autonomia do direito do consumo, justificando-a com base na circunstância de as suas normas terem a finalidade de proteção da parte mais fraca (o consumidor), em paralelo com outros ramos do direito, como o direito do trabalho[120]. Este aspeto é especialmente visível no Brasil, com referência a um princípio da *vulnerabilidade*, expressamente consagrado no art. 4º do Código de Defesa do Consumidor, que norteia todo o direito do consumo[121]. Uma distin-

[115] Jorge Morais Carvalho e João Pedro Pinto-Ferreira, "A Guide to Consumer Insolvency Proceedings in Europe – Portugal", 2019.

[116] José de Oliveira Ascensão, "Direito Civil e Direito do Consumidor", 2008, p. 177.

[117] Carlos Ferreira de Almeida, *Direito do Consumo*, 2005, p. 81; António Menezes Cordeiro, *Tratado de Direito Civil Português*, Vol. I, Tomo I, 2005, p. 209.

[118] Carlos Ferreira de Almeida, *Os Direitos dos Consumidores*, 1982, p. 232. Gilles Paisant, *Défense et Illustration du Droit de la Consommation*, 2015, p. 128, defende que, apesar de ter uma especificidade (a proteção da parte mais fraca), o direito do consumo não é autossuficiente.

[119] José de Oliveira Ascensão, "Direito Industrial e Consumidor", 2008, p. 81.

[120] Luís Menezes Leitão, "O Direito do Consumo", 2002, p. 25.

[121] Júlio Moraes Oliveira, *Curso: Direito do Consumidor Completo*, 2014, p. 58; Leonardo de Medeiros Garcia, *Código de Defesa do Consumidor Comentado*, 2017, p. 57. Marcos

ção entre consumidores é depois feita, no Brasil, de forma crescente, com recurso ao conceito de *hipervulnerabilidade*[122]. O consumidor *hipervulnerável* é, neste contexto, aquele que necessita de especial proteção, sendo normalmente identificado por referência a uma categoria (criança, deficiente, idoso, etc.).

Refere-se igualmente, no sentido da autonomia do direito do consumo, a existência de uma intencionalidade própria[123] e de um conjunto de normas jurídicas coeso, coerente e harmónico[124].

A questão da autonomia científica do direito do consumo não tem uma resposta clara. No entanto, a conclusão no sentido de que não constitui um ramo autónomo do direito não implica que não se possa falar de relações de consumo ou de contratos de consumo, atribuindo-lhes caraterísticas próprias[125]. Ou seja, o estudo da problemática do consumo, na ótica do direito, não está diretamente relacionado com a consagração do direito do consumo como ramo autónomo[126].

1.4. Fundamentos, tendências e desafios

A relevância do conjunto de normas que se ocupa das relações de consumo não é posta em causa por ninguém, quer nos países com um nível de desenvolvimento económico médio ou elevado quer nos países com um menor poder de compra, em que se salienta a necessidade acrescida de regulação da qualidade dos bens e serviços[127].

CATALAN, *O Direito do Consumidor em Movimento*, 2017, p. 98, salienta a sua força normativa. A propósito desta questão, na Argentina, v. JORGE MORAIS CARVALHO e ARAYA ALICIA ESTANCONA PÉREZ, "Análisis del Anteproyecto de Ley de Defensa del Consumidor a la Luz del Derecho Europeo: Conceptos, Principios y Régimen de Responsabilidad por Daños", 2019, p. 762. JOSÉ ENGRÁCIA ANTUNES, *Direito do Consumo*, 2019, p. 32, defende que "está por demonstrar que a vulnerabilidade seja (...) uma condição intrínseca da generalidade dos consumidores".

122 CRISTIANO HEINECK SCHMITT, *Consumidores Hipervulneráveis*, 2014, p. 217.

123 DANTE D. RUSCONI, "Esencia del Derecho del Consumidor", 2009, p. 3.

124 JORGE PEGADO LIZ, *Introdução ao Direito e à Política do Consumo*, 1999, p. 290.

125 JOSÉ CUNHA RODRIGUES, "As Novas Fronteiras dos Problemas de Consumo", 1999, p. 50.

126 GILLES PAISANT, *Défense et Illustration du Droit de la Consommation*, 2015, p. 133.

127 GILLES PAISANT, *Défense et Illustration du Droit de la Consommation*, 2015, p. 27.

1.4.1. Fundamentos

Os fundamentos tradicionalmente apontados para a aprovação dessas normas não variam muito, assentando, no essencial, na necessidade de proteção do consumidor, em virtude da existência de uma relação desequilibrada entre consumidor e profissional[128], por se pressupor que este último dispõe, por um lado, de mais e melhor informação – não só técnica, mas também jurídica – no que respeita ao negócio em causa e, por outro lado, de uma capacidade financeira superior.

Note-se que esse desequilíbrio não constitui pressuposto para a qualificação, em concreto, de alguém como consumidor[129].

Deve incluir-se também entre os fundamentos do direito do consumo a proteção do mercado[130]. Um dos principais objetivos da legislação de consumo passa por estimular a confiança do consumidor para que este adquira mais bens e serviços[131], apontando-se o consumo como um impor-

[128] JORGE PEGADO LIZ, *Introdução ao Direito e à Política do Consumo*, 1999, p. 294; JEAN CALAIS-AULOY e FRANK STEINMETZ, *Droit de la Consommation*, 2006, p. 1; GILLES PAISANT, *Défense et Illustration du Droit de la Consommation*, 2015, p. 39.

[129] Como refere VANESSA MAK, "The Consumer in European Regulatory Private Law", 2015, p. 2, "a «imagem» do consumidor na lei é uma imagem ficcionada", acrescentando que, "para a lei, o confiante Ulisses de Homero é tratado da mesma forma do que o menos sofisticado Homer Simpson". Parecendo criticar esta opção, embora de forma algo enigmática, JOSÉ ENGRÁCIA ANTUNES, *Direito do Consumo*, 2019, p. 81, defende que "as fronteiras entre o consumidor débil e o consumidor sonso ou finório nas atuais sociedades de consumo são cada vez mais ténues e difíceis de traçar com rigor".

[130] Contra, defendendo que o fundamento consiste apenas no desequilíbrio entre consumidor e profissional, v. JOSÉ ENGRÁCIA ANTUNES, *Direito do Consumo*, 2019, p. 27, n. 35, que considera que a proteção do mercado constitui "uma finalidade meramente indireta ou reflexa".

[131] CARLOS FERREIRA DE ALMEIDA, "A Crise do Direito do Consumo", 2013, p. 217; ANTÓNIO PINTO MONTEIRO, "O Direito do Consumidor em Debate: Evolução e Desafios", 2016, p. 25. Segundo JOSÉ DE OLIVEIRA ASCENSÃO, "Direito Autoral e Direito do Consumidor", 2016, p. 38, a visão norte-americana do direito do consumo "protege diretamente o mercado e só mediatamente o consumidor". JOSÉ MIGUEL JÚDICE, "Regime da Responsabilidade Objetiva do Produtor", 2016, p. 212, refere que "o fim das ideologias tradicionais substituiu os partidos de produtores com eleitorados relativamente estáveis por um conjunto de partidos que se dirigem apenas ao que em nós é consumidor. A política passou a fazer-se nos supermercados onde antes se fazia nas fábricas, nos campos, nos escritórios e nas lojas comerciais". Noutra perspetiva, MÁRIO TENREIRO, "O Consumidor como Artesão de um Novo Paradigma Político", 2016, p. 406, defende que o cidadão "pode, cansado e desiludido da política, baixar os braços e resignar-se a levar a sua cruz e deixar o mundo levar a sua. Mas quer queira quer

tante fator de crescimento económico. Os custos associados às normas de proteção dos consumidores, que aumentam em regra na proporção do aumento da proteção[132], tendem a favorecer as grandes empresas, em detrimento das de menor dimensão, uma vez que aquelas têm maior capacidade de adaptação e resistência a eventuais reduções nas margens de lucro. A proteção do consumidor pode ser um fator de competição entre empresas[133].

1.4.2. Tendências

Na sequência da crise económica de 2008, que ainda atinge os Estados onde o sucesso do direito do consumo tem sido mais intenso ao longo das últimas décadas, "o consumo tem estado no núcleo do furação"[134], primeiro devido ao aumento descontrolado do crédito e do consumo, seguido da sua redução abrupta.

Além de um claro "défice de aplicação prática"[135] das normas de direito do consumo, pode observar-se, nos últimos anos, um fenómeno de estagnação, ou até uma diminuição, do nível de proteção dos consumidores.

A nível europeu, a tendência de adoção de diretivas de harmonização máxima[136] constitui um bom exemplo de que a proteção do mercado prevalece atualmente sobre a proteção do consumidor. Por exemplo, na transposição da Diretiva relativa aos Direitos dos Consumidores, a Áustria teve de revogar uma norma que determinava que o prazo para o exercício do direito de arrependimento apenas começava a contar a partir do momento

não, pelo seu comportamento enquanto consumidor, ele está constantemente a contribuir para dar forma ao mundo. [...] Sendo todos consumidores, com o nosso modo de consumo, com as nossas escolhas do dia a dia enquanto consumidores, nós estamos, quer queiramos quer não, a fazer política, a contribuir para perpetuar certas formas político económicas ou, ao contrário, a dar um empurrão ao nascimento de outros modos de viver, um empurrão para sair do paradigma dominante".

132 António Menezes Cordeiro, "A Tutela do Consumidor de Produtos Financeiros", 2012, p. 53.

133 Cristina Torres, "MEO – O Direito do Consumo e as Empresas: A Proteção dos Consumidores como Fator Competitivo", 2016.

134 Carlos Ferreira de Almeida, "A Crise do Direito do Consumo", 2013, p. 216.

135 Gilles Paisant, *Défense et Illustration du Droit de la Consommation*, 2015, p. 257.

136 Carlos Ferreira de Almeida, "O Futuro do Direito do Consumo na Crise Económica Global", 2014, p. 37; Maria Raquel Guimarães, "A Protecção do Consumidor na União Europeia entre o Universalismo e a Fragmentação", 2017, p. 712.

da receção da primeira fatura pelo consumidor[137]. Recentemente, a aposta tem incidido também em instrumentos opcionais que visam a uniformização dos níveis de proteção, como a Proposta de Regulamento relativo a um direito europeu comum da compra e venda, que não afetam a autonomia privada e o mercado livre[138].

A nível interno, alguns diplomas apontam igualmente no sentido de um retrocesso. Por exemplo, a Lei 58/2012, que cria um regime extraordinário de proteção de devedores de crédito à habitação em situação económica muito difícil[139], tem requisitos de tal forma exigentes[140] que parece ter sido adotada com o objetivo de travar uma (mais imaginada do que real) tendência da jurisprudência no sentido de permitir a dação em cumprimento do imóvel pelo mutuário[141]. Também a Lei 10/2013, que alterou vários diplomas e regula a suspensão e a extinção dos contratos de prestação de serviços de comunicações eletrónicas, criada aparentemente com o enigmático objetivo de "atribuir maior eficácia à proteção do consumidor", consagra um regime incompreensível, que pouco ou nada resolve no que respeita à acumulação de dívidas pelos utentes (o seu verdadeiro objetivo) e ainda obriga o profissional a não prestar o serviço em caso de falta de pagamento, apesar de poder exigir o preço, se existir período de fidelização[142]. A Lei 47/2014, na parte em que alterou o DL 24/2014

[137] MARCO LOOS, "Implementation of CRD (Almost) Completed, Harmonisation Achieved?", 2014, p. 214. GILLES PAISANT, *Défense et Illustration du Droit de la Consommation*, 2015, pp. 93 e 94, refere outros exemplos de regras de diretivas de harmonização máxima menos favoráveis ao consumidor do que o regime nacional anterior, em especial tendo como referência o direito francês.

[138] STEFANO PELLEGRINO, "Branding Pro-Consumer Contracts: Developing New Consumer Protection Technique in Light of the CESL Proposal", 2015, p. 6.

[139] Este diploma aponta provavelmente no sentido de que estamos mesmo a caminhar para "um direito dos pobres": CARLOS FERREIRA DE ALMEIDA, "A Crise do Direito do Consumo", 2013, p. 222; CARLOS FERREIRA DE ALMEIDA, "Presságios sobre o Direito do Consumo", 2016, p. 133.

[140] ANA SOFIA CARVALHO e MARIANA PINHEIRO DE ALMEIDA, "A Dignidade da Pessoa Humana e o Consumidor Sobre-Endividado", 2016, pp. 82 e 83, referem a "dificuldade de o cliente bancário reunir todos os pressupostos necessários à sua integração neste tipo de procedimento".

[141] JORGE MORAIS CARVALHO, "Crise e Consumo", 2014, pp. 109 e 110; ANDREIA ENGENHEIRO, *O Crédito Bancário: A Prevenção do Risco e Gestão de Situações de Incumprimento*, 2015, pp. 78 a 80.

[142] JORGE MORAIS CARVALHO, "Crise e Consumo", 2014, p. 111.

(regime dos contratos celebrados à distância e fora do estabelecimento), pouco mais de um mês depois de este ter entrado em vigor, também veio diminuir o nível de proteção do consumidor (e previsivelmente aumentar a conflituosidade entre consumidores e empresas), na medida em que, entre outros aspetos, excluiu o requisito de forma escrita da aceitação no contrato celebrado na sequência de contacto telefónico "nos casos em que o primeiro contacto telefónico seja efetuado pelo próprio consumidor". O mesmo se pode concluir do DL 205/2015, que alterou o DL 57/2008 (regime das práticas comerciais desleais), tendo deixado de ser considerada desleal em qualquer circunstância a prática comercial que consiste em fazer arredondamentos em alta do preço ou de outros elementos relevantes para o seu cálculo.

A principal tendência dos últimos anos, no que respeita ao direito do consumo e, em especial, aos contratos de consumo, está relacionada com tudo o que gira em torno do mercado digital, o que justifica o seu tratamento autónomo nesta introdução.

1.4.3. Desafios do mercado digital para os contratos de consumo[143]

O Mercado Único Digital é uma das prioridades da União Europeia para os próximos anos[144], levantando novos problemas no domínio do direito dos contratos, em particular no que respeita aos contratos de consumo.

A principal questão a que será necessário dar resposta nos próximos anos consiste em saber se as atuais regras são suficientes para regular os contratos que resultam da revolução tecnológica e digital em curso, o que pressupõe a sua flexibilidade[145], ou se, pelo contrário, novas regras terão de ser adotadas para regular uma nova realidade[146]. O "Novo Acordo para

[143] Jorge Morais Carvalho, "Desafios do Mercado Digital e a Proteção do Consumidor na União Europeia e em Portugal", 2017; Jorge Morais Carvalho, "Desafios do Mercado Digital para o Direito do Consumo", 2018; Jorge Morais Carvalho, "O Direito Civil e o Direito do Consumo: Os Desafios do Mercado Digital", 2018.

[144] Para um breve balanço dos primeiros dois anos após a apresentação da estratégia para o Mercado Único Digital, na perspetiva da Comissão Europeia, v. Andrus Ansip, "The Digital Single Market Strategy Two Years On", 2017. O assunto está a ser acompanhado, em Portugal, em particular, pela Direção-Geral do Consumidor: Teresa Moreira, "Novos Desafios para a Contratação à Distância – A Perspetiva da Defesa do Consumidor", 2015, p. 25.

[145] Alberto De Franceschi, "European Contract Law and the Digital Single Market", 2016, p. 17.

[146] Christian Twigg-Flesner, "Disruptive Technology – Disrupted Law?", 2016, p. 27.

os Consumidores" (*New Deal for Consumers*), apresentado pela Comissão Europeia a 11 de abril de 2018, já parecia apontar no sentido de que, a nível europeu, se iria optar por uma perspetiva minimalista, adaptando apenas as regras já existentes[147]. A Diretiva 2019/2161, publicada no final de 2019, confirma esta ideia.

Tratamos neste ponto, sucessivamente, de sete desafios lançados ao direito do consumo, nos últimos anos, pelo mercado digital: *big data*; *Internet of things*; *blockchain*, criptomoedas e *smart contracts*; dados pessoais como contraprestação; plataformas digitais; conteúdos e serviços digitais; impressoras 3D.

Estas são apenas algumas das questões colocadas pelo mercado digital, sendo que, provavelmente, enquanto estiver a ler estas páginas, um novo desafio terá nascido para o direito do consumo no ambiente digital.

1.4.3.1. *Big data*

Começa-se por assinalar a influência dos *big data* (megadados) na contratação.

Esta realidade consubstancia-se na rápida recolha, armazenamento e tratamento automatizado de um conjunto enorme e variado de dados e permite uma cada vez maior personalização da oferta de bens e serviços[148].

A informação circula na Internet, principal fonte de *big data*, sendo introduzida, consciente ou inconscientemente, pelos utilizadores através de dispositivos variados[149]. Nos últimos anos, tem-se assistido a uma massificação da utilização de *smartphones*, com cada vez mais funcionalidades[150], o que aumenta exponencialmente a quantidade de dados transmitida e torna ainda mais frequente, em relação ao computador, a interação entre o utilizador e a tecnologia que gere esses dados[151]. A informação em causa

[147] Christian Twigg-Flesner, "Bad Hand? The «New Deal» for EU Consumers", 2018, p. 167.

[148] Manuel David Masseno, "On the Relevance of *Big Data* for the Formation of Contracts Regarding *Package Tours* or *Linked Travel Arrangements*", 2016, p. 8; Ana Alves Leal, "Aspetos Jurídicos da Análise de Dados na Internet (*Big Data Analytics*) nos Setores Bancário e Financeiro", 2017, p. 85.

[149] Ana Alves Leal, "Aspetos Jurídicos da Análise de Dados na Internet (*Big Data Analytics*) nos Setores Bancário e Financeiro", 2017, p. 81.

[150] Paula Ribeiro Alves, "Os Desafios Digitais no Mercado Segurador", 2017, p. 34.

[151] Já se está a evoluir dos *smartphones* para dispositivos ainda mais próximos do nosso corpo (*wearables*). Assim, as pulseiras ou monitores de atividade, como a Fitbit, podem gerar e

resulta da navegação que é feita em páginas, das pesquisas em motores de buscas ou em programas ou aplicações, da própria utilização desses programas ou aplicações, do comportamento em redes sociais e de muitas outras ações e omissões quando estamos *online*, tudo isto podendo ser relacionado com o espaço (localização do utilizador) e o tempo (por exemplo, o dia da semana ou a hora).

O tratamento dos *big data* pode ser totalmente automatizado, sendo os modelos de análise construídos por algoritmos[152]. As técnicas de *machine learning* permitem que os computadores recolham os dados diretamente de outros computadores, sem intervenção humana, aprendendo uns com os outros a forma mais eficaz de proceder ao seu tratamento, tendo em conta os objetivos previamente definidos[153].

É possível, mesmo sem utilizar informação específica relativa a uma determinada pessoa, prever o comportamento dessa mesma pessoa com base no comportamento de pessoas com as mesmas caraterísticas. Por exemplo, os *big data* podem indicar que um anúncio colocado no Facebook tem um impacto X nas pessoas que residem em determinado local, acedem à Internet a determinada hora e gostam de determinada página.

Isto permite, com uma exatidão nunca antes conseguida, antecipar o comportamento de pessoas que correspondem a determinadas caraterísticas e, com base em dados a elas relativos, orientar a informação transmitida.

Pode conceber-se a hipótese de, entre outros aspetos, a proposta contratual dirigida à pessoa A relativa a um determinado bem ou serviço ter cláusulas diferentes da proposta dirigida, quanto ao mesmo bem ou serviço, à pessoa B, por se saber que aquela tem tendencialmente mais interesse em celebrar o contrato. Esta personalização da proposta contratual pode levar até a que o preço relativo a um mesmo bem ou serviço seja dife-

transmitir informação a cada respiração. Os *smartwatches* conjugam já estas funções num só dispositivo. Não tardará, certamente, a que seja possível termos um *chip* incorporado, tornando-nos, então, provavelmente, *smartpeople*. Sobre a *Internet of Things*, v. *infra* 1.4.3.2.

[152] Ana Alves Leal, "Aspetos Jurídicos da Análise de Dados na Internet (*Big Data Analytics*) nos Setores Bancário e Financeiro", 2017, p. 82.

[153] Segundo uma notícia publicada em agosto de 2017 (http://bit.ly/2ve4bzT), a Facebook teve de desligar dois robôs de inteligência artificial, programados para imitar a negociação comercial entre seres humanos, depois de estes terem inventado uma linguagem própria para comunicarem entre si, deixando a conversa de ser compreensível para os programadores. É difícil prever até onde poderá chegar a inteligência artificial e, em especial, que efeitos poderá ter para os contratos de consumo.

rente, no mesmo momento, em função do destinatário[154]. Nota-se que a Diretiva 2019/2161 vem admitir a prática que consiste na personalização de preços com base numa decisão automatizada, desde que o consumidor seja informado.

Outra hipótese é a personalização de bens e serviços. Num exemplo simples, cruzando a data de nascimento e as páginas consultadas por uma pessoa com o tráfego geral em determinada página (ou páginas), pode ser emitida uma proposta relativa à camisola do clube dessa pessoa, com uma imagem do número nas costas correspondente ao ano de nascimento ou à idade[155].

Os *big data* revolucionam igualmente a contratação sempre que esta esteja (fundamentalmente) associada a uma análise de risco, como sucede nos contratos de seguro. A possibilidade de se fazer uma análise de risco totalmente individualizada poderá ter como consequência limitar ou restringir ainda mais o acesso a determinados bens e serviços por parte de muitos consumidores.

1.4.3.2. *Internet of things*

A *Internet of things* (Internet das Coisas) também constitui um desafio para o direito dos contratos em geral e para o direito do consumo em particular, na medida em que permite uma contratação cada vez mais automatizada.

A *Internet of things* consiste na ligação das coisas, como roupa e acessórios, eletrodomésticos ou meios de transporte, entre muitos outros, à Internet, garantindo uma gestão inteligente (*smart*) dessas coisas[156]. É muito provável que, em breve, a maioria das coisas venha a estar ligada[157]. A relação com os *big data* (resultante da transmissão da informação e do seu tratamento automatizado) torna-a um instrumento poderoso[158] na contratação.

[154] Sobre a diferença entre a *fixação de preços dinâmica* e a *fixação de preços personalizada* e os diferentes desafios que levantam: Tim Walker, "How Much...? The Rise of Dynamic and Personalised Pricing", 2017.

[155] Acentuando a relevância da personalização da mensagem, numa perspetiva de marketing e de publicidade, em especial tendo em conta o impacto dos pequenos ecrãs, como *smartphones* ou *tablets*, nas decisões do consumidor, v. Maria Beatriz Botão Alves, *Mensagem Publicitária da iEra nos Pequenos Ecrãs em Conexão com o Consumidor*, 2014, p. 31.

[156] A *Internet of Things* já está a evoluir para a *Internet of Everything* (Internet de Tudo), que consiste na conexão em rede de pessoas, processo, dados e coisas.

[157] Christiane Wendehorst, "Consumers and the Data Economy", 2017, p. 1.

[158] Hélder Frias, "A Internet de Coisas (*IoT*) e o Mercado Segurador", 2017, p. 221.

Num já clássico exemplo, sem relevância contratual, podemos perguntar de que forma um *self-driving car* deve estar programado perante a situação em que uma criança aparece à sua frente, sendo a única hipótese para não a atropelar o embate num muro que porá em perigo a vida dos seus ocupantes.

Com relevância contratual, podemos pensar no frigorífico da nossa casa que, tendo a informação de que já só há um iogurte, contacta diretamente um supermercado *online*, encomendando mais iogurtes.

À partida, pelo menos no estado atual de evolução tecnológica, não se pode concluir que estes contratos sejam celebrados entre coisas. As coisas são programadas por pessoas para a emissão de declarações contratuais e estas são-lhes, portanto, imputáveis.

Já o art. 33º do DL 7/2004, que regula o comércio eletrónico, estabelece, desde há mais de dez anos (uma eternidade, neste domínio), que "à contratação celebrada exclusivamente por meio de computadores, sem intervenção humana, é aplicável o regime comum, salvo quando este pressupuser uma atuação", sendo "aplicáveis as disposições sobre erro [...] na formação da vontade, se houver erro de programação, [...] na declaração, se houver defeito de funcionamento da máquina [... ou] na transmissão, se a mensagem chegar deformada ao seu destino", não podendo a outra parte "opor-se à impugnação por erro sempre que lhe fosse exigível que dele se apercebesse, nomeadamente pelo uso de dispositivos de deteção de erros de introdução".

Será que os deveres de informação pré-contratual, por exemplo, são, nestes contratos, transmitidos pelo profissional ao consumidor, em tempo útil, antes da celebração do contrato, de forma clara e compreensível, como exige o art. 4º do DL 24/2014, que regula os contratos celebrados à distância?

Caminha-se no sentido da consultoria automática[159], centrada em robôs e em algoritmos, com reduzida intervenção humana (ou mesmo sem intervenção humana), o que pode aumentar a qualidade da informação prestada, quer em termos formais quer em termos materiais, centrando-se no que é mais relevante para a contraparte.

A *Internet of things*, em especial pelos *big data* que dela resultam, pode também revolucionar as várias fases do *iter* contratual, ainda que os con-

[159] No que respeita à consultoria financeira, v. A. Barreto Menezes Cordeiro, "Inteligência Artificial e Consultoria Robótica", 2017.

tratos não sejam celebrados automaticamente. Por exemplo, no setor dos seguros, em particular no ramo automóvel, fala-se já de UBI (*Usage Based Insurance*) e de PHYD (*Pay How You Drive*) para designar os seguros em que o preço varia em função da quantidade e da qualidade da circulação, fatores que apenas podem ser medidos eficazmente com a integração de computadores nos carros[160]. Em caso de sinistro, esse computador também poderá ajudar a explicar o que aconteceu, indicando se o condutor do veículo é o responsável pelo acidente[161]. Já estão a ser experimentados modelos de negócio, noutros ramos do mercado de seguros, associados à concessão de descontos no prémio no caso de o segurado utilizar, em permanência, um dispositivo que permita monitorizar a sua atividade e o seu ritmo cardíaco[162].

1.4.3.3. *Blockchain*, criptomoedas e *smart contracts*

As criptomoedas, como a bitcoin[163], são moedas eletrónicas ou digitais, sem controlo centralizado (*peer-to-peer*), que se caraterizam, para garantia de segurança, pela utilização da criptografia, ou seja, a transformação de informação legível em informação ilegível, que só pode lida por quem tiver autorização para o efeito.

É utilizada a tecnologia *blockchain* (cadeia de blocos, em português)[164], que permite o registo das transações em bases de dados distribuídas, ou seja, descentralizadas, disponíveis *online*, embora de forma anónima, sem identificação das carteiras virtuais como pertencendo a utilizadores individuais[165].

[160] Paula Ribeiro Alves, "Os Desafios Digitais no Mercado Segurador", 2017, pp. 41 e 46 a 48.

[161] Paula Ribeiro Alves, "Os Desafios Digitais no Mercado Segurador", 2017, p. 46 (referindo-se à "caixa negra de um veículo").

[162] Hélder Frias, "A Internet de Coisas (*IoT*) e o Mercado Segurador", 2017, p. 227.

[163] A bitcoin consiste num esquema apresentado pela primeira vez no seguinte texto (autor ou autores até hoje não identificados): Satoshi Nakamoto, *Bitcoin: A Peer-to-Peer Electronic Cash System*, 2008.

[164] Francisco Mendes Correia, "A Tecnologia Descentralizada de Registo de Dados (*Blockchain*) no Sector Financeiro", 2017, pp. 70 e 71.

[165] Sobre as criptomoedas e, em especial, a bitcoin, v. Björn Segendorf, "What is Bitcoin?", 2014.

Independentemente dos riscos que lhes possam estar associados, em especial ao nível da proteção do consumidor[166], as criptomoedas constituem um meio de pagamento[167], pelo que, se as partes estipularem nesse sentido, devem ser consideradas, para este efeito, como qualquer outra moeda[168], como contraprestação, qualificável como preço. Os contratos de consumo em que o consumidor se compromete a pagar com criptomoeda são, assim, contratos onerosos, podendo, por exemplo, ser qualificados, para todos os efeitos, como contratos de compra e venda, aplicando-se, entre outros, o DL 67/2003.

Os *smart contracts* são contratos automáticos, sem intervenção humana no momento do cumprimento, que se autoexecutam através de códigos de programação (que substituem, mais enquanto imagem do que na realidade, a linguagem jurídica)[169]. Utilizam, tal como as criptomoedas, a tecnologia *blockchain*. Estes contratos podem ser contratos de consumo, caso em que se aplicam, à partida, as normas de direito do consumo.

[166] Björn Segendorf, "What is Bitcoin?", 2014, p. 71; Olavo Figueiredo Cardoso Junior e Mariana Ribeiro Santiago, "Criptomoedas à Luz da Globalização e seu Enquadramento no Âmbito do Direito das Relações de Consumo", 2018, p. 125.

[167] Björn Segendorf, "What is Bitcoin?", 2014, p. 72; Madalena Narciso, "Consumer Expectations in Digital Content Contracts", 2017, pp. 2 e 3.

[168] Milton Barossi-Filho e Rachel Sztajn, "Natureza Jurídica da Moeda e Desafios da Moeda Virtual", 2015, p. 1689, consideram que "a bitcoin não é moeda, mas meio de troca, cuja função primordial é evitar custos". David Yermack, "Is Bitcoin a Real Currency?", 2013, pp. 9 a 16, explica as razões pelas quais a bitcoin não pode ser considerada uma moeda, tal como este conceito é entendido. Como sucede em relação a grande parte dos desafios recentes do mercado digital, a realidade está a desafiar os conceitos tradicionais, podendo (ou não) vir a gerar mudanças na sua caraterização, análise que tem de ser feita casuisticamente. A questão é também filosófica. Ole Bjerg, "How is Bitcoin Money?", 2016, p. 53, refere que "a bitcoin é um sistema de pagamento eletrónico *peer-to-peer* que opera como uma moeda independente", representando "um desafio ideológico para as formas convencionais de dinheiro, na medida em que, não só provoca crenças sedimentadas sobre o dinheiro, mas também expõe as formas de exploração, risco e até violência inerentes ao sistema existente". Neste sentido, Paulo Duarte, "Obrigações de Dinheiro (Obrigações Monetárias) e Obrigações de Bitcoins", 2018, p. 377, defende que "o Bitcoin e outras criptomoedas baseadas em algoritmos e protocolos semelhantes são dinheiro tal qual o são as chamadas moedas tradicionais de matriz estatal".

[169] Rolf H. Weber, "Liability in the Internet of Things", 2017, p. 209.

1.4.3.4. Dados pessoais como contraprestação

Os dados pessoais são, atualmente, considerados o novo ouro ou o novo petróleo, sendo um importante bem transacionável[170] e constituindo, por si só, um desafio para o direito dos contratos em geral e o direito do consumo em particular[171].

Vejamos em que medida, dando como exemplo o contrato de compra e venda.

O art. 874.º do CC define contrato de compra e venda como "o contrato pelo qual se transmite a propriedade de uma coisa, ou outro direito, mediante um *preço*" (itálico nosso). O art. 879.º-*c*) estabelece que a compra e venda tem como efeitos essenciais, entre outros, "a obrigação de pagar o *preço*" (itálico nosso). O preço corresponde, em princípio, a dinheiro. Será que os dados podem ser considerados um preço?

Para uma empresa tecnológica, os dados fornecidos pelo utilizador em troca do bem são em muitos casos muito mais valiosos do que uma contrapartida financeira. Para a empresa gestora do jogo Pokémon Go, tem muito mais valor a informação inserida no jogo (localização, dispositivo utilizado, etc.) do que um valor de um ou dois euros que pudesse ser pago pelos utilizadores para adquirir a aplicação.

A consequência é a de que não podemos considerar estes contratos – em que não é pago um preço, mas são fornecidos dados – como contratos gratuitos[172]. Existe uma contraprestação e essa contraprestação tem um valor tal que, no mínimo, equilibra as prestações, podendo até em alguns casos desequilibrá-la, dada a relevância dos dados fornecidos.

Julgamos, assim, que se justifica, desde já, uma interpretação atualista das normas vigentes no sentido de considerar onerosos os contratos pelos quais são transmitidos bens ou serviços contra o fornecimento de dados, optando por se aplicar nestes casos, na dúvida entre o regime do respetivo tipo gratuito ou oneroso, este último.

[170] Herbert Zech, "Data as a Tradeable Commodity", 2016, p. 53.

[171] Carmen Langhanke e Martin Schmidt-Kessel, "Consumer Data as Consideration", 2015, p. 218; Alberto De Franceschi, "European Contract Law and the Digital Single Market", 2016, p. 8.

[172] Madalena Narciso, "«Gratuitous» Digital Content Contracts in EU Consumer Law", 2017, p. 200, defende que "estes contratos parecem mais contratos por dinheiro do que contratos gratuitos". V. também Gilles Paisant, *Droit de la Consommation*, 2019, p. 372.

Vejamos, no entanto, como é que o legislador europeu se tem ocupado da questão do fornecimento de dados pessoais como *contraprestação* em contratos de consumo.

Com vista a dar resposta a esta questão, já se podia ler no considerando 18 da Proposta de Regulamento, do Parlamento Europeu e do Conselho, relativo a um direito europeu comum da compra e venda, apresentada em outubro de 2011, que "os conteúdos digitais são muitas vezes fornecidos não a troco de um preço, mas combinados com outros bens ou serviços pagos, incluindo contrapartidas não pecuniárias, como o acesso a dados pessoais, ou gratuitos, no contexto de estratégias de *marketing*, com base na expectativa de que o consumidor irá adquirir conteúdos digitais adicionais ou mais sofisticados numa fase posterior. Atendendo a esta estrutura específica do mercado e ao facto de os defeitos dos conteúdos digitais fornecidos poderem comprometer os interesses económicos dos consumidores, independentemente das condições em que estes são fornecidos, a possibilidade de aplicar o direito europeu comum da compra e venda não deve estar dependente do pagamento de um preço pelos conteúdos digitais em causa".

No mesmo sentido, estabelece-se no art. 3º-1 da Diretiva 2019/770, sobre certos aspetos relativos aos contratos de fornecimento de conteúdos e serviços digitais, que "é igualmente aplicável sempre que o profissional forneça ou se comprometa a fornecer conteúdos ou serviços digitais ao consumidor e o consumidor *faculte ou se comprometa a facultar dados pessoais* ao profissional, exceto se os dados pessoais facultados pelo consumidor forem exclusivamente tratados pelo profissional para fornecer os conteúdos ou serviços digitais em conformidade com a presente diretiva, ou para o profissional cumprir os requisitos legais a que está sujeito, não procedendo ao tratamento desses dados para quaisquer outros fins".

A possível qualificação dos dados como contraprestação levantou grande discussão, sendo possível identificar as seguintes três críticas principais: (i) a compatibilização deste regime com o RGPD; (ii) a circunstância de a natureza de direito fundamental da proteção de dados poder ser afetada; (iii) a legitimação de um modelo de negócio (um mercado de dados pessoais) hostil aos princípios da proteção de dados[173]. Esta ideia é especial-

[173] Para uma análise (crítica) destes três problemas e da discussão suscitada no âmbito do processo legislativo europeu, v. LAURA DRECHSLER, "Data as Counter-Performance: A New

mente visível no Parecer 4/2017, da Autoridade Europeia para a Proteção de Dados[174] (p. 7). Neste Parecer (em especial, pp. 9 e segs.), são levantadas muitas dúvidas sobre a utilização da noção de contraprestação a propósito dos dados. Aí se critica a comparação dos dados com dinheiro, chamando-se a atenção para a falta de consciência por parte do consumidor quanto ao que está a dar quando fornece os seus dados e para a dificuldade em avaliar o valor dos dados.

Apesar de entendermos estas críticas, julgamos que o objetivo de obter um maior equilíbrio nas relações de consumo impõe a aplicação das regras de proteção do consumidor independentemente de ser pago um preço[175]. A solução que consiste em aplicar as regras dos contratos gratuitos a estes contratos não é, como já se referiu, satisfatória. Isto sem prejuízo da necessária compatibilização dos direitos de natureza contratual dos consumidores com os que resultam do caráter fundamental da proteção de dados enquanto direito[176], sendo integralmente aplicáveis os princípios e as regras do RGPD[177]. Assim, o princípio da limitação das finalidades tem sempre de ser aplicado, não se admitindo um fim diverso daqueles que se encontram previstos no art. 6º-1 do RGPD. A(s) finalidade(s) deve(m) ser indicada(s) pelo responsável pelo tratamento de dados, nos termos do art. 13º-1-c). Acrescenta-se, ainda, que nunca pode ser posto em causa – ou dificultado – o direito do consumidor titular dos dados a retirar o seu consentimento para o tratamento dos dados ou ao seu respetivo apagamento[178].

Way Forward or a Step Back for the Fundamental Right of Data Protection?", 2018. Em geral, sobre a relação entre o direito dos contratos e o direito da proteção de dados, v. ALBERTO DE FRANCESCHI, *La Circolazione dei Dati Personali tra* Privacy *e Contratto*, 2017.

[174] https://bit.ly/2pBrdLR.

[175] Como refere MADALENA NARCISO, "«Gratuitous» Digital Content Contracts in EU Consumer Law", 2017, p. 198, "os contratos de fornecimento de conteúdos digitais «gratuitos» e pagos não são assim tão diferentes ao ponto de justificar diferentes nível de proteção legal".

[176] LAURA DRECHSLER, "Data as Counter-Performance: A New Way Forward or a Step Back for the Fundamental Right of Data Protection?", 2018, p. 9.

[177] RAFAŁ MAŃKO e SHARA MONTELEONE, "Contracts for the Supply of Digital Content and Personal Data Protection", 2017, p. 5.

[178] Sobre a questão, v. KÄRT PORMEISTER, "Informed Consent to Sensitive Personal Data Processing for the Performance of Digital Consumer Contracts on the Example of «23andMe»", 2017, pp. 20 e 21.

1.4.3.5. Plataformas digitais

As plataformas digitais, como a Airbnb, a Booking, a Glovo ou o OLX, trazem novas dinâmicas à contratação. As relações deixam de estar circunscritas a duas partes, surgindo terceiros que, com graus de intervenção diversos, têm grande importância na economia contratual[179].

Além de pôr em causa o conceito tradicional de consumidor (v. *supra* 1.2.2.4), estes contratos constituem um teste para as regras gerais do CC ou da legislação de consumo. Cada plataforma tem o seu próprio modelo de negócio, suscitando problemas distintos[180].

As instituições europeias têm estado muito ativas no estudo da matéria[181]. Em 2019, foi publicado o Regulamento 2019/1150, relativo à promoção da equidade e da transparência para os utilizadores profissionais de serviços de intermediação em linha. Este diploma regula as relações contratuais entre as plataformas ou, com mais rigor, as pessoas que as operam, e os profissionais que comercializam bens ou serviços através de plataformas, não se ocupando das relações de consumo subjacentes a esta relação tripartida.

As Diretivas 2019/770 e 2019/771 também referem as plataformas nos seus considerandos, estabelecendo que os Estados-Membros são livres de alargar a aplicação das diretivas a operadores de plataformas que não cumprem os requisitos para serem considerados profissionais nos termos

179 Teresa Rodríguez de las Heras Ballell, *El Régimen Jurídico de los Mercados Electrónicos Cerrados (E-Marketplaces)*, 2006; Joana Campos Carvalho, "From Bilateral to Triangular: Concluding Contracts in the Collaborative Economy", 2019. No setor dos empréstimos *peer-to-peer*, podemos observar um fenómeno distinto, que corresponde a uma *reintermediação* (Madalena Perestrelo de Oliveira, "As Recentes Tendências da FinTech: Disruptivas e Colaborativas", 2017, p. 62), ocupando a plataforma o lugar tradicionalmente reservado ao banco. Para uma análise da questão no que respeita à atividade seguradora, v. Margarida Lima Rego e Joana Campos Carvalho, "Insurance in Today's Sharing Economy: New Challenges Ahead or a Return to the Origins of Insurance?", 2020.

180 Neste sentido, segundo João E. Gata, "A Economia de Partilha", 2016, p. 207, "para aferir até que ponto os direitos do consumidor são garantidos, ter-se-á que conhecer o funcionamento de cada plataforma, já que as garantias dadas por uma plataforma poderão não ser idênticas às de outra plataforma, similarmente ao que sucede no comércio eletrónico em geral".

181 Caroline Cauffman, "The Commission's European Agenda for the Collaborative Economy – (Too) Platform and Service Provider Friendly?", 2016.

das diretivas. Isto significa que os Estados-Membros podem estabelecer regras nos termos das quais as plataformas digitais são responsabilizadas, a par do vendedor ou fornecedor de conteúdos ou serviços digitais, pelo incumprimento da obrigação de fornecimento ou de conformidade que incumbe a estes.

É igualmente visível uma mudança de paradigma no que respeita às formas de proteção do consumidor, associadas às novas tecnologias e às redes sociais, cada mais baseadas no autocontrolo da qualidade dos bens e serviços pelos próprios consumidores, através de mecanismos de avaliação em linha da experiência com o profissional[182].

As *reviews* (comentários, opiniões, análises) feitas por outros consumidores são, muitas vezes, fundamentais na decisão de contratar. Já o eram antes, mas o ritmo atual de circulação da informação institucionalizou-as (atualmente, ninguém ignora, por exemplo, a pontuação da Booking antes de marcar um hotel), tendo sido integradas nas estratégias de marketing dos profissionais, em particular dos intermediários que atuam no mercado digital.

Um dos grandes desafios do direito civil nos próximos anos, em particular na área do consumo, será regular adequadamente estes mecanismos de avaliação[183], garantindo a sua autenticidade.

Um exemplo paradigmático do problema aqui identificado é o do falso restaurante The Shed at Dulwich (www.theshedatdulwich.com), inventado pela jornalista Oobah Butler, que esteve cotado na plataforma do TripAdvisor, durante algum tempo, em novembro de 2017, como o melhor restaurante de Londres[184].

A Diretiva 2019/2161 dá um passo no sentido da regulação desta matéria, impondo requisitos exigentes de informação às plataformas que facul-

[182] Joana Campos Carvalho, "A Proteção do Consumidor na *Sharing Economy*", 2016, pp. 307 e 308; Christoph Busch, "Crowdsourcing Consumer Confidence – How to Regulate Online Rating and Review Systems in the Collaborative Economy", 2016; Madalena Narciso, "Review Mechanisms in Online Marketplaces and Adverse Selection: A Law and Economics Analysis", 2017, p. 3; Gilles Paisant, *Droit de la Consommation*, 2019, p. 378.

[183] Christoph Busch, "Towards a «New Approach» in European Consumer Law: Standardisation and Co-Regulation in the Digital Single Market", 2016, p. 198; Sofia Ranchordás, "Online Reputation and the Regulation of Information Asymmetries in the Platform Economy", 2018. Para um exemplo dos problemas que se podem colocar a este nível, v. Eduardo Freitas, "O Telemóvel 5 Estrelas", 2019.

[184] https://bit.ly/2Nu410l.

tem mecanismos de avaliação, nomeadamente no que respeita à questão de saber quem pode avaliar e como é que os resultados são apresentados.

1.4.3.6. Conteúdos e serviços digitais

Os conteúdos e os serviços digitais estão, em geral, no centro da revolução tecnológica em curso. Com a democratização do acesso a computadores e telefones inteligentes (*smartphones*), todos eles ligados à Internet, passaram a ser cada vez mais comuns os contratos que têm como objeto conteúdos e serviços digitais, podendo considerar-se que têm mesmo uma função central na contratação contemporânea[185].

Estes contratos são, naturalmente, ignorados pelo CC, mas também por legislação mais recente, da primeira década do século XXI, como a que regula o comércio eletrónico.

A Diretiva 2011/83/UE, do Parlamento Europeu e do Conselho, de 25 de outubro de 2011, relativa aos direitos dos consumidores, regulou, ainda que de forma tímida, alguns aspetos relacionados com os conteúdos digitais.

O art. 8º-1 da LDC, diploma para o qual foi parcialmente transposta a Diretiva 2011/83/UE, estabelece que "o fornecedor de bens ou prestador de serviços deve, tanto na fase de negociações como na fase de celebração de um contrato, informar o consumidor de forma clara, objetiva e adequada", entre outros aspetos, da "funcionalidade dos conteúdos digitais, nomeadamente o seu modo de utilização e a existência ou inexistência de restrições técnicas, incluindo as medidas de proteção técnica, quando for o caso" e de "qualquer interoperabilidade relevante dos conteúdos digitais, quando for o caso, com equipamentos e programas informáticos de que o fornecedor ou prestador tenha ou possa razoavelmente ter conhecimento, nomeadamente quanto ao sistema operativo, a versão necessária e as caraterísticas do equipamento". A interoperabilidade é um aspeto muito relevante no que diz respeito a conteúdos digitais, uma vez que só esta garante a utilização do conteúdo digital em diferentes equipamentos por parte do consumidor.

O DL 24/2014, que transpôs a generalidade das regras da Diretiva 2011/83/UE, define conteúdo digital como os "dados produzidos e fornecidos em formato digital, designadamente programas e aplicações de computador, jogos, músicas, vídeos ou textos independentemente de o acesso aos mesmos ser feito por descarregamento ou *streaming*, a partir de

185 Christian Twigg-Flesner, "Disruptive Technology – Disrupted Law?", 2016, p. 31.

um suporte material ou de qualquer outro meio" [art. 3º-*d*)], e estabelece regras quanto à informação pré-contratual e ao direito de arrependimento quando este seja o objeto do contrato.

Tendo em conta as especificidades resultantes do seu objeto, a União Europeia preparou legislação sobre contratos de fornecimento de conteúdos e serviços digitais[186], tendo sido aprovada a Diretiva 2019/770. Sobre este diploma, v. *infra* 3.3.10.

Igualmente relevante para a União Europeia é, naturalmente, o acesso aos conteúdos e serviços digitais em qualquer Estado-Membro, preocupação que está na base do Regulamento (UE) 2017/1128, do Parlamento Europeu e do Conselho, de 14 de junho de 2017, que visa assegurar a portabilidade transfronteiras dos serviços de conteúdos em linha no mercado interno. Este diploma tem como objetivo, no essencial, impor aos prestadores de serviços de conteúdos em linha a obrigação de garantir o acesso não só no Estado-Membro da residência habitual do utilizador, mas também no Estado-Membro da sua residência temporária[187].

Já o Regulamento (UE) 2018/302, do Parlamento Europeu e do Conselho, de 28 de fevereiro de 2018, vem prevenir o bloqueio geográfico (*geoblocking*) e outras formas de discriminação com base na nacionalidade, local de residência ou de estabelecimento dos clientes no mercado interno[188].

Os conteúdos e serviços digitais, bem como os dados pessoais associados, levantam uma série de outras questões, parcialmente relacionadas com o direito do consumo, nomeadamente o seu destino em caso de morte do titular[189].

1.4.3.7. Impressoras 3D

No âmbito da revolução tecnológica e digital em curso, é ainda importante perceber a influência que as impressoras 3D poderão ter na produção de bens a médio prazo. Será que o consumidor vai ser o novo produtor?

[186] Michael Lehmann, "A European Market for Digital Goods", 2016, p. 115.

[187] Karl-Nikolaus Peifer, "The Proposal of the EU Commission for a Regulation on Ensuring the Cross-Border Portability of Online Content Services in the Internal Market", 2016, p. 164.

[188] Karin Sein, "The Draft Geoblocking Regulation and its Possible Impact on B2C Contracts", 2017, p. 157.

[189] Para um breve enquadramento geral, v. Kristin Nemeth e Jorge Morais Carvalho, "Digital Inheritance in the European Union", 2017.

A impressora 3D permite materializar numa coisa um conteúdo digital. Vejamos um exemplo. Num primeiro momento, o designer faz o desenho de um sapato, através de um computador, com as instruções necessárias para a sua impressão. Depois, esse designer coloca o ficheiro que contém o desenho no mercado, podendo ser adquirido por qualquer interessado (produtor ou consumidor final). Por fim, o adquirente pode imprimir o ficheiro numa impressora 3D e, no final da impressão, tem um sapato.

É muito difícil prever, neste momento, qual será o impacto desta realidade, mas não deixa de ser evidente o papel central que os conteúdos digitais cada vez mais ocupam na economia. Com as impressoras 3D, mais do que a coisa propriamente dita, o ficheiro (ou seja, o conteúdo digital) é que tem de estar conforme com o contrato celebrado.

2
Teoria geral do contrato de consumo

O contrato de consumo é o contrato que incide sobre uma coisa, um serviço ou um direito destinado a uso não profissional de um dos contraentes, sempre que o outro contraente atue no âmbito da sua atividade profissional.

Procede-se neste capítulo a um estudo dos princípios gerais relativos à formação, ao conteúdo e ao cumprimento e incumprimento do contrato de consumo, bem como ao direito de arrependimento. Estas regras aplicam-se à generalidade dos contratos de consumo, independentemente das práticas comerciais utilizadas e do tipo de contrato.

2.1. Formação do contrato

O regime aplicável à formação dos contratos de consumo pode ser encontrado nas regras gerais do Código Civil[190], complementadas por regras especiais de direito do consumo que regulam aspetos específicos relativos à celebração do contrato.

2.1.1. Forma do contrato

O art. 219º do CC consagra no direito português o princípio da liberdade de forma (ou do consensualismo). Assim, salvo quando a lei o exigir ou as partes o convencionarem, "a validade da declaração negocial não depende da observância de forma especial". Portanto, em geral, os contratos formam-se por mero consenso.

190 Jean-Pierre Pizzio, "La Protection des Consommateurs para le Droit Commun des Obligations", 1998, p. 58.

O desenvolvimento do direito do consumo tem dado causa a um fenómeno que se pode designar como o ressurgimento do formalismo[191]. Embora não exista uma regra geral para os contratos de consumo, a exigência de forma escrita encontra-se consagrada em vários diplomas. Estão sujeitos a forma escrita, entre outros, os contratos celebrados fora do estabelecimento (art. 9º-1 do DL 24/2014)[192] e os contratos de crédito ao consumo (art. 12º-1 do DL 133/2009). Nos contratos celebrados na sequência de contacto telefónico (exceto nos casos em que o primeiro contacto telefónico seja efetuado pelo consumidor), a lei não impõe a forma escrita para a celebração do contrato, mas impõe a forma escrita para a declaração do consumidor (art. 5º-7 do DL 24/2014)[193].

Nos contratos de prestação de serviços de comunicações eletrónicas, a regra geral é a da imposição de forma escrita (art. 48º-1 da Lei das Comunicações Eletrónicas)[194/195]. Sendo o contrato celebrado à distância, exige-se apenas a assinatura do documento contratual pelo consumidor. Se o contrato for celebrado por telefone, a assinatura do documento contratual pelo consumidor é dispensada no caso de o primeiro contacto telefónico ser efetuado pelo consumidor. É o que resulta do art. 48º-3 da Lei das Comunicações Eletrónicas. Ou seja: se o contrato for celebrado presencialmente, é necessário documento escrito; se o contrato for celebrado à

[191] João Calvão da Silva, *Responsabilidade Civil do Produtor*, 1990, p. 78; Roberto López Cabana, "La Protección del Consumidor en la Argentina", 2000, p. 193; María del Mar Heras Hernández, "La Forma de los Contratos: el Neoformalismo en el Derecho de Consumo", 2005, p. 39; Carlos Ferreira de Almeida, *Direito do Consumo*, 2005, p. 88; Gilles Paisant, *Défense et Illustration du Droit de la Consommation*, 2015, p. 113. Discorda-se de José Engrácia Antunes, *Direito do Consumo*, 2019, p. 119, no que respeita à afirmação de que "os contratos de consumo estão sujeitos, em regra, a *forma especial*". Não só essa não é a regra, como, na prática, a esmagadora maioria dos contratos de consumo não estão sujeitos a (e não adotam) forma especial.

[192] Jorge Morais Carvalho e João Pedro Pinto-Ferreira, *Contratos Celebrados à Distância e Fora do Estabelecimento Comercial*, 2014, p. 86; Carlos Lacerda Barata, "Contratos Celebrados Fora do Estabelecimento Comercial", 2016, p. 901.

[193] Manuel Melo, *Regime Jurídico dos Centros Telefónicos de Relacionamento («Call Centers») em Portugal*, 2016, pp. 77 a 89.

[194] Flávia da Costa de Sá, *Contratos de Prestação de Serviços de Comunicações Electrónicas*, 2014, p. 35; Mário Frota, "Serviços Públicos Essenciais", 2017, p. 220.

[195] O Regulamento sobre a informação pré-contratual e contratual no âmbito das comunicações eletrónicas (Regulamento 829/2016, da ANACOM) complementa o regime previsto na Lei das Comunicações Eletrónicas.

distância, o documento escrito apenas tem de ser assinado pelo consumidor; se o contrato for celebrado por telefone, na sequência de um contacto telefónico efetuado pelo consumidor, a forma é livre. Este regime é incompreensível, uma vez que deixa muito mais desprotegido o consumidor que telefona para o profissional do que aquele que se dirige ao estabelecimento comercial. Além de que potencia situações em que o consumidor é incitado, no estabelecimento comercial, a contactar telefonicamente o profissional. Note-se que, além da nulidade do contrato, nos termos gerais, por falta de forma, o art. 48º-4 determina que, nos contratos celebrados à distância, se o consumidor não emitir a sua declaração por escrito, o profissional não pode exigir qualquer valor pelo incumprimento do período de fidelização. Fica, assim, bastante prejudicada por esta regra a possibilidade de o profissional invocar o abuso do direito do consumidor à invocação da nulidade do contrato, uma vez que se considera imputável ao profissional a invalidade do contrato. Esta conclusão já resultaria do regime geral, uma vez que a parte de má-fé não pode invocar o abuso do direito da sua contraparte (*tu quoque*).

Além dos contratos sujeitos a forma especial, a lei prevê um número crescente de formalidades que devem ser respeitadas no momento da (ou relativos à) celebração dos contratos de consumo. Assumem particular relevância, podendo integrar-se num conceito amplo de forma, as formalidades que a lei impõe como integrando o próprio processo de formação do contrato. É o caso, por exemplo, da entrega ao consumidor de um exemplar do contrato de crédito ao consumo (art. 12º-2 do DL 133/2009) ou do contrato celebrado fora do estabelecimento (art. 9º-2 do DL 24/2014).

A imposição de uma forma especial ou do cumprimento de uma formalidade permite uma decisão mais refletida[196], facilita a prova da celebração do contrato[197], dificulta a celebração de alguns contratos[198] e possibilita o conhecimento posterior das cláusulas do contrato[199].

A intenção de proteger o consumidor resulta claramente dos diplomas em que se prevê que a inobservância do requisito de forma só pode por ele

196 Manuel Domingues de Andrade, *Teoria Geral da Relação Jurídica*, Vol. I, 1997, p. 143.

197 Carlos Alberto da Mota Pinto, António Pinto Monteiro e Paulo Mota Pinto, *Teoria Geral do Direito Civil*, 2005, p. 429.

198 José de Oliveira Ascensão, *Direito Civil – Teoria Geral*, Vol. II, 1999, p. 64.

199 Luís Carvalho Fernandes, *Teoria Geral do Direito Civil*, Vol. II, 2010, p. 295.

ser invocada[200]. Por exemplo, o DL 133/2009 determina que a invalidade "só pode ser invocada pelo consumidor" (art. 13º-5), podendo este "provar a existência do contrato por qualquer meio, desde que não tenha invocado a sua invalidade" (art. 13º-6). Nestes casos, de invalidade atípica[201], em que se afasta o regime geral, a validade ou invalidade do contrato depende da vontade do consumidor, que tem nas suas mãos a possibilidade de unilateralmente decidir acerca da manutenção do negócio.

Em alguns casos, o regime jurídico relativo à invalidade por falta de forma não se encontra descrito na lei, que se limita a indicar que o contrato é nulo por inobservância dos requisitos formais legalmente impostos. É o que se passa nos contratos celebrados fora do estabelecimento (art. 9º-1 do DL 24/2014). Não se diz, neste caso, qual o regime de invalidade aplicável, o que poderia indiciar intenção de aplicar o regime geral, sendo a nulidade invocável por qualquer uma das partes ou, oficiosamente, pelo tribunal. Não parece ser esta a melhor interpretação do preceito, uma vez que não tem em conta o seu objetivo[202], que consiste na proteção de uma das partes[203]. Se o objetivo é proteger o consumidor[204], não está em causa qualquer interesse do profissional, que deve providenciar no sentido do cumprimento do requisito de forma e contra quem a invalidade é estabelecida. A nulidade aproxima-se neste caso de uma sanção civil aplicável ao profissional, pelo que não faria sentido que este pudesse aproveitar-se dela para invalidar o contrato nos casos em que tal lhe fosse favorável[205]. Deve entender-se, portanto, que se trata de uma invalidade atípica, que só pode ser invocada pelo consumidor[206]. A nulidade é, no entanto, de conhecimento oficioso nas situações em que o consumidor pretenda desvincular-se do contrato mas não invoque a sua nulidade, não obstante apresentar factos que a demonstrem. Acrescente-se que, ao abrigo dos princípios da cooperação e do contraditório, o juiz não só pode como deve, se tiver dúvi-

[200] Fernando de Gravato Morais, *Crédito aos Consumidores*, 2009, p. 69.

[201] Referindo-se a "invalidade mista": Marco Dias, *O Vício de Não Incorporação da Cláusula Contratual nos Contratos de Adesão*, 2012, p. 3.

[202] José Ramón García Vicente, "La Contratación con Consumidores", 2009, p. 1530.

[203] Matilde Girolami, *Le Nullità di Protezione nel Sistema delle Invalidità Negoziali*, 2009, p. 362.

[204] Luís Carvalho Fernandes, *Teoria Geral do Direito Civil*, Vol. II, 2010, p. 123.

[205] Guido Alpa, "Autonomie Privée et «Garanties» Commerciales dans les Ventes aux Consommateurs", 2001, p. 211.

[206] Diego H. Zentner, "Los Contratos de Consumo", 2009, p. 330.

das, formular um convite ao consumidor para que este tenha a possibilidade de invocar a nulidade do contrato.

Mesmo no caso de um contrato estar legalmente sujeito a uma forma especial, nomeadamente a forma escrita, o art. 221º-1 do CC admite a validade de cláusulas que não constem desse documento, desde que preenchidos cinco requisitos, agrupáveis em dois grupos. O preceito aplica-se se, por um lado, as estipulações (i) não obedecerem à forma exigida para o contrato, (ii) respeitarem a cláusulas acessórias, ou seja, não incidirem sobre o objeto principal do contrato, e (iii) forem anteriores à celebração do contrato pela forma legalmente prevista, sendo, por outro lado, necessário provar que (iv) correspondem à vontade do autor da declaração e que (v) a razão determinante da exigência de forma especial não se aplica a essas cláusulas.

Para entender a relevância desta norma em alguns contratos de consumo sujeitos a forma especial, pense-se na situação em que, durante o período de negociações, o profissional assume alguma obrigação relevante para a decisão de contratar por parte do consumidor e esta não fica registada no documento que formaliza o contrato (por exemplo, a promessa da possibilidade de arrependimento[207]). Preenchidos os três primeiros requisitos referidos, cabe ao consumidor provar que se verificam os outros dois. Quanto à razão determinante da exigência de forma especial, esta está normalmente relacionada com a proteção do consumidor, pelo que a sua inobservância não pode ser invocada para a não aplicação da cláusula que o protege. Em relação à declaração, difícil poderá ser a sua prova, em especial face ao art. 394º-1 do CC[208], mas, uma vez assente que esta foi emitida, ainda que verbalmente, deve concluir-se que corresponde à vontade do seu autor.

Se estiverem em causa cláusulas contratuais gerais, é a própria lei que estabelece que as cláusulas acordadas especificamente pelas partes prevalecem sobre as que constam do documento assinado pelos contraentes (art. 7º do DL 446/85).

[207] Jorge Morais Carvalho, "Usura nos Contratos de Crédito ao Consumo", 2006, p. 49, n. 65.

[208] Embora se admita prova testemunhal se houver "um começo de prova por escrito": Ac. do STJ, de 5/6/2012.

2.1.2. Modelos de formação do contrato de consumo

Apesar de não existirem normas especiais relativas à formação da generalidade dos contratos de consumo e de o princípio ser o de que não existem modelos próprios de celebração destes contratos[209], podemos encontrar algumas especificidades.

A matéria da formação do contrato é, segundo uma tradição portuguesa, estudada e legalmente regulada em sede de teoria geral do direito civil, tendo como referência o negócio jurídico e partindo do modelo de formação dominante de proposta seguida de aceitação[210].

Embora se trate do modelo mais comum nos contratos de consumo[211], o que justifica o seu tratamento autónomo, não é o único existente na prática negocial, incluindo no domínio do direito do consumo.

O modelo alternativo mais utilizado consiste na celebração do contrato através da elaboração de um documento escrito, assinado ou não pelas partes, que contém as cláusulas que regem a relação contratual. No âmbito da forma voluntária, este é bastante comum nas relações jurídicas de consumo duradouras, sendo normalmente imposto pelo profissional. Este é também o modelo a que se recorre quando a lei impõe uma forma especial para a celebração do contrato.

Estes contratos não se confundem, quanto à formação, com aqueles em que a lei impõe (ou as partes convencionam) a confirmação por escrito de um contrato celebrado anteriormente na sequência da aceitação de uma proposta. É o que se passa, por exemplo, nos contratos celebrados à distância, em que o art. 6º do DL 24/2014 exige o envio ao consumidor de um documento contido num suporte duradouro que inclua as principais cláusulas do contrato já celebrado.

Nos casos em que o contrato se celebra através de um documento contratual único, é natural que existam acordos pré-contratuais, muitas vezes obtidos na sequência do modelo da aceitação de proposta e a estes acordos não pode deixar de ser dada relevância jurídica, quer em sede de responsabilidade pré-contratual, no caso de a fundada expetativa de contratar ser frustrada pela contraparte, quer, especificamente nos contratos de con-

[209] Carlos Ferreira de Almeida, *Direito do Consumo*, 2005, p. 93.

[210] Assunção Cristas, "Recensão de Carlos Ferreira de Almeida, *Contratos I*, e Inocêncio Galvão Telles, *Dos Contratos em Geral*", 2005, p. 502.

[211] Carlos Ferreira de Almeida, *Direito do Consumo*, 2005, p. 93.

sumo, por o consumidor poder invocar a celebração do contrato, mesmo que este não revista a forma legalmente exigida. Com efeito, a inobservância da forma escrita só pode, em regra, ser invocada pelo consumidor, o que significa que um acordo pré-contratual final, que represente um consenso material[212], gera no profissional uma verdadeira vinculação, de natureza próxima da contratual.

Outro aspeto que carateriza a generalidade dos contratos de consumo celebrados através de um documento contratual único está relacionado com a circunstância de ser o profissional a pessoa que, em regra, redige o documento (ou já dispõe de um documento contendo cláusulas contratuais gerais, que apresenta a todos os eventuais interessados em contratar). Nestes casos, o consumidor limita-se a assinar o documento, celebrando-se o contrato segundo um modelo muito próximo do da aceitação de proposta[213].

Além da celebração do contrato através de aceitação de proposta ou de um documento contratual único, a prática comercial e o direito conhecem outros modelos, mais ou menos próximos daqueles.

Entre os modelos existentes em alternativa, destaca-se o diálogo concentrado no tempo. As partes comunicam entre si até ao momento em que se pode concluir pela celebração do contrato, uma vez que concordaram "em todas as cláusulas sobre as quais qualquer delas tenha julgado necessário o acordo" (art. 232º do CC). Além da exigência de consenso, o contrato deve ser formalmente adequado; na prática, a sujeição do contrato a forma especial impede a sua celebração segundo este modelo, pois a informalidade é uma das suas principais caraterísticas. O diálogo é normalmente oral (ao vivo ou por telefone), mas também pode ser gestual ou até escrito, desde que as partes se encontrem em contacto direto, como pode acontecer nos programas de conversação na Internet. Estes contratos formam-se na sequência do diálogo, não sendo possível distinguir com exatidão as declarações das partes[214]. Trata-se de um modelo comum no comércio tradicional e nos contratos celebrados em feiras ou festas populares.

O contrato também se pode formar na sequência de propostas cruzadas, de conteúdo idêntico, que permitem concluir sobre a existência de

[212] CARLOS FERREIRA DE ALMEIDA, *Contratos*, Vol. I, 2008, p. 141.

[213] CARLOS FERREIRA DE ALMEIDA, *Contratos*, Vol. I, 2008, p. 143.

[214] PEDRO PAIS DE VASCONCELOS, *Teoria Geral do Direito Civil*, 2010, p. 465.

consenso entre as partes, conforme exigido pelo art. 232º do CC[215]. Não se trata de um modelo de formação comum dos contratos de consumo, ressalvando-se os contratos celebrados em bolsa que possam ser qualificados como contratos de consumo.

Diferente é ainda a situação, comum nas relações jurídicas de consumo, em que um profissional promove um concurso, atribuindo um determinado prémio, que não seja a celebração de um contrato. Pense-se, por exemplo, na situação em que uma empresa promete a oferta de um prémio ao cliente que escrever a melhor frase sobre um dos seus estabelecimentos comerciais. O promitente fica vinculado ao cumprimento da promessa, não podendo recusar-se a entregar o prémio.

Por fim, é ainda possível identificar as especificidades dos contratos em que a tradição da coisa se insere no seu processo de formação. Um contrato real *quoad constitutionem* (ou quanto à constituição) pode ser um contrato em que a tradição da coisa é o facto relevante para a celebração do contrato, sendo portanto o último ato do processo de formação, ou um contrato em que um dos elementos do processo de formação é a tradição. Neste último caso, a proposta pode ser real, caso em que a celebração do contrato depende ainda de aceitação. Seria este o modelo nos contratos celebrados na sequência de fornecimento oneroso de bens ou serviços não solicitados, se esta prática fosse admitida. Em alguns casos, a aceitação é real, celebrando-se o contrato com a tradição da coisa, sendo por vezes o meio necessário para a aceitação da proposta emitida pela contraparte. Dentro destas situações, pode ainda distinguir-se quando esta função é atribuída à tradição de coisa (diferente do preço) ou ao pagamento do preço[216]: assim, constituem exemplos do primeiro caso, nos estabelecimentos de venda de combustível ao público que funcionam num sistema de autosserviço (ou livre-serviço[217]), o abastecimento pelo cliente, que constitui a aceitação da proposta, o mesmo se podendo concluir, no que respeita a qualquer estabelecimento que funcione em autosserviço e o pagamento do bem se efetue posteriormente na caixa, se o cliente consome o bem que pretende adquirir antes do pagamento do preço; exemplo do segundo caso é a exigência de pré-pagamento do preço do bem ou do serviço.

[215] Carlos Ferreira de Almeida, *Contratos*, Vol. I, 2008, pp. 162 e 163; José A. Engrácia Antunes, *Direito dos Contratos Comerciais*, 2009, p. 134.

[216] Carlos Ferreira de Almeida, *Contratos*, Vol. I, 2008, p. 152.

[217] José António Rousseau, *Manual de Distribuição*, 2008, p. 88.

Aponta-se ainda por vezes como integrantes de um modelo de formação distinto os contratos preparatórios da celebração de um contrato principal[218]. Estes acordos surgem na fase de negociações para a celebração de um contrato, mas já são, por si só, contratos, tendo sido formados segundo um dos modelos. Especialmente interessante é a discussão em torno da natureza jurídica do designado contrato de reserva de um bem, nos termos do qual o vendedor se compromete a não vender uma coisa durante um período de tempo, mantendo-a reservada para um determinado comprador, que, por sua vez, durante esse período, pode decidir livremente se celebra o contrato. Parece-nos que, neste caso, se celebra um contrato de opção entre as partes, oneroso ou gratuito, consoante o eventual comprador tenha ou não pago um preço pela reserva do bem, passando este a dispor de um direito de opção quanto à celebração do contrato de compra e venda. Não se trata de uma promessa unilateral, uma vez que o optante tem o direito potestativo à formação do contrato optativo, não sendo necessária uma nova declaração da contraparte[219].

2.1.3. Modelo predominante: proposta seguida de aceitação

O modelo de formação do contrato dominante pressupõe, na sua concretização mais simples, a existência de duas declarações contratuais: a proposta e a aceitação.

O contrato celebra-se no momento em que a aceitação se torna eficaz.

2.1.3.1. Proposta

2.1.3.1.1. Requisitos da proposta

Uma declaração constitui uma proposta contratual se for completa, precisa, firme e formalmente adequada[220].

O requisito da completude não deve ser exacerbado, no sentido de se entender que o emitente deve incluir na declaração uma solução para cada situação que possa decorrer da futura relação contratual. Da lei ou dos usos

[218] António Menezes Cordeiro, *Tratado de Direito Civil Português*, Vol. I, Tomo I, 2005, p. 532.

[219] Distinção face ao contrato-promessa: Ana Prata, *O Contrato-Promessa e Seu Regime Civil*, 1994, pp. 395 a 410.

[220] Ac. do STJ, de 27/10/2011.

podem resultar critérios de determinação dos elementos do contrato que não tenham sido especificamente regulados pelas partes nas suas declarações contratuais, constituindo o ponto essencial o de o proponente inserir na proposta "todas as cláusulas sobre as quais [...] tenha julgado necessário [a existência de um] [...] acordo" (art. 232º do CC).

Uma vez que o ato de aceitação não permite a inclusão de novas cláusulas contratuais, têm de resultar da proposta – ou da referência, nesta, a declarações anteriores – todas as cláusulas que ambas as partes (o proponente e o futuro aceitante) tenham entendido como necessárias para a obtenção de um acordo.

Quanto ao preço, a lei contém critérios supletivos para a sua determinação quando este não resulte do contrato (arts. 883º do CC, em sede de compra e venda, referindo-se expressamente à possibilidade de "as partes o não determinarem nem convencionarem", e 1211º do mesmo diploma que, no que respeita à empreitada, remete para o art. 883º[221]), pelo que a proposta pode ser completa, mesmo não contendo este elemento[222].

Nos contratos de consumo, a lei preocupa-se especialmente que o consumidor tenha conhecimento do preço antes da aceitação de uma proposta contratual. Sobre este elemento, v. *infra* 2.1.5. Deve, no entanto, observar-se desde já que as normas especiais que impõem um dever pré-contratual de indicação do preço não podem ser invocadas posteriormente pelo profissional que as incumpriu, omitindo o preço, para obstar à qualificação da sua declaração como proposta contratual. Com efeito, neste caso aplicam-se os critérios supletivos assinalados no parágrafo anterior, sem prejuízo das sanções civis e contraordenacionais em que incorre o profissional.

A proposta também deve ser precisa, no sentido de que não permita que, com a aceitação, resultem dúvidas acerca da formação e do conteúdo do contrato, o que não significa que não possa admitir-se a existência de hipóteses em alternativa, solucionáveis através de simples opção do aceitante[223]. Referem-se dois exemplos: a máquina de café que, preparada para receber aceitações de propostas de contrato, ainda permite a opção entre café curto ou cheio e em relação à quantidade de açúcar; a proposta de contrato de compra e venda de um automóvel dirigida a uma pessoa deter-

221 Ac. do STJ, de 6/7/2011.

222 GONÇALO SILVA, INÊS ALVES e PEDRO SILVA, "A Montra Sem Preços", 2019, p. 28.

223 HEINRICH EWALD HÖRSTER, *A Parte Geral do Código Civil Português*, 1992, p. 458.

minada em que se estabelece que o preço pode ser pago a pronto ou a prestações, sem juros, cabendo ao aceitante a opção entre uma das soluções.

A proposta deve ser firme ou reveladora de intenção inequívoca de contratar, de tal forma que da aceitação resulte a celebração do contrato. Este requisito não pode ser utilizado pelo declarante no sentido de lhe ser dada uma última palavra, após a declaração da contraparte. Esta questão é especialmente relevante nas relações jurídicas de consumo, em que se verifica que o profissional invoca frequentemente, após a aceitação da proposta pelo consumidor, o argumento de que se reservou o direito de ter a última palavra quanto à celebração do contrato. Se se tratar de uma proposta, o contrato forma-se com a aceitação.

Por fim, a proposta deve revestir a forma exigida para o contrato. Como já se referiu, a forma é em regra livre, mas se se tratar, por exemplo, de um contrato sujeito a forma escrita, a proposta tem de ser emitida por escrito e assinada pelo proponente. Note-se que, em especial nos contratos de consumo sujeitos a forma especial, o valor de uma declaração negocial completa que não respeite essa forma aproxima-se de uma verdadeira proposta, uma vez que a forma é geralmente exigida com vista à proteção do consumidor e não existe da parte do profissional uma margem de manobra ampla para a não celebração do contrato. Isto sucede, nomeadamente, quando a inobservância da forma legalmente exigida só pode ser invocada pelo consumidor, o que constitui a regra no direito do consumo.

Preenchidos os requisitos para que uma declaração negocial constitua uma proposta contratual, o proponente fica, a partir do momento em que esta se torna eficaz (art. 224º do CC), numa situação de sujeição, tendo o seu destinatário o direito potestativo de aceitação e, assim, de formação do contrato.

2.1.3.1.2. Proposta e convite para contratar

O convite para contratar distingue-se da proposta contratual por não reunir os requisitos referidos e analisados no ponto anterior. A declaração pode não ser completa, por faltarem elementos sobre os quais o emitente ainda julgue ser necessário negociar, ou pode não ser formalmente adequada à celebração do contrato.

Admite-se, ainda, a possibilidade de o emitente fazer constar da própria declaração que esta não deve ser entendida como uma proposta contratual, através de protesto[224]. Em geral, a sua admissibilidade não pode ser posta em causa, mas, em especial nas relações de consumo, é necessário interpretar a declaração do profissional, apenas devendo ser atribuído valor ao protesto no caso de o objetivo não ser apenas o de lhe ser dada uma última palavra quanto à celebração do contrato, obstando, por esta via, a que o consumidor tenha o direito potestativo, resultante da proposta, de a aceitar e assim celebrar o contrato.

Apesar de o convite para contratar não constituir uma declaração diretamente integrável como parte de um futuro contrato, através da aceitação, os seus efeitos podem ser alargados. Além de poder gerar responsabilidade pré-contratual, o seu conteúdo pode constituir uma parte significativa do conteúdo de um futuro contrato celebrado na sequência da sua emissão. Pense-se na hipótese de um convite para contratar que seja completo, preciso, firme e formalmente adequado, mas que não constitua proposta, por via de protesto, seguido de uma proposta da outra parte que em nada o modifique e de uma aceitação posterior por parte do emitente do convite; neste caso, o conteúdo do contrato, na parte em que não deva ser integrado por normas legais ou pelos usos, pode ser integralmente encontrado no convite para contratar.

Em muitas relações de consumo, em especial prestações de serviço, em que o preço pode não estar pré-determinado [cfr. art. 20º-1-*j*) e 3-*a*) do DL 92/2010], o contrato celebra-se na sequência de um pedido de orçamento por parte do consumidor, pedido este que constitui em regra uma convite para contratar, na medida em que o consumidor se reserva o direito de aceitar a proposta contida no orçamento. A elaboração do orçamento pode constituir um contrato autónomo, no caso de ser oneroso, celebrado na sequência de proposta do profissional e de aceitação do consumidor. Neste caso, o objeto do contrato consiste na elaboração de uma proposta para a celebração do contrato a que o orçamento respeita.

O art. 39º do RJACSR regula precisamente algumas questões relacionadas com o orçamento. Havendo acordo entre as partes no sentido de ser elaborado um orçamento, este deve ser detalhado, contendo, entre outros, elementos relativos à identidade das partes, aos serviços a prestar, ao preço dos serviços, distinguindo mão-de-obra e materiais, e à sua duração (nº 1). Esclarece-se que o orçamento pode ser gratuito ou oneroso (nº 2),

[224] Paulo Mota Pinto, *Declaração Tácita e Comportamento Concludente do Negócio*, 1995, p. 787.

mas limita-se o preço do orçamento aos custos efetivos da sua elaboração (nº 3), impondo-se também que este seja descontado do preço do serviço no caso de este vir a ser prestado (nº 4). O nº 5 esclarece que "o orçamento vincula o prestador de serviços nos seus precisos termos, tanto antes como depois da aceitação expressa pelo destinatário". O orçamento vincula o prestador de serviços, uma vez que, como salientamos, depois de elaborado, constitui uma proposta contratual, que coloca o prestador de serviços numa situação de sujeição. Após a aceitação pelo destinatário, o contrato encontra-se celebrado, sendo o preço o indicado na proposta, ou seja no orçamento.

2.1.3.1.3. Proposta ao público

A proposta ao público consiste numa modalidade de proposta contratual que tem como principal caraterística a indeterminação dos destinatários. As declarações podem ser recipiendas, no caso de terem um ou vários destinatários determinados, ou não recipiendas, no caso de não terem destinatário ou destinatários determinados, enquadrando-se nestas a proposta ao público[225].

A proposta ao público distingue-se do convite para contratar por constituir uma declaração negocial completa, precisa, firme e formalmente adequada, bastando a aceitação do destinatário para a conclusão do contrato. Também não se confunde com a proposta dirigida a pessoa desconhecida ou de paradeiro incerto, a que alude o art. 225º do CC, uma vez que esta tem um destinatário específico, que, no entanto, o proponente não tem possibilidade de contactar.

Ao contrário do que sucede noutros ordenamentos jurídicos, em que a questão é objeto de ampla discussão doutrinária, a proposta ao público é admitida no direito português, encontrando-se uma referência a ela no art. 230º-3 do CC ("proposta, quando dirigida ao público").

Trata-se, aliás, de prática muito comum[226], com o objetivo de celebração do maior número de contratos no mais curto período de tempo[227]. A gene-

[225] António Menezes Cordeiro, *Tratado de Direito Civil Português*, Vol. I, Tomo I, 2005, p. 557.

[226] Inocêncio Galvão Telles, *Manual dos Contratos em Geral*, 2002, p. 249, n. 244.

[227] António Menezes Cordeiro, *Tratado de Direito Civil Português*, Vol. I, Tomo I, 2005, p. 558; Luís Carvalho Fernandes, *Teoria Geral do Direito Civil*, Vol. II, 2010, p. 94.

ralidade dos contratos de consumo celebra-se na sequência da aceitação pelo consumidor de uma proposta ao público emitida por um profissional, ficando, este, assim, vinculado nos termos precisos da declaração emitida. A este propósito, merecem realce as palavras de Carlos Ferreira de Almeida, segundo o qual a proposta ao público é "um instrumento central de proteção dos consumidores"[228].

Caraterística da proposta ao público é também a fungibilidade da pessoa do destinatário. Deve, no entanto, admitir-se a existência de propostas intermédias, dirigidas a um público mais restrito, definindo o emitente na declaração a que pessoas é que esta se dirige, por referência a elementos distintivos. É o caso, por exemplo, de uma proposta dirigida a todos os membros de uma associação, a todas as pessoas que tenham mais de dezoito anos[229] ou a todos os habitantes de uma determinada localidade.

O proponente não pode, contudo, restringir os destinatários de uma proposta de tal modo que dela resulte uma violação do princípio da igualdade, i.e., uma situação de discriminação que seja proibida. Esta matéria, embora não circunscrita a relações de consumo, é especialmente relevante nestas[230]. O princípio da igualdade está atualmente consagrado no art. 13º da CRP, proibindo-se a discriminação "em razão de ascendência, sexo, raça, língua, território de origem, religião, convicções políticas ou ideológicas, instrução, situação económica, condição social ou orientação sexual". Em algumas circunstâncias, admite-se que esta norma constitucional possa ter como destinatários os particulares[231]. Mais concretas são a Lei 14/2008,

[228] Carlos Ferreira de Almeida, "Formação do Contrato no Código Civil de 1966", 2017, p. 29. Também Dário Moura Vicente, *Direito Comparado*, Vol. II, 2017, p. 79, defende que a admissibilidade da proposta ao público é a solução que "protege melhor os consumidores".

[229] Considera-se que não contraria o princípio da igualdade a existência de empreendimentos turísticos apenas para adultos, ao contrário do que parece ser o entendimento da ASAE. Apesar de o art. 48º-1 do DL 39/2008 estabelecer que "é livre o acesso aos empreendimentos turísticos", essa liberdade pode ser limitada quando existam razões objetivas, aceitáveis do ponto de vista do Direito, que justifiquem a limitação. Não está em causa um dos fatores de discriminação elencados no art. 13º da CRP e a diferença de tratamento é totalmente justificada, fazendo sentido que existam no mercado opções de alojamento turístico apenas para adultos.

[230] Reiner Schulze, "Deberes Precontractuales y Conclusión del Contrato en el Derecho Contractual Europeo", 2006, p. 34.

[231] Gomes Canotilho e Vital Moreira, *Constituição da República Portuguesa Anotada*, 2007, p. 346; Jorge Miranda e Rui Medeiros, *Constituição Portuguesa Anotada*, 2010, p. 237.

que proíbe a discriminação em função do sexo no acesso a bens e serviços e seu fornecimento[232], e a Lei 93/2017, que tem por objetivo o combate à discriminação baseada em motivos de origem racial e étnica, cor, nacionalidade, ascendência e território de origem. Em traços gerais, prevê-se que uma proposta contratual em que o proponente restrinja injustificadamente os destinatários a pessoas de apenas um(a) sexo, origem racial, origem étnica, cor, nacionalidade, ascendência ou território de origem (ou imponha condições mais desfavoráveis[233]) pode ser discriminatória. O art. 19º do DL 92/2010 também protege os destinatários de serviços contra discriminações em função da nacionalidade ou do local de residência.

A proposta ao público pode ter como objeto a celebração de um só contrato ou de vários contratos.

Neste último caso, discute-se qual deve ser a consequência no caso de o proponente não dispor de bens (ou serviços) suficientes para satisfazer todas as declarações de aceitação que possam vir a ser emitidas. Entendemos que esta questão não tem uma resposta única. Em qualquer contrato, se o bem ou o serviço se encontrar à vista da contraparte, o profissional é obrigado a fornecer o bem, não podendo alegar a sua indisponibilidade. Nos contratos celebrados em estabelecimentos automatizados em que o bem ou o serviço não se encontre à vista, o contrato celebra-se sob condição resolutiva de inexistência de bens na máquina. Nos demais contratos em que o bem não se encontra visível, o profissional também deve, em regra, ser obrigado a entregar a coisa ao comprador. Se se tratar de uma coisa específica, a propriedade até se transfere, em regra, por mero efeito do contrato (art. 408º-1 do CC); se se tratar de uma coisa genérica, a prestação é exigível enquanto não se extinguirem todos os bens integrados no género acordado[234]. No caso de se criar uma fila de destinatários com vista à celebração de contratos, deve considerar-se que existe uma regra consuetudinária que impõe que a ordem da fila seja cumprida, não podendo alguém que a incumpriu exigir a celebração (antecipada) do contrato. Note-se que, nos termos do art. 3º-1 do DL 58/2016, devem ser atendidas prioritariamente as pessoas com deficiência ou incapacidade,

232 Beatriz de Barros Pereira e Maria Mariana Oliveira Almeida, "O Ginásio só para Mulheres", 2019

233 Ac. do TJUE, de 16/7/2015.

234 Contra (parcialmente): Carlos Ferreira de Almeida, *Contratos*, Vol. I, 2008, p. 122.

as pessoas idosas, as grávidas e as pessoas acompanhadas de crianças de colo. O art. 4º do mesmo diploma esclarece que, "em caso de conflito de direitos de atendimento preferencial ou prioritário, o atendimento faz-se por ordem de chegada de cada titular do direito de atendimento preferencial ou prioritário".

A cláusula de limitação ao *stock* existente deve ser analisada em função do contexto e da sua compatibilidade, em concreto, com o princípio da boa-fé. Tratando-se de uma promoção com o objetivo de atrair clientela, a exigência no que respeita ao *stock* depende do meio de comunicação utilizado, do local e do período da promoção, mas a boa-fé impõe um número de existências adequado à procura esperada. Portanto, a limitação é admissível, mas dentro dos limites da lealdade negocial.

Igualmente caraterístico da proposta ao público é a utilização de um meio que permita o contacto com o público. São muitos os meios suscetíveis de difundir uma declaração, podendo tratar-se de um suporte eletrónico (informático ou não) ou físico e podendo ou não os bens e serviços encontrar-se fisicamente presentes. Além das técnicas de comunicação à distância, como os anúncios inseridos na imprensa, na televisão ou na Internet ou o envio de catálogos, é particularmente relevante, ao nível da discussão em torno da sua natureza jurídica, a exposição de bens em montras ou em prateleiras de estabelecimentos comerciais.

A qualificação da declaração exteriormente manifestada pela exposição de bens em montras ou prateleiras deve ser feita em cada caso. No entanto, assinala-se que, se contiver todos os elementos necessários para poder ser qualificada como proposta, bastando a aceitação para a celebração do contrato, a declaração deve ser qualificada como proposta ao público[235]. É o que sucede na generalidade dos casos de exposição de bens em estabelecimentos comerciais, sendo aliás orientação tendencial da lei, ao impor a indicação do preço no comércio a retalho (art. 1º-1 do DL 138/90). Esta conclusão é, em princípio, válida para todos os contratos, admitindo-se em alguns casos o protesto do comerciante, por exemplo, através da indi-

[235] Paulo Mota Pinto, *Declaração Tácita e Comportamento Concludente do Negócio*, 1995, p. 476; José de Oliveira Ascensão, *Direito Civil – Teoria Geral*, Vol. II, 1999, p. 456; Luis Filipe Ragel Sánchez, "A Formação dos Contratos", 2002; António Menezes Cordeiro, *Tratado de Direito Civil Português*, Vol. I, Tomo I, 2005, p. 559, p. 84; Luís Carvalho Fernandes, *Teoria Geral do Direito Civil*, Vol. II, 2010, p. 94. Contra: Heinrich Ewald Hörster, *A Parte Geral do Código Civil Português*, 1992, p. 456.

cação de que os bens não são para consumo ou não se encontram à venda. O protesto do profissional não deve relevar se o objetivo for apenas o de lhe ser dada uma última palavra quanto à celebração do contrato, obstando, por esta via, a que o consumidor tenha o direito potestativo, resultante da proposta, de a aceitar e assim celebrar o contrato.

Estas observações também valem para contratos celebrados em estabelecimentos que funcionam num sistema de autosserviço, que se caraterizam por caber a quem pretende adquirir o bem a operação material da sua recolha (ou da sua utilização) no estabelecimento comercial do profissional, procedendo ao pagamento do preço no mesmo local mas em momento posterior ao da recolha. É o caso da maioria dos postos de abastecimento de combustível, dos supermercados e de alguns estabelecimentos comerciais, em especial situados nas grandes superfícies comerciais. Quanto ao momento em que se considera celebrado o contrato, reflete-se no próximo ponto acerca do último ato relevante para a aceitação da proposta nestes contratos.

No que respeita a serviços, a circunstância de o profissional ter um estabelecimento aberto ao público indicia a existência de uma proposta contratual, com o objetivo de celebração dos contratos que resultarem do contexto. O sapateiro que desenvolve a sua atividade numa loja aberta ao público emite, salvo protesto, uma proposta ao público para a reparação de sapatos, o mesmo sucedendo com o engraxador à porta de uma qualquer estação de comboios. Esta conclusão aplica-se igualmente ao médico que coloca uma placa à porta de um consultório privado aberto ao público[236]. A declaração contém todos os elementos necessários para a celebração de um contrato de prestação de serviços médicos[237], bastando a aceitação do paciente – que também é, em regra, consumidor[238] –, embora se deva entender que a proposta é emitida sob condição resolutiva tácita de indisponibilidade do médico no horário definido no ato de aceitação. Na prática, é comum definir-se logo no momento da celebração do contrato

[236] João Álvaro Dias, *Procriação Assistida e Responsabilidade Médica*, 1996, pp. 221 e 222.

[237] Contra: Rute Teixeira Pedro, *A Responsabilidade Civil do Médico*, Coimbra Editora, Coimbra, 2008, pp. 61 e 62, n. 136.

[238] Carlos Ferreira de Almeida, "Os Contratos de Prestação de Serviço Médico no Direito Civil Português", 1995, p. 9; Eduardo Dantas, "O Inadimplemento do Contrato de Serviços Médicos", 2011, p. 57.

qual será o momento do cumprimento da obrigação por parte do médico, que consiste na realização da consulta.

Uma forma de contratação igualmente apta para a celebração de contratos em geral e contratos de consumo em particular é o leilão. Saber se o proponente é o vendedor, celebrando-se o contrato com a aceitação de cada litigante, sob condição suspensiva de não surgir um lance com preço mais elevado, ou o comprador, celebrando-se o contrato se o vendedor quiser aceitar a proposta, depende das condições do leilão. Se o vendedor estiver vinculado à venda do bem a quem oferecer o melhor preço, vigora o primeiro modelo[239].

Nas relações de consumo existe, em regra, um dever de emissão de uma proposta contratual por parte do profissional. Contudo, em algumas situações concretas, pode justificar-se que o profissional não fique colocado numa situação de sujeição, uma vez que o seu interesse contende com o do consumidor, sobrepondo-se. É o que sucede quando a celebração de um contrato implique a concessão de crédito, em que o credor deve ter a possibilidade de fazer depender a sua decisão de uma avaliação da solvabilidade do devedor. Num esquema contratual em que o consumidor só paga depois de receber o bem ou o serviço, deve admitir-se que o profissional, ainda que tenha emitido uma declaração e prometido alguma coisa, possa avaliar da probabilidade de pagamento e apenas se decida no sentido de contratar se esta for adequada aos seus interesses. Não pode, no entanto, esta prática ter como objetivo defraudar a lei, escondendo-se por esta via o efeito desejado de eventual desvinculação da declaração emitida. A análise tem de ser feita em concreto, tendo em conta as circunstâncias do contrato e da sua celebração. Nestes casos, o interesse do consumidor na existência de uma proposta contratual vinculativa por parte do profissional é limitado por um interesse contrário deste, juridicamente mais relevante, de avaliar previamente a capacidade do consumidor no cumprimento do contrato.

2.1.3.2. Aceitação

A aceitação é uma declaração dirigida ao proponente, que reflete uma concordância com todos os aspetos contratualmente relevantes da proposta apresentada, tendo como principal efeito a celebração do contrato.

[239] Carlos Ferreira de Almeida, *Contratos*, Vol. I, 2008, pp. 122 e 123.

A declaração só tem o valor de aceitação se cumprir dois requisitos: conformidade com a proposta e adequação formal.

É comum a referência a que a proposta deve consistir ou ser representável numa única palavra: *Sim*, *Aceito* ou similar[240]. No entanto, o aspeto essencial consiste em que, na sequência da proposta e da aceitação, as partes tenham "acordado em todas as cláusulas sobre as quais qualquer delas tenha julgado necessário o acordo" (art. 232º do CC). Tal como a proposta pode conter hipóteses em alternativa, também a aceitação pode implicar, dentro das hipóteses contidas no âmbito da proposta, uma escolha por parte do aceitante[241]. Retomando os exemplos dados, o consumidor pode aproximar-se da máquina, colocar uma moeda e optar por um café curto com uma pequena porção de açúcar ou reagir à proposta de contrato de compra e venda de um automóvel optando pelo pagamento a prestações, sem juros.

A aceitação não pode modificar os termos da proposta, aumentando ou restringindo o seu âmbito. Se o destinatário da proposta concordar com todos os aspetos da proposta menos um, mesmo que não seja essencial, não se verifica a aceitação da proposta. Nos termos da parte inicial do art. 233º, "a aceitação com aditamentos, limitações ou outras modificações importa a rejeição da proposta".

Pode, no entanto, a modificação da proposta inicial ser suficientemente precisa, caso em que "equivale a nova proposta, contanto que outro sentido não resulte da declaração" (art. 233º, *in fine*), sendo esta nova proposta designada de contraproposta. A contraproposta tem, no entanto, de cumprir todos os requisitos da proposta, não bastando que seja precisa[242].

A aceitação pode ser emitida sob condição suspensiva, embora a eficácia do contrato dependa da verificação da condição enquanto a proposta vigorar[243]. Por exemplo, é válida a aceitação de proposta relativa a contrato de compra e venda de automóvel, sujeita à condição suspensiva de o comprador conseguir vender o seu, adquirindo eficácia se a condição se verificar durante a vigência da proposta. Já não é possível, por implicar uma

[240] HEINRICH EWALD HÖRSTER, *A Parte Geral do Código Civil Português*, 1992, p. 458; INOCÊNCIO GALVÃO TELLES, *Manual dos Contratos em Geral*, 2002, p. 247.

[241] CARLOS FERREIRA DE ALMEIDA, *Contratos*, Vol. I, 2008, p. 124.

[242] ANTÓNIO MENEZES CORDEIRO, *Tratado de Direito Civil Português*, Vol. I, Tomo I, 2005, p. 561.

[243] CARLOS FERREIRA DE ALMEIDA, *Contratos*, Vol. I, 2008, p. 124.

modificação da proposta, a aceitação que introduza no contrato uma condição não prevista na primeira declaração.

A aceitação deve ainda ser formalmente adequada. Se o contrato estiver sujeito a forma especial, a aceitação tem que revestir essa forma para ser eficaz. No caso de o contrato não estar sujeito a forma especial, mas de a proposta ser emitida com um determinado nível formal, é sempre necessário interpretar a proposta no sentido de concluir se o seu sentido relevante foi o de exigir que a aceitação também adote a mesma forma. Em muitos contratos de consumo, a proposta ao público é emitida por escrito, com ou sem a assinatura do proponente, não se exigindo, no entanto, que o consumidor a aceite por escrito.

A aceitação, tal como qualquer declaração, pode ser tácita (art. 217º-1 do CC). É o que sucede nas situações previstas no art. 234º, apesar de esta norma se referir, com pouco rigor, a "dispensa de declaração de aceitação". Assim, "tem-se o contrato por concluído logo que a conduta da outra parte [o destinatário da proposta] mostre a intenção de aceitar a proposta".

Deve considerar-se que a aceitação é tácita nas situações em que se verifica o consumo de um bem ou a utilização de um serviço (por exemplo, colocar o carro dentro de uma máquina de lavagem automática) ou em que se dá início ao cumprimento do contrato, através do pagamento do preço ou de qualquer outra prestação.

Nos estabelecimentos que funcionam em sistema de autosserviço, quando se considere que existe uma proposta ao público, a declaração do aceitante resulta da apresentação do bem na caixa para pagamento[244] ou de uma operação que já não permita, na prática, a não aceitação da proposta, como, por exemplo, o abastecimento do carro com combustível ou um pedido específico num supermercado, que deteriore o bem ou o torne inadequado com vista à sua posterior comercialização.

O consumidor deve comunicar a sua decisão de aceitar a proposta ao profissional. Tratando-se de pessoa jurídica com estabelecimento comercial, a declaração dirigida a um funcionário que se encontre no local é eficaz[245].

[244] Carlos Ferreira de Almeida, *Texto e Enunciado na Teoria do Negócio Jurídico*, Vol. II, 1992, p. 818; José de Oliveira Ascensão, *Direito Civil – Teoria Geral*, Vol. II, 1999, p. 458; Luís Carvalho Fernandes, *Teoria Geral do Direito Civil*, Vol. II, 2010, p. 137.

[245] Carlos Ferreira de Almeida, *Contratos*, Vol. I, 2008, p. 128.

No caso de o proponente pedir uma resposta imediata, a proposta é eficaz, nos termos do art. 228º-1-*b*) do CC, "até que, em condições normais, esta e a aceitação cheguem ao seu destino". No fundo, impõe-se ao destinatário da proposta que, assim que recebe ou tem conhecimento da proposta (art. 224º do CC), diga se a aceita. Esta regra é compatível com a proposta ao público, nesta também podendo ser pedida uma resposta imediata aos destinatários. Enquadra-se aqui a situação em que, por exemplo, num programa de *televendas*, o profissional incita o consumidor a adquirir o bem imediatamente ou num período de tempo muito curto. Esta prática não permite uma reflexão muito aprofundada pela contraparte, razão pela qual pode ser considerada desleal, nos termos do art. 8º-*i*) do DL 57/2008.

2.1.4. Comunicação do conteúdo da declaração do profissional

Nas relações jurídicas de consumo, a iniciativa contratual parte, em quase todos os casos, do profissional, através de um estabelecimento comercial aberto ao público, de uma página na Internet, do envio de um catálogo, etc..

Nem sempre o profissional é o proponente e o consumidor o aceitante. É o mais vulgar quando a declaração do profissional constitui uma proposta ao público, mas pode não ser assim noutros casos, nomeadamente quando este se reserva a possibilidade de ainda emitir outra declaração antes da celebração do contrato.

Independentemente de ser o proponente ou o aceitante, a lei impõe ao profissional um dever acrescido de comunicação do conteúdo da sua declaração (proposta ou convite para contratar, mas não a aceitação, uma vez que não é o momento indicado para a inserção de elementos relativos ao seu conteúdo).

É neste sentido que deve ser interpretado o art. 8º-1 da LDC, que estabelece que "o fornecedor de bens ou prestador de serviços deve, tanto na fase de negociações como na fase de celebração de um contrato, informar o consumidor de forma clara, objetiva e adequada", nomeadamente sobre "as caraterísticas principais dos bens ou serviços, tendo em conta o suporte utilizado para o efeito e considerando os bens ou serviços em causa", "a identidade do fornecedor de bens ou prestador de serviços, nomeadamente o seu nome, firma ou denominação social, endereço geográfico no qual está estabelecido e número de telefone", "o preço total dos bens ou serviços, incluindo os montantes das taxas e impostos, os encargos suplementares de transporte e as despesas de entrega e postais, quando for o caso", "o modo de cálculo do preço, nos casos em que, devido à natureza do bem ou serviço, o preço não puder ser calculado antes da celebração do contrato", "a indicação de que podem ser exigíveis encargos suplementares postais, de transporte ou de entrega e quaisquer outros custos, nos casos em que tais encargos não puderem ser razoavelmente calculados antes da celebração do contrato", "as modalidades de pagamento, de entrega ou de execução e o prazo de entrega do bem ou da prestação do serviço, quando for o caso", "o sistema de tratamento de reclamações dos consumidores pelo profissional, bem como, quando for o caso, sobre os centros de arbitragem de conflitos de consumo de que o profissional seja aderente, e sobre a existência de arbitragem necessária"[246], "o período de vigência do contrato,

[246] O art. 18º da Lei 144/2015 ia mais longe, na sua versão originária, impondo aos profissionais a prestação de informação sobre as entidades de resolução alternativa de litígios de consumo existentes, mesmo que o profissional não se encontrasse vinculado a nenhuma delas por adesão ou por imposição legal. Sobre este preceito, cfr. João Pedro Pinto-Ferreira, "A Resolução Alternativa de Litígios de Consumo no Contexto da Lei nº 144/2015", 2016, pp. 327 a 330; Sandra Passinhas, "Alterações Recentes no Âmbito da Resolução Alternativa de Litígios de Consumo", 2015, pp. 365 e 366; João Pedro Pinto-Ferreira e Joana Campos Carvalho, "Consumer ADR in Portugal", 2018, p. 91. A Lei 102/2017 alterou o art. 18º-1 da Lei 144/2015, impondo-se agora apenas a indicação das entidades de RALC a que o profissional se encontre vinculado, por adesão ou por imposição legal decorrente de arbitragem necessária (Jorge Morais Carvalho, João Pedro Pinto-Ferreira e Joana Campos Carvalho, *Manual de Resolução Alternativa de Litígios de Consumo*, 2017, pp. 140 a 146. Nota-se que a Lei 63/2019, sem alterar este art. 8º-1 da LDC, veio, no entanto, alterar totalmente o enquadramento da questão, ao alterar o art. 14º da LDC, passando a prever-se que "os conflitos de consumo de reduzido valor económico estão sujeitos a arbitragem necessária ou mediação quando, por opção expressa dos consumidores, sejam submetidos à apreciação de tribunal arbitral adstrito aos centros de arbitragem de conflitos de consumo legalmente autorizados" (nº 2). O nº 3 estabelece que se consideram "conflitos de consumo de reduzido valor económico aqueles cujo valor não exceda a alçada dos tribunais de 1ª instância", ou seja, nos termos do art. 44º-1 da Lei da Organização do Sistema Judiciário, os € 5000. Assim, a informação sobre os centros de arbitragem de consumo e sobre a "arbitragem necessária" é sempre necessária. O Regulamento (UE) nº 524/2013, do Parlamento Europeu e do Conselho, de 21 de maio de 2013, sobre a resolução de litígios de consumo em linha, também prevê, no seu art. 14º-1, que "os comerciantes estabelecidos na União que celebrem contratos de venda ou de serviços em linha e os mercados em linha estabelecidos na União devem disponibilizar nos seus sítios *web* uma ligação eletrónica à plataforma de ODR". Sobre esta norma, cfr. Jorge Morais Carvalho e Joana Campos Carvalho, "Online Dispute Resolution Platform – Making European Contract Law More Effective", 2016, pp. 263 a 265; Jorge Morais Carvalho, João Pedro Pinto-Ferreira e Joana Campos Carvalho, *Manual de Resolução Alternativa de Litígios de Consumo*, 2017, pp. 224 a 227; Jorge Morais Carvalho

quando for o caso, ou, se o contrato for de duração indeterminada ou de renovação automática, as condições para a sua denúncia ou não renovação, bem como as respetivas consequências, incluindo, se for o caso, o regime de contrapartidas previstas para a cessação antecipada dos contratos que estabeleçam períodos contratuais mínimos", "a existência de garantia de conformidade dos bens, com a indicação do respetivo prazo, e, quando for o caso, a existência de serviços pós-venda e de garantias comerciais, com descrição das suas condições", "a funcionalidade dos conteúdos digitais, nomeadamente o seu modo de utilização e a existência ou inexistência de restrições técnicas, incluindo as medidas de proteção técnica, quando for o caso", "qualquer interoperabilidade relevante dos conteúdos digitais, quando for o caso, com equipamentos e programas informáticos de que o fornecedor ou prestador tenha ou possa razoavelmente ter conhecimento, nomeadamente quanto ao sistema operativo, a versão necessária e as caraterísticas do equipamento" e "as consequências do não pagamento do preço do bem ou serviço". Impõe, assim, este preceito um especial dever de *informação* no que respeita às principais cláusulas do contrato a celebrar. Este preceito aplica-se a todos os contratos de consumo, ao contrário do que sucede noutros Estados-Membros da UE[247], embora em contratos de pequeno valor do dia-a-dia (por exemplo, um contrato de compra e venda de batatas numa mercearia de bairro ou um contrato misto relativo a um café num estabelecimento de restauração e bebidas) a sua aplicação tenha de ser feita com alguma cautela[248], sob pena de se paralisar a contratação e impedir a sobrevivência do pequeno comércio.

Também o DL 57/2008 se refere ao conteúdo da declaração negocial do profissional. Com efeito, o art. 9º-1, que trata das omissões enganosas, determina que, "tendo em conta todas as suas caraterísticas e circunstâncias e as limitações do meio de comunicação[249], é enganosa, e portanto

e Joana Campos Carvalho, "A Resolução Alternativa de Litígios de Consumo em Linha na União Europeia", 2017, pp. 755-757.

[247] Ferenc Szilágyi, "Implementation of the Consumer Rights Directive: Hungary", 2014, p. 280.

[248] Marco Loos, "Implementation of CRD (Almost) Completed, Harmonisation Achieved?", 2014, p. 214.

[249] Nos termos do art. 9º-2, "quando o meio de comunicação utilizado para a prática comercial impuser limitações de espaço ou de tempo, essas limitações e quaisquer medidas tomadas pelo profissional para disponibilizar a informação aos consumidores por outros meios devem

conduz ou é suscetível de conduzir o consumidor a tomar uma decisão de transação que não teria tomado de outro modo, a prática comercial [...] que omite uma informação com requisitos substanciais para uma decisão negocial esclarecida do consumidor [... ou] em que o profissional oculte ou apresente de modo pouco claro, ininteligível ou tardio a [essa] informação". Além de a lei considerar essenciais os elementos já anteriormente exigidos noutros diplomas legais, o art. 10º estabelece que, "no caso de proposta contratual ou de convite a contratar, são consideradas substanciais para efeitos do artigo anterior, se não se puderem depreender do contexto, as informações" constantes das várias alíneas do preceito e que dizem respeito, entre outros aspetos, às caraterísticas do bem ou serviço, ao seu preço, às modalidades de pagamento ou à existência de um direito de resolução.

Note-se que só integram o contrato as cláusulas sobre as quais tiver havido acordo entre as partes. As cláusulas não comunicadas não podem ser objeto do acordo, pelo que as normas referidas não assentam num dever de *informação*, mas num *ónus*[250] que incumbe ao profissional que pretende a inclusão de determinadas cláusulas no contrato não só de as *comunicar* ao consumidor como de o fazer através da *forma prevista*. Se não o fizer, além de outras sanções, como o direito que é atribuído ao consumidor de resolver o contrato (art. 8º-4 da LDC) ou de pedir a sua anulação (art. 14º-1 do DL 57/2008), as cláusulas não comunicadas da forma adequada não integram o contrato[251].

2.1.5. Preço

O profissional tem ampla liberdade de estipulação do preço dos bens ou serviços, sendo mesmo proibidas, em regra, as práticas que consistem em

ser tomadas em conta para decidir se foi omitida informação". Sobre este preceito, v. Ac. do TJUE, de 12/5/2011, e Ac. do TJUE, de 30/3/2017.

[250] Carlos Ferreira de Almeida, "Serviços Públicos, Contratos Privados", 2002, p. 125.

[251] Discorda-se da lógica subjacente ao Ac. do TRL, de 22/6/2016, em que se decide que há violação do dever de informação por parte do hospital no que respeita ao montante a pagar pelo consumidor pelos serviços prestados, mas que, ainda assim, cabe a este proceder ao respetivo pagamento. O direito a indemnização que o tribunal reconhece existir na esfera do consumidor na sequência da violação do dever de informação fica totalmente esvaziado, isto apesar de ter sido dado como provado que, se soubesse que teria de pagar, o consumidor não teria recorrido a serviços de saúde privados. Lembra-se que o direito à informação tem consagração constitucional, pelo que não parece adequado que as normas infraconstitucionais que o densificam sejam, na prática, esvaziadas de conteúdo.

concertar preços. Existem, no entanto, algumas exceções, considerando a lei que a fixação do preço de certos bens ou serviços não deve ser totalmente livre, com vista a salvaguardar outros interesses em concreto mais relevantes[252].

Estas exceções podem dividir-se em dois grupos. Por um lado, os casos em que se impõe a fixação de um preço pelo produtor, devendo os vendedores respeitar esse preço; aqui, a lei procura proteger os concorrentes, evitando que alguns estabelecimentos de maior dimensão pratiquem preços que os de menor dimensão não conseguem combater. É o caso dos livros, em que o editor ou importador é obrigado a fixar o preço de venda ao público, deixando ao vendedor uma pequena margem quanto à determinação do preço final, que deve situar-se entre os 90% e os 100% do preço fixado (DL 176/96). Por outro lado, os casos em que a própria lei fixa o preço máximo do bem ou serviço ou o seu modo de cálculo, com o objetivo de garantir o acesso de um maior número de cidadãos a esses bens ou serviços. Por exemplo, a lei impõe que as agências funerárias disponham de um serviço básico de funeral social, que não pode exceder o montante de € 400, atualizado anualmente em função da taxa de inflação (art. 119º do RJACSR).

As situações de imposição legal da fixação do preço constituem a exceção, pelo que o profissional pode, em regra, fixar livremente o preço do bem ou serviço. Esta liberdade permite, assim, a fixação de um preço mais barato ou mais caro consoante a avaliação que é feita do mercado.

Não deve confundir-se, no entanto, a liberdade de fixar o preço e a liberdade de fazer uma campanha publicitária, anunciando que o preço tem um desconto ou que o bem ou serviço é mais barato. Com efeito, se o vendedor pode praticar o preço que entender, não pode optar por um valor e considerar, sem qualquer ponto de referência, que o produto se encontra em promoção.

Procura evitar-se que o contrato seja celebrado com base numa ideia incorreta do consumidor relativamente ao preço. É das ciências económicas que provêm os mais esclarecedores textos sobre a matéria. Como refere José António Rousseau, "o nível real dos preços de uma loja nem sempre tem correspondência com o nível dos preços percepcionado pelos clientes. Estes, de um modo geral, pouco sabem em matéria de preços, deles

252 Carolina Cunha, "Vendas com Prejuízo", 2003, p. 207.

possuindo apenas uma percepção, tendo mesmo, por várias razões, grandes dificuldades em memorizá-los. Primeiro, porque frequentam diversos tipos de estabelecimentos que possuem níveis de preços diferentes e nos quais se produzem frequentes modificações. Segundo, porque os novos produtos e marcas se multiplicam e segmentam, sendo cada vez mais numerosos. Terceiro, porque existe inflação. Quarto, porque não existe uma padronização da embalagem nem uma normalização na apresentação dos produtos em termos de quantidades, pesos e medidas"[253]. PEDRO QUELHAS BRITO é igualmente claro: "Existe algo mais excitante do que as promoções? Os consumidores adoram-nas! Essa palavra mágica tem um enorme poder de atração e, em igualdade de condições, uma marca ou um artigo em promoção é sempre o escolhido [...]. O desafio deste livro é demonstrar que as promoções de vendas são a estratégia mais inteligente para, sem «mexer» no preço, tornar a nossa proposta mais atrativa e interessante"[254].

2.1.5.1. Indicação de preços

O art. 8º-1 da LDC impõe ao profissional, durante a fase de negociação do contrato, a indicação de forma clara, objetiva e adequada do preço total do bem ou do serviço, incluindo taxas e impostos e quaisquer encargos suplementares, se for o caso, podendo o consumidor, em caso de incumprimento deste dever, além de exigir o pagamento de uma indemnização, resolver o contrato nos termos do nº 4 do mesmo artigo.

O DL 138/90 trata especificamente do problema da indicação do preço dos bens no comércio a retalho, estabelecendo que "todos os bens destinados à venda a retalho devem exibir o respetivo preço de venda" (art. 1º-1)[255], incluindo impostos, taxas ou quaisquer outros encargos a pagar pelo consumidor (art. 1º-5), como despesas de entrega[256], devendo a indicação "ser

[253] JOSÉ ANTÓNIO ROUSSEAU, *Manual de Distribuição*, 2008, p. 174.

[254] PEDRO QUELHAS BRITO, *Promoção de Vendas e Comunicação de Preços*, 2012, p. 5.

[255] O art. 2º-1 do DL 331/2007 determina que, relativamente a coleção cuja distribuição se realize por unidade ou fascículo, o profissional deve indicar, além do "preço de cada unidade ou fascículo", o "preço total" da coleção, "o número de unidades ou fascículos que [a] compõem, a sua periodicidade e data de distribuição, bem como a sua duração temporal". Nos termos do art. 2º-2, "o preço de cada unidade ou fascículo e o preço total a pagar pelo consumidor devem constar na capa, na sobrecapa ou na embalagem dos mesmos, em dígitos bem visíveis, claros e perfeitamente legíveis, podendo ainda constar de um folheto informativo".

[256] Ac. do TJUE, de 7/7/2016. Para uma análise crítica desta decisão, v. BRAM DUIVENVOORDE, "The CJEU Decision in Citroën/ZLW: Ready for REFIT?", 2017.

feita em dígitos de modo visível, inequívoco, fácil e perfeitamente legível [...] por forma a alcançar-se a melhor informação para o consumidor". Devem ser utilizados letreiros ou etiquetas, colocados na proximidade do bem, só podendo recorrer-se a listas quando a natureza dos bens torne materialmente impossível o uso de letreiros e etiquetas (art. 5º). Os bens devem conter também o preço por unidade de medida (litro, quilograma, metro, etc.), sendo esta a única indicação exigida em relação àqueles que são vendidos sem embalagem (arts. 1º-2 e 3 e 3º). Os bens expostos em montras também têm de ser acompanhados do preço, exigindo-se que este seja visível do exterior do estabelecimento, nem que para tal seja necessária uma marcação complementar (art. 8º-1).

O diploma também se aplica à indicação do preço nos contratos de prestação de serviços, por força da extensão operada pelo art. 10º.

O incumprimento do dever de indicação do preço constitui contraordenação, nos termos do art. 11º.

O DL 57/2008, que estabelece o regime jurídico aplicável às práticas comerciais desleais, considera enganosa a prática comercial que omita uma informação essencial para a decisão do consumidor (art. 9º-1), sendo essencial, nos termos do art. 10º-*c*), a indicação do "preço, incluindo impostos[257] e taxas" ou o modo de cálculo deste, quando não puder ser determinado no momento da declaração; admite-se, no entanto, a não indicação, quando o preço "se puder[...] depreender do contexto". Esta norma deve ser interpretada com alguma cautela, relevando apenas um contexto de que resulte claramente a informação necessária. No Ac. do TJUE, de 7/9/2016, conclui-se que, "no âmbito de uma proposta conjunta que consista na venda de um computador equipado com programas pré-instalados, a falta de indicação do preço de cada um desses programas não constitui uma prática comercial enganosa". Já no Ac. do TJUE, de 26/10/2016, considera-se que, "quando um profissional tenha optado por fixar o preço de uma subscrição de tal forma que o consumidor deve pagar simultaneamente um preço mensal e um preço semestral, esta prática deve ser considerada uma omissão enganosa se, na comercialização, se der especial destaque ao preço mensal, ao

[257] Discorda-se da filosofia subjacente à decisão do Ac. do STJ, de 4/6/2013. Com efeito, se nada se disser sobre o IVA, deve naturalmente entender-se que este está incluído no preço definido. Assim: Ac. do TRC, de 13/9/2016; Sentença do JP de Coimbra, de 15/2/2012. V., também, Ac. do TRE, de 26/2/2015.

passo que o preço semestral é omitido por completo ou exposto de forma menos visível". Acrescenta-se nesta decisão que devem ser tidas "em conta as limitações próprias do meio de comunicação utilizado, a natureza e as caraterísticas do produto, bem como as outras medidas tomadas efetivamente pelo profissional para disponibilizar ao consumidor as informações substanciais relativas ao produto".

Estas normas especiais que impõem um dever pré-contratual de indicação do preço não podem ser invocadas posteriormente pelo profissional que as incumpriu, omitindo o preço, para obstar à qualificação da sua declaração como proposta contratual. Com efeito, neste caso aplicam-se os critérios supletivos previstos na lei, sem prejuízo das sanções civis e contraordenacionais em que incorre o profissional.

A alegação pelo profissional da existência de um lapso no preço indicado só releva em situações excecionais, sob pena de se desvirtuar o regime descrito. Tratando-se de erro de cálculo ou de escrita, que tem como pressuposto o seu caráter ostensivo, procede-se, por via de interpretação[258], à sua retificação (art. 249º do CC). O regime do erro na declaração (art. 247º do CC) não deverá ser aplicado nestes casos, na medida em que coloque em causa a "protecção da confiança do declaratário e do comércio jurídico; protecção esta, que surge no contexto de uma relação jurídica de consumo e que beneficia ainda da tutela jurídica prevista para o consumidor"[259].

Igualmente relevante em matéria de indicação de preços, o art. 9º-A da LDC trata dos pagamentos adicionais a efetuar pelo consumidor, expressão que parece remeter para o preço de elementos acessórios ao objeto principal do contrato, estabelecendo que estes têm de ser comunicados de forma clara e compreensível ao consumidor, devendo ser dada a este a possibilidade de optar pela inclusão ou não desses pagamentos adicionais. A vinculação do consumidor não pode resultar, relativamente a estes elementos acessórios, de opções estabelecidas por defeito pelo profissional. Esta regra está pensada para os contratos eletrónicos, em que aparece selecionada no equipamento do consumidor, no momento da celebração do contrato, a opção de inclusão de outros bens ou serviços, acessórios do bem ou serviço que este pretende adquirir, devendo ser retirada a seleção para que esse outro bem ou serviço não seja incluído no contrato. O incum-

[258] Carlos Ferreira de Almeida, *Contratos*, Vol. V, 2017, p. 118.

[259] Sentença do CNIACC, de 20/2/2014.

primento desta regra pelo profissional tem como consequência o direito do consumidor à restituição do valor adicional pago, ou seja, o acesso gratuito ao bem ou serviço acessório.

2.1.5.2. Práticas comerciais com redução de preços

A problemática da comercialização de bens ou serviços com redução de preço encontra-se no limiar entre o direito do consumo e o direito da concorrência[260]: por um lado, o objetivo é assegurar o conhecimento dos preços pelo consumidor, garantindo que existe uma diferença efetiva entre o preço praticado antes e depois da promoção; por outro lado, pretende defender-se o funcionamento regular dos mercados[261].

A matéria encontra-se regulada pelo DL 70/2007.

O diploma aplica-se, nos termos do art. 1º, às práticas comerciais com redução de preços que tenham em vista o escoamento das existências, o aumento de vendas ou a promoção do lançamento de um produto não comercializado anteriormente pelo mesmo profissional. Estes objetivos são suficientemente amplos para se poder considerar que não existem restrições significativas quanto à possibilidade de proceder à comercialização de bens ou serviços com descontos.

Apesar da referência constante à venda de produtos ao longo do diploma, este aplica-se quer aos contratos de compra e venda, incluindo os celebrados à distância e fora do estabelecimento, quer aos contratos de prestação de serviços, em ambos os casos com as adaptações necessárias (art. 2º).

O art. 3º contém uma enumeração taxativa das práticas comerciais com redução de preços: saldos, promoções e liquidação. Os profissionais apenas podem publicitar uma redução de preços se esta consistir numa destas práticas (art. 3º-3) e não podem utilizar uma expressão que não corresponda à prática utilizada (art. 3º-4). Assim, por exemplo, não pode ser utilizada a expressão *liquidação* quando não esteja em causa uma liquidação, nos termos da definição legal.

Note-se que, uma vez que o preço dos bens ou serviços pode ser livremente fixado, um profissional pode, em qualquer momento, fazer um desconto no valor da contraprestação. Ao contrário do que se poderia supor

260 António Pinto Monteiro, *Contratos de Distribuição Comercial*, 2002, p. 46.

261 Guilherme Machado Dray, "Venda com Redução de Preços", 2002, p. 236; Carolina Cunha, "Vendas com Prejuízo", 2003, p. 209.

da letra da lei ("só são permitidas as práticas comerciais com redução de preço nas modalidades referidas no número anterior"), não está em causa a permissão da prática, mas o seu anúncio ao público em geral.

Assim, se um bem custa € 20 num estabelecimento comercial e, na semana seguinte, o comerciante o coloca à venda por € 10, sem fazer qualquer publicidade ao desconto, trata-se de uma redução do preço, que é válida e não tem de respeitar o regime do diploma em análise (com exceção das poucas normas que não dependem da existência de uma redução de preço, como os arts. 7º-2 e 9º). O que não é permitido é anunciar que é conferido um desconto e não cumprir as determinações da lei.

Para promover a comercialização de bens ou serviços com desconto, o profissional tem de respeitar os deveres impostos pelo art. 4º do DL 70/2007.

Assim, no local em que é anunciada a redução de preços deve ser feita uma referência a cinco elementos a ela relativos: a modalidade de venda a realizar, ou seja, se se trata de saldos, de promoções ou de liquidação, o tipo de produto, a percentagem de redução, a data do início da redução e o período de duração da redução.

A indicação deve ser feita de forma inequívoca. Tratando-se de publicidade na televisão, por exemplo, a informação deve manter-se disponível durante um tempo razoável, sendo utilizado um tipo e tamanho de letra que permitam a leitura a um destinatário normal.

Estas normas visam proteger o consumidor contra a falta de transparência na comunicação dos elementos relativos às promoções, evitando que o consumidor seja levado a adquirir bens ou serviços que não tenham desconto motivado por uma deslocação a um estabelecimento na sequência do anúncio de uma promoção.

Com as alterações introduzidas pelo DL 10/2015, caiu a exigência de separação entre os bens ou serviços objeto da promoção e os restantes bens ou serviços comercializados no estabelecimento comercial. O bem em promoção passa, assim, a poder estar junto de outro bem a que não seja aplicado o desconto. Nos termos do art. 6º, a afixação dos preços dos bens ou serviços objeto de uma redução de preços obedece a requisitos especiais em relação aos do DL 138/90, diploma que não deixa, no entanto, de se aplicar.

A regra geral, contida na alínea *a*), é a de que o suporte no qual é introduzido o preço – a lei refere-se a letreiros, etiquetas ou listas, mas pode estar em causa qualquer outro suporte – deve indicar ou o novo preço e o preço anteriormente aplicado ou o novo preço e a percentagem de redução. Não é, assim, permitida a indicação do preço anteriormente praticado e da percentagem de redução. O consumidor tem de saber sempre, à partida, qual é o preço a pagar pelo bem.

Para determinar qual era o preço anteriormente praticado, é necessário definir o preço de referência, questão de que se ocupa o art. 5º do diploma. Aí se estabelece que a redução de preço deve ser real, ou seja, tem de ter como referência outro preço, neste caso o preço mais baixo anteriormente praticado.

Na versão originária do diploma, o preço de referência era o "preço mais baixo efetivamente praticado para o respetivo produto no mesmo local de venda, durante um período continuado de 30 dias anteriores ao início do período de redução" (art. 5º-2).

O DL 10/2015 revogou aquele preceito, pelo que deixou de se prever como preço de referência o preço mais baixo dos trinta dias anteriores ao período de redução. O preço anteriormente praticado, na vigência da redação dada pelo DL 10/2015, era, assim, o do dia (ou hora) anterior ao início do período de redução. Embora a lei nada referisse a este propósito, devia considerar-se que se verificava uma situação de fraude à lei nos casos em que o preço fosse artificialmente aumentado com o objetivo de, ao anunciar a redução de preço posterior, aparentar tratar-se de uma redução real, quando tal não correspondesse à realidade.

O DL 109/2019 voltou a alterar o diploma no que respeita ao preço de referência. Com efeito, define-se atualmente "preço mais baixo anteriormente praticado", no art. 3º-2-a), como "o preço mais baixo a que o produto foi vendido, fora de eventuais períodos de saldo ou de promoção, nos 90 dias anteriores ao dia em que é posto à venda em saldo ou em promoção". O preço de referência deixa de ser o preço anteriormente praticado para passar a ser o preço mais baixo dos últimos 90 dias. Não é, no entanto, simplesmente o preço mais baixo dos últimos 90 dias, uma vez que não releva o preço praticado em saldos ou promoções. Assim, se tiver havido uma promoção nos 90 dias anteriores, o preço durante a promoção não conta para a definição do preço de referência. Na prática, a alteração operada pelo DL 109/2019 acaba por ser pouco relevante, pois os profissionais podem gerir o preço de referência conforme entenderem, permitindo até situações menos protetoras do consumidor do que o regime anterior.

A lei torna lícito o seguinte cenário: no dia 1, o preço é € 100; no dia 15, no âmbito de uma promoção, o preço passa a ser € 50 (com a indicação: 50% de desconto); no dia 30, temos uma nova promoção e o preço passa a € 25 (com a indicação: 75% de desconto); no dia 60, começam os saldos naquele estabelecimento e o preço aplicado é € 75 (com a indicação: 25% de desconto); no dia 90, terminam os saldos e começa uma promoção, desta vez com 10% de desconto, custando o bem € 90. Trata-se do preço mais elevado dos últimos 89 dias, mas permite-se que o profissional o anuncie como consubstanciando um desconto de 10%.

O novo preço tem de respeitar o regime da venda com prejuízo (art. 5º-1 do DL 166/2013)[262], ou seja, o bem não pode ser vendido abaixo de custo (art. 5º-3 do DL 70/2007)[263]. Esta regra não se aplica aos contratos realizados em saldo ou liquidação [art. 5º-4 do DL 70/2007; art. 5º-11-*d*) do DL 166/2013], o que significa que se aplica apenas às promoções.

O art. 6º-*b*) do DL 70/2007 determina que, nos casos em que se trata de um conjunto de bens ou serviços perfeitamente identificados, o profissional pode, em substituição do novo preço, indicar ou a percentagem de redução uniformemente aplicável (por exemplo, *todos os produtos desta caixa têm 30% de desconto*) ou um preço único para o conjunto (por exemplo, *todos os produtos desta caixa custam € 20*), devendo, em qualquer caso, ser indicado o preço anteriormente praticado.

O art. 6º-*c*) regula o caso em que a promoção tem por objetivo o lançamento de um bem ou serviço que não tenha sido comercializado anteriormente pelo profissional. Aqui, não existe por definição um preço anteriormente praticado, pelo que se impõe a indicação do preço do bem ou serviço em promoção e do preço do bem ou serviço após o período da promoção. Só assim é possível comprovar que se trata efetivamente de uma promoção.

[262] Para uma perspetiva crítica deste regime: CAROLINA CUNHA, "Vendas com Prejuízo: Porquê Proibir?", 2017.

[263] No Ac. do TJUE, de 7/3/2013, conclui-se que a Diretiva 2005/29/CE, relativa às práticas comerciais desleais, "deve ser interpretada no sentido de que se opõe a uma disposição nacional, como a que está em causa no processo principal, que prevê uma proibição geral de propor produtos para venda com prejuízo ou de vender produtos com prejuízo, *na medida em que essa disposição prossegue finalidades relativas à proteção dos consumidores*" (itálico nosso). A parte final da decisão é decisiva quanto à questão de saber se o regime português da venda com prejuízo contraria ou não o direito europeu. Sobre esta questão, v., também, o Ac. do TJUE, de 19/10/2017.

A alínea *d*) ocupa-se dos bens ou serviços que são propostos com condições promocionais, ou seja, casos em que não existe uma redução imediata do preço, mas a concessão de facilidades nas condições de pagamento. O profissional deve indicar três elementos: o preço mais baixo anteriormente praticado, o preço promocional e os encargos inerentes à adesão à promoção, caso existam.

Procede-se agora a uma análise das especificidades de cada uma das práticas comerciais com redução de preços.

A designação *promoções* não é muito feliz, uma vez que esta figura é mais abrangente do que a realidade que se pretende abarcar no diploma, podendo consistir quer em reduções de preços quer noutras práticas, como a oferta de bens ou serviços. Assim, parece-nos preferível a referência a promoções em forma de desconto ou simplesmente a descontos.

O art. 3º-1-*b*) define promoções de forma suficientemente ampla para abranger, na prática, qualquer redução de preços. Contém apenas dois requisitos: em primeiro lugar, a promoção de um bem ou serviço a um preço inferior ou com condições mais vantajosas; em segundo lugar, essa promoção ter o objetivo de potenciar a comercialização de determinado bem ou serviço ou o desenvolvimento da atividade comercial do profissional. Ora, se existe uma promoção, o objetivo dificilmente será outro que não o de promover a venda de bens ou a prestação de serviços ou o desenvolvimento da atividade comercial. Em relação ao primeiro requisito, nota-se que o diploma se aplica se existir uma promoção em forma de desconto ou em forma de condições mais vantajosas. Estas condições mais vantajosas dizem respeito ou à oferta de uma maior quantidade do bem ou do serviço pelo mesmo preço ou a facilidades no modo de pagamento que possam ser avaliadas em dinheiro, como o pagamento total diferido ou o pagamento a prestações sem juros.

Com um cada vez maior desenvolvimento das técnicas de comercialização de bens ou serviços, a forma como os descontos são concedidos também tem variado significativamente, permitindo a ampla noção da lei que a sua legalidade não seja, à partida, posta em causa[264].

A única regra do diploma que se aplica especificamente às promoções consta do art. 11º. Até 2019, não se admitia a realização de promoções em

[264] Exemplos: JORGE MORAIS CARVALHO, "Reduções de Preços e Vendas Abaixo do Custo", 2010, pp. 126 e 127.

simultâneo com uma operação de saldos. Os objetivos das duas práticas são diversos, pelo que não se permitia a realização de descontos a um título sobre descontos a outro título. O DL 109/2019 eliminou esta limitação, pelo que parece ser possível, neste momento, realizar promoções em forma de desconto em simultâneo com saldos. Trata-se de mais um passo no caminho da liberalização total das práticas comerciais com redução de preços, com claro prejuízo para a tomada de decisão esclarecida por parte do consumidor.

O DL 10/2015 alterou significativamente a teleologia subjacente aos saldos, tendo estes deixado de ter como caraterística a circunstância de se realizarem em fim de estação, em datas predefinidas pela lei (28 de dezembro e 28 de fevereiro e entre 15 de julho e 15 de setembro), podendo realizar-se em quaisquer períodos do ano, desde que não ultrapassassem, no total, quatro meses por ano. O DL 109/2019 foi ainda mais longe, alargando ligeiramente a duração máxima da comercialização em saldos, que corresponde agora a 124 dias por ano (art. 10º-1). Os saldos caraterizam-se atualmente apenas pelo seu objetivo: escoamento acelerado de bens ou serviços [art. 3º-1-*a*)].

Aspeto específico dos saldos, em relação às promoções em forma de desconto, é a circunstância de o profissional não poder adquirir bens para esse efeito, considerando-se que foram adquiridos para esse efeito os bens recebidos até um mês antes do início do período da redução de preços (art. 10º-2).

No mais, aplicam-se aos saldos as regras gerais dos arts. 4º a 9º do DL 70/2007, conforme remissão expressa do art. 10º-4.

São três os elementos principais da definição de liquidação [art. 3º-1-*c*)]. Em primeiro lugar, a liquidação tem caráter excecional (aspeto que a distingue dos saldos[265]); em segundo lugar, visa o escoamento acelerado de bens ou serviços; em terceiro lugar, tem de resultar de motivos que determinem a interrupção da atividade.

A liquidação só pode ser realizada nos seguintes casos (art. 12º-1): comercialização efetuada no cumprimento de uma decisão judicial; cessação total ou parcial da atividade comercial; mudança de ramo; trespasse ou cessão de exploração do estabelecimento comercial; realização de obras que impeçam o funcionamento do estabelecimento; danos provocados nas existências por motivo de força maior.

[265] Guilherme Machado Dray, "Venda com Redução de Preços", 2002, p. 242.

Note-se que a prática que consiste em alegar que se "está prestes a cessar a sua atividade ou a mudar de instalações quando tal não corresponde à verdade" constitui uma prática comercial enganosa, proibida nos termos do art. 8º-*s*) do DL 57/2008. Além das sanções contraordenacionais a que o infrator está sujeito, o consumidor pode anular o contrato, nos termos do art. 14º do mesmo diploma.

A liquidação deve ser realizada no estabelecimento onde os bens ou serviços são normalmente comercializados (art. 13º-3).

2.1.5.3. Ofertas e contratos promocionais

Nos últimos anos, temos assistido a um aumento significativo do número e da variedade das promoções feitas pelos profissionais com o objetivo de fomentar a imagem de um determinado profissional (produtor, vendedor ou qualquer outro elo da cadeia de produção), produto, serviço ou evento.

É necessário distinguir entre quatro situações diversas:

- Contrato promocional, no qual é supostamente oferecido gratuitamente ao consumidor um bem ou um serviço aquando da celebração de um contrato oneroso[266];
- Oferta gratuita de bens ou serviços propriamente dita, na sequência da qual o consumidor adquire um bem ou beneficia de um serviço sem qualquer contrapartida financeira, ou seja, independentemente da celebração de um contrato oneroso;
- Oferta de bens ou serviços por efeito da acumulação de pontos em cartão de fidelização ou de cliente;
- Oferta de bens ou serviços no âmbito de um concurso ou sorteio promovido ou realizado por um profissional.

Embora existam diferenças entre estas quatro situações, há um aspeto comum que as une. Em qualquer uma destas práticas, o consumidor pode ficar convencido de que o profissional está a atuar de forma altruísta, atribuindo um bem ou serviço à sua custa. No entanto, os custos associados a estas práticas, todas consistentes em promoções comerciais, integram-se nos custos de funcionamento da empresa, pelo que a sua repercussão

[266] Jorge Morais Carvalho, "Reflexão em Torno dos Contratos Promocionais com Objecto Plural", 2011.

nos preços é inevitável[267]. O consumidor pode ser beneficiado naquele momento concreto, mas será afetado, tal como todos os consumidores, noutro momento, ao adquirir bens e serviços desse profissional, pela participação indireta no financiamento da promoção.

2.1.5.3.1. Contratos promocionais com objeto plural

Distinta da prática comercial que consiste em pura e simplesmente oferecer gratuitamente bens ou serviços ao consumidor é a prática que designamos pela expressão *contratos promocionais* e que poderia igualmente ser referida como *contratos com objeto plural*. Trata-se de uma prática muito comum, através da qual um profissional promove a celebração de contratos pela inclusão de vários bens ou serviços no objeto do contrato, com a indicação de que um ou vários são oferecidos. É o caso, por exemplo, da venda de três pacotes de leite pelo preço de dois (ou, situação idêntica, da venda de dois pacotes de leite, com *oferta* de um terceiro), da *oferta* de uma lavagem do carro na compra de um conjunto de pneus ou da *oferta* de uma máquina fotográfica com a adesão a um cartão de descontos.

Na realidade, não existe nestes casos uma oferta gratuita, uma vez que o consumidor não adquire um bem ou beneficia de um serviço a título gratuito. A suposta *oferta gratuita* depende da aquisição de um outro bem ou serviço no âmbito do mesmo negócio, pelo que se trata de um só contrato[268]. As obrigações emergentes deste contrato são, para o consumidor, o pagamento do preço e, para o profissional, a entrega dos bens vendidos e a prestação dos serviços contratados. Retomando os exemplos do parágrafo anterior, o objeto do contrato engloba no primeiro caso três pacotes de leite, no segundo um conjunto de pneus e uma lavagem e no terceiro a adesão a um cartão de descontos e uma máquina fotográfica, sendo que em qualquer um deles a contrapartida consiste no pagamento de um preço global.

Estes contratos promocionais distinguem-se dos contratos ligados, na medida em que nos primeiros é celebrado um só contrato, ainda que com vários objetos (vários bens ou vários serviços) ou correspondente a vários

[267] Claudia Lima Marques, Antônio Herman Benjamin e Bruno Miragem, *Comentários ao Código de Defesa do Consumidor*, 2003, p. 95; Guy Raymond, *Droit de la Consommation*, 2008, pp. 130 e 131.

[268] Sentença do CICAP, de 19/8/2015.

tipos de contratos (neste caso, trata-se de um contrato misto), e nos segundos são celebrados dois contratos, impondo o profissional que, para a celebração de um deles, também seja celebrado o outro. Os contratos ligados, tradicionalmente proibidos pela legislação portuguesa, são atualmente admitidos, enquanto regra geral, por via da revogação do art. 27º do DL 24/2014 pelo DL 78/2018.

A prática dos contratos promocionais pode ser perigosa para os destinatários, uma vez que, além de o preço da suposta oferta ser repercutido no preço dos bens ou serviços daquela empresa ou estabelecimento, o consumidor arrisca-se a comprar coisas inúteis, impulsionado pela ilusão da oferta de um brinde e, muitas vezes, do próprio preço do bem ou serviço principal[269].

Não existem no direito português normas gerais sobre contratos promocionais, que proíbam ou regulem a compra e venda ou a prestação de serviços com brindes. A exceção é a comercialização de géneros alimentícios com brindes, proibida pelo DL 291/2001, que impede, por exemplo, o brinde no bolo-rei. Tirando esta exceção, admite-se a introdução de vários objetos num mesmo contrato, com a indicação de que um deles ou uma parte de um deles constitui um brinde ou uma oferta.

O contrato promocional deve, contudo, ser analisado como um todo, tratando-se de um só contrato, que inclui as prestações acordadas pelas partes[270]. A prestação do profissional abrange vários objetos ou uma quantidade variada do mesmo objeto[271]. Se se tratar de dois bens, é em princípio um contrato de compra e venda com dois objetos; se se tratar de dois serviços, é um contrato de prestação de serviços com dois objetos; se se tratar de um bem e de um serviço, é um contrato misto de compra e venda e de prestação de serviço, embora a separação entre os dois objetos permita uma mais fácil determinação do regime jurídico do que noutros contratos mistos.

O aspeto essencial, no que respeita à determinação do regime aplicável, consiste em não distinguir em função de parte dos bens ou serviços serem transmitidos a título oneroso e outra parte a título gratuito. Todos inte-

[269] Stéphane Piedelièvres, *Droit de la Consommation*, 2008, p. 122.

[270] Joana Simões Coelho e Marta Carrasco, "A Impressora Oferecida que não foi Oferecida", 2019, p. 33.

[271] Jorge Oscar Rossi, "Derecho del Consumidor: Ámbito de Aplicación, Documento de Venta y Garantía Legal, a la Luz de la Reforma de la Ley 26.361", 2009, p. 37.

gram um mesmo contrato oneroso, pelo que a todos se aplicam as normas relativas ao tipo contratual em causa. Assim, nos casos em que o regime seja diferente em função da onerosidade ou da gratuitidade do contrato, aplicam-se as regras do tipo oneroso. Podem, por exemplo, aplicar-se as regras da empreitada, contrato cujo tipo pressupõe a onerosidade.

A principal diferença de regime entre contrato gratuito e oneroso existe em relação aos bens transmitidos a título definitivo. Caso o contrato seja gratuito, trata-se em princípio de uma doação; se o contrato for oneroso, está em causa uma compra e venda. Como o contrato deve ser entendido como um todo, e oneroso, aplica-se aos bens transmitidos na sequência de um contrato promocional o regime da venda de bens de consumo, previsto no DL 67/2003.

No que respeita ao cumprimento da obrigação por parte do profissional, se a celebração de um contrato relativo a um bem ou serviço incluir outro bem ou serviço, esse outro bem ou serviço também tem de ser obrigatoriamente prestado, mesmo que tenha sido proposto como uma oferta ou que tenha sido feita uma ressalva de que a sua inclusão se encontrava limitada ao *stock* existente. Neste último caso, o princípio da boa-fé obriga o promotor a dispor dos bens ou serviços necessários para satisfazer as pretensões de todos aqueles que aderem à promoção, devendo o cliente ser compensado no caso de tal se revelar impossível.

2.1.5.3.2. Oferta gratuita de bens ou serviços

A oferta de bens ou serviços constitui uma forma agressiva de promoção de uma empresa, de uma marca, de um estabelecimento ou simplesmente de um bem ou serviço. Em princípio, o consumidor não recusa uma oferta, pelo que é um meio eficaz de dar a conhecer a empresa ou o produto.

A oferta de bens ou serviços distingue-se do fornecimento de bens ou serviços não solicitados, regulado nos arts. 9º-4 da LDC e 12º-*f*) do DL 57/2008 (v. *infra* 2.1.5.4). Enquanto o fornecimento de bens ou serviços não solicitados pressupõe a exigência do pagamento do preço por parte do profissional (o objetivo do profissional consiste na celebração de um contrato oneroso), a oferta constitui um contrato gratuito.

Em Portugal, a oferta de bens ou serviços é, em geral, permitida.

É, no entanto, proibida a oferta de produtos do tabaco (Lei 37/2007), alguns medicamentos (DL 176/2006) e fórmulas para lactentes (DL 217/2008).

O art. 8º-*z*) do DL 57/2008 considera enganosa a prática que consiste em "descrever o bem ou serviço como «grátis», «gratuito», «sem encargos» ou equivalente se o consumidor tiver de pagar mais do que o custo indispensável para responder à prática comercial e para ir buscar o bem ou pagar pela sua entrega". Neste caso, não se trata da oferta de um bem ou serviço, mas da indução do consumidor em erro quanto à gratuitidade de um bem ou serviço. Um eventual contrato celebrado na sequência desta prática é anulável, nos termos do art. 14º do mesmo diploma.

Com a mesma preocupação de impedir a falta de transparência das declarações do profissional no que respeita à gratuitidade do bem ou serviço, o art. 21º-*c*) do DL 7/2004, sobre comércio eletrónico, estabelece que, "nas comunicações publicitárias prestadas à distância, por via eletrónica, devem ser claramente identificados de modo a serem apreendidos com facilidade por um destinatário comum [...] as ofertas promocionais, como descontos, prémios ou brindes, e os concursos ou jogos promocionais, bem como os condicionalismos a que ficam submetidos".

Ao contrário do contrato promocional, não existe na oferta de bens ou serviços propriamente dita uma ligação a um contrato oneroso. Trata-se de um contrato através do qual é atribuído um bem ou serviço a título gratuito.

Se se tratar de um bem, o contrato que está na base da oferta é um contrato de doação. O art. 940º-1 do CC define doação como "o contrato pelo qual uma pessoa, por espírito de liberalidade e à custa do seu património, dispõe gratuitamente de uma coisa ou de um direito, ou assume uma obrigação, em benefício do outro contraente". Neste caso, verifica-se a disposição gratuita de uma coisa, a diminuição do património do doador, embora com a ressalva de que este custo acaba por repercutir-se na atividade do profissional, e o espírito de liberalidade. O espírito de liberalidade não implica a natureza altruísta da doação[272], mas tão-só a atribuição de uma vantagem patrimonial a apenas um dos contraentes[273].

Se se tratar de um serviço, o contrato que está na base da oferta é um contrato de prestação de serviço gratuito, em qualquer uma das suas modalidades, conforme o serviço em causa.

Poderá estar em causa qualquer outro contrato, típico ou atípico, como um contrato de locação gratuito (por exemplo, o aluguer de um automóvel) ou um contrato de hospedagem gratuito.

[272] PIRES DE LIMA e ANTUNES VARELA, *Código Civil Anotado*, Vol. II, 1997, p. 240.

[273] CARLOS FERREIRA DE ALMEIDA, "A Doação e a Dádiva", 2009, p. 11.

Em todos estes casos, é necessário determinar quais as normas aplicáveis à oferta. Em princípio, aplicam-se as normas do respetivo tipo contratual. É especialmente relevante a definição do conteúdo do contrato, nomeadamente no que diz respeito às qualidades do objeto, e a determinação posterior da conformidade ou desconformidade deste com o contrato.

A questão coloca-se essencialmente no que respeita à doação, uma vez que o doador apenas é responsável por qualquer vício no caso de se ter expressamente responsabilizado ou de ter procedido com dolo, nos termos do art. 957º-1 do CC. A principal razão de ser deste regime é a ideia de que na doação, mesmo que o bem seja defeituoso, o donatário não sofre qualquer prejuízo. Ora, se esta teoria já é discutível em relação à generalidade dos contratos de doação, é especialmente inadequada nas doações para consumo, em que, por um lado, existe um intuito de promoção comercial por parte do profissional, que origina vantagens económicas, e, por outro lado, o valor da doação é repercutido no preço dos bens ou serviços colocados no mercado.

Não se aplica o regime da compra e venda para consumo, previsto no DL 67/2003, uma vez que o contrato de doação não se encontra abrangido no respetivo âmbito de aplicação. No entanto, as normas gerais da LDC aplicam-se a todos os contratos de consumo, incluindo a doação e outros contratos gratuitos[274].

2.1.5.3.3. Cartão de fidelização ou de cliente

Outra prática que se tem desenvolvido bastante nos últimos anos é a dos cartões de fidelização ou de cliente.

Estes cartões permitem ao profissional obter informação exata sobre os bens ou serviços adquiridos pelo consumidor, constituindo assim um meio eficaz para a realização de estudos de mercado e de promoção dos produtos.

Para o consumidor, a adesão a estes cartões tem várias vantagens, de entre as quais se destaca a concessão de descontos em todos ou determinados produtos, a concessão de descontos em cartão, prática que consiste em o consumidor ter um desconto num futuro contrato na sequência de

[274] Sobre a aplicação das regras de direito do consumo a contratos gratuitos: Sergio Sebastián Barocelli e Iván Vladimir Pacevicius, "El Ámbito de Aplicación del Derecho del Consumidor ante el Nuevo Código Civil y Comercial", 2016, p. 68; José Engrácia Antunes, *Direito do Consumo*, 2019, p. 60.

um contrato anterior, a oferta de um serviço acessório do contrato principal, como a entrega dos bens no domicílio ou a gratuitidade do estacionamento, a oferta de cheques-oferta, a atribuição de supostos prémios pela troca de pontos obtidos aquando da celebração de anteriores contratos, a entrega de um brinde após a celebração de um certo número de contratos (ou de contratos de um determinado valor) ou simplesmente a atribuição de uma oferta por cortesia comercial.

No primeiro exemplo, o problema deve ser tratado em sede de redução de preços, uma vez que não está em causa a oferta de um bem ou serviço mas a redução do preço de um bem ou de um serviço.

No segundo exemplo, a prática é mais agressiva, uma vez que dá ao consumidor a ideia de que deve aproveitar a oportunidade que lhe é concedida para celebrar um novo contrato, tornando-se cíclica a sensação de dependência em relação ao profissional que recorre a esta técnica.

O terceiro exemplo constitui um caso de contrato promocional, devendo considerar-se que a compra de bens e a entrega no domicílio (ou a oferta do valor do estacionamento) constituem um só contrato, que deve ser cumprido integralmente. Assim, não há verdadeiramente uma oferta, mas apenas a integração do preço da entrega ou do estacionamento no preço dos bens ou serviços.

A prática que consiste em oferecer um cheque-oferta aos consumidores, na sequência da celebração de um determinado número de contratos ou num dia concreto do ano, como o do aniversário do consumidor, pode dar lugar a duas situações diversas. Se o consumidor adquire um bem ou serviço apenas com a utilização do cheque, este tem a função de oferta de bem ou serviço; se o consumidor ainda tem de pagar um valor além do cheque, este tem a função de redução do preço do bem ou serviço.

Em relação à troca de pontos por bens ou serviços, também não existe na realidade uma oferta gratuita. O consumidor tem de ter os pontos necessários para poder celebrar o contrato, os quais podem ser obtidos pela celebração anterior de contratos (por exemplo, uma viagem de avião ou a realização de chamadas telefónicas) ou até pela compra desses pontos, possibilidade comum, por exemplo, nos cartões de passageiro frequente das transportadoras aéreas.

É discutível a qualificação jurídica da troca de pontos por bens ou serviços, mas trata-se claramente de um contrato com função de troca, uma vez que implica sacrifícios e vantagens para ambas as partes, constituindo o sacrifício de uma a vantagem da outra e vice-versa. O contrato também é oneroso, uma vez que o bem ou serviço não é adquirido gratuitamente, implicando uma contrapartida. Para saber se o contrato pode ser qualificado como de compra e venda é necessário determinar se os pontos podem ser incluídos num conceito amplo de preço (art. 874º do CC). Na prática, a solução é pouco relevante, uma vez que o art. 939º do CC determina que "as normas da compra e venda são aplicáveis aos outros contratos onerosos pelos quais se alienam bens". Portanto, é aplicável a estes contratos o regime da compra e venda. Sendo a relação de consumo, aplica-se o DL 67/2003.

Diferente é a prática que consiste em atribuir um bem ou serviço ao consumidor por este ter efetuado um determinado número de contratos com o mesmo profissional ou por ter atingido um determinado valor na sequência dos contratos celebrados. Por exemplo, a oferta de um perfume por uma perfumaria no caso de um consumidor adquirir dez perfumes ou adquirir perfumes no valor de € 250. Neste caso, não se trata de uma oferta gratuita, uma vez que a atribuição do bem ou serviço depende de celebração de um ou mais contratos onerosos, nem de uma promessa pública (unilateral), uma vez que pela adesão ao cartão e à promoção as condições contratuais são imediatamente definidas, gerando obrigações para ambas as partes (note-se que a adesão ao cartão até pode não ser gratuita). O esquema contratual é complexo, mas a globalidade dos contratos que permitem a atribuição do bem ou serviço constituem a verificação da condição subjacente ao contrato, celebrado aquando da primeira transação, pelo que se deve aplicar o regime do contrato oneroso relativo ao bem ou serviço em causa. Se o objeto da promoção é um livro, aplica-se o regime da compra e venda, se é a lavagem de um automóvel, aplica-se o regime da empreitada, etc..

Tratando-se de comercialização de livros, o art. 4º-A-3 do DL 176/96, aditado pelo DL 196/2015, determina que "os retalhistas que recorram a sistemas ou instrumentos de fidelização com concessão de vantagens expressas em unidades ou elementos não pecuniários, mas que, observadas determinadas condições, se convertem em moeda, designadamente bónus, pontos, selos, carimbos, devem prever, de forma clara e inequívoca, as regras de que depende a conversão em moeda daquelas vantagens, em regulamento disponível para consulta no estabelecimento comercial ou no respetivo sítio eletrónico".

Por fim, referimo-nos à oferta de um bem ou serviço por parte de um profissional a todos os que tenham o seu cartão de cliente, no caso de esta oferta não constituir uma obrigação contratual. Neste caso, trata-se de uma oferta propriamente dita, pelo que valem as observações feitas no ponto anterior, não se aplicando, nomeadamente, o regime da compra e venda para consumo.

2.1.5.3.4. Concurso ou sorteio

Outra prática utilizada pelas empresas para a sua promoção consiste na realização de concursos ou sorteios, através dos quais estas atribuem prémios aos seus clientes ou potenciais clientes.

O art. 8º-*x*) do DL 57/2008 considera enganosa a prática que se baseie em "declarar que se organiza um concurso ou uma promoção com prémio sem entregar os prémios descritos ou um equivalente razoável". Já o art. 12º-*h*) do mesmo diploma determina que é agressiva a prática que consiste em "transmitir a impressão falsa de que o consumidor já ganhou, vai ganhar ou, mediante a prática de um determinado ato, ganha um prémio ou outra vantagem quando não existe qualquer prémio ou vantagem ou quando a prática de atos para reclamar o prémio ou a vantagem implica, para o consumidor, pagar um montante em dinheiro ou incorrer num custo". Estas normas esclarecem-nos que quem promove a realização de um concurso ou sorteio com prémio é obrigado a realizá-lo sem custos para o consumidor, mesmo que estes sejam insignificantes[275], e a entregar o prémio ou uma compensação adequada, a qual não pode ser inferior ao valor do prémio.

Estas normas apontam também no sentido de que a realização de concursos é permitida.

Apesar de se encontrar inserido num diploma muito restritivo, o art. 161º da Lei do Jogo (DL 422/89) vem permitir os concursos publicitários de promoção de bens ou serviços, desde que não impliquem "qualquer dispêndio para o jogador", incluindo comunicações de valor acrescentado.

Os concursos qualificam-se como promessas públicas (art. 459º do CC), enquadrando-se no domínio dos negócios unilaterais, na modalidade dos concursos públicos (art. 463º). O profissional que anuncie a realização de um concurso, prometendo uma prestação a quem se encontre em determinada situação ou pratique determinado facto, tem de cumprir os ter-

[275] Ac. do TJUE, de 18/10/2012.

mos por si definidos. Da articulação dos arts. 463º-1 e 461º-1 resulta que o concurso tem sempre de ter um prazo para a apresentação dos concorrentes, apenas podendo ser cancelado (revogação da promessa pública) com justa causa.

O art. 463º-2 determina que "a admissão dos concorrentes ou a concessão do prémio a qualquer deles pertence exclusivamente às pessoas designadas no anúncio ou, se não houver designação, ao promitente". No entanto, independentemente se ser o promitente ou um terceiro (um júri) a tomá-la, a decisão de admitir concorrentes e de conceder o prémio devem respeitar escrupulosamente os critérios definidos na promessa[276]. A decisão não pode ser discricionária[277] e é passível de controlo judicial posterior[278]. No caso de duas ou mais pessoas se encontrarem ao mesmo nível segundo os critérios definidos, o princípio da boa-fé no cumprimento das obrigações impõe a realização de um sorteio aleatório para definir a quem é atribuído o prémio.

Uma vez atribuído o prémio, é necessário perceber qual é o regime jurídico aplicável ao bem ou serviço, nomeadamente no que respeita às expetativas do consumidor quanto à qualidade da prestação e à possibilidade de reagir face a uma desconformidade entre o objeto prometido e o objeto prestado. O regime da compra e venda (ou doação ou prestação de serviço ou empreitada) não se aplica, uma vez que se trata de um negócio jurídico unilateral. No entanto, aplica-se a LDC.

2.1.5.4. Fornecimento de bens ou serviços não solicitados

A prática que consiste no fornecimento (oneroso) de bens ou serviços não solicitados é relativamente antiga e esteve mesmo na origem de algumas das primeiras normas de proteção dos consumidores.

Por aplicação das regras gerais, a celebração de um contrato não poderia, em princípio, resultar do silêncio do consumidor[279]. Com efeito, o art.

[276] PAULO MENDONÇA DUARTE, "Concurso com Atribuição de Prémio «Para a Melhor Frase». Incumprimento do Promitente", 2006, p. 212. Jurisprudência: Ac. do TRL, de 24/9/2009.

[277] Contra: ANTÓNIO MENEZES CORDEIRO, *Tratado de Direito Civil Português*, Vol. II, Tomo II, 2010, p. 698.

[278] Contra: MIGUEL AZEVEDO MOURA, *Os Limites da Vinculação Unilateral*, 2018, p. 304.

[279] JOSÉ DE OLIVEIRA ASCENSÃO, *Concorrência Desleal*, 2002, p. 559; MIGUEL PUPO CORREIA, "Contratos à Distância", 2002, p. 179. Sobre o valor do silêncio, v., em especial,

218º do CC estabelece que o silêncio só tem valor de declaração negocial (neste caso, de aceitação de proposta contratual) "quando esse valor lhe seja atribuído por lei[280], uso[281] ou convenção". Em geral, não vale, neste contexto, a máxima "quem cala, consente"[282]. Não havendo lei ou uso neste sentido, resta o acordo das partes, expresso ou tácito[283], o qual não pode resultar de uma das cláusulas constantes da proposta[284], pois em relação a estas cláusulas ainda não existe acordo. Portanto, o silêncio apenas terá valor como aceitação de proposta, face às normas gerais do CC, no caso de, em contrato anterior, as partes o terem definido. É necessário ter igualmente em conta o art. 19º-*d*) do DL 446/85, aplicável à generalidade dos contratos e não apenas aos contratos celebrados com consumidores, que estabelece que "são proibidas, consoante o quadro negocial padronizado [...], as cláusulas contratuais gerais que [...] imponham ficções de receção, de aceitação ou de outras manifestações de vontade com base em factos para tal insuficientes".

PAULO MOTA PINTO, *Declaração Tácita e Comportamento Concludente do Negócio*, 1995, pp. 631 a 717, e, além dos autores referidos nas notas seguintes, LUÍS CABRAL DE MONCADA, *Lições de Direito Civil*, 1995, pp. 563 a 569, MANUEL DOMINGUES DE ANDRADE, *Teoria Geral da Relação Jurídica*, Vol. I, 1997, pp. 135 a 138, e DÁRIO MOURA VICENTE, "A Formação dos Contratos Internacionais", 2004, pp. 208 a 211.

[280] É o caso, por exemplo, do art. 27º-1 do regime jurídico do contrato de seguro, aprovado em anexo ao DL 72/2008, que estabelece que "o contrato de seguro individual em que o tomador do seguro seja uma pessoa singular tem-se por concluído nos termos propostos em caso de silêncio do segurador durante 14 dias contados da receção de proposta do tomador do seguro feita em impresso do próprio segurador".

[281] PAULO MOTA PINTO, *Declaração Tácita e Comportamento Concludente do Negócio*, 1995, pp. 658 a 660, n. 525, INOCÊNCIO GALVÃO TELLES, *Manual dos Contratos em Geral*, 2002, p. 130, n. 148, e PIRES DE LIMA e ANTUNES VARELA, *Código Civil Anotado*, Vol. I, 1987, p. 209, defendem que o uso, para ser atendível, não pode ser contrário à boa-fé. PEDRO NUNES DE CARVALHO, "O Silêncio como Declaração de Vontade", 1991, p. 127, entende que o uso pode relevar mesmo que não seja conforme com a boa-fé, mas tende para uma interpretação restrita do conceito, que abranja "apenas os usos «inter partes»".

[282] CARLOS ALBERTO DA MOTA PINTO, ANTÓNIO PINTO MONTEIRO e PAULO MOTA PINTO, *Teoria Geral do Direito Civil*, 2005, p. 425; JOSÉ ALBERTO VIEIRA, *Negócio Jurídico – Anotação ao Regime do Código Civil (Artigos 217º a 295º)*, 2006, p. 18.

[283] PAULO MOTA PINTO, *Declaração Tácita e Comportamento Concludente do Negócio*, 1995, p. 657.

[284] LUÍS CARVALHO FERNANDES, *Teoria Geral do Direito Civil*, Vol. II, 2010, p. 288. No Ac. do TRL, de 7/12/2001, parece ter-se considerado formado um contrato por efeito do silêncio, apesar de não ter havido acordo prévio nesse sentido; a decisão foi, no entanto, alterada pelo Ac. do STJ, de 17/12/2002.

Ainda face às regras gerais, se da proposta constar, além do bem, a indicação de que a sua utilização implica a aceitação da proposta feita pelo profissional no sentido da celebração de um contrato de compra e venda, deve entender-se que a utilização do bem constitui uma aceitação tácita da proposta, tratando-se de um dos casos em que um facto concludente produz efeitos no sentido da formação do contrato. Se não existissem normas especiais que regulassem esta situação, as quais são analisadas ao longo deste capítulo, aplicar-se-ia o art. 234º do CC e o contrato deveria considerar-se celebrado[285].

Para dar resposta aos problemas relacionados com o fornecimento (oneroso) de bens ou serviços não solicitados foram desde as origens do direito do consumo adotadas normas legais.

Em Portugal, o primeiro diploma a tratar desta matéria foi o DL 161/77, que proibiu "a entrega ou envio, nomeadamente pelo correio, de quaisquer produtos ou publicações que não tenham sido pedidos ou encomendados ou que não constituam o cumprimento de qualquer contrato válido [...]", acrescentando que "os produtos ou publicações serão sempre considerados oferta grátis".

O art. 7º-*c*) da primeira LDC também se referia a esta temática, estatuindo que "o consumidor tem direito à igualdade e à lealdade na contratação, traduzidas, nomeadamente [...] na inexigibilidade do pagamento de bens ou serviços cujo fornecimento não tenha sido expressamente solicitado".

O art. 62º do DL 28/84, que alterou o regime em vigor em matéria de infrações antieconómicas e contra a saúde pública, tinha por epígrafe "Envio de bens não encomendados" e impunha sanções contraordenacionais a quem entregasse ou enviasse bens que não tivessem sido encomendados e a quem exigisse o pagamento de qualquer quantia por uma prestação de serviços não solicitada. O preceito foi revogado pelo DL 143/2001.

O DL 272/87 também se ocupou da questão dos bens ou serviços não solicitados, nos arts. 14º e 15º, estabelecendo sanções civis similares às que atualmente vigoram.

O Código da Publicidade reforçou a sanção civil nos casos de publicidade domiciliária e por correspondência: "o destinatário da publicidade

[285] Carlos Alberto da Mota Pinto, António Pinto Monteiro e Paulo Mota Pinto, *Teoria Geral do Direito Civil*, 2005, p. 424, n. 529.

[...] não é obrigado a adquirir, guardar ou devolver quaisquer bens ou amostras que lhe tenham sido enviados ou entregues à revelia de solicitação sua" (art. 23º-4).

Entretanto, os arts. 28º-1 e 29º do DL 143/2001, já revogado, regularam esta matéria, proibindo o nº 1 deste último preceito "o fornecimento de bens ou a prestação de serviços ao consumidor que [... incluíssem] um pedido de pagamento, sem que este os [... tivesse] previamente encomendado". O nº 5 acrescentava que "a proibição do fornecimento de bens não solicitados ou encomendados não se aplica às amostras gratuitas ou ofertas comerciais, bem como às remessas efetuadas com finalidade altruística por instituições de solidariedade social, desde que, neste último caso, se limitem a bens por elas produzidos", sendo que, nestas hipóteses, o destinatário também não ficava "obrigado à devolução ou pagamento dos bens recebidos, podendo conservá-los a título gratuito" (nº 6).

O art. 12º-*f*) do DL 57/2008, que regula as práticas comerciais desleais, considera agressiva a prática que consiste em "exigir o pagamento imediato ou diferido de bens e serviços ou a devolução ou a guarda de bens fornecidos pelo profissional que o consumidor não tenha solicitado, sem prejuízo do disposto no regime dos contratos celebrados à distância acerca da possibilidade de fornecer o bem ou o serviço de qualidade e preço equivalentes". O art. 13º, que tinha por epígrafe "Envio de bens ou serviços não solicitados" e complementava esta alínea, foi revogado pelo DL 205/2015. No entanto, os efeitos da revogação não foram muito significativos[286], uma vez que, felizmente, se manteve em vigor o art. 9º-4 da LDC, que será objeto de análise nos próximos parágrafos e que tem conteúdo idêntico. O art. 28º do DL 24/2014 também regula a matéria, determinando que "é proibida a cobrança de qualquer tipo de pagamento relativo a fornecimento não solicitado de bens, água, gás, eletricidade, aquecimento urbano ou conteúdos digitais ou a prestação de serviços não solicitada pelo consumidor" (nº 1) e que "a ausência de resposta do consumidor na sequência do fornecimento ou da prestação não solicitados não vale como consentimento" (nº 2)[287].

[286] Neste sentido, ANA CLARA AZEVEDO DE AMORIM, *Manual de Direito da Publicidade*, 2018, p. 144, considera que a revogação resultou da circunstância de a norma reiterar "o disposto na legislação vigente".

[287] Segundo ELSA DIAS OLIVEIRA, "Contratação Eletrónica e Tutela do Consumidor", 2017, p. 147, "sendo proibida a cobrança, tal significa que o consumidor nada terá de pagar".

O art. 9º-4 da LDC estabelece que "o consumidor não fica obrigado ao pagamento de bens ou serviços que não tenha prévia e expressamente encomendado ou solicitado, ou que não constitua cumprimento de contrato válido, não lhe cabendo, do mesmo modo, o encargo da sua devolução ou compensação, nem a responsabilidade pelo risco de perecimento ou deterioração da coisa".

Este preceito aplica-se, em geral, a todos os contratos de consumo, ainda que estes não tenham sido celebrados à distância.

A sua aplicação depende da verificação de um elemento subjetivo que se encontra implícito na norma citada. É necessário que o profissional tenha a intenção de fornecer um bem ou de prestar um serviço não solicitado, não se aplicando o regime no caso de se ter tratado de um engano do profissional, não sendo o consumidor o destinatário do bem ou do serviço.

A regra também pressupõe que o fornecimento do bem ou serviço "não constitua cumprimento de contrato válido". A questão que se coloca consiste em saber se se trata apenas de um esclarecimento, que é em princípio inútil, uma vez que resulta claro que se o envio do bem ou a prestação do serviço resultar do cumprimento de um contrato válido não existe qualquer ilícito ou prática incorreta por parte do profissional, ou se o objetivo se baseia em determinar que o profissional tem o ónus de averiguar previamente da validade do contrato, apenas fornecendo o bem ou prestando o serviço no caso de este ser válido. O contrato pode ser inválido, mas o profissional – mesmo usando de um grau diligência médio – não ter consciência da invalidade, fornecendo o bem ou prestando o serviço. Não nos parece que, nestes casos, o regime deva ser aplicado, por faltar o elemento subjetivo a que fizemos referência no parágrafo anterior. Apenas nos casos em que o contrato é inválido e o profissional tem ou devesse ter a consciência dessa invalidade e, ainda assim, forneça o bem ou preste o serviço é que se aplicam as consequências previstas no art. 9º-4 da LDC. É o que sucede, nomeadamente, quando a invalidade do contrato tiver origem numa ação ou omissão imputável total ou parcialmente ao profissional. Assim, se este, por exemplo, induzir o consumidor em erro quanto às caraterísticas do bem ou serviço, o contrato é inválido (em princípio, anulável), aplicando-se o regime descrito no caso de o bem ou serviço ser efetivamente fornecido ou prestado.

Aplicando-se o art. 9º-4 da LDC, o consumidor não fica obrigado à devolução ou pagamento do bem ou do serviço, que é considerado fornecido ou prestado a título gratuito.

Pode acontecer, em especial no caso da prestação de um serviço, que o prestador utilize uma prática de comercialização que consista em, sem solicitação do consumidor, iniciar o cumprimento daquela que seria a sua obrigação se existisse contrato, interrompendo-o a meio, num momento em que o consumidor ainda não pode retirar utilidade da prestação, exigindo-lhe então um preço. Por exemplo, um caso em que uma empresa inicia, sem pedido do consumidor, o descarregamento de um ficheiro informático no computador deste, interrompendo a operação a meio para lhe exigir um preço. Neste caso, além de a prática se encontrar abrangida na letra e no espírito do art. 12º-*f*) do DL 57/2008 ("exigir o pagamento [...] de bens e serviços [...] que o consumidor não tenha solicitado"), também o espírito da norma constante no art. 9º-4 da LDC impõe ao profissional uma sanção civil que o obriga a cumprir integralmente o contrato que pretendia celebrar com a prática utilizada.

Esta questão tem grande interesse prático, em diversos domínios, tendo a jurisprudência já sido chamada a pronunciar-se sobre o assunto em algumas situações.

Com base no art. 9º-4 da LDC, conclui-se no Ac. do TRC, de 25/11/2003, no que respeita às chamadas de valor acrescentado, face à lei em vigor no momento da ocorrência dos factos, que "em relação aos serviços em causa, porque não encomendados, não existe a obrigatoriedade de os pagar".

Portanto, o tribunal conclui – e parece-nos que bem – que, por não ter manifestado que pretendia ter acesso genérico a serviços de valor acrescentado, o consumidor não fica obrigado a pagar os serviços que lhe são disponibilizados na sequência de um pedido concreto[288].

Na Sentença do CNIACC, de 14/9/2017, defende-se que, "não existindo contrato vigente entre o fornecedor de gás natural e o consumidor, o gás natural fornecido por esse fornecedor deve ser qualificado como um bem não solicitado, para efeito do art. 9º-4 da LDC, devendo ser restituídas as verbas pagas pelo consumidor relativas ao fornecimento de gás natural".

Outra situação em que esta prática tem sido muito utilizada está relacionada com os serviços associados aos telemóveis, nomeadamente na aquisição de toques e imagens, numa primeira fase, e, mais recentemente, o

[288] PEDRO PIRES DE SOUSA, "Audiotexto, o Serviço que nos Impõem", 2001, p. 16. Jurisprudência: Ac. do TRL, de 27/9/2001; Ac. do TRC, de 13/1/2004; Ac. do TRE, de 1/4/2004; Ac. do TRL, de 15/11/2007.

acesso a páginas e conteúdos digitais. Trata-se do designado *WAP billing*, sendo a cobrança feita pelo operador de telecomunicações[289]. Por exemplo, o consumidor solicita o envio de uma imagem, contra o pagamento de um preço, mas sem se aperceber de que está a vincular-se a pagar por fotografias que lhe vão ser regularmente enviadas. Na sequência destes contratos, os consumidores continuam a receber os serviços contratados ou serviços próximos dos contratados muito além do objeto do próprio contrato, situação enquadrável na noção de serviços não solicitados. Por vezes, os consumidores nem sequer têm a noção de que se vincularam contratualmente, o que aponta no sentido de uma solução idêntica. Além deste aspeto, o operador de telecomunicações não deve poder cobrar bens ou serviços que não sejam prestados por si, cabendo ao consumidor tratar diretamente da questão com aquele que lhe forneceu esses bens ou serviços, através de uma prática comercial desleal. Fica, assim, mais protegido o consumidor.

Pode discutir-se também a validade de uma cláusula nos termos da qual se exija ao consumidor que, se nada disser, passará a pagar por um serviço do qual beneficia naquele momento a título gratuito, na sequência de uma prática comercial pelo menos potencialmente agressiva. Por exemplo, num contrato relativo a comunicações eletrónicas (televisão, Internet ou telefone), a situação de um profissional oferecer o acesso a um determinado conteúdo durante um curto período de tempo e atribuir ao silêncio posterior do consumidor o valor jurídico aceitação de proposta de subscrição, com a consequente obrigação de pagar um preço pelo serviço. Parece-nos que uma cláusula neste sentido não é válida.

Outro exemplo em que se pode debater se estamos perante bens não solicitados é a prática que se verifica nos restaurantes e que consiste em colocar bens alimentares na mesa do consumidor, sem este os ter solicitado, sendo depois cobrado um preço por esses bens. O art. 135º-3 do RJACSR vem regular esta questão, estabelecendo que "nenhum prato, produto alimentar ou bebida, incluindo o *couvert*, pode ser cobrado se não for solicitado pelo cliente ou por este for inutilizado". Se o consumidor não consumir os bens, resulta claro que não tem de os pagar, não sendo admissível a prática que consiste em cobrar um valor pelo *couvert* independentemente de este ter sido consumido. Se o consumidor consumir os bens, inutilizando-os, resulta da parte final do preceito citado que estes podem

[289] Pedro Falcão, "WAP Billing: Problemas e Soluções", 2018, p. 394.

ser cobrados. Trata-se de uma exceção ao art. 9º-4 da LDC, que resulta da consagração legal de um uso.

2.1.6. Cláusulas contratuais gerais

2.1.6.1. Âmbito de aplicação do DL 446/85

As cláusulas contratuais gerais são cada vez mais utilizadas na contratação, em especial nos contratos de consumo, podendo falar-me em "*instrumento* da globalização das relações económicas"[290].

Embora já pudessem ser encontradas algumas referências ao problema na primeira LDC (Lei 29/81)[291], foi o DL 446/85 que, inspirado no direito alemão[292], veio regular pela primeira vez a matéria de forma sistemática.

Caraterísticas normalmente apontadas, com pequenas variações, para qualificar as cláusulas contratuais gerais são a pré-elaboração por uma das partes, a generalidade (total ou parcial, na relação com o contrato[293]) e a rigidez[294]. É exatamente em torno da caraterística da generalidade que, face às alterações legislativas posteriores, tem girado uma parte significativa da discussão em torno da problemática das cláusulas contratuais

[290] António Pinto Monteiro, "A Contratação em Massa", 2010, p. 221.

[291] Armindo Ribeiro Mendes, "Contratos de Adesão e os Direitos do Consumidor", 1984.

[292] Miguel Nuno Pedrosa Machado, "Sobre Cláusulas Contratuais Gerais e Conceito de Risco", 1988, p. 109; António Pinto Monteiro, "Les Clauses Limitatives ou Exonératoires de Responsabilité", 1993, p. 170; Inocêncio Galvão Telles, "Das Condições Gerais dos Contratos e da Directiva Europeia Sobre as Cláusulas Abusivas", 1995, p. 297, Alexandre Mota Pinto, "O Contrato de Trabalho de Adesão no Código de Trabalho", 2003, p. 247; Carlos Ferreira de Almeida e Rui Pinto Duarte, "Cláusulas Contratuais Gerais Abusivas (Introdução)", 2007, p. 7.

[293] Com referência a "«contrato de adesão individualizado», onde a par de cláusulas que se mantêm inalteráveis de contrato para contrato, se verifica a inserção de disposições específicas moldadas no interesse das partes e em particular do aderente": Ac. do STJ, de 17/2/2011. No sentido de que não é necessária a existência de um contrato de adesão: Ac. do TRG, de 15/10/2013.

[294] Mário Júlio de Almeida Costa e António Menezes Cordeiro, *Cláusulas Contratuais Gerais*, 1986, p. 18; António Almeida, "Cláusulas Contratuais Gerais e o Postulado da Liberdade Contratual", 1998, p. 290; António Pinto Monteiro, "Contratos de Adesão", 2001, p. 135; Luís António Noronha Nascimento, "As Cláusulas Contratuais Gerais na Jurisprudência do STJ", 2003, p. 100; Yara Miranda, "As Cláusulas Contratuais Abusivas em Matéria de Relações de Consumo", 2007, p. 679; Luís Menezes Leitão, *Direito das Obrigações*, Vol. I, 2010, p. 33; Daniela Mirante, "Os Contratos de Adesão e o Regime das Cláusulas Contratuais Gerais", 2015, p. 63.

gerais, apontando-se, por vezes, no sentido de ser essencial para a própria justificação da existência de um regime especial[295]. Generalidade opõe-se, neste sentido, a especificidade, pelo que estão em causa cláusulas que o predisponente pretende incluir em vários contratos e não apenas num contrato específico.

Entretanto, foi aprovada a Diretiva 93/13/CEE, do Conselho, de 5 de abril de 1993, relativa às cláusulas abusivas nos contratos celebrados com os consumidores.

A Diretiva vai menos longe do que o DL 446/85 em dois aspetos: em primeiro lugar, aplica-se apenas às relações jurídicas de consumo[296], enquanto a lei portuguesa não contém qualquer restrição de natureza subjetiva; em segundo lugar, limita-se a tratar da problemática das cláusulas abusivas, não regulando, no essencial, questões relativas à comunicação e esclarecimento das cláusulas.

Em sentido contrário, o diploma europeu aplica-se a qualquer cláusula contratual que não tenha sido objeto de negociação individual, considerando-se que tal sucede "sempre que a mesma tenha sido redigida previamente e, consequentemente, o consumidor não tenha podido influir no seu conteúdo, em especial no âmbito de um contrato de adesão"; acrescenta-se neste preceito que "o facto de alguns elementos de uma cláusula ou uma cláusula isolada terem sido objeto de negociação individual não exclui a aplicação do presente artigo ao resto de um contrato se a apreciação global revelar que, apesar disso, se trata de um contrato de adesão".

O âmbito de aplicação objetivo da Diretiva era, portanto, mais amplo do que o da lei portuguesa, na versão originária, abrangendo qualquer cláusula não negociada individualmente[297]. Caraterísticas das cláusulas referidas na Diretiva são a pré-elaboração e a rigidez, esta no sentido de o consumidor não ter tido a possibilidade de intervir na definição do conteúdo do contrato, mas já não a generalidade.

[295] Joaquim de Sousa Ribeiro, *O Problema do Contrato*, 1998, p. 448.

[296] Note-se que começa a sentir-se também no direito europeu a necessidade de regular esta matéria em relações entre profissionais. Assim, o Regulamento 2019/1150, relativo à promoção da equidade e da transparência para os utilizadores profissionais de serviços de intermediação em linha, contém normas de proteção de profissionais face a cláusulas contratuais gerais impostas pelas plataformas.

[297] Almeno de Sá, *Cláusulas Contratuais Gerais e Directiva sobre Cláusulas Abusivas*, 2001, p. 27.

A transposição da Diretiva para a nossa ordem jurídica interna foi feita pelo DL 220/95, que alterou o DL 446/85, tendo procedido a adaptações da lei portuguesa tendo em conta as exigências do direito europeu. Não foi, contudo, alterado o âmbito de aplicação objetivo do diploma.

Entretanto, foi publicada a LDC, que, nos n.os 2 e 3 do art. 9º, "com vista à prevenção de abusos resultantes de contratos pré-elaborados", estabelece que os profissionais se encontram vinculados à redação clara e precisa das cláusulas contratuais gerais e sujeitos à não inclusão das cláusulas que "originem significativo desequilíbrio em detrimento do consumidor", aplicando-se o regime das cláusulas contratuais gerais.

O DL 249/99 voltou a alterar o DL 446/85, na medida em que, como se pode ler no respetivo preâmbulo, era necessário torná-lo conforme com o diploma europeu. Uma das alterações consistiu no alargamento do âmbito de aplicação do diploma "às cláusulas inseridas em contratos individualizados, mas cujo conteúdo previamente elaborado o destinatário não pode influenciar". Esta norma vale para todas as relações jurídicas e não apenas para as relações jurídicas de consumo, tendo assim ido além do estabelecido no diploma europeu[298].

O DL 446/85 aplica-se, portanto, às cláusulas pré-elaboradas por uma das partes, que a outra não tenha tido a possibilidade de negociar. A chave para a determinação do âmbito desta definição está na interpretação do conceito de *impossibilidade de negociar os termos do contrato.* Trata-se de uma questão complexa, mas entendemos que esta impossibilidade deve ser avaliada tendo em conta o desequilíbrio entre as partes ou as circunstâncias da celebração do contrato, não bastando que o proponente e predisponente se recuse a receber contrapropostas ou que o destinatário das cláusulas as aceite sem discussão. É necessário que do ato de comunicação das cláusulas resulte que estas se encontram rigidamente predispostas[299], não sendo possível modificar, por negociação[300], o seu conteúdo, de tal

[298] José de Oliveira Ascensão, "Cláusulas Contratuais Gerais, Cláusulas Abusivas e Boa Fé", 2000, p. 578; António Pinto Monteiro, "Contratos de Adesão", 2001, p. 162; Joaquim de Sousa Ribeiro, "O Regime dos Contratos de Adesão", 2007, p. 219; Yara Miranda, "As Cláusulas Contratuais Abusivas em Matéria de Relações de Consumo", 2007, p. 684; João Alves, "Cláusulas Contratuais Gerais", 2010, p. 10, n. 3. Contra (defendendo uma interpretação restritiva): Luís Menezes Leitão, *Direito das Obrigações*, Vol. I, 2010, p. 51.

[299] Joaquim de Sousa Ribeiro, "O Regime dos Contratos de Adesão", 2007, p. 215.

[300] Ac. do STJ, de 10/4/2014.

forma que esse conteúdo não possa ser imputado a ambos os contraentes[301]. É irrelevante a designação dada pelas partes, não obstando à aplicação do regime a circunstância de as cláusulas serem tratadas pelas partes como especiais ou particulares[302].

Esta norma tem de ser articulada com o art. 1º-3, que estabelece que "o ónus da prova de que uma cláusula contratual resultou de negociação prévia entre as partes recai sobre quem pretenda prevalecer-se do seu conteúdo".

Em primeiro lugar, deve salientar-se que a formulação genérica do preceito pode levar a equívocos. A referência àquele que pretenda prevalecer-se da norma, se interpretada literalmente, determina que o aderente que queira invocar a existência de uma cláusula tenha de provar que esta foi negociada. Esta solução é inadequada, na medida em que o regime tem como objetivo prevenir os abusos da parte que impõe as cláusulas, não constituindo a negociação prévia entre as partes um requisito para a inclusão no regime de uma cláusula favorável ao aderente[303].

Em segundo lugar, coloca-se a seguinte questão: será que a inversão do ónus da prova apenas diz respeito à existência ou inexistência de negociação prévia ou será que também abrange a circunstância de o destinatário não ter podido influenciar o conteúdo da cláusula? Embora a letra da lei não seja clara quanto a este ponto, parece-nos, em especial tendo em conta a inserção sistemática da norma, que resulta do seu espírito que cabe a quem pré-elaborou as cláusulas a prova de que estas não cabem no âmbito do regime definido no DL 446/85, ou seja, a prova de que não se trata de cláusulas contratuais gerais (nº 1) ou de cláusulas que o destinatário não pode influenciar (nº 2)[304]. A lei portuguesa também vai mais longe do que a Diretiva, que apenas invertia o ónus da prova em relação

[301] Joaquim de Sousa Ribeiro, "Cláusulas Contratuais Gerais", 2017, p. 105.

[302] Aparentemente contra, embora considerando que houve negociação, num caso em que parece estar em causa a existência de uma proposta contratual, com hipóteses em alternativa (relativas à cobertura da apólice), rigidamente predisposta: Ac. do STJ, de 4/12/2014. Também não afasta a aplicação do regime a circunstância de algumas cláusulas do contrato poderem ser negociadas (Ac. do STJ, de 14/12/2016).

[303] Joaquim de Sousa Ribeiro, "O Regime dos Contratos de Adesão", 2007, p. 224.

[304] Ac. do TRP, de 5/12/2006; Ac. do TRL, de 29/6/2017. Contra: Joaquim de Sousa Ribeiro, "O Regime dos Contratos de Adesão", 2007, p. 224; Moitinho de Almeida, "A Celebração à Distância do Contrato de Seguro", 2007, p. 25. Jurisprudência: Ac. do STJ, de 23/1/2014; Ac. do STJ, de 9/10/2014; Ac. do TRC, de 7/2/2017[1].

às *cláusulas normalizadas* (último parágrafo do art. 3º-2), ou seja, às cláusulas contratuais gerais.

Em suma, cabe ao predisponente provar que, tendo em conta as circunstâncias concretas do contrato celebrado, o destinatário poderia negociar os termos do contrato, influenciando o seu conteúdo[305].

O art. 7º do DL 446/85, ao estabelecer que "as cláusulas especificamente acordadas prevalecem sobre quaisquer cláusulas contratuais gerais, mesmo quando constantes de formulários assinados pelas partes", determina a prevalência das cláusulas negociadas sobre as cláusulas não negociadas[306], mesmo que estas constem de um documento escrito e assinado pelo aderente. Este diploma vai, pois, mais longe do que os arts. 221º e seguintes do CC[307], considerando-se imediatamente válidas as "estipulações verbais acessórias" anteriores ao documento escrito.

O art. 2º do DL 446/85 esclarece que o diploma se aplica a todas as cláusulas abrangidas pelo âmbito de aplicação definido no art. 1º, independentemente da forma da sua comunicação, da extensão, do conteúdo ou de quem as elaborou.

A comunicação das cláusulas pode ser feita através dos mais variados meios. Desde logo, as cláusulas podem ser incluídas em documentos contratuais dirigidos ou a pessoa determinada ou ao público, podendo também resultar de uma mensagem inserida na publicidade ou rotulagem dos bens ou serviços ou ser comunicadas através da colocação de cartazes em estabelecimentos comerciais. Qualquer meio é, em princípio, apto para a comunicação de cláusulas, sendo de destacar as mensagens transmitidas pelo telefone, pela televisão ou através da Internet. Quanto à forma propriamente dita, e apesar de algumas referências a um suporte escrito (*redigida*, na Diretiva, e *subscrever*, no diploma nacional), nada impede que as cláusulas contratuais gerais possam resultar de declarações orais[308].

305 Contra: Ac. do STJ, de 11/2/2015; Ac. do TRP, de 30/5/2018. No Ac. do STJ, de 5/5/2016, o tribunal vai mais longe, ao concluir que "a circunstância de as ditas cláusulas poderem ser negociadas não lhes retira a natureza de cláusulas contratuais gerais salvo prova de que o seu conteúdo resultou de negociação".

306 Joaquim de Sousa Ribeiro, "O Regime dos Contratos de Adesão", 2007, p. 227. Jurisprudência: Sentença do CNIACC, de 19/2/2015.

307 Mário Júlio de Almeida Costa e António Menezes Cordeiro, *Cláusulas Contratuais Gerais*, 1986, p. 26. Sobre esta questão, v. *supra* 2.1.1.

308 António Almeida, "Cláusulas Contratuais Gerais e o Postulado da Liberdade Contratual", 1998, p. 297; José Manuel de Araújo Barros, *Cláusulas Contratuais Gerais*, 2010, p. 43.

A extensão também não é um elemento relevante para a determinação do regime aplicável. Com efeito, pode tratar-se de apenas uma cláusula ou de um clausulado alargado, com várias páginas, incluídas ou não no documento contratual[309].

Em relação ao conteúdo, não se verifica qualquer limitação. Neste ponto, discute-se por vezes se o regime também deve ser aplicado às cláusulas relativas às prestações principais ou caraterísticas do contrato, ou seja, no esquema mais normal, bens e serviços, por um lado, e preço, pelo outro. A Diretiva exclui essas cláusulas (art. 4º-2)[310], se elas se encontrarem redigidas de maneira clara e compreensível[311], mas a exclusão não foi transposta para o ordenamento jurídico português, solução admitida pelo direito europeu[312]. O DL 446/85 aplica-se, assim, às cláusulas relativas às prestações principais ou caraterísticas do contrato.

Por fim, não releva para a aplicação do regime a pessoa que elaborou as cláusulas.

Desde logo, não é relevante se é o utilizador a emitir a proposta contratual ou a aceitar a proposta formulada pela contraparte (nesta norma, *destinatário* deve ser interpretado no sentido de *aceitante*)[313]. Caso contrário, se o utilizador tivesse de ser o proponente, admitir-se-iam situações de inversão da sequência de celebração do contrato, com o único objetivo de obstar a aplicação do regime.

Admite-se que as cláusulas sejam elaboradas por um terceiro[314], o que pode suceder no caso de aquele que apresenta as cláusulas utilizar formu-

[309] ALMENO DE SÁ, "Liberdade no Direito de Autor: a Caminho das Condições Gerais do Contrato", 1994, p. 134.

[310] Numa tentativa de minimizar o alcance da restrição, entende-se que o conceito de prestações principais ou caraterísticas deve ser interpretado restritivamente: GLENN HEIRMAN, "Core Terms: Interpretation and Possibilities of Assessment", 2017, p. 31. Apontando neste sentido, v. Ac. do TJUE, de 23/4/2015.

[311] O TJUE tem desenvolvido, a partir deste requisito, um exigente princípio da transparência. V., entre outros, Ac. do TJUE, de 20/9/2018[1].

[312] Ac. do TJUE, de 3/6/2010 (sobre esta decisão, v. NUNO PINTO OLIVEIRA, "Cláusulas Abusivas em Contratos com os Consumidores", 2013, pp. 596 a 598).

[313] O proponente não é, neste caso, naturalmente, o autor das cláusulas, como parece apontar DAVID FALCÃO, *Lições de Direito do Consumo*, 2019, p. 95, n. 232. O destinatário da proposta contratual e posterior aceitante é que é, no modelo indicado, o predisponente, ou seja, aquele que pretende incluir as cláusulas no contrato. Neste modelo, as cláusulas vão tipicamente integrar o contrato por via de remissão (expressa ou tácita) para convite a contratar prévio emitido pelo predisponente.

[314] ALMENO DE SÁ, *Cláusulas Contratuais Gerais e Directiva sobre Cláusulas Abusivas*, 2001, p. 215.

lários já elaborados por outrem ou no caso de as cláusulas serem inseridas pelo próprio terceiro no processo de formação do contrato (por exemplo, na publicidade ou rotulagem de bens e serviços) ou serem mesmo impostas por esse terceiro, no âmbito de uma relação mais alargada (por exemplo, uma entidade que imponha que os contratos celebrados no seu espaço incluam determinadas cláusulas).

O art. 3º exclui do âmbito de aplicação do diploma as "cláusulas típicas aprovadas pelo legislador", as "cláusulas que resultem de tratados ou convenções internacionais vigentes em Portugal", os "contratos submetidos a normas de direito público", os "atos do direito da família ou do direito das sucessões" e as "cláusulas de instrumentos de regulamentação coletiva de trabalho".

No que respeita às *cláusulas típicas aprovadas pelo legislador*, para a exclusão da cláusula do âmbito do regime é necessário que se verifiquem duas condições: por um lado, a cláusula tem de ter sido aprovada por ato legislativo (e não por ato administrativo, como uma minuta de contrato aprovada por organismo público[315]); por outro lado, a disposição tem de ser aplicável entre as partes contratantes independentemente da sua escolha ou supletivamente, no caso de não ter havido acordo entre as partes a este respeito[316].

Parece-nos que deve fazer-se uma interpretação restritiva desta exclusão, aplicando a estas cláusulas as regras sobre a inserção de cláusulas contratuais gerais em contratos singulares, sempre que a comunicação por uma das partes seja imposta pela lei. Por exemplo, aplica-se o regime no que respeita à comunicação e esclarecimento da cláusula legal relativa ao direito de arrependimento, previsto no DL 24/2014? A questão coloca-se essencialmente porque a obrigação de esclarecer o consumidor é, no DL 446/85, mais exigente do que no DL 24/2014, uma vez que deve ser avaliada em concreto, tendo em conta as circunstâncias que rodeiam a celebração do contrato. Com efeito, antecipando um pouco o tratamento da questão, estabelece o art. 6º-1, que "o contraente que recorra a cláusulas contratuais gerais deve informar, de acordo com as circunstâncias, a outra parte dos aspetos nelas compreendidos cuja aclaração se justifique". Se o consumidor estiver numa situação de especial debilidade, e o profissional tiver conhecimento, por qualquer meio, dessa circunstância, há um dever

[315] Ac. do TRL, de 20/9/2016.

[316] Ac. do TJUE, de 21/3/2013; Ac. do TJUE, de 10/9/2014.

especial de esclarecimento que resulta desta norma e que não resulta, pelo menos diretamente, do art. 4º do DL 24/2014. Logo, seguindo a letra do art. 3º-*a*) do DL 446/85, pareceria que o profissional tem um especial dever de informação relativamente às cláusulas inseridas na proposta e que não sejam legalmente exigidas, dever que não existiria no que respeita às cláusulas que o legislador julgou essenciais e tipificou no art. 4º do DL 24/2014. Esta conclusão não é aceitável, uma vez que a utilização de técnicas de comunicação à distância não deve conduzir a uma diminuição quer da informação prestada ao consumidor quer do dever de clarificação dessa informação.

Pode argumentar-se que o dever de informação ou esclarecimento, em relação às cláusulas legais, incumbe às entidades que têm por objetivo a defesa do consumidor. No entanto, se a estes cabe o fornecimento da informação relativa a essas cláusulas em geral, em concreto e face ao contrato que está a ser negociado, este dever só pode recair sobre o contraente que a lei obriga a prestar os esclarecimentos.

Neste sentido, entendemos que o regime da inclusão de cláusulas em contratos singulares deve aplicar-se às cláusulas aprovadas pelo legislador que devam obrigatoriamente ser comunicadas por uma das partes[317].

O regime aplica-se também às cláusulas inseridas em contratos de celebração obrigatória (como alguns contratos de seguro), mesmo que correspondam a cláusulas uniformizadas aprovadas por entidade pública ou com poderes públicos[318].

2.1.6.2. Inserção das cláusulas em contratos individualizados

Os arts. 4º a 9º do DL 446/85 tratam da inclusão de cláusulas contratuais gerais em contratos singulares, sendo especialmente exigente nesta matéria, em comparação com ordenamentos jurídicos mais próximos[319]. Como já se referiu, não estão apenas em causa cláusulas contratuais gerais, aplicando-se este regime a todas as cláusulas reguladas pelo diploma, ou seja, a todas as cláusulas não negociadas individualmente.

A inserção de uma cláusula contratual geral num contrato individualizado implica a superação de três obstáculos sucessivos, não sendo

[317] Sentença do JP de Tarouca, de 18/11/2008.

[318] Ac. do STJ, 10/5/2016.

[319] DÁRIO MOURA VICENTE, *Direito Comparado*, Vol. II, 2017, p. 163.

sequer necessário analisar o obstáculo seguinte se o anterior não estiver ultrapassado. O primeiro obstáculo é a conexão com o contrato. Se a cláusula não tiver qualquer conexão com o contrato, não vale a pena analisar qualquer outro elemento, ficando excluída do contrato. Verificada a conexão com o contrato[320], a cláusula tem de passar pelo crivo da comunicação nos termos previstos no diploma. Concluída a tarefa com uma resposta afirmativa, é ainda necessário verificar se foi cumprido o dever de esclarecimento.

Note-se que, ultrapassados estes três obstáculos, a cláusula se considera inserida no contrato. Há, ainda, no entanto, outra barreira a transpor, no sentido da sua aplicabilidade: a do conteúdo da cláusula, pela verificação do seu eventual caráter abusivo. Esta matéria é tratada em separado, em sede de conteúdo do contrato.

2.1.6.2.1. Conexão com o contrato

O art. 4º do DL 446/85 começa por referir que as cláusulas contratuais gerais "inseridas em propostas de contratos singulares incluem-se nos mesmos, para todos os efeitos, pela aceitação".

Esta norma tem de ser interpretada tendo em conta o espírito do diploma no seu conjunto e a complexidade que pode estar associada ao processo de celebração do contrato. Pressupõe-se no preceito que o predisponente é o proponente, ou seja, que aquele que impõe a inclusão das cláusulas no contrato emite a proposta contratual. Ora, nem sempre o processo de celebração do contrato obedece a este esquema, podendo as cláusulas ser inseridas num convite para contratar formulado pelo predisponente[321], que assim não fica logo vinculado pela sua declaração. Neste caso, a proposta é emitida pela outra parte, cabendo a aceitação ao predisponente. Não deixa, contudo, de se aplicar o diploma, até porque deste modo seria fácil ao predisponente alterar o esquema de celebração do contrato, obstando a aplicação de um regime desfavorável. Esta conclusão já resulta quer do art. 1º-1, que, embora de forma imperfeita, se refere às cláusulas que proponentes ou destinatários se limitem a subscrever ou a acei-

[320] Pedro Caetano Nunes, "Comunicação de Cláusulas Contratuais Gerais", 2011, p. 518.

[321] Pedro Caetano Nunes, "Comunicação de Cláusulas Contratuais Gerais", 2011, p. 519. Já José Engrácia Antunes, *Direito do Consumo*, 2019, p. 124, parece rejeitar esta possibilidade, designando os contraentes de proponente e aderente.

tar[322] quer do art. 2º, na parte em que estabelece que as cláusulas podem ter sido elaboradas pelo proponente ou pelo destinatário.

Em alguns casos, a relação entre as cláusulas e o contrato não é direta, resultando a inclusão de uma remissão, expressa ou tácita, para declarações isoladas, do declarante ou de um terceiro que vincule o declarante. É o caso de cartazes afixados em estabelecimentos comerciais, de mensagens publicitárias que contenham cláusulas contratuais ou dos designados *browse-wrap contracts*, celebrados através da Internet, em que o predisponente inclui as cláusulas numa hiperligação, normalmente designada "termos e condições" ou equivalente[323]. Apesar de a remissão poder ser tácita, é sempre necessário um ato de comunicação[324]. Não existindo remissão, a cláusula não passa pelo crivo da conexão com o contrato.

2.1.6.2.2. Comunicação

O art. 5º-1 estabelece que as cláusulas "devem ser comunicadas na íntegra aos aderentes", tratando-se "de uma necessidade básica para o cumprimento pontual dos contratos e para o estabelecimento da confiança dos contraentes na parte contrária"[325]. O nº 2 exige mais do que a simples comunicação[326]. A inserção de uma cláusula num contrato depende de que o conhecimento completo e efetivo das cláusulas "se torne possível [...] por quem use de comum diligência".

A própria lei introduz elementos quanto à forma e tempo da comunicação: esta deve ser realizada de *modo adequado* e com a *antecedência necessária*. A análise da conformidade da comunicação implica que sejam igualmente tidas em conta "a importância do contrato e a extensão e complexidade das cláusulas". Analisemos os vários elementos, que operam em bloco[327].

Por um lado, é necessário que a cláusula seja comunicada de modo adequado (não bastando, por exemplo, a sugestão da sua consulta na

[322] Mário Júlio de Almeida Costa e António Menezes Cordeiro, *Cláusulas Contratuais Gerais*, 1986, p. 18.

[323] Rodrigo Momberg, "Standard Terms and Transparency in Online Contracts", 2016, p. 192.

[324] Moitinho de Almeida, "Cláusulas Abusivas", 2008, p. 224.

[325] Ac. do STJ, de 18/10/2012.

[326] Almeno de Sá, *Cláusulas Contratuais Gerais e Directiva sobre Cláusulas Abusivas*, 2001, p. 60.

[327] José Manuel de Araújo Barros, *Cláusulas Contratuais Gerais*, 2010, p. 61.

Internet[328]). Em princípio, a inclusão de cláusulas contratuais gerais não está sujeita a forma especial, valendo o princípio da liberdade de forma do art. 219º do CC. Se for exigida forma especial para o contrato, a forma adequada será, em princípio, no mínimo, a forma legalmente exigida. Assim, por exemplo, num contrato de compra e venda de um imóvel, não se considera comunicada uma cláusula não negociada individualmente que seja transmitida através de um cartaz afixado no estabelecimento comercial do vendedor.

Nos restantes casos, deve ter-se em conta, em primeiro lugar, a importância do contrato, sendo que, num contrato simples, a cláusula até pode ser oral, ao contrário do que sucede num contrato que implique prestações de valor pecuniário elevado, em que a perenidade da informação e do suporte que a contém são mais relevantes; deve ter-se também em conta a extensão e a complexidade das cláusulas, sendo que, quanto mais complexo for o contrato, em termos de qualidade e de quantidade das cláusulas, incluindo quer questões jurídicas quer questões técnicas[329], mais se exige do predisponente no que respeita ao modo da comunicação, devendo, em geral, ser salientadas as cláusulas mais desfavoráveis para o aderente[330].

Sendo as cláusulas comunicadas por escrito, é necessário articular o art. 5º-1 do DL 446/85 com os arts. 4º-2 e 5º da Diretiva 93/13/CEE, que impõem que as cláusulas se encontrem redigidas de forma "clara e compreensível". No Ac. do TJUE, de 30/4/2014, considera-se que esta exigência "deve ser entendida como impondo não só que a cláusula em questão seja gramaticalmente inteligível para o consumidor mas igualmente que o contrato exponha com transparência o funcionamento concreto do mecanismo" que estava em causa nesse processo, relativo a conversão de divisa estrangeira[331]. Consagra-se, assim, um especial dever de transparência[332], interpretado a nível europeu de forma ampla[333].

[328] Ac. do TRG, de 11/1/2007.

[329] Ac. do STJ, de 5/11/2015.

[330] Pedro Caetano Nunes, "Comunicação de Cláusulas Contratuais Gerais", 2011, p. 530. Jurisprudência: Ac. do TRL, de 13/10/2016.

[331] No mesmo sentido, v. Ac. do TJUE, de 20/9/2018[2].

[332] Ricardo Pazos, "Transparency in Contracts with Consumers", 2017, p. 256.

[333] Glenn Heirman, "Core Terms: Interpretation and Possibilities of Assessment", 2017, p. 33.

Por outro lado, é necessário que a cláusula seja comunicada com a antecedência necessária[334] em relação ao momento da celebração do contrato. Valem aqui as observações feitas no final do parágrafo anterior, exigindo-se um alargamento do período de antecedência na proporção do aumento da importância do contrato ou da extensão e da complexidade das cláusulas[335].

A ponderação relativa à extensão e à complexidade das cláusulas deve ser feita também tendo em conta a importância do contrato. Assim, se se tratar de um contrato pouco relevante para o aderente, cuja celebração não é especialmente ponderada, não se deve aceitar a inclusão no contrato de um clausulado demasiado extenso ou complexo[336]. Nestes casos, devem considerar-se como não comunicadas todas as cláusulas que excedam o que a boa-fé impõe como quantidade e complexidade para um contrato com as caraterísticas do contrato celebrado. Por exemplo, num contrato de compra e venda de um jornal, a colocação no estabelecimento comercial de um cartaz com várias cláusulas contratuais viola o espírito do art. 5º, devendo considerar-se excluídas do contrato. A mesma conclusão deve resultar de uma situação comum em que, para a atualização de *software*, a empresa exige a aceitação de um número alargado de cláusulas, através de um simples *click* numa hiperligação que tem como título *Aceito* ou *Li*[337],

[334] Ac. do TRG, de 19/6/2014; Ac. do TRL, de 23/6/2015.

[335] Ac. do STJ, de 17/6/2010; Ac. do TRL, de 16/4/2009; Ac. do TRP, de 11/5/2009; Ac. do TRL, de 24/9/2009. Aparentemente contra: Ac. do TRG, de 14/5/2015.

[336] António Pinto Monteiro, "Contratos de Adesão", 2001, p. 142; Paula Ribeiro Alves, *Contrato de Seguro à Distância – O Contrato Electrónico*, 2009, p. 33. Considerando o excesso de informação prática comercial desleal: Cláudia Madaleno, "Informação e Publicidade", 2012, p. 79. Defendendo que "a informação em excesso é nociva": António Menezes Cordeiro, "O Direito à Não-Informação", 2015, p. 50. Gilles Paisant, *Défense et Illustration du Droit de la Consommation*, 2015, p. 249, considera que "demasiadas informações matam a informação", concluindo que a *sobreinformação* do consumidor rompe o equilíbrio a favor do profissional. Aparentemente desvalorizando a questão: Jorge Pegado Liz, "Algumas Reflexões a Propósito do Direito dos Consumidores à Informação", 2012, p. 343. Refere-se, a propósito, a letra da canção *Matérias do Coração*, de Miguel Araújo: "Nada de novo no telejornal / mais desemprego no nosso quintal / um homem farto de inflação / *morreu com um ataque de informação*" (itálico nosso).

[337] Ao contrário dos *browse-wrap contracts*, que não cumprem, em princípio, as regras relativas à comunicação, estamos aqui perante *click-wrap contracts*, em que a análise do cumprimento do dever de comunicação tem ser feita casuisticamente. Sobre estes conceitos e o regime aplicável, face ao direito europeu: Rodrigo Momberg, "Standard Terms and Transparency in Online Contracts", 2016.

não podendo considerar-se exigível a sua leitura integral, tendo em conta a escassa importância do contrato.

Apesar de a lei ter como objetivo o conhecimento completo e efetivo das cláusulas, em alguns casos uma cláusula vale mesmo que o destinatário não a conheça. O art. 5º impõe uma forma e uma antecedência que permitam, em abstrato – e tendo como referência o destinatário que use de "comum diligência" ou o "aderente medianamente diligente"[338], devendo a média ser avaliada tendo em conta os hábitos e o grau de cultura dos portugueses[339] – uma decisão esclarecida, mas não constitui requisito de integração num contrato concreto o conhecimento completo e efetivo das cláusulas. Se as cláusulas forem comunicadas de modo adequado e com a antecedência necessária e o destinatário nada fizer para as conhecer, como lhe cabe[340], nomeadamente, mas não só, recebendo e lendo o documento que lhe é apresentado[341], estas integram o contrato[342]. O critério é o do cumprimento dos requisitos exigidos pelo art. 5º, mesmo que o aderente não queira[343], e não o conhecimento das cláusulas em concreto. A solução contrária levaria a que fosse sempre mais favorável ao destinatário nada fazer para conhecer as cláusulas, ignorando todos os elementos que lhe fossem transmitidos[344].

338 ANTÓNIO PINTO MONTEIRO, "Contratos de Adesão", 1986, p. 749.

339 ANA PRATA, *Contratos de Adesão e Cláusulas Contratuais Gerais*, 2010, p. 244. Em sentido contrário, com referência ao aderente "normalmente informado e razoavelmente atento e perspicaz": Ac. do TRC, de 16/12/2015.

340 ISABEL AFONSO, "Cláusulas Contratuais Gerais", 1999, p. 477. Jurisprudência: Ac. do TRG, de 17/12/2014.

341 LUÍS MIGUEL CALDAS, "Direito à Informação no Âmbito do Direito do Consumo", 2003, p. 221.

342 Ac. do TRP, de 16/12/2009.

343 Contra: Ac. do STJ, de 9/7/2015 (voto de vencido do Juiz Conselheiro Júlio Manuel Vieira Gomes, com excelente fundamentação).

344 No sentido de que "a opção do consumidor [...] de não tomar conhecimento das cláusulas contratuais gerais será frequentemente racional", uma vez que "os custos de investigação do aderente tendem a ser elevados e o seu retorno marginal tende a ser diminuto": PEDRO CAETANO NUNES, "Comunicação de Cláusulas Contratuais Gerais", 2011, p. 525. Em sentido próximo: ANTÓNIO PINTO MONTEIRO, "Ordinamento Portoghese e Clausole Vessatorie", 2013, p. 168; CHRISTOPH BUSCH, "The Future of Pre-Contractual Information Duties: From Behavioural Insights to Big Data", 2016, p. 223. Num estudo recente da Comissão Europeia sobre as atitudes dos consumidores face aos termos e condições apresentados pelos profissionais [Study on consumers' attitudes towards Terms and Conditions (T&Cs)], parte-se do princípio de que os consumidores não os leem, concluindo-se que encurtá-los

Isto não significa que seja suficiente que o aderente assine um documento previamente elaborado em que admita terem sido cumpridas as exigências legais no que respeita à comunicação e ao esclarecimento das cláusulas[345], até porque esta cláusula, que também tem de ser comunicada[346], será provavelmente abusiva [arts. 19º-*d*) e 21º-*e*)]. Atentas as circunstâncias, poderá ser suficiente, em sede de comunicação, mas talvez

e simplificá-los tem como efeito um aumento da sua leitura e da sua compreensão. MARCO LOOS, "Double Dutch – On the Role of the Transparency Requirement with Regard to the Language in which Standard Contract Terms for B2C-Contracts must be Drafted", 2017, p. 55, também afirma que, "tipicamente, os consumidores não leem e nem sequer acedem às cláusulas contratuais gerais". LARRY MAGID ("It Pays To Read License Agreements") refere um caso em que foi incluída, num clausulado extenso na Internet, uma cláusula que determinava que, quem a lesse, tinha direito a uma compensação financeira; só depois de quatro meses e três mil downloads é que alguém reclamou a compensação, tendo-lhe sido atribuídos $ 1000. Conclui-se também no referido estudo que a certificação das cláusulas por uma associação de consumidores ou outra entidade em que os consumidores confiem aumenta a confiança do consumidor. Note-se que a análise é feita tendo como base em análise empírica realizada em doze Estados-Membros, não incluindo, no entanto, Portugal. Tendo em conta estudos recentes sobre o assunto, GERT STRAETMANS, "Misleading Practices, the Consumer Information Model and Consumer Protection", 2016, p. 206, considera que a solução passa por garantir que a informação é "curta e simples", sendo especialmente relevante a forma como esta é apresentada e a sua estandardização para efeito de comparação de ofertas. No Ac. do STJ, de 3/10/2017[1], estava em causa a cláusula nº 207 do contrato de seguro celebrado entre as partes, que limita ou afasta a responsabilidade da seguradora em determinados casos, tendo o tribunal concluído que foi feita a comunicação ao aderente do teor integral das cláusulas contratuais, defendendo que o comportamento do aderente foi negligente ou pouco diligente. Só a circunstância de estarmos a falar da cláusula nº 207 é suficiente para concluirmos que um aderente que usasse de comum diligência, tendo em conta os hábitos e o grau de cultura dos portugueses, não teria tomado conhecimento da cláusula. Uma cláusula com esta relevância teria de ser apresentada de forma destacada e não incluída no meio de centenas de cláusulas.

[345] ANA PRATA, *Contratos de Adesão e Cláusulas Contratuais Gerais*, 2010, p. 231. Jurisprudência: Ac. do STJ, de 4/5/2017[2]; Ac. do TRP, de 14/6/2007; Ac. do TRC, de 11/3/2008; Ac. do TRL, de 20/4/2010; Ac. do TRG, de 10/3/2016; Ac. do TRL, de 14/9/2017[1]; Sentença do CICAP, de 31/8/2015; Sentença do CICAP, de 24/5/2016. A propósito do regime do crédito ao consumo, defende-se no Ac. do TJUE, de 18/12/2014, que o direito europeu se opõe "a que, em razão de uma cláusula-tipo, o julgador deva considerar que o consumidor reconheceu a plena e correta execução das obrigações pré-contratuais". Contra esta orientação do TJUE, no Ac. do TRL, de 5/11/2015, defende-se que, com a subscrição de uma declaração do género, "é de considerar feita a prova do cumprimento dos deveres de comunicação e informação relativos a cláusulas contratuais gerais". No Ac. do TRP, de 30/5/2018, contraria-se igualmente o direito europeu, concluindo-se que as cláusulas "foram negociadas", uma vez que foi assinado um documento que continha indicação do cumprimento dos deveres de comunicação e esclarecimento.

[346] Ac. do TRP, de 29/5/2014.

já não de esclarecimento, o envio da declaração contratual, sendo dado tempo à outra parte para analisar o seu conteúdo e para decidir acerca da celebração do contrato nos termos previamente definidos[347]. Não basta, no entanto, que o contrato tenha estado em poder do aderente[348].

O art. 5º-3, alterado pelo DL 220/95, estabelece que "o ónus da prova da comunicação adequada e efetiva cabe ao contratante que submeta a outrem as cláusulas contratuais gerais". Cabe a quem apresentou as cláusulas provar o cumprimento dos requisitos de comunicação legalmente impostos[349], se a questão for suscitada no processo[350]. No essencial, a norma limita-se a consagrar o regime geral do art. 342º do CC[351], não havendo uma inversão do ónus da prova, uma vez que deste já se poderia extrair não só a necessidade de provar a comunicação da cláusula mas também a comunicação adequada e efetiva, ou seja, o cumprimento dos requisitos de forma e de tempo relativos à transmissão da mensagem.

O art. 8º-*a*) sanciona a não comunicação adequada e efetiva com a exclusão das cláusulas do contrato[352], independentemente de o aderente conhecer ou não a cláusula[353]. Nos termos do art. 9º, a exclusão destas cláusulas não impede, em regra, a manutenção do contrato.

Tendo em conta o objetivo de proteção do aderente e de censura do predisponente, a exclusão de uma cláusula do contrato não pode ser invocada por este. O tribunal deve conhecer oficiosamente da exclusão sempre que o aderente ponha em causa a validade de uma cláusula nas suas alegações, mas não invoque a falta de comunicação adequada e efetiva, desde que dos autos constem factos que a demonstrem[354]. Ao abrigo dos princípios da cooperação e do contraditório, o juiz não só pode como deve, se tiver

[347] Ac. do STJ, de 24/5/2007.

[348] Ac. do TRL, de 29/6/2017.

[349] Ac. do TRG, de 27/3/2008; Ac. do TRP, de 10/4/2008; Ac. do TRP, de 22/6/2009; Ac. do TRP, de 16/12/2009; Ac. do TRE, de 19/5/2016; Sentença do CNIACC, de 19/12/2016.

[350] Ac. do STJ, de 24/6/2010; Ac. do STJ, de 28/9/2017.

[351] Mário Júlio de Almeida Costa e António Menezes Cordeiro, *Cláusulas Contratuais Gerais*, 1986, p. 25; José Manuel de Araújo Barros, *Cláusulas Contratuais Gerais*, 2010, p. 65.

[352] Ac. do TRL, de 3/3/2015; Ac. do TRP, de 23/6/2016. Naturalmente, num caso de falta de consciência da declaração, a comunicação não é adequada e efetiva: Ac. do TRP, de 9/4/2013. No Ac. do TRL, de 18/6/2009[2], conclui-se no sentido da inexistência das cláusulas.

[353] Contra: Mafalda Miranda Barbosa, "Os Contratos de Adesão no Cerne da Protecção do Consumidor", 2001, p. 402.

[354] Ac. do TRL, de 18/6/2009[2]. Contra: Ac. do TRC, de 16/6/2015; Ac. do TRC, de 30/6/2015.

dúvidas, formular um convite ao aderente para que este tenha a possibilidade de invocar este fundamento.

Igualmente excluídas do contrato encontram-se as comummente designadas cláusulas de *surpresa* ou *cláusulas-surpresa*[355]. Trata-se das "cláusulas que, pelo contexto em que surjam, pela epígrafe que as precede ou pela sua apresentação gráfica, passem despercebidas a um contratante normal, colocado na posição do contratante real", e das "cláusulas inseridas em formulários, depois da assinatura de algum dos contratantes", referidas nas alíneas *c*) e *d*) do art. 8º, respetivamente. Em ambas está em causa um problema de conexão das cláusulas com o contrato.

No que respeita às primeiras cláusulas, a lei remete para as regras gerais de interpretação do art. 236º-1 do CC. A este propósito refira-se que a interpretação é sempre uma operação necessária na análise da inclusão de uma cláusula num contrato. No entanto, é especialmente relevante neste caso, sendo certo que a lei se refere aos critérios do art. 236º-1, ignorando os do nº 2, nomeadamente o conhecimento pelo destinatário das cláusulas da vontade real do predisponente. Portanto, não releva a circunstância de a cláusula não ter passado despercebida ao destinatário, se, através de uma operação lógica de interpretação, se concluir que ela passaria despercebida a um destinatário normal. Trata-se, de certa forma, de uma sanção para o predisponente que não age de acordo com as regras da boa-fé ao inserir a cláusula num determinado contexto, sob uma determinada epígrafe ou com uma apresentação gráfica, de tal forma que passe naturalmente despercebida. Em relação ao contexto e à epígrafe precedente, pode referir-se o exemplo das cláusulas que, versando sobre um determinado assunto, são colocadas no meio de elementos relativos a outro problema (v.g., cláusula sobre direito de arrependimento inserida entre informação relativa aos centros de apoio em caso de avaria no bem). O contexto remete quer para a aparência externa das cláusulas quer para o sentido da cláusula, o conteúdo do contrato e os "condicionalismos que rodearam a adesão ao mesmo"[356]. A apresentação gráfica é muito importante para a apreensão de uma mensagem, dependendo da circunstância concreta a determinação da possibilidade de compreensão efetiva por um destinatário normal.

[355] Mário Júlio de Almeida Costa e António Menezes Cordeiro, *Cláusulas Contratuais Gerais*, 1986, p. 27; Manuel Januário da Costa Gomes, *Assunção Fidejussória de Dívida*, 2000, p. 694. Jurisprudência: Ac. do STJ, de 2/6/2015.

[356] Ac. do TRP, de 27/2/2014.

As cláusulas transmitidas por escrito devem sê-lo numa letra suficientemente grande para poder ser lida sem dificuldade pelos destinatários[357], devendo existir um espaço razoável entre as letras, as palavras e as linhas e um contraste entre a cor da letra e a cor do fundo.

Em relação às segundas, está em causa a conexão das cláusulas com o contrato, tendo em conta o processo de celebração do contrato, não se podendo admitir que um contraente fique vinculado a uma cláusula que não lhe foi apresentada durante a fase pré-contratual[358]. A utilização da palavra *depois* levanta a questão de saber se se trata de uma referência temporal ou espacial, ou seja, se as cláusulas inseridas depois da assinatura são aquelas que forem adicionadas posteriormente ao documento (referência temporal) ou aquelas que, já constando do documento, se encontram, em termos sistemáticos, após a assinatura (referência espacial). As primeiras encontrar-se-iam sempre excluídas do contrato, uma vez que se referem a um momento posterior ao da sua celebração, remetendo para o problema da alteração unilateral dos termos do contrato. Assim, embora sendo também aplicável à referência temporal, a norma é especialmente relevante no que se refere à referência espacial, apenas integrando o contrato as cláusulas que, no documento, se encontrem antes da assinatura[359], independentemente da numeração das páginas feita pelo predisponente[360]. Coloca-se, por vezes, a questão de saber qual o valor das cláusulas inseridas depois da assinatura, no caso de constar do próprio documento, antes da assinatura, a indicação da existência de cláusulas no seu verso. Parece-nos que o efeito útil da norma resulta exatamente da exclusão destas cláusulas do contrato, uma vez que, no caso de não existir qualquer remissão para elas, não existiria nunca conexão, não podendo verificar-se a sua inclusão no contrato, por falta de consenso. Assim, mesmo que exista uma remissão para a informação contida no documento depois da assinatura, as cláusulas que aí se encontrem não integram o contrato, segundo o art. 8º-*d*)[361], ainda que o aderente tenha conhecimento delas[362].

[357] Ac. do TRL, de 20/9/2012.

[358] Ac. do STJ, de 12/1/2006; Ac. do STJ, de 15/5/2008.

[359] Ac. do STJ, de 16/10/2008; Ac. do STJ, de 7/7/2009.

[360] Ac. do TRL, de 5/5/2015.

[361] Marco Dias, *O Vício de Não Incorporação da Cláusula Contratual nos Contratos de Adesão*, 2012, p. 41. Jurisprudência: Ac. do TRL, de 20/10/2009; Ac. do TRG, de 4/2/2016; Ac. do TRL, de 13/10/2016; Ac. do TRL, de 14/9/2017[1].

2.1.6.2.3. Esclarecimento

Passado o patamar da conexão das cláusulas com o contrato e o da comunicação das cláusulas de forma adequada e efetiva, o art. 6º do DL 446/85 impõe ainda ao predisponente aquilo que é designado por *dever de informação*[363], podendo ser referido, com mais rigor, por *dever de esclarecimento*[364].

O dever de esclarecimento existe em duas situações.

Em primeiro lugar, a lei impõe o esclarecimento de todas as cláusulas que possam não ser claras (art. 6º-1), devendo a análise da necessidade de explicação ser feita "de acordo com as circunstâncias".

A análise não deve ser objetiva, tendo em conta um destinatário normal, relevando a natureza e a condição da pessoa do outro contraente[365], incluindo o nível cultural por este revelado durante a negociação[366]. Assim, se o predisponente souber que a outra parte é analfabeta, a necessidade de esclarecimento das cláusulas aumenta de forma significativa[367].

As *circunstâncias* incluem, igualmente, em primeiro lugar, o grau de complexidade do contrato e das cláusulas, exigindo-se mais esclarecimentos quanto mais difícil possa ser a compreensão das questões jurídicas[368] e não jurídicas abrangidas pelas cláusulas, e, em segundo lugar, a relevância de determinadas cláusulas no equilíbrio do contrato, devendo o aderente

362 JOSÉ MANUEL DE ARAÚJO BARROS, *Cláusulas Contratuais Gerais*, 2010, p. 114. Contra: Ac. do STJ, de 20/10/2011.

363 Este dever não se encontra mitigado por o predisponente ter cumprido o dever de comunicação, ao contrário do que resulta do Ac. do TRC, de 26/1/2016. De um ponto de vista lógico, trata-se de dois deveres distintos, cujo cumprimento deve ser analisado sucessivamente. A conclusão no sentido do cumprimento do dever de comunicação apenas permite passar para o momento seguinte da análise, que corresponde à verificação do cumprimento do dever de esclarecimento. Afirmando expressamente que se trata de dois deveres complementares: Ac. do STJ, de 4/5/2017[1].

364 Ac. do TRL, de 13/9/2012.

365 MÁRIO JÚLIO DE ALMEIDA COSTA e ANTÓNIO MENEZES CORDEIRO, *Cláusulas Contratuais Gerais*, 1986, p. 25; ANTÓNIO PINTO MONTEIRO, "Contratos de Adesão", 1986, p. 750. Jurisprudência: Ac. do STJ, de 26/2/2015; Ac. do TRL, de 25/6/2009; Ac. do TRG, de 13/3/2014. Aparentemente contra: Ac. do STJ, de 20/3/2012.

366 Ac. do STJ, de 8/4/2010; Ac. do STJ, de 13/9/2016.

367 Ac. do STJ, de 24/3/2011.

368 Ac. do TRG, de 9/6/2016. Salientando a "significativa complexidade do clausulado alusivo à «renúncia ao benefício da excussão prévia»": Ac. do STJ, de 13/9/2016.

ser esclarecido de forma clara e categórica[369] em relação a estas[370], quanto ao seu significado e implicações[371], especialmente se forem prejudiciais aos seus interesses[372].

Em segundo lugar, quem recorre a cláusulas contratuais gerais tem o dever de prestar todos os esclarecimentos que lhe sejam solicitados pela contraparte. O limite é o da razoabilidade, devendo considerar-se que este se encontra ultrapassado quando os pedidos de esclarecimento não digam respeito às cláusulas ou ao contrato em causa ou quando impliquem um desrespeito pelo princípio da boa-fé (v.g., um pedido com um objetivo dilatório de um determinado efeito jurídico[373]).

A prestação dos esclarecimentos solicitados pela contraparte não exonera o predisponente do dever de prestar esclarecimentos no que respeita às cláusulas menos claras, mesmo que tal não lhe seja solicitado[374].

Não é suficiente, naturalmente, para o cumprimento do dever de esclarecimento, que o destinatário das cláusulas declare que lhe foram prestados os esclarecimentos relevantes[375] ou não solicite qualquer esclarecimento, até porque esse ato é "quase sempre de natureza mecânica"[376].

O esclarecimento escrito pode ter a vantagem de se perpetuar no tempo[377], mas deve ser considerado com muita cautela, uma vez que se

[369] Ac. do STJ, de 15/12/2011.

[370] Contra, considerando que, "em face de aderentes dotados de instrução básica, a presença de formulários assinados pressupõe que eles os entenderam", num caso em que estava em causa uma cláusula que estabelece que os aderentes se constituem "fiadores solidários e principais pagadores de todas e quaisquer quantias que vierem a ser devidas": Ac. do STJ, de 24/3/2011. V., também, Ac. do TRG, de 14/5/2015; Ac. do TRC, de 3/5/2016.

[371] Ac. do TRP, de 20/6/2016; Ac. do TRP, de 7/7/2016. No Ac. do TJUE, de 20/9/2017, conclui-se que o requisito de compreensibilidade "implica que a cláusula relativa ao reembolso do crédito na mesma divisa estrangeira em que foi contratado seja compreendida pelo consumidor, tanto no plano formal e gramatical, como quanto ao seu alcance concreto, no sentido de que [... o] consumidor [...] possa não só conhecer a possibilidade de a divisa estrangeira em que o empréstimo foi contratado sofrer uma valorização ou uma depreciação, mas também avaliar as consequências económicas, potencialmente significativas, dessa cláusula nas suas obrigações financeiras".

[372] Ac. do STJ, de 2/12/2013; Ac. do TRG, de 13/3/2014.

[373] Ana Prata, *Notas Sobre Responsabilidade Pré-Contratual*, 1991, p. 55, n. 127.

[374] Ac. do TRL, de 28/4/2015.

[375] Sentença do JP de Lisboa, de 5/5/2008.

[376] Ac. do STJ, de 21/6/2016

[377] Ac. do TRG, de 4/3/2013.

trata de mais um enunciado imposto pelo predisponente, sem possibilidade de negociação pelo aderente, que não tem necessariamente de ser mais claro do que o anterior.

A prova do cumprimento do dever de esclarecimento cabe ao predisponente[378].

Segundo o art. 8º-*b*), as cláusulas em relação às quais não tenha sido cumprido o dever de esclarecimento consideram-se sempre excluídas do contrato[379].

2.1.7. Práticas comerciais desleais[380]

A Diretiva 2005/29/CE, relativa às práticas comerciais desleais, foi transposta pelo DL 57/2008[381], que se aplica à generalidade dos contratos de consumo, uma vez que todos são celebrados na sequência de práticas comerciais, leais ou desleais[382].

Trata-se de uma diretiva de harmonização máxima, pelo que a margem de liberdade dos Estados-Membros se encontrava consideravelmente limitada[383]. A opção por uma diretiva de harmonização máxima é especialmente criticável neste domínio, uma vez que existe uma grande diversidade no que respeita às práticas comerciais, em especial as desleais, entre os vários Estados-Membros, não se permitindo que estes, por via legislativa, com flexibilidade, consigam reagir de forma eficaz a práticas problemáticas que possam ser adotadas[384]. O "Novo Acordo para os Consumidores" (*New Deal for Consumers*), apresentado pela Comissão Europeia a 11 de

[378] Ac. do STJ, de 15/2/2017.

[379] Mário Júlio de Almeida Costa e António Menezes Cordeiro, *Cláusulas Contratuais Gerais*, 1986, p. 27.

[380] Jorge Morais Carvalho, "Ambush Marketing e Práticas Comerciais Desleais", 2019.

[381] Sobre a transposição: Alexandre Soveral Martins, "A Transposição da Directiva sobre Práticas Comerciais Desleais", 2011; Pedro Maia, "Portugal: The Implementation of Directive 2005/29/EU from the Perspective of Portuguese Private Law", 2015; Sandra Passinhas, "A Propósito das Práticas Comerciais Desleais: Contributo para uma Tutela Positiva do Consumidor", 2017.

[382] Luís Menezes Leitão, "A Protecção do Consumidor contra as Práticas Comerciais Desleais e Agressivas", 2003, p. 163.

[383] Luís Silveira Rodrigues, "Práticas Comerciais Desleais na Perspetiva da Defesa do Consumidor", 2014, p. 134; Mafalda Miranda Barbosa, "O Regime das Práticas Comerciais Desleais (no Contexto Mais Amplo do Ordenamento Jurídico)", 2017, p. 79.

[384] Gilles Paisant, *Défense et Illustration du Droit de la Consommation*, 2015, p. 205.

abril de 2018, parece reconhecer as dificuldades da política de harmonização máxima face a problemas localizados, abrindo a porta, numa das suas propostas, à possibilidade de ser restringida ou limitada pelos Estados-Membros a celebração de alguns contratos, nomeadamente os contratos celebrados no domicílio do consumidor[385].

O art. 4º determina que "são proibidas as práticas comerciais desleais". Já o art. 5º define quando é que uma prática comercial é considerada desleal, enquanto o art. 6º divide as práticas comerciais desleais em práticas comerciais enganosas e práticas comerciais agressivas.

Além da aplicação de sanções contraordenacionais (arts. 19º e segs.) e do direito do consumidor a indemnização (art. 15º), os contratos celebrados sob a influência de alguma prática comercial desleal são anuláveis a pedido do consumidor, podendo este optar também pela modificação do contrato segundos juízos de equidade (art. 14º)[386].

2.1.7.1. Cláusula geral

O art. 5º do DL 57/2008 define os critérios para determinar se uma prática comercial é desleal.

O nº 1 estatui que "é desleal qualquer prática comercial desconforme à diligência profissional, que distorça ou seja suscetível de distorcer de maneira substancial o comportamento económico do consumidor seu destinatário ou que afete este relativamente a certo bem ou serviço". O nº 2 acrescenta que "o caráter leal ou desleal da prática comercial é aferido utilizando-se como referência o consumidor médio ou o membro médio de um grupo, quando a prática for destinada a um determinado grupo de consumidores".

Em complemento a este nº 2, o art. 6º-*a*) estabelece que "as práticas comerciais suscetíveis de distorcer substancialmente o comportamento económico de um único grupo, claramente identificável, de consumidores particularmente vulneráveis, em razão da sua doença mental ou física,

385 Christian Twigg-Flesner, "Bad Hand? The «New Deal» for EU Consumers", 2018, p. 170.

386 Note-se que, no Ac. do TJUE, de 19/9/2018, se conclui que contraria o direito europeu uma norma nacional que "proíbe o juiz do processo de execução hipotecária de fiscalizar, oficiosamente ou a pedido das partes, a validade do título executivo à luz da existência de práticas comerciais desleais".

idade ou credulidade, à prática comercial ou ao bem ou serviço subjacentes, se o profissional pudesse razoavelmente ter previsto que a sua conduta era suscetível de provocar essa distorção".

A complexidade destes preceitos, associada ao grande número de requisitos exigidos e à necessidade de se ter em conta, para a sua aplicação, de três das definições constantes do art. 3º (prática comercial; diligência profissional; distorcer substancialmente o comportamento económico dos consumidores), igualmente complexas e exigentes (algumas consideradas "subjetivas e insuscetíveis de uma verificação objetiva, por padrões científicos ou comprováveis"[387]), torna dificilmente aplicável, na prática, a cláusula geral do diploma.

A aplicação da cláusula geral depende da verificação dos seguintes quatro requisitos: tratar-se de uma relação jurídica de consumo; existir uma prática comercial; a prática comercial ser desconforme com a diligência profissional; a prática comercial distorcer o comportamento económico do consumidor. Em relação a este último requisito, é necessário definir o público-alvo da mensagem, aferindo-se a deslealdade da prática tendo como referência o membro médio desse grupo, exceto se esse grupo for integralmente composto por consumidores especialmente vulneráveis[388], caso em que se reforça a proteção[389], considerando-se a prática sempre desleal.

Adota-se um conceito restrito de consumidor, circunscrito às pessoas singulares.

O conceito de prática comercial abrange, nos termos do art. 3º-*d*), "qualquer ação, omissão, conduta ou afirmação de um profissional, incluindo a publicidade e a promoção comercial, em relação direta com a promoção, a venda ou o fornecimento de um bem ou serviço ao consumidor". A noção é bastante ampla no que respeita à materialização do comportamento do profissional[390]. No entanto, é limitada pela exigência de uma *relação direta* com um bem ou serviço, independentemente de se tratar da sua promoção, venda ou fornecimento. Se a relação com um bem ou serviço não for direta, considera-se não existir prática comercial para efeitos do diploma.

387 Jorge Pegado Liz, "Práticas Comerciais Proibidas", 2014, p. 107.

388 Artigo sugestivo, a este propósito: Jorge Pegado Liz, "Os Consumidores São Todos Vulneráveis", 2016.

389 María Antonieta Gálvez Krüger, "O Consumidor de Referência", 2011, p. 547.

390 Luís Menezes Leitão, "As Práticas Comerciais Desleais nas Relações de Consumo", 2012, p. 371.

Para ser desleal, a prática comercial tem de ser desconforme com a diligência profissional. O art. 3º-*h*) define diligência profissional como "o padrão de competência especializada e de cuidado que se pode razoavelmente esperar de um profissional nas suas relações com os consumidores, avaliado de acordo com a prática honesta do mercado e ou com o princípio geral de boa-fé no âmbito da atividade profissional". O critério é o da expetativa razoável, avaliada objetivamente, tendo em conta a competência e o cuidado de um profissional normal na relação com os consumidores. Não está em causa a posição concreta quer do profissional quer do consumidor, pelo que não são relevantes os seus conhecimentos específicos e a sua experiência concreta no mercado. A avaliação da expetativa razoável tem como referência as práticas honestas do mercado, o que significa que, se a expetativa em relação ao profissional for baixa, por serem conhecidos elementos nesse sentido, esta não releva, devendo colocar-se como padrão mínimo o do comportamento íntegro de um profissional colocado naquela posição. Deve ter-se também como referência a aplicação geral do princípio da boa-fé. Assim, pode dizer-se que é desconforme com a diligência profissional a prática que não seja razoável esperar de um profissional que intervenha no mercado de forma honesta. Isto independentemente do setor de atividade[391], pelo que não releva para a análise se o profissional é construtor civil, tarólogo ou médico, por exemplo.

Além de ter de ser desconforme com a diligência profissional, a prática comercial só é considerada desleal caso "distorça ou seja suscetível de distorcer de maneira substancial o comportamento económico do consumidor seu destinatário ou que afete este relativamente a certo bem ou serviço". Começando pela enigmática parte final, parece que se pode concluir que, se a prática comercial se destinar a determinados consumidores, mas puder afetar outros, todos eles se encontram protegidos pela norma. Nos termos do art. 3º-*e*), considera-se que distorce substancialmente o comportamento económico dos consumidores "a realização de uma prática comercial que prejudique sensivelmente a aptidão do consumidor para tomar uma decisão esclarecida, conduzindo-o, por conseguinte, a tomar uma decisão de transação que não teria tomado de outro modo". Por decisão de transação entende-se "a decisão tomada por um consumidor sobre a questão de saber

391 Contra: Luís Menezes Leitão, "As Práticas Comerciais Desleais nas Relações de Consumo", 2012, p. 372.

se, como e em que condições adquirir, pagar integral ou parcialmente, conservar ou alienar um produto ou exercer outro direito contratual em relação ao produto, independentemente de o consumidor decidir agir ou abster-se de agir". Portanto, a prática comercial só é desleal se for suscetível de levar o consumidor a tomar uma decisão diferente daquela que tomaria se não tivesse sido realizada a prática, podendo falar-se de requisito da essencialidade[392]. Isto vale independentemente da decisão de contratar e dos termos definidos no contrato. Assim, se o consumidor contratar quando sem a prática desleal não o faria, se não contratar quando sem a prática desleal o faria ou se contratar em termos diferentes daqueles em que o faria, a prática pode ser considerada desleal. Exige-se que a prática distorça *substancialmente* o comportamento do consumidor e que prejudique *sensivelmente* a aptidão deste para tomar a decisão, pelo que não basta a simples distorção do comportamento do consumidor ou o mero prejuízo da aptidão para tomar a decisão.

A análise da suscetibilidade de distorção do comportamento económico tem como referência o consumidor médio ou, se se tratar de uma prática destinada a um grupo definido, o consumidor médio desse grupo (art. 5º-2).

Defende-se na jurisprudência portuguesa, principalmente no domínio da propriedade industrial, que, em especial no que respeita a bens de preço baixo e de grande consumo, o consumidor médio é apressado e distraído[393] ou desatento[394], considerando-se também o "setor populacional" visado[395].

No entanto, em sede de práticas comerciais desleais, em especial no direito europeu[396], tem-se considerado como médio o consumidor normal, com um nível de informação mediano e que utiliza uma diligência regular nos contratos que celebra, não relevando o consumidor com nível de informação baixo ou que seja pouco diligente nos seus negócios[397].

[392] Assunção Cristas, "Concorrência Desleal e Protecção do Consumidor", 2007, p. 147.

[393] Ac. do STJ, de 26/9/1995; Ac. do TRL, de 19/1/2010; Ac. do TRL, de 15/4/2010; Ac. do STJ, de 13/7/2010.

[394] Ac. do TRL, de 25/2/2014.

[395] Ac. do TRL, de 28/5/2013.

[396] Mateja Djurovic, "The Average Consumer Under EU Law", 2016, p. 411, considera que o Direito do consumo da União Europeia "não visa a proteção de qualquer consumidor, mas apenas do consumidor médio". Pode ler-se no considerando (18) da Diretiva 2005/29/CE que "a presente diretiva utiliza como marco de referência o critério do consumidor médio, normalmente informado e razoavelmente atento e advertido".

[397] Ana Maria Guerra Martins, "O Direito Comunitário do Consumo", 2002, p. 78.

Não se trata de critério meramente estatístico, mas não pode deixar de se atender, na sua concretização, à posição do consumidor, em matéria de conhecimentos e de diligência, no conjunto dos consumidores que integram o grupo relevante.

O recurso a esta figura como critério de avaliação da deslealdade da prática tem como primeira consequência negativa a total desconsideração, para efeitos de aplicação do diploma, de circunstâncias concretas, reveladoras de alguma debilidade do consumidor, conhecidas pelo profissional e por este utilizadas, em desconformidade com a diligência profissional, para distorcer o comportamento económico daquele. Ou seja, o profissional pode aproveitar-se da vulnerabilidade de um consumidor para o influenciar indevidamente, devendo apenas garantir que o consumidor médio não seria influenciado pela prática.

Além de não ter em conta as circunstâncias concretas do contrato[398], o critério do consumidor médio tem também o defeito de colocar o nível de exigência de lealdade num patamar muito baixo. Os consumidores com menos competência e cuidado não são protegidos de forma adequada pela lei, por não ser tido em conta o seu comportamento económico face à prática comercial, o que revela a insuficiência do conceito para proteção de uma parte significativa das pessoas.

A noção de consumidor médio pode ser utilizada com resultados positivos em matéria de direito da concorrência ou propriedade industrial, nas relações entre empresas, com o objetivo de analisar se uma determinada prática afeta outro profissional. No domínio do direito do consumo, a noção não se revela adequada para uma proteção eficaz dos consumidores, uma vez que tem como efeito negar a proteção daqueles que mais a necessitam[399].

398 Sara Fernandes Garcia, *As Práticas Comerciais Desleais*, 2014, p. 58.

399 Luís Silveira Rodrigues, "Tendências Recentes sobre a Protecção do Consumidor na União Europeia", 2003, p. 315; Jorge Pegado Liz, "A «Lealdade» no Comércio ou as Desventuras de uma Iniciativa Comunitária", 2005, p. 77; Luís Menezes Leitão, "A Revisão do Regime das Práticas Comerciais Desleais", 2016, p. 77; Christian Twigg-Flesner, "From REFIT to a Rethink: Time for Fundamental EU Consumer Law Reform?", 2017, p. 189. Em sentido contrário, Pedro Maia, "Contratação à Distância e Práticas Comerciais Desleais", 2015, p. 170, defende que "a excessiva protecção acaba por induzir *irresponsabilidade* na actuação dos consumidores" e que, se outra fosse a solução legal, "o consumidor pouco estímulo teria para elevar o padrão do seu comportamento".

2.1.7.2. Práticas comerciais enganosas

As práticas comerciais enganosas dividem-se em ações enganosas e omissões enganosas. Estas últimas foram objeto de análise no ponto 2.1.4. Quanto às primeiras, o art. 7º-1 determina que "é enganosa a prática comercial que contenha informações falsas ou que, mesmo sendo factualmente corretas, por qualquer razão, nomeadamente a sua apresentação geral, induza ou seja suscetível de induzir em erro o consumidor em relação a um ou mais dos elementos a seguir enumerados e que, em ambos os casos, conduz ou é suscetível de conduzir o consumidor a tomar uma decisão de transação que este não teria tomado de outro modo".

Assim, uma ação é considerada enganosa se for suscetível (não tem de ter sido em concreto[400]) de (i) induzir o consumidor em erro em relação a aspetos relevantes do contrato e (ii) conduzi-lo a tomar uma decisão que não tomaria.

A indução do consumidor em erro pode resultar do fornecimento de informações falsas ou de informações objetivamente verdadeiras, mas passíveis de, no contexto concreto, por exemplo, tendo em conta a sua apresentação[401], serem interpretadas de forma incorreta pelo consumidor. Assim, não basta que a informação seja verdadeira, sendo ainda necessário o seu fornecimento de forma correta pelo profissional, para que não possa induzir o consumidor em erro.

Os elementos relevantes no que respeita à suscetibilidade da indução do consumidor em erro são enunciados nas várias alíneas do preceito e dizem respeito a aspetos essenciais do contrato, como o preço, as caraterísticas do bem ou serviço ou o conteúdo ou extensão dos compromissos assumidos, entre outros, que visam permitir ao consumidor tomar uma decisão livre e esclarecida[402]. Deve entender-se que se pode tratar de qualquer elemento

[400] MARIA MIGUEL MORAIS DE CARVALHO, "O Conceito de Publicidade Enganosa", 2007, p. 688; KA LONG LOK, "A Tutela dos Consumidores nas Publicidades Enganosas", 2017, p. 433.

[401] KA LONG LOK, "A Tutela dos Consumidores nas Publicidades Enganosas", 2017, p. 433.

[402] ELSA DIAS OLIVEIRA, "Práticas Comerciais Proibidas", 2006, p. 163. No Ac. do TRL, de 8/11/2017, considerou-se enganosa a publicidade emitida por um operador de telecomunicações em que, entre outros aspetos, se realçava o facto de as chamadas serem *ilimitadas*, aparecendo depois, se se abrisse outra janela, uma mensagem de limitação do número de chamadas. Pode ler-se nesta decisão que, "quando a mensagem veiculada não é clara nem completa, antes induz em erro o destinatário médio que ao lê-la fica ou pode ficar convencido de um facto, que afinal não corresponde à realidade e o leva a adquirir o produto em causa, mensagem

essencial ao contrato a celebrar entre profissional e consumidor, ainda que não se encontre expressamente previsto no preceito, uma vez que o objetivo da norma passa pela proteção contra qualquer indução em erro que seja suscetível de afetar a decisão do consumidor[403].

O art. 7º-2 esclarece que são enganosas, tendo em conta as caraterísticas e as circunstâncias do caso concreto, as práticas comerciais que envolvam "qualquer atividade de promoção comercial relativa a um bem ou a um serviço, incluindo a publicidade comparativa, que crie confusão com quaisquer bens ou serviços, marcas, designações comerciais e outros sinais distintivos de um concorrente" ou "o incumprimento pelo profissional de compromisso efetivo decorrente do código de conduta a que está vinculado no caso de ter informado, na prática comercial, de que se encontrava vinculado àquele código".

Note-se que esta norma deve ser interpretada em conformidade com o art. 6º-2 da Diretiva, exigindo-se que a prática "conduza ou seja suscetível de conduzir o consumidor médio a tomar uma decisão de transação que [...] não teria tomado de outro modo". Esta conclusão já poderia retirar-se da referência às caraterísticas e circunstâncias do caso concreto, incluindo-se nestas a capacidade da prática para influenciar a decisão contratual do consumidor.

A vinculação do profissional ao código de conduta não depende da determinação do caráter enganoso da prática comercial. Portanto, a prática comercial pode não ser enganosa, por o profissional não "ter informado, na prática comercial, de que se encontrava vinculado àquele código", mas ainda assim o profissional encontrar-se vinculado às obrigações assumidas por ser signatário desse código de conduta.

O Ac. do TJUE, de 16/4/2015, veio esclarecer duas questões relacionadas com este regime: em primeiro lugar, a ação pode ser dirigida a apenas um consumidor, não sendo necessário que esteja em causa um conjunto mais alargado de consumidores; em segundo lugar, a desconformidade à diligência profissional não constitui pressuposto da qualificação da prática

essa fortemente realçada e apelativa, podemos seguramente afirmar que estamos perante publicidade enganosa".

403 Contra: Jorge Pegado Liz, "A «Lealdade» no Comércio ou as Desventuras de uma Iniciativa Comunitária", 2005, p. 80; Sara Fernandes Garcia, *As Práticas Comerciais Desleais*, 2014, p. 72; Ana Clara Azevedo de Amorim, *Manual de Direito da Publicidade*, 2018, p. 77.

comercial como enganosa, desde que estejam verificados os pressupostos indicados no art. 7º-1.

No Ac. do TJUE, de 26/10/2016, considera-se que "deve ser considerada enganosa uma prática comercial que consiste em fracionar o preço de um produto em vários elementos e destacar um deles, quando essa prática seja suscetível, por um lado, de causar no consumidor médio a impressão errada de que lhe é proposto um preço vantajoso e, por outro, de o conduzir a tomar uma decisão de transação que não teria tomado de outro modo". Esclarece-se nesta decisão que não relevam para a análise "os constrangimentos de tempo a que podem estar sujeitos certos meios de comunicação, como os anúncios publicitários televisivos". Estes constrangimentos devem, portanto, ser tidos em conta apenas na qualificação de uma *omissão* como enganosa, o mesmo não sucedendo com a qualificação de uma *ação* como enganosa.

Note-se que a utilização de uma cláusula contratual geral abusiva pode constituir uma prática comercial desleal[404].

O art. 8º inclui uma lista exaustiva das ações consideradas sempre enganosas, independentemente das caraterísticas e circunstâncias do caso concreto.

O profissional não pode afirmar que é signatário de um código de conduta quando não o seja. A prática é enganosa e, portanto, desleal, o que não impede a vinculação do profissional à sua declaração. Com efeito, se o profissional afirmar ser signatário de um código de conduta que atribua um direito ao consumidor ou garanta uma qualidade ou caraterística do bem ou serviço, esses elementos integram o conteúdo do contrato celebrado, tornando-se cláusulas deste.

Consideram-se também enganosas as práticas comerciais que consistam em ostentar uma marca de certificação ou de qualidade sem autorização ou em afirmar incorretamente que um código de conduta foi aprovado por uma determinada entidade, pública ou privada, o mesmo sucedendo em relação à afirmação pelo profissional de que ele, uma prática comercial ou um bem ou serviço foram aprovados, reconhecidos ou autorizados por uma entidade externa, pública ou privada, quando tal não corresponda total ou parcialmente à verdade.

[404] Teresa Moura dos Santos, "A Tutela do Consumidor entre os Contratos de Adesão e as Práticas Comerciais Desleais", 2016. Jurisprudência: Ac. do TJUE, de 15/3/2012.

Considera-se do mesmo modo enganosa a prática comercial que consiste em emitir uma proposta contratual relativa à aquisição de um bem ou serviço por um preço determinado, em termos que tornem previsível a incapacidade para cumprir os contratos a celebrar (*publicidade-isco*). O profissional tem, portanto, de dispor de existências em número razoável, "tendo em conta o bem ou serviço, o volume da publicidade feita ao mesmo e os preços indicados". Trata-se de uma proposta contratual, pelo que o profissional se encontra vinculado ao cumprimento do contrato em caso de aceitação por parte do consumidor. Tratando-se de proposta ao público, declaração contratual pressuposta por esta prática, se a obrigação for genérica a prestação é exigível enquanto não se extinguirem todos os bens integrados no género acordado. No entanto, no caso de não se ter extinguido o género, não existe uma relação direta entre a obrigação de cumprir os contratos celebrados e a conclusão acerca do caráter abusivo da prática comercial. O regime das práticas comerciais desleais não tem paralelismo com o das obrigações genéricas e o do incumprimento dos contratos, pelo que, se o profissional indicar um preço inferior com o objetivo de atrair os consumidores, devendo saber que não pode cumprir os contratos que previsivelmente serão celebrados, trata-se sempre de uma prática desleal. Se ainda existirem bens dentro do género acordado, a deslealdade da prática não obsta a que o profissional se mantenha vinculado ao cumprimento do contrato.

O nº 6 do Anexo I da Diretiva 2005/29/CE refere-se a três práticas comerciais que designa como *isco e troca*, transpostas para o DL 57/2008 em três alíneas diferentes, todas alteradas pelo DL 205/2015 com vista a corrigir deficiências de transposição. Assim, consideram-se enganosas as práticas que consistem em "propor a aquisição de bens ou serviços a um determinado preço e, com a intenção de promover um bem ou serviço diferente, recusar posteriormente apresentar aos consumidores o bem ou o serviço publicitado", "propor a aquisição de bens ou serviços a um determinado preço e, com a intenção de promover um bem ou serviço diferente, recusar as encomendas relativas a este bem ou serviço ou a sua entrega ou fornecimento num prazo razoável" e "propor a aquisição de bens ou serviços a um determinado preço e, com a intenção de promover um bem ou serviço diferente, apresentar uma amostra defeituosa do produto".

O art. 8º-*i*) descreve uma prática comum, com efeito significativo na liberdade de decisão do consumidor. Trata-se da indicação pelo profissional de que o bem ou serviço só está disponível ou só está disponível em condições especiais durante um período limitado, com o objetivo de "obter uma decisão imediata e privar os consumidores da oportunidade ou do tempo suficientes para tomarem uma decisão esclarecida". Esta prática é enganosa, na medida em que se declara falsamente a disponibilidade limitada de um bem ou serviço (e das condições em que é fornecido), mas é essencialmente agressiva, porque se utiliza uma posição de poder para pressionar o consumidor, limitando de forma significativa a sua liberdade de decisão.

Considera-se ainda enganosa a prática que consiste em assegurar que se fornece um serviço de assistência pós-venda num idioma e depois não o fazer. Embora a lei se refira apenas a língua diversa das línguas oficiais do Estado-membro, deve interpretar-se no sentido de também abranger uma das línguas do Estado-membro. É ainda necessário que essa língua seja a "usada para comunicar antes da decisão negocial".

É proibido declarar ou transmitir a impressão de que a comercialização de um bem ou serviço é lícita quando tal não corresponda à verdade. Neste caso, além de o contrato ser, em princípio, nulo, nos termos do art. 280º do CC, por ter objeto contrário à lei, aplicam-se as sanções previstas no DL 57/2008, nomeadamente sanções contraordenacionais.

Nos termos da alínea *m*), a prática comercial é considerada enganosa se "apresentar como caraterística distintiva da oferta do profissional direitos do consumidor previstos na lei". Por exemplo, o vendedor não pode promover a venda de um bem indicando que oferece especialmente uma garantia de dois anos, uma vez que esse prazo já decorre do DL 67/2003. Esta prática é especialmente nociva para os concorrentes, na medida em que o consumidor pode tomar a sua decisão contratual com base na informação errada de que um profissional lhe reconhece direitos acrescidos em comparação com os outros profissionais.

A alínea *n*) trata de uma prática designada por *publi-reportagem*, que consiste em utilizar os meios de comunicação social para transmitir uma mensagem publicitária, sob a aparência de se estar perante uma reportagem, ou seja, um conteúdo jornalístico. A prática só se considera enganosa no caso de o profissional ter financiado a promoção e tal não resultar claramente da mensagem transmitida, através de texto, imagem ou som.

A prática a que alude a alínea *o*) poderia ser integrada no âmbito das práticas comerciais agressivas, uma vez que nesta o elemento *agressividade* é mais relevante do que o elemento *engano*. Com efeito, está em causa a liberdade do consumidor na tomada de decisão, sendo esta coartada pela apreensão em relação a eventuais riscos para a sua segurança ou a da sua família. Apenas relevam as afirmações inexatas, o que significa que, se as afirmações forem exatas, a prática não é desleal.

Também é enganosa a prática que consiste em promover um bem ou serviço, de modo a que o consumidor seja levado a pensar que provém de outro profissional, que comercialize um bem ou serviço análogo.

É igualmente proibida a prática que consiste em "criar, explorar ou promover um sistema de promoção em pirâmide em que o consumidor dá a sua própria contribuição em troca da possibilidade de receber uma contrapartida que decorra essencialmente da entrada de outros consumidores no sistema e não da venda ou do consumo de produtos" (contratos em cadeia; distribuição multinível[405]). A agressividade, mais do que o engano, resulta da circunstância de o profissional transformar o consumidor num seu angariador de clientes (e não tanto, parece-nos, no preço dos bens, mais reduzido por via da quantidade de bens contratados[406]). Segundo o Ac. do TJUE, de 3/4/2014, o regime "deve ser interpretado no sentido de que um sistema de promoção em pirâmide só constitui uma prática comercial desleal em quaisquer circunstâncias se esse sistema exigir do consumidor uma contribuição financeira, independentemente do seu montante, em troca da possibilidade de este último receber uma contrapartida proveniente essencialmente da entrada de outros consumidores no sistema, e não da venda ou do consumo de produtos". O DL 205/2015 alterou o regime em conformidade. Entretanto, o Ac. do TJUE, de 15/12/2016, veio alargar o conceito, impondo uma interpretação "no sentido de que esta disposição permite qualificar uma prática comercial de «sistema de promoção em pirâmide», mesmo na hipótese de existir unicamente uma relação indireta entre as contribuições pagas por novos aderentes a esse sistema e as contrapartidas recebidas pelos participantes ativos". Além de poder ter consequências negativas no funcionamento do mercado, o sistema falha quando deixa de existir margem de progressão, com prejuízo dos últimos a entrar na cadeia[407].

[405] José António Rousseau, *Manual de Distribuição*, 2008, p. 83.

[406] Luís Menezes Leitão, "As Práticas Comerciais Desleais nas Relações de Consumo", 2012, p. 379, n. 13.

[407] José de Oliveira Ascensão, *Concorrência Desleal*, 2002, p. 548.

No âmbito de uma técnica de comercialização de bens ou serviços, o profissional não pode alegar falsamente que "está prestes a cessar a sua atividade ou a mudar de instalações". A acrescer ao elemento de engano subjacente a esta prática, trata-se de um meio agressivo de comercialização, na medida em que se procura obter uma resposta imediata do consumidor, evitando que este reflita adequadamente acerca da celebração do contrato e das suas condições.

O profissional também não pode alegar que o bem ou serviço é suscetível de aumentar as possibilidades de ganhar nos jogos de fortuna ou azar. Nota-se que, neste caso, não se exige que a informação seja falsa, bastando a alegação para que a prática seja considerada desleal. Esta conclusão resulta da ideia, porventura discutível, de que não é concebível um sistema que permita ganhar nos jogos de fortuna ou azar.

Não pode ainda ser alegado pelo profissional que o bem ou serviço cura doenças, disfunções ou malformações quando tal não corresponda à verdade. Neste caso, admite-se que o profissional promova o bem ou serviço com essa indicação, sempre que a consiga provar cientificamente. O espírito da norma abrange apenas a prova científica das aptidões do bem ou serviço, procurando evitar-se a relevância da prova testemunhal de eventuais milagres.

O profissional também não pode transmitir informações incorretas sobre as condições de mercado ou a possibilidade de encontrar o bem ou serviço, com o objetivo de levar o consumidor a celebrar o contrato em termos menos favoráveis do que os de mercado. Portanto, uma das concretizações deste preceito consiste na circunstância de o profissional não poder comunicar ao consumidor que o preço proposto é o melhor do mercado, é igual ao de mercado ou é inferior ou igual ao de um concorrente quando essa informação não seja verdadeira.

Não é permitido organizar um concurso ou sorteio com prémios e não entregar os prémios ou equivalente razoável. Trata-se de prática comercial enganosa e, portanto, desleal, incorrendo o profissional em responsabilidade contraordenacional, e o consumidor ainda pode exigir o cumprimento da promessa pública associada ao concurso ou sorteio.

A alínea *z)* determina que a prática que consiste em "descrever o bem ou serviço como «grátis», «gratuito», «sem encargos» ou equivalente se o consumidor tiver de pagar mais do que o custo indispensável para responder à prática comercial e para ir buscar o bem ou pagar pela sua entrega" é enganosa. Neste caso, está em causa a indução do consumidor em erro quanto à gratuitidade de um bem ou serviço.

O profissional não pode induzir em erro o consumidor no que respeita à circunstância de o contrato já ter sido celebrado, enviando fatura ou documento equivalente. Trata-se de uma prática agressiva, próxima da da exigência do pagamento de bem ou serviço não solicitado, uma vez que em ambos os casos se pretende obter o pagamento de um bem ou serviço sem que tenha sido celebrado um contrato.

Também se considera enganosa a prática que consiste em aparecer perante o consumidor como não profissional. A circunstância de o consumidor estar convencido de que não se trata de um profissional a propor a celebração do contrato pode distorcer o seu comportamento, incentivando-o a contratar.

O art. 8º-*ac*) proíbe que o profissional informe o consumidor "de que o serviço pós-venda relativo ao bem ou serviço está disponível em Estado-membro distinto daquele em que o bem ou serviço é vendido" quando tal não corresponda à verdade. Esta alínea visa – não apenas, mas essencialmente – proteger o consumidor em relação aos contratos celebrados no estrangeiro, impondo ao profissional que não dê informações erradas quanto à disponibilidade do serviço de assistência pós-venda no país da residência do consumidor.

A alínea *q*), que não tinha paralelo no diploma europeu[408], foi revogada pelo DL 205/2015. Esta alínea regulava um aspeto muito relevante nas relações de consumo, considerando enganosa a prática que consiste em "fazer o arredondamento em alta do preço, da duração temporal ou de outro fator, direta ou indiretamente, relacionado com o fornecimento do bem ou com a prestação do serviço que não tenha uma correspondência exata e direta no gasto ou utilização efetivos realizados pelo consumidor e que conduza ao aumento do preço a pagar por este". Portanto, esta prática era considerada enganosa quando se verificassem os seguintes requisitos: *i*) arredondamento em alta de qualquer elemento direta ou indiretamente relacionado com o fornecimento do bem ou com a prestação do serviço, referindo-se especificamente o preço, a duração temporal ou qualquer outro fator; *ii*) não ter uma correspondência exata e direta no gasto ou utilização efetivos realizados pelo consumidor; *iii*) conduzir ao aumento do preço a pagar pelo consumidor.

[408] JORGE PEGADO LIZ, "Práticas Comerciais Proibidas", 2014, p. 134.

Em muitas situações, é necessário fazer o arredondamento do resultado quer da avaliação quantitativa (por exemplo, contagem, pesagem ou medição) quer do cálculo posterior do preço (operação aritmética face ao resultado da avaliação quantitativa). Quer o preço quer os elementos que permitem o seu cálculo, tais como o tempo, a distância ou a quantidade, quando tenham de ser arredondados, não podiam sê-lo para a unidade de referência superior. Não se estabelecia, para cada elemento de cálculo, a unidade para a qual devia ser arredondado o valor alcançado, por duas razões: em primeiro lugar, a variedade de elementos de cálculo é elevada e não seria adequado fazer uma enumeração exaustiva; em segundo lugar, a unidade de referência pode variar em função do contrato em causa. Por exemplo, num contrato que tenha como elemento de cálculo do preço o tempo consumido, pode numa situação ser relevante o segundo e noutra apenas a hora ou o dia.

Face à versão originária do diploma, apenas eram devidos pelo consumidor os bens ou serviços que tinha utilizado, devendo anteriormente o arredondamento ser sempre feito à unidade de referência anterior ou inferior.

Atualmente, no caso de ser feito um arredondamento em alta do preço ou de algum dos elementos relevantes para o seu cálculo, o consumidor terá necessariamente que recorrer à cláusula geral prevista no diploma, não estando protegido por uma cláusula que estabeleça que a prática é proibida em qualquer circunstância.

2.1.7.3. Práticas comerciais agressivas

O art. 11º-1 do DL 57/2008 estabelece que "é agressiva a prática comercial que, devido a assédio, coação ou influência indevida, limite ou seja suscetível de limitar significativamente a liberdade de escolha ou o comportamento económico do consumidor em relação a um bem ou serviço e, por conseguinte, conduz ou é suscetível de conduzir o consumidor a tomar uma decisão de transação que não teria tomado de outro modo". O conceito de prática agressiva comporta dois pressupostos: em primeiro lugar, a existência de assédio, coação ou influência indevida por parte do profissional; em segundo lugar, a consequente limitação da liberdade do consumidor.

O assédio deve ser entendido, neste contexto, como "insistência impertinente e inoportuna junto de alguém"[409]. Pretende-se que o consumidor

[409] AAVV, *Dicionário da Língua Portuguesa Contemporânea da Academia das Ciências de Lisboa*, Vol. I, 2001, p. 382. Carlos Ferreira de Almeida, *Contratos*, Vol. V, 2017, p. 165, define

não seja pressionado por contactos constantes, presenciais ou à distância, a ponto de tomar uma decisão com o único ou principal objetivo de não ser incomodado.

A coação já se encontra prevista no direito português como causa de invalidade de um negócio jurídico, podendo ser física (art. 246º do CC) ou moral (arts. 255º e 256º)[410]. Em relação à coação física, nota-se que o CC prevê que a declaração não produza qualquer efeito, o que exceciona o regime de anulabilidade previsto no art. 14º do DL 57/2008.

A influência indevida, inspirada na *undue influence* dos direitos de *common law*[411], é definida no art. 3º-*j*), como "a utilização pelo profissional de uma posição de poder para pressionar o consumidor, mesmo sem recurso ou ameaça de recurso à força física, de forma que limita significativamente a capacidade de o consumidor tomar uma decisão esclarecida". Carlos Ferreira de Almeida dá um exemplo concreto de influência indevida: "celebração de contratos financeiros por investidor não qualificado (ainda que não desvantajosos para este) sob influência do poder que, de facto, o gestor ou outro empregado bancário sobre ele exerce, de modo a limitar significativamente a sua capacidade de tomar uma decisão esclarecida"[412].

O art. 11º-2 explicita alguns critérios, exemplificativos, para aferir se existe assédio, coação ou influência indevida. O momento, o local, a natureza e a persistência da prática comercial são os primeiros elementos referidos, com relação privilegiada com a noção de assédio. Embora longe de se limitar a estes, a persistência, associada ao momento, ao local e à natureza da prática, é muito comum nos contratos celebrados fora do estabelecimento. Os dois regimes aplicam-se simultaneamente, pelo que o consumidor tem, assim, mais um meio para pôr termo a um contrato celebrado na sequência de uma prática agressiva. O assédio também pode ocorrer em massa, nomeadamente na contratação digital, dando-se como exem-

assédio, enquanto prática comercial agressiva, como "insistência persistente do comerciante, indesejada pelo consumidor, com o objectivo ou o efeito de constranger à celebração de um contrato". A prática comercial não tem, no entanto, de ter como objetivo a celebração de um contrato, podendo estar em causa apenas os termos em que este é celebrado.

[410] Segundo Carlos Ferreira de Almeida, *Contratos*, Vol. V, 2017, pp. 164 e 165, no regime das práticas comerciais desleais, a figura da coação "admite traços mais difusos", podendo "também consistir numa mera sugestão de intimidação ou em ato ilícito gerador de humilhação, desde que causem constrangimento na decisão do contraente-consumidor".

[411] Carlos Ferreira de Almeida, *Contratos*, Vol. V, 2017, p. 165.

[412] Carlos Ferreira de Almeida, *Contratos*, Vol. V, 2017, pp. 165 e 166.

plo os *pop-ups*, páginas que se sobrepõem à página que o consumidor pretende visualizar[413].

Outros elementos expressamente referidos no art. 11º-2 têm relação direta com a figura da coação, como o "recurso a linguagem ou comportamento ameaçadores ou injuriosos" e "qualquer ameaça de exercício de uma ação judicial que não seja legalmente possível". Os restantes critérios encontram-se mais ligados à ideia de influência indevida, em função do "aproveitamento consciente pelo profissional de qualquer infortúnio ou circunstância específica" do consumidor ou de "qualquer entrave não contratual oneroso ou desproporcionado imposto pelo profissional, quando o consumidor pretenda exercer os seus direitos contratuais". Este último elemento referido revela que a prática agressiva pode ser posterior à fase da celebração do contrato e do cumprimento das suas prestações principais, mantendo-se o dever de lealdade no período pós-contratual.

É ainda necessário que o assédio, a coação ou a influência indevida sejam suscetíveis de limitar significativamente a liberdade de decisão do consumidor, levando-o a tomar uma decisão que não teria tomado de outro modo. Remete-se também aqui para a noção de *decisão de transação*, pelo que a prática comercial só é considerada agressiva se for suscetível de levar o consumidor a tomar uma decisão diferente daquela que tomaria sem influência da prática[414].

O art. 12º enumera algumas práticas que são sempre consideradas agressivas, independentemente do caso concreto.

A alínea *a*) determina que a prática comercial que consiste em transmitir ao consumidor a ideia de que não pode sair do local sem celebrar o contrato é agressiva. Encontram-se abrangidos por esta norma quer os casos em que o profissional ameaça diretamente o consumidor (coação moral) quer aqueles em que a persistência e a capacidade de argumentação são tão fortes que criam no consumidor a impressão de que a única ou a melhor solução para deixar o local é a celebração do contrato. Trata-se de prática comum nos contratos celebrados fora do estabelecimento[415].

[413] ANA CLARA AZEVEDO DE AMORIM, *Manual de Direito da Publicidade*, 2018, p. 148.

[414] ELSA DIAS OLIVEIRA, "Práticas Comerciais Proibidas", 2006, p. 169.

[415] Prática generalizada nos contratos de "venda de *time-sharing*": LUÍS MENEZES LEITÃO, "As Práticas Comerciais Desleais nas Relações de Consumo", 2012, p. 380.

É igualmente agressiva, em qualquer circunstância, nos termos da alínea *b*), a prática que consiste em "contactar o consumidor através de visitas ao seu domicílio, ignorando o pedido [...] para que o profissional parta ou não volte, exceto em circunstâncias e na medida em que tal se justifique para o cumprimento de obrigação contratual". Trata-se de prática muito agressiva, que põe em causa o direito do consumidor a não ser perturbado no seu domicílio. A parte final do preceito, que admite que o profissional possa visitar o domicílio do consumidor mesmo que este lhe peça para que não volte, tem de ser interpretada restritivamente, apenas sendo permitidas as visitas estritamente necessárias para a notificação do consumidor para o cumprimento das suas obrigações. Todas as outras visitas, contra a vontade manifestada pelo consumidor, não podem ser toleradas pelo direito.

A alínea *c*) considera agressiva em qualquer circunstância a prática que consiste em "fazer solicitações persistentes e não solicitadas, por telefone, fax, *e-mail* ou qualquer outro meio de comunicação à distância, exceto em circunstâncias e na medida em que tal se justifique para o cumprimento de obrigação contratual". A matéria das comunicações não solicitadas encontra-se tratada em vários diplomas legais (Lei 6/99; art. 13º-A da Lei 41/2004; art. 8º do DL 24/2014)[416], pelo que esta norma é especialmente relevante na medida em que concede ao consumidor a possibilidade de

416 Paulo Mota Pinto, "Notas sobre a Lei 6/99, de 27 de Janeiro", 1999; Luís Menezes Leitão, "A Distribuição de Mensagens de Correio Electrónico Indesejadas (*Spam*)", 2002; Jorge Morais Carvalho e João Pedro Pinto-Ferreira, *Contratos Celebrados à Distância e Fora do Estabelecimento Comercial*, 2014, pp. 83 a 85. O art. 13º-A da Lei 41/2004 tem como âmbito de aplicação o "envio de comunicações não solicitadas para fins de marketing direto, designadamente através da utilização de sistemas automatizados de chamada e comunicação que não dependam da intervenção humana (aparelhos de chamada automática), de aparelhos de telecópia ou de correio eletrónico, incluindo SMS (serviços de mensagens curtas), EMS (serviços de mensagens melhoradas) MMS (serviços de mensagem multimédia) e outros tipos de aplicações similares". A principal questão suscitada pela análise deste preceito, em comparação com o disposto no art. 8º do DL 24/2014, consiste nas comunicações telefónicas não solicitadas em que intervenha um assistente. Neste contexto, importa ter em conta que a Lei 41/2004 regula o tratamento de dados pessoais e a proteção da privacidade no âmbito das comunicações eletrónicas, o que explica a circunstância de omitir as comunicações telefónicas. No entanto, tendo em conta a amplitude da previsão do art. 8º ("técnicas de comunicação à distância") e a integração das comunicações telefónicas realizadas por assistente neste conceito [art. 3-*m*)], considera-se que também neste caso a comunicação não solicitada para fins de marketing direto deverá depender de consentimento prévio e expresso do consumidor.

anular ou requerer a modificação segundo juízos de equidade do contrato celebrado sob a influência dessa prática (art. 14º).

A aplicação da alínea *d*) restringe-se aos contratos de seguro e, em especial, ao pedido de indemnização ao abrigo de uma apólice, não podendo o profissional impor ao consumidor o ónus de apresentar documentos irrelevantes para o pedido ou deixar por responder a correspondência enviada por este, em ambos os casos com o objetivo de evitar o exercício dos seus direitos. Trata-se de uma prática que tem em vista dificultar o exercício de direitos por parte do consumidor[417].

O art. 12º-*e*) considera agressiva a prática que consiste em "incluir em anúncio publicitário uma exortação direta às crianças no sentido de comprarem ou convencerem os pais ou outros adultos a comprar-lhes os bens ou serviços anunciados". Esta norma aplica-se em paralelo com o art. 14º do Código da Publicidade. A agressividade da prática resulta do aproveitamento da vulnerabilidade de um grupo específico de consumidores, as crianças.

Segundo a alínea *f*), é agressiva a prática que consiste em "exigir o pagamento imediato ou diferido de bens e serviços ou a devolução ou a guarda de bens fornecidos pelo profissional que o consumidor não tenha solicitado, sem prejuízo do disposto no regime dos contratos celebrados à distância acerca da possibilidade de fornecer o bem ou o serviço de qualidade e preço equivalentes". Sobre esta prática, v. *supra* 2.1.5.4.

É igualmente considerada agressiva, nos termos da alínea *g*), a prática que consiste em "informar explicitamente o consumidor de que a sua recusa em comprar o bem ou contratar a prestação do serviço põe em perigo o emprego ou a subsistência do profissional". Trata-se de uma prática relativamente comum, em que a pressão feita sobre o consumidor assenta numa informação sobre a própria subsistência do profissional. Pode estar em causa a subsistência da empresa com a qual o consumidor celebra o contrato ou a do representante desta, que não pode assim invocar que o seu emprego depende do comportamento económico do consumidor. Não releva se a informação é verdadeira ou falsa, pelo que, mesmo que a subsistência do profissional dependa daquele contrato, este elemento não pode ser utilizado com o objetivo de interferir na decisão de contratar do consumidor.

[417] Jorge Morais Carvalho, "Práticas Comerciais Desleais das Empresas Face aos Consumidores", 2011, p. 216.

A alínea *h*) determina que é agressiva, em qualquer circunstância, a prática que consiste em "transmitir a impressão falsa de que o consumidor já ganhou, vai ganhar ou, mediante a prática de um determinado ato, ganha um prémio ou outra vantagem quando não existe qualquer prémio ou vantagem ou quando a prática de atos para reclamar o prémio ou a vantagem implica, para o consumidor, pagar um montante em dinheiro ou incorrer num custo". Esta alínea procura punir uma prática comum em alguns profissionais de enviar documentação ao consumidor da qual resulta, na aparência, ter este ganho um prémio, nomeadamente um valor pecuniário, quando, na realidade, nada ganhou, estando apenas a participar num concurso se, por exemplo, adquirir determinado bem ou serviço. A prática é considerada desleal, com todos os efeitos daí resultantes, e o consumidor ainda pode exigir do profissional o cumprimento da promessa constante da sua declaração (v. *supra* 2.1.5.3.4).

2.1.8. Informação e comunicação

O elemento essencial do ato de informar consiste em dar a conhecer a outrem algum saber de que se dispõe, indicando algo que o outro desconhece ou esclarecendo um aspeto que se considera não ser claro. O resultado da prestação de uma informação é a transmissão de um conhecimento a quem tem acesso à mensagem. Pelo menos em sentido estrito, a *informação* distingue-se da *promessa*, dado que nesta a mensagem contém em si mesma uma vinculação a um determinado efeito[418]. Se é verdade que esse efeito é desconhecido, podendo ser considerado como um elemento de informação, o elemento essencial da mensagem resulta da vinculação do declarante e, portanto, da *promessa*, em detrimento da *informação*.

Assim, se uma empresa comunica ao público que abriu um estabelecimento comercial num determinado local, está a dar a conhecer esse facto, não se está a vincular a nenhum efeito, nem sequer, se a obrigação não resultar de outros elementos, a manter esse estabelecimento comercial aberto. No entanto, se a empresa comunica que, nos dez primeiros dias de funcionamento do estabelecimento, todos os produtos são vendidos a metade do preço, não está a prestar uma informação (em sentido estrito), está a prometer alguma coisa.

[418] Jorge Sinde Monteiro, *Responsabilidade por Conselhos, Recomendações ou Informações*, 1989, p. 15.

O direito à informação é tradicionalmente apontado como um dos direitos fundamentais dos consumidores (art. 60º-1 da CRP)[419], identificando-se mesmo informação com proteção[420]. Parece-nos que existe, no entanto, alguma confusão na lei, na jurisprudência e na doutrina[421].

A LDC confere aos consumidores um direito à informação em geral (art. 7º) e um direito à informação em particular (art. 8º).

No primeiro caso, trata-se de verdadeira informação, impondo-se ao Estado, às Regiões Autónomas e às autarquias locais dar a conhecer aos consumidores os seus direitos e a forma de os exercer, através do apoio a iniciativas organizadas nesse sentido ou da criação de centros ou de bases de dados com esse fim. Trata-se de uma norma muito relevante, pois o conhecimento dos direitos pelos consumidores é essencial para a sua aplicação efetiva.

Os três últimos números do art. 7º encontram-se deslocados, uma vez que, tal como no que respeita às questões tratadas no art. 8º, não estão em causa problemas de informação. O uso da língua portuguesa (art. 7º-3) ainda se pode considerar abrangido na obrigação de promover a informação a cargo do Estado e das outras entidades públicas referidas; no entanto, o espírito da norma é mais amplo, incluindo também uma imposição a todos os profissionais de, nas relações com os consumidores, utilizarem a língua portuguesa nas suas declarações (v. também DL 238/86, que se refere, entre outros, a rótulos, prospetos, catálogos e livros de instruções), podendo neste caso a *informação* ter uma função de promessa, o que compromete a sua qualificação como informação.

No caso do art. 7º-5, não só não se trata de informação, como o problema não é geral, mas particular ou concreto, no sentido de relativo aos contratos celebrados ou a celebrar. Assim, esta norma trata do problema da inclusão das mensagens publicitárias no conteúdo do contrato. O preceito diz-nos que "as informações concretas e objetivas contidas nas mensagens publicitárias de determinado bem, serviço ou direito [...]" são cláusulas contratuais, vinculando e, portanto, não constituindo informação, pelo menos em sentido estrito.

[419] Paulo Netto Lôbo, "A Informação como Direito Fundamental do Consumidor", 2001.

[420] Jorge Pegado Liz, "Algumas Reflexões a Propósito do Direito dos Consumidores à Informação", 2012, p. 341.

[421] Exemplos: Igor Rodrigues Britto, "Dever de Informação nos Contratos à Distância e ao Domicílio", 2005, p. 481; Jorge Pegado Liz, "Que Informação para os Consumidores?", 2008, p. 136.

A mesma conclusão pode extrair-se das normas do art. 8º, que se ocupam das mensagens dos profissionais dirigidas aos consumidores, bem como de numerosas disposições constantes de outros diplomas que impõem deveres de *informação* (incluindo na *vigência* de contratos de execução duradoura[422]).

Entre os elementos que são comummente classificados em termos genéricos como informação, devem distinguir-se claramente os elementos de informação propriamente ditos, sem relevância contratual direta, e que têm por objetivo a reposição de algum equilíbrio entre as partes ao nível do conhecimento de aspetos relativos ao profissional, ao objeto do contrato ou a outros elementos relevantes dos elementos respeitantes ao conteúdo da declaração, impondo a lei que, nos contratos de consumo, o consumidor disponha de um clausulado suficiente, resultante da declaração do profissional, podendo então refletir sobre a celebração do contrato.

Em ambos os casos, o objetivo consiste no conhecimento de determinada informação – aqui entendida em sentido amplo – por parte do consumidor. No entanto, os dois planos – informação propriamente dita ou em sentido estrito, por um lado, e conteúdo da declaração, pelo outro – não devem ser confundidos, uma vez que o regime aplicável em caso de incumprimento não será o mesmo.

Se o profissional não informar o consumidor sobre o seu endereço geográfico, conforme se exige em vários diplomas, a omissão não tem, em princípio, relevância no contrato celebrado; já se o profissional não indicar uma cláusula, esta não integra o contrato[423].

Quando o art. 8º-1 se refere à informação sobre as caraterísticas ou o preço do bem ou do serviço, está a impor que da declaração contratual do profissional constem esses elementos, acrescentando como é que estes elementos devem ser incluídos na mensagem emitida. Se não forem transmitidos de "forma clara, objetiva e adequada", a declaração contratual – em regra, proposta contratual – não está em conformidade com a lei e o profissional é responsável pelos prejuízos causados ao consumidor (nº 5)[424], podendo este resolver o contrato, nos termos do nº 4, quando se encontre comprometida "a utilização adequada do bem ou do serviço".

[422] Aviso do Banco de Portugal nº 10/2014.

[423] Carlos Ferreira de Almeida, *Direito do Consumo*, 2005, p. 119.

[424] Ac. do STJ, de 15/9/2016.

O profissional encontra-se vinculado a fornecer ao consumidor todos os elementos de que disponha sobre o bem ou o contrato a celebrar, nomeadamente informações que possam ser relevantes para a decisão de contratar. Esta regra resulta quer da LDC quer do regime das práticas comerciais, que proíbe as omissões enganosas, tendo como padrão o consumidor médio. Só assim se garante que a decisão de contratar é tomada de forma esclarecida[425], sendo este um dos objetivos transversais ao nosso ordenamento jurídico no que respeita a relações de consumo.

2.2. Conteúdo do contrato

O conteúdo de qualquer contrato de consumo é o resultado da conjugação de vários enunciados, emanados das mais variadas fontes, legais e contratuais, sobrepondo-se as cláusulas (lícitas) especificamente acordadas pelas partes.

Além das declarações dos contraentes, são muitos os elementos externos que compõem de forma positiva ou negativa o conteúdo do contrato de consumo. Além dos inúmeros deveres pré-contratuais, alguns já referidos, com relevância ao nível da definição do conteúdo do contrato, é necessário analisar, num primeiro momento, a questão da qualidade da prestação nos contratos de consumo. Procede-se depois ao estudo das normas que têm por objetivo a composição do conteúdo contratual pela negativa, por via da exclusão de cláusulas contratuais gerais abusivas. Trata-se também, autonomamente, a cláusula relativa ao período de fidelização.

2.2.1. Qualidade da prestação

O problema da qualidade da prestação nos contratos de consumo é central em termos de proteção do consumidor. A maior ou menor exigência – da lei ou do mercado, se este funcionar devidamente – é um sinal do nível de progresso de uma sociedade, verificando-se uma relação direta entre desenvolvimento económico e social, por um lado, e exigência de qualidade dos bens e serviços, por outro.

É numerosa a legislação sobre a qualidade de bens ou serviços em concreto, em especial sobre os bens de primeira necessidade (alimentos,

[425] Thomas Wilhelmsson e Christian Twigg-Flesner, "Pre-Contractual Duties in the *Acquis Communautaire*", 2006, p. 449.

medicamentos, etc.) e sobre os serviços públicos essenciais (água[426], eletricidade[427], etc.).

No entanto, a exigência de qualidade resulta diretamente da CRP, constituindo o art. 60º um elemento relevante na interpretação do conteúdo de um contrato de consumo. O nº 1 estabelece que "os consumidores têm direito à qualidade dos bens e serviços consumidos [...]". Esta norma deve ser interpretada, não no sentido de se aceitar qualquer qualidade[428], mas no de se exigir a boa qualidade (ou qualidade superior) dos bens e serviços de consumo. Para exigir qualquer qualidade, não seria necessária a referência legal, pelo que a norma só pode ter como objetivo estabelecer um nível elevado de qualidade dos bens e serviços comercializados no nosso país[429].

Além do seu sentido programático, o preceito constitui elemento de interpretação de contratos de consumo, determinando o nível de qualidade da prestação. Em caso de dúvida sobre o objeto do contrato, por terem sido utilizados termos vagos ou referências genéricas, deve ter-se em conta a necessidade de interpretação do clausulado no sentido de o bem ou serviço ser de boa qualidade. Em regra, o recurso a este elemento de interpretação é mais relevante quanto menos elementos concretos forem definidos contratualmente pelas partes, o que sucede em grande medida quando se remete a determinação da prestação para momento posterior.

A epígrafe do art. 4º da LDC remete para a ideia de *direito à qualidade dos bens e serviços*, contribuindo no sentido da conclusão de uma especial exigência de qualidade da prestação, imposta ao profissional nos contratos de consumo.

O art. 4º deixou de ter vários números na sequência da sua revogação parcial pelo DL 67/2003 e determina que "os bens e serviços destinados ao consumo devem ser aptos a satisfazer os fins a que se destinam e produzir os efeitos que se lhes atribuem, segundo as normas legalmente esta-

426 Cátia Mendes, *O Contrato de Prestação de Serviços de Fornecimento de Água*, 2015, pp. 18 e 19; Cátia Mendes, "O Contrato de Prestação de Serviços de Fornecimento de Água à Luz dos Princípios Emergentes da Lei dos Serviços Públicos Essenciais e do Decreto-Lei nº 194/2009, de 20 de agosto", 2016, pp. 166 a 168.

427 Filipe Matias Santos, "Regulação e Proteção dos Consumidores de Energia", 2016, pp. 252 a 254; Pedro Falcão, *O Contrato de Fornecimento de Energia Eléctrica*, 2019.

428 Carla Amado Gomes, "Os Novos *Trabalhos* do Estado", 2002, p. 37.

429 Carlos Ferreira de Almeida, "Qualidade do Objecto Contratual", 2005, p. 27.

belecidas, ou, na falta delas, de modo adequado às legítimas expetativas do consumidor".

Esta norma é mais precisa do que o art. 60º da CRP, estabelecendo critérios concretos para a determinação do bem ou serviço objeto do contrato e da sua qualidade. Aplica-se a todos os contratos de consumo, sendo especialmente relevante em relação àqueles a que não se aplica o regime do DL 67/2003, mais claro na definição dos critérios conformadores do conteúdo do contrato (v. *infra* 3.3.3).

O art. 4º estabelece, em primeiro lugar, que o bem ou serviço deve ser apto a satisfazer os fins a que se destina. Portanto, todos os fins a que aquele bem ou serviço normalmente se destina, e não apenas o fim principal, são protegidos (e assim garantidos) pela norma.

Em segundo lugar, o bem ou serviço deve produzir os efeitos que se lhe atribui. O significado desta expressão não é fácil de determinar, mas a referência parece destinar-se a salvaguardar o desempenho ou *performance* do bem ou serviço[430] em correspondência com as caraterísticas do bem ou serviço contratado.

O critério para aferir os fins a que o bem ou serviço se destina e a produção de efeitos tendo em conta as suas caraterísticas é, num primeiro momento, o estabelecido em normas legais. Ou seja, se uma norma legal regular especificamente as caraterísticas, funcionalidades, efeitos, natureza ou quaisquer outros aspetos relativos a um bem ou serviço, exige-se o cumprimento desta norma pelo profissional, apenas se considerando efetuada a prestação se tal se verificar.

A análise só fica completa quando, num segundo momento, se tiverem em conta as legítimas expetativas do consumidor quanto ao bem ou serviço. A expressão *na falta delas* do art. 4º não pode ser interpretada como excluindo o crivo das expetativas do consumidor caso exista uma norma legal relativa ao bem ou serviço, servindo apenas para esclarecer que, no aspeto tratado pela norma legal, se presume a consagração legal da expetativa de forma adequada. Isto não significa que todas as expetativas do consumidor sejam afastadas. Pelo contrário, as expetativas legítimas são sempre relevantes para a determinação do conteúdo do contrato[431].

[430] João Calvão da Silva, *Compra e Venda de Coisas Defeituosas*, 2008, p. 119.

[431] Carlos Ferreira de Almeida, "Qualidade do Objecto Contratual", 2005, p. 26.

As expetativas apenas são atendíveis, face ao art. 4º da LDC, se forem legítimas, ou seja, se corresponderem a um interesse real do consumidor, tendo em conta as circunstâncias. Diz-se normalmente que devem ser analisadas as expetativas com referência ao consumidor médio[432]. No entanto, nada na lei indica neste sentido, não se vislumbrando qualquer razão para limitar as expetativas do consumidor – seja mínimo, médio ou máximo – na relação contratual estabelecida com o profissional. A lei refere-se à adequação com as legítimas expetativas *do* consumidor e não *de um* consumidor com conhecimentos médios colocado na posição daquele. Portanto, devem apenas ser tidas em conta as circunstâncias que rodearam a celebração do contrato e analisar-se qual o grau de conhecimento e consequentes expetativas daquele consumidor em relação ao bem ou serviço[433].

O art. 4º consagra, assim, também um critério subjetivo, sendo o cumprimento da prestação avaliado tendo em conta as legítimas expetativas do consumidor. A lei vai aqui um pouco além da exigência de qualidade da prestação (claramente objetiva), impondo que, numa relação de consumo, a definição do conteúdo do contrato tenha em conta o ambiente concreto que esteve na origem da sua celebração.

Afasta-se, assim, a admissibilidade do *dolus bonus* nas relações de consumo[434]. Utilizando as expressões do art. 253º-2 do CC, as sugestões ou artifícios, ainda que usuais, ou a manutenção do consumidor em erro, têm relevância contratual, valendo o sentido dado por um consumidor que se encontre naquelas circunstâncias e naquele contexto. A não transposição para a ordem jurídica interna da parte final do artigo 5º-3 da Diretiva 2005/29/CE (práticas comerciais desleais), que admite a validade da "prática publicitária comum e legítima que consiste em fazer afirmações exageradas ou afirmações que não são destinadas a ser interpretadas literalmente", aponta claramente no sentido da inadmissibilidade do *dolus bonus* nas relações de consumo, se este distorcer o comportamento do consumidor[435].

432 João Calvão da Silva, *Compra e Venda de Coisas Defeituosas*, 2008, p. 120.

433 António Souto Moura, *As Funções da Marca e a Tutela Jurídica da Expectativa do Consumidor*, 2016, pp. 57 e 58.

434 Paulo Nogueira da Costa, "O Direito do Consumidor à Informação na Teoria Geral do Negócio Jurídico", 2002, p. 135; Carlos Ferreira de Almeida, *Direito do Consumo*, 2005, p. 102; Raúl Carlos de Freitas Rodrigues, *O Consumidor no Direito Angolano*, 2009, p. 123; José Engrácia Antunes, *Direito do Consumo*, 2019, p. 92.

435 Sara Fernandes Garcia, *As Práticas Comerciais Desleais*, 2014, p. 62; Carlos Ferreira de Almeida, *Contratos*, Vol. V, 2017, p. 164.

Igualmente relevantes, em matéria de qualidade da prestação nas relações de consumo, são os padrões definidos no art. 7º da Lei 23/96, aplicável aos contratos relativos a serviços públicos essenciais. Aí se estabelece que "a prestação de qualquer serviço deverá obedecer a elevados padrões de qualidade, neles devendo incluir-se o grau de satisfação dos utentes, especialmente quando a fixação do preço varie em função desses padrões". Além da exigência de qualidade relativamente à prestação principal do contrato (a água, a eletricidade, etc.), já resultante do art. 60º da CRP e do art. 4º da LDC, prescreve-se que os serviços de apoio ao utente de serviços públicos essenciais tenham igualmente um nível elevado de qualidade[436].

2.2.2. Cláusulas abusivas

Em sede de formação do contrato, conclui-se que uma cláusula contratual geral apenas se considera inserida no conteúdo do contrato se passar por um controlo triplo: (i) conexão com o contrato; (ii) comunicação ao aderente; (iii) esclarecimento.

O objetivo deste ponto consiste em estudar o quarto momento legalmente definido para controlo de cláusulas contratuais gerais, incidindo já não em aspetos relativos à sua cognoscibilidade pelo aderente, mas no próprio mérito da cláusula, em função do seu conteúdo, para determinar se é abusiva[437]. Em concreto, apenas se justifica a análise do eventual caráter abusivo de uma cláusula se esta tiver passado o crivo da conexão, da comunicação e do esclarecimento[438].

Nos termos do art. 15º do DL 446/85, "são proibidas as cláusulas contratuais gerais contrárias à boa-fé"[439]. Recorre-se a um princípio fundamental transversal a todo o direito privado, plasmado num conceito indetermi-

[436] Carlos Ferreira de Almeida, "Serviços Públicos, Contratos Privados", 2002, p. 132.

[437] Refere-se, a propósito, a letra da canção *Uma Alma Caridosa*, de Jorge Palma: "Fui à última instância, enchi-me de brio / li a Constituição toda de fio a pavio / havia um artigo que lido com atenção / *era como nos seguros: a gente nunca tem razão*" (itálico nosso).

[438] Ruben Stiglitz, "Contrato de Consumo y Clausulas Abusivas", 1999, p. 311.

[439] Ao contrário da Diretiva 93/13/CEE (art. 4º-2), a lei portuguesa não restringe a avaliação do caráter abusivo às cláusulas que não incidam "nem sobre a definição do objecto principal do contrato nem sobre a adequação entre o preço e a remuneração, por um lado, e os bens ou serviços a fornecer em contrapartida, por outro". Assim, o DL 446/85 também se aplica a estas cláusulas.

nado[440], para assim se ultrapassar a dificuldade de previsão, em abstrato, de todos os casos em que o conteúdo de uma cláusula pode ser desequilibrado.

Está em causa a boa-fé objetiva[441]. Contudo, deve salientar-se que o caráter censurável do comportamento do predisponente não constitui um pressuposto para a aplicação da norma, podendo a cláusula ser considerada abusiva mesmo que este não tivesse essa consciência ou não tenha violado qualquer regra de conduta[442].

O principal problema associado à utilização deste conceito indeterminado está, não tanto na sua concretização pelos juristas (embora seja um fator de incerteza quanto ao direito aplicável), mas no conhecimento da lei pelos destinatários, nomeadamente pelos aderentes, principais interessados numa aplicação efetiva deste regime. Esta é a razão para o escasso recurso à cláusula geral[443].

O art. 16º estabelece critérios no sentido de facilitar a concretização do conceito de boa-fé[444], embora a tarefa do intérprete se torna ainda mais complexa[445], uma vez que os critérios são baseados em conceitos igualmente indeterminados e não são pensados para a matéria do controlo do conteúdo do contrato.

O proémio do art. 16º remete para uma ponderação dos valores fundamentais do direito, o que implica uma relação entre boa-fé e ordem pública[446], referência desnecessária[447]. A alínea *a*) determina que, na con-

[440] Joaquim de Sousa Ribeiro, "O Controlo do Conteúdo dos Contratos", 2005, p. 5.
[441] Mário Júlio de Almeida Costa e António Menezes Cordeiro, *Cláusulas Contratuais Gerais*, 1986, p. 39; João Fernando Ferreira Pinto, "A Tutela Efectiva dos Direitos", 2001, p. 20; Marco Dias, "O Critério da Boa Fé no D.L. nº 446/85", 2004, p. 439; Yara Miranda, "As Cláusulas Contratuais Abusivas em Matéria de Relações de Consumo", 2007, p. 709; Ana Prata, *Contratos de Adesão e Cláusulas Contratuais Gerais*, 2010, p. 324; Fátima Baptista, "Cláusulas Abusivas nos Contratos com os Consumidores", 2017, p. 16.
[442] José de Oliveira Ascensão, "Cláusulas Contratuais Gerais, Cláusulas Abusivas e Boa Fé", 2000, p. 586; Marco Dias, "O Critério da Boa Fé no D.L. nº 446/85", 2004, p. 440.
[443] Ana Prata, *Contratos de Adesão e Cláusulas Contratuais Gerais*, 2010, p. 323; José Manuel de Araújo Barros, *Cláusulas Contratuais Gerais*, 2010, p. 181; Joaquim de Sousa Ribeiro, "Cláusulas Contratuais Gerais", 2017, p. 113.
[444] Joaquim de Sousa Ribeiro, "O Controlo do Conteúdo dos Contratos", 2005, p. 25.
[445] Ana Prata, *Contratos de Adesão e Cláusulas Contratuais Gerais*, 2010, p. 330.
[446] Sobre a ordem pública como limite à autonomia privada: Jorge Morais Carvalho, "A Ordem Pública como Limite à Autonomia Privada", 2013.
[447] José de Oliveira Ascensão, "Cláusulas Contratuais Gerais, Cláusulas Abusivas e Boa Fé", 2000, p. 589.

cretização do conceito, deve ser ponderada, em especial, "a confiança suscitada, nas partes, pelo sentido global das cláusulas contratuais em causa, pelo processo de formação do contrato singular celebrado, pelo teor deste e ainda por quaisquer outros elementos atendíveis". A alínea *b*) acrescenta como critério de análise "o objetivo que as partes visam atingir negocialmente, procurando-se a sua efetivação à luz do tipo de contrato utilizado". Estas duas alíneas remetem, em termos vagos, para dois princípios concretizadores da boa-fé (tutela da confiança e primazia da materialidade subjacente).

O critério definido no art. 3º da Diretiva 93/13/CEE, que não foi expressamente transposto para o nosso ordenamento jurídico, é mais claro e adequado face ao objetivo de salvaguardar algum equilíbrio entre as partes, isto apesar de também ter de ser verificado em concreto. Este preceito estatui que "uma cláusula contratual que não tenha sido objeto de negociação individual é considerada abusiva quando, a despeito da exigência de boa-fé, der origem a um desequilíbrio significativo em detrimento do consumidor, entre os direitos e obrigações das partes decorrentes do contrato".

Neste preceito, o desequilíbrio significativo constitui o elemento relevante para avaliar o respeito pela boa-fé[448], sendo um critério objetivo, que pode ser verificado pelo intérprete com mais facilidade.

O TJUE (Ac. de 14/3/2013) considera que o conceito de desequilíbrio significativo em detrimento do consumidor deve ser "apreciado através de uma análise das regras nacionais aplicáveis na falta de acordo entre as partes", ou seja, de uma análise das regras supletivas aplicáveis se não existisse a cláusula contratual geral[449], "para avaliar se e em que medida o contrato coloca o consumidor numa situação jurídica menos favorável do que a prevista no direito nacional em vigor". Acrescenta o TJUE que, "para saber se o desequilíbrio foi criado «a despeito da exigência de boa-fé», importa verificar se o profissional, ao tratar de forma leal e equitativa com o consumidor, podia razoavelmente esperar que ele aceitaria a cláusula em questão, na sequência de uma negociação individual".

[448] Criticando a referência à boa-fé: José de Oliveira Ascensão, "Cláusulas Contratuais Gerais, Cláusulas Abusivas e Boa Fé", 2000, p. 585; André Figueiredo, "O Poder de Alteração Unilateral nos Contratos Bancários", 2007, p. 12. Considerando que o "desequilíbrio contratual em detrimento do aderente infringe o princípio da boa-fé": Ac. do STJ, de 24/4/2014.

[449] Luís Filipe Pires de Sousa, "Cláusulas Abusivas na Jurisprudência Europeia", 2014, pp. 15 e 16.

É irrelevante se a outra parte confiou no equilíbrio da cláusula ou desconfiou, desde o início, como é regra, que esta era desequilibrada[450]. A cláusula, sendo (significativamente) desequilibrada, é abusiva, independentemente do contexto associado à celebração do contrato.

Neste sentido, julgamos que o critério do desequilíbrio significativo (ou desproporcionado[451]) em detrimento do aderente, apesar de não se encontrar expressamente consagrado, também deve ser utilizado na interpretação da lei portuguesa[452], a par de outros critérios[453], tendo como referência o conteúdo do contrato na sua globalidade[454]. Numa relação de consumo, esta conclusão já resulta, aliás, do art. 9º-2-*b*) da LDC.

O caráter abusivo de uma cláusula deve ser avaliado tendo em conta "a natureza dos bens ou dos serviços objeto do contrato em causa e todas as circunstâncias que rodearam a sua celebração"[455] e tendo como referência o "momento da celebração do contrato em causa, tendo em conta todas as circunstâncias que o profissional podia conhecer no momento da celebração do contrato e que eram suscetíveis de afetar a execução subsequente do referido contrato"[456].

[450] José de Oliveira Ascensão, "Cláusulas Contratuais Gerais, Cláusulas Abusivas e Boa Fé", 2000, p. 590; Carlos Ferreira de Almeida, *Contratos*, Vol. V, 2017, p. 208.

[451] Ac. do STJ, de 10/4/2014.

[452] José de Oliveira Ascensão, "Cláusulas Contratuais Gerais, Cláusulas Abusivas e Boa Fé", 2000, p. 589; Almeno de Sá, *Cláusulas Contratuais Gerais e Directiva sobre Cláusulas Abusivas*, 2001, p. 72; Ana Prata, *Contratos de Adesão e Cláusulas Contratuais Gerais*, 2010, p. 341; João Maria Larcher Neves Santos Carvalho, *A (Hipotética) Remuneração do Mutuário. Efeitos das Taxas de Juro de Referência Negativas em Contratos de Crédito Bancário*, 2017, p. 36; Carlos Ferreira de Almeida, *Contratos*, Vol. V, 2017, p. 209. Jurisprudência: Ac. do TRC, de 23/1/2008; Ac. do STJ, de 27/5/2010; Ac. do STJ, de 27/9/2016; Ac. do TRL, de 10/10/2013; Ac. do TRL, de 20/2/2014; Ac. do TRG, de 25/2/2016; Ac. do TRP, de 27/9/2017.

[453] Mário Júlio de Almeida Costa, *Síntese do Regime Jurídico Vigente das Cláusulas Contratuais Gerais*, 1999, p. 24, n. 25; Yara Miranda, "As Cláusulas Contratuais Abusivas em Matéria de Relações de Consumo", 2007, p. 716.

[454] Segundo Carlos Ferreira de Almeida, *Contratos*, Vol. V, 2017, p. 209, "este desequilíbrio deve ser computado em função do conteúdo global do contrato, perante finalidades típicas do aderente, em conjugação com outros valores fundamentais do direito (dignidade, proporcionalidade, razoabilidade, transparência, não exploração)".

[455] Ac. do TJUE, de 26/1/2017.

[456] Ac. do TJUE, de 20/9/2017. Acrescenta-se, nesta decisão, que "incumbe ao órgão jurisdicional de reenvio avaliar, à luz de todas as circunstâncias do processo principal e tendo em conta, nomeadamente, a experiência e os conhecimentos do profissional, neste caso o banco, no que diz respeito às possíveis variações das taxas de câmbio e aos riscos

Além da referida cláusula geral, o DL 446/85 contém quatro listas de cláusulas proibidas, agrupadas em função da natureza da relação entre as partes e da intensidade da proibição. Estas listas têm como principal objetivo ajudar o intérprete a concretizar os arts. 15º e 16º do diploma, tomando a lei imediata posição sobre o (eventual) caráter abusivo das cláusulas, o que pode também ter uma função preventiva[457].

As listas, das quais se parte normalmente para a análise do caráter abusivo de uma cláusula[458], não são, no entanto, exaustivas, pelo que a circunstância de uma cláusula não se encontrar prevista numa das alíneas dos arts. 18º, 19º, 21º ou 22º não impede a sua qualificação como abusiva, com base na cláusula geral do art. 15º. Infelizmente, na prática, verifica-se uma tendência para a jurisprudência circunscrever a sua análise às listas[459], não analisando a conformidade da cláusula com o princípio geral da boa-fé, nos termos indicados, o que tem igualmente como consequência uma estagnação do nível do controlo de novas cláusulas que vão surgindo nos contratos com a evolução das práticas comerciais.

As listas de cláusulas encontram-se organizadas, num primeiro nível, em função da natureza da relação entre as partes. Nos termos do art. 17º, tratando-se de uma relação entre profissionais, aplicam-se apenas as duas primeiras listas de cláusulas (arts. 18º e 19º). Se a relação não for entre profissionais, o art. 20º estabelece que se aplicam, além das listas dos arts. 18º e 19º, duas listas específicas de cláusulas, constantes dos arts. 21º e 22º. Portanto, as listas de cláusulas dos arts. 18º e 19º aplicam-se a todas as relações, enquanto as dos arts. 21º e 22º se restringem às relações de consumo ou entre não profissionais[460].

inerentes à subscrição de um empréstimo em divisa estrangeira, a existência de um eventual desequilíbrio".

[457] Gilles Paisant, *Défense et Illustration du Droit de la Consommation*, 2015, p. 97.

[458] Carlos Ferreira de Almeida, *Contratos*, Vol. V, 2017, p. 206.

[459] José Manuel de Araújo Barros, *Cláusulas Contratuais Gerais*, 2010, p. 181. Contra (com dois exemplos): Carlos Ferreira de Almeida, *Contratos*, Vol. V, 2017, p.209.

[460] Contra (no que respeita à aplicação dos arts. 21º e 22º às relações entre não profissionais): Carlos Ferreira de Almeida, *Contratos*, Vol. V, 2017, p. 211. Julgamos que não se justifica esta restrição ao alcance dos arts. 21º e 22º, uma vez que, aplicando-se o DL 446/85, existe logo à partida um desequilíbrio entre as partes, desequilíbrio que um não profissional terá mais dificuldade em ultrapassar do que um profissional, independentemente de a contraparte ser ou não também um profissional.

As listas de cláusulas encontram-se organizadas, num segundo nível, dentro de cada uma das categorias resultantes da classificação anteriormente referida, em função da intensidade da proibição. Distinguem-se, assim, as denominadas listas negras, que integram cláusulas absolutamente proibidas (arts. 18º e 21º), e as designadas listas cinzentas, que incluem cláusulas relativamente proibidas (arts. 19º e 22º).

As cláusulas constantes das listas negras são em absoluto proibidas, o que significa que o aplicador do direito não tem de proceder a qualquer análise do contexto em que a cláusula surge ou das circunstâncias do contrato e da sua celebração nem a um esforço interpretativo no sentido de perceber se se verifica uma contrariedade à boa-fé. Em relação a estas cláusulas, a lei já fez esse trabalho, considerando-as sempre contrárias à boa-fé[461], nomeadamente por ferirem ou poderem ferir substancialmente o equilíbrio entre os direitos e as obrigações das partes.

As cláusulas incluídas nas listas cinzentas são proibidas "consoante o quadro negocial padronizado". Note-se que se, após a sua análise, a cláusula for considerada abusiva, esta é tão proibida como uma cláusula constante de uma lista negra[462]. A diferença consiste no caráter automático de exclusão das cláusulas das listas negras, enquanto relativamente às cláusulas das listas cinzentas ainda é necessário proceder a uma investigação antes de concluir nesse sentido[463].

Ao contrário do que se passa nas listas negras, nas listas cinzentas a lei recorre a uma série de conceitos indeterminados que devem ser preenchidos em função do quadro negocial padronizado[464]. Assim, percorrendo os arts. 19º e 22º, as cláusulas só são proibidas se estiverem em causa, por exemplo, prazos *excessivos*, cláusulas penais *desproporcionadas*, *graves* inconvenientes ou garantias *demasiado elevadas*.

O conceito de "quadro negocial padronizado" remete para uma análise tendo em conta não as circunstâncias relativas às partes ou ao contrato sin-

461 António Pinto Monteiro, "Contratos de Adesão", 1986, p. 755; Almeno de Sá, *Cláusulas Contratuais Gerais e Directiva sobre Cláusulas Abusivas*, 2001, p. 76; Joaquim de Sousa Ribeiro, *O Problema do Contrato*, 2003, p. 455, n. 503.

462 Almeno de Sá, *Cláusulas Contratuais Gerais e Directiva sobre Cláusulas Abusivas*, 2001, p. 77; Carlos Ferreira de Almeida, *Contratos*, Vol. V, 2017, p. 212.

463 Ac. do TRG, de 10/7/2008; Ac. do TRE, de 16/6/2016.

464 Filipe Vaz Pinto, "Os Limites à Liberdade de Estipulação em Matéria de Denúncia", 2007, p. 60.

gular em que a cláusula se encontra inserida (e, portanto, não "cada caso concreto"[465]) mas ao contexto típico, e portanto abstrato, de inserção[466], o que permite uma análise do caráter abusivo da cláusula numa ação inibitória[467]. Esta análise deve ser feita tendo igualmente como referência a boa-fé e, em especial, o (des)equilíbrio nas prestações resultante da cláusula em causa[468], o que não é incompatível com a abstração pressuposta pela norma.

A qualificação de uma cláusula como abusiva determina a sua nulidade (art. 12º), independentemente de resultar da cláusula geral ou de uma das listas.

A nulidade pode, por um lado, ser invocada a todo o tempo[469] e, por outro lado, respeitado o princípio do contraditório[470], ser declarada oficiosamente pelo tribunal[471], salvo oposição do aderente[472], incluindo num

[465] Hugo Ramos Alves, "Nótula sobre a Venda à Distância", 2012, p. 287.

[466] António Pinto Monteiro, "Contratos de Adesão", 1986, p. 755; Almeno de Sá, *Cláusulas Contratuais Gerais e Directiva sobre Cláusulas Abusivas,* 2001, p. 260; Joaquim de Sousa Ribeiro, *O Problema do Contrato,* 2003, p. 455, n. 503.

[467] António Menezes Cordeiro, *Tratado de Direito Civil Português,* Vol. I, Tomo I, 2005, p. 630.

[468] Ac. do TRL, de 2/3/2010; Ac. do TRL, de 27/4/2010.

[469] Não se admite sequer um prazo de preclusão demasiado curto: Ac. do TJUE, de 29/10/2015.

[470] Ac. do TJUE, de 30/5/2013.

[471] Ac. do TJUE, de 9/11/2010; Ac. do TJUE, de 16/11/2010; Ac. do TJUE, de 9/7/2015; Ac. do STJ, de 27/9/2016; Ac. do TRP, de 21/1/2016; Ac. do TRG, de 25/2/2016; Ac. do TJUE, de 17/5/2018; Ac. do TJUE, de 20/9/2018[2]. No Ac. do TJUE, de 26/1/2017, conclui-se que a Diretiva não se opõe a uma norma "que proíbe o juiz nacional de reapreciar oficiosamente o caráter abusivo das cláusulas de um contrato, se já tiver sido proferida uma decisão revestida de autoridade de caso julgado sobre a legalidade de todas as cláusulas desse contrato à luz desta diretiva", acrescentando que, "em contrapartida, havendo uma ou várias cláusulas contratuais cujo caráter eventualmente abusivo não tenha sido examinado em sede de uma anterior fiscalização jurisdicional do contrato controvertido encerrada por uma decisão revestida de autoridade de caso julgado, a Diretiva 93/13 deve ser interpretada no sentido de que o juiz nacional, junto do qual o consumidor deduziu regularmente um incidente de oposição, está obrigado a apreciar, a pedido das partes ou oficiosamente, o caráter eventualmente abusivo dessas cláusulas, desde que disponha dos elementos jurídicos e fácticos necessários para o efeito". Já no Ac. do TJUE, de 31/5/2018, conclui-se que a Diretiva deve ser interpretada "no sentido de que não se opõe, em princípio, a uma regulamentação nacional que prevê requisitos processuais específicos, como os que estão em causa no processo principal, para as ações intentadas por consumidores que celebraram contratos de mútuo expressos em divisa estrangeira com uma cláusula que estabelece um diferencial entre a taxa de câmbio aplicável à disponibilização do empréstimo e a aplicável ao reembolso deste e/ou uma cláusula que estabelece um direito de modificação unilateral que permite ao mutuante aumentar os juros,

processo de insolvência[473] ou num processo executivo em que o título seja uma sentença arbitral[474] ou um requerimento de injunção ao qual tenha sido aposta a fórmula executória[475].

Não deve, contudo, admitir-se a invocação pelo predisponente, uma vez que a norma se destina a proteger exclusivamente o interesse do aderente. Aponta neste sentido o art. 13º, quando confere ao aderente a opção entre declarar a nulidade do contrato ou mantê-lo, expurgado da cláusula proibida[476]. Optando o aderente pela manutenção do contrato, será aplicável, para colmatar o vazio deixado pela cláusula inválida, a norma supletiva respetiva, com recurso, se necessário, às regras de integração do negócio jurídico (art. 13º-2), não sendo esta regra contrária ao direito europeu[477].

No Ac. do TJUE, de 30/5/2013, conclui-se que a Diretiva 93/13/CEE deve ser interpretada "no sentido de que não permite ao juiz nacional, quando tiver determinado o caráter abusivo de uma cláusula penal num contrato celebrado entre um profissional e um consumidor, limitar-se, como a tal o autoriza o direito nacional, a reduzir o montante da pena imposta por essa cláusula a esse consumidor, mas impõe-lhe afastar pura e simplesmente a aplicação da referida cláusula em relação ao consumidor"[478].

A declaração de nulidade produz efeitos retroativos, nos termos gerais.

No Ac. do TJUE, de 21/12/2016, conclui-se, neste sentido, que é contrária ao direito europeu "uma jurisprudência nacional que limita no tempo os efeitos de restituição decorrentes da declaração do caráter abusivo [...] de uma cláusula constante de um contrato celebrado com um consumidor por um profissional apenas às quantias indevidamente pagas em aplicação dessa cláusula posteriormente à prolação da decisão que declarou judicialmente esse caráter abusivo".

as comissões e as despesas, desde que a constatação do caráter abusivo das cláusulas contidas nesse contrato conduza ao restabelecimento da situação de facto e de direito que teria sido a do consumidor na falta dessas cláusulas abusivas".

472 Ac. do TJUE, de 4/6/2009.

473 Ac. do TJUE, de 21/4/2016.

474 Ac. do TJUE, de 28/7/2016.

475 Ac. do TJUE, de 18/2/2016; Ac. do TJUE, de 13/9/2018[2]; Ac. do TJUE, de 20/9/2018[1].

476 António Menezes Cordeiro, *Tratado de Direito Civil Português*, Vol. I, Tomo I, 2005, p. 626; Cláudio Petrini Belmonte, *A Redução do Negócio Jurídico e a Protecção dos Consumidores*, 2003, p. 147.

477 Ac. do TJUE, de 30/4/2014.

478 V., também, Ac. do TJUE, de 7/8/2018[2].

2.2.3. Período de fidelização[479]

Nos últimos anos, generalizou-se a prática que consiste em inserir uma cláusula relativa ao período de fidelização [ou período contratual mínimo, na aceção dos arts. 8º-1-*h*) da LDC e 4º-1-*q*) do DL 24/2014] em contratos de consumo de execução duradoura, como os contratos para a utilização de instalações e equipamentos desportivos[480] ou os contratos de prestação de serviços públicos essenciais, em especial os relativos a comunicações eletrónicas[481], entre outros.

O período de fidelização é o período mínimo de vigência de um contrato de execução duradoura, sem termo final, durante o qual os contraentes não lhe podem pôr fim por via de denúncia[482]. O contrato com termo final, em que, por definição, não existe a possibilidade de denúncia, deve ser cumprido integralmente. Distinguem-se os dois casos em função de o contrato continuar ou não a produzir efeitos após o final do período em causa[483], sendo a designação dada pelas partes apenas um dos elementos interpretativos a ter em conta na qualificação.

[479] Jorge Morais Carvalho, "Períodos de Fidelização", 2016; Jorge Morais Carvalho, "Reflexão sobre a Cláusula Relativa ao Período de Fidelização em Contratos de Consumo", 2016.

[480] João Pedro Pinto-Ferreira e Jorge Morais Carvalho, "Contrato para a Utilização de Instalações e Equipamentos Desportivos", 2012, p. 41.

[481] Fernando Dias Simões e Mariana Pinheiro Almeida, *Lei dos Serviços Públicos Essenciais*, 2012, p. 84; Ana Filipa Morais Antunes, *Comentário à Lei das Cláusulas Contratuais Gerais*, 2013, p. 331. No Ac. do TRL, de 22/6/2016, vai-se mais longe, dizendo que nos contratos de prestação de serviços de comunicações eletrónicas "são *inevitáveis* as chamadas «cláusulas de fidelização», impondo uma duração mínima dos mesmos" (itálico nosso). "Nada é mais certo neste mundo do que a morte e os impostos", dizia Benjamin Franklin; se ainda estivesse entre nós, acrescentaria hoje certamente os períodos de fidelização.

[482] A Lei 15/2016 introduziu uma definição de "fidelização" na Lei das Comunicações Eletrónicas [art. 3º-*m*)]: "período durante o qual o consumidor se compromete a não cancelar um contrato ou a alterar as condições acordadas". Além de desnecessária e pouco rigorosa do ponto de vista técnico-jurídico, a definição é incorreta e inadequada, na medida em que parece estabelecer que apenas o consumidor fica vinculado pelos termos acordados, o que contraria os princípios gerais do direito. Deve, assim, ser objeto de uma interpretação corretiva, à luz da definição que defendemos no texto.

[483] Distinguem-se, ainda, de uns e de outros os designados contratos perpétuos, ou seja, que vigoram para sempre, sem possibilidade de as partes os fazerem cessar. Estes contratos devem ser considerados nulos, por violarem a ordem pública (art. 280º do CC). Neste sentido, João Baptista Machado, "Do Princípio da Liberdade Contratual", 1991, p. 635.

Assim, os contratos relativos à manutenção de elevadores que têm sido objeto de análise na jurisprudência portuguesa devem ser qualificados como contratos sem termo final, com período de fidelização, apesar de as partes normalmente os qualificarem como contratos com termo final, renováveis automaticamente no seu termo final. A prática que consiste em incluir nos contratos de execução duradoura, aparentemente com termo final, uma cláusula de prorrogação da vigência do contrato por igual período, se as partes nada disserem em tempo útil, serve apenas para estabelecer um novo período de fidelização. Este novo período de fidelização, que não se encontra associado a qualquer vantagem para o cliente, não pode

Jurisprudência: Ac. do TRL, de 13/3/2008 ["as partes podem outorgar livremente contratos por tempo indeterminado (art. 405º) conquanto tenham a possibilidade de livre denúncia, constituindo violação de ordem pública (art. 280º), por inadmissibilidade de contratos de natureza perpétua, a estipulação que não admita a faculdade de denúncia ad nutum"]. Nos contratos de consumo, a questão coloca-se essencialmente a propósito dos contratos relativos a direitos reais de habitação periódica ou a direitos de habitação turística. Nos primeiros, o art. 3º do DL 275/93 estabelece que "o direito real de habitação periódica é, na falta de indicação em contrário, perpétuo", mas o art. 42º vem permitir a renúncia a esse direito. Quanto aos segundos, o art. 47º determina que "os direitos de habitação turística são, na falta de indicação em contrário, perpétuos", devendo entender-se que, nos termos gerais, é possível a denúncia do contrato, por imposição da ordem pública, enquanto conceito que engloba os princípios fundamentais do ordenamento jurídico. A contrariedade à ordem pública resulta, nesta situação, de a vinculação perpétua afetar o princípio fundamental de liberdade consagrado no nosso ordenamento jurídico e que resulta de vários preceitos constitucionais. Está em causa, também aqui, na medida em que a liberdade é um dos seus pilares, o valor da dignidade humana, podendo encontrar-se a este propósito referências à organização da propriedade e a interesses económicos gerais (Jacques Ghestin e Christophe Jamin, "Le Juste et l'Utile dans les Effets du Contrat", 1997, p. 143). No entanto, é necessário interpretar em cada caso o contrato para determinar se o seu caráter perpétuo contraria a ordem pública. Em algumas situações, por razões de ordem pública, o contraente tem obrigação de contratar e de se manter vinculado ao contrato celebrado, o que contraria o princípio de livre denúncia dos contratos perpétuos. A natureza do bem ou serviço e as caraterísticas da relação entre as partes podem determinar que, numa situação concreta, as partes não possam desvincular-se do contrato celebrado. É o que sucede nos contratos relativos a serviços públicos essenciais em que exista o dever de contratar e, portanto, também, a impossibilidade de desvinculação sem justa causa. O mesmo poderia também suceder noutros contratos, para garantir o acesso de todas as pessoas a determinado bem ou serviço. Por exemplo, a ordem pública pode impor que um segurador não possa pôr termo a um contrato de seguro de doença no caso de a pessoa segura atingir uma determinada idade ou ter uma doença, devendo os interesses contratuais daquele ser garantidos apenas pela fixação objetiva de um preço adequado ao risco (Jorge Morais Carvalho, *Os Limites à Liberdade Contratual*, 2016, pp. 92 e 93).

ser considerado válido[484], uma vez que, como veremos, a vantagem para o cliente é um elemento essencial para a validade da fidelização. As cláusulas que impõem o pagamento de um valor até ao final do período mínimo de vigência do contrato, em caso de renovação automática, têm sido consideradas abusivas, sendo excluídas[485]. Independentemente da qualificação dada pelas partes, estes contratos são contratos sem termo final, mas com um período mínimo de vigência.

O período de fidelização tem fonte contratual (e não legal). Produz efeitos se estiver inserido numa cláusula de um contrato, tratando-se, em regra, de uma cláusula contratual geral, que não pode ser negociada pelo aderente.

A fidelização incide sobre as condições definidas no contrato em que a cláusula se encontra inserida. As partes vinculam-se, assim, a, no período mínimo de vigência do contrato, cumprir pontualmente as condições que foram por si previamente definidas.

É possível distinguir na cláusula de fidelização um elemento relativo ao tempo (a definição do período de duração mínima do contrato) e um elemento relativo ao valor a pagar em caso de incumprimento desse período mínimo. Poder-se-á discutir a qualificação desse valor como *preço* (contrapartida da prestação do serviço relativamente ao conjunto do período de duração mínima do contrato, descontando o que já tiver sido pago pelo consumidor) ou como *indemnização* (cláusula penal, que fixa antecipadamente o valor da indemnização a pagar em caso de incumprimento).

A natureza da cláusula só pode ser avaliada em concreto, dependendo da interpretação das declarações das partes (arts. 236º a 238º do CC e 10º e 11º do DL 446/85). Nos casos em que o valor a pagar equivale à soma do montante das mensalidades acordadas como contrapartida da prestação do serviço até ao termo do período de fidelização, esse valor deverá ser, em princípio, qualificado como preço. Se o valor for inferior, o mais provável

[484] Ac. do STJ, de 14/11/2013. Considerando inválida a cláusula relativa ao período inicial, que impunha indemnização equivalente às prestações em falta, por impor "consequências patrimoniais gravosas ao aderente/cliente", conduzindo "necessariamente a uma desproporção sensível e flagrante entre o montante da pena e o montante dos danos a reparar, atendendo ao quadro negocial padronizado em que o contrato se integra, contrariando o princípio da boa-fé": Ac. do TRP, de 19/4/2016.

[485] Ac. do STJ, de 9/12/2014; Ac. do STJ, de 5/5/2016; Ac. do TRC, de 17/4/2012; Ac. do TRC, de 26/2/2013; Ac. do TRP, de 8/4/2014; Ac. do TRC, de 28/10/2014.

será tratar-se de uma cláusula penal[486]. O valor nunca pode ser superior, como se verá neste ponto.

Ao nível da inserção da cláusula no contrato, têm de ser cumpridas as já referidas regras do DL 446/85[487], que impõem a conexão com o contrato, a comunicação e o esclarecimento[488]. Caso contrário, a cláusula é excluída do contrato, subsistindo este sem o período de fidelização.

Estas regras devem, naturalmente, ser cumpridas quer no contrato inicial quer em eventual alteração posterior, em que o profissional pretenda incluir um período de fidelização. Uma vez que a alteração tem de ser feita por acordo, ela pressupõe a celebração de um novo contrato, que modifica os termos do contrato anterior. Tratando-se de um novo contrato, o nível de controlo de inserção das cláusulas deve ser idêntico ao do contrato anterior[489].

No que respeita ao controlo do conteúdo da cláusula, não existem regras gerais específicas que estabeleçam limites objetivos quanto ao prazo dos períodos de fidelização[490]. Em matéria de contratos relativos a comunicações eletrónicas, contudo, preveem os arts. 4º do DL 56/2010 e 48º-5 da Lei das Comunicações Eletrónicas que o período de fidelização não pode ter duração superior a 24 meses. O art. 48º-8 da Lei das Comunicações Eletrónicas impõe ao profissional que emita simultaneamente propostas contratuais ao público (i) sem fidelização, (ii) com fidelização de seis meses e (iii) com fidelização de 12 meses. Nos termos do mesmo preceito, a publicidade deve indicar "de forma claramente legível, a oferta sem fidelização" e, "de forma facilmente acessível pelos consumidores, [...] a relação entre custo e benefício associada às diferentes ofertas comerciais, permitindo a comparação da mesma oferta com diferentes períodos de fidelização, sempre que existam".

Em qualquer caso, aplicam-se os arts. 15º e segs. do DL 446/85, que impõem o controlo do conteúdo das cláusulas contratuais gerais.

486 Dália Shashati, *Períodos de Fidelização*, 2015, p. 14.

487 Aplica-se também, naturalmente, o regime das práticas comerciais desleais, sem especificidades: Dália Shashati, *Períodos de Fidelização*, 2015, pp. 59 a 64.

488 Ac. do TRP, de 24/2/2015; Sentença do JP de Setúbal, de 31/10/2011.

489 Note-se, em matéria de comunicações eletrónicas, as limitações constantes do art.48º-5, 6, 14 e 15 da Lei das Comunicações Eletrónicas.

490 Lamentando a falta de "audácia" da lei nesta matéria: Elionora Cardoso, *Os Serviços Públicos Essenciais*, 2010, p. 84.

O controlo do conteúdo de uma cláusula de fidelização deve ser feito tendo em conta os dois elementos da cláusula, um relativo ao tempo (período de duração mínima do contrato) e o outro relativo ao valor a pagar em caso de incumprimento desse período mínimo.

Relativamente ao primeiro, o art. 22º-1-*a*) estabelece que, nas relações com consumidores finais, "são proibidas, consoante o quadro negocial padronizado [...] as cláusulas contratuais gerais que [...] prevejam prazos excessivos para a vigência do contrato ou para a sua denúncia".

A nossa jurisprudência já foi chamada a pronunciar-se diversas vezes sobre a validade da cláusula relativa ao período de fidelização, em especial em casos de contratos para a utilização de instalações e equipamentos desportivos (ginásios). Considera-se que a cláusula "supõe, como é do conhecimento geral, a prévia concessão de um certo número de vantagens de ordem comercial ao aderente em troca da sua específica vinculação ao período contratual estabelecido"[491]. Numa situação, considerou-se "excessivo o prazo de 12 meses fixado para manter vinculado o aderente, sem qualquer vantagem aparente para este, estando o mesmo porventura insatisfeito com a prestação e impedido, na prática, de celebrar outro contrato (do mesmo tipo e com outra entidade) em melhores condições"[492]. Noutra, "fazendo pesar no prato da balança os interesses em jogo", não se vislumbrou "qualquer indesejável desequilíbrio contratual", isto porque "a fidelização de um ano vai permitir ao cliente uma série de serviços, incluindo diversificação do seu exercício, que outro tipo de adesão não lhe permitia. Por isso, este tipo de prestação [...] envolve uma série de custos e esforços financeiros e humanos que os clientes têm que compensar, por via de uma fidelização de um ano"[493]. Num caso em que, "tendo um dado consumidor estado vinculado durante 24 meses a uma dada operadora, com o consequente retorno do investimento associado", considerou-se não ser válido o novo período de fidelização, "o qual teve como único pressuposto apurado a venda por um preço abaixo do valor de mercado de um dispositivo electrónico em formato «tablet»"[494].

[491] Ac. do TRL, de 6/12/2011.

[492] Ac. do TRL, de 5/6/2012. Anotação a esta decisão: João Pedro Pinto-Ferreira e Jorge Morais Carvalho, "Contrato para a Utilização de Instalações e Equipamentos Desportivos", 2012.

[493] Ac. do TRL, de 5/7/2012.

[494] Ac. do TRP, de 10/11/2015.

Podemos concluir, assim, que a jurisprudência aponta no sentido de que a validade da cláusula que impõe um período de fidelização depende da existência de contrapartidas para o consumidor, efetivamente compensadas – apenas – pela manutenção do contrato por um período mínimo[495], impedindo-se a sua renovação sem a existência de novas contrapartidas[496]. Se o consumidor pagasse imediatamente pela globalidade do contrato celebrado, o preço seria de tal forma elevado que limitaria a quantidade de contratos celebrados. A cláusula de fidelização pressupõe que o profissional vá amortizando os custos associados ao contrato ao longo do tempo de duração mínima deste[497], não sendo aceitável a "*coação* à longa duração contratual"[498].

O art. 22º-1-*a*) do DL 446/85 visa proteger o aderente de uma vinculação excessiva irrefletida[499], evitando que veja a sua liberdade contratual

[495] Jorge Morais Carvalho, "Contratos Civis e Próprios do Fenómeno Desportivo", 2013, p. 89; Daniela Mota Pedro, *Cláusulas de Fidelização Contratual*, 2016, p. 25; Pedro Falcão, "A Tutela do Prestador de Serviços Públicos Essenciais no Ordenamento Jurídico Português", 2017, p. 415. Fátima Baptista, "Cláusulas Abusivas nos Contratos com os Consumidores", 2017, p. 25, considera que "a sujeição dos consumidores a um período de fidelização tão prolongado [...] será abusiva".

[496] Ac. do STJ, de 14/11/2013. Nos contratos de prestação de serviços de comunicações eletrónicas, o art. 48º-6, introduzido pela Lei 15/2016, limita consideravelmente a possibilidade de renovação da fidelização. Com efeito, só podem ser estabelecidos novos períodos de fidelização "excecionalmente", se houver acordo (seria necessário que a lei o dissesse?) e se "as alterações contratuais [implicarem] a atualização de equipamentos ou da infraestrutura tecnológica". Se não estiver em causa a atualização de equipamentos ou da infraestrutura tecnológica, parece não ser possível às partes a negociação de um novo período de fidelização. Aparentemente em oposição a esta regra, o art. 48º-15 determina que, "no decurso do período de fidelização ou no seu termo não pode ser estabelecido novo período de fidelização, exceto se, por vontade do assinante validamente expressa nos termos do nº 3, for contratada a disponibilização subsidiada de novos equipamentos terminais ou a oferta de condições promocionais devidamente identificadas e quantificadas e que, em caso algum, podem abranger vantagens cujos custos já foram recuperados em período de fidelização anterior". Em geral, julgamos que a lei não deve ser paternalista, devendo considerar-se que no caso de o interesse protegido pelo conteúdo imperativo de uma norma (neste caso, o interesse do utente dos serviços públicos essenciais de comunicações eletrónicas) se encontrar salvaguardado de outra forma ou compensado por outro interesse igualmente relevante num acordo negociado efetivamente entre as partes, o contrato deve ser considerado válido (Jorge Morais Carvalho, *Os Limites à Liberdade Contratual*, 2016, p. 192).

[497] Ac. do TRL, de 8/3/2012; Ac. do TRL, de 15/11/2012. Não se trata, contudo, de facto notório. Contra: Ac. do TRL, de 14/6/2011.

[498] Ac. do TRL, de 30/6/2011.

[499] José Manuel de Araújo Barros, *Cláusulas Contratuais Gerais*, 2010, p. 343.

limitada[500]. Essa limitação é agravada por se estar em momento anterior ao do início da prestação do serviço e, portanto, também, em momento anterior à possibilidade de controlo da sua qualidade e da adequação às necessidades do cliente[501]. O período de fidelização impede o cliente de tentar negociar cláusulas mais favoráveis com aquele profissional ou com outros que oferecem o mesmo serviço[502]. A disposição não foi especificamente pensada para os períodos de fidelização, sendo bastante anterior ao momento em que a prática de inclusão de cláusulas de fidelização nos contratos se generalizou, mas é sem dúvida a eles aplicável.

No domínio das comunicações eletrónicas, o art. 48º-2-*a*) da Lei das Comunicações Eletrónicas segue a orientação jurisprudencial indicada, ao estabelecer que o período de fidelização "depende da atribuição de qualquer vantagem ao consumidor, identificada e quantificada, associada à subsidiação de equipamentos terminais, à instalação e ativação do serviço ou a outras condições promocionais".

No que respeita ao valor a pagar em caso de incumprimento do período contratual mínimo, no caso de a cláusula relativa ao período de fidelização incluir uma cláusula penal, ser-lhe-á aplicável o art. 19º-*c*) do DL 446/85, que estabelece que "são proibidas, consoante o quadro negocial padronizado, [...] as cláusulas contratuais gerais que [...] consagrem cláusulas penais desproporcionadas aos danos a ressarcir".

Assim, se a cláusula penal for considerada desproporcionada em relação aos danos a ressarcir, a cláusula é proibida e, portanto, nula, não sendo devido qualquer valor[503].

No Ac. do TRP, de 1/4/2014, defende-se que "o legislador permite o estabelecimento de cláusulas penais em caso de incumprimento dos períodos contratuais mínimos conquanto que tais condições não sejam desproporcionadas ou sejam excessivamente onerosas", acrescentando-se que "a fidelização existe para compensar a operadora da despesa acrescida implícita na promoção que lhe está associada e a cláusula penal permite, por um lado, contrabalançar, através da fixação acordada de uma indemnização, o

500 Ana Prata, *Contratos de Adesão e Cláusulas Contratuais Gerais*, 2010, p. 520.

501 Ana Prata, *Contratos de Adesão e Cláusulas Contratuais Gerais*, 2010, p. 520.

502 Jorge Morais Carvalho, *Os Contratos de Consumo – Reflexão sobre a Autonomia Privada no Direito do Consumo*, 2012, p. 526.

503 Contra (admitindo redução parcial): Ac. do TRL, de 21/10/2010. Sobre a questão, v. Nuno Pinto Oliveira, *Cláusulas Acessórias ao Contrato*, 2005, p. 127.

custo associado ao desrespeito pelo utente do compromisso assumido que tornou inútil o benefício concedido e, por outro, impede um ganho injustificado do utente que, não sendo penalizado pelo incumprimento, poderia obter os ganhos contratualizados com a operadora e concedidos por esta em função de uma permanência temporalmente assegurada sem depois ter qualquer ónus associado a uma ruptura antecipada com o acordado".

Também esta via pressupõe, como se pode ver, a concessão de um benefício[504].

No Ac. do TRP, de 7/5/2015, considera-se que "a cláusula contratual geral inserida num contrato de prestação de serviços de comunicações electrónicas válido por dois anos que estabeleça que em caso de denúncia antecipada pelo cliente, a operadora terá direito a uma indemnização no valor da totalidade das prestações do preço previstas até ao termo do prazo contratado, impõe consequências patrimoniais injustificadas e gravosas ao aderente e consequentemente é uma cláusula penal desproporcionada aos danos a ressarcir"[505].

Considera-se, portanto, excessiva uma cláusula que preveja o pagamento de um valor correspondente ao preço contratado para a globalidade do período contratual mínimo[506]. Não é, assim, admissível a estipulação de uma cláusula penal, que preveja uma compensação, por incumprimento do período de fidelização, equivalente ao valor correspondente às mensalidades em falta[507].

No domínio das comunicações eletrónicas, é necessário ter em conta os nºs 11 a 13 do art. 48º da Lei das Comunicações Eletrónicas. O nº 11 coloca como limite para o valor a pagar "os custos que o fornecedor teve com a instalação da operação", proibindo, além desse limite, "a cobrança de qualquer contrapartida a título indemnizatório ou compensatório" (o que inclui, naturalmente, a proibição de cláusula penal). Dentro do limite referido, o nº 12 determina que o valor a pagar deve ser proporcional "à vantagem que lhe foi conferida e como tal identificada e quantificada no contrato

504 Ac. do TRP, de 20/5/2014.

505 Tendo em conta o critério adotado, julgamos que não se trata de uma cláusula penal, devendo o valor exigido ao consumidor neste caso ser qualificado como preço. Em qualquer caso, a decisão é relevante para a aplicação do art. 19º-c) do DL 446/85.

506 Contra (embora sem discutir a questão do valor da compensação): Ac. do TRL, de 22/6/2016.

507 Daniela Mota Pedro, *Cláusulas de Fidelização Contratual*, 2016, p. 43.

celebrado, não podendo em consequência corresponder automaticamente à soma do valor das prestações vincendas à data da cessação"[508], enquanto o nº 13 acrescenta que, "no caso de subsidiação de equipamentos terminais, os encargos devem ser calculados nos termos da legislação aplicável e, nas demais situações, não podem ser superiores ao valor da vantagem conferida que, na proporção do período da duração do contrato fixada, ainda esteja por recuperar pela empresa que presta o serviço, na data em que produz efeitos a sua cessação antecipada". O limite é, no entanto, sempre o do nº 11 ("custos que o fornecedor teve com a instalação da operação"). Ou seja, o utente só é responsável pelo pagamento das vantagens na medida dos custos de instalação. A interpretação destas normas e a necessidade da sua compatibilização não permitem chegar a conclusão distinta.

Durante a vigência do contrato, este pode sofrer diversas vicissitudes, algumas com reflexo na cláusula relativa ao período de fidelização. A cláusula pode ser incumprida quer pelo profissional quer pelo consumidor.

Em caso de incumprimento do contrato pelo profissional (por exemplo, não prestar o serviço com a qualidade definida no contrato[509]; não prestar todos os serviços previstos no contrato; interromper o fornecimento do bem ou a prestação do serviço[510]), o consumidor tem direito de resolução[511], nos termos gerais do Código Civil, mesmo que esteja dentro do período de fidelização. O profissional não pode, neste caso, naturalmente, exigir qualquer contrapartida pela resolução do contrato[512]. O consumidor tem ainda direito a indemnização se estiverem verificados os demais pressupostos da responsabilidade civil contratual[513], incluindo-se o ressarcimento pelo dano da privação do serviço[514].

[508] A vantagem pode decorrer, nomeadamente, da não-cobrança dos custos da instalação do serviço.

[509] Sentença do CNIACC, de 23/7/2012; Sentença do CNIACC, de 12 de março de 2015; Sentença do CNIACC, de 4 de junho de 2015.

[510] Ac. do TRP, de 26/5/2015.

[511] Sobre a cessação do contrato pelo assinante, nos contratos de prestação de serviços de comunicações eletrónicas, v. Decisão sobre os procedimentos exigíveis para a cessação de contratos, por iniciativa dos assinantes, relativos à oferta de redes públicas ou serviços de comunicações eletrónicas acessíveis ao público, da ANACOM, de 9 de março de 2012.

[512] DÁLIA SHASHATI, *Períodos de Fidelização*, 2015, p. 67. Jurisprudência: Ac. do TRG, de 9/6/2016; Sentença do JP de Lisboa, de 7/5/2013; Sentença do JP do Porto, de 11/4/2014.

[513] DANIELA MOTA PEDRO, *Cláusulas de Fidelização Contratual*, 2016, p. 25; Jurisprudência: Sentença do JP de Lisboa, de 30/10/2013.

Outra questão que se coloca, em torno da esfera de incumprimento da cláusula pelo profissional, consiste em saber se este pode alterar as cláusulas do contrato dentro do período de fidelização. O profissional vincula-se pelo período de fidelização tanto como o consumidor[515], pelo que não é admissível a alteração do contrato durante o período de fidelização[516]. Aliás, em geral, os contratos devem ser cumpridos pontualmente, não podendo qualquer uma das partes alterá-los unilateralmente. Num contrato de execução duradoura, contudo, como não é aceitável que os contraentes fiquem vinculados para sempre, existe o direito de denúncia, podendo ser apresentada, pela parte que o entenda, proposta com as novas cláusulas do contrato. Este esquema de denúncia, seguida de nova proposta, seria a forma adequada para promover a alteração de um contrato de execução duradoura. Admite-se, no entanto, porque a prática assim o determina e o direito já o reconhece, que o esquema seja simplificado, notificando uma das partes – tipicamente o profissional, que impõe as cláusulas ao consumidor, sem este ter possibilidade de negociação – a outra, num só documento, da denúncia, da proposta com as novas cláusulas e da cláusula constante desta última que atribui valor declarativo ao silêncio, mantendo-se a relação entre as partes no caso de nada ser declarado em contrário.

Esta prática, de validade duvidosa face aos arts. 218º do CC e 19º-*d*) do DL 446/85, é admitida, fora do período de fidelização, em sede de contratos relativos a comunicações eletrónicas, pelo art. 48º-16 da Lei das Comunicações Eletrónicas[517], que, com pouco rigor, estabelece que, "sempre que a empresa proceda por sua iniciativa a uma alteração de qualquer das condições contratuais [...], deve comunicar por escrito aos assinantes a proposta de alteração, por forma adequada[518], com uma antecedência mínima de 30 dias, devendo simultaneamente informar os assinantes

514 Pedro Falcão, *Novos Estudos sobre Serviços Públicos Essenciais*, 2018, p. 64.

515 Dália Shashati, *Períodos de Fidelização*, 2015, pp. 67 e 68.

516 Sentença do CNIACC, de 12/7/2016.

517 V. art. 6º-1-*d*) do Regulamento 829/2016, da ANACOM.

518 Não é suficiente uma informação genérica, não personalizada. Com efeito, o art. 48º-16, ao estabelecer que o prestador de serviços deve "comunicar por escrito aos assinantes a proposta de alteração, por forma adequada", indica de forma clara que a notificação deve ser personalizada, i.e, dirigida diretamente ao utente em causa, com indicação dos direitos que lhe assistem (Sentença do CNIACC, de 24/11/2016).

do seu direito de rescindir o contrato sem qualquer encargo, no caso de não aceitação das novas condições, no prazo fixado no contrato, salvo nos casos em que as alterações sejam propostas exclusiva e objetivamente em benefício dos assinantes".

Se estiver em vigor uma cláusula de fidelização, não se aplica esta regra, uma vez que as partes se encontram vinculadas a cumprir pontualmente o contrato celebrado dentro desse período. Esta é a principal alteração introduzida pela Lei 15/2016, no que respeita à proteção dos consumidores, resultante da eliminação, que se aplaude, da regra anteriormente estabelecida no art. 48º-7, em consonância com o que defendemos em edição anterior desta obra[519].

Diversa é a situação resolvida no Ac. do TJUE, de 26/11/2015, em que se conclui que "uma alteração das tarifas de uma prestação de serviços relativos às redes ou de serviços de comunicações eletrónicas, que tem lugar em aplicação de uma cláusula de adaptação de tarifas constante das cláusulas contratuais gerais aplicadas por uma empresa que presta esses serviços, cláusula essa que prevê que tal adaptação é feita em função de um índice objetivo dos preços no consumidor elaborado por uma instituição pública, não constitui uma «alteração das condições contratuais», na aceção dessa

[519] Jorge Morais Carvalho, *Manual de Direito do Consumo,* 2016, pp. 115 e 116: "O art. 48º-7 vai mais longe, parecendo estabelecer que a possibilidade de resolução pelo assinante não «afasta o regime de contrapartidas previstas [...] dos contratos que estabelecem períodos contratuais mínimos». Portanto, a letra deste preceito aponta no sentido de que o profissional pode alterar unilateralmente o contrato dentro do período de fidelização, devendo o consumidor decidir entre (i) aceitar a alteração proposta (ou imposta) ou (ii) não a aceitar, pagando neste caso o valor relativo ao período de fidelização. Esta norma, se não se fizer, como se impõe, uma interpretação ab-rogante, permite ao profissional, durante o período de fidelização, sem possibilidade de resposta eficaz pelo consumidor, aumentar o preço da prestação, impor um novo período de fidelização ou, em geral, alterar parcial ou totalmente os contratos a que se encontra vinculado por um período mínimo. Trata-se de uma solução que o direito não pode aceitar. Os princípios da autonomia privada e do *pacta sunt servanda* são princípios fundamentais do nosso ordenamento jurídico, que se sobrepõem à Lei das Comunicações Eletrónicas. Sendo contrária à ordem pública, por pôr em causa os princípios fundamentais referidos, a norma não deve ser aplicada, procedendo-se, assim, a uma interpretação ab-rogante da parte final do art. 48º-7 da Lei das Comunicações Eletrónicas. Se o consumidor não aceitar as alterações propostas, nada tem de pagar ao profissional. Já o profissional, como se referiu, não cumprindo a cláusula relativa ao período de fidelização, pode ter de indemnizar o consumidor se estiverem verificados os restantes pressupostos da responsabilidade civil contratual, nomeadamente o dano". Neste sentido, v. Sentença do CICAP, de 28/12/2015.

disposição, que confere ao assinante o direito de resolução do contrato, sem qualquer penalização". Neste caso, a alteração e os seus termos estavam previstos no contrato celebrado (dependendo de um índice objetivo dos preços no consumidor elaborado por uma instituição pública). Uma cláusula com este conteúdo ou conteúdo semelhante terá sempre como limite o art. 22º-1-*e*) do DL nº 446/85, que proíbe as cláusulas contratuais gerais que permitam elevações de preços, em contratos de prestações sucessivas, dentro de prazos manifestamente curtos, ou, para além desse limite, elevações exageradas, sem prejuízo do que dispõe o art. 437º do CC". Em geral, o art. 22º-1-*c*) do DL nº 446/85 proíbe as cláusulas contratuais gerais que "atribuam a quem as predisponha o direito de alterar unilateralmente os termos do contrato, exceto se existir razão atendível que as partes tenham convencionado"[520].

O incumprimento da cláusula de fidelização por parte do consumidor só pode resultar da cessação do contrato, por causa não imputável ao profissional, antes do termo do período mínimo de vigência do contrato definido pelas partes. Esta ocorre em duas situações: denúncia do contrato pelo consumidor dentro do período de fidelização; resolução do contrato pela empresa com fundamento em incumprimento (definitivo[521]) por parte do cliente[522].

Não há incumprimento da cláusula de fidelização se o cliente declarar à outra parte a resolução do contrato, mas não tiver fundamento para exercer o direito. Neste caso, não há direito de resolução, pelo que a declaração não produz efeitos[523]. O contrato mantém-se, portanto, nos termos anteriores à declaração do consumidor.

Também não há incumprimento da cláusula de fidelização no caso de o consumidor manifestar intenção de não exercer o seu direito de crédito em relação ao profissional, sem colocar em causa a manutenção do contrato. Por exemplo, num contrato relativo a comunicações eletrónicas, o

[520] Sobre esta alínea: André Figueiredo, "O Poder de Alteração Unilateral nos Contratos Bancários", 2007, pp. 10 a 15.

[521] Ac. do TRL, de 25/11/2010.

[522] Ac. do TRL, de 27/5/2010; Ac. do TRL, de 30/6/2011.

[523] Joana Farrajota, *A Resolução do Contrato sem Fundamento*, 2015, pp. 186 e 187, refere que, em regra, a declaração de resolução infundada "não é juridicamente atendível enquanto acto dirigido à extinção do contrato". V., também, Sentença do CNIACC, de 5/9/2017.

pedido de portabilidade[524] ou a alteração da residência do consumidor[525], nos casos em que impeçam a prestação do serviço pelo profissional, não são incompatíveis com a manutenção do contrato, pelo que o consumidor não incumpre a cláusula de fidelização, podendo (e devendo) continuar a cumprir periodicamente a sua prestação.

Quanto às consequências do incumprimento da cláusula de fidelização – quando esta seja válida – pelo consumidor, o valor a pagar por este nunca poderá exceder o das prestações em falta até ao final do período definido no contrato, descontando que o profissional poupou com a não-prestação do serviço (nos termos do regime do enriquecimento sem causa, sob pena de se colocar o profissional numa situação mais vantajosa do que aquela em que estaria perante o cumprimento pontual da obrigação pelo consumidor). Assim, por exemplo, caso o consumidor resolva o contrato 6 meses antes do final do período de fidelização e o valor da mensalidade seja de € 40, o valor máximo que lhe poderá ser exigido é determinado tendo em conta os meses em falta (6 meses) e o valor da mensalidade (€ 40), pelo que não poderá ser superior a € 240.

Em matéria de contratos relativos a comunicações eletrónicas, o art. 48º-12 prevê expressamente a inadmissibilidade de o valor a pagar "corresponder automaticamente à soma do valor das prestações vincendas à data da cessação". O art. 48º-11 impõe que esse valor "não pode[...] ultrapassar os custos que o fornecedor teve com a instalação da operação". Estes preceitos, introduzidos pela Lei 15/2016, limitam, em alguns casos consideravelmente, o valor a pagar pelo utente.

[524] As eventuais normas regulamentares aprovadas pelo regulador, que estabeleçam regime diverso do descrito, não têm qualquer valor normativo, por falta de norma habilitante para impor um regime mais desfavorável ao consumidor em matéria de períodos de fidelização. Aliás, a tendência atual para as entidades reguladoras emitirem normas jurídicas por via regulamentar põe em causa os princípios democráticos ligados ao nosso Estado de direito. Em matéria de direito do consumo, estas entidades têm geralmente base legal mais do que suficiente para regular os respetivos setores de atividade, devendo concentrar-se nessa tarefa de garantir o cumprimento da lei. Em matérias como a publicidade ou as práticas comerciais desleais, muitas vezes ligadas aos períodos de fidelização, é evidente a falta de fiscalização da atividade dos profissionais pelas entidades reguladoras.

[525] Dália Shashati, *Períodos de Fidelização*, 2015, p. 86, considera que, neste caso, o princípio da boa-fé impõe que o contrato não se mantenha. Também Pedro Falcão, *Novos Estudos sobre Serviços Públicos Essenciais*, 2018, p. 116, entende que, se a alteração tiver por causa um motivo ponderoso, dando como exemplos um problema de saúde ou a colocação forçada noutro local de trabalho, não é justo exigir ao consumidor um pagamento.

Estas regras não afastam a aplicação do DL 56/2010[526]. O art. 2º-3 do DL 56/2010 estabelece que "é proibida a cobrança de qualquer contrapartida, além das referidas no número anterior, a título indemnizatório ou compensatório pela resolução do contrato durante o período de fidelização". O art. 2º-2 do DL 56/2010 pressupõe – interpretado extensivamente, parcialmente em linha com o art. 48º-2-*a*) e *c*) da Lei das Comunicações Eletrónicas – que o período de fidelização tem de estar associado a determinada vantagem. Essa vantagem pode consistir (i) num desconto, abatimento ou subsidiação na aquisição ou posse de equipamento que permite o acesso ao serviço de comunicações eletrónicas, hipóteses constantes da letra do art. 2º-2 do DL 56/2010, ou (ii) em outros aspetos, desde que previstos de forma expressa (e clara, no que respeita aos valores) no contrato, nos termos do art. 48º-2-*a*) da Lei das Comunicações Eletrónicas[527].

Esta é uma posição intermédia, podendo encontrar-se na jurisprudência posições diversas em cada um dos extremos. O Ac. do TRP, de 1/4/2014, seguido por outras decisões do mesmo tribunal, restringe a aplicação do DL 56/2010 aos casos em que é fornecido um equipamento[528]. Em sentido diametralmente oposto, pode ler-se no Ac. do TRP, de 26/6/2014, que, "se não tiver sido vendido, ou de outra forma fornecido, qualquer equipamento pelo operador da rede pública de comunicações electrónicas ao utente das comunicações electrónicas, aquelas normas do corpo do artigo 2º-2 e do artigo 2º-3 impedem que o operador cobre o que quer que seja pela resolução do contrato, resolução essa operada pelo utente durante o período de fidelização". Portanto, segundo esta decisão, que parte do pressuposto de que "a disciplina do DL 56/2010 não foi alterada ou derrogada pela entrada em vigor da Lei 51/2011"[529], a vantagem tem de estar relacionada com um equipamento, sob pena de o prestador de serviços de comunicações ele-

[526] Este diploma consagra um regime especial, que se aplica a qualquer utente – conceito definido no art. 1º-3 da Lei 23/96 – e não apenas a consumidores.

[527] Flávia da Costa de Sá, *Contratos de Prestação de Serviços de Comunicações Electrónicas*, 2014, pp. 42 e 43.

[528] Ac. do TRP, de 13/5/2014; Ac. do TRP, de 20/5/2014; Ac. do TRP, de 16/9/2014; Ac. do TRP, de 28/4/2015; Ac. do TRP, de 7/5/2015; Ac. do TRL, de 8/6/2017[1].

[529] Parece-nos correta a ideia de que o DL 56/2010 não foi alterado ou derrogado pela entrada em vigor da Lei 51/2011. Com efeito, sendo a Lei das Comunicações Eletrónicas (alterada pela Lei 51/2011) lei geral em relação ao DL 56/2010, parece-nos que a interpretação em sentido contrário, feita na jurisprudência citada na nota anterior, não é adequada.

trónicas não poder impor ao utente o pagamento de qualquer valor pelo incumprimento do período de fidelização.

Parece-nos que a interpretação mais adequada, por corresponder quer à letra quer ao espírito dos dois diplomas, é aquela que permite a sua compatibilização, aplicando-se o DL 56/2010 independentemente de ter sido fornecido um equipamento. No caso de não ter sido fornecido um equipamento, a vantagem para o utente afere-se com base em outros elementos [artigo 48º-2-*a*) da Lei das Comunicações Eletrónicas], desde que previstos no contrato. Esta interpretação sai hoje reforçada pela Lei 15/2016. Conhecendo o legislador, como se deve presumir, a divergência doutrinária e jurisprudencial em torno da questão, a não alteração do DL 56/2010 pela Lei 15/2016 parece apontar no sentido de que não se pretendeu restringir o seu âmbito.

Quanto ao valor a pagar em caso de incumprimento da cláusula, o art. 2º-2 do DL 56/2010 prevê que, nos primeiros 6 meses a contar do início do período de fidelização, o consumidor deve pagar, no máximo, 100% do valor da vantagem concedida em contrapartida da fidelização; após os primeiros 6 meses (e antes de se chegar ao último ano), o consumidor deve pagar, no máximo, 80%; no último ano do período de fidelização, o consumidor deve pagar, no máximo, 50%. Estas são as percentagens máximas, podendo o valor a pagar ser inferior, uma vez que ao valor da vantagem concedida em contrapartida da fidelização é subtraído, nos termos da norma, o valor das mensalidades entretanto pagas[530]. A solução que permite indexar o valor a pagar ao valor da vantagem tem o mérito de colocar em relevo o nexo quase sinalagmático[531] que existe entre o período de fidelização e a vantagem. Lembramos que o art. 48º-11 da Lei das Comunicações Eletrónicas impõe que esse valor "não pode[...] ultrapassar os custos que o fornecedor teve com a instalação da operação", custos que podem assim, limitar, o valor que resultaria da aplicação do art. 2º-2 do DL 56/2010.

Note-se, ainda, que ao valor da contrapartida por quebra do período de fidelização não é aplicável o procedimento de injunção, uma vez que a obrigação pecuniária dela resultante não emerge diretamente do contrato[532]. Como vimos, a determinação desse valor depende de vários fatores, não sendo possível determiná-lo apenas com base no documento contratual.

[530] Ac. do TRP, de 13/5/2014.

[531] Ac. do TRP, de 21/10/2014.

[532] Ac. do TRL, de 8/10/2015.

Em suma, se não for concedida uma vantagem em contrapartida do período de fidelização, o consumidor não tem de pagar nada[533]. O consumidor nunca pode ter de pagar mais do que a vantagem concedida, na medida dos custos que o profissional teve com a instalação do serviço. O valor da contrapartida pela quebra da fidelização diminui com o tempo, uma vez que se pressupõe que a vantagem concedida vai sendo amortizada. O regime é imperativo no que respeita aos valores máximos, mas podem ser fixados valores inferiores.

2.3. Direito de arrependimento

Neste ponto, procede-se a uma análise de aspetos gerais relacionados com o direito de arrependimento, reservando-se o estudo do regime aplicável para os capítulos em que são tratados os contratos celebrados à distância e fora do estabelecimento e os contratos de crédito ao consumo.

2.3.1. Introdução

O direito de arrependimento constitui atualmente uma das figuras mais emblemáticas do direito do consumo, sendo mesmo considerado um dos seus institutos verdadeiramente inovadores e autónomos[534]. Surgiu essencialmente para dar resposta aos problemas colocados pela insuficiência do regime geral da invalidade dos vícios da vontade, em especial da coação e do erro[535].

A sua origem remonta aos anos 70, em áreas específicas da legislação de alguns países europeus. Em Portugal, a figura foi recebida por via do direito europeu, com a transposição da Diretiva 85/577/CEE pelo DL 272/87, entretanto revogado.

A lei utiliza expressões diferentes para designar a mesma realidade ou realidades próximas, não sendo o critério da designação legal um elemento determinante para a interpretação e qualificação da natureza do direito atribuído em cada caso. A inclusão ou exclusão de um caso do âmbito da expressão direito de arrependimento depende da sua definição e, portanto, do número de elementos que se entende serem caraterizadores da figura.

[533] Ac. do TRP, de 26/6/2014.

[534] Carlos Ferreira de Almeida, "O Futuro do Direito do Consumo", 2016, p. 29.

[535] Carlos Lacerda Barata, "Contratos Celebrados Fora do Estabelecimento Comercial", 2016, p. 870.

Ao definir o direito de arrependimento como compreendendo "todas as hipóteses em que a lei concede a um dos contraentes (o consumidor) a faculdade de, em prazo determinado e sem contrapartida, se desvincular de um contrato através de declaração unilateral e imotivada"[536], limita-se a noção em função de cinco elementos: a fonte, o prazo, o preço, a unilateralidade e o fundamento. É necessário analisar cada elemento e perceber se é essencial para a caraterização do direito de arrependimento.

Em relação à fonte, limita-se na definição citada o direito de arrependimento aos casos em que este é concedido pela lei, mas um direito similar atribuído contratualmente a uma das partes não deve ser excluído da noção[537], desde que contenha os elementos essenciais desta figura. O direito de arrependimento do consumidor pode, assim, ter fonte contratual. As partes são livres de acordar um prazo dentro do qual o contrato pode deixar de produzir efeitos, na sequência de declaração do consumidor. Trata-se de uma prática relativamente comum, que tem na base políticas de satisfação do cliente, considerada até, incorretamente, por muitas pessoas como obrigatória[538]. Não existem normas específicas sobre o direito de arrependimento de fonte contratual, pelo que o seu regime jurídico é aquele que as partes definirem. As partes não podem, no entanto, alterar o regime aplicável a uma ocorrência de direito de arrependimento de fonte legal.

O prazo para o exercício do direito constitui um elemento importante (mas não essencial) da figura, uma vez que a própria noção de arrependimento pressupõe uma (tendencial) proximidade temporal com o contrato e não uma desvinculação a qualquer tempo, totalmente separada quer do processo de celebração quer do contacto direto com o bem ou serviço. Se se tratar de um contrato duradouro, a desvinculação do contrato por declaração de uma das partes dirigida à outra designa-se denúncia.

Quanto ao preço, está em causa a inexistência de contrapartidas, a pagar pela parte que exerce o direito de arrependimento, ou seja, o consumidor. Não nos parece que constitua um elemento essencial. Por um lado, admitindo-se o direito de arrependimento de fonte contratual, também não repugna que este possa ser adquirido pelo consumidor a título one-

[536] Carlos Ferreira de Almeida, *Direito do Consumo*, 2005, p. 105.

[537] José A. Engrácia Antunes, *Direito dos Contratos Comerciais*, 2009, pp. 327 e 328.

[538] Jorge Morais Carvalho, "Avaliação Legislativa e Perspetivas de Desenvolvimento – Inquérito sobre o Incumprimento dos Contratos", 2013, p. 78.

roso; claro que se o preço, numa situação limite, for o valor do bem ou serviço, então a atribuição do direito é inútil e pode mesmo ser enganosa. Por outro lado, trata-se ainda do exercício deste direito quando se imponha ao consumidor o pagamento de algumas (ou todas as) despesas que o profissional tenha tido com vista ao cumprimento do contrato.

A unilateralidade é uma caraterística essencial do direito de arrependimento. Assim, o direito é exercido por declaração de uma das partes, mesmo contra a vontade da outra. Se houver acordo entre as partes para a cessação do contrato, diz-se que o contrato é revogado.

A desnecessidade de indicação de um motivo para o exercício do direito também é uma caraterística essencial do direito de arrependimento, sendo talvez a mais relevante e distintiva em relação a figuras próximas. Com efeito, a circunstância de o contrato ter sido pontualmente cumprido pelo profissional e de o bem ou serviço revelar uma excelente qualidade em nada afetam o direito do consumidor a desvincular-se do contrato.

Assim, propõe-se a seguinte definição de direito de arrependimento: direito concedido legal ou contratualmente ao consumidor de se desvincular unilateralmente de um contrato, sem necessidade de indicação de um motivo.

2.3.2. Ocorrências e fundamentos

Não existe uma regra geral de direito do consumo que permita o arrependimento em todos os contratos, pelo que o direito de arrependimento só pode ser exercido nos casos em que se encontre previsto na lei ou no contrato.

Começando pelo direito de arrependimento de fonte contratual, deve notar-se que este pode ser livremente acordado entre as partes, tendo como fundamento, em regra, a promoção de um profissional ou de determinados bens ou serviços. Trata-se de uma estratégia de *marketing*, com base jurídica, no sentido de angariar e manter clientes. Reid Hoffman e Ben Casnocha são claros neste aspeto, ao referir que determinado estabelecimento (Zappos) tem "um serviço de apoio ao cliente espantoso. Enquanto outras sapatarias *online* [...] ofereciam um prazo de devolução de 30 dias, a Zappos ganhou reputação ao ser a primeira a garantir um prazo de devolução de 365 dias para todos os produtos vendidos"[539]. A possibilidade de desistir do contrato incentiva o consumidor a adquirir o bem ou serviço,

[539] Reid Hoffman e Ben Casnocha, *Start-Up – Um Novo Futuro*, 2012, p. 38.

defendendo-se que, nos casos em que o direito é atribuído, o exercício do direito é menos provável do que o seu não exercício[540].

Na lei, o direito de arrependimento encontra-se previsto no regime dos contratos celebrados à distância (art. 10º do DL 24/2014), incluindo os relativos a serviços financeiros (art. 19º do DL 95/2006). Nestes contratos, o fundamento depende do meio de comunicação utilizado. Nos contratos celebrados na sequência de contacto telefónico, o principal motivo está relacionado com a pressão no sentido da celebração do contrato, pelo que é dado ao consumidor algum tempo para refletir acerca da manutenção do contrato. Nos demais contratos celebrados à distância, a principal razão é a inexistência de contacto físico, por um lado, entre o consumidor e o bem ou serviço[541], não podendo ser verificadas as suas caraterísticas, e, por outro lado, entre o consumidor e o profissional, não podendo averiguar-se da sua credibilidade.

Nos contratos celebrados fora do estabelecimento (art. 10º do DL 24/2014) e nos contratos especiais esporádicos (art. 25º-2 do DL 24/2014), o principal fundamento para o direito de arrependimento baseia-se na circunstância de se tratar de métodos muito agressivos de comercialização, em que o consumidor é surpreendido e persuadido à celebração de contratos[542], não tendo capacidade para comparar as condições oferecidas por outros profissionais[543] e tendo por vezes dificuldade para dizer *não*[544]. Também se verifica uma desconfiança da lei em relação a estes contratos, procurando minimizar-se as ocorrências.

O art. 9º-7 da LDC contém uma norma residual, que atribui um direito de arrependimento ao consumidor nos contratos que resultem da inicia-

[540] Carlos Ferreira de Almeida, *Direito do Consumo*, 2005, p. 109.

[541] Geraint Howells, "The Right of Withdrawal in European Consumer Law", 2002, p. 231; Elsa Dias Oliveira, "Tutela do Consumidor na Internet", 2004, p. 346; Mariana Bernal-Fandiño, "Ventas a Distancia y su Tratamiento en el Nuevo Estatuto del Consumidor", 2012, p. 53; João Pedro Leite Barros, "O Direito de Arrependimento nos Contratos Eletrônicos de Consumo Como Forma de Extinção das Obrigações", 2018, p. 121.

[542] António Gama Ramos, "Contratos de Venda ao Domicílio", 2002, p. 251; José A. Engrácia Antunes, *Direito dos Contratos Comerciais*, 2009, p. 325.

[543] Geraint Howells, "The Right of Withdrawal in European Consumer Law", 2002, p. 231; M. C. Ferrer, "Las Llamadas «Ventas Domiciliarias» y el Derecho a Revocar la Aceptación", 2009, p. 212.

[544] Basil Markesinis, H. Unberath e A. Johnston, *The German Law of Contract*, 2006, p. 273.

tiva do profissional fora do estabelecimento comercial. Algumas situações não abrangidas pelos regimes dos contratos celebrados à distância e fora do estabelecimento podem ser incluídas neste preceito, embora a sua utilidade prática tenha sido significativamente reduzida com o alargamento do conceito de contrato celebrado fora do estabelecimento, operado pelo DL 24/2014 [art. 3º-g)]. Note-se que, após a alteração operada no art. 9º-7 da LDC pela Lei 47/2014, o prazo para o exercício do direito passou a ser de 14 dias, aplicando-se o regime previsto nos arts. 10º a 17º do DL 24/2014, que regulam o direito de arrependimento nos contratos celebrados à distância e fora do estabelecimento.

O contrato de crédito ao consumo tem especial relevância socioeconómica, o que justifica a consagração de um direito de arrependimento (art. 17º do DL 133/2009). Presume-se que se trata de negócio importante na vida do consumidor, comprometendo possivelmente o seu futuro, pelo que se pretende que tenha o tempo suficiente para decidir se deseja vincular-se naqueles termos[545].

Nos contratos de viagem organizada (art. 25º do DL 17/2018)[546], a razão para a atribuição do direito é essencialmente a disparidade entre os elementos de que o consumidor e a agência dispõem para avaliar os termos do contrato, em especial as condições da viagem e a qualidade dos serviços associados[547].

O direito de arrependimento é conferido nos contratos relativos a direitos de habitação turística (arts. 16º, 19º e 49º do DL 275/93) por três razões principais. Em primeiro lugar, estes direitos são, desde sempre, essencialmente transmitidos por via de contratos celebrados na sequência de técnicas de comercialização agressivas[548]. No entanto, este regime não se aplica aos contratos relativos a bens imóveis, o que justificou a necessidade de

545 Geraint Howells, "The Right of Withdrawal in European Consumer Law", 2002, p. 231; Fernando de Gravato Morais, *Contratos de Crédito ao Consumo*, 2007, p. 156; Hugo Ramos Alves, "Sobre o Dito «Paternalismo Contratual»", 2014, p. 76.

546 Sobre o conceito de viagem organizada: Jorge Morais Carvalho, "Conceito de Viagem Organizada na Directiva 90/314/CEE e no Decreto-Lei nº 209/97", 2011; Luís Espírito Santo, *O Contrato de Viagem Organizada*, 2016, pp. 40 e 41.

547 Massimo Fragola, "La Corte di Giustizia Ritorna sui Pacchetti Turistici «Tutto Compreso»", 2002, p. 490; Elsa Dias Oliveira, "A Proteção do Consumidor nas Viagens Organizadas", 2016, p. 221.

548 Lucía Costas Rodal, "Aprovechamento por Turno de Bienes Inmuebles de Uso Turístico", 2009, p. 2706.

prever especificamente este direito. A segunda razão é a desconfiança da lei em relação à circunstância de o consumidor querer efetivamente celebrar um contrato relativo a direitos de habitação turística[549]. A terceira razão, ligada a esta última, consiste na necessidade de proteger o consumidor com o objetivo de promover e regular a atividade turística, evitando situações de abuso por parte de algumas empresas. A conjugação destes três fatores explica a atribuição do direito, pretendendo-se que, neste caso, o consumidor reflita sobre o contrato celebrado de forma mais aprofundada do que noutros negócios.

Tal como referido em relação ao direito de arrependimento de fonte contratual, também nos casos em que o direito resulta da lei o profissional pode ser beneficiado pela existência do direito. Por um lado, a existência do direito pode levar o consumidor a arriscar mais, contratando por saber da possibilidade de arrependimento, o que constitui uma vantagem, em especial se a reputação do profissional não for afetada pelas incidências do negócio. Neste sentido, por incentivar a contratação, resultado de maior confiança do cliente, considera-se que o direito de arrependimento tem como fundamento a proteção do mercado. Por outro lado, permite limitar os efeitos nefastos sobre a concorrência que resultam da utilização de técnicas de comercialização especialmente agressivas por parte de alguns profissionais.

Os fundamentos podem portanto dividir-se em quatro grupos principais: resposta a uma técnica de contratação agressiva, concedendo ao consumidor tempo para uma decisão refletida; resposta à disparidade no conhecimento sobre o bem ou serviço ou a credibilidade do profissional; proteção do contraente, tendo em conta a relevância socioeconómica do contrato; proteção do mercado, para incentivo à contratação[550].

[549] Manuel Januário da Costa Gomes, "Sobre o «Direito de Arrependimento» do Adquirente de Direito Real de Habitação Periódica", 1995, p. 79.

[550] Enrique Rubio Torrano, "Contratación a Distancia", 2002, pp. 68 a 71; Elsa Dias Oliveira, *A Protecção dos Consumidores nos Contratos Celebrados Através da Internet*, 2002, pp. 94 a 96; Carlos Ferreira de Almeida, *Direito do Consumo*, 2005, pp. 107 a 109; Fernanda Neves Rebelo, "O Direito de Livre Resolução", 2007, pp. 591 a 595; Alexandra Teixeira de Sousa, *O Direito de Arrependimento nos Contratos Celebrados à Distância e Fora do Estabelecimento*, 2015, pp. 53 e 54.

2.3.3. Natureza jurídica

A designação dada a este direito é muito variada.

Encontramos referências a direito de resolução (DL 275/93; art. 18º do DL 143/2001; DL 357-D/2007; Diretiva 2008/122/CE), direito de livre resolução (art. 6º do DL 143/2001; DL 95/2006; DL 72/2008; DL 24/2014; LDC), direito de rescisão (Diretiva 97/7/CE; DL 61/2011; DL 17/2018), direito de revogação (DL 359/91), direito de livre revogação (DL 133/2009), direito de renúncia (Diretiva 85/577/CEE), direito de retratação (Diretiva 2008/48/CE; Diretiva 2011/83/UE), direito de desistir ou de desistência[551], direito de reflexão[552], direito de repensar[553], direito de livre desvinculação[554] e direito de arrependimento[555].

Opta-se por direito de arrependimento por se entender que se trata de uma figura distinta, que não corresponde a nenhuma das outras figuras.

A retratação é uma figura reservada no direito português para uma declaração que tenha como objetivo evitar a produção de efeitos de outra declaração, exigindo-se como requisito de validade que o destinatário tenha conhecimento dela antes da (ou em simultâneo com a) outra[556]. O direito de arrependimento pressupõe um contrato já celebrado[557], pelo que não é adequado falar-se em direito de retratação a este propósito.

[551] José A. Engrácia Antunes, *Direito dos Contratos Comerciais*, 2009, p. 325; José Engrácia Antunes, *Direito do Consumo*, 2019, p. 147.

[552] António Menezes Cordeiro, "Da Natureza Civil do Direito do Consumo", 2004, p. 639.

[553] João Calvão da Silva, *Banca, Bolsa e Seguros*, 2007, p. 85.

[554] Carlos Lacerda Barata, "Contratos Celebrados Fora do Estabelecimento Comercial", 2016, p. 919.

[555] Luís Menezes Leitão, "A Protecção do Consumidor contra as Práticas Comerciais Desleais e Agressivas", 2003, p. 166; António Menezes Cordeiro, "Da Natureza Civil do Direito do Consumo", 2004, p. 639; Carlos Ferreira de Almeida, *Direito do Consumo*, 2005, p. 105; Alexandre Junqueira Gomide, *Direito de Arrependimento nos Contratos de Consumo*, 2014; José Augusto Cerqueira dos Santos, *A Harmonização do Direito do Consumo – Recentes Desenvolvimentos ao Nível Europeu e Nacional*, 2015; Adelaide Menezes Leitão, "Nótula sobre a Protecção dos Consumidores no Regime Jurídico do Contrato de Seguro", 2016, p. 15; Dário Moura Vicente, *Direito Comparado*, Vol. II, 2017, p. 258; Pedro Falcão, *Novos Estudos sobre Serviços Públicos Essenciais*, 2018, p. 110, n. 16; David Falcão, *Lições de Direito do Consumo*, 2019, p. 111.

[556] Carlos Ferreira de Almeida, *Direito do Consumo*, 2005, p. 113.

[557] Aparentemente contra, face ao DL 359/91, cuja letra apontava neste sentido: Ac. do STJ, de 26/9/2013.

Quanto à revogação, embora parte da doutrina admita a possibilidade de esta ser unilateral[558], parece não se tratar da designação mais adequada[559], uma vez que é essencialmente utilizada para os casos em que um negócio jurídico se extingue por vontade do seu autor (se apenas tiver um autor) ou dos seus autores (se tiver mais do que um autor). Tratando-se de um contrato, o negócio jurídico tem mais do que um autor, pelo que a revogação diz respeito ao modo de extinção por acordo das partes[560]. Acrescenta-se que a revogação geralmente produz efeitos apenas para o futuro[561] e o direito de arrependimento tem em regra eficácia retroativa[562].

O direito de resolução e o direito de arrependimento são duas figuras muito próximas, embora apenas quando o contrato se considere celebrado sob condição resolutiva. Em qualquer caso, entende-se comummente que a resolução tem de ser vinculada, ou seja, tem de ter um fundamento legal ou convencional, um motivo que justifique o exercício do direito[563]. Ora, por definição, o exercício do direito de arrependimento é imotivado, pelo que, pelo menos para quem entenda a vinculação como requisito da resolução, não se trata de um direito de resolução do contrato[564].

558 Miguel Miranda, *O Contrato de Viagem Organizada*, 2000, p. 199; Pedro Romano Martinez, *Da Cessação do Contrato*, 2006, pp. 56 e 57.

559 Carlos Lacerda Barata, "Contratos Celebrados Fora do Estabelecimento Comercial", 2016, p. 918. Contra: Fernando de Gravato Morais, *Contratos de Crédito ao Consumo*, 2007, p. 153; José Carlos Brandão Proença, "Para a Necessidade de uma Melhor Tutela dos Promitentes-Adquirentes de Bens Imóveis", 2008, p. 14, n. 59; Rafael Paiva, "Estudos sobre a Directiva 2008/122/CE", 2009, p. 119; João Pedro Leite Barros, "O Direito de Arrependimento nos Contratos Eletrônicos e Consumo Como Forma de Extinção das Obrigações", 2018, p. 128. Jurisprudência: Ac. do TRP, de 19/1/2010.

560 Ana Prata, *Dicionário Jurídico*, 2008, p. 1310.

561 Ana Prata, *Dicionário Jurídico*, 2008, p. 1310; António Menezes Cordeiro, *Tratado de Direito Civil Português*, Vol. II, Tomo IV, 2010, p. 339.

562 Elsa Dias Oliveira, *A Protecção dos Consumidores nos Contratos Celebrados Através da Internet*, 2002, p. 109; Fernanda Neves Rebelo, "O Direito de Livre Resolução", 2007, p. 612.

563 António Menezes Cordeiro, *Tratado de Direito Civil Português*, Vol. II, Tomo IV, 2010, p. 340. Jurisprudência: Ac. do STJ, de 21/5/2009; Sentença do CICAP, de 12/4/2016; Sentença do CICAP, de 18/4/2016.

564 Elsa Dias Oliveira, *A Protecção dos Consumidores nos Contratos Celebrados Através da Internet*, 2002, p. 109; Carolina Cunha, "Métodos de Venda a Retalho Fora do Estabelecimento", 2005, p. 298; Fernanda Neves Rebelo, "O Direito de Livre Resolução", 2007, p. 612; Sofia Nascimento Rodrigues, "O Direito de Resolução do Investidor na Contratação de Serviços Financeiros à Distância", 2007, p. 256; Carlos Lacerda Barata, "Contratos Celebrados Fora do Estabelecimento Comercial", 2016, p. 917.

Para mostrar a proximidade com a resolução, evitando ao mesmo tempo uma associação total entre as duas figuras, optou-se em parte da nossa legislação pelo recurso à expressão *direito de livre resolução*[565]. Trata-se de uma fórmula simples e apelativa, mas não é a melhor solução para esta questão. Em primeiro lugar, porque se encontra muito associada à resolução do contrato e, como se salientou, nem sempre a lei portuguesa adota o modelo da eficácia resolúvel do contrato. Em segundo lugar, porque não salienta suficientemente a especificidade da figura, sendo preferível para esse efeito a adoção de terminologia própria.

É neste sentido que se entende mais adequada a designação direito de arrependimento, com o objetivo de integrar todos os casos em que é concedido legal ou contratualmente ao consumidor o direito de se desvincular unilateralmente de um contrato, sem necessidade de indicação de um motivo.

O direito de arrependimento tem como principal caraterística a circunstância de o contrato em que é atribuído ser celebrado sob condição legal e potestativa. Em alguns casos, deriva do regime jurídico em causa que a condição é suspensiva, pelo que a produção de efeitos do contrato depende do facto negativo de o consumidor não exercer o direito de arrependimento. Noutros, a condição é resolutiva, pelo que o exercício do direito extingue os efeitos do contrato.

É ainda variável, consoante o regime jurídico definido legalmente, a circunstância de o exercício do direito ter ou não ter eficácia retroativa. Embora a regra seja a da retroatividade (eficácia *ex tunc*), quando o consumidor tem de pagar pelo preço do bem ou serviço efetivamente prestado, durante o período de pendência da condição, o exercício do direito tem eficácia *ex nunc*.

2.4. Cumprimento do contrato

O regime geral do CC relativo ao cumprimento e não cumprimento das obrigações (arts. 762º a 836º) aplica-se às relações jurídicas de consumo em tudo o que não estiver regulado por norma especial.

565 Elsa Dias Oliveira, *A Protecção dos Consumidores nos Contratos Celebrados Através da Internet*, 2002, p. 109; Fernanda Neves Rebelo, "O Direito de Livre Resolução", 2007, p. 613; Sofia Nascimento Rodrigues, "O Direito de Resolução do Investidor na Contratação de Serviços Financeiros à Distância", 2007, p. 256.

Nos termos do art. 762º-1, "o devedor cumpre a obrigação quando realiza a prestação a que está vinculado", a qual "deve ser realizada integralmente e não por partes, exceto se outro for o regime convencionado ou imposto por lei ou pelos usos" (art. 763º-1). Consagra-se aqui o princípio da pontualidade, que impõe ao devedor o cumprimento da obrigação ponto por ponto[566].

No direito do consumo, a prestação principal do profissional consiste, normalmente, no fornecimento de um bem (com ou sem transferência de propriedade, dependendo do contrato em causa), na prestação de um serviço ou na transmissão de um direito e a prestação do consumidor no pagamento de um preço. Existem exceções, admitindo-se os contratos de consumo gratuitos (por exemplo, a oferta de um brinde com objetivos promocionais) e os contratos de consumo em que o consumidor também fornece um bem (por exemplo, um contrato de troca de bens).

Além da prestação principal, que pode ser plural, no caso de abranger mais do que um objeto, pode nascer com a celebração do contrato um grande número de deveres acessórios, mais ou menos relevantes, mas vinculativos para as partes. Estes deveres podem resultar da lei. Por exemplo, nos termos do art. 7º-2 do DL 9/2015, nos contratos de prestação de serviços de transporte rodoviário, o passageiro não pode, entre outros comportamentos, entrar ou sair do veículo quando este esteja em movimento, projetar objetos para o exterior ou apoiar os pés diretamente sobre os estofos.

2.4.1. Boa-fé na realização das prestações

Em relação à realização de todas as prestações, exige-se que as partes procedam de boa-fé (art. 762º-2 do CC).

A concretização do conceito de boa-fé, que tem forte relação com o princípio da dignidade da pessoa humana[567], deve ser mais exigente no domínio das relações de consumo, uma vez que o art. 9º-1 da LDC estatui que "o consumidor tem direito à proteção dos seus interesses económicos, impondo-se nas relações de consumo a igualdade material dos intervenientes, a lealdade e a boa-fé, [...] na vigência dos contratos". Esta norma aplica-se

[566] INOCÊNCIO GALVÃO TELLES, *Direito das Obrigações*, 1997, p. 222.

[567] PAULO R. ROQUE A. KHOURI, "Cláusulas Gerais, Boa Fé, Dignidade da Pessoa Humana e Segurança Jurídica", 2016, p. 43.

quer ao consumidor quer ao profissional[568], embora se deva entender que o seu principal objetivo consiste em reforçar a posição do consumidor face ao regime geral do Código Civil.

Além de reforçar o dever de proceder segundo a boa-fé no cumprimento da obrigação, impõe-se às partes uma responsabilidade pós-contratual, baseada no respeito por este princípio mesmo após a realização das prestações (principais).

O art. 9º-5 da LDC atribui ao consumidor um direito subjetivo à assistência pós-venda. Assim, "o consumidor tem direito à assistência após a venda, com incidência no fornecimento de peças e acessórios, pelo período de duração média normal dos produtos fornecidos".

Este direito não se confunde com a garantia, legal ou comercial, existindo mesmo depois de os prazos daquela terem decorrido. A norma impõe a quem fornece um bem de consumo a oferta de um serviço pós-venda adequado, que permita ao consumidor, no exercício deste direito, solicitar a reparação do bem ou comprar uma peça ou um acessório, entre outras faculdades.

As condições impostas pelo profissional para o exercício do direito (v.g., preço) não podem ser muito desfavoráveis para o consumidor, com o objetivo de o incentivar a adquirir um bem novo, devendo o juízo relativo ao incumprimento do preceito ser feito tendo em conta o respeito pelo princípio da boa-fé.

Esta é a principal norma que, no ordenamento jurídico português, permite combater a obsolescência programada, ou seja, a utilização consciente de técnicas pelo produtor com vista a reduzir o tempo de vida útil de um bem, criando a necessidade de compra de outro bem, em substituição, pelo consumidor[569]. Este tema tem sido objeto de ampla discussão, na Europa e no Mundo, existindo mesmo já resposta a nível legislativo. Podemos referir, a este propósito, o Code de la Consommation francês, que pune criminalmente esta prática, de forma expressa, desde 2015[570].

Impõe-se, ainda, que o acesso ao serviço de assistência após a celebração do contrato por parte do profissional, em especial nos contratos de execução continuada ou periódica, não seja dificultado.

[568] PAULO R. ROQUE A. KHOURI, *Direito do Consumidor*, 2013, p. 61.

[569] STEFAN WRBKA, "Warranty Law in Cases of Planned Obsolescence", 2017, p. 67; CLÁUDIA ALMEIDA, "Não há Peças para o Robô de Cozinha de António", 2019, p. 110.

[570] GILLES PAISANT, *Défense et Illustration du Droit de la Consommation*, 2015, p. 248.

O art. 9º-D da LDC estabelece que "a disponibilização de linha telefónica para contacto no âmbito de uma relação jurídica de consumo não implica o pagamento pelo consumidor de quaisquer custos adicionais pela utilização desse meio, além da tarifa base, sem prejuízo do direito de os operadores de telecomunicações faturarem aquelas chamadas".

Chamado a pronunciar-se sobre o conceito de "tarifa base", o TJUE (Ac. de 2/3/2017) veio declarar que este "deve ser interpretado no sentido de que o custo de uma chamada relativa a um contrato celebrado e para uma linha telefónica de apoio ao cliente explorada por um profissional não pode exceder o custo de uma chamada normal para uma linha telefónica fixa geográfica ou móvel".

É, assim, inadmissível que o número de telefone disponibilizado pelo profissional implique custos acrescidos em relação a uma chamada normal para um telefone fixo ou móvel. Não pode, por exemplo, ser disponibilizado um número iniciado por 707, devendo apenas ser admitidos os números começados por 2 ou 9 ou, naturalmente, os números gratuitos.

Esta norma aplica-se a todos os contratos de consumo, mas tem particular relevância nos contratos duradouros, nomeadamente os relativos a serviços públicos essenciais, em que a relação existente entre as partes pressupõe o estabelecimento de contactos por iniciativa do consumidor. Exemplificando, num contrato relativo a comunicações eletrónicas, a utilização da linha telefónica de apoio ao cliente do prestador de serviços não pode implicar custos para o consumidor que excedam os de uma chamada normal para um número de telefone fixo ou móvel.

Mesmo que não existisse esta regra na LDC, a disponibilização de um "707" como único meio de contacto sempre constituiria uma forma de desincentivar o consumidor a contactar o serviço de assistência, que não poderia ser tolerada pelo direito, por violação do princípio da boa-fé.

O art. 9º-D vem, no entanto, esclarecer que, mesmo que existam outros meios de contacto, a disponibilização de uma linha telefónica não pode implicar custos acrescidos para o consumidor.

No Ac. de 13/9/2018[1], o TJUE vem reforçar esta ideia, ao concluir que é ilícita a prática em que o profissional utiliza dois números, um sem custos acrescidos e outro com custos acrescidos, mesmo que informe os consumidores de forma adequada da existência dos dois números. O profissional apenas pode, portanto, disponibilizar números sem custos acrescidos para o consumidor.

Noutro domínio, será tendencialmente contrária à boa-fé a proposta de venda de um bem por um valor reduzido, sem indicação de que os acessórios, essenciais para o seu funcionamento (por exemplo, pilhas) ou para cumprir a sua função principal (por exemplo, os jogos numa consola ou os tinteiros numa impressora), são vendidos em separado e por um valor superior. Neste caso, não se deve admitir que o consumidor fique limitado na sua atuação, constrangido à celebração de outros contratos, mais onerosos do que poderia esperar quando se formou o primeiro negócio.

Apesar de o art. 9º da LDC ter como principal destinatário o profissional, a exigência de boa-fé também vincula o consumidor. Assim, por exemplo, se um consumidor adquire um bem com cláusula legal ou contratual de arrependimento, não pode celebrar o contrato com o único objetivo de utilizar o bem e depois o devolver, uma vez que esta pretensão é contrária à boa-fé[571]. Além da boa-fé, o exercício do direito, nesta situação, seria certamente contrário ao seu fim económico e social. Com efeito, o direito de arrependimento visa, na generalidade dos casos, promover uma ponderação efetiva por parte do consumidor, depois de ter contacto com o bem. Se o consumidor já sabe que vai exercer o direito quando celebra o contrato, está a ser contrariado o objetivo associado à sua consagração.

Além de outras consequências legais ou contratualmente previstas, o incumprimento do dever de proceder segundo a boa-fé no cumprimento do contrato pode gerar responsabilidade contratual.

2.4.2. Pagamento do preço

A boa-fé também releva no que respeita a questões relacionadas com o pagamento do preço pelo consumidor, nomeadamente quanto aos meios de pagamento à sua disposição.

A regra geral é a de que o profissional pode limitar o pagamento do preço do bem ou serviço a apenas um meio de pagamento (por exemplo, exigindo o pagamento em numerário), desde que uma cláusula neste sentido seja incluída na sua declaração contratual.

Além dos limites a esta liberdade impostos pela boa-fé, o art. 63º-E-1 da Lei Geral Tributária, introduzido pela Lei 92/2017, vem proibir o pagamento do preço em numerário se o valor for igual ou superior a € 3000.

571 Ânia Marques Florença, *O Abuso do Direito no Direito do Consumo*, 2015, p. 80.

Já o art. 3º do DL 3/2010 vem proibir a cobrança de qualquer valor por parte de um profissional pela utilização de um determinado instrumento de pagamento, nomeadamente cartões de débito ou de crédito. Assim, proíbe-se o profissional de propor um preço diferente ou de *oferecer* um desconto em função do meio de pagamento utilizado.

Nos contratos de TVDE (Uber, Cabify, etc.), o art. 15º-7 da Lei 45/2018 apenas permite o pagamento através de meios eletrónicos, proibindo, entre outros, o pagamento em numerário (v. *infra* 3.6).

O Regime Jurídico dos Serviços de Pagamento e da Moeda Eletrónica, aprovado pelo DL 91/2018, regula a relação entre o prestador de serviços de pagamento e o utilizador de serviços de pagamento[572], nomeadamente no âmbito da execução de operações de pagamento como débitos diretos ou transferências a crédito ou através de cartão de pagamento.

Outra questão relevante em sede de pagamento do preço pelo consumidor está relacionada com a disponibilização de trocos por parte do profissional. Será que o profissional tem a obrigação de dispor de trocos em quantidade suficiente para satisfazer todos os pedidos dos clientes? De quem é a responsabilidade pela inexistência de trocos (ou seja, quem é que tem de tomar medidas para obter trocos no caso de se verificar que estes não são suficientes)?

A resposta para estas questões tem de ser dada em articulação com o respeito pelo princípio da boa-fé (art. 762º-2 do CC). O credor deve dispor de trocos suficientes para um volume de transações normal. Assim, um grande hipermercado deve dispor de mais trocos do que um pequeno estabelecimento comercial de bairro. O devedor deve proceder ao pagamento do bem ou serviço com um montante adequado ao preço, podendo ser contrário à boa-fé apresentar para pagamento uma nota de valor consideravelmente superior ao valor devido.

Em alguns casos, a pouca disponibilidade de trocos pode estar relacionada com questões de segurança, diminuindo-se assim o risco de assalto a alguns profissionais, nomeadamente em meios de transporte acessíveis

[572] Maria Raquel Guimarães, "Os Contratos-Quadro de Prestação de Serviços de Pagamento", 2016. No Ac. do TRL, de 12/10/2017, conclui-se que "não basta que o prestador do serviço de pagamentos prove que o utilizador desse serviço introduziu no instrumento de pagamento os seus dados confidenciais para acesso ao mesmo, para que se conclua pela culpa do utilizador nas subsequentes operações fraudulentas de *homebanking* efectuadas por terceiro".

ao público (táxis, autocarros, etc.) ou locais de passagem (comerciantes de rua).

Noutros casos, a inexistência de trocos ou o seu limite consta de cláusula da declaração contratual do profissional, pelo que, com a aceitação da contraparte, esta integra o contrato. Por exemplo, numa máquina automática de venda de bens, admite-se que seja indicado que esta não dá troco, devendo ser introduzida a quantia exata. É igualmente comum, nos contratos à distância com convenção de entrega de um bem no domicílio, o acordo imediato, no momento da sua celebração, quanto ao montante de que o funcionário que faz a entrega deve dispor para fazer o troco.

Celebrado o contrato, se o credor não tiver trocos e não existir cláusula contratual para regular a situação, a regra deve ser a de que as medidas necessárias para o obter (designadamente, trocar a nota junto de outra pessoa) cabem ao profissional.

2.4.3. Lugar da prestação

São poucas as especificidades do direito do consumo no que respeita ao lugar do cumprimento da prestação, aplicando-se as regras gerais do CC no caso de não ter havido acordo das partes.

Existe normalmente acordo tácito entre as partes quanto ao lugar da prestação. Num contrato de compra e venda de um bem no estabelecimento comercial, a entrega é normalmente feita nesse estabelecimento (esta é aliás a regra supletiva do art. 773º do CC), tal como o pagamento do preço respetivo. Pode, no entanto, ser acordada a entrega posterior no local acordado pelas partes. Tratando-se de contrato de compra e venda celebrado à distância, do acordo deve resultar o local da entrega do bem, em regra escolhido pelo comprador.

No que respeita a serviços públicos essenciais, em que a obrigação do profissional consiste em permitir o acesso do utente a uma rede (água, eletricidade, telefone, etc.), sendo portanto uma prestação duradoura, de execução continuada, o lugar da prestação pode variar, uma vez que os atos necessários para o cumprimento podem ser realizados em vários locais, em simultâneo (no caso da eletricidade, por exemplo, a barragem, a manutenção dos cabos, a ligação a um imóvel, etc.). No entanto, para o utente, o lugar relevante da prestação, fora do qual o contrato deixa de ter utilidade, sendo portanto elemento essencial deste, é aquele em que pretende ter acesso ao bem ou serviço: tratando-se de eletricidade ou Internet fixa[573], determinada residência; tratando-se de telefone móvel, o local em que se encontre.

Será que o prestador do serviço de acesso à Internet móvel cumpre as regras relativas ao lugar da prestação no caso de o utente não ter acesso à rede no seu domicílio? A resposta para esta questão tem de ser dada tendo em conta o respeito pelo princípio da boa-fé, sendo certo que o domicílio é um dos locais mais relevantes para o consumidor. No limite, se o contrato for celebrado numa determinada aldeia e essa aldeia não se encontrar coberta por aquele operador, o profissional não cumpre o contrato; se o utente residir numa casa isolada, onde não fosse objetivamente previsível que houvesse cobertura de rede, esse não deve ser considerado um lugar relevante de cumprimento[574].

Mesmo que se considere que não se verifica o incumprimento da obrigação, neste caso, tal como noutros, sendo o lugar da prestação um elemento essencial do contrato, o utente pode anular o contrato com base em erro sobre os motivos (art. 252º do CC). Note-se que o acordo sobre a essencialidade do motivo a que alude o art. 252º-1 não tem de ser expresso, podendo ser tácito[575] e, portanto, resultar de elementos objetivos ou subjetivos atinentes ao contrato celebrado, desde que expectáveis pelas partes.

2.4.4. Prazo da prestação

Na generalidade dos contratos de consumo celebrados na presença física e simultânea das partes, o bem ou serviço é prestado imediatamente após o acordo, em simultâneo ou imediatamente a seguir ao pagamento do preço. Nos estabelecimentos que funcionam em sistema de autosserviço, a entrega do bem ou serviço coincide com a celebração do contrato. Já nos estabelecimentos que funcionam num sistema de pré-pagamento, é o pagamento do preço que coincide com a celebração do contrato.

Nos casos em que a prestação não é efetuada no momento da celebração do contrato, a regra geral do art. 777º-1 do CC é a de que "o credor tem o direito de exigir a todo o tempo o cumprimento da obrigação, assim como o devedor pode a todo o tempo exonerar-se dela". Contudo, em mui-

[573] Sentença do CNIACC, de 23/7/2012.

[574] Flávia da Costa de Sá, *Contratos de Prestação de Serviços de Comunicações Electrónicas*, 2014, p. 52.

[575] Pires de Lima e Antunes Varela, *Código Civil Anotado*, Vol. I, 1987, p. 236.

tos casos, torna-se "necessário o estabelecimento de um prazo, quer pela natureza da própria prestação [por exemplo, um contrato para a reparação de um bem ou para a realização de qualquer outra obra], quer por virtude das circunstâncias que a determinaram, quer por força dos usos", sendo a fixação, não havendo acordo das partes, "deferida ao tribunal" (art. 777º-2). Este recurso ao tribunal não é adequado à generalidade dos contratos de consumo, em que o interesse do consumidor corresponde a um rápido cumprimento da obrigação por parte do profissional. Princípio fundamental é, também aqui, o da boa-fé no cumprimento da obrigação (art. 762º-2 do CC), norma transversal a todo o regime e central no que respeita à questão de saber qual o prazo da prestação.

O art. 9º-B da LDC, aditado pela Lei 47/2014, consagra um regime especial no que respeita ao cumprimento da obrigação de entrega do bem pelo profissional.

O art. 9º-B-1 da LDC determina que os bens devem ser entregues na data (ou período) indicada pelo consumidor (após a celebração do contrato), salvo se existir acordo entre as partes em sentido contrário, ou seja, nos casos em que o prazo é fixado no próprio contrato.

Não tendo sido fixado um prazo, o profissional deve entregar o bem ao consumidor "sem demora injustificada" (art. 9º-B-2). Trata-se de um conceito indeterminado, que tem de ser interpretado tendo em conta as legítimas expetativas do consumidor quando celebra o contrato. O *prazo máximo* é de 30 dias após a celebração do contrato. Este prazo de 30 dias só é aplicável se a entrega num prazo inferior não for exigível por força do critério geral da "demora injustificada". Em muitos casos, o prazo de trinta dias é claramente excessivo[576]. Assim, se alguém celebra um contrato com vista a assistir a um espetáculo que se realiza cinco dias depois, a entrega do título (bilhete) tem de ocorrer em tempo útil para se poder assistir a esse espetáculo[577]; se alguém compra bens num supermercado

576 Elsa Dias Oliveira, "Contratação Eletrónica e Tutela do Consumidor", 2017, p. 145, n. 38.

577 No caso de um espetáculo, a data e a hora do seu início constituem normalmente elementos essenciais do contrato, acordados entre as partes por via de indicação expressa por parte do seu promotor. Tratando-se de espetáculo de natureza artística, a data e a hora do seu início devem ser disponibilizadas ao público de forma visível nos locais e plataformas de comercialização [art. 6º-1-*d*) do DL 23/2014], havendo lugar à restituição do preço – por via da resolução do contrato, que resulta tacitamente do pedido de restituição – no caso de o

online, não conta com um prazo de trinta dias para a sua entrega[578]. Nestes casos, além de se poder entender que existe um acordo tácito entre as partes para o cumprimento da obrigação num prazo mais curto, o consumidor pode invocar o princípio da boa-fé.

O art. 19º-1 do DL 24/2014 contém uma norma que respeita ao prazo de cumprimento da obrigação por parte do profissional nos contratos celebrados à distância[579]. Esta norma, especial em relação ao art. 9º-B da LDC, é menos favorável ao consumidor, uma vez que, por um lado, prevê apenas o prazo de 30 dias, sem referência à demora injustificada, e, por outro lado, estabelece que o prazo começa a contar no dia seguinte ao da celebração do contrato e não no dia da celebração do contrato. Tendo em conta que, por um lado, não faz sentido que o consumidor se encontre menos bem protegido nos contratos celebrados à distância do que nos contratos de consumo em geral e, por outro lado, o art. 18º-1 da Diretiva 2011/83/UE prevê o critério da demora injustificada e que o prazo conte a partir da data da celebração do contrato, tratando-se de uma diretiva de harmonização máxima, impõe-se uma interpretação ab-rogante do art. 19º-1 do DL 24/2014.

O art. 9º-B-4 da LDC determina que, não sendo o bem entregue, sucessivamente, na data acordada, na data fixada pelo consumidor ou sem demora injustificada, o consumidor tem o ónus (e não o direito, como resulta da letra da lei) de fixar um prazo adicional para a entrega do bem pelo profissional, prazo esse que deve ser "adequado às circunstâncias". Segue-se aqui, na transposição do art. 18º-2 da Diretiva 2011/83/UE, o regime geral

espetáculo não se realizar no local, data e hora marcados, da substituição do programa ou, não havendo programa, de artistas principais ou, neste caso com limitações, da interrupção do espetáculo (art. 9º-1). Este regime é igualmente aplicável, com adaptações, aos espetáculos tauromáquicos (art. 19º-4 do DL 89/2014).

[578] A distinção entre comércio eletrónico direto e indireto pode ter maior relevância jurídica nesta matéria. O comércio eletrónico direto refere-se aos contratos em que o cumprimento da obrigação principal por parte do profissional se realiza também através de meios eletrónicos, como a Internet, e o comércio eletrónico indireto aos contratos em que o cumprimento se efetua por meios tradicionais. Exemplo do primeiro é a comercialização de *software* através da Internet, sendo este enviado para o consumidor por correio eletrónico ou descarregado por este a partir de um sítio na Internet, e do segundo a venda de um livro numa livraria *online*, o qual é enviado pelo correio. O prazo de trinta dias é claramente excessivo na generalidade dos casos de comércio eletrónico direto, em que o consumidor tem a legítima expetativa de receber imediatamente o bem – Jorge Morais Carvalho, "Comércio Electrónico e Protecção dos Consumidores", 2006, pp. 60 e 61.

[579] Sentença do CICAP, de 6/2/2017; Sentença do CICAP, de 6/3/2017.

do art. 808º do CC, em caso de mora do devedor, nos termos do qual o credor deve fixar um prazo razoável para a realização da prestação.

Se o bem não for entregue dentro do prazo adicional, o consumidor pode resolver o contrato (art. 9º-B-5 da LDC). Segue-se novamente o regime geral: em caso de incumprimento no prazo suplementar concedido (art. 808º do CC), o credor pode resolver o contrato, se a falta de cumprimento for imputável ao devedor (art. 801º-2 do CC). Se a falta de cumprimento não for imputável ao devedor, o credor fica desobrigado da contraprestação (art. 795º-1 do CC), o que é, para este efeito, equivalente à resolução do contrato.

Nos termos do art. 9º-B-6 da LDC, o consumidor pode resolver imediatamente o contrato, sem ter de conceder ao profissional um prazo adicional, se este se tiver recusado a entregar o bem, sucessivamente, na data acordada, na data fixada pelo consumidor ou sem demora injustificada ou se a data de entrega for essencial, atendendo às "circunstâncias que rodearam a celebração do contrato", incluindo eventual cláusula contratual resultante de o consumidor ter indicado, na fase pré-contratual, que o prazo era essencial (por exemplo, bolo de casamento ou fato para um desfile).

O art. 9º-B-7 determina que, exercendo o consumidor o direito de resolução do contrato, de imediato ou depois de o profissional não ter entregue o bem no prazo adicional concedido, a restituição da totalidade do montante pago deve ser feita no prazo máximo de 14 dias a contar da data da declaração de resolução. Se a restituição não for feita no prazo de 14 dias, o art. 9º-B-8 estabelece que o consumidor tem direito à devolução em dobro do montante pago. A este direito de devolução em dobro, sanção civil muito pesada para o profissional, destinada a evitar o incumprimento do regime, acresce o direito a indemnização por danos patrimoniais e não patrimoniais sofridos pelo consumidor. Tratando-se de responsabilidade obrigacional, presume-se a culpa (art. 799º-1 do CC).

O art. 9º-B da LDC contém, assim, normas próximas das do regime geral[580] no que respeita à possibilidade de resolução do contrato pelo consumidor em caso de incumprimento da obrigação por parte do profissional, mas é especialmente protetor do consumidor em matéria de prazo de devolução do montante pago nos casos em que o contrato é efetivamente resolvido.

580 Joana Campos Carvalho, "Fundamentos de Resolução por Incumprimento", 2015.

3
Contratos de consumo em especial

Depois do estudo da teoria geral do contrato de consumo, procede-se agora a uma análise pormenorizada do regime aplicável a alguns contratos de consumo em especial, distinguindo-os, num primeiro momento, em função da prática comercial (contratos celebrados à distância e fora do estabelecimento e contratos celebrados em estabelecimentos automatizados) e, num segundo momento, em função do tipo contratual (venda de bens de consumo, serviços públicos essenciais, crédito ao consumo, transporte em veículo descaracterizado e alojamento local).

3.1. Contratos celebrados à distância e fora do estabelecimento

A matéria dos contratos celebrados à distância e fora do estabelecimento encontra-se regulada no direito português desde a entrada em vigor do DL 272/87[581]. Aproveitou-se a necessidade de transposição da Diretiva 85/577/CEE, que tratava apenas dos contratos celebrados fora do estabelecimento, para também introduzir disposições legais em matéria de contratos celebrados à distância. A Diretiva 97/7/CE[582], sobre contratos celebrados à distância, veio obrigar à alteração desse regime, tendo a transposição sido feita pelo DL 143/2001. A Diretiva 2011/83/UE[583], que se ocupa quer dos contratos celebrados à distância quer dos contratos celebrados

[581] Fernando dos Santos Silva, "Dos Contratos Negociados à Distância", 1996; Arnaldo Filipe Oliveira, "Contratos Negociados à Distância", 1996.
[582] Para um enquadramento da Diretiva 97/7/CE: Jorge Morais Carvalho, "Prestação de Informações nos Contratos Celebrados à Distância", 2007, pp. 21 a 34.
[583] Joasia A. Luzak e Vanessa Mak, "The Consumer Rights Directive", 2013.

fora do estabelecimento e é de harmonização máxima[584], tendo revogado as Diretivas 85/577/CEE e 97/7/CE, foi transposta pelo DL 24/2014, que revogou o DL 143/2001.

Na sequência da Diretiva 2011/83/UE, o DL 24/2014[585] regula os contratos celebrados à distância e fora do estabelecimento de forma tendencialmente unitária, o que sucede pela primeira vez no nosso ordenamento jurídico.

Em traços gerais, nos contratos celebrados à distância, o principal fator de desproteção do consumidor é a inexistência de proximidade com o profissional e com o bem[586], enquanto, nos contratos celebrados fora do estabelecimento (anteriormente designados contratos celebrados no domicílio e equiparados), o consumidor pode ter contacto com o profissional e com

[584] António Pinto Monteiro, "O Novo Regime da Contratação à Distância", 2015, p. 18; Sandra Passinhas, "A Directiva 2011/83/UE, do Parlamento Europeu e do Conselho, de 25 de Outubro de 2011, Relativa aos Direitos dos Consumidores", 2015, pp. 100-110.

[585] Sobre este regime, v. Jorge Morais Carvalho e João Pedro Pinto-Ferreira, *Contratos Celebrados à Distância e Fora do Estabelecimento Comercial*, 2014; Jorge Morais Carvalho, "Implementation of the Consumer Rights Directive: Portugal", 2014; Jorge Morais Carvalho e João Pedro Pinto-Ferreira, "Contratos Celebrados à Distância e Fora do Estabelecimento Comercial", 2016; Jorge Morais Carvalho, "Consumer Sales in Portugal After the Implementation of the Consumer Rights Directive", 2016. Para uma análise da transposição da Diretiva noutros Estados-Membros, v. Giovanni De Cristofaro, "After the Implementation of the Consumer Rights Directive in the Member States. Are the National Provisions on Consumer Sales Effectively Harmonised?", 2016; Christiane Wendehorst e Oliver Peschel, "Consumer Sales in Austria After the Implementation of the Consumer Rights Directive", 2016; Evelyne Terryn, "Consumer Sales in Belgium After the Implementation of the Consumer Rights Directive", 2016; Carole Aubert de Vincelles, "Consumer Sales in France After the Implementation of the Consumer Rights Directive", 2016; Martin Schmidt-Kessel, "Consumer Sales in Germany After the Implementation of the Consumer Rights Directive", 2016; Giovanni De Cristofaro, "Consumer Sales in Italy After the Implementation of the Consumer Rights Directive", 2016; Marco B.M. Loos, "Consumer Sales in The Netherlands After the Implementation of the Consumer Rights Directive", 2016; Fryderyk Zoll, "Consumer Sales in Poland After the Implementation of the Consumer Rights Directive", 2016; Mauricio Troncoso, "Consumer Sales in Spain After the Implementation of the Consumer Rights Directive", 2016; Christian Twigg-Flesner, "Consumer Sales in the United Kingdom After the Implementation of the Consumer Rights Directive", 2016.

[586] Segundo Pedro Maia, "Contratação à Distância e Práticas Comerciais Desleais", 2015, p. 160, este fundamento justificaria a extensão da aplicação do regime a profissionais.

o bem, mas encontra-se numa situação de fragilidade originada pela pressão a que pode estar sujeito[587].

Tendo em conta o tratamento unitário dado pela lei, julga-se preferível tratar também de forma unitária as duas categorias de contratos, deixando, no entanto, assinaladas as diferenças de regime que ainda subsistem.

Procede-se agora a uma análise das definições de contrato celebrado à distância e de contrato celebrado fora do estabelecimento, seguindo-se uma análise das questões ligadas aos deveres pré-contratuais, à formação do contrato, à obrigação de confirmação do conteúdo do contrato e ao direito de arrependimento.

3.1.1. Definições

3.1.1.1. Contrato celebrado à distância

O art. 3º-*f*) e *m*) do DL 24/2014 define contrato celebrado à distância como "um contrato celebrado entre o consumidor e o fornecedor de bens ou o prestador de serviços sem presença física simultânea de ambos, e integrado num sistema de venda ou prestação de serviços organizado para o comércio à distância mediante a utilização exclusiva de uma ou mais técnicas de comunicação à distância até à celebração do contrato, incluindo a própria celebração", e técnica de comunicação à distância como "qualquer meio que, sem a presença física e simultânea do fornecedor de bens ou prestador do serviço e do consumidor, possa ser utilizado tendo em vista a celebração do contrato entre as referidas partes". Note-se que a definição de técnica de comunicação à distância é dispensável, uma vez que o seu elemento caraterizador – a inexistência de presença física e simultânea das partes – se encontra incorporado no conceito de contrato celebrado à distância.

Vejamos os vários elementos do conceito de contrato celebrado à distância.

Em primeiro lugar, o regime aplica-se apenas quando esteja em causa um contrato celebrado entre um consumidor e um profissional. Adota-se a noção restrita de consumidor, abrangendo apenas a "pessoa singular que

[587] Luís Menezes Leitão, "A Protecção do Consumidor contra as Práticas Comerciais Desleais e Agressivas", 2003, pp. 170 e 171; Carlos Lacerda Barata, "Contratos Celebrados Fora do Estabelecimento Comercial", 2016, pp. 864 a 869; Carlos Lacerda Barata, "Contratos Celebrados Fora do Estabelecimento Comercial", 2017, pp. 44 a 50.

atue com fins que não se integrem no âmbito da sua atividade comercial, industrial, artesanal ou profissional" [art. 3º-1-*c*) do DL 24/2014].

Em segundo lugar, um contrato celebrado à distância pode ser um qualquer contrato relativo a bens ou a serviços. No entanto, encontramos também a referência a um sistema de *venda* ou de *prestação de serviços*. O regime deve ser interpretado no sentido de que se aplica a todos os contratos, desde que incidam sobre bens ou serviços[588]. Assim, o diploma deve aplicar-se, entre outros, aos contratos de empreitada ou de locação, embora o arrendamento se encontre expressamente afastado do seu âmbito, nos termos do art. 2º-2-*d*) do DL 24/2014.

O art. 2º do DL 24/2014 exclui do âmbito de aplicação do regime os contratos celebrados à distância relativos a serviços financeiros, a bens imóveis, a serviços sociais, a serviços de cuidados de saúde, a jogos de fortuna ou azar, a viagens organizadas, a direitos reais de habitação periódica, a direitos de habitação turística e a géneros alimentícios ou outros bens fornecidos regularmente ao consumidor. O regime aplica-se apenas parcialmente aos contratos de transporte de passageiros.

No que respeita aos contratos relativos a serviços financeiros, a exclusão resulta essencialmente da circunstância de estes contratos apresentarem caraterísticas especiais em relação aos demais, tendo em conta o seu objeto, revelando um maior grau de complexidade, que justifica mais proteção, conferida pelo DL 95/2006, que transpôs para a ordem jurídica interna a Diretiva 2002/65/CE.

O art. 2º do DL 24/2014 também exclui os contratos celebrados através de máquinas distribuidoras automáticas ou de estabelecimentos comerciais automatizados e os contratos celebrados com operadores de telecomunicações respeitantes à utilização de cabinas telefónicas públicas ou à utilização de uma única ligação telefónica, de Internet ou de telecópia efetuada pelo consumidor. Nestes casos, o contrato não é, no entanto, celebrado à distância. No momento da celebração, verifica-se a presença física e simultânea das partes, sendo que um dos contraentes está presente através de uma máquina, máquina essa que está preparada para aceitar propostas ou cumprir contratos.

588 Ludovic Bernardeau, "La Directive Communautaire 97/7 en Matière de Contrats à Distance", 2000, p. 122; Luca Marini, *Il Commercio Elettronico – Profili di Diritto Comunitario*, 2000, p. 38. Carlos Lacerda Barata, "Contratos Celebrados Fora do Estabelecimento Comercial", 2016, p. 887, n. 76, refere que pode ser, "dentro dos limites legais, qualquer contrato, típico ou atípico".

Em terceiro lugar, é ainda necessário que o contrato se integre num sistema de contratação organizado pelo profissional. Este elemento limita a aplicação do regime aos casos em que a utilização da técnica de comunicação à distância foi de alguma forma incentivada pelo profissional, mesmo que a proposta contratual seja emitida pelo consumidor. Com efeito, é necessário que o profissional tenha criado um sistema de contratação à distância próprio e que tenha revelado a sua disponibilidade para a celebração de contratos através desse sistema. Não cumpre este requisito, por exemplo, a situação em que o consumidor, ao ver o número de telefone de uma empresa na lista telefónica, entra em contacto com esta encomendando um bem ou um serviço por esse meio; a resposta não será a mesma, aplicando-se o regime previsto, se esse contacto for estabelecido na sequência de uma mensagem publicitária inserida na própria lista telefónica, nos termos da qual a empresa solicita ao consumidor que este telefone a encomendar o bem ou o serviço. Deve entender-se que o profissional que coloque uma página na Internet e ofereça bens ou serviços a partir desta organizou um sistema de contratação à distância, o mesmo sucedendo com aquele que vende produtos através da televisão; já não existe um sistema organizado de contratação quando a publicidade emitida na televisão não tenha relevância contratual direta e não incentive o consumidor a um contacto posterior através de um meio de comunicação à distância.

O sistema organizado pelo profissional não tem de ser o único pelo qual este se dispõe a celebrar contratos, podendo ter um estabelecimento comercial onde comercialize os mesmos bens e serviços. A exclusividade não diz respeito ao sistema organizado, mas à utilização de técnicas de comunicação à distância[589].

Adotando uma perspetiva dinâmica da distribuição do ónus da prova, a prova da inexistência de um sistema organizado de contratação à distância cabe ao profissional[590].

O sistema de contratação deve ser organizado pelo profissional de forma a que se utilizem apenas técnicas de comunicação à distância[591].

589 Hans-W. Micklitz, "La Directive 97/7/CE sur les Contrats à Distance", 1999, p. 27; Alicia Arroyo Aparicio, *Los Contratos a Distancia en la Ley de Ordenación del Comercio Minorista*, 2003, p. 163.

590 Paulo Mota Pinto, "Princípios Relativos aos Deveres de Informação no Comércio à Distância", 2003, p. 185.

591 Elsa Dias Oliveira, "Contratação Eletrónica e Tutela do Consumidor", 2017, p. 133.

No entanto, os contactos que tenham existido entre as partes antes das declarações contratuais não são relevantes para a qualificação do contrato como contrato celebrado à distância[592].

O elemento caraterizador dos contratos celebrados à distância é a utilização de técnicas de comunicação à distância. Para determinar quando é que se está perante um contrato celebrado à distância, é necessário determinar aquilo que se entende por técnica de comunicação à distância. O art. 3º-*m*) do DL 24/2014 define-a como "qualquer meio que, sem a presença física e simultânea do fornecedor de bens ou prestador do serviço e do consumidor, possa ser utilizado tendo em vista a celebração do contrato entre as referidas partes". A definição é bastante ampla, permitindo a aplicação do regime a novas técnicas de comunicação que possam vir a desenvolver-se[593]. Pode referir-se, a título de exemplo, o papel, na medida em que possa ser enviado ou distribuído, através de carta, endereçada ou não, ou de catálogo, o telefone fixo e o telemóvel (voz ou dados), a televisão, o correio eletrónico ou a Internet[594].

3.1.1.2. Contrato celebrado fora do estabelecimento

O art. 3º-*g*) do DL 24/2014 define contrato celebrado fora do estabelecimento como "o contrato que é celebrado na presença física simultânea do fornecedor de bens ou do prestador de serviços e do consumidor em local que não seja o estabelecimento comercial daquele, incluindo os casos em que é o consumidor a fazer uma proposta contratual, incluindo os contratos [...] celebrados no estabelecimento comercial do profissional ou através de quaisquer meios de comunicação à distância imediatamente após o consumidor ter sido, pessoal e individualmente, contactado num local que não seja o estabelecimento comercial do fornecedor de bens ou prestador de

592 John Dickie, *Internet and Electronic Commerce Law in the European Union*, 1999, p. 93.

593 Face ao regime anterior: Jean Allix, "La Directive 97/7/CE: Contrats à Distance et Protection des Consommateurs", 1998, p. 180; Miguel Moreno Navarrete, *Contratos Electrónicos*, 1999, p. 47; Jules Stuyck, "La Directive Vente à Distance et le Droit Belge", 1999, p. 104; João Calvão da Silva, *Banca, Bolsa e Seguros*, 2007, p. 84.

594 No sentido da inclusão da Internet, face ao regime anterior, em que a questão era discutida por esta não se encontrar incluída entre a lista de técnicas constante do diploma europeu: Jörg Schmid, "La Conclusion du Contrat de Vente à Distance", 1999, p. 189; Elsa Dias Oliveira, *A Protecção dos Consumidores nos Contratos Celebrados Através da Internet*, 2002, p. 36; Alicia Arroyo Aparicio, *Los Contratos a Distancia en la Ley de Ordenación del Comercio Minorista*, 2003, p. 168.

serviços, [...] celebrados no domicílio do consumidor, [...] celebrados no local de trabalho do consumidor, [...] celebrados em reuniões em que a oferta de bens ou de serviços seja promovida por demonstração perante um grupo de pessoas reunidas no domicílio de uma delas, a pedido do fornecedor ou do seu representante ou mandatário, [...] celebrados durante uma deslocação organizada pelo fornecedor de bens ou prestador de serviços ou por seu representante ou mandatário, fora do respetivo estabelecimento comercial, [... e] celebrados no local indicado pelo fornecedor de bens ou prestador de serviços, a que o consumidor se desloque, por sua conta e risco, na sequência de uma comunicação comercial feita pelo fornecedor de bens ou prestador de serviços ou pelo seu representante ou mandatário".

Esta modalidade de contratos passa, assim, a designar-se "contratos celebrados fora do estabelecimento comercial" (DL 24/2014), em vez de "contratos celebrados no domicílio e equiparados" (DL 143/2001). Nota-se que a nova designação não é perfeita, uma vez que também estão incluídos no conceito alguns contratos celebrados no estabelecimento comercial[595].

O conceito – reunido em sete enunciados legais, parcialmente sobrepostos no corpo e nas várias subalíneas do art. 3º-*g*) do DL 24/2014 – contempla seis categorias de contratos: contratos celebrados no domicílio do consumidor; contratos celebrados no local de trabalho do consumidor; contratos celebrados em reuniões; contratos celebrados em excursões; contratos celebrados em local indicado pelo profissional, incluindo quando esse local é o estabelecimento do profissional; outros contratos celebrados fora do estabelecimento.

Independentemente da subcategoria em causa, não releva para o efeito da aplicação do regime a circunstância de ser o profissional ou o consumidor a emitir a proposta contratual. Evita-se, assim, que, de forma fraudulenta, o profissional afaste a aplicação do regime emitindo apenas um convite para contratar, deixando para o consumidor a emissão da proposta.

O regime aplica-se apenas quando esteja em causa um contrato celebrado entre um consumidor e um profissional. Adota-se, como já se assinalou, a noção restrita de consumidor, abrangendo apenas a "pessoa singular que atue com fins que não se integrem no âmbito da sua atividade comercial, industrial, artesanal ou profissional" [art. 3º-1-*c*) do DL 24/2014].

595 Carlos Lacerda Barata, "Contratos Celebrados Fora do Estabelecimento Comercial", 2016, p. 892.

O art. 20º do DL 24/2014 ocupa-se da identificação do profissional ou dos seus representantes, questão bastante relevante nos contratos celebrados fora do estabelecimento, uma vez que se torna mais complexo, para o consumidor, identificar a pessoa com quem está a contratar, não sendo evidente a associação a um determinado profissional. O art. 20º estabelece que "as empresas que disponham de serviços de distribuição comercial ao domicílio devem elaborar e manter atualizada uma relação dos colaboradores que, em seu nome, apresentam as propostas, preparam ou concluam os contratos no domicílio do consumidor", que "a relação dos colaboradores e os contratos [...] devem ser facultados, sempre que solicitados, a qualquer entidade oficial no exercício das suas competências [...]", e, em especial, que os profissionais devem "habilitar os seus colaboradores com os documentos adequados à sua completa identificação, os quais devem ser sempre exibidos perante o consumidor". Apesar de o elemento literal apontar para a aplicação desta regra apenas aos contratos celebrados no domicílio, o elemento teleológico aponta no sentido de esta ter um âmbito mais alargado, abrangendo todos os contratos celebrados fora do estabelecimento. Com efeito, a eventual dificuldade de identificação da parte contrária é um traço comum aos contratos que não sejam celebrados no estabelecimento. Diga-se, aliás, que esta solução resultava expressamente do art. 15º do DL 143/2001, que se aplicava aos contratos no domicílio e equiparados.

O contrato celebrado fora do estabelecimento tem de ter por objeto o fornecimento de bens ou a prestação de serviços. Trata-se de uma formulação genérica, concluindo-se que resulta do espírito da norma que esta abrange quaisquer contratos, típicos ou atípicos, independentemente do objeto[596]. Não existe qualquer razão para que o contrato celebrado fora do estabelecimento não possa também ter como objeto um direito.

O art. 2º do DL 24/2014 exclui do âmbito de aplicação do regime os contratos celebrados fora do estabelecimento relativos a serviços financeiros, a bens imóveis, a serviços sociais, a serviços de cuidados de saúde, a jogos de fortuna ou azar, a viagens organizadas, a direitos reais de habitação periódica, a direitos de habitação turística, a géneros alimentícios ou outros bens fornecidos regularmente ao consumidor e a assinaturas de publicações periódicas de valor inferior ou igual a € 40. O regime aplica-se apenas parcialmente aos contratos de transporte de passageiros.

[596] Carolina Cunha, "Métodos de Venda a Retalho Fora do Estabelecimento", 2005, p. 293.

Analisa-se agora com pormenor os aspetos caraterizadores de cada uma das seis subcategorias de contratos identificadas.

3.1.1.2.1. Contratos celebrados no domicílio

O domicílio não deve ser interpretado, neste contexto, em sentido técnico-jurídico, como lugar da residência habitual do consumidor (art. 82º do CC)[597].

Com efeito, não releva para este efeito a que título é que o consumidor se encontra naquela residência ou, mais genericamente, naquele local, mas a circunstância de o profissional se deslocar a esse sítio para a celebração do contrato. Neste sentido, também se aplica o regime dos contratos no domicílio no caso de o consumidor se encontrar na casa de um amigo ou de um familiar. O mesmo se deve concluir, por a situação se encontrar abrangida pelo fim da norma, no caso de o contrato ser celebrado, por exemplo, num hotel no qual o consumidor se encontre a passar alguns dias[598]. Não estão em causa os bens ou serviços fornecidos pelo próprio hotel, uma vez que, neste caso, o consumidor se encontra no estabelecimento comercial, ao qual se deslocou por sua iniciativa.

Este alargamento do conceito de domicílio pode, até, revelar-se desnecessário, na medida em que todas estas situações se encontram abrangidas pela cláusula geral, constante do corpo do art. 3º-*g*) do DL 24/2014[599].

3.1.1.2.2. Contratos celebrados no local de trabalho

Os contratos celebrados no local de trabalho abrangem apenas os contratos de consumo e não, por exemplo, bens ou serviços fornecidos pelo empregador no âmbito da relação de trabalho, como remuneração ou prémio.

Em qualquer caso, a expressão "local de trabalho" deve ser interpretada em sentido amplo, não relevando o vínculo que exista entre o consumidor e a pessoa para quem este exerça a atividade em causa.

Não é necessária a existência de um contrato de trabalho para aplicação desta norma, nem sequer um contrato (por exemplo, de prestação de

597 ANTÓNIO MENEZES CORDEIRO, "O Anteprojecto de Código do Consumidor", 2006, p. 696.

598 ROBERTO LÓPEZ CABANA, "Derecho Iberoamericano del Consumidor", 2001, p. 271.

599 CARLOS LACERDA BARATA, "Contratos Celebrados Fora do Estabelecimento Comercial", 2016, p. 889.

serviço) com um terceiro, podendo estar em causa o exercício de uma profissão liberal ou de uma qualquer atividade de cariz profissional, ainda que isolada[600]. Assim, por exemplo, uma pessoa que se dirige a um local para intervir numa conferência ou participar numa aula encontra-se no local de trabalho, para efeito do diploma.

A norma abrange ainda os contratos celebrados no local de estudo do consumidor. São locais de trabalho, em sentido amplo, e a situação encontra-se coberta pelo espírito da lei. Com efeito, a finalidade do preceito é a de proteger o consumidor que é surpreendido por um profissional num local onde aquele se considera defendido contra formas de comercialização agressivas. Numa escola ou numa universidade, o consumidor também é protegido por este regime. Não estão em causa os bens ou serviços fornecidos pelo próprio estabelecimento de ensino, já que, neste caso, é o consumidor quem se desloca, por sua iniciativa, ao local da celebração do contrato.

3.1.1.2.3. Contratos celebrados em reuniões

Os contratos celebrados em reuniões refletem uma prática bastante comum, em que um profissional acorda com uma pessoa – qualificável ou não como consumidor – que esta organiza uma reunião ou encontro com várias pessoas no seu domicílio, para que o profissional possa aí promover os seus bens ou serviços, celebrando contratos com os consumidores presentes.

Não relevam a circunstância de o consumidor ter conhecimento de que, ao deslocar-se ao local da reunião, vai assistir a uma demonstração promovida por um profissional nem o número de pessoas que assistem à reunião. Basta que exista um pedido de um profissional a uma pessoa para organizar uma demonstração de bens ou serviços e que um consumidor participe nesse evento para que o regime seja aplicável aos contratos que vierem a ser celebrados nestas condições.

O regime também é aplicável aos contratos celebrados por quem organizou o encontro, desde que se trate de um consumidor.

[600] Carlos Lacerda Barata, "Contratos Celebrados Fora do Estabelecimento Comercial", 2016, p. 889.

3.1.1.2.4. Contratos celebrados em excursões

A organização de excursões com o objetivo de promover a comercialização de bens ou de serviços constitui uma prática muito utilizada por algumas empresas. Normalmente, as excursões são gratuitas ou têm um preço simbólico, tendo em conta o serviço oferecido, constituindo a celebração de contratos durante essas deslocações o principal objetivo comercial da empresa.

A influência exercida sobre os consumidores é grande, uma vez que, além de se encontrarem sujeitos à pressão de se encontrarem num local estranho, escolhido pelo profissional, da tendencial impossibilidade de se ausentarem do sítio onde é realizada a demonstração e de poderem estar sujeitos a técnicas de comercialização agressivas, adquirem a excursão gratuitamente ou por um preço simbólico e podem sentir um dever moral de contratar. Não é essencial que a comercialização de bens ou de serviços seja o único objetivo da deslocação, mas esta deve ser um dos objetivos.

O regime não se aplica aos contratos que, ainda que celebrados durante a deslocação, não tenham sido organizados pelo profissional ou por alguém que com este colabore. Assim, se, durante uma excursão a uma cidade espanhola, um consumidor adquirir um bem num estabelecimento dessa cidade durante o tempo livre para a conhecer, o regime não se aplica.

O regime também não se aplica se o bem ou serviço for complementar da própria deslocação e não constituir um elemento essencial para o profissional. É o que sucede, nomeadamente, nas situações em que uma agência de viagens promove a comercialização de excursões no âmbito da viagem principal.

O conceito de "deslocação" deve ser interpretado em sentido amplo, abrangendo qualquer deslocação física organizada por um profissional, independentemente do meio de transporte utilizado e da distância percorrida. Os contratos celebrados durante uma deslocação organizada, mas no estabelecimento do profissional, que não se encontravam abrangidos pelo DL 143/2001, cabem agora no art. 3º-*g*)-*i*) do DL 24/2014.

3.1.1.2.5. Contratos celebrados em local indicado pelo profissional

Os contratos celebrados em local indicado pelo profissional, incluindo quando esse local é o estabelecimento comercial do profissional, constituem, de entre as várias modalidades de contratos previstas no preceito, aqueles que porventura mais problemas colocam no que diz respeito à proteção dos consumidores.

Trata-se de uma prática muito comum: o consumidor é contactado telefonicamente por um profissional, sendo informado de que foi premiado, por exemplo, com uma viagem, um eletrodoméstico ou um exame médico, bastando que se desloque a um determinado local para receber o prémio; aí, o consumidor tem de assistir a uma apresentação de um bem ou serviço e é confrontado com uma técnica de comercialização agressiva e eficaz, que o leva à celebração de um ou mais contratos[601].

Igualmente usual é a prática que consiste em intercetar uma pessoa na via pública e convidá-la a entrar num estabelecimento comercial, sendo então confrontada com a técnica de comercialização agressiva, prática a que se aplica o art. 3º-g)-i) do DL 24/2014.

Para se poder aplicar o regime, é necessário que o contrato seja celebrado no local indicado pelo profissional, que o consumidor se desloque a esse local por sua conta e risco e que a deslocação específica seja promovida pelo profissional, no âmbito de uma comunicação comercial.

Em relação ao primeiro aspeto, note-se que esta norma não restringe a aplicação do regime aos contratos celebrados fora do estabelecimento do profissional. Pelo contrário, os contratos celebrados no estabelecimento encontram-se abrangidos pela norma. Assim, não é relevante o local, apenas a circunstância de este ser indicado pelo profissional.

Não obsta à aplicação do regime a circunstância de o profissional, no contacto que estabelece com o consumidor, indicar vários locais, podendo este escolher livremente a qual deles se desloca. Neste caso, o local não deixa de ser indicado pelo profissional.

A exigência de que o consumidor se desloque ao local indicado pelo profissional por sua conta e risco deve ser interpretada restritivamente, tendo em conta a finalidade da norma. Com efeito, o objetivo consiste em proteger o consumidor nos casos em que é contactado por um profissional para se deslocar a um determinado local, onde vai ser confrontado com uma técnica de comercialização de bens, não tendo qualquer relevância, no espírito deste preceito, a forma como o consumidor chega ao local indicado.

Aliás, o método utilizado ainda é mais agressivo, justificando-se especialmente a proteção, se o profissional, em vez de apenas sugerir ao con-

[601] Ac. do TRC, de 18/5/2010; Sentença do JP de Lisboa, de 28/3/2008.

sumidor que se desloque ao local em causa, o acompanhar pessoalmente, recolhendo-o no sítio onde este se encontre. Assim, "por sua conta e risco" deve ser interpretado restritivamente, no sentido de deslocação voluntária ao local indicado pelo profissional.

A deslocação deve ainda ser promovida pelo profissional, na sequência de uma comunicação comercial. A expressão "comunicação comercial" não tem neste preceito o sentido genérico de publicidade[602]. Para a aplicação do regime, não basta, assim, um convite genérico para que os consumidores em geral se desloquem a um determinado local. Por exemplo, não cabe neste enunciado normativo a situação em que o profissional emita a seguinte mensagem: "esta semana, no sítio do costume, banana a € 0,50 o quilo. Venha já". À partida, numa interpretação literal, o contrato celebrado "no sítio do costume" estaria abrangido pelo preceito, mas a sua *ratio* não parece apontar neste sentido.

É necessário que o contacto entre profissional e consumidor seja direto, no sentido de que este seja especificamente convidado, ainda que de forma não nominativa, a deslocar-se ao local onde vai ser celebrado o contrato. O contacto pode ser estabelecido diretamente, no domicílio, no local de trabalho ou na via pública, ou à distância, através de contacto telefónico, de carta, de correio eletrónico ou de uma mensagem escrita, entre outros meios.

Por exemplo, se o profissional telefonar ou enviar uma mensagem ao consumidor no dia do seu aniversário, dizendo-lhe que se se deslocar ao seu estabelecimento nesse dia terá um desconto ou uma oferta especial, o contrato posteriormente celebrado encontra-se abrangido por este regime.

Salienta-se que pode aplicar-se, nos casos previstos neste ponto, o art. 9º-1-*c*) do DL 57/2008, diploma que estabelece o regime das práticas comerciais desleais, na medida em que este considera enganosa a prática comercial "em que o profissional não refere a intenção comercial da prática, se tal não se puder depreender do contexto". Acrescente-se que, nos termos

[602] Carlos Lacerda Barata, "Contratos Celebrados Fora do Estabelecimento Comercial", 2016, p. 890, n. 90, levanta dúvidas em relação a interpretação neste sentido, em especial face ao art. 3º-g)-vi) do DL 24/2014, que não contém qualquer restrição ao conceito de "comunicação comercial". Na nossa perspetiva, as subalíneas i) e vi) podem e devem ser analisadas conjuntamente, uma vez que nada na subalínea vi) aponta no sentido de o contrato ter de ser celebrado fora do estabelecimento. O elemento histórico, ligado a preceito equivalente do DL 143/2001, também auxilia na interpretação da norma.

do art. 12º-*c*) do mesmo diploma, são consideradas agressivas as práticas comerciais que consistam em "fazer solicitações persistentes e não solicitadas, por telefone, fax, e-mail ou qualquer outro meio de comunicação à distância, exceto em circunstâncias e na medida em que tal se justifique para o cumprimento de obrigação contratual". Além das sanções contraordenacionais a que pode estar sujeito o profissional, os contratos que posteriormente venham a ser celebrados, na sequência destas práticas, no local indicado pelo profissional podem ser anulados (art. 14º-1 do DL 57/2008).

3.1.1.2.6. Outros contratos celebrados fora do estabelecimento

O regime aplica-se também a contratos celebrados em qualquer local, diferente do estabelecimento do profissional, em que o consumidor se encontre.

Podemos apontar como exemplos os contratos celebrados em restaurantes, transportes ou recintos desportivos ou na via pública[603]. Não estão naturalmente em causa os contratos de restauração, transporte ou assistência a espetáculo desportivo, mas eventuais outros contratos que o consumidor seja convidado a celebrar nesses locais.

Estes contratos cabem na cláusula geral, constante do corpo do art. 3º-*g*) do DL 24/2014.

No Ac. do TJUE, de 7/8/2018[1], discute-se se um contrato celebrado num *stand* de uma feira comercial organizada periodicamente em determinado local deve ser qualificado como contrato celebrado fora do estabelecimento comercial.

O tribunal conclui que "um *stand* como o que está em causa no processo principal, explorado por um profissional numa feira comercial, no qual este exerce as suas atividades alguns dias por ano, é um «estabelecimento comercial», [...] se, tendo em conta o conjunto das circunstâncias de facto que rodeiam essas atividades, nomeadamente a aparência desse *stand* e as informações disponibilizadas nas instalações da própria feira, um consumidor normalmente informado e razoavelmente atento e avisado podia razoavelmente esperar que esse profissional exerça aí as suas atividades e o aborde a fim de celebrar um contrato, o que cabe ao juiz nacional verificar".

[603] Carlos Lacerda Barata, "Contratos Celebrados Fora do Estabelecimento Comercial", 2016, p. 888.

Em Portugal, estamos, neste caso, perante contratos especiais esporádicos (arts. 25º e 26º do DL 24/2014), definidos, no art. 25º-1, como os contratos celebrados "de forma ocasional *fora dos estabelecimentos comerciais*, em instalações ou espaços privados especialmente contratados ou disponibilizados para esse efeito" (itálico nosso). Para atribuir efeito útil a esta norma, é necessário prescindir da análise da existência de um estabelecimento comercial, uma vez que, se for celebrado fora do estabelecimento, sempre será aplicável o regime dos contratos celebrados fora do estabelecimento comercial. Assim, se a situação fática subjacente ao Ac. do TJUE, de 7/8/2018[1], determinasse a aplicação da lei portuguesa, o contrato em causa deveria ser qualificado como contrato especial esporádico, com a principal consequência de a lei atribuir ao consumidor um direito de arrependimento (art. 25º-2).

3.1.2. Deveres pré-contratuais

O art. 4º do DL 24/2014 regula uma questão central em matéria de proteção dos consumidores que celebram contratos à distância e fora do estabelecimento comercial e que consiste no conteúdo mínimo da declaração que deve ser emitida pelo profissional e na forma pela qual esse conteúdo mínimo deve ser comunicado.

A circunstância de o contrato ser celebrado entre pessoas que não estão física e simultaneamente presentes (contratos celebrados à distância) ou numa situação de pressão (contratos celebrados fora do estabelecimento) leva a que se presuma uma especial debilidade do consumidor ao nível do conhecimento do conteúdo do contrato, impondo-se ao profissional a inclusão de um determinado número de elementos precisos acerca da sua identidade e das cláusulas dos contratos a celebrar.

3.1.2.1. Conteúdo mínimo da declaração do profissional

As informações pré-contratuais enunciadas no art. 4º-1 do DL 24/2014 constituem elementos da declaração negocial do profissional, pelo que a proposta – tal como o contrato que vier a ser celebrado – deve incluir, pelo menos, estes elementos.

A identidade e o endereço físico do profissional são os únicos elementos de entre aqueles que estão previstos no preceito que não têm relevância direta como cláusulas integrantes da declaração negocial do profissional, constituindo puros dados informativos.

Pode suscitar-se a questão de saber se o profissional que pretenda celebrar contratos à distância ou fora do estabelecimento pode emitir, com a divulgação da informação, um mero convite para contratar, revelando expressamente que não está a emitir uma proposta contratual. Nesta situação, o contrato não se formaria com a aceitação da contraparte, tendo a declaração desta o caráter de proposta.

Tendo em conta que as várias alíneas do art. 4º-1 do DL 24/2014 contêm todos os elementos necessários para a celebração do contrato, apenas a existência de uma intenção expressa do profissional no sentido de não se vincular relevaria.

Consideramos, no entanto, que a *ratio* do preceito não permite que o profissional emita uma declaração nesse sentido, uma vez que se exige a completude da informação, pretendendo colocar-se o consumidor numa posição privilegiada para decidir se quer contratar nas condições apresentadas.

Assim, nos contratos celebrados à distância e fora do estabelecimento, o profissional tem – por regra – o dever de emitir uma proposta contratual que contenha todos os elementos enunciados no art. 4º do DL 24/2014[604].

O art. 4º-3 do DL 24/2014 aponta claramente neste sentido, ao estabelecer que o conteúdo dos elementos previstos no nº 1 não pode ser alterado unilateralmente pelo profissional. Ora, no direito português, a única declaração que vincula o declaratário nos termos referidos é a proposta, não ficando o profissional vinculado pelos termos de um convite para contratar.

No que respeita aos contratos celebrados fora do estabelecimento, o art. 21º também se orienta no mesmo sentido, ao exigir que os catálogos e outros suportes de apoio à contratação contenham elementos que garantem a completude da informação. No fundo, devem ser inseridos desde logo nos catálogos os elementos que a lei impõe que constem do documento contratual único que formaliza o contrato[605], com exceção dos elementos identificativos do consumidor, que seria impossível inserir desde logo, e, por se tratar de uma situação a avaliar em cada caso, as condições de um eventual crédito que seja concedido ao consumidor.

Relativamente a este último aspeto, deve notar-se que a declaração do profissional não tem, em geral, o valor de proposta quando, para o cum-

[604] Contra: CARLOS LACERDA BARATA, "Contratos Celebrados Fora do Estabelecimento Comercial", 2016, p. 897.

[605] V. *infra* 3.1.3.2.

primento do contrato, este conceda crédito ao consumidor, desde que esta possibilidade esteja prevista na própria declaração e o consumidor o pretenda. Nestes casos, o profissional deve ter a possibilidade de proceder a uma análise, com vista a averiguar se a pessoa que, em concreto, quer contratar, é merecedora de confiança suficiente para a concessão do crédito. Parece-nos ser este, aliás, o sentido útil da referência a "uma proposta correspondente" do consumidor, no corpo do art. 4º-1 do DL 24/2014.

3.1.2.2. Comunicação do conteúdo mínimo da declaração

Além do conteúdo da informação pré-contratual, o art. 4º-1 do DL 24/2014 determina que a informação deve ser prestada em "tempo útil".

Esta imposição está relacionada com a importância de uma correta e concreta análise dos vários elementos na formação da vontade do consumidor, expressa na sua declaração contratual[606]. A anterioridade em relação à celebração do contrato é, assim, um aspeto muito relevante deste regime, que não pode ser negligenciado, impondo que o consumidor disponha do tempo necessário para avaliar a proposta contratual.

A determinação do momento em que o profissional está obrigado a prestar a informação deve ser feita em concreto, face à complexidade do contrato a celebrar e, inclusivamente, das cláusulas que neste forem inseridas, além das cláusulas típicas legais. No entanto, a mensagem deve ser sempre transmitida num momento em que o consumidor ainda possa tomar conhecimento dela em condições de compreender as cláusulas contratuais propostas pelo profissional.

O conteúdo da declaração deve ainda ser indicado "de forma clara e compreensível" (art. 4º-1 do DL 24/2014)[607].

Quanto à clareza, o elemento essencial está relacionado com a facilidade de o consumidor aceder ao conteúdo da proposta do profissional. Assim, os elementos referidos no diploma devem ser fornecidos ao consumidor de forma a que este efetivamente os apreenda, com a indicação de que são elementos relativos ao próprio contrato, i.e., devem resultar claramente da mensagem emitida. As cláusulas consideradas essenciais pela lei não podem, assim, estar inseridas entre uma quantidade excessiva de

[606] John Dickie, *Internet and Electronic Commerce Law in the European Union*, 1999, p. 94.

[607] Recorrendo ao conceito de consumidor médio neste contexto: Fernanda Neves Rebelo, "O Direito à Informação do Consumidor na Contratação à Distância", 2012, p. 134.

outras cláusulas contratuais propostas pelo profissional; o tipo, o tamanho ou a cor da letra utilizada, se se tratar de uma proposta emitida por escrito ou o tom de voz, num contacto oral, devem ser adequados a uma efetiva receção da mensagem transmitida; a informação tem de resultar de uma comunicação direta, não podendo ser fornecida por remissão para outros documentos.

Os elementos devem, ainda, ser fornecidos de forma compreensível. Assim, a linguagem utilizada não pode assumir um grau de complexidade muito elevado, uma vez que se destina a ser compreendida por todo o tipo de pessoas e não apenas por pessoas com competências técnicas específicas.

Em relação à língua em que a mensagem é difundida, elemento essencial em matéria de compreensibilidade[608], é necessário analisar, em função da própria mensagem e da técnica de comunicação pela qual é transmitida, qual é o público-alvo. Assim, numa comunicação telefónica não há dúvida de que o destinatário é a pessoa que é contactada, pelo que a língua utilizada, em Portugal, deve ser o português. No caso de se tratar de uma página colocada na Internet, será necessário verificar alguns elementos, como a origem da página, a publicidade emitida noutros locais, físicos ou virtuais, etc., sendo que, sempre que se conclua que os portugueses são destinatários da mensagem, as cláusulas do contrato têm de ser fornecidas em língua portuguesa, sob pena de não ser respeitado o requisito da compreensibilidade. A utilização de uma língua estrangeira não pode ser interpretada, por si só, no sentido de excluir os portugueses enquanto destinatários de uma mensagem[609].

Exige-se ainda, no que respeita aos contratos celebrados à distância, quanto ao modo como a informação é transmitida, a adaptação à técnica de comunicação (art. 5º-1 do DL 24/2014). Ou seja, só se pode dizer, em concreto, qual é o momento e a forma pela qual a informação deve ser prestada sabendo qual é a técnica de comunicação utilizada, sem prejuízo da formulação de critérios gerais, aplicáveis independentemente do

[608] Paulo Mota Pinto, "Princípios Relativos aos Deveres de Informação no Comércio à Distância", 2003, p. 197; Evelyne Terryn, "Implementation of the Consumer Rights Directive: Belgium", 2014, p. 264; Gilles Paisant, *Défense et Illustration du Droit de la Consommation*, 2015, p. 118.

[609] Contra: Pedro Maia, "Contratação à Distância e Práticas Comerciais Desleais", 2015, p. 176.

veículo utilizado para a celebração do contrato. No que respeita aos contratos celebrados fora do estabelecimento, impõe-se que as informações sejam fornecidas em papel ou, por acordo entre as partes, noutro suporte duradouro (art. 4º-5 do DL 24/2014)

No próximo ponto, em matéria de formação do contrato, aproveita-se para concretizar os requisitos relativos à comunicação do conteúdo da proposta, em função da modalidade de contratação e da técnica de comunicação utilizada.

3.1.3. Formação do contrato

O DL 24/2014 regula de forma tendencialmente unitária os contratos celebrados à distância e fora do estabelecimento. A matéria da formação do contrato constitui a principal exceção, ligada à tendencial impossibilidade de impor a forma escrita nos contratos celebrados à distância. Se estes estivessem sujeitos, em geral, a forma escrita, a sua celebração seria dificultada, uma vez que a distância entre as partes, pressuposto desta modalidade de contratos, impede a celebração eficaz de contratos em documento escrito e assinado pelas partes.

Neste ponto, trata-se, portanto, em separado, a formação dos contratos celebrados à distância e a dos contratos celebrados fora do estabelecimento.

3.1.3.1. Contratos celebrados à distância

Não existe um modelo único de formação dos contratos celebrados à distância. Estes contratos não estão sujeitos a forma especial, salvo no caso dos contratos celebrados na sequência de contacto telefónico, apesar da situação de maior fragilidade em que se encontra o consumidor o justificar, em comparação com situações análogas.

A situação de fragilidade resulta, em primeiro lugar, da circunstância de o consumidor não se aperceber, em alguns casos, da repercussão da decisão de contratar (por vezes, basta um *click* para a celebração do contrato na Internet), o que justifica o estabelecimento, no art. 5º-2, 3 e 4 do DL 24/2014, de requisitos adicionais quando o contrato implique uma "obrigação de pagamento"; em segundo lugar, pode ter dificuldade em conhecer efetivamente o bem ou o serviço; em terceiro lugar, o tempo que pode decorrer entre a encomenda e a entrega pode ser alargado; e, em quarto lugar, pode ter dificuldade em contactar posteriormente o profissional.

A distância entre as partes, que carateriza esta modalidade de contratos, associada à intenção de fomentar e incentivar a contratação, não colocando qualquer obstáculo, leva à não previsão de uma forma especial. Opta-se por uma solução alternativa, impondo ao profissional uma série de deveres, anteriores, contemporâneos e posteriores à celebração do contrato, que visam garantir a existência de uma decisão esclarecida de contratar por parte do consumidor.

A diferença substancial entre as técnicas de comunicação à distância tem como consequência a existência de modelos diversos de formação dos contratos, apesar de lhes ser aplicado um regime tendencialmente unificado. A principal diferença, no que respeita ao modelo de celebração, resulta de se impor, na sequência do DL 24/2014, a forma escrita da aceitação nos contratos celebrados na sequência de contacto telefónico, exceto nos casos em que o primeiro contacto telefónico seja efetuado pelo próprio consumidor (art. 5º-7 do DL 24/2014).

Embora não sejam as únicas técnicas de comunicação à distância utilizadas, estuda-se o modelo de formação dos contratos celebrados por correspondência postal e através da televisão, na sequência de contacto telefónico e pela Internet.

3.1.3.1.1. Contratos celebrados por correspondência postal

O papel, associado aos serviços organizados de transporte de coisas, é um objeto muito relevante em matéria de contratos celebrados à distância. Um documento escrito pode conter uma declaração contratual e, na medida em que pode ser enviado por canais de distribuição, é apto a preencher o requisito da distância.

O envio de um documento escrito quer a uma pessoa determinada quer a pessoas indeterminadas constitui uma proposta contratual – que, no segundo caso, se designa por proposta ao público – se contiver todos os elementos necessários para que, com a aceitação, o contrato se forme; assim, a proposta deve ser completa, precisa, firme e formalmente adequada.

Os catálogos são um meio utilizado, desde 1867/1870[610], para a celebração de contratos, sendo enviados por profissionais para a residência ou o local de trabalho dos consumidores, devendo estes responder mediante o envio de um formulário inserido no próprio catálogo. Quando este seja o

[610] José António Rousseau, *Manual de Distribuição*, 2008, p. 80.

método utilizado pelo profissional, o conteúdo mínimo do contrato (art. 4º do DL 24/2014) deve constar do próprio catálogo, em princípio na zona em que estiver o formulário que o consumidor deve preencher ou inserido numa página por onde o consumidor tenha necessariamente de passar para realizar a encomenda, não podendo ser remetido para outro local. As cláusulas têm de estar escritas numa letra suficientemente grande e facilmente percetível e numa cor que permita o contraste com o fundo da página; o documento emitido em Portugal deve, ainda, conter toda a informação em português, sempre que seja enviado a destinatários indeterminados para o território português ou a cidadão português determinado.

Estas exigências resultam da obrigação que incumbe ao profissional de prestar as informações de forma adequada à técnica de comunicação, mas sempre com respeito pelo princípio da boa-fé (art. 5º-1 do DL 24/2014).

3.1.3.1.2. Contratos celebrados com recurso à televisão

Existem várias formas de emitir declarações negociais em televisão, sendo que as mais relevantes são as chamadas *televendas*, programas que têm por objetivo a comercialização de bens ou serviços, e a publicidade que é emitida no intervalo (ou no meio) da restante programação.

Nota-se que a publicidade efetuada na televisão, na qual se incluem as *televendas*, "deve ser claramente separada da restante programação, através da introdução de um separador no início e no fim do espaço publicitário" (art. 8º-2 do Código da Publicidade).

O conteúdo essencial da proposta deve ser indicado no momento em que a publicidade é transmitida. Deve estar acessível por um período de tempo suficiente para a sua leitura, não podendo, portanto, surgir rapidamente em nota de rodapé; a letra tem de ser suficientemente grande para que um destinatário normal, que disponha de um aparelho de televisão de dimensão média, a perceba; as imagens transmitidas em simultâneo também não devem ser suscetíveis de impedir a leitura da informação.

Na televisão, os elementos de informação podem ser igualmente transmitidos oralmente, exigindo-se, neste caso, que sejam audíveis. A transmissão por voz de uma quantidade excessiva de informações num curto período de tempo não preenche o requisito de clareza e de compreensibilidade exigidos. Estas últimas observações valem igualmente para as declarações emitidas por via radiofónica.

O art. 5º-5 do DL 24/2014 aplica-se aos contratos celebrados com recurso a uma técnica de comunicação à distância que tenha um espaço ou um tempo limitado, como a televisão, enunciando um conjunto de informações que devem sempre constar desse meio específico: a indicação do profissional e da sua localização geográfica, as caraterísticas essenciais do bem ou do serviço, o preço e restantes encargos ou despesas associadas ao contrato e, quando aplicável, o prazo de duração mínima do contrato e a existência, o prazo e a forma de exercer o direito de arrependimento[611].

Existe, portanto, um elenco mínimo de cláusulas que devem obrigatoriamente ser transmitidas através do meio de comunicação à distância, mesmo quando existam limitações de espaço ou de tempo. Nestes casos, o profissional também deve indicar, desde logo, a forma de aceder aos restantes elementos.

Nos casos de maior complexidade do contrato, pode mesmo chegar-se à conclusão que a limitação de espaço ou de tempo afeta a idoneidade do meio de comunicação para transmitir a informação de forma clara e compreensível (art. 4º-1 do DL 24/2014), pelo que afasta a sua utilização.

3.1.3.1.3. Contratos celebrados na sequência de contacto telefónico

A tecnologia permite o envio de mensagens escritas, imagens ou vídeos, na sequência das quais podem celebrar-se contratos à distância, isto quer através de telemóveis quer através do chamado telefone fixo[612].

O art. 5º-6 do DL 24/2014 estabelece que, "em caso de comunicação por via telefónica, a identidade do fornecedor do bem ou prestador de serviços ou do profissional que atue em seu nome ou por sua conta e o objetivo comercial da chamada devem ser explicitamente comunicados no início de qualquer contacto com o consumidor", pressupondo a informação oral da mensagem.

[611] No Ac. do TJUE, de 23/1/2019, conclui-se que "o profissional tem o dever de fornecer ao consumidor, na tecnologia em questão e antes da celebração do contrato, a informação sobre as condições, o prazo e o procedimento de exercício desse direito. Em tal caso, este profissional deve fornecer ao consumidor o modelo de formulário de retratação previsto no anexo I, parte B, da referida diretiva, por outra fonte, em linguagem clara e compreensível".

[612] MANUEL MELO, *Regime Jurídico dos Centros Telefónicos de Relacionamento («Call Centers») em Portugal*, 2016, pp. 77 a 89.

Esta norma deve também aplicar-se a técnicas similares, como os contactos estabelecidos nas salas de conversação existentes na Internet ou através de videoconferência, entre outras.

A circunstância de dever ser indicada a identidade do profissional e o objetivo comercial da chamada no início desta não implica que o conteúdo mínimo do contrato não deva ser comunicado. Pelo contrário, a contratação através do telefone tem como consequência uma especial desproteção do consumidor, que impõe uma explicação mais rigorosa, por parte do profissional, das cláusulas constantes da proposta.

A razão pela qual aqueles dois elementos devem ser prestados logo no início da chamada relaciona-se com a circunstância de esta ser a mais agressiva de entre as formas de contratação à distância, podendo o consumidor indicar desde logo que não está interessado em ouvir a mensagem. Mesmo que não reaja desta forma, estará precavido para a possibilidade de receber uma proposta contratual no decorrer da comunicação telefónica, podendo preparar-se mais eficazmente para a resposta.

Os requisitos de clareza e de compreensibilidade exigem ainda que o profissional explique ao consumidor todas as questões suscitadas pelas cláusulas propostas, para que este as conheça efetivamente.

O art. 5º-7 do DL 24/2014 vai mais longe na proteção do consumidor, exatamente por se entender que esta é, como já se deixou dito, a mais agressiva de entre as formas de contratação à distância. Este preceito, inovador no direito português, aproveitando a possibilidade conferida pelo art. 8º-6 da Diretiva 2011/83/EU[613], afasta o princípio da liberdade de forma (art. 219º do CC), impondo que a aceitação do contrato por parte do consumidor revista forma escrita caso o meio de comunicação à distância utilizado seja o telefone. Esta exigência formal resulta da necessidade de assinatura da oferta ou de consentimento escrito do consumidor.

Infelizmente, pouco mais de um mês depois da entrada em vigor do diploma, a Lei 47/2014 alterou o art. 5º-7 do DL 24/2014, excecionando a exigência de forma escrita para a aceitação “nos casos em que o primeiro contacto telefónico seja efetuado pelo próprio consumidor”, solução existente noutros ordenamentos jurídicos[614]. Deve ser feita uma interpretação restritiva do preceito, sendo incluídas na exceção apenas as situações em

[613] JORGE MORAIS CARVALHO e JOÃO PEDRO PINTO-FERREIRA, *Contratos Celebrados à Distância e Fora do Estabelecimento Comercial*, 2014, p. 75.

[614] KARIN SEIN, “Implementation of the Consumer Rights Directive: Estonia”, 2014, p. 268.

que o primeiro contacto entre as partes é feito pelo consumidor e pelo telefone. Se o profissional pedir ao consumidor para lhe ligar, evitando por esta via que a chamada seja feita por si, estaremos perante uma situação de fraude à lei, que não afasta o cumprimento do requisito de forma.

Quanto às consequências da falta de forma escrita, a lei limita-se a referir que o consumidor não fica vinculado ao contrato. Ora, entre outros requisitos, as declarações negociais devem ser formalmente adequadas, isto é, revestir a forma exigida para a celebração do contrato. Neste caso, a lei impõe uma forma especial para a aceitação – forma escrita – pelo que a sua inobservância determina a nulidade do contrato (art. 220º do CC). Trata-se, no entanto, de uma nulidade atípica, que apenas pode ser invocada pelo consumidor, uma vez que o único objetivo da norma passa pela sua proteção, não fazendo sentido que o profissional também possa invocar a nulidade do contrato.

Tendo em conta que a exigência de forma escrita para a aceitação traduz um requisito de forma, não é rigoroso afirmar que o contrato se celebra por telefone, como parece sugerir o elemento literal do art. 5º-7 do DL 24/2014, preferindo-se a designação "contrato celebrado na sequência de contacto telefónico". Na verdade, o modelo de formação deste tipo de contratos implica a combinação de dois meios de comunicação à distância: o telefone, para a proposta contratual, e um suporte compatível com a forma escrita, para a aceitação.

3.1.3.1.4. Contratos celebrados através da Internet[615]

Embora por comércio eletrónico se possa entender qualquer forma de comercialização de bens ou serviços em que seja utilizado um meio eletrónico – por exemplo, contrato celebrado na sequência de contacto telefónico ou através de fax –, a expressão remete para os casos em que são utilizados computadores, smartphones, tablets, wearables ou quaisquer outras coisas que se encontre ligada à Internet.

A Internet é, assim, o elemento caracterizador do comércio eletrónico. Está em causa um número crescente de contratos, celebrados, através de qualquer dispositivo ligado à Internet, em redes sociais, em sítios ou páginas colocados na rede ou em aplicações, citando apenas alguns exemplos[616].

[615] Jorge Morais Carvalho, "O Direito Português dos Contratos Eletrónicos", 2018.

[616] Sobre os problemas relacionados com a privacidade dos consumidores na contratação eletrónica, v. Soraia Marisa de Matos Lopes, *Os Riscos da Comunicação Comercial em Rede para a Privacidade dos Consumidores*, 2016.

O contrato celebrado através da Internet entre um profissional e um consumidor é sempre um contrato celebrado à distância, para efeitos de aplicação do DL 24/2014[617]. Além deste diploma, aplica-se o DL 7/2004 (regime do comércio eletrónico), que tem um âmbito subjetivo de aplicação mais amplo, uma vez que não regula apenas relações jurídicas de consumo[618].

A Internet é, atualmente, um meio muito utilizado para a celebração de contratos. Os profissionais colocam as mensagens que pretendem num espaço virtual, acessível em todo o mundo e a todo o tempo, disponibilizando-se a contratar nas condições previstas, sem possibilidade de negociação por parte dos destinatários (consumidores).

Um dos principais problemas suscitados pela aplicação do art. 4º-1 do DL 24/2014, nos contratos celebrados através da Internet, diz respeito à conexão entre a mensagem e o processo contratual, i.e., a colocação da declaração na página em condições de ser vista e analisada pelo consumidor antes da celebração do contrato.

Assim, a informação deve ser colocada num local de fácil acesso, nunca através de uma ligação de passagem facultativa[619]. Antes de o consumidor realizar a encomenda, ativando a ligação correspondente, deve ser-lhe oferecido um texto claro e compreensível que contenha os elementos essenciais legalmente exigidos.

Estes elementos não podem estar inseridos num clausulado contratual demasiado extenso, cuja leitura não é exigida ao consumidor, especialmente quando a complexidade do contrato e o valor da contraprestação não sejam significativos.

Exige-se, apenas, que a mensagem seja transmitida pelo profissional nas condições previstas, mas não se pode nunca assegurar que o consumidor toma conhecimento efetivo dos elementos relevantes. Qualquer que seja

617 Neste sentido, face ao DL 143/2001: ALEXANDRE DIAS PEREIRA, "A Protecção do Consumidor no Quadro da Directiva sobre o Comércio Electrónico", 2000, p. 113; DELMINDA SOUSA E SILVA, "Contratos à Distância", 2003, p. 433; ELSA DIAS OLIVEIRA, "Tutela do Consumidor na Internet", 2004, p. 337; MARIA RAQUEL GUIMARÃES, "Algumas Reflexões sobre o Pagamento com Cartão de Crédito ou de Débito no âmbito da Contratação Electrónica", 2004, p. 171.

618 FERNANDA NEVES REBELO, "O Direito de Livre Resolução", 2007, p. 587; PEDRO ROMANO MARTINEZ, "Celebração de Contratos à Distância e o Novo Regime do Contrato de Seguro", 2009, p. 86, n. 3.

619 JÉRÔME PASSA, "Commerce Electronique et Protection du Consommateur", 2002, p. 558.

a técnica de comunicação utilizada, a atitude do consumidor não pode ser totalmente passiva[620].

O art. 5º-2 do DL 24/2014 é ainda mais exigente quanto à inclusão na declaração contratual do profissional de alguns dos elementos previstos no art. 4º-1, sempre que o contrato seja oneroso para o consumidor: características essenciais do bem ou do serviço, preço e restantes encargos ou despesas associadas ao contrato e, quando aplicável, prazo de duração mínima do contrato e das obrigações do consumidor. Estes elementos devem ser fornecidos "de forma clara e bem visível" e "imediatamente antes" celebração do contrato.

Em concretização do princípio geral enunciado no art. 5º-2 do DL 24/2014, o nº 3 impõe ao profissional que garanta a existência de uma confirmação "expressa e consciente" pelo consumidor de todos os elementos enunciados no nº 2 aquando da celebração do contrato. O nº 4 aplica-se aos contratos cuja celebração implique a "ativação de um botão ou de uma função semelhante"[621], estabelecendo que o botão ou a função devem indicar, de forma legível, que o contrato implica uma obrigação de pagamento, através da expressão "encomenda com obrigação de pagar" ou de outra formulação que seja inequívoca quanto à existência dessa mesma obrigação.

Para saber quando é que o contrato se considera celebrado, deve ter-se em conta o art. 32º do DL 7/2004, que determina que "a oferta de produtos ou serviços em linha representa uma proposta contratual quando contiver todos os elementos necessários para que o contrato fique concluído com a simples aceitação do destinatário, representando, caso contrário, um convite a contratar", e o art. 29º do mesmo diploma, em especial os nºs 1 e 5, que estabelecem, respetivamente, que, "logo que receba uma ordem de encomenda por via exclusivamente eletrónica, o prestador de serviços deve acusar a receção igualmente por meios eletrónicos" e que "a encomenda torna-se definitiva com a confirmação do destinatário [ou seja, do consumidor], dada na sequência do aviso de receção, reiterando a ordem emitida".

[620] Elsa Dias Oliveira, *A Protecção dos Consumidores nos Contratos Celebrados Através da Internet*, 2002, pp. 74 e 75. Jurisprudência: Ac. do STJ, de 4/6/2015.

[621] "Button solution": Alberto De Franceschi, "The EU Digital Single Market Strategy in Light of the Consumer Rights Directive: The «Button Solution» for Internet Cost Traps and the Need for a More Systematic Approach", 2015, p. 146.

A natureza jurídica do aviso de receção e da confirmação, na medida em que determina a sua relevância na formação do contrato, constitui uma das questões mais controversas do diploma. A lei portuguesa transpôs a norma da Diretiva 2000/31/CE – que apenas se referia ao aviso de receção – sem alterações, não tendo em conta que estava a introduzir uma figura nova e original, a confirmação, dependente desse aviso de receção. Ficámos, assim, com um regime complexo.

Não se compreende por que é que "é dispensado o aviso de receção da encomenda nos casos em que há imediata prestação em linha do produto ou serviço" (art. 29º-2). Esta norma implica que não é necessária a confirmação do destinatário (que é dada na sequência do aviso de receção) quando o serviço é imediatamente prestado, mas já é necessária quando não é imediatamente prestado, caso em que, em princípio, não é tão relevante, em primeiro lugar, porque o destinatário tem mais tempo para se preparar para o cumprimento da obrigação e, em segundo lugar, porque nos casos de prestação imediata e em linha poderá estar excluído o direito de arrependimento [art. 17º-1-*a*) do DL 24/2014].

A norma citada era coerente no âmbito da Diretiva 2000/31/CE, que não conhece a figura da confirmação; assim, face ao diploma europeu, o profissional teria duas possibilidades: enviar o aviso de receção, dando conta da celebração do contrato, ou cumprir a obrigação, dando igualmente conta, mas por outra forma, dessa celebração. No diploma português (independentemente da interpretação do nº 5), o sistema não é coerente, na medida em que não se possibilita ao destinatário determinar a produção dos efeitos do contrato nos casos de prestação imediata e em linha do produto ou serviço, caso em que essa determinação seria mais importante, em virtude da definitividade do cumprimento que carateriza essas situações[622].

Não é claro se o envio do aviso de receção constitui já uma obrigação contratual do prestador de serviços ou se é uma das formalidades que se inclui ainda no processo de formação do contrato. Para analisar esta questão, é necessário ter em conta duas normas: por um lado, o art. 29º-5, que estabelece que a encomenda se torna definitiva com a confirmação do destinatário, o que parece indicar no sentido da segunda solução; por outro lado, o art. 32º, que remete para os princípios gerais relativos à celebração do contrato para determinar a natureza jurídica das declarações

622 Contra: João Calvão da Silva, *Banca, Bolsa e Seguros*, 2007, p. 119.

das partes, esclarecendo que "o mero aviso de receção da ordem de encomenda não tem significado para a determinação do momento da conclusão do contrato".

O art. 32º parece claro no sentido de determinar que o regime jurídico do comércio eletrónico não tem por objetivo alterar as regras relativas à formação dos contratos[623]. Portanto, quando a oferta de produtos em linha constitua uma proposta contratual, a regra nos contratos celebrados à distância[624], a ordem de encomenda deve ser qualificada como aceitação dessa proposta[625], formando-se o contrato. O aviso de receção constitui uma obrigação legal que resulta da celebração do contrato[626].

Partindo desta base, é necessário verificar qual é a natureza jurídica da confirmação do destinatário, prevista no art. 29º-5. Interpretando literalmente o conceito, poderia dizer-se que o contrato só se conclui com a confirmação; no entanto, como já referimos, articulando esta norma com o nº 1 do mesmo artigo e com o art. 32º, a confirmação é sempre posterior à celebração do contrato. Assim, o destinatário confirma a própria celebração do contrato (passando este a produzir os seus efeitos) e não a sua declaração contratual.

Considerando que a confirmação ainda integra a aceitação, que assim operaria em duas fases (ordem de encomenda e confirmação), além de não bastar a simples aceitação do destinatário para a formação do contrato, como estabelece o art. 32º-1, estar-se-ia a possibilitar ao profissional a oposição à celebração do contrato, através do não envio do aviso de receção. O profissional que tivesse emitido uma proposta contratual ainda teria uma palavra a dizer quanto à celebração do contrato, o que não nos parece que se enquadre no espírito deste regime, que passa pela proteção do destinatário. Esta solução seria pouco protetora do consumidor, uma vez que permitiria que o profissional obstasse a celebração de um contrato ao qual, segundo as regras gerais, já estaria vinculado.

[623] José de Oliveira Ascensão, "Bases para uma Transposição da Directriz nº 00/31", 2003, p. 3320 (52).

[624] Paula Costa e Silva, "A Contratação Automatizada", 2003, p. 297. Contra: Ac. do TRC, de 27/2/2008.

[625] Adelaide Menezes Leitão, "Comércio Electrónico e Direito do Consumo", 2012, p. 36.

[626] José de Oliveira Ascensão, "Bases para uma Transposição da Directriz nº 00/31", 2003, p. 3320 (52); Susana Larisma, "Contratação Electrónica", 2004, p. 168; Manuel António Pita, "Notas sobre o Regime da Contratação Electrónica", 2006, p. 60.

No caso de não enviar o aviso de receção – e note-se que este pode ser enviado por correio eletrónico e, portanto, não tem de chegar sempre à esfera do destinatário imediatamente (nº 4) –, impossibilitando a confirmação, uma vez que esta só pode ser dada na sequência daquele (nº 5), o prestador de serviços deve incorrer em responsabilidade contratual e não apenas pré-contratual[627].

Acrescente-se que o art. 11º-1 da Diretiva 2000/31/CE tem por objetivo "assegurar a certeza das comunicações", estando reservada para o aviso de receção "uma finalidade muito determinada: assegurar ao encomendante, nos mais breves prazos, que a encomenda foi recebida. Mais nada"[628]. Os artigos que transpuseram o referido preceito devem ser interpretados no sentido de que têm o mesmo objetivo.

Concluímos, portanto, que a confirmação do destinatário, que não constitui um dever[629], é posterior à celebração do contrato, sendo, no entanto, essencial para a produção dos seus efeitos, constituindo uma condição legal[630]. Enquanto o destinatário não confirmar a ordem de encomenda emitida, i.e., enquanto não estiver por este confirmada a celebração do contrato, o contrato não produz efeitos, exceto no que diz respeito à

627 AAVV, *Lei do Comércio Electrónico Anotada*, 2005, p. 118. Contra: JOÃO CALVÃO DA SILVA, *Banca, Bolsa e Seguros*, 2007, p. 118.

628 JOSÉ DE OLIVEIRA ASCENSÃO, "Contratação Electrónica", 2003, p. 59.

629 Contra: MARIANA CARVALHO HOMEM, "A Formação dos Contratos no Comércio Electrónico", 2013, p. 29.

630 AAVV, *Lei do Comércio Electrónico Anotada*, 2005, p. 118; ALEXANDRE DIAS PEREIRA, "Comércio Electrónico e Consumidor", 2004, p. 356; CARLOS FERREIRA DE ALMEIDA, *Contratos*, Vol. I, 2008, p. 190; PAULA RIBEIRO ALVES, *Contrato de Seguro à Distância – O Contrato Electrónico*, 2009, p. 212. Com dúvidas: PEDRO ROMANO MARTINEZ, "Celebração de Contratos à Distância e o Novo Regime do Contrato de Seguro", 2009, p. 105. Contra: PAULA COSTA E SILVA, "Contratação Electrónica", 2005, pp. 187 a 189; VICTOR CASTRO ROSA, "Contratação Electrónica", 2005, p. 199; MOITINHO DE ALMEIDA, "A Celebração à Distância do Contrato de Seguro", 2007, p. 16; MANUEL ANTÓNIO PITA, "Notas sobre o Regime da Contratação Electrónica", 2006, p. 64; MÁRIO GABRIEL DE CASTRO, "Direito dos Contratos – Contrato Electrónico de Consumo", 2006/2007, p. 586; DAVID DE OLIVEIRA FESTAS, "A Contratação Electrónica Automatizada", 2006, p. 427; SEBASTIÃO NÓBREGA PIZARRO, *Comércio Electrónico*, 2005, p. 82; MANUEL LOPES ROCHA, ANA MARGARIDA MARQUES e ANDRÉ LENCASTRE BERNARDO, *Guia da Lei do Comércio Electrónico*, 2004, p. 82; PEDRO DIAS VENÂNCIO, "O Contrato Electrónico e o Momento da Sua Conclusão", 2006, p. 76; JOSÉ A. ENGRÁCIA ANTUNES, *Direito dos Contratos Comerciais*, 2009, p. 147; CARVALHO FERNANDES, *Teoria Geral do Direito Civil*, Vol. II, 2010, p. 123; JOÃO CALVÃO DA SILVA, *Banca, Bolsa e Seguros*, 2007, p. 118.

obrigação de envio do aviso de receção por parte do prestador de serviços (e a consequente responsabilidade contratual deste em caso de não cumprimento desta obrigação). Contudo, este não está ainda obrigado a entregar a coisa ou a prestar o serviço e o destinatário a efetuar a contraprestação.

Logo, entendemos que nem o aviso de receção (refere-o expressamente o art. 32º-2) nem a confirmação (porque é dada na sequência daquele) alteram as regras gerais relativas à formação dos contratos.

3.1.3.2. Contratos celebrados fora do estabelecimento

O art. 9º-1 do DL 24/2014 estabelece os requisitos formais a que deve obedecer o contrato celebrado fora do estabelecimento: o contrato deve ser reduzido a escrito e incluir, de forma clara, compreensível e em língua portuguesa, as informações pré-contratuais enunciadas no art. 4º.

Quanto à necessidade de redução do contrato a escrito, não é claro se tal equivale à afirmação de que o contrato está sujeito a forma especial para a sua celebração: a forma escrita. O art. 16º-1 do DL 143/2001 apontava para a existência de um requisito formal, ao estabelecer que estes contratos deviam "sob pena de nulidade, ser reduzidos a escrito [...]". Pelo contrário, o art. 9º-1 do DL 24/2014 determina que o contrato "é reduzido a escrito e deve, sob pena de nulidade [...]", o que poderia apontar para a inexistência de qualquer requisito formal.

Apesar da alteração do elemento literal, entendemos que o art. 9º-1 mantém o requisito de forma escrita, afastando, assim, o princípio da liberdade de forma (art. 219º do CC)[631], com a consequência da nulidade do contrato[632], solução que aliás resulta da generalidade dos direitos europeus[633]. No entanto, da formulação legal e da finalidade da norma deve retirar-se

[631] DÁRIO MOURA VICENTE, *Direito Comparado*, Vol. II, 2017, p. 135. A favor da adoção de um requisito de forma nos contratos celebrados fora do estabelecimento: ANNETTE NORDHAUSEN-SCHOLES, "Information Requirements", 2009, p. 228. Contra: GERAINT HOWELLS E REINER SCHULZE, "Overview of the Proposed Consumer Rights Directive", 2009, p. 15.

[632] PAULO MOTA PINTO, "O Novo Regime Jurídico dos Contratos a Distância e dos Contratos Celebrados Fora do Estabelecimento Comercial", 2015, p. 69; CARLOS LACERDA BARATA, "Contratos Celebrados Fora do Estabelecimento Comercial", 2016, p. 901.

[633] GIOVANNI DE CRISTOFARO, "After Implementing Directive 2011/83/EU in the Member States", 2014, p. 222.

a conclusão de que a invalidade está sujeita a um regime especial, apenas podendo ser invocada pelo consumidor e não também pelo profissional[634].

A finalidade da norma não é apenas a de sujeitar este contrato a uma forma especial, uma vez que as razões que o justificam não são objetivas, mas subjetivas, resumindo-se à proteção do consumidor contra eventuais abusos por parte do profissional. A proteção do consumidor traduz-se, neste caso, na redução do contrato a escrito e na entrega de um documento (cópia do contrato assinado ou, em alternativa, confirmação em papel ou, mediante acordo do consumidor, noutro suporte duradouro) que deve conter as cláusulas contratuais e elementos de informação sobre os direitos que lhe são conferidos na sequência da celebração do contrato[635]. Pode, no entanto, existir um acordo pré-contratual antes da redução do contrato a escrito.

O contrato celebra-se, portanto, no momento da elaboração do documento, através do modelo do documento contratual único, e não segundo o modelo de proposta seguida de aceitação[636].

A lei determina os elementos que devem constar obrigatoriamente (e em língua portuguesa) do documento contratual único, sob pena de nulidade do contrato (art. 9º-1 do DL 24/2014, que remete para o art. 4º-1)[637], aplicando-se idêntica consequência caso o documento não seja entregue (art. 9º-2 do DL 24/2014)[638]. Trata-se de uma sanção para os profissionais, que normalmente elaboram previamente o modelo de documento contratual único, que se justifica tendo em conta o caráter agressivo associado a esta modalidade de contratação.

Os requisitos formais indicados devem ser respeitados independentemente do valor do contrato, ou seja, do preço do bem ou serviço.

634 Jorge Morais Carvalho e João Pedro Pinto-Ferreira, *Contratos Celebrados à Distância e Fora do Estabelecimento Comercial*, 2014, pp. 87 e 88. Contra: Carlos Lacerda Barata, "Contratos Celebrados Fora do Estabelecimento Comercial", 2016, p. 901.

635 Joaquim de Sousa Ribeiro, "O Princípio da Transparência no Direito Europeu dos Contratos", 2002, p. 142.

636 Carlos Ferreira de Almeida, "Contrato Formal e Pré-Contrato Informal", p. 356.

637 Neste sentido (face ao regime anterior, que não era tão claro quanto a este aspeto): Ac. do TRP, de 26/1/2009; Sentença do JP de Cantanhede, de 27/9/2006; Sentença do JP de Coimbra, de 7/12/2006. Contra (face ao regime anterior): Carolina Cunha, "Métodos de Venda a Retalho Fora do Estabelecimento", 2005, p. 295, n. 23.

638 Marco B. M. Loos, "A Critical Analysis of the Proposal for a Consumer Rights Directive", 2009, p. 21. Levantando dúvidas: Ac. do TRL, de 4/6/2015.

3.1.4. Obrigação de confirmação do conteúdo do contrato

Nos contratos celebrados à distância, o art. 6º-1 do DL 24/2014 impõe ao profissional uma obrigação decorrente da celebração do contrato, que consiste na "confirmação da celebração do contrato", através da entrega, em suporte duradouro, de todas as informações pré-contratuais.

Assim, além da obrigação principal, caraterística do contrato que celebrou, o profissional encontra-se vinculado ao cumprimento de uma obrigação acessória.

Ao contrário do que o elemento literal do art. 6º-1 parece indicar, ao aludir ao dever de "confirmar a celebração do contrato", está em causa a confirmação do conteúdo essencial do negócio jurídico. Por outras palavras, não se trata da confirmação da celebração do contrato – nos contratos eletrónicos, é esta a função do aviso de receção, previsto no art. 29º-1 do DL 7/2004[639] – mas de uma formalização das suas principais cláusulas, uma confirmação destas através do envio em suporte duradouro. No fundo, a confirmação permite uma mais fácil referência ao contrato por parte do consumidor (com uma função de ponderação[640]).

A opção pela inclusão desta matéria em sede de formação do contrato justifica-se dado que se trata de um dever que ainda tem a própria celebração do contrato como referência e de uma norma que tem como principal preocupação o desconhecimento do conteúdo do acordo por parte do consumidor.

Aliás, a lei encontra neste preceito uma forma de resolver a questão da tendencial impossibilidade de impor a forma escrita nos contratos à distância[641], o que explica o paralelismo entre o conteúdo do contrato e o conteúdo da confirmação. Nestes casos, a forma especial só é imposta quando já existe contrato.

A confirmação deve ter lugar no prazo máximo de cinco dias contados da celebração do contrato, concretizando-se o conceito de "prazo razoável" do art. 8º-7 da Diretiva 2011/83/UE. A circunstância de a lei prever

[639] AAVV, *Lei do Comércio Electrónico Anotada*, 2005, pp. 116 a 121; Jorge Morais Carvalho, "Comércio Electrónico e Protecção dos Consumidores", 2006, p. 53; João Pedro Leite Barros, "Os Contratos de Consumo Celebrados pela Internet. Um Estudo de Direito Comparado Luso-Brasileiro", 2017, p. 508.

[640] Miguel Teixeira de Sousa, "O Valor Probatório dos Documentos Electrónicos", 2001, p. 182.

[641] Paulo Mota Pinto, "O Novo Regime Jurídico dos Contratos a Distância e dos Contratos Celebrados Fora do Estabelecimento Comercial", 2015, p. 73.

um prazo curto para o cumprimento da obrigação de confirmação está relacionado com a própria finalidade desta: trata-se de facilitar o conhecimento, por parte do consumidor, das principais cláusulas do contrato, para que este possa decidir se pretende a sua manutenção ou o exercício do direito de arrependimento. Justifica-se, assim, a necessidade de o consumidor ter acesso às cláusulas relevantes e à informação relativa aos seus direitos em tempo útil, ou seja, enquanto pode exercer os seus direitos.

No caso de se tratar de um contrato em que a obrigação do profissional consista na entrega de um bem (por exemplo, um contrato de compra e venda), a confirmação tem de ser enviada, no máximo, até ao momento da entrega. Se a entrega do bem for física, a confirmação pode ser entregue em simultâneo. Pelo contrário, tratando-se de um contrato de prestação de serviço, a confirmação deve ocorrer antes do início da prestação do serviço (art. 6º-1 do DL 24/2014).

O art. 6º-1 do DL 24/2014 exige ainda que a confirmação seja enviada através de um suporte duradouro.

O art. 3º-*l*) define suporte duradouro, como "qualquer instrumento, designadamente o papel, a chave Universal Serial Bus (USB), o Compact Disc Read-Only Memory (CD-ROM), o Digital Versatile Disc (DVD), os cartões de memória ou o disco rígido do computador, que permita ao consumidor ou ao fornecedor de bens ou prestador do serviço armazenar informações que lhe sejam pessoalmente dirigidas, e, mais tarde, aceder-lhes pelo tempo adequado à finalidade das informações, e que possibilite a respetiva reprodução inalterada".

São três os elementos essenciais para que o suporte possa ser qualificado como duradouro: permanência; acessibilidade; inalterabilidade.

Note-se que estes elementos dizem respeito, não apenas ao suporte, mas, também e fundamentalmente, à informação que este contém[642]. Com efeito, esta é que tem de estar acessível de modo permanente e não deve ser suscetível de alteração.

Quanto à permanência, ou seja, a durabilidade do suporte e da mensagem, não pode significar algo que não existe, que é a ideia de eternidade[643].

642 Pedro Romano Martinez, "Celebração de Contratos à Distância e o Novo Regime do Contrato de Seguro", 2009, p. 101.

643 Marie Demoulin, "La Notion de «Support Durable» dans les Contrats à Distance", 2000, pp. 364 e 365; Pedro Romano Martinez, "Celebração de Contratos à Distância e o Novo Regime do Contrato de Seguro", 2009, p. 101.

O papel é um bom exemplo da inexistência de perpetuidade quando nos referimos a coisas, uma vez que, apesar de, em princípio, ter um prazo de validade muito alargado, se não for guardado de forma adequada, não resiste ao tempo. É suficiente que o suporte não pereça ou se deteriore, ou que não pereça ou se deteriore o mecanismo que permite o acesso à mensagem aí contida, durante o período em que esta é necessária, devendo este período ser alargado, dada a importância da informação ao nível da prova.

A acessibilidade também é um elemento relevante da definição de suporte durável. O suporte deve manter-se acessível ao longo do tempo em que for necessária a sua consulta, para que o consumidor (ou a pessoa protegida pela norma) possa, em qualquer momento, ler, ouvir ou ver a mensagem.

Quanto à inalterabilidade, ainda está por descobrir ou inventar o documento que não possa, de forma alguma, ser alterado. Um texto escrito numa folha de papel constitui um bom exemplo, dado que pode copiado, quer através das atuais máquinas de cópia, com graus de sofisticação elevados, quer manualmente, podendo, inclusive, ser introduzidas alterações. Assim, este elemento tem de ser avaliado com alguma atenção, aceitando-se apenas os suportes que sejam tendencialmente mais seguros. Devem considerar-se mais seguros os suportes que, para a sua alterabilidade eficaz, exijam conhecimentos técnicos especiais.

O disco rígido do computador que o consumidor utiliza normalmente também é um suporte durável, apesar de os riscos de perda da informação serem relativamente significativos, mas já não pode ser considerada como tal uma página colocada na Internet[644]. É discutível se o disco rígido de um computador que o consumidor não utilize normalmente ou de um servidor global, que armazene, por exemplo, as mensagens de correio eletrónico, constitui um suporte durável. Em muitos casos, a análise não deve ser feita em abstrato, relevando a situação concreta do consumidor face ao suporte.

O conteúdo da confirmação encontra-se regulado no art. 6º-2 do DL 24/2014, por remissão para os elementos que devem ser fornecidos na fase pré-contratual, podendo concluir-se que a lei equipara o conteúdo da confirmação ao conteúdo mínimo da declaração do profissional (art. 4º-1), o que implica uma perda da relevância desta figura face ao regime anterior.

[644] Ac. do TJUE, de 5/7/2012.

O DL 78/2018 revogou o art. 6º-3, pelo que deixou de ser dispensada a confirmação nos casos em que os elementos previstos no art. 4º-1 tenham já sido fornecidos antes da celebração do contrato através de um suporte duradouro. Essa dispensa poderia compreender-se à luz da finalidade da confirmação, que consiste na cognoscibilidade das diferentes cláusulas contratuais.

Com a alteração introduzida, o profissional passa a ter sempre o dever de confirmar a celebração do contrato, apenas sendo dispensado do envio dos elementos previstos no art. 4º-1, no caso de estes já terem sido remetidos na forma prevista antes da celebração do contrato.

3.1.5. Direito de arrependimento

O DL 24/2014 atribui um direito de arrependimento ao consumidor nos contratos celebrados à distância ou fora do estabelecimento (arts. 10º a 17º), sob a designação de "direito de livre resolução".

Destaca-se, na senda da Diretiva 2011/83/UE, o tratamento unitário da figura no que respeita às duas modalidades de contratos, ao contrário do que sucedia no regime anterior (arts. 6º e 18º do DL 143/2001).

Procede-se agora a uma análise do regime jurídico, pressupondo-se o conhecimento dos aspetos gerais[645].

3.1.5.1. Prazo

O art. 10º-1 do DL 24/2014 estabelece que "o consumidor tem o direito de resolver o contrato [...] no prazo de 14 dias". O prazo é de contagem contínua, pelo que os 14 dias são seguidos [considerando (41) da Diretiva 2011/83/UE].

No que respeita à contagem do prazo, deve ter-se em conta o art. 296º do CC, que manda aplicar aos prazos fixados por lei as regras do art. 279º. Relevam para este efeito, nomeadamente, a alínea *b*), nos termos da qual "na contagem de qualquer prazo não se inclui o dia [...] em que ocorrer o evento a partir do qual o prazo começa a correr", e a alínea *e*), segundo a qual "o prazo que termine em domingo ou dia feriado transfere-se para o primeiro dia útil seguinte".

O momento a partir do qual este prazo começa a correr depende do tipo de contrato celebrado.

645 V. *supra* 2.3.

No caso de o contrato incidir sobre um bem, designação que abrange, entre outros, contratos de compra e venda, de locação ou alguns contratos de empreitada, o prazo conta-se a partir do dia da sua receção pelo consumidor [art. 10º-1-*b*) do DL 24/2014]. Apesar de se ter evitado a palavra entrega, a aquisição da "posse física dos bens" corresponde à entrega (art. 9º-B da LDC), que é uma das obrigações do vendedor no contrato de compra e venda, nos termos do art. 879º-*b*) do CC, pelo que é o momento em que esta tem lugar que releva para iniciar a contagem do prazo para o exercício do direito de arrependimento. O bem pode ser entregue ao consumidor ou a um terceiro, indicado por este, considerando-se que o prazo começa a correr em qualquer dos casos.

As várias subalíneas do art. 10º-1-*b*) resolvem situações concretas que poderiam suscitar dúvidas. Assim, se o consumidor encomendar vários bens em conjunto ou um bem que integre vários lotes ou partes e estes forem entregues em separado, o prazo começa a contar com a entrega do último bem ou do último lote ou parte do bem. Considera-se que só neste momento o consumidor consegue avaliar se pretende ou não exercer o direito de arrependimento. Se o contrato tiver como objeto a entrega periódica de bens durante um determinado período (ou sem termo final, naturalmente), o prazo conta-se a partir do momento em que for entregue o primeiro bem (ou conjunto de bens, na totalidade), não existindo direito de arrependimento relativamente aos bens depois fornecidos periodicamente. Relativamente aos contratos de fornecimento de água, gás ou eletricidade, quando se trate de contratos de execução continuada, que impliquem uma ligação à rede, parece-nos que o elemento serviço prevalece sobre o elemento compra e venda, pelo que concordamos com a solução de que o prazo para o exercício do direito de arrependimento se inicie em linha com os demais contratos de prestação de serviço.

Saliente-se que, podendo o direito ser exercido depois da data da receção do bem, por maioria de razão pode ser exercido antes, evitando-se assim o envio desnecessário da coisa[646].

Nos contratos de prestação de serviço, a regra é a de que o prazo começa a contar a partir da data da celebração do contrato [art. 10º-1-*a*) do DL 24/2014]. Incluem-se aqui também os contratos de fornecimento de água,

[646] CAROLINA CUNHA, "Métodos de Venda a Retalho Fora do Estabelecimento", 2005, p. 315; FERNANDA NEVES REBELO, "O Direito de Livre Resolução", 2007, p. 599.

gás ou eletricidade, nos moldes já enunciados, e os contratos relativos a conteúdos digitais que não sejam fornecidos num suporte material [art. 10º-1-*c*)]. Quanto a estes últimos, também se aproximam mais dos contratos de prestação de serviço do que dos contratos em que é fornecido um bem.

Este regime é mais desfavorável para o consumidor do que o anterior, uma vez que, face ao art. 6º-2-*b*) do DL 143/2001, o prazo começava a contar a partir do dia em que tinha início a prestação do serviço. O consumidor tinha, assim, sempre a possibilidade de se arrepender pelo menos até ao início da execução do contrato. Dependendo das circunstâncias do caso, em especial do tempo que decorre entre a celebração do contrato e o início da prestação do serviço, o prazo pode ser consideravelmente mais curto do que o que resultava da legislação anterior. Note-se, contudo, que o início da prestação do serviço, com o acordo do consumidor, antes do termo do prazo previsto, impedia o exercício do direito pelo consumidor [art. 7º-*a*) do DL 143/2001]. Atualmente, mesmo depois do início da prestação do serviço, o consumidor pode exercer o direito de arrependimento, embora tenha de pagar o valor correspondente ao serviço prestado (art. 15º-2 do DL 24/2014). Existe agora também a possibilidade de não se iniciar a prestação do serviço antes de decorrido o prazo de 14 dias para o exercício do direito de arrependimento, parecendo ser esta, aliás, a solução apontada pela lei como regra (art. 15º-1). Este preceito confere ao consumidor o direito potestativo de requerer de imediato o início da prestação do serviço.

No cômputo do prazo no caso de contratos mistos de compra e venda (ou, em geral, de fornecimento de um bem) e de prestação de serviço, como a aquisição de um telemóvel pré-pago[647], entendemos que deve prevalecer o elemento relativo ao bem, aplicando-se o prazo de 14 dias a contar da data da entrega, nos termos do art. 10º-1-*b*) do DL 24/2014.

O prazo é alargado em mais 12 meses no caso de o profissional não informar o consumidor, antes da celebração do contrato, quando seja o caso, da existência do direito de arrependimento, do respetivo prazo e do procedimento para o exercício do direito, "com entrega do formulário de livre resolução constante da parte B do anexo ao [...] decreto-lei" [art. 4º-1-*l*) *ex vi* art. 10º-2 do DL 24/2014]. Neste caso, o prazo passa, portanto, a ser de 12 meses mais 14 dias.

[647] Marco B. M. Loos, "Rights of Withdrawal", 2009, pp. 252 a 255.

Entende-se que, não sendo prestada a informação relativa ao direito de arrependimento, o consumidor pode não ter conhecimento de que dispõe do direito, pelo que se alarga o prazo para o seu exercício, incentivando-se o profissional a cumprir o dever de informação e aumentando-se a probabilidade de o consumidor o conhecer.

No regime anterior, previa-se um alargamento do prazo para três meses, no que respeita aos contratos celebrados à distância (art. 6º-3 do DL 143/2001), não existindo norma paralela para os contratos celebrados fora do estabelecimento[648], que não reclamam esta consequência com a mesma intensidade, uma vez que, nestes, a ausência de um elemento essencial do contrato tem como consequência a nulidade (art. 9º-1 do DL 24/2014), a qual pode ser invocada a todo o tempo pelo consumidor[649]. Em qualquer caso, esta consequência aplica-se atualmente aos contratos incluídos em ambas as modalidades.

No entanto, o alargamento do prazo para o exercício do direito de arrependimento está agora limitado aos casos em que o consumidor não tenha sido informado sobre o direito de arrependimento. No fundo, embora com um prazo mais alargado e abrangendo os contratos celebrados à distância e fora do estabelecimento, trata-se de uma regra específica do direito de arrependimento. Assim, a omissão de qualquer das restantes informações pré-contratuais enunciadas no art. 4º deixa de ter como consequência o alargamento do prazo para exercício do direito de arrependimento, tal como resultava do artigo 6º-3 do DL 143/2001. Esta opção legislativa, conjugada com a ausência de requisitos de forma na generalidade dos contratos celebrados à distância (com exceção dos contratos celebrados na sequência de contacto telefónico), deixa em aberto quais as eventuais consequências dessa omissão, além da sanção contraordenacional.

Se, enquanto estiver a correr o prazo de 12 meses mais 14 dias, o profissional informar o consumidor, cumprindo as formalidades previstas no art. 4º do DL 24/2014, de que este dispõe de um direito de arrependimento, entregando-lhe o formulário para o exercício do direito, o prazo anterior interrompe-se, começando a contar um novo prazo de 14 dias, findo o qual o consumidor deixa de poder exercer o direito (art. 10º-3 do

[648] Contra: Carolina Cunha, "Métodos de Venda a Retalho Fora do Estabelecimento", 2005, p. 301.

[649] Sentença do CACCL, de 28/10/2004.

DL 24/2014). O consumidor tem, assim, sempre, no mínimo, 14 dias para exercer o direito a contar da data em que recebeu a informação sobre a sua existência.

3.1.5.2. Forma

Nos termos do art. 11º-1 do DL 24/2014, o "consumidor pode exercer o seu direito de livre resolução através do envio do modelo de «Livre resolução» constante da parte B do anexo ao [...] decreto-lei, ou através de qualquer outra declaração inequívoca de resolução do contrato". O art. 11º-2 considera inequívoca a declaração pela qual "o consumidor comunica, por palavras suas, a decisão de resolver o contrato designadamente por carta, por contacto telefónico, pela devolução do bem ou por outro meio suscetível de prova, nos termos gerais".

O formulário de livre resolução, constante da parte B do anexo ao decreto-lei e que deve ser entregue ao consumidor nos termos do art. 4º-1-*l*), vem facilitar o conhecimento do direito de arrependimento pelo consumidor e consequentemente o seu exercício, sendo uma das principais inovações do regime[650]. Note-se que o consumidor não tem de utilizar o formulário para se considerar exercido o direito.

A lei é clara no sentido da validade de qualquer declaração inequívoca de arrependimento, independentemente da forma utilizada. Admite-se que a resolução seja declarada ao profissional, expressamente, por carta, por contacto telefónico ou por qualquer outro meio ou, tacitamente, nomeadamente pela devolução do bem.

O art. 11º-4 também admite a possibilidade de a página na Internet do profissional estar preparada para o exercício deste direito pelo consumidor. Nesta situação, a lei desconfia do profissional, recaindo sobre este o dever de acusar a receção da declaração no prazo de 24 horas através de um suporte duradouro, nomeadamente através de uma mensagem de correio eletrónico. O intuito subjacente a esta regra é o de assegurar que o consumidor tem um meio de prova quanto ao exercício tempestivo do direito.

Este regime vem dificultar algumas práticas dos profissionais que, face à suposta exigência de carta registada com aviso de receção na lei anterior, impediam o consumidor de exercer o direito. Já defendíamos antes que

[650] Caroline Cauffman, "The Consumer Rights Directive – Adopted", 2012, p. 3.

qualquer meio era apto para o exercício do direito de arrependimento[651], pelo que aplaudimos agora as novas regras, que vêm clarificar o regime, não prejudicando o consumidor que, de boa-fé, exerce o direito oralmente junto do profissional, com prévia concordância por parte deste, seguida, após o termo do prazo, de uma recusa na aceitação dos seus efeitos.

Apesar de a lei não impor uma forma especial para o exercício do direito, não deve deixar de salientar-se que o mais adequado passa pelo envio de carta registada com aviso de receção[652], de preferência incluindo o modelo de livre resolução fornecido pelo profissional, devidamente preenchido. A prova do exercício do direito, que cabe ao consumidor, nos termos do art. 10º-5, limitando de certa forma o princípio de liberdade anteriormente referido[653], fica, por esta via, extremamente facilitada.

Exige-se que a declaração de arrependimento seja emitida dentro do prazo previsto na lei ou do prazo superior, estipulado entre as partes, podendo apenas ser conhecida posteriormente pelo profissional (art. 11º-3 do DL 24/2014). No caso de envio de carta, por exemplo, o momento relevante é a data do envio[654].

Este regime, tal como todo o diploma, tem conteúdo imperativo (art. 29º), pelo que não é admitida qualquer limitação. O profissional não pode, portanto, impor determinada forma para o exercício do direito de arrependimento, devendo considerar-se nula essa cláusula contratual.

3.1.5.3. Efeitos do contrato na pendência do prazo

No que respeita aos efeitos, é necessário distinguir entre os efeitos resultantes da celebração do contrato, em especial durante o decurso do prazo em que o consumidor pode exercer o direito de arrependimento, e os efeitos do exercício do direito pelo consumidor.

Neste ponto analisa-se a primeira questão, sendo necessário distinguir os contratos que incidem sobre bens dos contratos que têm como objeto um serviço.

[651] Jorge Morais Carvalho, *Manual de Direito do Consumo*, 2013, p. 135; no mesmo sentido, v. Ana Filipa Peixe Herculano, *Contratos no Domicílio e Contratos à Distância*, 2009, p. 74.

[652] No sentido de que "o registo serve de prova do envio" e o aviso de receção "de prova de recepção": Ac. do TRL, de 8/11/2012.

[653] Fabio Bravo, *I Contratti a Distanza nel Codice del Consumo e nella Direttiva 2011/83/UE*, 2013, p. 245.

[654] Sentença do JP de Lisboa, de 13/4/2009.

No que respeita aos contratos que têm como objeto um bem, o art. 14º do DL 24/2014 regula uma pequena parte dos efeitos resultantes da celebração do contrato, em especial no que respeita à utilização que o consumidor pode dar ao bem durante o decurso do prazo para o exercício do direito de arrependimento. Note-se que esta regra só se aplica aos contratos relativos a bens e não àqueles que incidem sobre um serviço.

A lei não afasta a aplicação das regras gerais ou especiais relativas ao contrato em causa, que devem apenas ser adaptadas à limitação prevista no preceito. O contrato produz, assim, os seus efeitos típicos. Tratando-se de um contrato de compra e venda, a propriedade transmite-se por mero efeito do contrato se se tratar de uma coisa específica (art. 408º-1 do CC) e, em regra, no momento do cumprimento se se tratar de uma coisa genérica (art. 541º do CC). Nas relações jurídicas de consumo, em especial à distância (mas também fora do estabelecimento), o objeto do contrato é normalmente uma coisa genérica, coincidindo o momento da receção do bem pelo consumidor com o da concentração da obrigação e transmissão da propriedade.

Como proprietário da coisa, segundo as regras gerais, o consumidor goza "de modo pleno e exclusivo dos direitos de uso, fruição e disposição [...]" (art. 1305º do CC). Assim, o consumidor pode experimentar o bem e utilizá-lo normalmente. Quanto a experimentar o bem, não se coloca qualquer problema (art. 14º-1 do DL 24/2014). Já em relação à utilização do bem, o DL 24/2014 não altera a regra geral, permitindo-a[655], mas torna mais oneroso, neste caso, o exercício do direito de arrependimento. A utilização normal excede o que é admitido em estabelecimento comercial, pelo que "o consumidor pode ser responsabilizado pela depreciação do bem" (art. 14º-2), regra que, apesar de poder levantar problemas práticos, parece ser a mais equilibrada[656].

[655] SANDRA PASSINHAS, "A Directiva 2011/83/UE, do Parlamento Europeu e do Conselho, de 25 de Outubro de 2011, Relativa aos Direitos dos Consumidores", 2015, p. 136. Contra (se o uso do bem for "extensivo"): PAULO MOTA PINTO, "O Novo Regime Jurídico dos Contratos à Distância e dos Contratos Celebrados Fora do Estabelecimento Comercial", 2015, p. 79. No *New Deal for Consumers*, apresentado pela Comissão Europeia a 11 de abril de 2018, propõe-se que o consumidor deixe de ser titular de um direito de arrependimento no caso de utilizar o bem além do que é admitido em estabelecimento comercial. É interessante notar que a evolução legislativa, neste domínio, tem sido no sentido de limitar gradualmente o alcance do direito de arrependimento, reduzindo-se o nível de proteção do consumidor.

[656] PAULO R. ROQUE A. KHOURI, *Direito do Consumidor*, 2013, p. 91.

O profissional não pode obstar ao exercício do direito de arrependimento com fundamento na utilização do bem pelo consumidor, mas pode invocar a desvalorização resultante dessa utilização, obtendo uma compensação financeira.

Assim, por exemplo, se estiver em causa uma peça de roupa, o consumidor pode experimentá-la e usá-la. Se apenas a experimentar, não é responsável pela sua depreciação. Se a usar, pode exercer o direito de arrependimento, mas é responsável pela depreciação da peça de roupa. Se o objeto do contrato for um computador, o consumidor pode abrir a embalagem e ligá-lo, caso em que não é responsável pela sua depreciação. Se utilizar o computador, começando a escrever um texto ou gravar ficheiros, por exemplo, já não está a experimentá-lo, pelo que, ainda que continue a ser titular do direito de arrependimento, pode ser responsabilizado pela depreciação do computador.

O valor relativo à desvalorização do bem não é devido se o profissional não tiver informado o consumidor, antes da celebração do contrato, da existência do direito de arrependimento, do respetivo prazo e do procedimento para o seu exercício, com entrega do formulário de livre resolução [art. 4º-1-*l*), para o qual remete o art. 14º-3].

A situação jurídica em causa é uma situação jurídica passiva, que deve ser qualificada como um ónus, cabendo ao consumidor não utilizar normalmente o bem se, querendo arrepender-se, pretender evitar a consequência negativa de ser responsabilizado pela desvalorização do bem.

Além da limitação constante do art. 14º, relevam os limites impostos pela boa-fé no exercício de qualquer direito (art. 334º do CC)[657]. Em alguns casos, a utilização do bem implica uma renúncia tácita ao direito de arrependimento. É o que acontece nos contratos que têm como objeto bens que podem ser facilmente reproduzidos pelo consumidor. A prática de atos de disposição do bem (por exemplo, a sua venda) também implica uma renúncia tácita ao direito de arrependimento.

Conexa com a questão da transmissão da propriedade está a da transferência do risco. A lei não se ocupa desta problemática, pelo que parece aplicar-se o regime geral do art. 796º do CC. Estando em causa um contrato de compra e venda de coisa genérica, o risco de perecimento ou deterioração da coisa corre por conta do consumidor a partir do momento da

[657] Ac. do TJUE, de 3/9/2009.

concentração da obrigação, ou seja, em regra, da entrega do bem. A favor da solução que coloca o risco por conta do consumidor, pode dizer-se que este tem controlo total sobre o bem, podendo exercer todos os direitos conferidos a um proprietário, incluindo aliená-lo. Em sentido contrário, pode afirmar-se que esta solução é menos protetora. Embora a afirmação seja discutível, a conclusão mais equilibrada, tendo em conta a posição das partes, parece ser a de o risco correr por conta do consumidor[658].

Em termos de qualificação jurídica, os contratos celebrados à distância ou fora do estabelecimento que incidem sobre bens (por exemplo, contrato de compra e venda) em que existe direito de arrependimento são celebrados sob condição resolutiva[659], legal e potestativa, ficando a resolução dos seus efeitos subordinada a um acontecimento futuro e incerto, que consiste no exercício do direito pelo consumidor.

A condição é resolutiva porque os efeitos do contrato se produzem integralmente com a celebração, podendo mesmo ser praticados quaisquer atos dispositivos. Não se aplica o art. 274º do CC, podendo o consumidor alienar o bem após a celebração do contrato, mesmo durante o decurso do prazo para o exercício do direito de arrependimento, não ficando este segundo ato dependente da não verificação da condição. Neste caso, o direito de arrependimento deixa de poder ser exercido. O consumidor já não tem domínio sobre o bem, não podendo cumprir a obrigação de devolução resultante do exercício do direito. O adquirente também não pode exercer o direito de arrependimento, uma vez que, por um lado, não é parte no contrato do qual este resulta e, por outro lado, o direito não se transmite com o bem[660]. Aliás, se o consumidor aliena o bem, trata-se, em princípio, de um elemento no sentido de que não se arrependeu da celebração do contrato.

A condição é legal porque resulta da lei, não sendo acordada pelas partes para o contrato celebrado, e é potestativa porque a sua verificação depende

658 José Ramón García Vicente, "Derecho de Desistimiento", 2009, p. 868; João Pedro Leite Barros, "O Direito de Arrependimento nos Contratos Eletrônicos e Consumo Como Forma de Extinção das Obrigações", 2018, p. 135.

659 Pedro Romano Martinez, *Da Cessação do Contrato*, 2006, p. 289; Carlos Lacerda Barata, "Contratos Celebrados Fora do Estabelecimento Comercial", 2016, p. 914; João Pedro Leite Barros, "O Direito de Arrependimento nos Contratos Eletrônicos e Consumo Como Forma de Extinção das Obrigações", 2018, p. 128.

660 Contra (mas apenas se o adquirente não tiver tido contacto com o bem): Alexandre Junqueira Gomide, *Direito de Arrependimento nos Contratos de Consumo*, 2014, p. 188.

de um ato jurídico resultante da vontade exclusiva de uma das partes. Aplicam-se os arts. 270º e seguintes do CC, com as adaptações necessárias por se tratar de uma condição legal.

No que respeita à qualificação jurídica, relacionada com a questão da transferência do risco, deve aplicar-se o art. 796º-3 do CC, que estabelece que, na pendência de condição resolutiva, o risco corre por conta do adquirente se a coisa lhe tiver sido entregue[661].

O modelo é diferente no caso de o objeto do contrato ser um serviço, incluindo, em linha com o art. 10º-1-*c*), os contratos de prestação de serviços públicos essenciais de fornecimento de água, gás, eletricidade e aquecimento urbano[662].

A regra geral constante do art. 15º-1 do DL 24/2014, interpretado *a contrario sensu*, é a de que, nos contratos de prestação de serviço, os efeitos do contrato ficam suspensos até ao termo do prazo para o exercício do direito de arrependimento[663]. Os efeitos do contrato não se produzem, portanto, de imediato, só se iniciando a prestação do serviço depois de ter decorrido o prazo para o exercício do direito de arrependimento sem que o consumidor o tenha exercido.

Neste modelo, o contrato fica sujeito a condição suspensiva de facto negativo, pelo que o não exercício do direito de arrependimento tem como efeito a produção dos efeitos do contrato. Já o exercício do direito pelo consumidor representa a não verificação da condição suspensiva, pelo que o contrato não chega a produzir efeitos. Neste caso, extinguem-se os direitos e as obrigações decorrentes do contrato com efeitos a partir da sua celebração, tendo o exercício do direito eficácia retroativa.

Desta forma, o profissional não incorre em custos com o início da prestação do serviço e o consumidor pode exercer o seu direito sem estar sujeito ao pagamento de qualquer valor. A consequência negativa desta regra, para

[661] Ac. do TRP, de 19/1/2010.

[662] O conceito de "aquecimento urbano", embora seja compreensível, é desconhecido da realidade contratual (e não só) portuguesa, não fazendo sentido o direito português regular algo que não existe e não se prevê que venha a existir (mesmo que viesse a existir, seria facilmente integrado noutros conceitos).

[663] Neste sentido, face ao regime dos contratos celebrados à distância relativos a serviços financeiros: Paula Ribeiro Alves, *Contrato de Seguro à Distância – O Contrato Electrónico*, 2009, p. 75. Contra: Carlos Lacerda Barata, "Contratos Celebrados Fora do Estabelecimento Comercial", 2016, p. 910, pp. 915 e 916, n. 186.

o consumidor, é a de que não tem a possibilidade de avaliar o serviço, para assim concluir de forma fundamentada sobre o seu interesse em manter-se vinculado ao contrato.

Para evitar esta consequência, o consumidor tem o direito de exigir o cumprimento imediato do contrato (art. 15º-1 do DL 24/2014), não podendo o profissional opor-se ao exercício deste direito, limitando-se a prestar o serviço após o termo do prazo para arrependimento. Assim, por exemplo, num contrato de prestação de serviços relativos a comunicações eletrónicas (Internet, televisão, telefone, etc.), o consumidor pode exigir que o serviço seja prestado de imediato, antes do termo do prazo para o exercício do direito de arrependimento.

Por se entender que o interesse na prestação imediata do serviço é normalmente do profissional, pressuposição porventura inadequada em alguns casos, a lei impõe-lhe que o direito de exigir o cumprimento imediato do contrato pelo consumidor seja exercido através de declaração expressa que, independentemente da forma adotada, se encontre contida num suporte duradouro[664]. Esta formalidade constitui um ónus (e não um dever) a cargo do profissional, uma vez que a consequência da sua inobservância é a inexigibilidade do preço relativo ao serviço prestado [art. 15º-5-*a*)-*ii*) do DL 24/2014].

Caso os efeitos do contrato se produzam de imediato, a pedido do consumidor, este mantém o direito de arrependimento (art. 15º-2 do DL 24/2014). Nesta situação, no regime anterior, o consumidor deixava de poder exercer o direito de arrependimento [art. 7º-*a*) do DL 143/2001], pelo que se pode concluir que, quanto a este aspeto, a lei atual é mais favorável ao consumidor[665]. O consumidor apenas deixa de ter direito de arre-

664 Numa intervenção legislativa infeliz, embora, felizmente, sem qualquer efeito no que respeita ao regime aplicável, o DL 78/2018 alterou o art. 15º-6, aparentemente com o objetivo de esclarecer que é necessário um pedido expresso por parte do consumidor, o que já resultava da subalínea ii) da alínea a) do nº 5 do mesmo artigo. O problema é que, com a redação atual, não se indica diretamente que o regime é aplicável ao fornecimento de água, gás ou eletricidade, resultando essa aplicação apenas indiretamente da referência feita na norma. Critica-se, ainda, a utilização, neste preceito, da palavra "retratação".

665 No que respeita aos contratos celebrados à distância. Quanto aos contratos celebrados no domicílio e equiparados, não era aplicável o art. 7º-*a*) do DL 143/2001 (Jorge Morais Carvalho, *Manual de Direito do Consumo*, 2013, p. 163). Alexandra Teixeira de Sousa, "O Direito de Arrependimento nos Contratos Celebrados à Distância e Fora do Estabelecimento", 2016, p. 20, aplaude esta alteração.

pendimento, nos termos do art. 17º-1-*a*) do DL 24/2014, se, por um lado, o serviço tiver sido *integralmente* prestado e, por outro lado, tiver sido devidamente esclarecido da *perda* do direito.

Neste modelo, o contrato fica sujeito a condição resolutiva (legal e potestativa), a qual não tem, no entanto, ao contrário da regra geral, efeitos retroativos, uma vez que é devido pelo consumidor "um montante proporcional ao que foi efetivamente prestado até ao momento da comunicação da resolução, em relação ao conjunto das prestações previstas no contrato" (art. 15º-2 do DL 24/2014).

3.1.5.4. Efeitos do exercício do direito

Nos casos em que o contrato incide sobre um bem, os dois principais efeitos do exercício do direito de arrependimento são, por um lado, o dever do profissional de reembolsar o consumidor do valor pago e, por outro lado, o dever do consumidor de conservar e restituir o bem ao profissional. Destroem-se, assim, os principais efeitos resultantes da celebração do contrato, tendo o exercício do direito eficácia *ex tunc*. É o que resulta, aliás, em regra, do art. 276º do CC, aplicável na medida em que se considera que o exercício do direito consubstancia o preenchimento de condição legal.

Exercido o direito de arrependimento, o profissional tem de reembolsar o consumidor, no prazo de 14 dias a contar da data em que em que a declaração se torna eficaz (nos termos do art. 224º do CC), "de todos os pagamentos recebidos, incluindo os custos de entrega do bem" (art. 12º-1 do DL 24/2014).

Em primeiro lugar, o consumidor é reembolsado de todos os montantes pagos. Estão em causa os montantes pagos ao profissional ou a um terceiro indicado por aquele e que estejam relacionados com o contrato celebrado. Independentemente do meio de pagamento ou das exigências prévias ou posteriores à celebração do contrato, todos os valores que tenham sido entregues pelo consumidor devem ser reembolsados.

É, desde logo, o caso do preço do bem ou do serviço e dos custos de envio. Quanto a estes últimos, o Ac. do TJUE, de 15/4/2010, concluiu que a expressão "montantes pagos pelo consumidor" utilizada no art. 6º-2 da Diretiva 97/7/UE abrangia também os custos de envio, dado que a solução contrária poderia ter um efeito dissuasor do exercício do direito de arrependimento e "pôr em causa a repartição equilibrada dos riscos entre as partes nos contratos à distância, fazendo o consumidor suportar todas as despesas ligadas ao transporte dos bens". Assim se explica, pois, que o art. 13º-1 da Diretiva 2011/83/UE refira expressamente "os custos de entrega".

O art. 12º-1 do DL 24/2014 abrange ainda uma eventual avaliação que o profissional tenha julgado necessária ou um contrato de seguro que tenha sido imposto ao consumidor. A conclusão é igualmente válida no caso de celebração de um contrato de crédito para o financiamento da aquisição do bem ou serviço.

Os custos de entrega não têm de ser reembolsados quando o consumidor solicitar, através de declaração expressa, uma modalidade de entrega diferente e mais onerosa do que a modalidade comummente aceite e menos onerosa proposta pelo profissional. Se o profissional indicar várias opções, com diferentes preços, deve entender-se que todas são comummente aceites, só se aplicando o art. 12º-3 do DL 24/2014 no caso de o consumidor optar por uma solução alternativa, que não seja proposta espontaneamente pelo profissional.

Em relação às despesas com a devolução do bem, depende do que tiver ficado estabelecido contratualmente entre as partes. Caso nada seja acordado, o custo da devolução do bem deve ser suportado pelo profissional[666]. É o que resulta de uma leitura atenta do art. 13º-2-*b)* do DL 24/2014, que determina que o consumidor não tem de "suportar o custo da devolução do bem" se "não tiver sido previamente *informado* pelo fornecedor do bem [de] que tem o dever de pagar" esse custo (itálico nosso). Ora, esta *informação* consiste precisamente na estipulação de que o custo em causa fica a cargo do consumidor. Se não houver *informação* significa que não se verifica a inclusão no acordo de cláusula nesse sentido. A consequência é o custo de devolução ficar a cargo do profissional.

No que respeita a outras despesas que o consumidor possa ter tido, incluindo as despesas com a conservação do bem, a lei parece determinar agora, ao contrário do que resultava do regime anterior (art. 8º-1 do DL 143/2001), que devem ser suportadas pelo consumidor.

Na falta de acordo entre as partes quanto ao meio de pagamento a utilizar para o reembolso dos pagamentos, deve ser utilizado pelo profissional meio idêntico ao utilizado pelo consumidor no contrato resolvido (art.

666 Contra: Carlos Lacerda Barata, "Contratos Celebrados Fora do Estabelecimento Comercial", 2016, p. 910; Elsa Dias Oliveira, "Contratação Eletrónica e Tutela do Consumidor", 2017, p. 133

12º-2 do DL 24/2014). Contudo, o meio de pagamento utilizado deverá ser outro no caso de a utilização do mesmo meio ter custos para o consumidor. Neste caso, as partes devem atuar segundo os princípios da lealdade e da boa-fé (art. 9º-1 da LDC), cabendo ao profissional optar por um meio de pagamento eficaz, sem custos para o consumidor. O considerando (46) da Diretiva 2011/83/UE esclarece que "o reembolso não deverá ser feito sob a forma de uma nota de crédito, salvo se o consumidor tiver usado notas de crédito na transação inicial ou de forma expressa as tiver aceitado".

A obrigação de reembolso que recai sobre o profissional tem um sinalagma com a obrigação de devolução do bem por parte do consumidor[667]. Aplicando a regra geral do art. 428º do Código Civil, relativo à exceção de não cumprimento[668], tratando-se de um contrato bilateral ou sinalagmático, enquanto o consumidor não devolver o bem, o profissional não tem de reembolsar o consumidor do valor pago.

A regra deve aplicar-se também quando o consumidor se recuse a permitir a recolha do bem pelo profissional, nos casos em que este se tenha oferecido para o recolher. Pelo contrário, quando o consumidor aceite que o profissional recolha o bem, este último não poderá invocar a exceção de não cumprimento, pelo que está obrigado a proceder ao reembolso imediato do valor pago.

Caso o consumidor consiga provar a devolução, por exemplo pelo registo do envio de uma encomenda ao profissional, mas o bem se tiver perdido ou deteriorado pelo caminho, estamos perante um problema de risco.

Como foi referido no ponto anterior, parece-nos que, na sequência da celebração do contrato, se este for de compra e venda, o risco de perecimento ou destruição da coisa se transfere para o consumidor, em regra, com a entrega do bem. Configurando-se a situação como um contrato celebrado sob condição resolutiva, o risco corre por conta do adquirente durante a pendência da condição, passando a correr por conta do alienante quando se verifique a condição. É esta a melhor leitura da primeira parte do art. 796º-3 do CC.

Entende-se que o risco só se pode transferir quando aquele por conta de quem este passa a correr tem conhecimento ou pelo menos a possibi-

[667] João Pedro Leite Barros, "O Direito de Arrependimento nos Contratos Eletrônicos e Consumo Como Forma de Extinção das Obrigações", 2018, p. 138.

[668] Sobre esta figura: José João Abrantes, *A Excepção de Não Cumprimento do Contrato*, 2018.

lidade de conhecer esse facto, pois só neste momento tem a possibilidade de se precaver quanto ao perecimento ou deterioração da coisa, nomeadamente celebrando um contrato de seguro[669]. Assim, relevante para a transferência do risco é o momento em que a declaração do exercício do direito de arrependimento se torna eficaz. Quer isto dizer que o risco de perda ou deterioração do bem em momento posterior ao exercício do direito de arrependimento corre por conta do profissional[670].

O profissional tem o dever de ir recolher o bem ao domicílio do consumidor (ou a outro local onde este tenha sido entregue) em duas situações. Em primeiro lugar, quando tenha havido acordo entre as partes nesse sentido, no contrato inicial ou em momento posterior. É o que se passa quando o profissional se oferece para ir recolher ele próprio os bens, hipótese prevista nos arts. 12º-4 e 13º-1 do DL 24/2014.

Em segundo lugar, o dever de recolha do bem pelo profissional pode resultar da circunstância de o bem ter sido entregue no domicílio no momento da celebração do contrato e, pela sua natureza ou dimensão, não poder ser devolvido pelo correio (art. 12º-5). Não pode ser devolvido pelo correio *pela sua natureza* um bem pouco resistente ou que não possa ser facilmente desinstalado, sem especiais conhecimentos técnicos. Os bens de grande *dimensão*, como colchões, também devem recolhidos pelo profissional. Em ambos os casos, o custo material ou humano associado à recolha dos bens deve ser suportado pelo profissional.

O art. 12º-6 do DL 24/2014 prevê, numa linha de continuidade com o DL 143/2001, sem paralelo no direito europeu, uma importante sanção civil[671], que visa reforçar o efetivo cumprimento do dever de reembolso pelo profissional[672]. O não reembolso dos valores em causa no prazo de 14

[669] Jorge Morais Carvalho, "Transmissão da Propriedade e Transferência do Risco na Compra e Venda de Coisas Genéricas", 2005, p. 35.

[670] Contra: Paulo Mota Pinto, "O Novo Regime Jurídico dos Contratos a Distância e dos Contratos Celebrados Fora do Estabelecimento Comercial", 2015, p. 82.

[671] Carlos Lacerda Barata, "Contratos Celebrados Fora do Estabelecimento Comercial", 2016, p. 912; Elsa Dias Oliveira, "Contratação Eletrónica e Tutela do Consumidor", 2017, p. 143.

[672] No Ac. do TRP, de 27/4/2015, conclui-se que "a obrigação de devolução em dobro [...] tem carácter sancionatório da mora do obrigado à devolução, dependendo dos pressupostos gerais do nascimento da obrigação de indemnização, salvo no que respeita a demonstração da existência e extensão do dano, que são legalmente ficcionadas pela própria lei em montante igual ao da devolução". O tribunal considera, acertadamente, que se trata de responsabilidade

dias implica que estes passem a ser devidos em dobro no prazo de 15 dias úteis. Por exemplo, se o consumidor pagou € 2 500 pelo bem e o profissional não efetuar o reembolso no prazo de 14 dias após o exercício do direito de arrependimento, este fica obrigado a devolver àquele € 5 000 no prazo de 15 dias úteis. Este prazo de 15 dias úteis começa a correr a partir do momento em que termine o prazo de 14 dias e tem utilidade, no essencial, para determinar quando é que também passam a ser devidos juros de mora.

Aproveita-se também para esclarecer que, além da sanção civil, o consumidor tem direito a indemnização, nos termos gerais da responsabilidade contratual, podendo ser ressarcido, se estiverem verificados os respetivos pressupostos, quer pelos danos patrimoniais quer pelos danos não patrimoniais.

Tratando-se de um contrato de prestação de serviço, é necessário distinguir os casos em que a prestação do serviço se iniciou antes de decorrido o prazo para o exercício do direito de arrependimento, na sequência de pedido expresso feito pelo consumidor através de suporte duradouro, dos casos em que tal não aconteceu.

Nesta última situação, o exercício do direito obsta à verificação da condição suspensiva de facto negativo (não exercício do direito), pelo que o contrato nunca chega a produzir efeitos.

Tendo a prestação de serviço iniciado, o exercício do direito destrói a produção de efeitos do contrato, embora com eficácia apenas para o futuro. Assim, nos termos do art. 15º-3 do DL 24/2014, o consumidor tem de pagar um montante proporcional calculado com base no preço contratual total. Se este preço for excessivo, o cálculo deve ser feito com base no valor de mercado do que for prestado (art. 15º-4), ou seja, como se pode ler no considerando (50) da Diretiva 2011/83/UE, "definido mediante comparação do preço de um serviço equivalente executado por outros profissionais no momento da celebração do contrato".

contratual, pelo que a culpa é presumida. Em geral, a decisão é favorável ao consumidor, precisamente porque o profissional não conseguiu ilidir essa presunção. Igualmente favoráveis ao consumidor, impondo a devolução em dobro, são as Sentenças do JP do Seixal, de 11/6/2013 e de 6/10/2014, e do JP do Funchal, de 21/3/2017. Nesta última decisão, o tribunal conclui que, no caso de o consumidor não ser reembolsado, são devidos juros, que se vencem, sobre o valor total, desde o dia seguinte ao do termo do prazo para devolução em dobro. Na Sentença do JP de Lisboa, de 23/3/2016, pode ler-se "que o demandante teria direito ao dobro do que pagou, o que só não é considerado porque não foi pedido", acabando o tribunal por compensar o demandante com a atribuição de uma indemnização por danos não patrimoniais.

Retomando o exemplo do contrato de prestação de serviços relativos a comunicações eletrónicas, o consumidor que se arrependa 10 dias depois da instalação do serviço, deve pagar o valor proporcional da fatura mensal. Tendo o mês 30 dias, terá de pagar um terço do valor da fatura mensal.

Se a instalação do serviço não for onerosa, o consumidor nada tem a pagar relativamente a esta, mesmo que o contrato contenha uma cláusula que imponha um período de fidelização.

Se as partes tiverem acordado na instalação onerosa do serviço, o consumidor poderá ter de pagar um valor proporcional, tendo em conta o preço total relativo ao tempo previsível de duração do contrato. Se houver período de fidelização, a duração previsível do contrato, para este efeito, deve corresponder ao período de fidelização[673].

Assim, se o preço da instalação for de € 100, o preço mensal do serviço de € 30 e a fidelização de 24 meses, o consumidor que se arrependa 10 dias depois da instalação, num mês de 30 dias, terá de pagar € 10 pelo serviço prestado durante esses 10 dias e € 1,39 pela instalação (€ 100 a dividir por 24 meses, sendo o total divido por três, uma vez que o serviço foi prestado ao longo de um terço de um mês).

A circunstância de o primeiro mês ter (ou os primeiros meses terem) um preço promocional não releva, sendo calculado o montante proporcional relativamente ao mês em causa.

A situação inversa deve ser analisada com mais cautela. O profissional não pode inflacionar o preço do primeiro mês com vista a desincentivar o exercício do direito de arrependimento pelo consumidor, pelo que neste caso deve ser feita uma análise global de todo o contrato, definindo-se o preço total relativo ao tempo previsível de duração do contrato e calculando-se com base neste preço o montante proporcional.

Não havendo período de fidelização, a duração é difícil de determinar, mas, tendo este regime conteúdo imperativo, nos termos do art. 29º do DL 24/2014, as partes não podem excluí-lo ou limitá-lo, direta ou indiretamente. Ora, prever o pagamento de um valor elevado pelo consumidor no caso de exercer o direito de arrependimento equivaleria, na prática, à

673 A Comissão Europeia, em documento de explicação do regime da Diretiva (http://ec.europa.eu/justice/consumer-marketing/files/crd_guidance_en.pdf, 2014, p. 51), parece interpretar o regime no sentido de permitir que este custo seja imputado ao consumidor na sequência do exercício do direito de arrependimento. Esta conclusão limitaria de forma intolerável o direito de arrependimento que é conferido ao consumidor.

inviabilização do exercício do direito[674]. A consequência seria de tal forma excessiva que o consumidor não teria, na verdade, a opção entre exercer ou não exercer o direito. A sua liberdade seria limitada num caso em que o Direito pretende dar-lhe a possibilidade de se desvincular do contrato de forma imotivada e unilateral.

O consumidor não tem de pagar qualquer montante pelo exercício do direito de arrependimento depois do início da prestação do serviço nos casos previstos no art. 15º-5 do DL 24/2014.

Em primeiro lugar, o consumidor não tem de pagar qualquer valor se não tiver solicitado o início da execução do contrato através de declaração expressa ou caso esta declaração não se encontre contida num suporte duradouro [art. 15º-1 e 5-*a*)-*ii*]. Note-se que, na Diretiva 2011/83/UE, o suporte duradouro só é exigido relativamente aos contratos celebrados fora do estabelecimento (art. 7º-3) e não também para os celebrados à distância (art. 8º-8), bastando nestes um pedido expresso. Impõe-se, assim, uma interpretação conforme do direito português em relação ao direito europeu, não sendo exigível que a declaração do consumidor, no que respeita a contratos à distância, se encontre contida em suporte duradouro, bastando que seja expressa.

Em segundo lugar, o consumidor não tem de pagar qualquer valor se o prestador de serviço não lhe comunicar, antes da celebração do contrato, (i) a existência do direito de arrependimento, do respetivo prazo e do procedimento para o exercício do direito, "com entrega do formulário de livre resolução constante da parte B do anexo ao [...] decreto-lei", e (ii) "a obrigação de o consumidor pagar ao prestador de serviços um determinado montante, proporcional ao serviço já prestado, sempre que o consumidor exerça o direito de livre resolução depois de ter apresentado o pedido a que se refere o artigo 15º" [art. 4º-1-*l*) e *n*), respetivamente].

Em terceiro lugar, se estiver em causa um conteúdo digital que não seja fornecido num suporte material, o consumidor não tem de pagar nada se não tiver sido esclarecido de que perde o direito de arrependimento ao dar o consentimento para o início da execução do contrato ou se não receber do profissional documento que confirme esse consentimento. Neste caso, em rigor, o consumidor nunca terá de pagar um montante pelo exercício do direito, uma vez que, ou não tem direito [art. 17º-1-*l*)], se os vários ónus

[674] Sentença do CNIACC, de 21/11/2016 (no caso, estava em causa um valor era de € 150).

a cargo do profissional tiverem sido cumpridos, ou tem direito, sem suportar qualquer custo [art. 15º-5-*b*)], se faltar algum pressuposto.

Outro efeito do exercício do direito de arrependimento, que se produz quer nos contratos que incidem sobre bens quer nos contratos que têm como objeto um serviço é a sua repercussão automática nos contratos acessórios (art. 16º).

O conceito de contrato acessório corresponde ao de contrato coligado, devendo existir uma unidade económica entre os dois contratos para o segundo poder ser assim qualificado. A lei presume, no art. 3º-*e*), que, se este último contrato for concluído no âmbito de um contrato celebrado à distância ou fora do estabelecimento e os bens ou serviços acessórios forem fornecidos pelo mesmo profissional ou por outro, mas no âmbito de um acordo com este, se trata de um contrato acessório. A título exemplificativo, podemos referir um contrato de seguro, um contrato de crédito ou um contrato relativo à manutenção após a venda ou a prestação do serviço.

3.1.5.5. Exceções

O art. 17º do DL 24/2014 contém uma longa lista de exceções ao direito de arrependimento.

O art. 15º trata essencialmente dos casos em que a prestação do serviço teve início, mas ainda não se concluiu, o que permite o pagamento de montante proporcional ao serviço prestado em caso de exercício do direito de arrependimento (art. 15º-2). A primeira exceção ao direito de arrependimento, prevista no art. 17º-1-*a*), diz respeito aos contratos de prestação de serviço que tenham sido integralmente cumpridos na sequência de prévio consentimento do consumidor, prestado através de declaração expressa. Exige-se, contudo, mais do que o consentimento expresso do consumidor, devendo este ser devidamente esclarecido de que perde o direito de arrependimento se o contrato for plenamente executado pelo profissional. O reconhecimento pelo consumidor, a que alude o art. 17º-1-*a*)-*ii*), não coloca, ao contrário do que a redação do preceito poderia pressupor, o consumidor numa situação jurídica passiva. É o profissional que tem o ónus de esclarecer o consumidor da perda do direito, atuando no sentido de que o documento contratual seja elaborado de forma a que este (re) conheça a consequência aqui prevista. A este (re)conhecimento aplica-se, se for o caso (e será em regra), o regime das cláusulas contratuais gerais, nomeadamente no que respeita à inclusão dessa cláusula no contrato (arts. 4º a 9º do DL 446/85).

O art. 17º-1-*b*) excetua os contratos em que o preço depende de flutuações de taxas do mercado financeiro não controláveis pelo profissional. Não estão em causa serviços financeiros, uma vez que estes se encontram excluídos do âmbito de aplicação do regime [art. 2º-2-*a*)], mas contratos em que uma das prestações – o pagamento do preço pelo consumidor – se encontra indexada a um elemento variável, que não pode ser controlado pelo profissional. Evita-se assim que o consumidor possa utilizar o direito de arrependimento como instrumento de gestão do seu capital[675].

O art. 17º-1-*c*) determina que o direito não pode ser exercido nos contratos em que o bem é executado à medida do consumidor ou é manifestamente personalizado. Não é admissível, por exemplo, o exercício do direito num contrato misto de compra e venda e de empreitada de uma camisola de um clube de futebol em que seja colocado o nome do consumidor. No considerando (49) da Diretiva 2011/83/UE refere-se o exemplo de "cortinas feitas por medida".

O art. 17º-1-*d*) estatui que não há direito de arrependimento nos casos em que a natureza do bem não permite o seu reenvio ou em que o bem seja suscetível de se deteriorar ou perecer rapidamente. Inclui-se no conceito de impossibilidade de reenvio os casos em que o envio, sendo possível, não tem efeito útil, dada a circunstância de gerar a multiplicação do bem. É o caso, por exemplo, do envio de um ficheiro informático por correio eletrónico, que tem como efeito a multiplicação do bem, que passa a existir em dois ou mais servidores. Exemplos de bens suscetíveis de se deteriorarem ou de perecerem rapidamente são os géneros alimentícios, aos quais se aplica o regime quando não são entregues física e regularmente pelo profissional no domicílio, residência ou local de trabalho do consumidor [art. 2º-*j*)]. É o caso de um pacote de leite comprado num supermercado. A própria existência de um prazo de validade, por regra inferior ao prazo de 14 dias, exclui a existência de um direito de arrependimento nestas situações.

O art. 17º-1-*e*) contém uma exceção parcial ao direito de arrependimento, aplicável aos contratos que incidam sobre bens selados que, por motivos de saúde ou de higiene, não possam ser devolvidos depois de aber-

[675] Paulo Mota Pinto, "O Novo Regime Jurídico dos Contratos a Distância e dos Contratos Celebrados Fora do Estabelecimento Comercial", 2015, p. 85.

tos pelo consumidor. Nestes casos, o consumidor pode exercer o direito de arrependimento se não abrir a embalagem. Depois de a embalagem ser aberta, considera-se que o bem já não pode voltar a ser comercializado, pela suscetibilidade de ser colocada em causa a saúde pública. Encontram-se abrangidos por esta alínea, entre outros, os produtos de higiene e os cosméticos, como cremes, champôs ou perfumes.

O art. 17º-1-*f*) exclui o direito de arrependimento em relação aos bens que, após a entrega, fiquem inseparavelmente misturados com outros artigos. Esta exceção só deve ser aplicada no caso de as coisas objeto do contrato celebrado à distância ou fora do estabelecimento serem infungíveis. Tratando-se de coisas fungíveis, a circunstância de se misturarem com outras é irrelevante, uma vez que o dever de devolução resultante do exercício do direito de arrependimento (art. 13º-1) pode ser cumprido com coisas diversas das que foram entregues pelo profissional. Se o contrato incidir sobre 100 m^3 de areia, despejada nos termos do contrato pelo profissional na praia privada que o consumidor está a construir, este pode exercer o direito de arrependimento, devolvendo quaisquer 100 m^3 de areia (da qualidade definida).

O art. 17º-1-*g*) parece essencialmente construído para regular a situação descrita no considerando (49) da Diretiva 2011/83/UE, relativamente a "vinho cujo fornecimento só seja efetuado muito depois da celebração de um contrato de natureza especulativa, em que o valor depende de flutuações no mercado (*vin en primeur*)".

A razão de ser da exclusão prevista no art. 17º-1-*h*) consiste na facilidade de reprodução de gravações áudio ou vídeo ou programas informáticos, o que poderia levar facilmente ao exercício abusivo do direito pelo consumidor após a realização de uma cópia do bem. Nestes casos, tal como nos previstos na alínea *e*), o direito de arrependimento só pode ser exercido se o consumidor não retirar o selo de garantia de inviolabilidade do bem, o que significa que a exclusão é apenas parcial, estando dependente de ato do consumidor. A utilização do bem representa, aqui, uma renúncia tácita ao direito de arrependimento[676]. A exceção não se aplica, naturalmente,

[676] ALEXANDRE DIAS PEREIRA, "Comércio Eletrónico de Conteúdos Digitais: Proteção do Consumidor a Duas Velocidades?", 2016, p. 53, defende que o direito de arrependimento apenas deve ser excluído no caso de o dever de informação prévia ter "sido cumprido, em especial no que respeita à funcionalidade e à interoperabilidade relevantes dos conteúdos digitais". Neste caso, no entanto, já não estamos no âmbito da figura do direito de arrependimento, de

aos contratos que incidam sobre *hardware*, nomeadamente um computador, mesmo que este tenha um selo de garantia de inviolabilidade[677].

O direito de arrependimento também não pode ser exercido nos contratos de fornecimento de jornais e revistas, com exceção dos relativos à sua assinatura, em que o prazo começa a contar do dia da entrega do primeiro exemplar [art. 10º-1-*b*)-*i*)]. Duas razões justificam esta exclusão: em primeiro lugar, trata-se de bens que normalmente perdem a sua atualidade rapidamente; em segundo lugar, a sua utilização esgota-se em princípio na leitura durante o prazo para arrependimento, pelo que esta não é compatível com o exercício do direito, sendo suscetível de abuso por parte do consumidor. Note-se que o Decreto-Lei 24/2014 não é aplicável, nos termos do art. 2º-2-*n*), aos contratos celebrados fora do estabelecimento comercial relativos à assinatura de publicações periódicas "quando o pagamento a efetuar pelo consumidor não exceda € 40". A ressalva à exceção só se aplica, assim, às assinaturas de valor superior a € 40.

Quanto à exceção relativa aos contratos celebrados em hasta pública, temos de recorrer à definição constante do art. 3º-*j*). O conceito de hasta pública, constante do art. 2º-13) da Diretiva 2011/83/UE, foi transposto para a ordem jurídica interna no art. 3º-*j*), introduzindo pequenas alterações de redação, mas que alteram o sentido, impondo uma interpretação do direito português em conformidade com a Diretiva.

Inexplicavelmente, a alteração feita nesta alínea pela Lei 47/2014 (mera substituição de "leilão" por "hasta pública") não nos parece ter resolvido o problema. Com efeito, a hasta pública a que alude o art. 2º-13) pressupõe que os consumidores compareçam ou possam comparecer no local onde esta se realiza. O considerando (24) é igualmente claro no sentido de que "a hasta pública implica que os profissionais e os consumidores compareçam ou tenham a possibilidade de comparecer pessoalmente no local", pelo que "a utilização, para efeitos de leilão, de plataformas em linha à disposição dos consumidores e dos profissionais não é considerada uma hasta pública na aceção da presente diretiva". Ora, a letra do art. 3º-*j*) parece admitir que os consumidores "compareçam ou não pessoalmente no local", nada

exercício imotivado por definição. O fundamento para o exercício do direito de resolução é, aqui, o incumprimento do dever de informação e está previsto no art. 8º-4 da LDC. A situação encontra-se, portanto, salvaguardada.

[677] Contra (aplicando a exceção a um contrato de compra e venda de um computador portátil celebrado à distância): Sentença do JP da Trofa, de 30/7/2013.

se dizendo sobre a circunstância de essa comparência ter de ser possível, se o consumidor assim o entender.

A distinção entre duas modalidades distintas de hasta pública, consoante esta permita a comparência do consumidor ou decorra exclusivamente em linha, baseia-se na maior proteção do consumidor no primeiro caso. Nos leilões públicos a intervenção do leiloeiro proporciona uma garantia mínima quanto ao valor do bem e – sobretudo – é atribuída ao consumidor a possibilidade de visualizar presencialmente o bem antes da celebração do contrato, algo que não acontece por definição nos leilões que decorrem exclusivamente em linha[678]. Por esta razão, a Diretiva 2011/83/UE apenas exclui o direito de arrependimento no caso dos leilões em que seja atribuída ao consumidor a "possibilidade de comparecer pessoalmente no local" [arts. 2º-13) e 16º-*k*)]. Tendo em conta a necessidade de interpretação conforme com a Diretiva, a mesma solução deve ser defendida face ao direito português, com a consequente interpretação restritiva do art. 3º-*j*), na parte em que este sugere que pode não ser dada ao consumidor a possibilidade de comparecer pessoalmente no local[679]. Por esta razão, os leilões que tenham lugar exclusivamente em linha não devem ser considerados hastas públicas para efeito deste diploma.

Desta forma, no caso de uma hasta pública realizada exclusivamente em linha, o consumidor tem direito de arrependimento, salvo se o contrato estiver abrangido por outra exceção.

O conceito de hasta pública contém ainda outro elemento relevante: a vinculação do consumidor à celebração do contrato. Se, no esquema definido, o consumidor não ficar vinculado pela sua declaração, não se considera haver hasta pública, pelo que não se aplica a exceção à atribuição de direito de arrependimento.

O art. 17º-1-*k*) exceciona os contratos de "fornecimento de alojamento, para fins não residenciais, transporte de bens, serviços de aluguer de automóveis, restauração ou serviços relacionados com atividades de lazer se o contrato previr uma data ou período de execução específicos". O considerando (49) da Diretiva 2011/83/UE explica que "a concessão ao consumi-

[678] Christine Riefa, "A Dangerous Erosion of Consumer Rights: the Absence of a Right to Withdraw from Online Auctions", 2009, pp. 180 a 186.

[679] Paulo Mota Pinto, "O Novo Regime Jurídico dos Contratos a Distância e dos Contratos Celebrados Fora do Estabelecimento Comercial", 2015, p. 63.

dor do direito de retratação poderá ser [...] inadequada em relação a certos serviços em que a celebração do contrato implica a reserva de recursos que, em caso de exercício do direito de retratação, o profissional poderá ter dificuldade em conseguir preencher. Seria o caso, por exemplo, de reservas de hotel ou de casas de férias, ou de acontecimentos culturais ou desportivos". Pressuposto da aplicação desta exceção é a circunstância de o contrato prever uma data ou um período específicos de execução da prestação. Não estando previstos data ou período para o cumprimento da prestação pelo profissional, o direito de arrependimento não se encontra excluído[680].

No caso de conteúdos digitais que não sejam fornecidos num suporte material, o consumidor tem, segundo a regra geral prevista no diploma, direito de arrependimento. É o que resulta do art. 10º-1-*c*): nestes casos, o prazo para o exercício do direito é de 14 dias a contar da data da celebração do contrato. Nos termos do art. 17º-1-*l*), não existe direito de arrependimento se a execução do contrato tiver início com o consentimento prévio do consumidor, prestado através de declaração expressa, na qual este revele que sabe, ou seja, (re)conheça, que o seu consentimento implica a perda do direito[681]. Este preceito deve ser interpretado em conjunto com o art. 15º-5-*b*), que estabelece que, pelo exercício do direito de arrependimento, o consumidor não suporta quaisquer custos "relativos ao fornecimento, na totalidade ou em parte, de conteúdos digitais que não sejam fornecidos num suporte material, se [...] não tiver dado o seu consentimento prévio para que a execução tenha início antes do fim do prazo de 14 dias [...], o consumidor não tiver reconhecido que perde o seu direito de livre resolução ao dar o seu consentimento ou [...] o fornecedor de bens não tiver fornecido a confirmação do consentimento prévio e expresso do consumidor". Para aplicar a exceção, deve, assim, acrescentar-se aos elementos previstos nas duas subalíneas do art. 17º-1-*l*), a imposição de que o profissional tenha entregado ao consumidor documento que confirme o consentimento prévio e expresso deste. Sem essa entrega, o consumidor pode exercer o direito de arrependimento, sem custos [art. 15º-5-*b*)].

[680] Sobre a aplicação desta alínea ao contrato para a assistência a espetáculo desportivo: Jorge Morais Carvalho, "Contrato para a Assistência a Espectáculo Desportivo", 2011, p. 368.

[681] Michael Lehmann e Alberto De Franceschi, "Il Commercio Elettronico nell'Unione Europea e la Nuova Direttiva sui Diritti dei Consumatori", 2012, p. 430; Alexandre Dias Pereira, "Comércio Eletrónico de Conteúdos Digitais: Proteção do Consumidor a Duas Velocidades?", 2016, p. 57.

Nos termos do art. 17º-1-*m*), a lei também não concede ao consumidor um direito de arrependimento nos contratos de prestação de serviços de reparação ou de manutenção que devam ser cumpridos no domicílio do consumidor, se tiver sido o consumidor a solicitar ao profissional que se desloque ao seu domicílio. Talvez não faça, neste caso, sentido aplicar o regime mais protetor dos contratos celebrados fora do estabelecimento, uma vez que existe um pedido expresso do consumidor para que o profissional o visite. No entanto, se o contrato for celebrado à distância (a circunstância de ser o consumidor a solicitar o serviço não afasta a eventual qualificação do contrato como contrato celebrado à distância), não se compreende a diferença de regime face a outros contratos de prestação de serviço. Em qualquer caso, a exceção tem como limite os serviços abrangidos pelo pedido feito pelo consumidor ao profissional, nos termos do art. 17º-2. Se, nessa deslocação, acabarem por ser celebrados contratos relativos a bens ou a serviços diversos, o consumidor pode exercer o direito de arrependimento relativamente a esses outros contratos. De acordo com a própria lei, existe direito de arrependimento, designadamente, quanto "ao fornecimento de bens diferentes das peças de substituição imprescindíveis para efetuar a manutenção ou reparação" (art. 17º-2). Será o caso, por exemplo, do contrato de prestação de serviços de reparação de um frigorífico, quando, além da substituição da gaveta que se encontrava danificada, seja ainda necessário substituir uma ou mais prateleiras, por razões não relacionadas com a reparação da gaveta.

3.2. Contratos celebrados em estabelecimentos automatizados

3.2.1. Conceito e enquadramento

O art. 22º-1 do DL 24/2014, que tem como epígrafe "venda automática", estabelece que esta modalidade de comercialização "consiste na colocação de um bem ou serviço à disposição do consumidor para que este o adquira mediante a utilização de qualquer tipo de mecanismo e pagamento antecipado do seu preço".

A definição delimita o âmbito de aplicação dos arts. 22º-2, 23º e 24º. Podemos também considerar estar perante contratos automáticos, em teoria, nos casos em que a pessoa que utiliza o mecanismo não é um consumidor e não se verifique o pagamento antecipado do preço. Estas não são, portanto, caraterísticas essenciais dos contratos celebrados em estabelecimentos automatizados.

No que respeita ao âmbito objetivo de aplicação, apesar da referência a *venda*, sugerindo a delimitação da aplicação do regime a contratos de compra e venda, o próprio preceito esclarece que se pode tratar de um bem ou de um serviço, expressão que parece abarcar qualquer tipo de contrato.

Estamos neste caso perante verdadeiros contratos[682].

A variedade de contratos celebrados em estabelecimentos automatizados é grande, deixando-se aqui apenas alguns exemplos. Assim, temos as máquinas de venda de bens (café, chocolates, selos, entre muitos outros), distinguindo-se as máquinas em que o bem se encontra à vista do consumidor daquelas em que o bem não é visível do exterior da máquina; as máquinas que fornecem títulos representativos de direitos, como bilhetes para um espetáculo ou para utilização num meio de transporte (metropolitano, autocarro ou comboio, por exemplo), podendo o direito ser atribuído a pessoa determinada ou ao portador do título (também existem máquinas que permitem a utilização dos títulos adquiridos anteriormente, mas nestas, como se verá, está em causa o cumprimento do contrato e não a sua celebração); as máquinas de jogos (carros, matraquilhos, jogos que testam a cultura geral, etc.); as máquinas que permitem a pesagem ou o conhecimento do horóscopo; as máquinas de música; as máquinas de pagamento automático; as máquinas que existem à entrada de parques de estacionamento ou os parquímetros que abundam nas grandes cidades; as máquinas que detetam ou permitem a passagem dos veículos nas autoestradas.

As máquinas também podem ser divididas, em termos gerais, entre aquelas (i) que estão ligadas a um computador central ou são autónomas, (ii) que permitem o cumprimento imediato do contrato ou dependem de outro ato para o cumprimento e (iii) que no caso de estarem avariadas não permitem o fornecimento do bem ou serviço ou apenas dizem respeito ao cumprimento do contrato (entrega de título previamente adquirido).

A generalidade destes contratos tem em comum a caraterística de o contrato ser celebrado, na aparência, entre uma pessoa e uma máquina, embora a máquina tenha sido programada por uma pessoa para a emissão de declarações contratuais, pessoa a quem essas declarações devem ser imputadas[683]. Neste sentido, verifica-se a presença física e simultânea

[682] Luis Díez-Picazo, "Contratos de Consumo y Derecho de Contratos", 2006, p. 16.

[683] António Pinto Monteiro, "A Responsabilidade Civil na Negociação Informática", 1999, p. 233; Miguel Marques Vieira, "A Autonomia Privada na Contratação Eletrônica sem Intervenção Humana", 2007, p. 192.

das partes, com todos os contactos entre as partes a ser realizados no local onde a máquina é disponibilizada (a resposta poderá ser mais complexa no caso de a máquina estar ligada a um computador central). Um dos contraentes está presente através de uma máquina, máquina essa que está preparada para descodificar informação, entendendo a natureza contratual das declarações, e cumprir contratos. A declaração negocial do consumidor, nestes casos, não é enviada para um local diferente daquele em que decorre a negociação. O equipamento está programado para a emissão automática e imediata de declarações, não sendo dada à pessoa que o programou a possibilidade de voltar a intervir no processo negocial. Não deixa de ser, no entanto, uma forma de comercialização de bens ou de serviços com especificidades em relação aos meios tradicionais, pelo que se justifica a sua regulação e o seu estudo autónomos.

Outra caraterística destes contratos é a circunstância de, em regra, o cumprimento da obrigação (ou de uma obrigação, nos casos de emissão de um título) ser imediato. Com efeito, a máquina está programada para disponibilizar o produto ou o serviço desejados no momento em que a prestação da outra parte é cumprida, nomeadamente mediante o pagamento do preço.

Os contratos celebrados através da Internet ou do telefone em que o bem ou o serviço é prestado imediata e automaticamente, sem a intervenção de uma outra pessoa, também poderiam ser considerados contratos automáticos. No entanto, falta um requisito essencial, que ainda existe nos contratos automáticos e que já não existe nos contratos à distância: a presença física e simultânea das partes. Naqueles contratos, as máquinas são o telefone ou o computador pelo qual se acede à Internet e não os aparelhos geridos pelo profissional. A resposta poderia ser diferente se o espaço virtual também integrasse o conceito de "presença física e simultânea", mas essa interpretação não parece ser possível. Note-se que, no caso da utilização das cabines telefónicas, o que está em causa é a relação contratual que se estabelece entre a pessoa que utiliza o telefone e o operador de telecomunicações, ou seja, o responsável pela máquina na qual se efetua a chamada, e não a relação entre as duas pessoas que estabelecem o contacto telefónico, pois neste caso está a ser utilizada uma técnica de comunicação à distância, sem presença física e simultânea, apta para a contratação à distância.

3.2.2. Formação do contrato

A principal questão colocada por esta modalidade de contratos no que respeita ao modelo de formação consiste na análise da natureza jurídica da declaração do profissional ao colocar a máquina a funcionar num determinado local. Se se tratar de uma proposta, a utilização pelo consumidor tem a natureza de aceitação, celebrando-se o contrato; se estivermos perante um convite a contratar, o consumidor é aquele que emite a proposta contratual, encontrando-se a celebração do contrato ainda dependente da aceitação por parte da máquina, nos termos da programação feita por quem a gere, nomeadamente fornecendo o bem ou prestando o serviço[684].

Não há qualquer razão lógica para não aplicar, neste domínio, as mesmas regras e princípios sobre o modelo de formação do contrato[685]. O art. 22º-2 do DL 24/2014 determina que estes contratos devem, ainda, "obedecer à legislação aplicável à venda a retalho do bem ou à prestação de serviço em causa, nomeadamente em termos de indicação de preços, rotulagem, embalagem, caraterísticas e condições higiossanitárias dos bens".

Nos termos do art. 23º-2, têm de estar afixados nas máquinas vários elementos de informação, que constituem, no essencial, verdadeiras cláusulas de uma declaração contratual (por exemplo, a identificação do bem ou do serviço ou o preço), exigindo-se, assim, que contenha o conteúdo essencial do contrato a celebrar.

Em princípio, a declaração contém todos os elementos necessários para que se trate de uma proposta: completude e precisão, intenção de contratar e adequação formal. A circunstância de a máquina poder estar programada para responder, nomeadamente através do cumprimento da obrigação, a várias opções em alternativa não implica a não qualificação da declaração como proposta, uma vez que o requisito da precisão não contende com a possibilidade de o destinatário escolher entre as hipóteses colocadas pelo proponente em alternativa[686].

Não tendo a declaração um destinatário determinado, trata-se de uma proposta ao público[687].

[684] António Menezes Cordeiro, *Tratado de Direito Civil Português – Vol. I – Parte Geral*, Tomo I, 2005, p. 581.

[685] Contra: Pedro Pais de Vasconcelos, *Teoria Geral do Direito Civil*, 2010, p. 482.

[686] Sobre os requisitos da proposta contratual, v. *supra* 2.1.3.1.1.

[687] Carlos Ferreira de Almeida, *Texto e Enunciado na Teoria do Negócio Jurídico*, Vol. II, 1992, p. 812; Inocêncio Galvão Telles, *Manual dos Contratos em Geral*, 2002, p. 151;

No que respeita à duração, se não estiver previsto um prazo no equipamento, a proposta deve considerar-se vigente enquanto a máquina estiver ligada. O gestor do equipamento pode revogar a proposta desligando a máquina ou retirando-a do local onde esta se encontra.

A aceitação da proposta por parte do consumidor consiste num ato material, que pode ou não corresponder ao cumprimento da obrigação de pagamento do preço. Em algumas máquinas, o pagamento é o único ato do consumidor, constituindo a aceitação da proposta. Noutras, o consumidor introduz informação na máquina que corresponde à aceitação da proposta (por exemplo, escolher o número associado ao chocolate numa máquina de venda de bens alimentares). A declaração de aceitação pode também resultar de outros atos que a revelem, como, por exemplo, o ato de entrar num parque de estacionamento ou numa autoestrada.

Concluído o contrato, existe a possibilidade de a máquina não dispor de bens suficientes para o cumprimento do contrato. Algumas máquinas estão preparadas para esta eventualidade, indicando expressamente que determinado bem ou serviço não se encontra disponível. Juridicamente, a indicação de que o bem ou o serviço não está disponível equivale à inexistência de uma proposta ou, se a indicação surgir já depois de o consumidor se ter aproximado da máquina, à revogação da proposta (v. art. 230º-3 do CC). O gestor do equipamento não tem a possibilidade de prever, nem tal lhe é exigível por aplicação do princípio da boa-fé, o número de contratos que vai celebrar relativos a um determinado bem ou serviço, pelo que este, tendo em conta a procura relativamente ao objeto em causa, pode já não se encontrar disponível no momento em que o consumidor aceita a proposta, celebrando o contrato. Neste caso, não nos parece que a solução mais adequada, tendo em conta o equilíbrio contratual, passe pela possibilidade de o consumidor exigir o cumprimento do contrato, considerando-se este incumprido se o bem ou serviço não for fornecido. Ao disponibilizar uma máquina para a celebração de contratos, o profissional emite uma proposta contratual destinada a ser aceite junto da máquina e

Heinrich Ewald Hörster, *A Parte Geral do Código Civil Português – Teoria Geral do Direito Civil*, 1992, p. 457; Luís Carvalho Fernandes, *Teoria Geral do Direito Civil*, Vol. II, 2010, p. 126; António Almeida, "Cláusulas Contratuais Gerais e o Postulado da Liberdade Contratual", 1998, p. 288. Contra: João Calvão da Silva, *Banca, Bolsa e Seguros – Direito Europeu e Português*, Vol. I, 2007, p. 87, nota 52; José A. Engrácia Antunes, *Direito dos Contratos Comerciais*, 2009, p. 149.

cumprida nesse momento, não estando nem devendo estar, em princípio, preparado para um eventual cumprimento da obrigação fora desse mecanismo. Tendo em conta este aspeto, deve entender-se que esta modalidade de contratos inclui uma cláusula tácita, resultante da proposta do profissional, formando-se o contrato sob condição resolutiva de não existência do bem ou do serviço[688].

É, no entanto, necessário distinguir entre as máquinas em que o bem se encontra visível e aquelas em que tal não sucede. Nas primeiras, aquela cláusula tácita não integra o contrato, uma vez que o consumidor tem a possibilidade de averiguar da existência do bem antes da celebração do contrato. Nestes casos, não há, em rigor, proposta contratual relativa ao bem ou serviço em causa[689].

No caso de não fornecimento do bem ou do serviço, em especial por avaria no mecanismo, verifica-se o incumprimento do contrato por parte da pessoa responsável pela máquina, que assim incorre em responsabilidade contratual[690].

Além da responsabilidade da entidade gestora da máquina pelo incumprimento do contrato, o titular do espaço onde a máquina se encontra instalada responde solidariamente com aquele perante o consumidor quer pela devolução da quantia colocada na máquina no caso de não fornecimento do bem ou serviço quer pelo não cumprimento do dever de prestação das informações essenciais legalmente imposto. Trata-se de solução ditada pela maior proximidade existente, em regra, entre o consumidor e o titular do espaço onde a máquina se encontra instalada[691]. Esta responsabilidade solidária resulta do artigo 24º do DL 24/2014.

No caso de o não funcionamento do aparelho resultar evidente da sua aparência exterior, nomeadamente encontrando-se total ou parcialmente

[688] Inocêncio Galvão Telles, *Manual dos Contratos em Geral*, 2002, p. 151; Carlos Ferreira de Almeida, *Contratos*, Vol. I, 2008, p. 106.

[689] Carlos Ferreira de Almeida, *Texto e Enunciado na Teoria do Negócio Jurídico*, Vol. II, 1992, p. 813.

[690] António Menezes Cordeiro, *Tratado de Direito Civil Português – Vol. I – Parte Geral*, Tomo I, 2005, p. 582; Heinrich Ewald Hörster, *A Parte Geral do Código Civil Português – Teoria Geral do Direito Civil*, 1992, p. 457; Carlos Ferreira de Almeida, *Texto e Enunciado na Teoria do Negócio Jurídico*, Vol. II, 1992, p. 813. Contra: Pedro Pais de Vasconcelos, *Teoria Geral do Direito Civil*, 2010, p. 482.

[691] Carolina Cunha, "Métodos de Venda a Retalho Fora do Estabelecimento: Regulamentação Jurídica e Protecção do Consumidor", 2005, p. 322.

destruído ou abandonado, deve analisar-se toda a situação dentro desse contexto e, eventualmente, concluir que não existe sequer uma proposta contratual.

No que respeita a exemplos concretos, refira-se que em algumas máquinas de venda de bens ou de prestação de serviços (v.g., jogos, pesagem, música), a aceitação da proposta resulta da introdução de dinheiro ou de uma ficha na máquina; noutras, a aceitação dá-se quando o consumidor introduz na máquina a informação de que pretende celebrar determinado contrato, sendo o ato de introdução de dinheiro já um ato de cumprimento.

No metropolitano, temos dois momentos relevantes, um primeiro para a aquisição do direito (título), através da introdução de informação nesse sentido pelo consumidor, seguida de imediato pelo pagamento do preço (cumprimento do contrato pelo consumidor), e outro para o seu exercício (cumprimento do contrato pela entidade gestora do metropolitano), através da introdução do título relativo ao direito previamente adquirido.

Num parque de estacionamento, o contrato forma-se quando se retira o documento da máquina, sendo este o momento da aceitação da proposta. Este momento pode ser antecipado, considerando-se celebrado o contrato quando o consumidor acede ao parque de estacionamento através de uma via sem saída para outro lugar, desde que seja claro que esse acesso implica a entrada no parque. Depois, o consumidor cumpre a sua obrigação, em princípio também de forma automática, através de introdução de dinheiro numa máquina.

Nas autoestradas pagas, em que o consumidor utiliza o sistema eletrónico de pagamento do preço, a aceitação da proposta resulta da entrada na via, devendo ser referido antes desse momento o caráter oneroso do contrato.

Quanto ao estacionamento pago na rua, é discutível qual é o momento da formação do contrato, embora, em princípio, com o estacionamento do carro, nasça imediatamente a obrigação de o consumidor se deslocar à máquina e pagar o preço e de colocar o respetivo título dentro do veículo[692]; no caso de a máquina não funcionar (e não existir outra a uma distância razoável), o consumidor encontra-se impossibilitado de cumprir a

692 Em sentido contrário, Filipe Miguel Cruz de Albuquerque Matos, "A Fase Preliminar do Contrato", 2007, p. 312, defende que o contrato "fica concluído com um «comportamento social típico» – a colocação da moeda e retirada do bilhete".

sua obrigação, por causa imputável ao credor, pelo que não tem o dever de retirar o carro do local onde o estacionou. Se a empresa dispuser de meios técnicos capazes de determinar com precisão o período do estacionamento, o que se afigura difícil, pode exigir esse valor ao consumidor.

3.3. Venda de bens de consumo

O contrato de compra e venda é o contrato "pelo qual se transmite a propriedade de uma coisa, ou outro direito, mediante um preço" (art. 874º do CC).

Um subtipo do contrato de compra e venda é o contrato de compra e venda para consumo. A este aplica-se, além das regras gerais do CC, da LDC e de outros diplomas transversais de proteção dos consumidores (regimes dos contratos celebrados à distância e fora do estabelecimento ou das práticas comerciais desleais, entre outros), o DL 67/2003, que "procede à transposição para o direito interno da Diretiva nº 1999/44/CE" (art. 1º)[693].

Este diploma não contém regras específicas sobre a formação do contrato, mas regula de forma aprofundada a definição do seu conteúdo, nomeadamente no que respeita à determinação do objeto que, em concreto, deve ser prestado, e as consequências no caso de o bem fornecido não ser conforme com o contrato. Começa-se por analisar o seu âmbito de aplicação, o que permite demarcar as relações jurídicas abrangidas por um dos mais importantes diplomas legais de direito do consumo, com grande aplicação prática[694].

No último ponto do presente capítulo, apresenta-se e reflete-se sobre a Diretiva 2019/770, sobre certos aspetos relativos aos contratos de fornecimento de conteúdos e serviços digitais, e a Diretiva 2019/771, relativa a certos aspetos dos contratos de compra e venda de bens, publicadas no Jornal Oficial da União Europeia em maio de 2019 e que têm de ser transpostas para a ordem jurídica interna até ao dia 1 de julho de 2021.

[693] Para uma análise exaustiva da história e do regime da Diretiva e a sua comparação com o direito português vigente antes da adoção do DL 67/2003: Paulo Mota Pinto, "Conformidade e Garantias na Venda de Bens de Consumo", 2000. V., também, no que respeita ao que sucedeu "no terreno", António Menezes Cordeiro, *Tratado de Direito Civil Português*, Vol. XI, 2018, p. 337.

[694] Alexandre Mota Pinto, "Venda de Bens de Consumo e Garantias", 2016, p. 189, salienta, de uma análise da jurisprudência portuguesa, que "o direito da venda de bens de consumo em acção é o direito da compra e venda de veículos automóveis e das empreitadas para construção da habitação própria do consumidor".

3.3.1. Âmbito de aplicação do DL 67/2003

O art. 1º-A-1 determina que o diploma "é aplicável aos contratos de compra e venda celebrados entre profissionais e consumidores". Assim, o regime aplica-se, em primeiro lugar, a contratos de compra e venda de bens de consumo. Trata-se do âmbito de aplicação natural do diploma, na senda da Diretiva.

Sem prejuízo de admitirmos a figura dos contratos de consumo invertidos[695], em que o profissional é o adquirente do bem ou o beneficiário do serviço e o não profissional o alienante do bem ou o prestador do serviço, a estes contratos não se aplica o DL 67/2003, uma vez que toda a lógica do diploma está pensada para os casos em que o consumidor é o comprador do bem.

Ao contrário da Diretiva, o diploma aplica-se a coisas móveis e a coisas imóveis[696], mantendo-se assim o regime constante dos arts. 4º e 12º da LDC, na redação anterior ao DL 67/2003[697]. É o que estabelece, agora de forma expressa, o art. 1º-B-*b*), aditado pelo DL 84/2008, que define bem de consumo como "qualquer bem imóvel ou móvel corpóreo, incluindo os bens em segunda mão".

Encontram-se abrangidos pelo diploma quaisquer bens corpóreos, independentemente das suas caraterísticas concretas, não sendo, portanto, possível elaborar uma lista.

O art. 1º-B-*b*) excluiu do âmbito de aplicação do diploma os bens incorpóreos, tendo havido quem entendesse que se encontravam abrangidos na versão originária[698]. Sendo bens incorpóreos aqueles que não têm existência física, como os bens intelectuais ou os direitos[699], difícil seria imaginar uma situação em que o regime lhes fosse diretamente aplicável, sem necessidade de adaptações.

695 Luís Menezes Leitão, "O Novo Regime da Venda de Bens de Consumo", 2005, p. 41; Gilles Paisant, *Défense et Illustration du Droit de la Consommation*, 2015, p. 179.

696 Jorge Morais Carvalho, "Contrato de Compra e Venda de Imóvel para Consumo no Direito Português", 2018, pp. 226 e segs.; Raquel Cabral e Roxana Cardoso Zbora, "A Casa na Quinta da Armada", 2019.

697 António Pinto Monteiro, "Garanties dans la Vente de Biens de Consommation", 2003, p. 56; João Calvão da Silva, *Venda de Bens de Consumo*, 2010, p. 60.

698 Sara Larcher, "Contratos Celebrados Através da Internet", 2005, p. 170.

699 Ana Prata, *Dicionário Jurídico*, 2008, p. 300.

A questão coloca-se, contudo, no que respeita aos programas de computador, músicas e outros produtos de *software* transferidos eletronicamente ao consumidor. A coisa é corpórea quando se encontra contida num suporte material (CD, DVD, etc.), mas é incorpórea se o ficheiro for transferido por meios eletrónicos. Nestes casos, tem-se entendido que as caraterísticas do suporte não relevam, aplicando-se o regime independentemente da existência de um suporte físico[700].

Tendo em conta as especificidades resultantes precisamente do seu objeto, a União Europeia preparou legislação sobre contratos de fornecimento de conteúdos digitais (na sequência, aliás, da inclusão do conceito de conteúdo digital na Diretiva 2011/83/UE[701]). A Diretiva 2019/770, sobre certos aspetos relativos aos contratos de fornecimento de conteúdos e serviços digitais, regula atualmente esta matéria, sendo objeto de análise mais aprofundada no último ponto deste capítulo.

A Diretiva 1999/44/CE exclui do seu âmbito de aplicação a água e o gás, quando não sejam postos à venda em volume delimitado ou em quantidade determinada (por exemplo, uma garrafa de água ou uma botija de gás), e a eletricidade, mas estas exceções não foram transpostas para o DL 67/2003, que assim se aplica a estes bens. Trata-se de bens corpóreos[702], pelo que o DL 84/2008 nada alterou no que respeita a esta matéria. Assim, quer a água e o gás postos à venda em volume delimitado ou em quantidade determinada quer a água, o gás e a eletricidade fornecidos no âmbito de um contrato de fornecimento continuado devem ser considerados bens corpóreos, aplicando-se o regime.

Desde que se trate de uma relação de consumo, encontram-se abrangidos quer os bens novos quer os bens usados. O art. 5º-2 reconhece-o ao estabelecer que o prazo da garantia legal, no caso de coisa móvel usada, "pode ser reduzido a um ano, por acordo das partes".

[700] Mário Tenreiro e Soledad Gómez, "La Directive 1999/44/CE", 2000, p. 12, n. 26; Paulo Mota Pinto, "Conformidade e Garantias na Venda de Bens de Consumo", 2000, p. 217, n. 49; Dário Moura Vicente, "Comércio Electrónico e Responsabilidade Empresarial", 2003, p. 252, n. 22; Robert Bradgate e Christian Twigg-Flesner, *Blackstone's Guide to Consumer Sales and Associated Guarantees*, 2003, p. 30.

[701] Alberto De Franceschi e Michael Lehmann, "Data as Tradeable Commodity and New Measures for their Protection", 2015, p. 55.

[702] António Menezes Cordeiro, *Tratado de Direito Civil Português*, Vol. I, Tomo II, 2002, p. 148.

O diploma aplica-se ainda a outros contratos onerosos de transmissão de bens, nomeadamente a contratos de troca de bens de consumo[703]. Além de estes contratos se encontrarem abrangidos pelo espírito do diploma, justifica-se a invocação da extensão operada pelo art. 939º do CC, que estatui que "as normas da compra e venda são aplicáveis aos outros contratos onerosos pelos quais se alienam bens ou se estabeleçam encargos sobre eles, na medida em que sejam conformes com a sua natureza e não estejam em contradição com as disposições legais respetivas".

Deve considerar-se contrato de troca de bens de consumo o contrato através do qual o consumidor e o profissional transmitem reciprocamente a propriedade de duas coisas distintas, sendo que apenas o bem adquirido pelo consumidor é um bem de consumo, nomeadamente para efeitos da proteção conferida pelo DL 67/2003.

Ainda no que respeita à compra e venda, discute-se se o regime deve ser aplicado à venda de bens no âmbito de um processo de execução. O art. 1º-2-*d*) da Diretiva exceciona da noção de bem de consumo os "bens vendidos por via de penhora, ou qualquer outra forma de execução judicial". Pelo contrário, na definição de bem de consumo, o art. 1º-B-*b*) não exclui os bens que sejam vendidos no âmbito de um processo judicial. Pareceria, assim, que a nossa lei não restringia a venda em processo executivo do âmbito de aplicação do regime[704]. No entanto, esta não nos parece ser a interpretação mais correta. A venda em processo executivo não se encontra abrangida pelo regime por duas razões: em primeiro lugar, não se pode considerar que exista nestes casos uma relação jurídica de consumo, uma vez que o vendedor (quer seja o Estado, o agente de execução ou, numa interpretação muito alargada do conceito, o credor que é pago pelo valor do bem em causa) não pode ser qualificado como profissional, porque pode não ter um contacto mínimo com o bem ou conhecimentos específicos na área que permitam garantir a conformidade nos termos alargados e de certa forma sancionatórios do DL 67/2003; em segundo

703 Luís Menezes Leitão, "O Novo Regime da Venda de Bens de Consumo", 2005, p. 40, n. 8; Manuel Januário da Costa Gomes, "Ser ou Não Ser Conforme, Eis a Questão", 2008, p. 7; João Calvão da Silva, *Venda de Bens de Consumo*, 2010, p. 61. Jurisprudência: Ac. do TRE, de 12/3/2015.

704 Sandra Bauermann, "A Transposição da Diretiva 1999/44/CE", 2007, p. 239; João Calvão da Silva, *Venda de Bens de Consumo*, 2010, pp. 62 e 63; Rui Paulo de Mascarenhas Ataíde, "Direitos e Garantias do Comprador. Meios de Tutela", 2017, p. 156.

lugar, o art. 838º do CPC regula especificamente os casos em que "existe falta de conformidade com o que foi anunciado" no processo que antecedeu a venda executiva, podendo o comprador pedir a anulação da venda e uma indemnização, nos termos gerais[705]. Saliente-se, contudo, que, na interpretação da expressão "falta de conformidade com o que foi anunciado", podem e devem ter-se em conta, na medida em que se adequem ao processo de venda executiva dos bens, os critérios constantes do art. 2º-2 do DL 67/2003.

O art. 1º-A-2 estende a aplicação do regime, "com as necessárias adaptações, aos bens de consumo fornecidos no âmbito de um contrato de empreitada ou de outra prestação de serviços, bem como à locação de bens de consumo".

Quando a lei se refere a bens fornecidos no âmbito de um contrato de prestação de serviços, abrange apenas, dentro destes contratos, aqueles em que é entregue ao consumidor um bem, no sentido de coisa, de que este não dispunha anteriormente[706]. O diploma não se aplica portanto a todos os contratos de empreitada, mas apenas àqueles em que está em causa uma obra nova não resultante de atividade predominantemente intelectual e que consista num resultado positivo. Deve entender-se que o diploma também se aplica a um contrato pelo qual o profissional se obriga a transformar um bem do consumidor desde que essa intervenção se destine a torná-lo num bem que possa ser considerado diferente do anterior[707].

O DL 67/2003 aplica-se aos contratos de empreitada em que seja entregue um bem imóvel a um consumidor[708], independentemente de este ser ou não o proprietário do terreno e dos materiais[709]. Na construção de imóvel, o aspeto relevante é a existência de um bem novo no comércio jurídico. É o caso da realização de "obras de caixilharia e carpintaria"[710].

O art. 2º-4 estende, ainda, a aplicação do diploma a um específico contrato misto de compra e venda e de prestação de um serviço, equiparando a falta de conformidade do bem à "falta de conformidade resultante de

[705] José Lebre de Freitas, *A Acção Executiva – Depois da Reforma da Reforma*, 2009, p. 342.

[706] Ac. do TRG, de 14/4/2016.

[707] Giovanna Capilli, "Las Garantías en la Venta de Bienes de Consumo", 2007, p. 1699.

[708] Ac. do TRC, de 20/11/2012; Ac. do TRP, de 15/12/2016[2].

[709] Pedro Romano Martinez, "Empreitada de Bens de Consumo", 2005, p. 15. Surpreendentemente contra: Ac. do TRC, de 6/2/2007; Sentença do JP de Lisboa, de 5/3/2009.

[710] Ac. do TRG, de 27/9/2018.

má instalação do bem de consumo [...] quando a instalação fizer parte do contrato de compra e venda e tiver sido efetuada pelo vendedor, ou sob sua responsabilidade, ou quando o produto, que se prevê que seja instalado pelo consumidor, for instalado pelo consumidor e a má instalação se dever a incorreções existentes nas instruções de montagem". Por força desta norma, o diploma também se aplica a um contrato de empreitada que consiste numa situação de intervenção em coisa existente, o de instalação do bem, desde que verificados os pressupostos de aplicação da norma.

O diploma não se aplica diretamente a outros contratos de prestação de serviço (ao contrário do que sucede, por exemplo, no direito brasileiro[711]) e, em especial, aos contratos de empreitada que tenham por objeto a reparação[712] ou a limpeza de um bem[713] e aos contratos de prestação de serviço para a realização de operações relativas ao corpo humano (por exemplo, um tratamento de fotodepilação[714])[715]. O diploma aplica-se, contudo, às peças novas que sejam inseridas num bem no âmbito da reparação, uma vez que, neste caso, o contrato não é apenas de empreitada de reparação mas também de compra e venda (ou de empreitada que consista no fornecimento) da peça inserida no bem e este insere-se no âmbito de aplicação do DL 67/2003[716].

[711] Jorge Morais Carvalho, "Venda de Bens de Consumo", 2014, p. 82, n. 12.

[712] Ac. do TRG, de 15/12/2016. Contra: Ac. do TRP, de 8/5/2014; Ac. do TRP, de 16/5/2016; Ac. do TRP, de 12/10/2017.

[713] Joana Galvão Teles, Jorge Morais Carvalho, Pedro Félix e Sofia Cruz, "Venda de Bens de Consumo", 2006, pp. 241 e seguintes. Jurisprudência: Sentença do JP do Porto, de 3/1/2011. Aplicando a um contrato de limpeza de um bem: Sentença do JP de Lisboa, de 6/1/2012.

[714] Contra: Sentença do JP de Lisboa, de 21/5/2013.

[715] João Cura Mariano, *Responsabilidade Contratual do Empreiteiro pelos Defeitos da Obra*, 2015, p. 236; José Engrácia Antunes, *Direito do Consumo*, 2019, p. 157.

[716] Francisco Luís Alves, "A Responsabilidade nas Reparações", 2004, p. 28; Joana Galvão Teles, Jorge Morais Carvalho, Pedro Félix e Sofia Cruz, "Venda de Bens de Consumo", 2006, p. 244; Rui Paulo de Mascarenhas Ataíde, "Direitos e Garantias do Comprador. Meios de Tutela", 2017, p. 156. É o caso da situação prevista no Ac. do STJ, de 6/4/2017, em que está em causa um contrato para a "substituição do sistema de distribuição e da bomba de água da carrinha". Também é o caso da situação tratada no Ac. do TJUE, de 7/9/2017, em que estava em causa um contrato relativo à renovação de uma piscina, no âmbito do qual o empreiteiro vendeu "diversos bens necessários à renovação dessa piscina, tais como, nomeadamente, um sistema de filtragem equipado com uma bomba" [considerando (44)]. O TJUE acaba por concluir, parece-nos que mal, não ser aplicável a Diretiva 1999/44/CE, com

O RJACSR, aprovado pelo DL 10/2015, veio estender a aplicação do regime constante do DL 67/2003, "com as devidas adaptações, à prestação de serviços" (art. 34º-3 do RJACSR). Esta regra, que se aplica apenas aos serviços abrangidos pelo diploma (art. 1º), permite, entre outros aspetos, o recurso ao conceito de conformidade do serviço com o contrato, sendo bastante mais exigente para o profissional do que o regime geral do Código Civil no que respeita à definição do conteúdo do contrato.

No que respeita aos contratos de locação de bens de consumo, a sua inclusão neste regime reflete mais uma inovação da lei portuguesa face ao diploma europeu[717]. Nos termos do art. 1022º do CC, "locação é o contrato pelo qual uma das partes se obriga a proporcionar à outra o gozo temporário de uma coisa, mediante retribuição", dizendo-se "arrendamento quando versa sobre coisa imóvel [.... e] aluguer quando incide sobre coisa móvel" (art. 1023º). Encontram-se abrangidos, por um lado, quer os contratos de arrendamento quer os contratos de aluguer e, por outro lado, formas contratuais que têm grande afinidade com a locação (encontrando-se por vezes entre a locação e a compra e venda ou tendo uma forte componente de financiamento) e que não se encontram reguladas no CC, como a locação financeira, o aluguer de longa duração ou o aluguer operacional de veículos, entre outras[718].

Uma questão igualmente relevante consiste em saber se o regime previsto no diploma se aplica às alienações posteriores do bem, ou seja, se os direitos nele previstos podem ser invocados por um terceiro adquirente do bem de consumo objeto do primeiro contrato. Assim, por exemplo, se uma pessoa adquire um bem para oferecer no Natal a um familiar, pode este familiar invocar o regime do diploma perante o vendedor originário? E se o bem for alienado pelo consumidor a um terceiro, profissional, que negoceia em bens usados? E no caso de o bem, hipoteticamente uma casa, ser vendido pelo consumidor a um terceiro?

Na versão originária do diploma, a letra da lei parecia indicar que apenas a parte que interviesse no primeiro contrato dispunha dos direitos pre-

o fundamento de que a parte relativa à empreitada de reparação constitui o objeto principal do contrato, tendo a venda apenas um caráter acessório.

717 Sara Larcher, "Contratos Celebrados Através da Internet", 2005, p. 172.

718 Armando Braga, *A Venda de Coisas Defeituosas no Código Civil*, 2005, pp. 64 e 65; Manuel Januário da Costa Gomes, "Ser ou Não Ser Conforme, Eis a Questão", 2008, p. 7; João Calvão da Silva, *Venda de Bens de Consumo*, 2010, p. 67; Rui Paulo de Mascarenhas Ataíde, "Direitos e Garantias do Comprador. Meios de Tutela", 2017, p. 156.

vistos no diploma. Assim, o art. 4º-1 refere que "o consumidor tem direito a que [... a conformidade] seja reposta sem encargos" e o art. 5º-1 acrescenta que é o "comprador [quem] pode exercer os direitos". Em matéria de garantia voluntária, o diploma refere-se diretamente à questão, prevendo, no art. 9º-4, que, "salvo declaração em contrário, os direitos resultantes da garantia transmitem-se para o adquirente da coisa".

Embora o espírito da lei já devesse ser considerado mais amplo do que a sua letra[719], o DL 84/2008 veio clarificar esta questão, aditando um nº 6 ao art. 4º, que estabelece que "os direitos atribuídos pelo presente artigo transmitem-se a terceiro adquirente do bem". A transmissão do direito não implica a alteração dos prazos legalmente previstos para o seu exercício, continuando a relevar o momento da primeira alienação do bem[720].

Deve, no entanto, operar-se uma restrição do art. 4º-6, pois o seu espírito apenas abrange o terceiro adquirente que pudesse ser qualificado como consumidor se tivesse sido parte no primeiro contrato. Assim, o profissional que adquire o bem ao consumidor originário não pode beneficiar da proteção conferida pelo diploma, uma vez que obteria um resultado contraditório com o espírito do regime, aplicando-se um conjunto de normas que não corresponde à sua qualidade de profissional.

O diploma não se aplica aos contratos de doação para consumo, relativamente comuns, uma vez que as empresas utilizam, em várias situações, estratégias comerciais que passam pela oferta de bens ou de serviços aos consumidores, em especial na forma de brindes. No caso de o bem não ser conforme com o contrato, o consumidor não pode socorrer-se do regime do DL 67/2003, aplicando-se as regras gerais, nomeadamente as constantes da LDC.

3.3.2. Conformidade do bem com o contrato

O art. 406º-1 do CC estabelece o princípio da pontualidade dos contratos ("o contrato deve ser pontualmente cumprido", i.e., deve ser cumprido ponto por ponto) e o art. 762º-1 determina que "o devedor cumpre a obrigação quando realiza a prestação a que está vinculado". Alguns autores entendem que a noção de conformidade já se encontra contida nestes

[719] SARA LARCHER, "Contratos Celebrados Através da Internet", 2005, p. 237.

[720] ALEXANDRE MOTA PINTO, "Venda de Bens de Consumo e Garantias", 2016, p. 193. Jurisprudência: Ac. do STJ, de 28/9/2010.

preceitos[721]. De facto, das normas citadas, bem interpretadas, poderia retirar-se esta conclusão; no entanto, a prática demonstra que a falta de conformidade não é equiparada ao incumprimento da obrigação, não sendo aplicado o princípio da pontualidade na sua plenitude em muitas situações[722]. Fala-se a este propósito num "mito da adequação das regras tradicionais"[723]. O melhor exemplo é o regime da compra e venda de coisas defeituosas, plasmado nos arts. 913º a 922º do CC, que é claramente protetor do vendedor[724], permitindo que muitos casos de desconformidade não sejam protegidos pela lei[725].

Na transposição da Diretiva 1999/44/CE, a noção de conformidade, considerada um dos conceitos-chave do direito dos contratos moderno[726], acabou por não ser consagrada no nosso Código Civil, apesar de ter existido um projeto nesse sentido[727] e de grande parte da doutrina se ter mostrado favorável a essa solução[728], adotada em alguns direitos europeus, como o alemão, o holandês ou o polaco[729].

[721] João Calvão da Silva, *Venda de Bens de Consumo*, 2010, p. 81; Sara Larcher, "Contratos Celebrados Através da Internet", 2005, p. 183. Jurisprudência: Ac. do STJ, de 17/12/2015. Comentário crítico a esta decisão, relativamente a este ponto: António Pinto Monteiro e Jorge Morais Carvalho, "Direitos do Consumidor em Caso de Falta de Conformidade do Bem com o Contrato", 2016, pp. 238 a 241.

[722] Maria João Vasconcelos, "Da Conformidade no Contrato de Compra e Venda", 2017, pp. 449 e 450.

[723] Mário Tenreiro, "Garanties et Services Après-Vente", 1994, p. 12.

[724] Rui Paulo de Mascarenhas Ataíde, "Direitos e Garantias do Comprador. Meios de Tutela", 2017, p. 150, refere-se a uma "distorção grave em prejuízo do comprador". No Ac. do TRG, de 26/1/2017[1], defende-se que "este conceito de falta de conformidade não coincide com o de «vício», «falta de qualidade» ou «defeito» definido no Código Civil".

[725] Assunção Cristas, "Incumprimento Contratual", 2011, p. 259. Refere-se, a título de exemplo, o Ac. do STJ, de 22/4/2015, em que se considera que um "golpe no centro da [...] superfície" da coisa vendida não a qualifica como defeituosa, uma vez que o comprador não alegou "o fim para que a coisa (vendida ou adquirida) se destinava".

[726] Reiner Schulze, "Supply of Digital Content – A New Challenge for European Contract Law", 2016, p. 134.

[727] Paulo Mota Pinto, *Cumprimento Defeituoso do Contrato de Compra e Venda*, 2002.

[728] Ana Prata, "Venda de Bens Usados no Quadro da Directiva 1999/44/CE", 2001, p. 152; Pedro Romano Martinez, "Empreitada de Consumo", 2001, p. 171; Rui Pinto Duarte, "O Direito de Regresso do Vendedor Final na Venda para Consumo", 2001, p. 193; Paulo Mota Pinto, "Reflexões sobre a Transposição da Directiva 1999/44/CE para o Direito Português", 2001, p. 208; Manuel Januário da Costa Gomes, "Apontamentos Sobre a Garantia de Conformidade na Venda de Bens de Consumo", 2005, p. 14. Contra: Jorge Pegado Liz, "Acerca das Garantias na Venda de Bens de Consumo – Da Perspectiva Comunitária ao

A grande vantagem da adoção da noção de conformidade (ou de desconformidade) consiste em, através de uma fórmula simples[730], conseguir reunir-se num mesmo grupo (o do incumprimento da obrigação) uma série de situações que tinham um tratamento distinto: o vício ou defeito, a falta de qualidade do bem, a diferença de identidade e a diferença de quantidade[731].

A noção de desconformidade abrange quer os vícios na própria coisa objeto do contrato quer os vícios de direito[732]. A lei não faz qualquer distinção, pelo que só é conforme com o contrato o objeto que seja entregue ao consumidor sem qualquer limitação, física ou jurídica.

Em relação à diferença de identidade, também designada pela expressão latina *aliud pro alio*, estão em causa os casos em que é entregue um bem totalmente diferente do acordado. Em rigor, considerando a prestação como integrando todos os elementos acordados entre as partes, verifica-se diferença de identidade entre o objeto prestado e o objeto acordado sempre que o bem não seja conforme com o contrato. A diferença em relação a alguns casos de falta de qualidade consiste nas soluções possíveis para fazer face à desconformidade; assim, existindo falta de identidade, a reparação não é possível e a substituição depende da entrega de um bem diferente.

Claramente ultrapassada com o DL 67/2003, que acolheu a noção de conformidade com o contrato, está a sujeição da invocação da desconformi-

Direito Interno Português – II Parte", 2000, p. 58; António Pinto Monteiro, "Discurso na Sessão de Abertura do 6º Curso", 2003, p. 21.

729 Piotr Tereszkiewicz, "The Reform of Polish Sales Law", 2016, p. 176.

730 R.H.C. Jongeneel, "The Sale of Goods in The Netherlands Civil Code", 1995, p. 148.

731 Carlos Ferreira de Almeida, *Direito do Consumo*, 2005, p. 161; Sara Larcher, "Contratos Celebrados Através da Internet", 2005, p. 179; Giovanna Capilli, "Las Garantías en la Venta de Bienes de Consumo", 2007, p. 1688. Apesar da alteração de conceito, ainda se pode ler na doutrina que o DL 67/2003 "regula o problema da venda a consumidor de coisa defeituosa" (Maria João Vasconcelos, "Da Conformidade no Contrato de Compra e Venda", 2017, p. 425).

732 Mário Tenreiro, "La Proposition de Directive sur la Vente et les Garanties des Biens de Consommation", 1996, p. 197; Paulo Mota Pinto, "Conformidade e Garantias na Venda de Bens de Consumo", 2000, p. 234; Luís Menezes Leitão, "O Novo Regime da Venda de Bens de Consumo", 2005, p. 45; João Cura Mariano, *Responsabilidade Contratual do Empreiteiro pelos Defeitos da Obra*, 2015, p. 246. Contra: Giorgio Cian, "Presentazione del Convegno", 2002, p. 10; João Calvão da Silva, *Venda de Bens de Consumo*, 2010, p. 80; Rui Paulo de Mascarenhas Ataíde, "Direitos e Garantias do Comprador. Meios de Tutela", 2017, p. 157.

dade à verificação dos requisitos legais do erro, ao contrário do que ainda acontece no regime da compra e venda de coisas defeituosas do CC[733].

Note-se que as relações de consumo não reclamavam o conceito de conformidade com a mesma intensidade, uma vez que a lei previa uma figura mais favorável para o consumidor: a garantia de bom estado e de bom funcionamento. A garantia de bom estado assegura ao consumidor a manutenção da aparência e das caraterísticas da coisa, enquanto a garantia de bom funcionamento assegura, não só o funcionamento da coisa, mas que esta tem a *performance* esperada. Estas figuras não remetem para o momento da entrega do bem[734], porque não estão dependentes do cumprimento ou incumprimento do contrato, da entrega ou não entrega de um bem conforme com o contrato. É irrelevante para determinar a aplicação da garantia que o vendedor consiga provar que o mau estado ou o mau funcionamento não existiam no momento da celebração do contrato ou da entrega. A garantia de bom estado e de bom funcionamento apenas pode ser afastada no caso de a deterioração do bem resultar de facto imputável ao consumidor. Neste sentido, trata-se de regime mais favorável para o consumidor, uma vez que tem a garantia de que o bem estará em bom estado e em bom funcionamento durante o prazo legalmente previsto.

A referência a garantia foi curiosamente retomada com a alteração do DL 67/2003 pelo DL 84/2008. A epígrafe do art. 5º foi alterada, surgindo agora no lugar de *prazos* a expressão *prazo da garantia*. No art. 5º-6 pode ler-se que, "havendo substituição do bem, o bem sucedâneo goza de um prazo de garantia de dois ou de cinco anos a contar da data da sua entrega [...]". Neste sentido, pode referir-se que a lei consagra uma *garantia de conformidade*[735] do bem com o contrato. Apesar de se poder considerar que o afastamento do conceito de garantia tinha a vantagem de colocar como elemento central do regime a conformidade com o contrato[736], aceita-se a referência a uma garantia legal de conformidade. Com efeito, sem se retirar relevância à noção de conformidade, acentua-se pela referência à garantia

[733] Já defendendo o afastamento do regime do erro, claramente contra a corrente dominante: João Baptista Machado, "Acordo Negocial e Erro na Venda de Coisas Defeituosas", 1972, pp. 32 e 33.

[734] Contra: Ac. do STJ, de 6/9/2011.

[735] Jean Calais-Auloy, "Une Nouvelle Garantie pour l'Acheteur: La Garantie de Conformité", 2005, p. 705.

[736] Carlos Ferreira de Almeida, *Direito do Consumo*, 2005, p. 564.

o caráter tendencialmente duradouro da obrigação do vendedor, que vai além do momento da entrega do bem[737].

O art. 2º-1 estabelece que "o vendedor tem o dever de entregar ao consumidor bens que sejam conformes com o contrato de compra e venda".

As referências a partir das quais se afere a conformidade com um contrato começam a ser desenhadas muito antes do momento do seu cumprimento e, em alguns casos, ainda antes do início das negociações diretas entre as partes, nomeadamente através da publicidade.

A conformidade é sempre avaliada pela operação que consiste em comparar a prestação estipulada (explícita ou implicitamente[738]) no contrato[739] e a prestação efetuada[740]. Essencial, neste ponto, é estabelecer, por um lado, os critérios de determinação da prestação que foi acordada entre as partes e, por outro lado, saber como e em que momento ou momentos avaliar se a obrigação foi cumprida.

O art. 2º contém critérios que têm como objetivo definir os elementos que integram o contrato (v., com pormenor, *infra* 3.3.3). Mais do que caraterizar o que é ou não conforme com o contrato, como se retiraria da letra do corpo do nº 2 ("presume-se que os bens de consumo não são conformes com o contrato [...]"), pretende nestas normas precisar-se o que é que consta do contrato, para depois, no momento do cumprimento, aferir se o objeto prestado corresponde ao objeto contratado[741].

Tal como na Diretiva, o diploma de transposição consagra um sistema de presunções. No entanto, enquanto os critérios na Diretiva são formulados pela positiva, os do DL 67/2003 são formulados pela negativa.

737 Luís Menezes Leitão, "Caveat Venditor?", 2002, p. 275.

738 Xavier O'Callaghan, "Nuevo Concepto de la Compraventa cuando el Comprador es Consumidor", 2005, p. 33.

739 Thierry Bourgoignie, "À la Recherche d'un Fait Générateur de Responsabilité Unique et Autonomie dans les Rapports de Consommation ", 1997, p. 232.

740 Carlos Ferreira de Almeida, *Direito do Consumo*, 2005, p. 159: "conformidade é uma relação deôntica entre duas entidades, a relação que se estabelece entre algo como é e algo como deve ser"; "se o objecto na execução for como deve ser, há conformidade; se o objecto na execução não for como deve ser, há falta de conformidade ou desconformidade". José Lebre de Freitas, "O Ónus da Denúncia do Defeito da Empreitada", 1999, p. 237: "desconformidade [...] pode referir-se a um padrão comum (a qualidade normal da prestação) ou à estipulação das partes (a qualidade acordada da prestação)". Na jurisprudência, pode ler-se no Ac. do STJ, de 19/11/2015, que a conformidade deve ser "aferida através da comparação entre a prestação estipulada no contrato e a prestação efetuada".

741 Ac. do STJ, de 19/11/2015.

Na formulação pela positiva, prescreve-se que, caso o bem tenha as qualidades indicadas pelo vendedor, seja adequado ao uso específico e às utilizações habitualmente dadas aos bens do mesmo tipo e apresente as qualidades e desempenho habituais nesses bens, então o mesmo é presumivelmente conforme com o contrato.

Trata-se, neste caso, de uma presunção legal, porque se determina que a ocorrência de todos os factos elencados no art. 2º-2 da Diretiva 1999/44/CE (factos base da presunção) implica a provável conformidade do bem com o contrato, de acordo com as regras de experiência.

Assim, a presunção significa que o consumidor ainda pode provar a desconformidade do bem com o contrato, demonstrando uma causa de desconformidade cuja ocorrência se confirme apesar da verificação dos factos base da presunção[742]. Assim, por exemplo, se o consumidor provar que não foram cumpridas as regras de que depende a introdução no mercado do bem vendido (regras relativas a segurança, proteção do ambiente, etc.), ilide a presunção de conformidade.

Efetivamente, a conformidade pressupõe a concorrência de várias qualidades do bem, enquanto a desconformidade se basta com a ocorrência de uma. Por outras palavras, um bem conforme é um bem que reúne um conjunto alargado de qualidades; para um bem ser desconforme basta que lhe falte apenas uma dessas qualidades. É incompatível com a qualificação do bem como conforme a verificação de qualquer uma das causas de desconformidade. É compatível com a qualificação de desconformidade a verificação de várias causas de conformidade, na medida em que existe a possibilidade de ainda se verificarem (outras) causas de desconformidade, que conduzem a essa mesma qualificação. Por hipótese, imaginemos que, em abstrato, um bem tem mil qualidades: um bem será conforme se, em concreto, tiver essas mil qualidades e desconforme se lhe faltar apenas uma delas. Na formulação pela positiva, a prova pelo profissional de cem dessas mil qualidades permite presumir a verificação das mil, ou seja, a conformidade. Na formulação pela negativa, a prova pelo consumidor da falta de uma dessas mil qualidades é suficiente para demonstrar a desconformidade[743].

[742] Paulo Mota Pinto, "Conformidade e Garantias na Venda de Bens de Consumo", 2000, pp. 226 e 227.

[743] Ana Rita Martinho e Carolina Rodrigues, "O Jacuzzi do Alberto", 2019, p. 141.

Por esta razão, no direito português, que adota a formulação pela negativa, a verificação da desconformidade por referência aos critérios definidos afasta a possibilidade de prova em contrário, não sendo possível ao profissional provar a conformidade de um bem desconforme[744]. Se, por exemplo, o bem não corresponder à descrição feita pelo vendedor, este nada pode alegar no sentido de que o bem é conforme com o contrato.

Portanto, o art. 2º-2 do DL 67/2003 deve ser interpretado no sentido de não consagrar uma presunção[745]. O facto de não estarmos perante um raciocínio indutivo baseado em regras de experiência (contrariamente ao que sucede no caso da formulação pela positiva, na qual, da verificação dos factos constantes das quatro alíneas do art. 2º-2 da Diretiva 1999/44/CE, se induz a verificação de todos os factos dos quais resultaria a conformidade) faz com que não estejamos perante uma presunção, mas antes perante a enunciação dos factos integrantes da previsão da norma que estatui a desconformidade do bem com o contrato[746]. A relação entre previsão e estatuição não envolve um raciocínio indutivo entre a ocorrência de um facto e a suposição da ocorrência de outro facto, mas apenas – pelo menos segundo o entendimento tradicional cuja adequação ao direito não pretendemos aqui analisar – a aplicação de uma consequência jurídica em função da prova do facto constante da previsão.

Se se tratasse de uma presunção, os factos-base dessa presunção seriam os factos indicados no art. 2º-2 (por exemplo, a descrição feita pelo vendedor e a não-correspondência do bem com essa descrição) e o facto presumido (ou facto principal) seria a desconformidade (que é, na verdade, uma qualificação jurídica e não um facto). O vendedor teria de provar, para ilidir a presunção, que, apesar de o bem não corresponder à descrição, este é conforme com o contrato. Ora, como é que o vendedor pode provar que, não correspondendo o bem à descrição que dele fez, este é conforme? É uma prova inconcebível, pois se não corresponde à descrição, a desconformidade encontra-se verificada.

744 DAVID FALCÃO, *Lições de Direito do Consumo*, 2019, p. 145.

745 JORGE MORAIS CARVALHO e MICAEL MARTINS TEIXEIRA, "Duas Presunções Que Não São Presunções: A Desconformidade na Venda de Bens de Consumo em Portugal", 2018. Aparentemente contra: Ac. do STJ, de 20/3/2014.

746 Neste sentido, refira-se que, numa das soluções propostas por PAULO MOTA PINTO, *Cumprimento Defeituoso do Contrato de Compra e Venda*, 2002, p. 78, a transposição da Diretiva 1999/44/CE seria efetuada parcialmente para o CC, seguindo-se claramente este esquema de previsão-estatuição (cfr. a proposta de redação para o art. 913º-1).

A única forma que o vendedor tem de afastar a sua responsabilidade é pôr em causa a previsão normativa, ou seja, alegar, continuando no mesmo exemplo, que não fez a descrição em causa ou, tendo-a feito, que o bem a ela corresponde.

Defende-se, em sentido contrário, que "nem sempre, por exemplo, a mera discrepância com a descrição se refletirá necessariamente no desempenho efetivo do bem, pelo que é duvidoso que em todos esses casos haja necessariamente desconformidade"[747]. Parece-nos que, face ao diploma em análise, não se pode falar em "*mera* discrepância" (itálico nosso), recaindo um juízo negativo sobre *qualquer* discrepância com a descrição. Acrescente-se que não são apenas tuteladas as desconformidades que afetem o desempenho do bem. Assim, por exemplo, um risco não afeta o desempenho de um carro, mas o carro será desconforme com o contrato se o objeto do contrato não for um carro riscado.

Note-se que a desconformidade pode resultar de um dos factos referidos nas várias alíneas da norma ou de qualquer outro facto que o consumidor consiga provar[748]. O art. 2º-2 contém apenas alguns critérios para ajudar a determinar quais os elementos que integram o contrato[749] e que, portanto, são utilizados para aferir a desconformidade, caso, em concreto, não se verifiquem.

Em princípio, as regras especificamente acordadas pelas partes prevalecem sobre os critérios legais definidos no art. 2º, mas esta conclusão está dependente do objeto do acordo. Assim, o afastamento de um critério legal tem de ser analisado face ao art. 10º-1, que estabelece que "é nulo o acordo ou cláusula contratual pelo qual antes da denúncia [...] se excluam ou limitem os direitos do consumidor previstos no presente diploma". Isto significa que as partes, apesar de poderem conformar o conteúdo do contrato com alguma liberdade, encontram-se limitadas.

A questão da conformidade do bem com o contrato não se confunde com a do ónus da prova da anterioridade da falta de conformidade, não devendo ser tratadas em conjunto. A questão do ónus da prova da anterioridade da falta de conformidade (reportada ao momento da entrega) pressupõe a falta de conformidade, devendo, portanto, ser analisada, numa

[747] Rui Paulo de Mascarenhas Ataíde, "Direitos e Garantias do Comprador. Meios de Tutela", 2017, p. 158, n. 13.

[748] Luís Menezes Leitão, "O Novo Regime da Venda de Bens de Consumo", 2005, p. 53.

[749] João Calvão da Silva, *Venda de Bens de Consumo*, 2010, p. 83.

perspetiva lógica, após se ter concluído, em concreto, no sentido da existência de falta de conformidade (v. *infra* 3.3.5.2).

3.3.3. Critérios legais para a aferição da conformidade

3.3.3.1. Conformidade com a descrição feita pelo vendedor

Em primeiro lugar, nos termos da primeira parte do art. 2º-2-*a*), importa para a definição do objeto contratual "a descrição que dele é feita pelo vendedor". Por descrição deve entender-se qualquer declaração do vendedor, quer esta seja dirigida ao público, através de um cartaz colocado junto do bem ou de um catálogo, quer seja dirigida diretamente ao consumidor[750].

A descrição feita pelo vendedor integra o conteúdo do contrato, devendo a prestação recair sobre o objeto acordado, ou seja, sobre o objeto que tem as caraterísticas descritas e que cumpre os objetivos referidos pelo vendedor, devendo a correspondência ser absoluta[751].

As partes não podem, ainda que através de cláusula negociada, excluir a relevância da descrição feita pelo vendedor. A descrição feita pelo vendedor era tradicionalmente entendida como meramente indicativa, ideia atualmente ultrapassada, em especial numa relação de consumo, em que a descrição deve considerar-se vinculativa para o profissional, integrando o contrato, pelo que não faz sentido uma declaração simultânea com indicação de não vinculação. Uma tal declaração faria com que o conteúdo promocional associado à descrição feita pelo vendedor perdesse toda a sua eficácia prática, o que atingiria o núcleo do conteúdo imperativo do preceito.

A questão mais discutida a este propósito está relacionada com o valor jurídico de descrições genéricas, vagas ou subjetivas do bem.

Entende-se comummente que o vendedor só fica vinculado por descrições precisas, concretas e objetivas, aplicando-se também em relação à alínea *a*) o critério da alínea *d*), pensado para a publicidade e para a rotulagem[752]. Neste sentido, interpretam-se as declarações do vendedor, valendo, nos termos gerais do art. 236º do CC, "com o sentido que um declaratário

750 Sara Larcher, "Contratos Celebrados Através da Internet", 2005, p. 186.

751 Robert Bradgate e Christian Twigg-Flesner, *Blackstone's Guide to Consumer Sales and Associated Guarantees*, 2003, p. 55.

752 Calvão da Silva, *Venda de Bens de Consumo*, 2010, p. 86; Sara Larcher, "Contratos Celebrados Através da Internet", 2005, p. 187.

normal, colocado na posição do real declaratário, possa deduzir do comportamento do declarante, salvo se este não puder razoavelmente contar com ele"[753], considerando-se que o declaratário normal não conta com um sentido que passe pela vinculação do vendedor a cláusulas genéricas, vagas ou subjetivas, em especial quando sejam exageradas.

Assim, por exemplo, o que é que pode esperar o consumidor normal, colocado na posição do real consumidor, se alguém comercializa um bolo de chocolate, descrevendo-o como "o melhor bolo de chocolate do mundo"? E se o vendedor de pneus refere que estes normalmente mantêm a *performance* nos primeiros 15 000 ou 20 000 quilómetros? E se refere que um bem é fabricado com os tecidos de melhor qualidade do mercado?

Em todos estes casos, a descrição feita pelo vendedor não é precisa, concreta ou objetiva. No primeiro exemplo, a descrição é subjetiva, uma vez que a caraterização de um bolo como melhor ou pior depende de aspetos externos ao próprio bem, como o gosto de quem o come. No segundo exemplo, a referência aos quilómetros é vaga, não podendo o consumidor interpretar a declaração do vendedor no sentido de que estes se encontram aptos para uma ou a outra distância. No terceiro exemplo, tal como no primeiro, a descrição pode considerar-se subjetiva, mas, neste caso, é mais fácil definir critérios objetivos para avaliar a maior ou menor qualidade do tecido, não tendo de corresponder ao gosto.

Face a estes exemplos, entende-se que não deve ser acolhida a conclusão simplista no sentido de que as descrições genéricas, vagas ou subjetivas não vinculam. Pelo contrário, devem constituir um importante critério para determinar qual é o objeto que deve ser prestado, em termos de qualidade e de garantia de funcionamento. Valem aqui também os princípios gerais da interpretação, devendo ter-se como referência o contraente normal que confia na vinculação da contraparte à palavra dada.

Assim, o "melhor bolo de chocolate do mundo" não pode ter entre os seus ingredientes um chocolate de fraca qualidade, os pneus não podem deixar de estar em condições ao fim de menos de 15 000 quilómetros e os

[753] Calvão da Silva, *Venda de Bens de Consumo*, 2010, p. 86. Em geral, sobre interpretação de contratos: Carlos Ferreira de Almeida, *Contratos*, Vol. IV, 2014, pp. 221 a 333; Rui Pinto Duarte, *A Interpretação dos Contratos*, 2016; Micael Martins Teixeira, "Estudo Comparativo sobre o Regime da Interpretação das Declarações de Vontade no DCFR e nos Direitos Português e Inglês", 2017.

tecidos têm de corresponder àqueles que, segundo um critério objetivo, têm a melhor qualidade.

Neste sentido, não é válida uma cláusula contratual, negociada ou não, que exclua a relevância contratual de qualquer descrição feita pelo profissional, ainda que vaga, genérica ou subjetiva. Se essa declaração for apta a integrar o conteúdo do contrato não se admite a sua exclusão por via de acordo entre as partes, isto independentemente da amplitude dos elementos nele inseridos.

Questão diversa é a da validade do protesto em relação a alguma caraterística descrita pelo vendedor. Este problema tem de ser resolvido com alguma cautela, pois o espírito do diploma não permite que o vendedor se exonere da sua responsabilidade invocando as suas dúvidas em relação a uma caraterística utilizada para a promoção do bem. Por exemplo, não pode ser válida a declaração de um vendedor que diga que o bem tem determinadas caraterísticas, "salvo o erro" ou "segundo me parece"[754]. Nestes casos, exige-se que o bem tenha efetivamente as caraterísticas assinaladas.

Não é, assim, possível excluir à partida, por acordo das partes, o caráter vinculativo de declarações contratuais tornadas propositadamente ambíguas pelo profissional. A mesma conclusão deve valer para declarações contraditórias.

3.3.3.2. Conformidade com uma amostra ou um modelo

A parte final do art. 2º-2-*a*) determina que o bem não é conforme com o contrato se não possuir "as qualidades do bem que o vendedor tenha apresentado ao consumidor como amostra ou modelo".

O regime de compra e venda de coisas defeituosas do CC já continha uma norma neste sentido, embora com uma importante restrição, que não se encontra prevista no DL 67/2003. Estabelece o art. 919º do CC que "sendo a venda feita sobre amostra, entende-se que o vendedor assegura a existência, na coisa vendida, de qualidades iguais às da amostra, salvo se da convenção ou dos usos resultar que esta serve somente para indicar de modo aproximado as qualidades do objeto".

Em geral, face à alínea em análise, o vendedor não pode invocar uma convenção ou um uso no sentido da sua não vinculação a uma amostra

[754] Contra: Luís Menezes Leitão, "O Novo Regime da Venda de Bens de Consumo", 2005, p. 48.

ou modelo que tenha apresentado ao consumidor[755]. Apenas em algumas circunstâncias, em que vendedor esclareça o consumidor de que o bem vendido não tem a mesma identidade do da amostra, essa cláusula pode ser válida.

O objeto acordado entre as partes é, portanto, um bem igual à amostra ou modelo[756], devendo ter as mesmas qualidades ou caraterísticas[757].

Amostra pode ser definida como uma "pequena parte de um produto ou mercadoria, utilizada para avaliar a qualidade do todo"[758] e *modelo* como uma "reprodução em pequena escala de uma imagem ou um pequeno objeto que se pretende fazer em dimensões maiores"[759].

A fotografia do bem constitui uma referência importante a este nível, uma vez que muitos bens de consumo são promovidos com recurso a este meio[760]. Assim, as fotografias inseridas em catálogos ou em cartazes devem corresponder ao bem contratado.

Note-se que, nos termos do art. 8º-*h*) do DL 57/2008, constitui uma prática agressiva, em qualquer circunstância, a que consiste em "propor a aquisição de bens ou serviços a um determinado preço e, com a intenção de promover um bem ou serviço diferente, apresentar uma amostra defeituosa do produto".

Acrescente-se que não é válida uma cláusula contratual geral que exclua a vinculação do profissional à amostra ou modelo apresentado, nos termos do art. 21º-*c*) do DL 446/85. A conclusão deve ser a mesma no caso de a cláusula, ainda que negociada entre as partes, ter como objeto uma referência genérica à irrelevância contratual das amostras ou modelos. Uma cláusula com este conteúdo encontra-se claramente no âmbito do conteúdo imperativo do art. 2º do DL 67/2003, imposto pelo art. 10º.

Questão diversa consiste em saber da admissibilidade de uma declaração do profissional indicando que a amostra ou modelo não corresponde

[755] Luís Menezes Leitão, "O Novo Regime da Venda de Bens de Consumo", 2005, p. 48. Contra: Calvão da Silva, *Venda de Bens de Consumo*, 2010, p. 85.

[756] Sara Larcher, "Contratos Celebrados Através da Internet", 2005, p. 187.

[757] Ac. do TRP, de 20/4/2010; Sentença do JP do Porto, de 27/5/2009.

[758] AAVV, *Dicionário da Língua Portuguesa Contemporânea da Academia das Ciências de Lisboa*, Vol. I, 2001, p. 223.

[759] AAVV, *Dicionário da Língua Portuguesa Contemporânea da Academia das Ciências de Lisboa*, Vol. II, 2001, p. 2500.

[760] Sara Larcher, "Contratos Celebrados Através da Internet", 2005, p. 188.

ao bem ou serviço, limitando-se o consumidor a aceitar esse elemento. Esta indicação deve ser admitida[761], desde que resulte claro do contexto da declaração que o bem ou serviço não corresponde à amostra ou modelo. Por exemplo, num contrato relativo a um automóvel, o profissional pode mostrar ao consumidor um veículo da mesma marca e modelo do que é depois objeto do contrato, mas indicando que o ar condicionado é opcional e que a cor pode ser escolhida entre várias hipóteses em alternativa. Aqui, se o consumidor optar pelo automóvel sem ar condicionado e de cor amarela, o bem não terá as mesmas caraterísticas do da amostra, mas o comportamento do profissional é lícito, não sendo sequer censurável. Tal corresponde a prática comercial habitual em alguns setores de atividade, como o comércio de automóveis, computadores ou outros bens em que as caraterísticas são muito variáveis e dependem do interesse do consumidor em relação a especificações técnicas concretas.

O aspeto essencial consiste em esclarecer o consumidor de que o bem ou serviço objeto do contrato não corresponde integralmente à amostra ou modelo. Este esclarecimento por parte do profissional tem de ser feito em concreto, face a uma relação contratual determinada, relevando neste caso a sua declaração. O consumidor conhece o elemento de diferença em relação à amostra ou modelo, não existindo falta de conformidade (art. 2º-3).

Esta conclusão só é válida, não afetando o interesse associado ao conteúdo imperativo das normas em causa, no caso de a variação em relação à amostra ou modelo ser esclarecida pelo profissional, com indicação do ou dos aspetos em que o bem ou serviço objeto do contrato diverge em relação àquela ou aquele. Se o profissional que exibe a amostra ou modelo ao consumidor no sentido de o convencer a contratar apenas indicar de forma genérica que a amostra ou modelo não corresponde ao bem ou serviço, deve entender-se esta indicação como irrelevante, por existir contradição na sua declaração, valendo a promessa de correspondência entre ambos. Só assim se salvaguarda o interesse do consumidor protegido pelas normas imperativas aplicáveis[762].

[761] Calvão da Silva, *Venda de Bens de Consumo*, 2010, p. 85.

[762] Jorge Morais Carvalho, "Reflexão sobre as Normas Imperativas", 2016, p. 757.

3.3.3.3. Adequação às utilizações habituais

Os bens não são conformes com o contrato se não forem "adequados às utilizações habitualmente dadas aos bens do mesmo tipo", nos termos do art. 2º-2-*c*).

A análise da conformidade, para efeitos desta alínea, é feita objetivamente[763], tendo em conta as utilizações habituais dadas ao bem. Não releva aqui que o consumidor tenha referido apenas uma utilização ou até que tenha indicado que não ia utilizar o bem num determinado sentido. Este deve ser sempre apto para as utilizações habituais.

Como resulta da letra do preceito, o bem tem de ser adequado a *todas* as utilizações habituais, não sendo suficiente a adequação à utilização mais habitual[764].

O critério definido para aferir quais são as utilizações habituais deve ser objetivo, uma vez que não relevam utilizações específicas de um consumidor em concreto, mas não pode abstrair-se dos termos do contrato celebrado.

Todas as utilizações habituais se encontram abrangidas, protegendo-se, assim, não apenas o consumidor médio, mas também o consumidor que tenha conhecimentos especiais relativos ao bem[765]. Por exemplo, um consumidor médio do *Microsoft Word* pode não saber trabalhar com a maioria das funcionalidades do programa, mas todas elas devem ser consideradas utilizações habituais.

Em regra, as utilizações habituais são aquelas que permitem retirar do bem a sua utilidade normal. Assim, as utilizações habituais de um livro, neste sentido, são a leitura e a consulta e as de um relógio a visualização das horas. No entanto, também deve ser incluído na noção de utilização habitual um uso frequente do bem, num sentido diferente daquele para que foi concebido[766], sendo a frequência analisada em termos objetivos. Por exemplo, um livro e um relógio podem ter uma função decorativa.

A limitação da objetividade deste critério pela circunstância de este ter em conta aspetos concretos relacionados com as caraterísticas do bem ou serviço objeto do contrato, nos termos definidos pelas partes, é muito

[763] LUÍS MENEZES LEITÃO, "O Novo Regime da Venda de Bens de Consumo", 2005, p. 49.

[764] SARA LARCHER, "Contratos Celebrados Através da Internet", 2005, p. 190.

[765] Contra: SARA LARCHER, "Contratos Celebrados Através da Internet", 2005, p. 191.

[766] LUÍS MENEZES LEITÃO, "O Novo Regime da Venda de Bens de Consumo", 2005, p. 50.

relevante para perceber qual é o alcance da imperatividade do preceito em análise.

Isto porque é às partes que cabe, em cada caso, a delimitação das características do bem ou serviço objeto do contrato.

Num primeiro momento, deve concluir-se que as partes não podem acordar em termos vagos que o bem não tem aptidão para uma ou todas as utilizações habituais, uma vez que todas estas se encontram protegidas pelo regime legal, como indicador mínimo das utilizações do bem. Portanto, é inválida uma cláusula que estabeleça que "o bem pode não ser apto a todas as utilizações habituais".

No entanto, em concreto, deve admitir-se que o bem se destine a uma utilização que prescinda totalmente de uma ou várias utilizações habituais. Assim, um consumidor que adquira junto de um profissional uma televisão fabricada em 1920 não deve, em princípio, salvo indicação em contrário da contraparte, esperar que o aparelho funcione, destinando-o assim àquela que é normalmente a sua utilização principal. Neste caso, utilização habitual do bem "televisão fabricada no início do século XX" consiste em servir de artigo decorativo ou de coleção. Note-se que estamos aqui no domínio da interpretação do contrato, salientando-se a importância de perceber, em cada caso, qual o seu objeto.

Falta ainda responder, neste ponto, à questão de saber qual a relevância de uma indicação por parte do profissional no sentido de que o bem ou serviço não é apto para uma das utilizações habituais, num caso em que a restrição não é expectável para o consumidor, por o bem ou serviço contratado se destinar a uma dessas utilizações.

A resposta para esta questão só pode ser dada em concreto, tendo em conta as circunstâncias em torno do bem e do contrato. Contudo, pode indicar-se como regra a de que uma declaração no sentido da restrição de uma utilização habitual não é admissível, sendo irrelevante para a definição do conteúdo do contrato. É neste sentido que se orienta o preceito, na medida em que estabelece um critério objetivo, portanto (parcialmente) autónomo em relação às declarações e vontade das partes[767].

A parcialidade está relacionada com a circunstância, já assinalada, de serem as partes a definir o bem ou serviço objeto do contrato e as suas cara-

[767] MÁRIO TENREIRO, "La Proposition de Directive sur la Vente et les Garanties des Biens de Consommation", 1996, p. 198.

terísticas, podendo por esta via alargar ou restringir a sua abrangência. Por exemplo, utilização habitual de uma televisão é, em regra, ver programas a cores, mas, se o objeto do contrato for uma televisão a preto e branco, essa já não será uma utilização habitual.

Em suma, o bem ou serviço tem de ser apto a todas as utilizações habituais, não sendo possível excluir uma dessas utilizações. Efeito semelhante a uma exclusão pode, contudo, resultar de uma caraterização do objeto pela menção a caraterísticas mais específicas do bem ou serviço, sendo a sua conformidade analisada por referência a estas caraterísticas definidas pelas partes. Assim, se as partes caraterizarem o bem com referência às caraterísticas X e Y, as utilizações habituais relevantes são as relativas ao bem com as caraterísticas X e Y e não as utilizações habituais desse bem em geral, sem as especificações de X e Y.

Este critério permite, portanto, alguma maleabilidade no que respeita à caraterização dos bens ou serviços pelas partes, mas essa caraterização tem de ser totalmente clara no seu efeito de afastar uma utilização habitual.

3.3.3.4. Adequação a uma utilização específica

O art. 2º-2-*b*) determina que o bem não é conforme com o contrato se não for adequado "ao uso específico para o qual o consumidor o[...] destine e do qual tenha informado o vendedor quando celebrou o contrato e que o mesmo tenha aceitado".

Além das utilizações habituais, o bem também tem de ser adequado aos usos específicos a que o consumidor o destine. Para tal é necessário que tenha havido acordo das partes no sentido da inclusão desse uso no âmbito do contrato. Apesar de o preceito se referir a uma *informação* da parte do consumidor, o que está em causa é a inclusão desse uso no conteúdo do contrato. Portanto, deve, em algum momento, prévio à celebração do contrato, ser feita uma referência ao uso específico, a qual integra o contrato, nos seus termos[768], se o vendedor a tiver aceitado. A aceitação consiste, na maioria dos casos, na não contradição em relação ao uso específico referido pelo consumidor[769].

Assim, por exemplo, se aquando da negociação para a compra de um telemóvel o consumidor diz que pretende a sua utilização em *roaming* na

[768] Ac. do TRG, de 10/10/2013.

[769] Luís Menezes Leitão, "O Novo Regime da Venda de Bens de Consumo", 2005, p. 48.

Austrália e o vendedor entende a referência, esta cláusula integra o contrato e o bem é desconforme por não corresponder ao uso específico no caso de o aparelho não funcionar na Austrália.

Estando em causa um critério que resulta do acordo das partes, na sequência da indicação de um uso não habitual por parte do consumidor, entende-se que a sua inclusão no conteúdo do negócio depende da existência de uma negociação entre os contraentes nesse sentido. O uso específico só integra o conteúdo do contrato se o consumidor o indicar e o comportamento do profissional, por ação ou omissão, apontar no sentido da sua aceitação. Este acordo entre as partes é válido, sendo igualmente possível ao profissional, em sentido contrário, obstar a que ele tenha lugar, recusando a inclusão do uso específico no objeto do contrato pela indicação de que o bem não tem aptidão para tal[770].

Já não é admissível, como referido anteriormente, uma cláusula genérica de exclusão deste critério de conformidade. Negociada ou não negociada, uma cláusula com este conteúdo não é válida, uma vez que retira eficácia aos elementos diretamente negociados entre as partes, correspondendo a um comportamento contraditório por parte do profissional. A aceitação, pelo profissional, de um uso específico indicado pelo consumidor no período pré-contratual impede-o de invocar qualquer cláusula contraditória que exclua usos não habituais do conteúdo do contrato. Uma estipulação como esta afeta o conteúdo imperativo do preceito, pondo em causa o interesse do consumidor, por este salvaguardado, sendo inválida.

3.3.3.5. Conformidade com as qualidades e o desempenho habituais

Segundo o último critério legalmente definido, os bens não são conformes com o contrato se "não apresentarem as qualidades e o desempenho habituais nos bens do mesmo tipo e que o consumidor pode razoavelmente esperar, atendendo à natureza do bem e, eventualmente, às declarações públicas sobre as suas caraterísticas concretas feitas pelo vendedor, pelo produtor ou pelo seu representante, nomeadamente na publicidade ou na rotulagem" [art. 2º-2-*d*)].

Esta alínea refere-se às qualidades e ao desempenho dos bens do mesmo tipo. Não estão em causa as utilizações habituais, a que alude a alínea *c*), mas as próprias caraterísticas do bem de consumo objeto do contrato.

770 Javier Avilés García, "Compraventa", 2009, p. 1864.

Com efeito, o bem deve apresentar todas as particularidades – quer ao nível da sua essência quer no que respeita à sua *performance* – que o consumidor possa razoavelmente esperar, dentro dos limites da norma (a natureza do bem e as declarações públicas do vendedor, do produtor ou do seu representante)[771].

No conceito de desempenho do bem também deve ser incluída uma referência temporal[772]. Com efeito, o bem tem de ter o desempenho habitual durante um período de tempo adequado aos bens da mesma categoria. Assim, o vendedor responde perante uma falta de conformidade do bem com o contrato no momento da entrega, mas esta falta de conformidade pode manifestar-se através de um mau funcionamento posterior. Com efeito, se o bem deixa de funcionar normalmente por causa não imputável ao consumidor, tem de entender-se que existe desconformidade, uma vez que esse facto não corresponde ao seu desempenho habitual.

A razoabilidade já constitui um critério limitativo suficientemente objetivo para que a análise das qualidades e do desempenho tenha como referência a habitualidade, bastando-se a possibilidade lógica (e razoável). Assim, se, por exemplo, o produtor anuncia que um determinado modelo de veículo automóvel tem um consumo X, não é relevante se os bens do mesmo tipo consomem X, mas apenas que X seja um valor que o consumidor pode razoavelmente esperar. Se assim não fosse, nenhuma declaração do produtor indicando uma caraterística distintiva de um bem em relação aos outros bens do mesmo tipo relevaria. Neste sentido, tendo em conta a sua razão de ser, o preceito deve ser interpretado restritivamente, não se limitando as expetativas razoáveis do consumidor à habitualidade das qualidades e do desempenho[773].

A razoabilidade deve ser avaliada segundo um critério objetivo, tendo como referência um consumidor normal (ou médio[774]) e, portanto, com

[771] Ac. do STJ, de 19/11/2015.

[772] Mário Tenreiro, "La Proposition de Directive sur la Vente et les Garanties des Biens de Consommation", 1996, p. 198; Nuno Tiago Trigo dos Reis, *A Eficácia Negocial da Mensagem Publicitária*, 2007, p. 43. Aparentemente contra: Ac. do TRL, de 18/11/2010.

[773] Luís Menezes Leitão, "O Novo Regime da Venda de Bens de Consumo", 2005, pp. 50 e 51; Nuno Tiago Trigo dos Reis, *A Eficácia Negocial da Mensagem Publicitária*, 2007, p. 44. Contra: Paulo Mota Pinto, "Conformidade e Garantias na Venda de Bens de Consumo", 2000, p. 241; Sara Larcher, "Contratos Celebrados Através da Internet", 2005, pp. 192 e 193.

[774] Maria Carla Gomes da Rocha, "A Problemática do Regime Aplicável no Âmbito do Contrato de Compra e Venda de Coisa Defeituosa", 2003, p. 38.

poucos conhecimentos na área do bem em causa[775]. Não releva, no que respeita a este critério, a expetativa do consumidor em concreto, pois a norma remete para uma conceção objetiva de desconformidade; o bem tem de ser conforme com aquilo que qualquer pessoa possa razoavelmente esperar, independentemente de, em concreto, o consumidor ter essa expetativa[776].

Para a determinação das qualidades e do desempenho que o consumidor pode razoavelmente esperar, deve ter-se em conta, em primeiro lugar, a natureza do bem. As qualidades e o desempenho que o consumidor pode razoavelmente esperar podem não ser os mesmos se o bem for novo ou usado[777], se o bem for de uma ou de outra categoria (por exemplo, um ovo classe A não tem as mesmas qualidades de um ovo classe B), se o bem for de um ou de outro material (por exemplo, um guardanapo de papel é menos resistente do que um guardanapo de pano), entre outras distinções baseadas nas caraterísticas dos bens[778].

Está aqui em causa a natureza do bem e não o seu preço, pelo que não deve relevar, neste âmbito, se aquilo que se pode esperar do bem é mais ou menos tendo em conta a contraprestação. A ideia de que, se o preço for baixo, o consumidor deve ter menos expetativas no que respeita às qualidades do bem, não pode ser acolhida, uma vez que este critério, além de não ter base na letra da lei, contraria o espírito do diploma. Com efeito, pretende instituir-se um regime avançado na proteção dos consumidores, que afaste no essencial a ideia de que o comprador se deve acautelar e que imponha ao vendedor o cumprimento das promessas feitas (o *caveat emptor* deu lugar ao *caveat venditor*)[779].

Estando em causa um critério objetivo, as qualidades e o desempenho da coisa, incluindo a sua durabilidade, devem ser avaliados independentemente das declarações das partes em relação a ela[780]. A norma refere-se a bens do mesmo tipo, o que remete para uma caraterização pelas partes de um tipo ao qual o bem pertence. Assim, também neste caso será relevante

[775] Ac. do STJ, de 19/11/2015.

[776] Ac. do STJ, de 19/11/2015. Contra: Calvão da Silva, *Venda de Bens de Consumo*, 2010, p. 90.

[777] Calvão da Silva, *Venda de Bens de Consumo*, 2010, p. 89. Jurisprudência: Sentença do JP de Lisboa, de 25/6/2013.

[778] Ac. do TRL, de 6/12/2011.

[779] Luís Menezes Leitão, "O Novo Regime da Venda de Bens de Consumo", 2005, p. 45; Maria de Lurdes Vargas, *Escândalos no Desporto e Perturbação do Contrato de Patrocínio*, 2018, p. 146.

[780] Mário Tenreiro, "Garanties et Services Après-Vente", 1994, p. 5.

a circunstância de as partes, na definição do objeto, terem restringido a sua abrangência por referência a circunstâncias concretas consideradas relevantes para aquele negócio[781].

Esta conclusão é válida independentemente de a coisa ser genérica ou específica.

Se se tratar de coisa genérica, a verificação da conformidade da coisa efetivamente prestada tem como referência o género acordado pelas partes, com base nas caraterísticas identificadas por estas como essenciais[782]. Consoante a amplitude do género, mais ou menos bens, tendo em conta as qualidades e o desempenho, vão integrar-se nele. Por exemplo, um contrato de compra e venda de um veículo com a mera indicação de que este deve ser da marca X implica um género mais abrangente do que um contrato relativo a um veículo da marca X, modelo Y, com ar condicionado, jantes de liga leve e sistema de travões ABS. Neste último caso, a determinação das qualidades e do desempenho esperados é mais fácil, uma vez que o próprio género contribui para o esclarecimento da questão.

Tratando-se de coisa específica, a verificação das qualidades e do desempenho também deve ser feita tendo em conta a natureza do bem, com referência, neste caso, às caraterísticas a partir das quais as partes definiram aquela coisa como objeto do contrato. A obrigação pode ser específica, por assim ter sido caraterizada pelas partes, e a coisa fungível[783], partindo-se então das caraterísticas sobre as quais incide a fungibilidade para avaliar a conformidade com as qualidades e o desempenho da coisa prestada. Se a coisa for infungível, as qualidades e desempenho da coisa estão em princípio ligadas à circunstância que gera essa infungibilidade para o consumidor. Por exemplo, se o objeto do negócio é um veículo concreto que já foi conduzido por um artista conhecido, sendo o contrato celebrado por esta razão, a coisa é infungível e a sua principal qualidade (para as partes) centra-se nessa circunstância, admitindo-se que o veículo possa nem sequer funcionar normalmente, se as partes tiverem excluído esse elemento do objeto do contrato.

[781] Mário Tenreiro e Soledad Gómez, "La Directive 1999/44/CE", 2000, p. 14.

[782] Ac. do STJ, de 19/11/2015.

[783] Esta é a regra, por exemplo, num contrato de compra e venda de um bem num supermercado. A celebração do contrato dá-se com a apresentação do bem na caixa, sendo a obrigação (do profissional) específica, uma vez que incide sobre a coisa previamente escolhida pelo consumidor.

Valem nesta sede as observações feitas no ponto anterior em relação à possibilidade de as partes disporem quanto às utilizações habituais do bem. Não se pode aceitar uma cláusula genérica, negociada ou não, que limite uma ou várias qualidades do bem, mas da própria definição do conteúdo do contrato pode resultar uma caraterização do objeto por referência a caraterísticas mais específicas, com efeitos na análise das qualidades e desempenho esperados pelo consumidor em função da natureza do bem, caso em que não se deve considerar existir falta de conformidade.

Na determinação das qualidades e do desempenho que o consumidor pode razoavelmente esperar, deve ter-se em conta, em segundo lugar, as declarações públicas do vendedor, do produtor ou do representante deste. Está em causa, no essencial, o conteúdo das mensagens publicitárias e das indicações contidas nos rótulos, questão tratada autonomamente no ponto seguinte.

3.3.3.6. Relevância contratual da publicidade e da rotulagem

A publicidade e a rotulagem constituem elementos relevantes na definição do conteúdo de qualquer contrato, em especial de um contrato de consumo.

Além do art. 2º-2-*d*) do DL 67/2003, é necessário ter em conta o art. 7º-5 da LDC, que estabelece que "as informações concretas e objetivas contidas nas mensagens publicitárias de determinado bem, serviço ou direito consideram-se integradas no conteúdo dos contratos que se venham a celebrar após a sua emissão, tendo-se por não escritas as cláusulas contratuais em contrário".

A publicidade é hoje uma das principais técnicas utilizadas pelas empresas para promover a celebração de contratos[784], desempenhando um papel decisivo na determinação das necessidades dos consumidores, falando-se mesmo num "papel tiranicamente conformador dos nossos gostos"[785]. Apesar de ser regulada na lei de forma rigorosa, regista-se total ineficácia na aplicação prática do regime legal.

Em rigor, para o destinatário, a publicidade nunca é enganosa. Esta afirmação está relacionada com a conceção que temos da eficácia destas

[734] Carlos Ferreira de Almeida, "Qualidade do Objecto Contratual", 2005, p. 35; Mariana França Gouveia, "Eficácia Negocial da Publicidade a Imóveis", 2000, p. 136; José A. Engrácia Antunes, *Direito dos Contratos Comerciais*, 2009, p. 119.

[735] António Manuel Hespanha, *O Caleidoscópio do Direito*, 2009, p. 251.

mensagens na definição do conteúdo do contrato. Se um profissional, com o intuito de enganar os consumidores (ou mesmo sem este elemento subjetivo), publicita uma determinada caraterística de um bem ou serviço deve ficar vinculado a essa declaração, incumprindo o contrato no caso de o bem ou serviço não apresentar essa caraterística[786].

Aplicando de forma rigorosa os princípios gerais do direito civil relativos à celebração do contrato e à determinação do seu conteúdo, deve entender-se que as mensagens publicitárias ou constantes da rotulagem sobre as quais incida o acordo das partes, expressa ou tacitamente, constituem cláusulas contratuais.

Esta conclusão tem sido bastante discutida, com orientações divergentes entre ordenamentos jurídicos distintos e mesmo dentro do mesmo ordenamento jurídico[787].

Na tarefa de definição do conteúdo do contrato, é necessário ter em conta todos os elementos relevantes para a obtenção do acordo entre as partes. Importantes são, desde logo, as declarações das partes, nomeadamente a proposta contratual, dirigida a pessoa determinada ou ao público, conforme expressamente admite o art. 230º-3 do CC. Igualmente relevantes poderão ser, consoante os casos, todas as declarações anteriores à proposta, qualificáveis ou não como convite para contratar, que se refiram a aspetos relativos ao contrato a celebrar, como caraterísticas do bem ou serviço, preço, condições de pagamento, serviços de assistência pós-venda, entre outros.

O elemento relevante é o da inserção ou conexão com o contrato. Para que a mensagem publicitária integre o contrato, é necessário que se verifique uma inserção expressa ou tácita, direta ou através de remissão, em algum momento do *iter* contratual[788].

[786] SANDRA PASSINHAS, "A Propósito das Práticas Comerciais Desleais: Contributo para uma Tutela Positiva do Consumidor", 2017, p. 183, parece, em sentido contrário, defender que a lei (no caso, o DL 57/2008) não permite ao consumidor "exigir o cumprimento daquilo que foi efetivamente oferecido". A autora recorre depois a institutos de direito comercial para contornar esta limitação (pp. 190 e segs.). Ora, parece-nos que a questão se resolve com base nos princípios e regras gerais do direito privado, nomeadamente no princípio *pacta sunt servanda* e nas regras relativas à formação e ao cumprimento dos contratos.

[787] CARLOS FERREIRA DE ALMEIDA, "Relevância Contratual das Mensagens Publicitárias", 1995, p. 31.

[788] CARLOS FERREIRA DE ALMEIDA, "Qualidade do Objecto Contratual", 2005, p. 35; CELSO ANTÓNIO SERRA, "Publicidade Ilícita e Abusiva na Internet", 2003, p. 482.

É necessário distinguir os casos em que a publicidade ou rotulagem é da responsabilidade daquele que posteriormente celebra o contrato dos casos em que é emitida pelo produtor ou por qualquer outra pessoa, terceiro em relação ao contrato.

Tratando-se de mensagem emitida por aquele que posteriormente celebra o contrato, não pode ser posta em causa a sua relevância contratual, na medida em que a publicidade e a rotulagem são meios tão aptos como quaisquer outros para a emissão de declarações contratuais ao público.

Nada impede que a mensagem contenha uma proposta contratual[789], mas para concluir nesse sentido é necessário analisar, como em relação a qualquer outra declaração, se contém todos os elementos para que o contrato possa celebrar-se com a simples aceitação do destinatário[790].

Uma mensagem publicitária pode ser completa, diretamente ou por remissão expressa ou tácita para os elementos integradores normais do conteúdo de um contrato, e formalmente adequada, devendo considerar-se que, nestes casos, se trata de proposta contratual. Por exemplo, no caso de um supermercado publicitar a venda de um bem num determinado dia a um preço promocional de X, a declaração contém todos os elementos necessários para a aceitação do consumidor ser suficiente para a celebração do contrato, pelo que deve considerar-se uma proposta ao público. O supermercado fica vinculado à celebração de contratos de compra e venda do bem pelo preço X a todos aqueles que aceitem a proposta.

Mesmo que não possa ser qualificada como proposta contratual, a vinculação do emitente aos elementos nela indicados resultará, em geral, de uma remissão expressa ou tácita posterior, na proposta contratual, para todas as declarações anteriores que levaram à decisão de celebrar o contrato. Por exemplo, no caso de uma instituição de crédito anunciar que garante a melhor taxa do mercado no que respeita ao crédito para habitação, a declaração não é completa, no sentido de que o contrato de crédito não se pode celebrar com a simples aceitação do destinatário, mas vincula posteriormente o emitente nos termos por si definidos.

A integração de um elemento constante de uma mensagem publicitária ou da rotulagem no conteúdo de um contrato depende igualmente da

789 Carlos Ferreira de Almeida, "Qualidade do Objecto Contratual", 2005, p. 34.

790 Carlos Ferreira de Almeida, "Relevância Contratual das Mensagens Publicitárias", 1995, p. 31; Rui Moreira Chaves, *Regime Jurídico da Publicidade*, 2005, p. 324; João Calvão da Silva, "A Publicidade na Formação do Contrato", 2006, p. 699.

sua relevância contratual, ou seja, de conter uma qualquer vinculação do emitente (efeito reflexivo da mensagem) ou, como também se refere, ter um "sentido negocialmente útil"[791]. A mensagem publicitária em que se afirme que um jogador de futebol confia em determinada instituição de crédito não contém qualquer vinculação, em termos contratuais, à própria declaração, não sendo assim possível retirar desta qualquer cláusula ou efeito contratual. Já se o mesmo jogador de futebol que diz que confia na instituição de crédito afirmar, nessa ou noutra mensagem publicitária, que lhe é concedida, tal como a qualquer outra pessoa que se dirija àquele banco, a taxa de juro X no caso de Y, o emitente vincula-se perante o público a conceder a taxa de juro X no caso de Y, sendo este o sentido contratualmente útil da mensagem.

Os arts. 7º-5 da LDC e 2º-2-*d*) do DL 67/2003 aludem à necessidade de que as informações ou caraterísticas sejam *concretas* para que possam ser incluídas no conteúdo do contrato, acrescentando-se na primeira norma uma referência à natureza *objetiva* das informações. Também o art. 33º do DL 72/2008 estabelece que "o contrato de seguro integra as mensagens publicitárias concretas e objetivas que lhe respeitem".

Estes elementos não devem ser interpretados no sentido de que restringem a eficácia das mensagens, dizendo apenas respeito à determinação do sentido contratualmente útil ou relevante da mensagem. Referências abstratas em anúncios não têm relevância para a determinação do conteúdo do contrato, uma vez que não se podem traduzir em cláusulas contratuais cujo cumprimento seja posteriormente verificável. Esta conclusão vale igualmente para mensagens totalmente subjetivas, que não possam ser verificadas pelos destinatários e que nem sequer são entendidas por estes como garantia de qualidade. Assim, se se anuncia que o dinheiro do jogador de futebol X está muito bem aplicado no banco Y, não existe aqui qualquer informação que possa ser simultaneamente integrada no negócio como cláusula contratual. Além de a opinião ser subjetiva, não é concretizada através de elementos verificáveis.

O art. 2º-2-*d*) do DL 67/2003 acrescenta ainda dois elementos para a inclusão da mensagem no conteúdo do contrato, que nos parece que devem ser interpretados no sentido de determinar o conteúdo contratualmente

[791] CARLOS FERREIRA DE ALMEIDA, "Relevância Contratual das Mensagens Publicitárias", 1995, p. 36.

relevante da mensagem. Alude-se, por um lado, a "qualidades e [...] desempenho habituais nos bens do mesmo tipo" e, por outro lado, à expetativa razoável do consumidor.

Em relação ao primeiro elemento, a referência às qualidades e desempenho *habituais* deve ser lida, como se disse, no sentido de qualidades e desempenho *possíveis*, abrangendo qualquer qualidade ou desempenho que seja, de um ponto de vista físico ou legal, admissível. Uma interpretação literal do preceito retiraria qualquer efeito útil à norma, uma vez que as qualidades e desempenho habituais não precisam de ser anunciadas para convencer o consumidor, pelo que a mensagem só teria sentido contratualmente útil quando fosse desnecessária.

Se não estiverem em causa qualidades ou desempenho possíveis daquele tipo de bens, possibilidade analisada com base nos conhecimentos de um consumidor normal de entre os destinatários da mensagem, esta não integra o conteúdo do contrato, uma vez que não contém elementos contratualmente relevantes. Por exemplo, se num anúncio a uma bebida se anuncia que ela *dá asas* a quem a consome, esta não passa a ser uma caraterística do bem, já que não se trata de qualidade ou desempenho possível de uma bebida.

O segundo elemento diz respeito às expetativas razoáveis do consumidor. Introduz-se um elemento subjetivo, que deve, no entanto, ser analisado objetivamente, por referência a um consumidor normal, de entre os destinatários da mensagem[792]. Assim, se se tratar de uma declaração que não é interpretada literalmente por um consumidor normal, esta não integra, pelo menos no seu sentido literal, o texto contratual. Por exemplo, o anúncio de uma bebida como a melhor do mundo não gera num consumidor normal a convicção de que foram comparadas as qualidades de todas as bebidas, mas, ainda assim, na confeção do bem assim promovido, devem ser utilizadas matérias-primas de qualidade superior.

O critério para aferir as expetativas razoáveis é o do consumidor médio[793], que confia na publicidade e no cumprimento dos seus princípios, nomeadamente o da veracidade. Anunciada uma caraterística possível do bem, deve partir-se do princípio de que o anunciante está a dizer a verdade em relação aos aspetos sobre os quais a mensagem incide[794], só

792 Sara Larcher, "Contratos Celebrados Através da Internet", 2005, p. 192, n. 175.

793 Rui Moreira Chaves, *Regime Jurídico da Publicidade*, 2005, p. 328.

794 Carlos Ferreira de Almeida, *Direito do Consumo*, 2005, p. 141.

sendo excluídos do texto contratual os elementos contratualmente irrelevantes, nomeadamente por deles não resultar uma expetativa para os seus destinatários.

As cláusulas resultantes de mensagens publicitárias ou da rotulagem são cláusulas contratuais gerais, uma vez que não existe possibilidade de negociação, aplicando-se o DL 446/85[795]. Note-se, contudo, que o regime das cláusulas contratuais gerais está essencialmente pensado para cláusulas desfavoráveis para o destinatário, sendo as cláusulas resultantes da publicidade ou da rotulagem normalmente favoráveis a este, com o objetivo de o incentivar à celebração de contratos. Algumas podem, ainda assim, ser desfavoráveis, na medida em que constituam um limite aos termos da própria mensagem publicitária.

A caraterização destas mensagens como cláusulas contratuais gerais determina a aplicação dos arts. 10º e 11º do DL 446/85. Assim, estas cláusulas "são interpretadas e integradas de harmonia com as regras relativas à interpretação e integração dos negócios jurídicos, mas sempre dentro do contexto de cada contrato singular em que se incluam" (art. 10º). As que forem ambíguas, admitindo interpretações diversas[796], "têm o sentido que lhes daria o contratante indeterminado normal que se limitasse a subscrevê-las ou a aceitá-las, quando colocado na posição de aderente real" (art. 11º-1), prevalecendo, na dúvida, "o sentido mais favorável ao aderente" (art. 11º-2)[797].

A própria determinação do sentido contratualmente útil da mensagem, em especial quando se trate de caraterísticas exageradas em relação a um bem ou serviço, deve ter em conta as orientações definidas por estas normas. Esta solução permite, ainda, atribuir maior eficácia, no plano contratual, ao princípio da veracidade da publicidade (art. 10º do Código da Publicidade)[798].

[795] Carlos Ferreira de Almeida, "Relevância Contratual das Mensagens Publicitárias", 1995, p. 36.

[796] Ac. do STJ, de 26/9/2013.

[797] Note-se que, ao contrário de outros direitos, como o brasileiro (art. 47 do Código de Defesa do Consumidor), não existe no direito português um princípio geral de direito do consumo de interpretação das cláusulas contratuais no sentido mais favorável ao consumidor. Isto apenas se verifica se se tratar de cláusulas contratuais gerais e, ainda assim, de forma limitada, uma vez que este critério apenas é utilizado em caso de dúvida.

[798] Armando Braga, *A Venda de Coisas Defeituosas no Código Civil*, 2005, p. 67. Jurisprudência: Ac. do STJ, de 11/2/2016.

Quanto à questão da autonomia privada das partes para afastar este regime, deve concluir-se que não é admissível uma cláusula contratual, negociada ou não, que afaste, de forma genérica, a relevância contratual das declarações públicas do profissional.

Também não é válida uma cláusula que tenha como efeito a não vinculação do profissional a determinada declaração anterior, uma vez que se estaria neste caso a permitir a prática comercial que consiste em, através de publicidade, atrair um consumidor a um estabelecimento com intenção de aí ser negociada a exclusão do conteúdo contratualmente relevante da mensagem. Este efeito não é desejado pela lei, podendo ser evitado pela exclusão do contrato de qualquer cláusula com esse sentido[799]. Assim, exemplificando, não tem qualquer relevância, em sede de determinação do conteúdo do contrato, a indicação dada pelo vendedor no estabelecimento comercial de que o telemóvel objeto do negócio não permite aceder à Internet quando essa caraterística tenha sido anunciada pelo vendedor na televisão.

A publicidade (e a rotulagem) também pode ser emitida, já não pelo anunciante contraente, mas por um terceiro em relação ao contrato.

Trata-se de situação muito comum, já que atualmente parte considerável das mensagens publicitárias tem origem no produtor do bem, o mesmo se podendo concluir no que respeita à inserção de conteúdos em rótulos[800]. Se, antes, os vendedores de bens ou prestadores de serviços tinham importante intervenção na embalagem e na informação transmitida ao outro contraente, nos nossos dias, com a massificação de bens e serviços, os conteúdos provêm quase exclusivamente do produtor. Quando o produtor é também o anunciante contraente, não existe um terceiro.

Além do produtor, a publicidade também pode ter origem noutro elo da cadeia de produção, como o importador ou o representante do produtor, ou num terceiro sem qualquer ligação à cadeia de produção, como a entidade gestora de um espaço comercial. É relativamente comum um centro comercial fazer publicidade com repercussão de alguns efeitos na relação contratual entre lojistas e clientes – por exemplo, através do anúncio da concessão de descontos ou qualquer outra promoção.

Quando a publicidade e a rotulagem têm origem num terceiro em relação ao contrato, a determinação da eficácia contratual da mensagem é mais complexa.

799 Mário Tenreiro e Soledad Gómez, "La Directive 1999/44/CE", 2000, p. 14.
800 Luís Menezes Leitão, "O Novo Regime da Venda de Bens de Consumo", 2005, p. 51.

Tratando-se de uma relação de consumo, a questão tem resposta na lei. O art. 7º-5 da LDC não distingue entre mensagens emitidas pelo contraente ou por um terceiro, pelo que nada justifica a exclusão das últimas do âmbito de aplicação da norma[801]. O art. 2º-2-*d*) do DL 67/2003 é ainda mais claro, indicando expressamente as declarações públicas feitas pelo vendedor e pelo produtor, sem distinção de regime.

A resposta deve ser igual mesmo que a relação não seja de consumo. Nos termos gerais, a integração da mensagem no contrato depende da verificação de dois requisitos: consenso e adequação formal.

O consenso depende da existência de conexão entre a mensagem (publicidade ou rotulagem) e o contrato celebrado, podendo esta conexão resultar de uma remissão expressa ou tácita para a mensagem[802].

A remissão é expressa se for referida ou apresentada pelo vendedor ou prestador do serviço, por exemplo através de tabuletas, catálogos ou etiquetas do anunciante, colocados junto ao bem ou no estabelecimento daquele. É o que sucede, sempre, com os rótulos, que, constando da embalagem do bem, são também apresentados ao cliente pelo vendedor[803]. Nestes casos, existindo remissão expressa, não há qualquer dúvida de que o vendedor ou prestador do serviço conhece a mensagem do terceiro, tendo-a incluído de forma clara no conteúdo de um contrato que venha a celebrar.

A remissão é tácita quando se pode deduzir do comportamento do vendedor ou prestador de serviço. Deve entender-se que a referência a um sinal distintivo de terceiro constitui uma remissão tácita para as caraterísticas associadas a esse sinal distintivo, podendo essas caraterísticas resultar da publicidade. Na sociedade de consumo em que vivemos, o principal sinal distintivo é a marca (e eventualmente o modelo, dentro da marca)[804], que vale, em muitos casos, muito além de quem a produz ou vende. No caso de o contrato incidir sobre um bem ou serviço de determinada marca, o

[801] Contra: MARIANA FRANÇA GOUVEIA, "Eficácia Negocial da Publicidade a Imóveis", 2000, p. 148.

[802] CARLOS FERREIRA DE ALMEIDA, "Relevância Contratual das Mensagens Publicitárias", 1995, p. 37. Não se prescinde nunca, portanto, do consenso, ao contrário do que refere DÁRIO MOURA VICENTE, *Direito Comparado*, Vol. II, 2017, p. 91.

[803] CARLOS FERREIRA DE ALMEIDA, *Direito do Consumo*, 2005, p. 140.

[804] CARLOS FERREIRA DE ALMEIDA, "Relevância Contratual das Mensagens Publicitárias", 1995, p. 38; ANTÓNIO SOUTO MOURA, *As Funções da Marca e a Tutela Jurídica da Expectativa do Consumidor*, 2016, p. 63.

vendedor ou prestador de serviço, ao emitir a sua declaração (proposta ou convite para contratar), remete – com vantagens resultantes da notoriedade da marca[805] – para as caraterísticas associadas à marca em questão, incluindo tacitamente as mensagens publicitárias a ela relativas. Assim, quando o produtor anuncia que o iogurte da marca X é *bom para o colesterol*, o contraente que se propõe vender o iogurte da marca X está a remeter tacitamente para qualquer mensagem publicitária relativa às suas caraterísticas, vinculando-se contratualmente para com o consumidor pela indicação de que o iogurte é *bom para o colesterol*.

Sendo a publicidade ou rotulagem emitida por um terceiro em relação ao contrato, importa perceber em que medida o desconhecimento da mensagem por parte do vendedor do bem ou prestador do serviço releva para a não inclusão dos elementos contratualmente relevantes no texto do acordo. A questão não se coloca no caso de a remissão ser expressa, uma vez que, aqui, o vendedor do bem ou prestador do serviço tem conhecimento da mensagem ou, pelo menos, deveria ter conhecimento, o que é suficiente para o efeito. Quando a remissão é tácita, a análise deve ser feita objetivamente, tendo nomeadamente em conta a conexão espacial e temporal entre a mensagem e o contrato. Assim, se a mensagem foi emitida depois da celebração do contrato, não pode integrar o seu conteúdo, o mesmo se podendo concluir, tendo em conta as circunstâncias, no caso de a mensagem ter sido emitida num local e para um público diferente do da celebração do contrato.

A circunstância de o outro contraente – comprador do bem ou credor da prestação de serviço – conhecer ou desconhecer a mensagem emitida é irrelevante para a inclusão dos elementos contratualmente relevantes desta no texto do contrato. Com efeito, trata-se de declarações dirigidas ao público, que produzem imediatamente efeitos em relação a *todo* o público destinatário da mensagem, independentemente do conhecimento efetivo por parte de cada um dos potenciais contraentes[806]. Assim, por exemplo, um cliente que compra um bem num supermercado não precisa de ler o rótulo para que a informação nele constante integre o contrato celebrado;

[805] José António Rousseau, *Manual de Distribuição*, 2008, p. 183.

[806] Reiner Schulze, "Deberes Precontractuales y Conclusión del Contrato en el Derecho Contractual Europeo", 2006, p. 42. Contra: João Calvão da Silva, "A Publicidade na Formação do Contrato", 2006, p. 707.

o cliente confia na rotulagem – como forma de controlo pelo mercado –, contratando no pressuposto de que a informação é verdadeira e de que pode controlar *a posteriori* as caraterísticas do bem adquirido. Se o bem não tivesse rótulo, provavelmente o cliente não o compraria, uma vez que a sua confiança seria menor, o mesmo se podendo dizer da capacidade de controlo em relação às caraterísticas da coisa. Portanto, existindo conexão entre a mensagem e o contrato, o conteúdo contratualmente útil da mensagem integra o contrato nos termos da declaração pública emitida, garantindo a qualquer adquirente – mesmo que não a conheça – a inclusão de elementos já controlados direta ou indiretamente por vários agentes que atuam no mercado.

A circunstância de a mensagem ser emitida por terceiro não impede a qualificação das cláusulas inseridas no contrato como cláusulas contratuais gerais (art. 2º do DL 446/85)[807].

Será que o vendedor pode afastar a relevância das declarações públicas de terceiro, nomeadamente do produtor, indicando não se encontrar vinculado por elas? Não se permite, em regra, que as partes acordem numa cláusula que, genericamente, afaste qualquer vinculação do profissional contratante pelas declarações públicas de terceiro. Quer o art. 7º-5 da LDC quer o art. 2º-2-*d*) do DL 67/2003 são claros na adoção de um regime imperativo em sentido contrário. Se essas duas normas preveem expressamente a vinculação do profissional às declarações públicas de terceiro, estabelecendo simultaneamente a invalidade do afastamento por via contratual dos direitos conferidos ao consumidor, não se pode admitir que esse seja o resultado de qualquer acordo entre as partes.

Pode também colocar-se a hipótese de, não se tratando de cláusula genérica de afastamento da relevância contratual, estar em causa uma caraterística concreta do bem ou serviço indicada numa mensagem pública de terceiro com a qual o profissional não concorde, por exemplo por duvidar da sua veracidade. Será que essa caraterística pode ser afastada do conteúdo do contrato por iniciativa do profissional, com ou sem negociação entre as partes?

Para responder a esta questão, é importante começar por notar que as duas normas legais indicadas nos últimos parágrafos não distinguem entre as mensagens emitidas pelo contraente e por um terceiro. Já se refe-

[807] Carlos Ferreira de Almeida, *Direito do Consumo*, 2005, p. 144.

riu que, sendo a declaração emitida por terceiro, o contraente pode provar que não lhe era exigível conhecê-la, não ficando assim vinculado a ela. Mas, nesse caso, estamos no domínio da conexão da mensagem com o contrato e não no da possibilidade de afastamento de conteúdo que o integraria na ausência de protesto.

A determinação do alcance do conteúdo imperativo das normas em causa depende da compatibilização de interesses opostos, todos potencialmente relevantes para a análise da situação.

Por um lado, pode estar em causa a própria lealdade do profissional que, sabendo que o bem ou serviço não tem a caraterística apresentada na publicidade emitida pelo produtor, deve revelá-lo ao consumidor no momento da celebração do contrato. A lealdade constitui um princípio transversal ao direito do consumo, com referência expressa no art. 9º-1 da LDC, a par da boa-fé. A lei também é clara no sentido de impor ao profissional esclarecimentos claros e objetivos sobre as caraterísticas principais dos bens e serviços [arts. 8º-1 da LDC, 10º do DL 57/2008 e 20º-1-l) do DL 92/2010], pelo que, se souber que a publicidade emitida pelo produtor se encontra incorreta, o profissional tem o dever de elucidar o consumidor relativamente a esse aspeto.

Por outro lado, a caraterística anunciada pelo produtor relativamente a determinado bem ou serviço torna-se normalmente um elemento intrínseco ao próprio bem ou serviço, não podendo ser dissociado deste através de declaração do vendedor. Trata-se de promoção de uma marca ou modelo, devendo entender-se que a sua oferta ao público por um vendedor integra, pelo menos tacitamente, todas as caraterísticas dessa marca ou modelo, sendo especialmente relevantes para a sua caraterização as declarações públicas, nomeadamente a publicidade e a rotulagem. Sendo o poder de comercialização de uma marca em grande parte resultante da sua promoção pública, não parece admissível que a relevância desta promoção possa ser limitada posteriormente pelo elo final da cadeia, no momento da comercialização do bem ou serviço para o consumo.

Portanto, a publicidade vincula o vendedor final, que, se quiser vender o bem, se obriga a cumprir em conformidade com as caraterísticas associadas ao objeto do contrato, caraterísticas que podem resultar de declarações de terceiros.

Não querendo ficar vinculado a uma caraterística de determinado bem, que o profissional acredita não corresponder à verdade, a solução passa por não o comercializar[808]. Salvaguarda-se, desta forma, a lealdade nas relações jurídicas de consumo. Por exemplo, um profissional que se dedica à compra e venda de jogos de computador sabe que determinado jogo, anunciado na televisão como adequado para qualquer comando, deteriora o comando quando jogado regularmente. A caraterística de adequação ao comando X não pode ser afastada pelo vendedor, uma vez que é essencial àquele bem; não querendo ser responsabilizado por eventuais danos causados no comando, o vendedor pode recusar-se a celebrar contratos com esse objeto.

Além deste aspeto, deve ter-se em conta o efeito nefasto de aliciamento do consumidor ao estabelecimento do profissional em consequência da informação relativa à oferta do bem objeto de declarações públicas de terceiro. A partir do momento em que o profissional se propõe comercializar o bem está a seduzir o consumidor a deslocar-se ou manter-se no seu estabelecimento com o objetivo de celebrar um contrato com um conteúdo parcialmente conformado pelas declarações públicas supostamente inexatas, não sendo admissível que as afaste com vista a limitar a sua responsabilidade ou incitar a contraparte a celebrar um contrato com objeto distinto.

3.3.3.7. Conformidade da instalação e das instruções do bem

O art. 2º-4 do DL 67/2003 equipara à falta de conformidade do bem "a falta de conformidade resultante de má instalação do bem de consumo", "quando a instalação fizer parte do contrato de compra e venda e tiver sido efetuada pelo vendedor, ou sob sua responsabilidade, ou quando o produto, que se prevê que seja instalado pelo consumidor, for instalado pelo consumidor e a má instalação se dever a incorreções existentes nas instruções de montagem".

Nesta norma, estende-se a exigência de conformidade à parte do contrato relativa à instalação do bem, aplicando-se assim o diploma também a uma prestação de serviço[809]. Ao equiparar a falta de conformidade da instalação à falta de conformidade do bem, exige a lei que a instalação do bem seja conforme com o contrato. Trata-se, nestes casos, de um contrato misto de compra e venda de um bem e de prestação do serviço de instalação do mesmo, só se considerando que o cumprimento é conforme se

[808] Letícia Borges Silveira, *A Marca na Definição da Prestação nos Contratos de Consumo*, 2016, p. 103.

[809] Luís Menezes Leitão, "O Novo Regime da Venda de Bens de Consumo", 2005, p. 53.

se verificar a conformidade em relação às obrigações resultantes dos dois tipos contratuais.

A falta de conformidade também se verifica no caso de a má instalação resultar de incorreções nas instruções de montagem. Neste caso, a instalação tanto pode ser feita pelo consumidor – refere-o expressamente a norma – como por um terceiro, não relevando o cuidado com que foi feita, mas tão-só a inaptidão das instruções para uma correta instalação do bem.

Parece-nos que não seria necessário o recurso a uma "equiparação", uma vez que as instruções fazem parte do objeto do contrato e, portanto, este não é cumprido em conformidade se aquelas estiverem incorretas.

O critério para definir a conformidade das instruções deve ser o do consumidor médio daqueles produtos, sem conhecimentos especiais no que respeita à instalação de bens. Se as instruções estiverem tecnicamente corretas, mas forem de uma complexidade que não permita a compreensão por um consumidor normal, não se podem considerar conformes com um contrato em que se prevê que o bem seja instalado pelo consumidor.

3.3.4. Inexistência de desconformidade

Nos termos do art. 2º-3, "não se considera existir falta de conformidade, na aceção do presente artigo, se, no momento em que for celebrado o contrato, o consumidor tiver conhecimento dessa falta de conformidade ou não puder razoavelmente ignorá-la ou se esta decorrer dos materiais fornecidos pelo consumidor".

Esta norma abrange duas situações distintas: por um lado, a definição do conteúdo do contrato, relevante para saber que objeto deve ser prestado; por outro lado, a possibilidade de imputação da falta de conformidade a um facto do consumidor.

Em relação à questão da definição do conteúdo do contrato, é necessário determinar se o objeto do contrato é um bem com defeito, um bem onerado ou, em geral, um bem que objetivamente pudesse ser considerado desconforme. Em caso de resposta afirmativa, não se trata de o consumidor conhecer a falta de conformidade, mas apenas o defeito ou o ónus. Aqui não há, em rigor, desconformidade, impondo-se, tal como nas outras situações, a entrega do bem conforme os termos do contrato. É tipicamente o caso da venda de um bem com defeito, em que o consumidor conhece a imperfeição e ainda assim decide celebrar o contrato, aceitando-a; neste caso, o bem entregue com defeito é conforme com o contrato[810], não o sendo o bem que não tenha o defeito.

A impossibilidade razoável de ignorar a limitação do bem deve ser interpretada restritivamente, apenas integrando o contrato uma limitação evidente, feita através de uma referência integrável numa declaração expressa ou tácita do vendedor e tendo em conta que o consumidor não tem conhecimentos técnicos relativamente ao bem[811].

A norma é clara ao estabelecer que o conhecimento tem como referência o momento da celebração do contrato e não o do cumprimento da obrigação de entrega por parte do vendedor. Assim, não releva para efeitos deste regime a circunstância de o consumidor se aperceber da desconformidade no momento da entrega, pelo que não existe qualquer ónus de examinar a coisa comprada[812].

Em relação à imputabilidade da falta de conformidade a um facto do consumidor, a lei apenas se refere ao caso de esta resultar dos materiais fornecidos por este, embora a norma deva ser estendida, por identidade teleológica, às situações em que a falta de conformidade "tem origem em projetos, estudos, previsões, máquinas, edifícios ou terrenos" fornecidos pelo consumidor[813]. Esta situação pressupõe a existência de um contrato de empreitada e não de compra e venda, uma vez que neste não se verifica o fornecimento de materiais pelo consumidor.

[810] MÁRIO TENREIRO, "La Proposition de Directive sur la Vente et les Garanties des Biens de Consommation", 1996, p. 199; CALVÃO DA SILVA, *Venda de Bens de Consumo*, 2010, p. 93.

[811] PEDRO ROMANO MARTINEZ, "Empreitada de Consumo", 2001, p. 29. Discorda-se da fundamentação da decisão do Ac. do TRC, de 25/9/2012, segundo a qual "o comprador de fração habitacional, perspetivado como *bonus pater familia*, não podia, aquando da vistoria ao prédio que presumivelmente precedeu o contrato, razoavelmente ignorar que a inclinação de 24% da rampa, em redondel, de acesso às garagens, a altura máxima de 1,80 e a existência de pilar estrutural em tal rampa, dificultava, ou, até, impedia, tal acesso". Sendo parte do contrato de empreitada ou de compra e venda do imóvel uma garagem à qual não se consegue aceder, por ter sido mal concebida, sem que esta caraterística tenha sido especificamente acordada entre as partes, existe desconformidade e o consumidor tem direito à reposição da conformidade. Afastando o exercício dos direitos pelo consumidor por ser "notória e ostensiva" a desconformidade: Ac. do TRL, de 24/4/2012.

[812] PEDRO ROMANO MARTINEZ, "Empreitada de Consumo", 2001, p. 28. Jurisprudência: Ac. do TRC, de 6/12/2011. Contra: LUÍS MENEZES LEITÃO, "O Novo Regime da Venda de Bens de Consumo", 2005, p. 54; SARA LARCHER, "Contratos Celebrados Através da Internet", 2005, p. 201; FERNANDO DE GRAVATO MORAIS, "A *Alternatividade* dos Meios de Defesa do Consumidor", 2012, p. 158, n. 10.

[813] Ac. do TRC, de 18/2/2014.

A falta de conformidade dos materiais fornecidos pelo consumidor apenas releva se o empreiteiro não puder, no momento da sua entrega, detetar as deficiências[814]. Com efeito, este é que tem, em princípio, conhecimentos específicos no que respeita aos materiais, devendo avaliar a sua adequação para a realização da obra em causa. Não o fazendo, aplica-se o DL 67/2003[815]. Se o empreiteiro não tiver a possibilidade de analisar previamente os materiais ou se o consumidor, apesar da advertência do empreiteiro, insistir na sua inclusão na obra, considera-se que não existe falta de conformidade do bem, na medida em que esta decorra dos materiais fornecidos pelo consumidor.

Não basta, assim, a falta de conformidade dos materiais; é necessário que exista um nexo de causalidade entre essa falta de conformidade e a falta de conformidade do bem.

3.3.5. Desconformidade no momento da entrega

Nos termos do art. 3º-1 do DL 67/2003, "o vendedor responde perante o consumidor por qualquer falta de conformidade que exista no momento em que o bem lhe é entregue".

Portanto, o momento relevante para determinar se o bem se encontra em conformidade com o contrato é o da entrega do bem. A circunstância de o bem ser conforme no momento da celebração do contrato, se este for anterior à entrega, não exonera o vendedor do dever de entregar o bem em conformidade com o contrato.

Neste ponto, procede-se a uma análise sucessiva dos problemas (i) da transferência do risco, defendendo-se que também releva para este efeito o momento da entrega do bem, e (ii) do ónus da prova da anterioridade da desconformidade do bem com o contrato, nos casos em que a desconformidade se manifesta posteriormente à entrega.

3.3.5.1. Transferência do risco

O artigo 3º-1 do DL 67/2003 transpõe o art. 3º-1 da Diretiva 1999/44/CE, em termos muito próximos. Estes preceitos deram origem a uma querela doutrinária a propósito da questão do momento da transferência do risco.

[814] PEDRO ROMANO MARTINEZ, "Empreitada de Consumo", 2001, p. 27. Contra: JOÃO CURA MARIANO, *Responsabilidade Contratual do Empreiteiro pelos Defeitos da Obra*, 2015, p. 249.
[815] Ac. do TRC, de 18/2/2014.

A questão encontra-se atualmente resolvida no art. 9º-C da LDC, aditado pela Lei 47/2014, que estabelece que, numa relação de consumo, o risco se transfere para o consumidor no momento da entrega (salvo o caso de mora do credor, nos termos gerais do art. 815º-1 do CC). A relevância e a intensidade do debate justificam que continuemos a pronunciar-nos sobre ele nesta sede.

O considerando (14) do diploma europeu esclarece que "as referências à data de entrega não implicam que os Estados-Membros devam alterar as suas normas sobre transferência do risco". A questão da transferência do risco passava, assim, antes do art. 9º-C da LDC, pela interpretação de dois elementos textuais que apontam em sentidos distintos. Por um lado, o vendedor responde se não entregar um bem conforme (art. 3º-1); por outro lado, esta norma não altera as regras relativas à distribuição do risco [considerando (14)][816].

Alguns autores consideram que os dois elementos textuais dizem respeito a planos distintos. De um lado está a questão do risco de perecimento ou deterioração da coisa por causa não imputável a qualquer das partes [regras de distribuição do risco, a que se refere o considerando (14)]; do outro lado está em causa um problema de qualidade da coisa ou desconformidade com o contrato (art. 3º-1). Assim, segundo estes autores, o art. 796º do CC aplicava-se no que respeita ao risco de perecimento ou deterioração da coisa, considerando-se conforme o bem entregue ainda que tivesse perecido ou se tivesse deteriorado por caso fortuito ou de força maior[817].

Discorda-se desta visão, na medida em que o art. 3º-1, embora não querendo impor aos Estados-Membros um regime que, em princípio, não poderia impor, por se tratar então de matéria excluída da competência da União Europeia, implicava necessariamente uma mudança de paradigma, agora evidente no art. 20º da Diretiva 2011/83/UE, transposto para o art.

[816] PAULO MOTA PINTO, "Conformidade e Garantias na Venda de Bens de Consumo", 2000, p. 250; MÁRIO TENREIRO e SOLEDAD GÓMEZ, "La Directive 1999/44/CE", 2000, p. 17; ROBERT BRADGATE e CHRISTIAN TWIGG-FLESNER, *Blackstone's Guide to Consumer Sales and Associated Guarantees*, 2003, p. 71.

[817] FERNANDO DE GRAVATO MORAIS, *União de Contratos de Crédito e de Venda para o Consumo*, 2004, pp. 114 e 115; JOÃO CALVÃO DA SILVA, *Venda de Bens de Consumo*, 2010, p. 98; PATRÍCIA DA GUIA PEREIRA, "Cláusulas Contratuais Abusivas e Distribuição do Risco", 2007, p. 105; NUNO AURELIANO, *O Risco nos Contratos de Alienação*, 2009, p. 383; PEDRO MANUEL MOREIRA DA SILVA SANTOS, *Responsabilidade Civil e Garantias no Âmbito do Direito do Consumo*, 2012, p. 52.

9º-C da LDC. O vendedor tem o dever de entregar ao consumidor o bem em conformidade com o contrato, com todas as caraterísticas e qualidades acordadas. Não cumpre este dever com a simples entrega do bem contratado no estado em que se encontrava no momento da celebração do contrato (se não tiver as caraterísticas e qualidades acordadas) nem com a entrega do bem em pior estado do que nesse momento, ainda que a razão não seja imputável a qualquer das partes[818].

Utiliza-se um exemplo para compreender melhor o problema. Será que o vendedor que entrega o carro contratado parcialmente queimado na sequência de um incêndio cumpre o contrato? A resposta deve ser negativa, uma vez que neste caso o vendedor não cumpre o dever de entrega de um bem em conformidade com o contrato (art. 2º-1 do DL 67/2003), respondendo perante o consumidor por esse facto (art. 3º-1)[819]. A conformidade com o contrato afere-se pela comparação entre o bem acordado pelas partes, com base na interpretação do conteúdo das declarações negociais, e o bem entregue pelo vendedor ao consumidor. Ora, no exemplo dado, tal como em todos os casos em que o bem apresente alguma falta de conformidade (no limite, encontrando-se o bem destruído, também não há entrega conforme), o vendedor não cumpre o dever de entrega conforme.

A lei portuguesa deveria ter clarificado esta questão de forma expressa aquando da transposição da Diretiva 1999/44/CE. Não o fez, o que não impedia o intérprete de procurar o sentido e o alcance do regime legal. Como já se referiu, a adoção do diploma representou uma mudança clara de conceção do regime do cumprimento no contrato de compra e venda, com o bem objeto do negócio a deixar de ser visto apenas em si mesmo, como coisa específica, e a passar a ser visto como o resultado das caraterísticas e das qualidades acordadas entre as partes, obrigatórias para o vendedor no momento da entrega.

A irrelevância da distinção entre coisa genérica e coisa específica para efeito de aplicação do DL 67/2003, assinalada pela doutrina[820], constituía outro argumento no sentido de que o risco já se transferia com a entrega antes do art. 9º-C da LDC. Com efeito, no regime geral do CC, tratando-se de compra e venda de coisa específica, o risco transfere-se para o com-

818 Paulo Mota Pinto, *Cumprimento Defeituoso do Contrato de Compra e Venda*, 2002, p. 37.

819 Contra: Patrícia da Guia Pereira, "Cláusulas Contratuais Abusivas e Distribuição do Risco", 2007, p. 106.

820 Carlos Ferreira de Almeida, *Direito do Consumo*, 2005, pp. 155 e 161.

prador, em regra, por mero efeito do contrato (arts. 408º-1 e 796º-1), a não ser que a coisa tenha continuado em poder do alienante em consequência de termo constituído a seu favor (art. 796º-2)[821] e, tratando-se de compra e venda de coisa genérica, a concentração da obrigação dá-se com o cumprimento (arts. 408º-2 e 541º), ou seja, com a entrega do bem, transferindo-se nesse momento o risco. Na compra e venda de bens de consumo, não releva a distinção, pelo que o risco se transfere no momento da entrega.

Na venda de bens de consumo, aplicava-se já, portanto, um regime especial no que respeita à distribuição do risco, correndo o risco de perecimento ou deterioração da coisa antes da entrega do bem por conta do vendedor, transferindo-se para o consumidor no momento da entrega[822].

A questão ficou expressamente resolvida, neste sentido, com a transposição para a nossa ordem jurídica interna do artigo 20º da Diretiva 2011/83/UE pelo art. 9º-C da LDC.

Conforme referido, a conclusão acerca da existência de falta de conformidade do bem com o contrato não se encontra ligada à circunstância de se tratar de compra e venda de coisa genérica ou de coisa específica. Em ambos os casos, torna-se necessário analisar o conteúdo do contrato para determinar se o bem entregue se encontra em conformidade com esse conteúdo. Tratando-se de coisa genérica, o objeto do contrato é caraterizado pelos elementos a partir dos quais as partes compõem o género. No caso de coisa específica, o objeto do contrato é um bem concreto e individualizado, mas definido pelas partes como um bem com caraterísticas determinadas[823]. Verifica-se falta de conformidade quer se a obrigação for genérica e o vendedor entregar uma coisa não abrangida no género definido pelas partes quer se a obrigação for específica e o vendedor entregar

[821] Ana Prata, "O Regime do Art. 796º do Código Civil", 2008, pp. 10 e 11.

[822] Paulo Mota Pinto, "Conformidade e Garantias na Venda de Bens de Consumo", 2000, p. 250; Luís Menezes Leitão, "O Novo Regime da Venda de Bens de Consumo", 2005, pp. 55 a 59; Nuno Pinto Oliveira, *Contrato de Compra e Venda – Noções Fundamentais*, 2007, p. 323; Manuel Januário da Costa Gomes, "Ser ou Não Ser Conforme, Eis a Questão", 2008, p. 15, Sara Larcher, "Contratos Celebrados Através da Internet", 2005, p. 196; Mª Dolores Mezquita García-Granero, "Los Plazos en la Compraventa de Consumo", 2004, p. 154, n. 5 Rui Paulo de Mascarenhas Ataíde, "Direitos e Garantias do Comprador. Meios de Tutela", 2017, p. 160. Neste sentido, embora com dúvidas: António Pinto Monteiro, "Garantias na Venda de Bens de Consumo", 2003, p. 135.

[823] Manuel Carneiro da Frada, "Erro e Incumprimento na Não-Conformidade da Coisa com o Interesse do Comprador", 1989, p. 475.

o bem acordado, não tendo este as caraterísticas ou qualidades definidas contratualmente pelas partes.

Para efeitos desta norma, deve entender-se a entrega no sentido de fornecimento material do bem ao consumidor. Tratando-se de contrato relativo a vários bens, é necessário interpretar o conteúdo do acordo, apenas se podendo considerar cumprido o dever de entrega conforme no momento da entrega do último bem, se estiverem em causa bens incindíveis para o consumidor, e valendo um prazo distinto para cada bem, no caso de bens que se destinem a ser utilizados autonomamente. Se o objeto do contrato abranger, além da entrega, a instalação do bem, não se deve considerar que se verifica conformidade no momento da (simples) entrega, apenas se verificando esse efeito no momento da instalação[824].

3.3.5.2. Ónus da prova da anterioridade da desconformidade

A determinação do momento da entrega é muito relevante, uma vez que os prazos da garantia de conformidade e da dispensa ou liberação legal do ónus da prova de anterioridade da falta de conformidade se contam a partir dessa data.

A dispensa ou liberação legal do ónus da prova da anterioridade está prevista no art. 3º-2, que estatui que "as faltas de conformidade que se manifestem num prazo de dois ou de cinco anos a contar da data da entrega de coisa móvel corpórea ou de coisa imóvel, respetivamente, presumem-se existentes já nessa data, salvo quando tal for incompatível com a natureza da coisa ou com as caraterísticas da falta de conformidade"[825].

Em comparação com a norma paralela da Diretiva 1999/44/CE (art. 5º-3), este preceito alarga o prazo da dispensa ou liberação legal do ónus

[824] Mª Dolores Mezquita García-Granero, "Los Plazos en la Compraventa de Consumo. Estudio Comparativo de la Cuestión en el Derecho Español y Portugués", 2004, p. 157.

[825] Não se trata, neste caso, em rigor, de uma presunção, uma vez que não existe uma relação de verosimilhança factual entre o facto base (a desconformidade) e o facto presumido (a anterioridade), verosimilhança que carateriza a presunção. Trata-se de um caso em que o legislador regula de forma casuística a distribuição do ónus da prova, tendo em conta, por um lado, a maior facilidade relativa que a parte onerada (neste caso, o vendedor) tem de produzir a prova e, por outro lado, a finalidade de proteção do consumidor. Está, assim, em causa a dispensa ou liberação legal do ónus da prova (art. 344º-1 do CC). Sobre a distinção entre estas figuras, v. Micael Martins Teixeira, "Por uma Distribuição Dinâmica do Ónus da Prova", 2014, pp. 354 a 361.

da prova de seis meses para dois anos, aumentando assim de forma significativa o nível de proteção do consumidor.

Esta regra liberta o consumidor da difícil[826] prova da existência de falta de conformidade no momento da entrega do bem, não deixando no entanto de ter de provar a falta de conformidade (e, naturalmente, a celebração do contrato[827]). Se o bem (por exemplo, um telemóvel) deixa de funcionar um ano depois da entrega, o consumidor tem de provar o defeito de funcionamento (falta de conformidade com o contrato, uma vez que este incidia num bem que funcionasse)[828] e, conseguindo fazer essa prova, a lei liberta-o da prova de que esse defeito de funcionamento já existia no momento da entrega, embora apenas se tenha manifestado posteriormente[829].

O vendedor pode, ainda, provar que a falta de conformidade não existia no momento da entrega, devendo-se a facto posterior que não lhe seja imputável. O vendedor tem de provar – e não basta alegar[830], muito menos de forma vaga e indeterminada[831] – o facto concreto, posterior à entrega, que gerou a falta de conformidade[832]. Por exemplo, poderá fazer prova de que o mau funcionamento do bem resulta de uma queda[833]. A principal via utilizada pelos profissionais consiste precisamente na prova do mau uso ou do uso incorreto do bem pelo consumidor[834]. Note-se que o mau uso apenas pode ser invocado pelo profissional se a falta de conformidade dele resultar diretamente, não podendo servir para evitar a responsabilidade em relação a todas as anomalias relativas ao bem.

[826] João Calvão da Silva, *Venda de Bens de Consumo*, 2010, pp. 101 e 102; Armando Braga, *A Venda de Coisas Defeituosas no Código Civil*, 2005, p. 68.

[827] Deve admitir-se qualquer meio de prova (Ac. do TRL, de 20/10/2011), nomeadamente uma fatura, um recibo ou um talão que comprove o pagamento através de cartão bancário.

[828] Ac. do TRL, de 23/6/2009; Sentença do JP de Terras de Bouro, de 28/5/2009. O consumidor não tem, naturalmente, de provar a causa concreta que está na origem do defeito de funcionamento, bastando a prova deste, ou seja, a prova da falta de conformidade.

[829] Sara Larcher, "Contratos Celebrados Através da Internet", 2005, p. 199.

[830] Sentença do JP de Odivelas, de 24/4/2013.

[831] Sentença do CICAP, de 10/9/2014.

[832] Ac. do TRL, de 10/2/2015.

[833] Mariana Cruz e Matheus Cabral, "O Computador de Bernardo e as Maravilhas da Tecnologia", 2019, p. 99.

[834] O *uso* de uma coisa não corresponde a um *mau uso* dessa coisa, pelo que a prova da utilização da coisa não afasta a responsabilidade do vendedor. Neste sentido, pode ler-se na Sentença do JP da Trofa, de 29 de junho de 2016, que "as horas de utilização não poderão ser sinal de mau uso, uma vez que uma televisão é para ser usada".

Não se aplica a regra da dispensa ou liberação legal do ónus da prova da anterioridade se ela for incompatível com a natureza da coisa ou com as caraterísticas da falta de conformidade.

A regra da dispensa ou liberação do ónus da prova é incompatível com a natureza da coisa se se tratar de um bem de desgaste rápido ou sujeito a um prazo de validade. No primeiro caso, deve analisar-se qual é a validade normal dos bens daquele tipo, apenas valendo a regra da dispensa ou liberação durante esse período. No segundo caso, a regra da dispensa ou liberação apenas é aplicável enquanto o prazo de validade associado ao bem não expirar. Deve notar-se que não se exclui a regra da dispensa ou liberação do ónus da prova relativamente aos bens sujeitos a desgaste com a utilização, como as baterias dos telemóveis ou dos portáteis[835], mas neste caso apenas se deve considerar que a falta de conformidade é relevante no que respeita aos defeitos que vão além do desgaste normal do bem tendo em conta o tempo decorrido, cabendo ao profissional a prova de que, na situação concreta, está em causa um desgaste normal. Assim, a garantia de conformidade abrange todas as peças do bem, principais ou acessórias, não se limitando a uma parte ou excluindo qualquer outra do seu âmbito[836].

A regra da dispensa ou liberação do ónus da prova é incompatível com as caraterísticas da falta de conformidade quando resultar de forma evidente que esta não se ficou a dever a circunstâncias relativas ao próprio bem e à sua utilização segundo os termos normais ou fixados pelas partes.

Assim, se o bem aparece queimado, sendo certo que não está em conformidade com o contrato, uma vez que o objeto do contrato não era aquele bem queimado, as caraterísticas da falta de conformidade podem demonstrar que o incêndio se ficou a dever a um facto externo ao bem e posterior à entrega, não se aplicando a regra da dispensa ou liberação. É o caso, por exemplo, de um automóvel que aparece queimado na sequência de um incêndio florestal.

Se as caraterísticas da falta de conformidade não forem claras no sentido de que o incêndio se ficou a dever a um facto externo ao bem, apontando

835 Micael Martins Teixeira, "A Prova no Direito do Consumo: Uma Abordagem Tópica", 2016, p. 141, dá precisamente o exemplo de uma bateria: "o facto de a bateria de um telemóvel apresentar, após um ano de utilização, apenas 20% da autonomia que apresentava quando era nova prova que este bem não apresenta o desempenho habitual das baterias de telemóvel".

836 Sentença do JP de Setúbal, de 15/5/2009.

até no sentido de que a origem se encontra no próprio bem, mantém-se a dispensa ou liberação do ónus da prova da existência de falta de conformidade no momento da entrega do bem, cabendo ao vendedor provar que se deve a facto posterior que não lhe seja imputável, nomeadamente por ser imputável ao comprador ou a um terceiro[837]. É o caso, por exemplo, de um automóvel que se incendeia, sem razão aparente, quando estava estacionado ou em circulação.

É precisamente este o enquadramento fático subjacente ao Ac. do TJUE, de 4/6/2015 (automóvel que se incendiou em movimento), em que se decide claramente no sentido da manutenção da dispensa ou liberação do ónus da prova. Com efeito, considera-se que a regra da dispensa ou liberação do ónus da prova de que a falta de conformidade existia no momento da entrega do bem se aplica "quando o consumidor faça prova de que o bem vendido não está em conformidade com o contrato e que a falta de conformidade em causa se manifestou, isto é, se revelou materialmente, num prazo de [... dois anos] a contar da entrega do bem. O consumidor não está obrigado a provar a causa dessa falta de conformidade nem que a origem da mesma é imputável ao vendedor". Acrescenta-se que a responsabilidade "só pode ser excluída se o vendedor demonstrar cabalmente que a causa ou a origem da referida falta de conformidade reside numa circunstância ocorrida depois da entrega do bem".

A circunstância de o bem funcionar normalmente durante algum tempo não torna, naturalmente, a falta de conformidade incompatível com a dispensa ou liberação do ónus da prova[838].

[837] Maria Miguel Oliveira Silva, "O Novo Automóvel da Anabela", 2019, p. 175. Contra: Ac. do STJ, de 20/3/2014. Segundo Micael Martins Teixeira, "A Prova no Direito do Consumo: Uma Abordagem Tópica", 2016, p. 445, em comentário a esta decisão, o entendimento de que "a desconformidade, em casos de falha de funcionamento do bem, só se verifica com a alegação e prova da causa de tal falha de modo a que se assegure que a mesma não provém de algum fator externo ao bem [...] não é compatível com uma leitura sistemática e teleológica do regime". Discordamos também da decisão proferida no Ac. do STJ, de 19/11/2016: se o tribunal conclui que "não existem elementos seguros que nos permitam concluir qual é essa causa, que tanto pode ser atribuída a qualquer defeito do veículo, como à atuação da autora no modo de manutenção, como a qualquer outra causa", deveria ter decidido a favor do consumidor. Com efeito, o vendedor é quem está em melhores condições de provar que o problema não é devido a desconformidade do automóvel.

[838] Não se compreende, por isso, a fundamentação do Ac. do TRL, de 18/11/2010, segundo a qual o facto "de o veículo circular mais 180.000 Km" é incompatível com o facto de a biela

3.3.6. Direitos do consumidor[839]

O art. 4º-1 do DL 67/2003 estabelece que, "em caso de falta de conformidade do bem com o contrato, o consumidor tem direito a que esta seja reposta sem encargos, por meio de reparação ou de substituição, à redução adequada do preço ou à resolução do contrato".

Além destes direitos, em caso de falta de conformidade do bem com o contrato, o consumidor também pode (i) recusar a prestação, não recebendo o bem, (ii) invocar a exceção de não cumprimento do contrato e (iii) exigir uma indemnização em consequência da desconformidade, desde que se encontrem verificados os respetivos pressupostos.

Antes de analisar cada direito em pormenor, investiga-se a questão de saber se existe ou não uma hierarquia entre os direitos, questão que deve ter resposta negativa.

3.3.6.1. Inexistência de hierarquia entre os direitos

Ao contrário da Diretiva, que é de harmonização mínima, o diploma de transposição não estabelece uma hierarquia entre os vários direitos do consumidor em caso de desconformidade. A escolha do consumidor apenas se encontra limitada pela impossibilidade ou pelo abuso de direito, nos termos gerais (art. 4º-5).

A Diretiva impõe uma hierarquia entre os direitos, surgindo, num primeiro momento, a reparação ou a substituição do bem, sendo que o consumidor é tendencialmente livre na escolha entre estas duas soluções, desde que o seu cumprimento pelo vendedor seja possível e proporcionado (art. 3º-3)[840]. Num segundo momento, não tendo sido possível repor a conformidade através de reparação ou substituição, o consumidor pode

estar partida quando o carro foi vendido. Também não nos parece adequada a argumentação constante da Sentença do JP do Funchal, de 15/7/2013, da qual resulta que "não é possível atualmente devolver uma coisa, pois é isso que na prática implica a resolução do contrato, que seja constantemente utilizada pois deixamos de ter um bem novo, como aquele que adquiriram, para passar a ter um bem usado, o que implica que o bem foi desvalorizado pelo uso que lhe é dado, legalmente isto consubstancia um abuso de direito (art. 334º do CC)".

[839] Jorge Morais Carvalho, "Direitos do Consumidor na Compra de Bens de Consumo", 2017.

[840] Angelo Luminoso, "Il Sistema dei Rimedi", 2002, p. 50. O considerando (10) é claro quando refere que os consumidores podem "*escolher entre* a reparação ou a substituição, ou se isso não for possível, a redução do preço ou a rescisão do contrato" (itálico nosso).

exigir a redução do preço ou a resolução do contrato (art. 3º-5 e 6). Note-se que, para quem entenda que o direito português consagra uma hierarquia entre os direitos, essa hierarquia não pode existir entre a reparação e a substituição, pois tal solução implicaria uma incorreta transposição do diploma europeu.

Em Portugal, a questão tem sido objeto de ampla discussão doutrinária e jurisprudencial, que começou, aliás, antes do DL 67/2003. A LDC, na versão originária (art. 12º), também não estabelecia, pelo menos expressamente, uma hierarquia entre os direitos, sendo contudo menos clara do que a lei atual, na medida em que não se referia expressamente a qualquer limitação na escolha de uma das soluções (impossibilidade ou abuso de direito).

No sentido da existência de hierarquia entre os vários direitos, defende-se que o profissional tem mais conhecimentos sobre o bem ou serviço, devendo caber-lhe a escolha[841], que deve ser dada prevalência às opções que permitem a manutenção do negócio[842], que o art. 4º tem uma ordem sequencial não arbitrária[843] e que deve ser feita uma interpretação em conformidade com a Diretiva, impondo-se a hierarquização como solução de bom senso[844].

A jurisprudência oscilou, num primeiro momento, entre as duas soluções, ora decidindo no sentido da existência de hierarquia[845], ora concluindo que o consumidor podia exercer qualquer um dos direitos imediatamente, com o limite do abuso do direito[846], sendo dominante, nos últimos anos,

[841] Pedro Romano Martinez, "Compra e Venda e Empreitada", 2007, pp. 260 e 261.

[842] Luís Menezes Leitão, "O Novo Regime da Venda de Bens de Consumo", 2005, p. 58. Jurisprudência: Ac. do TRL, de 18/6/2009[1] (comentado por Luís Miguel Caldas, "Anotação Judicial – Módulo I", 2014). Salientando que esta não foi a solução adotada, podendo o vendedor não ter uma segunda oportunidade para cumprir: Nuno Pinto Oliveira, *Princípios de Direito dos Contratos*, 2011, p. 875.

[843] Fernando de Gravato Morais, *União de Contratos de Crédito e de Venda para o Consumo*, 2004, pp. 117 e 118.

[844] João Calvão da Silva, *Venda de Bens de Consumo*, 2010, p. 106.

[845] A título de exemplo: Acórdãos do STJ de 15/3/2005, 13/12/2007 e 24/1/2008. Aparentemente neste sentido, desconsiderando a relevância, para o efeito, do DL 67/2003: Ac. do TRP, de 4/11/2013. Entendendo que esta jurisprudência "retrata a diminuta eficácia do direito legislado em Portugal": Flávio Citro, "Da Garantia de Produtos Defeituosos ou Não-Conformes no Brasil e em Portugal", 2012, p. 196.

[846] A título de exemplo: Acórdãos do STJ de 3/6/2004, 6/7/2004, 9/11/2010 e 5/5/2015, do TRL de 15/12/2005, 1/3/2012 e 18/4/2013, do TRP de 20/4/2010, 15/9/2011, 10/2/2016, 16/5/2016 e 15/12/2016, do TRC de 6/12/2011, 16/2/2016, 1/3/2016, 10/5/2016 e 15/12/2017 e do TRG

a jurisprudência neste último sentido, ou seja, no sentido da inexistência de hierarquia[847].

Apesar de alguns dos argumentos indicados assentarem em ideias interessantes *de iure constituendo*, a lei atual parece clara, não só no sentido de não existir uma ordem entre os direitos[848], mas também no sentido de a escolha caber ao consumidor[849]. Os limites podem, contudo, ser considerados pouco claros, uma vez que remetem para uma figura – o abuso do direito – que tem de ser concretizada em cada caso[850], não nos parecendo, no entanto, em abstrato, adequado considerar que o abuso do direito "é instrumento jurídico crucial nos conflitos de consumo e na limitação dos amplos direitos conferidos ao consumidor"[851]. Uma vez efetuada a escolha pelo consumidor, esta é irrevogável, só em caso de incumprimento por parte do profissional podendo ser alterada[852]. Em juízo, o consumidor deve

de 13/10/2011, 11/10/2012. 14/4/2016 e 12/10/2017; Sentença do JP do Funchal, de 15/11/2012; Sentença do CICAP, de 27/4/2016.

847 Neste sentido, Alexandre Mota Pinto, "Venda de Bens de Consumo e Garantias", 2016, p. 199, refere que a jurisprudência no sentido da hierarquização dos direitos parece "superada e hoje minoritária".

848 Luís Menezes Leitão, "O Novo Regime da Venda de Bens de Consumo", 2005, p. 58; Sara Larcher, "Contratos Celebrados Através da Internet", 2005, p. 205; Calvão da Silva, *Venda de Bens de Consumo*, 2010, pp. 111 e 112; Paulo Mota Pinto, "O Anteprojecto de Código do Consumidor e a Venda de Bens de Consumo", 2006, p. 131; Nuno Pinto Oliveira, *Contrato de Compra e Venda – Noções Fundamentais*, 2007, p. 320; Diovana Barbieri, "The Binding of Individuals to Fundamental Consumer Rights in the Portuguese Legal System", 2008, p. 690; Assunção Cristas, "É Possível Impedir Judicialmente a Resolução de um Contrato?", 2008, p. 56, n. 2; Patrícia da Guia Pereira, "Nótula sobre Tipologia do Incumprimento", 2011, p. 675, n. 139; Hernani Lúcio André Cambinda, *Empreitada para Consumo*, 2015, p. 73; Ânia Marques Florença, *O Abuso do Direito no Direito do Consumo*, 2015, p. 34; João Cura Mariano, *Responsabilidade Contratual do Empreiteiro pelos Defeitos da Obra*, 2015, p. 259; Rui Paulo de Mascarenhas Ataíde, "Direitos e Garantias do Comprador. Meios de Tutela", 2017, p. 165; David Falcão, *Lições de Direito do Consumo*, 2019, p. 149; José Engrácia Antunes, *Direito do Consumo*, 2019, p. 162.

849 Carlos Ferreira de Almeida, *Direito do Consumo*, 2005, p. 164 (embora discordando da solução adotada); Assunção Cristas, "Portuguese Contract Law", 2009, p. 359. Jurisprudência: Sentença do JP de Funchal, de 17/10/2011.

850 Maria Alves, *Os Direitos dos Consumidores em Caso de Desconformidade da Coisa Comprada e a Sua Articulação com o Abuso do Direito*, 2010/2011, p. 83; Ânia Marques Florença, *O Abuso do Direito no Direito do Consumo*, 2015, p. 42.

851 Ac. do TRP, de 29/5/2014 (com Declaração de voto, no sentido do texto).

852 Giovanna Capilli, "Las Garantías en la Venta de Bienes de Consumo", 2007, p. 1713. No Ac. do TRL, de 14/4/2015, defende-se que, "tratando-se de automóvel de marca

fazer o pedido, indicando o direito que pretende exercer em primeiro lugar, podendo, a título subsidiário, invocar um segundo direito (e um terceiro ou quarto, para o caso de o anterior não ser concedido)[853].

O art. 4º-5 estabelece que "o consumidor pode exercer qualquer dos direitos", exceto nos casos enunciados no preceito de impossibilidade ou de abuso do direito.

A impossibilidade constitui um limite material à escolha do consumidor. Sendo impossível o cumprimento pelo profissional da obrigação resultante de um dos direitos, o consumidor deixa de poder exercer esse direito. Trata-se de limite resultante da própria natureza das coisas, sendo até dispensável a referência legal[854]. A reparação é impossível sempre que se verifique não existirem condições técnicas para colocar o bem em conformidade com o contrato, sendo, em princípio, o que sucede num caso de entrega de um bem totalmente diferente do acordado[855]. Assim, por exemplo, se, havendo acordo quanto a um contrato de compra e venda de um livro, for entregue um filme, a reparação é uma solução impossível. A substituição é tendencialmente impossível se se tratar de uma coisa infungível[856], embora esta conclusão não seja automática[857], dependendo do grau de infungibilidade definido pelas partes. O *Guernica* é infungível, mas se

conceituada, mas que em menos de dois anos apresenta um histórico com 11 intervenções, incluindo substituição de componentes, e não obstante o consumidor ter em todas elas obtido a reparação do veículo a expensas do representante, não age com abuso de direito se só depois da última reparação vem a tomar a decisão de pedir a substituição do veículo. De facto, neste caso a sucessiva e expressiva verificação de anomalias pode ser encarada em si mesma como um facto autónomo radicado na repetição inaceitável das desconformidades do produto. A última das anomalias pode nem sequer ser a mais expressiva mas pode ser aquela que acaba por motivar o consumidor a accionar os direitos que a lei lhe faculta. E perante essa repetição de avarias, enquanto facto autónomo, naturalmente que não pode ser negado ao consumidor um dos meios que a lei lhe faculta para defesa do seu direito: a substituição do veículo – sem que se deva considerar que o consentimento nas reparações constitua um facto anterior incompatível". ALEXANDRE MOTA PINTO, "Venda de Bens de Consumo e Garantias", 2016, p. 202, considera que este entendimento é correto.

[853] Ac. do TRC, de 1/3/2016.

[854] PEDRO ROMANO MARTINEZ, "Empreitada de Bens de Consumo", 2005, p. 30.

[855] LUÍS MENEZES LEITÃO, "O Novo Regime da Venda de Bens de Consumo", 2005, p. 58.

[856] FERNANDO DE GRAVATO MORAIS, *União de Contratos de Crédito e de Venda para o Consumo*, 2004, pp. 120 e 121; GIOVANNA CAPILLI, "Las Garantías en la Venta de Bienes de Consumo", 2007, pp. 1702 e 1704.

[857] LUÍS MENEZES LEITÃO, "O Novo Regime da Venda de Bens de Consumo", 2005, p. 58.

para as partes o acordo incidir sobre um quadro de Pablo Picasso então já será fungível, podendo ser substituído por outro quadro.

Quanto ao abuso do direito, os requisitos para a sua verificação não são menos exigentes do que os do art. 334º do CC. Logo, tem de se verificar este preceito para concluir acerca do caráter abusivo da escolha feita pelo consumidor. Este limite existiria sempre, mesmo na ausência de referência legal[858], embora o seu efeito pedagógico não seja negligenciável, em especial tendo em conta as dúvidas interpretativas que poderiam resultar da sua omissão[859]. O art. 334º estabelece que "é ilegítimo o exercício de um direito, quando o titular exceda manifestamente os limites impostos pela boa-fé, pelos bons costumes ou pelo fim social ou económico desse direito", entendendo-se que a desproporcionalidade entre a vantagem do titular e a desvantagem de outrem pode caber no âmbito deste preceito, desde que se encontrem verificados os demais pressupostos[860].

Embora se reconheça o enorme potencial, neste domínio, do respeito pelo fim social ou económico do direito, a doutrina e a jurisprudência têm reduzido a análise ao respeito pelo princípio da boa-fé no que respeita à limitação da escolha do consumidor[861].

Refira-se ainda que, em regra, a não reposição da conformidade do bem com o contrato por parte do vendedor, nomeadamente através de reparação (ou de substituição[862]), afasta a qualificação como abusiva da escolha pelo consumidor de outro direito, por exemplo a resolução do contrato[863].

858 PAULO MOTA PINTO, "O Anteprojecto de Código do Consumidor e a Venda de Bens de Consumo", 2006, p. 131.

859 PEDRO MANUEL MOREIRA DA SILVA SANTOS, *Responsabilidade Civil e Garantias no Âmbito do Direito do Consumo*, 2012, p. 57.

860 Ac. do TRC, de 10/3/2015; Ac. do TRC, de 21/4/2015. Considerando que a alternatividade se encontra limitada "na larga maioria das hipóteses" pelo instituto do abuso do direito: FERNANDO DE GRAVATO MORAIS, "A *Alternatividade* dos Meios de Defesa do Consumidor", 2012, p. 166.

861 ANGELO LUMINOSO, "Il Sistema dei Rimedi", 2002, p. 74; C. MASSIMO BIANCA, "L'Attuazione della Direttiva 99/44/CE in Italia e in Europa", 2002, p. 106. Jurisprudência: Ac. do TRP, de 4/2/2010.

862 Ac. do STJ, de 17/2/2011.

863 ÂNIA MARQUES FLORENÇA, *O Abuso do Direito no Direito do Consumo*, 2015, p. 38. Jurisprudência: Sentença do JP de Lisboa, de 31/12/2008. ALEXANDRE MOTA PINTO, "Venda de Bens de Consumo e Garantias", 2016, p. 201, salienta que os tribunais "têm em conta o comportamento do vendedor após a denúncia do defeito, também justificando a inexistência de abuso com base no carácter censurável desse comportamento".

Agindo de má-fé, o vendedor não pode, neste caso, paralisar o exercício do direito pelo consumidor. Se o pretender fazer, estaremos perante uma situação de *tu quoque*.

No caso de o consumidor ter denunciado a falta de conformidade do bem e o vendedor, sem a oposição do consumidor, ter reposto a conformidade através de reparação, o consumidor deixa de poder exercer qualquer outro direito, uma vez que o bem voltou a estar em conformidade com o contrato[864]. Não se pode dizer que exista neste caso abuso de direito, visto o consumidor nem sequer ter o direito. Esta conclusão deixa de valer no caso de, no momento da denúncia da falta de conformidade, o consumidor ter optado imediatamente por um dos outros direitos. Neste caso, a reposição da conformidade por via de reparação não tem qualquer relevância ou efeito, uma vez que não corresponde ao direito legitimamente exercido pelo consumidor[865].

Sendo o bem vendido a prestações, a falta de pagamento de uma ou mais prestações não impede o exercício de qualquer um dos direitos por parte do consumidor, nos termos já indicados. Esta conclusão não impede, naturalmente, que o vendedor exerça os seus direitos por incumprimento do contrato pelo consumidor.

Procede-se agora à análise de cada um dos direitos que o consumidor pode exercer em caso de desconformidade do bem com o contrato.

3.3.6.2. Reparação do bem

Em caso de falta de conformidade do bem com o contrato, um dos direitos que o consumidor pode exercer consiste em exigir ao vendedor que a conformidade seja reposta através de reparação.

A reparação é na sua essência uma operação material sobre a coisa, transformando-a no sentido de esta passar a estar conforme com o contrato. Também se deve considerar tratar-se de reparação no caso de não ser necessária uma intervenção direta na coisa, mas um ato que, não afetando diretamente o bem, altera alguma qualidade ou faculdade a este inerente. É o caso de a desconformidade resultar da falta de um registo, de

[864] Ac. do STJ, de 17/12/2015 (comentada por ANTÓNIO PINTO MONTEIRO e JORGE MORAIS CARVALHO, "Direitos do Consumidor em Caso de Falta de Conformidade do Bem com o Contrato", 2016).

[865] Ac. do TRL, de 18/10/2018.

uma garantia ou do cumprimento de uma obrigação, constituindo a reparação a realização do registo, a concessão da garantia ou o cumprimento da obrigação. Neste sentido, o art. 1º-B-*h*), aditado pelo DL 84/2008, define reparação em termos amplos como "a reposição do bem de consumo em conformidade com o contrato".

Nos termos do art. 4º-2 do DL 67/2003, a reparação deve ser realizada dentro de um prazo razoável e tendo em conta a natureza do defeito, se se tratar de um imóvel, e num prazo de 30 dias, tratando-se de um bem móvel. Em qualquer caso, exige-se a sua realização sem grave inconveniente para o consumidor. Esta norma foi alterada pelo DL 84/2008, passando a impor-se, no que respeita aos bens móveis, um prazo fixo para o cumprimento da obrigação de reparação. Evita-se, assim, pelo menos parcialmente, a difícil tarefa de determinar, em cada caso, o modo de preenchimento dos conceitos indeterminados *prazo razoável* e *grave inconveniente*.

O prazo razoável continua a ser o critério em sede de reparação de bens imóveis. Trata-se de conceito indeterminado, que deve ser preenchido no caso concreto[866]. O princípio da boa-fé no cumprimento das obrigações, previsto no art. 762º-2 do CC, pode ser um elemento a utilizar pelo intérprete na concretização daquele conceito[867], embora também este seja indeterminado. Deve analisar-se a situação concreta, concluindo-se acerca do prazo normal para efetuar aquela reparação. Em princípio, será este o prazo razoável.

A reparação de um bem móvel deve ser feita no prazo de 30 dias. O prazo conta-se a partir do momento em que o bem é disponibilizado ao vendedor para reparação. Se este necessitar de efetuar alguma peritagem, o tempo gasto nesta operação é integrado nos 30 dias.

Quer a reparação de bem móvel quer a reparação de bem imóvel devem ser feitas sem grave inconveniente para o consumidor. Tratando-se de bem móvel, a reparação terá de ser feita em menos de 30 dias se o consumidor tiver um grave inconveniente com a reparação nesse prazo[868]. A concretização do conceito indeterminado de grave inconveniente deve ter em conta o caso concreto, relevando, nomeadamente, circunstâncias relativas à relação entre o consumidor e o bem.

866 Sara Larcher, "Contratos Celebrados Através da Internet", 2005, p. 209.
867 Pedro Romano Martinez, "Empreitada de Bens de Consumo", 2005, p. 30.
868 Maria Olinda Garcia, "O Consumidor Mais Protegido", 2008, p. 37.

No caso de a reparação não ser realizada nos prazos referidos, o vendedor incorre em responsabilidade contraordenacional, nos termos do art. 12º-A-1-*a*) do DL 67/2003, aditado pelo DL 84/2008.

Além da sanção contraordenacional, o incumprimento do prazo para a reparação atribui ao consumidor o direito de optar imediatamente por outra solução. Apesar de não se encontrar expressamente prevista na lei, esta solução resulta do espírito do regime, podendo escolher-se outro direito, nomeadamente a resolução do contrato, sempre que o anterior não tenha reposto a conformidade no bem[869].

No Ac. do TJUE, de 23/5/2019, discute-se o local onde deve ser reposta a conformidade, nomeadamente através de reparação. Estava em causa uma tenda de cinco por seis metros desconforme com o contrato, tendo o consumidor pedido ao vendedor que este "procedesse à sua reposição em conformidade, no seu domicílio". O vendedor rejeitou a alegação de desconformidade, tendo, então, o consumidor resolvido o contrato. O TJUE conclui que, "numa situação como a que está em causa no processo principal, o consumidor que informou o vendedor da não conformidade do bem adquirido à distância, cujo transporte para a sede do estabelecimento do vendedor corre o risco de constituir, para ele, um grave inconveniente e que pôs esse bem à disposição do vendedor no seu domicílio para ser reposto em conformidade, tem direito à resolução do contrato por falta de uma solução num prazo razoável, se o vendedor não tiver tomado nenhuma medida adequada para repor a conformidade do referido bem, incluindo a de informar o consumidor do lugar onde esse mesmo bem deve ser posto à sua disposição para a referida reposição em conformidade".

Nos termos do art. 4º-1, a conformidade tem de ser reposta sem encargos. A reparação do bem não deve, assim, implicar qualquer custo para o consumidor. O nº 3 esclarece que os encargos são as "despesas necessárias para repor o bem em conformidade com o contrato, incluindo, designadamente, as despesas de transporte, de mão-de-obra e material". A lista não é exaustiva, pelo que outras despesas relativas à reposição da conformidade do bem, como custos com peritagens ou avaliações (ou o estacionamento

[869] Giovanna Capilli, "Las Garantías en la Venta de Bienes de Consumo", 2007, p. 1714. Jurisprudência: Ac. do TRL, de 14/2/2012; Sentença do CICAP, de 27/8/2014. Contra (sustentando mesmo a existência de uma hierarquia entre a reparação e a substituição, contrária ao direito europeu): Sentença do JP de Coimbra, de 24/5/2013.

do automóvel na oficina[870]), devem considerar-se incluídas. Portanto, o consumidor não tem de pagar qualquer valor pela reparação, incluindo os custos do transporte do bem para o vendedor.

No Acórdão do TJUE, de 23/5/2019, conclui-se que "o direito do consumidor a que o bem, adquirido à distância, seja reposto em conformidade «sem encargos» não abrange a obrigação do vendedor de adiantar as despesas de transporte do bem, para efeitos dessa reposição em conformidade, para a sede do estabelecimento desse vendedor, a menos que o facto de tal consumidor adiantar essas despesas constitua um encargo suscetível de o dissuadir de exercer os seus direitos, o que cabe ao órgão jurisdicional nacional verificar".

A questão de saber se o consumidor pode promover a reparação do bem, exigindo depois o pagamento dos custos ao vendedor, não encontra resposta expressa no diploma. Pensamos que a reposição da conformidade do bem deve ser exigida diretamente ao vendedor[871]. Este tem de ter a possibilidade de, num primeiro momento, confirmar o estado do bem e a existência de desconformidade com o contrato e, num segundo momento, proceder à sua reposição. Não tem, nomeadamente, de estar sujeito ao pagamento do preço da reparação por um terceiro, até porque pode ter meios próprios para o fazer de forma mais económica.

A resposta será diferente no caso de o consumidor não ter obtido do vendedor resposta para o seu pedido. Se, nos prazos definidos, o bem não for reparado, deve considerar-se definitivamente incumprido o contrato, pelo que o consumidor, além de poder resolver o contrato, tem de ter a possibilidade de, extrajudicialmente[872], por respeito ao princípio da boa-fé, "traduzido no equilíbrio das prestações contratuais"[873], proceder à reposição da conformidade com o apoio de um terceiro, exigindo o pagamento

[870] Ac. do TRG, de 8/5/2012.

[871] Fernando de Gravato Morais, *União de Contratos de Crédito e de Venda para o Consumo*, 2004, p. 116, n. 106; Pedro Romano Martinez, *Cumprimento Defeituoso*, 1994, p. 389. Jurisprudência: Ac. do STJ, de 6/7/2004; Ac. do TRL, de 9/3/2006; Ac. do TRP, de 24/11/2008.

[872] João Cura Mariano, *Responsabilidade Contratual do Empreiteiro pelos Defeitos da Obra*, 2015, p. 139. Contra: Ac. do STJ, de 7/7/2010. Judicialmente, o tribunal também pode condenar o profissional a, no caso de não proceder à reparação no prazo definido, pagar o preço respetivo ao consumidor: Sentença do JP de Palmela, de 31/3/2013.

[873] Ac. do TRP, de 24/2/2014.

do preço ao vendedor[874]. Esta conclusão é especialmente válida no caso de se tratar de reparações urgentes, que ponham em causa a utilização do bem[875] ou agravem a situação.

Deve permitir-se ao consumidor que, se assim o entender, faça a fiscalização da reparação, embora os custos dessa fiscalização não possam ser imputados ao profissional[876].

Num condomínio, o proprietário de fração autónoma pode exigir ao profissional a reparação de parte comum se a desconformidade da sua fração tiver origem em desconformidade dessa parte comum[877].

3.3.6.3. Substituição do bem

Em caso de falta de conformidade do bem com o contrato, outro dos direitos que o consumidor pode exercer consiste em exigir ao vendedor que a conformidade seja reposta através de substituição do bem.

A substituição consiste na devolução do bem pelo comprador ao vendedor e na entrega de um novo bem pelo vendedor ao comprador. O bem anteriormente entregue não era conforme com o contrato, devendo o bem novo sê-lo. O bem entregue em substituição deve, assim, ter as caraterísticas estipuladas pelas partes. O exercício do direito de substituição pressupõe a fungibilidade da coisa (conceito subjetivo, na medida em que o caráter fungível ou infungível depende da forma como a coisa foi configurada pelas partes), mas não que se trate de um bem produzido em série. Em teoria, podemos ter a substituição de um carro por uma mota se as caraterísticas estipuladas pelas partes abrangerem carros e motas com determinadas especificidades.

Nada impede, por princípio, o exercício do direito de substituição se o objeto do contrato for uma coisa usada, embora, na prática, nestes casos, seja mais raro o seu exercício. Salvo no caso de as partes terem estipulado,

[874] Ac. do STJ, de 16/3/2010; Ac. do TRL, de 23/6/2009; Ac. do TRC, de 4/5/2010; Ac. do TRC, de 16/2/2016; Ac. do TRP, de 16/5/2016; Ac. do TRG, de 12/10/2017; Sentença do JP do Seixal, de 29/4/2008.

[875] Ac. do STJ, de 27/5/2010; Ac. do STJ, de 18/1/2011; Ac. do TRP, de 14/9/2009. Referindo-se a esta possibilidade "apenas em casos de manifesta urgência": Fernando de Gravato Morais, "A Alternatividade dos Meios de Defesa do Consumidor", 2012, pp. 160 e 161, n. 13; Ac. do STJ, de 19/4/2012.

[876] Sentença do JP do Funchal, de 9/12/2014.

[877] Ac. do TRL, de 2/6/2016.

expressa ou tacitamente, a infungibilidade da coisa, podemos ter outras coisas usadas, ou até novas, a poder substituir a coisa usada desconforme com o contrato. Já se o objeto do contrato for uma coisa nova, a sua substituição por uma coisa usada não repõe a conformidade com o contrato. Se o consumidor descobrir apenas mais tarde, mas ainda dentro do prazo da garantia legal, que a coisa é usada e, portanto, desconforme com o contrato, pode exercer os direitos previstos no DL 67/2003.

O exercício do direito de substituição cria duas obrigações: a devolução do primeiro bem pelo comprador ao vendedor e a entrega de um novo bem pelo vendedor ao comprador. Entre as duas obrigações existe um sinalagma, pelo que o vendedor se pode recusar a entregar o novo bem no caso de o comprador não entregar o bem que tem em seu poder ou não permitir a sua recolha pelo vendedor, conforme o caso.

Tal como a reparação, a substituição deve ser feita dentro de um prazo razoável, se se tratar de um imóvel (tratando-se de empreitada, será o prazo razoável para a realização de uma nova obra[878]), e dentro do prazo de 30 dias, se estiver em causa um bem móvel, em ambos os casos sem grave inconveniente para o consumidor (art. 4º-2). Deve analisar-se casuisticamente o preenchimento destes conceitos, mas estatisticamente a substituição será mais rápida do que a reparação.

O consumidor pode exigir sempre a substituição, mesmo que já tenha utilizado o bem[879], exceto se esta for impossível ou se o pedido constituir abuso de direito, nos termos do art. 4º-5. Não se exige expressamente que o pedido não seja desproporcionado, ao contrário do que resulta do art. 3º-3 da Diretiva 1999/44/CE, em que se determina que a opção não pode implicar custos para o vendedor que, em comparação com outra opção, não sejam razoáveis, tendo em conta o valor do bem, a importância da desconformidade e a possibilidade de outra solução. Estes princípios resultam da exigência de boa-fé no comportamento das partes, embora a não consagração deste regime no direito português deva ser interpretada no sentido de não se ter pretendido aplicar critérios essencialmente matemáticos na decisão sobre a melhor forma de repor a conformidade do bem. Assim, resulta da aplicação do princípio da boa-fé a conclusão de que, não havendo razão para uma perda de confiança em relação ao bem, se o defeito

[878] Pedro Romano Martinez, "Empreitada de Bens de Consumo", 2005, p. 31.

[879] Ac. do TRG, de 11/10/2012.

puder ser reparado imediata e rapidamente pelo vendedor, o comprador não pode exigir a substituição do bem (ou a resolução do contrato)[880].

A substituição deve ser feita sem encargos para o consumidor, pelo que as despesas de devolução do bem desconforme e envio ou recolha do novo bem ficam a cargo do profissional, incluindo as de remoção no caso de o bem ter sido instalado de boa-fé em determinado local[881].

Tal como na reparação, o consumidor não pode proceder à substituição do bem à sua custa, exigindo depois do vendedor o pagamento do valor correspondente. No entanto, o consumidor já poderá fazê-lo se o vendedor não substituir o bem nos prazos legalmente previstos[882].

3.3.6.4. Resolução do contrato

A resolução do contrato implica a destruição dos seus efeitos, tendo em princípio eficácia retroativa, nos termos do art. 434º do CC. Neste caso, o fundamento da resolução é a desconformidade do bem com o contrato, ou seja, o incumprimento da obrigação por parte do vendedor. A resolução implica a devolução do valor pago pelo consumidor, não sendo admissível, salvo acordo entre as partes, que esse valor seja creditado numa eventual conta do consumidor junto do profissional, para utilização em futuros contratos[883].

A resolução do contrato é feita por declaração do consumidor dirigida ao profissional[884], nos termos gerais do art. 436º-1 do CC.

[880] No Ac. do TRL, de 6/7/2017, considerou-se abusivo o exercício do direito de substituição do automóvel pelo consumidor numa situação em que estava em causa um problema com o motor *diesel*, relativo a emissões NOx. O tribunal considerou que os problemas "são facilmente reparáveis com intervenção técnica adequada e sem custas para a reclamante", tendo decidido em conformidade. Temos algumas dúvidas quanto à solução. No mesmo sentido da decisão (embora anterior a esta), SANDRA PASSINHAS, "«Dieselgate» and Consumer Law: Repercussions of the Volkswagen Scandal in Portugal", 2017, p. 44, considera que "a substituição do automóvel devido a emissões de CO2 não seria considerada proporcional". Para um breve enquadramento geral do caso Volkswagen, v. KRISTIN NEMETH e JORGE MORAIS CARVALHO, "«Dieselgate» and Consumer Law: Repercussions of the Volkswagen Scandal in the European Union", 2017.

[881] Ac. do TJUE, de 16/6/2011.

[882] Ac. do TRG, de 16/3/2009.

[883] Sentença do JP do Porto, de 13/6/2013.

[884] FERNANDO DE GRAVATO MORAIS, *União de Contratos de Crédito e de Venda para o Consumo*, 2004, p. 181. Jurisprudência: Sentença do JP de Coimbra, de 29/4/2009.

Não existindo hierarquia entre os direitos, o consumidor pode, em princípio, exigir imediatamente a resolução do contrato em caso de desconformidade do bem. Não foram transpostos para a lei portuguesa quer o art. 3º-5 da Diretiva 1999/44/CE, que faz depender a resolução do contrato da circunstância de a reparação ou a substituição não terem reposto a conformidade, quer o art. 3º-6, que estabelece que "o consumidor não tem direito à [...] [resolução] do contrato se a falta de conformidade for insignificante".

Em relação à primeira norma, como já se referiu, a escolha do consumidor apenas se encontra limitada pela impossibilidade e pelo abuso de direito, não existindo na lei portuguesa uma hierarquia entre os direitos. Em relação à segunda norma, entende-se que a exigência de resolução do contrato face a uma falta de conformidade insignificante dificilmente não representa o exercício ilegítimo de um direito, por o consumidor exceder manifestamente os limites impostos pela boa-fé, resolvendo-se assim a questão em sede de abuso de direito[885], nos termos gerais deste instituto.

O direito de resolução pode ser exercido "mesmo que a coisa tenha perecido ou se tenha deteriorado por motivo não imputável ao comprador", nos termos do art. 4º-4. Esta norma aplica-se no caso de o bem não ser conforme com o contrato por outra causa que não o perecimento ou deterioração da coisa[886] e, durante o período em que se revela a falta de conformidade, o bem perecer ou deteriorar-se. Estabelece-se neste caso que o risco corre por conta do vendedor a partir do momento em que se revela a falta de conformidade. A referência à imputabilidade do evento a uma das partes no final do preceito é desnecessária, uma vez que a dúvida apenas poderia existir em relação às situações em que aquele não é imputável a qualquer uma delas, questão que o preceito vem regular. Afasta-se, assim, a aplicação do art. 432º-2 do CC, que estabelece que "a parte [...] que, por circunstâncias não imputáveis ao outro contraente, não estiver em

[885] Calvão da Silva, *Venda de Bens de Consumo*, 2005, p. 109. Jurisprudência: Ac. do TRL, de 31/5/2007; Sentença do JP da Trofa, de 12/10/2006.

[886] Contra, Rui Paulo de Mascarenhas Ataíde, "Direitos e Garantias do Comprador. Meios de Tutela", 2017, p. 163, n. 17, defende que a norma abrange "os casos em que o perecimento ou deterioração da coisa se deveram à desconformidade da coisa". Estes casos – de perecimento ou deterioração da coisa devido à sua desconformidade com o contrato – já se encontram, no entanto, abrangidos pelas regras gerais do diploma. O que está em causa nestes casos é precisamente a desconformidade da coisa com o contrato, pela qual o vendedor responde nos termos dos arts. 2º-1 e 3º-1, não sendo um problema de risco, problema este que é resolvido pelo art. 4º-4.

condições de restituir o que houver recebido não tem o direito de resolver o contrato"[887]. Portanto, se o bem desconforme com o contrato perecer ou se deteriorar (ou for furtado[888]) após a denúncia e antes da reposição da conformidade pelo vendedor, o consumidor pode resolver o contrato. Só não será assim se o perecimento ou deterioração da coisa lhe for imputável[889]. Se apenas for imputável ao consumidor o agravamento do prejuízo, na sequência do perecimento ou deterioração da coisa, este mantém o direito de resolução, mas tem de indemnizar o vendedor por esse prejuízo.

Outra questão consiste em saber se a utilização do bem pelo consumidor durante um determinado período pode levar a uma redução do valor a restituir pelo vendedor. A resolução tem efeito retroativo, nos termos do art. 434º-1 do CC, e a falta de conformidade presume-se existente no momento da entrega (art. 3º do DL 67/2003), pelo que a regra é a de que o consumidor não tem de pagar qualquer valor pela utilização do bem[890].

3.3.6.5. Redução do preço

Em caso de falta de conformidade do bem com o contrato, o consumidor pode também exercer o direito de redução do preço. Trata-se provavelmente do direito estatisticamente menos utilizado pelos consumidores, não deixando no entanto de ser expressamente conferido pelo art. 4º do DL 67/2003.

O exercício deste direito pressupõe a vontade do consumidor de ficar com o bem, mesmo desconforme[891].

[887] Calvão da Silva, *Venda de Bens de Consumo*, 2005, p. 110; Paulo Mota Pinto, *Interesse Contratual Negativo e Interesse Contratual Positivo*, Vol. II, 2008, p. 994, n. 2778.

[888] Sentença do JP do Porto, de 7/6/2006.

[889] Ac. do TRL, de 27/5/2004.

[890] Ac. do TJUE, de 17/4/2008; Ac. do TRL, de 6/12/2011; Ac. do TRL, de 18/10/2018. Contra: Calvão da Silva, *Venda de Bens de Consumo*, 2010, p. 109; Armando Braga, *A Venda de Coisas Defeituosas no Código Civil*, 2005, p. 71, David Falcão, *Lições de Direito do Consumo*, 2019, p. 150. Jurisprudência: Ac. do STJ, de 5/5/2015; Ac. do TRP, de 2/3/2015. Acrescenta-se ainda que o considerando (15) da Diretiva 1999/44/CE admitia a possibilidade de os Estados-Membros disporem "no sentido de que qualquer reembolso ao consumidor possa ser reduzido, de modo a ter em conta a utilização que o consumidor fez dos produtos a partir do momento em que lhe foram entregues", possibilidade que não foi utilizada por Portugal. Trata-se de argumento adicional, no sentido do texto.

[891] Fernando de Gravato Morais, *União de Contratos de Crédito e de Venda para o Consumo*, 2004, p. 162.

O diploma não contém qualquer elemento para a determinação do valor da redução, mas este deve ser apurado com recurso a critérios objetivos, não estando na dependência de uma avaliação subjetiva do valor da falta de conformidade pelo consumidor. Na falta de outros critérios, podem ser aplicadas as normas do CC que regulam a redução do preço no caso de venda que fica limitada a parte do seu objeto (art. 884º), de venda de bens onerados (art. 911º) e de empreitada defeituosa (art. 1222º)[892].

A redução do preço corresponde ao valor da desvalorização do bem[893]. Deve ser feita uma avaliação da percentagem de desvalorização do bem, tendo em conta a desconformidade com o contrato[894], ou da utilidade patrimonial ainda assim retirada do que foi prestado[895]. A aplicação da percentagem ao preço efetivamente pago (independentemente de esse preço corresponder ou não, nesse momento, ao preço de mercado) determina o valor da redução, devendo o vendedor restituir montante correspondente na consequência do exercício do direito pelo consumidor. Reequilibram-se por esta via as prestações[896].

O valor relativo ao IVA é englobado proporcionalmente na redução do preço[897].

A utilização do bem pelo consumidor é irrelevante para esta avaliação[898].

Na prática, o exercício extrajudicial deste direito depende da existência de um acordo entre o vendedor e o comprador quanto ao valor da redução. Ao contrário das outras soluções, nesta o remédio tem de ser quantificado, pelo que é necessário um maior diálogo entre as partes. Pode ser

892 Pedro Romano Martinez, "Empreitada de Bens de Consumo", 2005, p. 32.

893 Discorda-se, assim, de Rui Paulo de Mascarenhas Ataíde, "Direitos e Garantias do Comprador. Meios de Tutela", 2017, p. 162, que defende caber "ao vendedor devolver a diferença entre o valor pago pelo consumidor e o valor do bem desconforme". Sendo o preço livremente fixado pelas partes, não releva o valor pago pelo consumidor nem o valor atual da coisa, mas a sua desvalorização tendo em conta a desconformidade com o contrato.

894 Rui Bayão de Sá Gomes, "Breves Notas sobre o Cumprimento Defeituoso no Contrato de Empreitada", 1998, p. 624.

895 Jorge Mattamouros Rezende, "Jogo de Futebol. Desconformidade", 2006, p. 155.

896 Miguel Teixeira de Sousa, "O Cumprimento Defeituoso e a Venda de Coisas Defeituosas", 1998, p. 582; Fernando de Gravato Morais, *União de Contratos de Crédito e de Venda para o Consumo*, 2004, pp. 162 e 163.

897 Ac. do TRG, de 6/11/2014.

898 Francesco Oliviero, *La Riduzione del Prezzo nel Contratto di Compravendita*, 2015, p. 183.

especialmente útil nos casos em que o preço ainda não foi (total ou parcialmente) pago[899].

O direito de redução do preço pode ser exercido várias vezes, no caso de se revelarem várias faltas de conformidade com o contrato[900].

Nada impede, em caso de acordo entre as partes, a utilização desta solução em conjunto com a reparação ou a substituição do bem. Na falta de acordo, o consumidor não pode exercer cumulativamente dois ou mais dos direitos conferidos legalmente, podendo, no entanto, cumular um dos direitos com um pedido de indemnização.

3.3.6.6. Recusa da prestação

O consumidor pode recusar-se a receber um bem desconforme com o contrato[901].

Não correspondendo a coisa que o vendedor pretende entregar a uma coisa com as caraterísticas estipuladas pelas partes, o consumidor tem o direito de a rejeitar.

Neste caso, considera-se que o vendedor ainda não cumpriu a sua obrigação de entrega do bem, podendo ou não, consoante o caso, ainda corrigir a prestação.

3.3.6.7. Exceção de não cumprimento do contrato

O consumidor também pode recorrer à figura da exceção de não cumprimento do contrato[902], recusando-se a pagar o preço (ou parte do preço[903]) enquanto o vendedor não lhe entregar um bem em conformidade com o contrato[904], o que, na prática, pode constituir um meio de pressão com vista ao cumprimento da obrigação pelo vendedor[905].

[899] Geraint Howells, "Reflections on Remedies for Lack of Conformity", 2016, p. 153.

[900] Armando Braga, *A Venda de Coisas Defeituosas no Código Civil*, 2005, pp. 70 e 71.

[901] Carlos Ferreira de Almeida, *Direito do Consumo*, 2005, p. 164.

[902] João Calvão da Silva, *Venda de Bens de Consumo*, 2010, p. 114; Fernando de Gravato Morais, *União de Contratos de Crédito e de Venda para o Consumo*, 2004, p. 144; Luís Menezes Leitão, "O Novo Regime da Venda de Bens de Consumo", 2005, p. 60; Sara Larcher, "Contratos Celebrados Através da Internet", 2005, p. 220; Armando Braga, *A Venda de Coisas Defeituosas no Código Civil*, 2005, p. 71. Em geral: José João Abrantes, *A Excepção de Não Cumprimento do Contrato*, 2018, p. 84.

[903] Ac. do STJ, de 8/6/2010.

[904] Ac. do TRP, de 20/4/2010.

O regime da exceção de não cumprimento do contrato encontra-se consagrado nos arts. 428º a 431º do CC, aplicando-se ao contrato de compra e venda para consumo (ou outro contrato abrangido pelo âmbito de aplicação do DL 67/2003, como o de empreitada[906]) quando o vendedor não entregue ao consumidor um bem conforme com o contrato.

Em termos processuais, trata-se de uma exceção perentória de direito material, pelo que tem de ser alegada pela parte (não sendo de conhecimento oficioso[907]), ainda que não necessariamente de forma expressa[908].

3.3.6.8. Indemnização

Independentemente do exercício de um dos outros direitos previstos na lei, o consumidor tem direito a ser indemnizado pelos danos causados pela entrega de um bem desconforme com o contrato[909].

Esta possibilidade não se encontra expressamente consagrada no DL 67/2003[910], mas resulta dos princípios gerais do cumprimento e incumprimento dos contratos e, em especial, do art. 12º-1 da LDC[911].

O direito a indemnização existe se estiverem verificados os respetivos pressupostos, devendo salientar-se que não se trata aqui de responsabilidade civil objetiva[912]. Com efeito, o profissional apenas é responsável pelo

905 Pedro Vaz Mendes, "A Excepção de Não Cumprimento nos Contratos Públicos", 2008, p. 141.

906 Ac. do TRL, de 13/10/2015.

907 Ac. do STJ, de 16/3/2010.

908 Ac. do TRC, de 21/4/2015.

909 João Calvão da Silva, *Venda de Bens de Consumo*, 2010, p. 114; Fernando de Gravato Morais, *União de Contratos de Crédito e de Venda para o Consumo*, 2004, p. 227; Luís Menezes Leitão, "O Novo Regime da Venda de Bens de Consumo", 2005, p. 59; Carlos Ferreira de Almeida, *Direito do Consumo*, 2005, p. 164; Sara Larcher, "Contratos Celebrados Através da Internet", 2005, p. 222; Jean Calais-Auloy, "Une Nouvelle Garantie pour l'Acheteur", 2005, p. 707; Armando Braga, *A Venda de Coisas Defeituosas no Código Civil*, 2005, p. 71; Rui Paulo de Mascarenhas Ataíde, "Direitos e Garantias do Comprador. Meios de Tutela", 2017, p. 161. Jurisprudência: Ac. do TRC, de 4/10/2005; Ac. do TRL, de 31/5/2007; Ac. do TRG, de 26/1/2017[1]; Sentenças do JP de Lisboa, de 31/8/2007 e 25/2/2010.

910 O art. 3º-1 do DL 67/2003 prevê que "o vendedor responde perante o consumidor [...]", mas a responsabilidade prevista nesta norma parece circunscrever-se aos direitos conferidos pelo diploma e não a uma indemnização pelos danos que por eles não se encontrem cobertos.

911 Ac. do TRP, de 15/12/2016[1].

912 Fernando de Gravato Morais, *União de Contratos de Crédito e de Venda para o Consumo*, 2004, p. 227. Jurisprudência: Ac. do STJ, de 24/1/2008; Ac. do TRP, de 29/10/2009.

prejuízo que tenha causado ao consumidor, na sequência de uma falta culposa ao cumprimento da obrigação. No entanto, tratando-se de responsabilidade contratual, a culpa presume-se, nos termos do art. 799º do CC[913]. O consumidor tem de provar apenas a desconformidade, o dano e o nexo de causalidade.

O consumidor tem direito a indemnização pelo interesse contratual positivo[914], sendo ressarcíveis quer os danos patrimoniais quer os danos não patrimoniais[915], não se encontrando consagrada no direito português a figura da indemnização punitiva.

O art. 12º-1 da LDC estabelece que "o consumidor tem direito à indemnização dos danos patrimoniais e *não patrimoniais* resultantes do fornecimento de bens ou prestações de serviços defeituosos" (itálico nosso). Na discussão sobre a ressarcibilidade dos danos não patrimoniais na responsabilidade contratual, não subsistem, assim, dúvidas no sentido do seu ressarcimento, pelo menos nas relações de consumo[916].

Na prática, os tribunais portugueses não são especialmente generosos com os lesados no que respeita à ressarcibilidade de danos não patrimoniais[917]. Cita-se, a título de exemplo, o sumário do Ac. do TRE, de 12/3/2015: "o desgaste psicológico típico, decorrente da verificação de defeitos em imóvel adquirido e da sua não eliminação, não merece a tutela do direito, para efeitos de compensação por danos morais"[918]. Considera-se que o simples desgaste causado por um litígio de consumo não é suscetível de

[913] Ac. do STJ, de 3/10/2013; Ac. do TRC, de 28/5/2013.

[914] Ac. do TRP, de 25/11/2014.

[915] Ac. do STJ, de 24/9/2009; Ac. do STJ, de 9/9/2014; Ac. do TRL, de 28/5/2009; Ac. do TRP, de 14/9/2009; Ac. do TRL, de 1/3/2012; Ac. do TRG, de 29/5/2012; Ac. do TRE, de 15/1/2015; Ac. do TRC, de 1/3/2016; Ac. do TRC, de 10/5/2016; Sentença do JP de Lisboa, de 31/12/2008; Sentença do JP do Porto, de 8/6/2009.

[916] Dário Moura Vicente, *Direito Comparado*, Vol. II, 2017, p. 292, considera que "não pode deixar de reconhecer-se que nas economias contemporâneas, amplamente assentes na prestação de serviços que constituem muitas vezes bens essenciais para os consumidores, o incumprimento contratual pode gerar danos imateriais cujo ressarcimento se impõe".

[917] Alexandre Mota Pinto, "Venda de Bens de Consumo e Garantias", 2016, p. 204; José Engrácia Antunes, *Direito do Consumo*, 2019, p. 101.

[918] Na Sentença do JP de Sintra, de 28/9/2012, apesar de se dar como provado que "toda a situação provocou irritação ao demandante", não são atribuídos os € 50 requeridos, por se "perfilhar a jurisprudência maioritária que vem decidindo que os simples incómodos e arrelias não atingem um grau suficiente de gravidade para serem indemnizáveis".

causar danos não patrimoniais indemnizáveis[919]. Com efeito, o art. 496º-1 do CC estabelece que "na fixação da indemnização deve atender-se aos danos não patrimoniais que, *pela sua gravidade*, mereçam a tutela do direito". Como referem PIRES DE LIMA e ANTUNES VARELA, "a gravidade do dano há-de medir-se por um padrão objectivo (conquanto a apreciação deve ter em linha de conta as circunstâncias de cada caso), e não à luz de factos subjectivos", citando como "possivelmente relevantes a dor física, a dor psíquica resultante de deformações sofridas [...], a ofensa à honra ou reputação do indivíduo ou à sua liberdade pessoal, o desgosto pelo atraso na conclusão dum curso ou duma carreira, etc.", mas não "os simples incómodos ou contrariedades"[920].

Na Sentença do CNIACC, de 29/3/2016, foi atribuída uma indemnização de € 1000, por se ter concluído que a ameaça séria e constante do corte no fornecimento de energia elétrica não constitui um simples incómodo ou contrariedade. Com efeito, a energia elétrica é um dos mais essenciais serviços entre os serviços públicos essenciais, sendo dificilmente imaginável a vida sem o seu fornecimento. A ameaça reiterada do corte no seu fornecimento é suscetível de causar uma ansiedade tal que é tutelada pelo direito, pelo que a criação dessa situação e o seu agravamento são danos ressarcíveis por via indemnizatória. Já na Sentença do CNIACC, de 19/10/2017, a demandada foi condenada a pagar uma indemnização de € 250, por se ter entendido que "a ameaça de corte, apesar de não ser constante, é ainda assim suscetível de causar uma ansiedade significativa e, portanto, tutelada pelo direito, pelo que a criação dessa situação pela demandada, quase dois meses depois de o erro ter sido identificado e corrigido pelo operador de rede, e o seu agravamento, em especial num período típico de férias (agosto), no qual o demandante ia efetivamente de férias, são danos ressarcíveis por via indemnizatória".

Também "as angústias e transtornos causados pela indevida inclusão de um nome na base de dados de incumpridores, transmitida e comunicada ao Banco de Portugal, atingem o património moral dessa pessoa, devendo merecer a tutela do direito e, pela sua gravidade, ser indemnizados, nos termos previstos pelo art. 496º do CC"[921].

[919] Sentença do CNIACC, de 14/1/2016.

[920] PIRES DE LIMA e ANTUNES VARELA, *Código Civil Anotado*, Vol. I, 1987, p. 499.

[921] Ac. do TRL, de 28/9/2017. O tribunal condenou a instituição de crédito, neste caso, no pagamento de uma indemnização no valor de € 5000.

Noutros ordenamentos jurídicos, a cultura da ressarcibilidade de danos não patrimoniais encontra-se mais enraizada. Por exemplo, no Brasil, consideram-se indemnizáveis, entre outros, os danos resultantes de o profissional não dar "a devida atenção ao problema" ou demorar "demasiadamente na solução do caso, passando, inclusive, a evitar os telefonemas do consumidor"[922].

A privação do uso do bem durante o tempo em que este não se encontra em conformidade com o contrato também é indemnizável[923], sendo para tal necessário que o consumidor consiga provar o dano (incluindo a privação do uso do bem[924] ou quaisquer despesas relativas ao período em que o titular se viu privado do bem[925]) e o nexo de causalidade entre este e a falta de conformidade.

3.3.7. Prazos

A matéria dos prazos encontrava-se integralmente tratada na versão originária do art. 5º do DL 67/2003. O DL 84/2008 revogou uma parte deste artigo, passando as respetivas normas para o novo art. 5º-A.

Separou-se assim a matéria relativa ao designado *prazo da garantia* e a dos *prazos para exercício de direitos*, conforme as respetivas epígrafes.

3.3.7.1. Prazo da garantia legal de conformidade

A lei começa por regular o prazo dentro do qual o consumidor tem direito a reagir face a uma manifestação da falta de conformidade do bem.

Na lógica do diploma, já se sabe que o consumidor tem direito à entrega de um bem em conformidade com o contrato, respondendo o vendedor por qualquer desconformidade (arts. 2º-1 e 3º-1), e que se presume que as faltas de conformidade que se manifestem no prazo de dois ou cinco anos

[922] Paulo R. Roque A. Khouri, *Direito do Consumidor*, 2013, p. 177. Em geral, sobre este tema, v. Marcos Dessaune, *Teoria Aprofundada do Desvio Produtivo do Consumidor – O Prejuízo do Tempo Desperdiçado e da Vida Alterada*, 2017.

[923] Ac. do TRC, de 25/10/2011; Ac. do TRL, de 10/2/2015; Ac. do TRL, de 29/9/2016.

[924] Ac. do TRL, de 17/10/2006; Ac. do TRL, de 8/10/2009; Sentença do JP de Oliveira do Bairro, de 26/6/2008. Considerando que "uma pessoa só se encontra realmente privada do uso de alguma coisa, sofrendo com isso prejuízo, se realmente a pretender usar e utilizar caso não fosse a impossibilidade de dela dispor": Ac. do TRP, de 11/11/2013.

[925] Paulo Mota Pinto, *Interesse Contratual Negativo e Interesse Contratual Positivo*, Vol. I, 2008, p. 568.

a contar da data da entrega, consoante se trate de bem móvel ou imóvel, existiam já nessa data (art. 3º-2). Indica-nos agora o art. 5º-1 que os direitos de reparação do bem, substituição do bem, redução do preço e resolução do contrato só podem ser exercidos quando a falta de conformidade se manifestar num prazo de dois ou cinco anos a contar da data da entrega, consoante se trate de bem móvel ou imóvel. Equipara-se assim o prazo da garantia legal de conformidade ao da presunção de anterioridade dos defeitos, pelo que coincide o prazo dentro do qual o consumidor pode reagir a uma manifestação de falta de conformidade do bem com o da presunção de anterioridade dessa falta de conformidade. Portanto, o consumidor que pretende exercer um dos direitos previstos na lei não tem a seu cargo, em nenhum momento, o ónus da prova da existência da falta de conformidade no momento da entrega. Apenas tem de provar que a falta de conformidade se manifestou dentro do prazo previsto.

A solução da Diretiva 1999/44/CE não é idêntica, estabelecendo, tal como no direito português, a responsabilidade do vendedor por qualquer falta de conformidade do bem (móvel) com o contrato que se manifeste no prazo de dois anos (art. 5º-1), mas limitando a presunção de existência da falta de conformidade no momento da entrega a seis meses a contar dessa data. Neste caso, os dois prazos não coincidem, pelo que, face à Diretiva, a partir dos primeiros seis meses o consumidor pode exercer os seus direitos, mas tem de provar que a falta de conformidade existia no momento da entrega.

O direito português é mais favorável para o consumidor, o que se explica essencialmente com a circunstância de, já antes da Diretiva, a LDC, prevendo uma garantia de bom estado e de bom funcionamento durante um ano, prescindir do requisito da existência da falta de conformidade no momento da entrega. A aplicação de uma presunção de apenas seis meses teria tido como consequência uma diminuição clara da proteção dos consumidores portugueses. Tratando-se de uma diretiva de harmonização mínima (art. 8º), a solução adotada não implica a sua incorreta transposição, pelo que parece ser a mais adequada.

No caso de coisas imóveis, excluídas do âmbito da Diretiva, qualquer desconformidade do bem com o contrato que se manifeste num prazo de cinco anos a contar da data da entrega[926] tem como consequência a atri-

[926] A data da entrega pode não coincidir com a data da celebração do contrato definitivo ou com a data da ocupação efetiva do imóvel: Ac. do TRL, de 14/2/2012. Sendo a data da

buição ao consumidor dos direitos previstos no art. 4º do DL 67/2003: reparação do bem, substituição do bem, redução do preço e resolução do contrato. Aplica-se aqui o conceito de coisa imóvel do art. 204º do CC, incluindo portanto as partes integrantes, ou seja, as coisas móveis ligadas materialmente ao prédio com caráter de permanência, como por exemplo um pavimento[927].

Se o contrato incidir sobre uma fração autónoma de um imóvel constituído em propriedade horizontal, o prazo, no que respeita às partes comuns, deve contar-se a partir da data em que se verificou a última transmissão pelo vendedor ou empreiteiro profissional. Uma solução noutro sentido, considerando relevante para este efeito o momento em que é instituída a administração do condomínio[928], deixaria parcial ou totalmente desprotegidos todos aqueles que adquirissem o imóvel posteriormente. Defende-se, em sentido contrário, que "tão grande retardamento implicaria um demasiado e intolerável prolongamento do prazo de garantia enquanto o construtor [...] conservasse a propriedade de uma das frações"[929]. No entanto, este argumento não parece ser decisivo, uma vez que qualquer adquirente deve ter direito a exercer os direitos resultantes da desconformidade do imóvel no prazo de cinco anos previsto no diploma, independentemente de se tratar da fração autónoma ou de uma parte comum. Esta conclusão é igualmente válida se o imóvel não for novo. O regime aplica-se a bens imóveis usados, sendo o vendedor profissional responsável, perante o consumidor, por qualquer falta de conformidade com o contrato quer da fração autónoma quer das partes comuns.

No caso de uma coisa móvel, o consumidor pode exercer estes direitos se a falta de conformidade se manifestar num prazo de dois anos a contar da data da entrega. Este prazo não pode, em geral, ser reduzido por acordo das partes, exceto quando se trate de coisa móvel usada (note-se que, tratando-se de coisa imóvel, é irrelevante a circunstância de ser nova ou usada), em que se admite que as partes convencionem a redução do

entrega anterior à data da celebração do contrato, deve considerar-se esta última: Ac. do TRL, de 6/11/2014.

927 Ac. do TRG, de 17/12/2014 (embora, neste caso, não concordemos com a decisão, uma vez que a coisa foi vendida isoladamente, ou seja, como coisa móvel).

928 Ac. do STJ, de 15/11/2012; Ac. do STJ, de 14/1/2014; Ac. do TRP, de 10/2/2014; Ac. do TRP, de 13/3/2014; Ac. do TRL, de 30/4/2015.

929 Ac. do STJ, de 1/6/ 2010; Ac. do TRP, 20/6/2016.

prazo para um ano (art. 5º-2). Admite-se a redução do prazo para um ano, mas o consumidor não pode prescindir da totalidade do prazo[930], sob pena de este ser, neste caso, de dois anos[931]. O prazo da garantia de conformidade só pode ser reduzido para um ano se tal resultar de efetiva negociação entre as partes. O acordo entre as partes não produz efeitos se resultar de cláusula contratual geral [art. 21º-*d*) do DL 446/85][932].

A lei portuguesa fez, assim, uso da possibilidade conferida no segundo parágrafo do art. 7º-1 da Diretiva, ao contrário do que defendia parte da doutrina[933]. A razão de ser da exceção consiste na ideia de "que a qualidade e o comportamento que os consumidores podem razoavelmente esperar dependerá, nomeadamente, do facto de os bens serem em primeira ou em segunda mão" (considerando 8 da Diretiva) ou na "mais baixa expectativa do consumidor"[934]. Estas afirmações são discutíveis, não devendo ser generalizadas a todos os bens usados. Aliás, alguns bens são valiosos exatamente por não serem novos e não se pode concluir que a exigência de qualidade é menor[935].

O DL 67/2003 apenas se aplica às relações jurídicas de consumo, pelo que não se aplica à venda de coisas usadas entre não profissionais, estatisticamente maioritária[936].

O art. 5º-6 foi aditado pelo DL 84/2008 e estabelece que, no caso de o consumidor optar pela substituição do bem, o segundo bem (ou *bem sucedâneo*, nos termos da lei) tem um novo prazo de garantia legal de conformidade de dois ou cinco anos, conforme se trate de móvel ou imóvel, não podendo as partes estipular em sentido contrário[937].

[930] Ac. do TRP, de 21/1/2014.

[931] Ac. do TRL, de 8/5/2008; Ac. do TRC, de 25/10/2011.

[932] Face ao direito austríaco: Bernhard Eccher, "Il Recepimento della Direttiva 99/44/CE nell'Ordinamento Giuridico Austriaco", 2002, p. 269.

[933] Ana Prata, "Venda de Bens Usados no Quadro da Directiva 1999/44/CE", 2001, p. 150; Sara Larcher, "Contratos Celebrados Através da Internet", 2005, p. 224, n. 290.

[934] Calvão da Silva, *Venda de Bens de Consumo*, 2010, p. 116.

[935] Ana Prata, "Venda de Bens Usados no Quadro da Directiva 1999/44/CE", 2001, p. 150. Segundo Alexandre Mota Pinto, "Venda de Bens de Consumo e Garantias", 2016, p. 194, "os tribunais portugueses parecem ser bastante protectores dos compradores de bens usados".

[936] Calvão da Silva, *Venda de Bens de Consumo*, 2010, p. 116; Ana Prata, "Venda de Bens Usados no Quadro da Directiva 1999/44/CE", 2001, p. 147.

[937] Ac. do STJ, de 14/11/2013.

O art. 5º-7 determina que o prazo se suspende, "a partir da data da denúncia, durante o período em que o consumidor estiver privado do uso dos bens". A suspensão do prazo está diretamente relacionada com o período em que se verifique a desconformidade, independentemente da solução que o consumidor adote.

A partir do momento em que o consumidor denuncia ao vendedor a falta de conformidade do bem com o contrato, suspende-se o prazo, apenas recomeçando a sua contagem no momento em que o bem é novamente entregue ao consumidor, já em conformidade com o contrato. A norma apenas se aplica caso o consumidor opte pela reparação do bem ou pela redução do preço. Em caso de substituição do bem, o exercício do direito interrompe o decurso do prazo de caducidade, que volta a correr desde o início, nos termos do art. 5º-6, enquanto no caso de resolução do contrato se verifica a restituição das prestações, deixando de fazer sentido a avaliação da conformidade. No caso de o consumidor optar pela redução do preço, suspende-se o prazo durante o tempo em que o consumidor esteve privado do uso do bem, nomeadamente por ter sido entregue ao vendedor para avaliação da desconformidade.

Aos prazos previstos no art. 5º aplicam-se, em tudo o que não estiver especificamente regulado na norma, as regras da caducidade[938]. É o que resulta do art. 298º-2 do CC, que estabelece que, "quando, por força da lei [...], um direito deva ser exercido dentro de certo prazo, são aplicáveis as regras da caducidade, a menos que a lei se refira expressamente à prescrição". Também o art. 5º-A-1 determina que o direito do consumidor *caduca* no termo do prazo previsto no art. 5º aplicável ao bem em causa.

3.3.7.2. Prazos para exercício de direitos

Além do prazo da garantia de conformidade do bem com o contrato, previsto no art. 5º, o art. 5º-A, aditado pelo DL 84/2008, prevê dois prazos adicionais, cujo não cumprimento leva à perda do direito pelo consumidor. O primeiro prazo diz respeito à denúncia da falta de conformidade do bem com o contrato, caducando o direito do consumidor no caso de esta não ser feita tempestivamente. O segundo prazo é um prazo de caducidade da ação.

[938] SARA LARCHER, "Contratos Celebrados Através da Internet", 2005, p. 227; LUÍS MENEZES LEITÃO, "O Novo Regime da Venda de Bens de Consumo", 2005, p. 61.

Antes de analisar cada um destes prazos com mais detalhe, responde-se à questão de saber se eles se aplicam apenas aos direitos expressamente previstos no diploma (reparação do bem, substituição do bem, redução do preço e resolução do contrato) ou também a outros direitos do consumidor, independentes do exercício dos primeiros, nomeadamente o direito de indemnização. Já se esclareceu que o consumidor pode exigir do vendedor uma indemnização pelos prejuízos causados pela falta de conformidade, tendo-se concluído que se trata de um caso de responsabilidade contratual subjetiva. Os pressupostos são, portanto, diversos dos que sustentam o regime do DL 67/2003, sendo o espírito das duas soluções dissemelhante. Os direitos previstos no diploma procuram dar uma resposta rápida para o problema da falta de conformidade do bem, preocupando-se a lei com a reparação urgente do prejuízo, o que explica a consagração de prazos de curta duração, não se arrastando o processo por muito tempo. O direito de indemnização tem, neste caso, como objetivo a reparação dos prejuízos não cobertos pelo regime do DL 67/2003. No pedido, o consumidor tem de provar, além da falta de conformidade, o prejuízo sofrido e o nexo de causalidade entre esse prejuízo e a falta de conformidade, podendo ainda obstar ao seu pedido a prova pelo vendedor de que não agiu com culpa, o que é comum na venda de bens de consumo. Por esta razão, entende-se que este direito não deve estar sujeito aos prazos de caducidade previstos nos arts. 5º e 5º-A[939].

3.3.7.2.1. Denúncia da falta de conformidade

O art. 5º-A-2 do DL 67/2003 estabelece que, "para exercer os seus direitos, o consumidor deve denunciar ao vendedor a falta de conformidade num prazo de dois meses, caso se trate de bem móvel, ou de um ano, se se tratar de bem imóvel, a contar da data em que a tenha detetado".

Na ausência de denúncia, os direitos do consumidor caducam (art. 5º-A-1).

A denúncia tem como objetivo informar o vendedor de que o bem não se encontra em conformidade com o contrato, pelo que se revela desneces-

[939] João Cura Mariano, *Responsabilidade Contratual do Empreiteiro pelos Defeitos da Obra*, 2015, p. 159. Jurisprudência: Ac. do TRC, de 2/6/2009; Ac. do TRC, de 30/6/2009; Ac. do TRC, de 4/5/2010. Contra: João Calvão da Silva, *Compra e Venda de Coisas Defeituosas,* 2008, p. 127; Fernando de Gravato Morais, *União de Contratos de Crédito e de Venda para o Consumo*, 2004, p. 229; David Falcão, *Lições de Direito do Consumo*, 2019, p. 151. Jurisprudência: Ac. do STJ, de 7/5/2009; Ac. do STJ, de 4/5/2010.

sária se o vendedor tiver conhecimento da falta de conformidade. É o que sucede, nomeadamente, se o profissional reconhecer a falta de conformidade (art. 331º-2 do CC)[940], expressa ou tacitamente, por exemplo fazendo reparações no bem[941] ou participando a ocorrência à sua seguradora[942]. Em sede de empreitada defeituosa, o art. 1220º-2 do CC também estabelece que "equivale à denúncia o reconhecimento, por parte do empreiteiro, da existência do defeito"[943]. Este princípio, embora não se encontre expressamente consagrado no DL 67/2003, está abrangido no espírito do regime e resulta da razão de ser da exigência de denúncia.

Com a consagração de um prazo curto para a denúncia da falta de conformidade, procura garantir-se a resolução rápida do problema, permitindo a ambas as partes a regularização da situação em pouco tempo[944]. Acrescente-se que a proximidade em relação à intervenção no bem pode facilitar o sucesso da operação. Trata-se, assim, de norma que limita de forma significativa a capacidade de intervenção do consumidor, sendo por isso criticada a nível europeu[945], mas que encontra justificação adequada.

O prazo conta-se a partir da data em que o consumidor deteta a falta de conformidade, não relevando a mera possibilidade de a conhecer[946]. Assim, o prazo começa a correr a partir da data em que o consumidor toma conhecimento (suficiente[947]) de que o bem não se encontra em conformidade com o contrato.

A denúncia não está sujeita a forma especial, podendo ser feita oralmente, diretamente junto do vendedor. Se o vendedor tiver um estabelecimento comercial aberto ao público ou um número de telefone de contacto, por exemplo, a denúncia pode ser feita a quem estiver a atender no estabelecimento ou no telefone, não tendo o consumidor de conhecer os poderes

[940] Defendendo que não obsta "à caducidade do direito o conhecimento dos defeitos pelo empreiteiro ou a sua a alegada inércia": Ac. do TRP, de 11/12/2012.

[941] Ac. do STJ, de 1/10/2015.

[942] Ac. do TRC, de 20/5/2014.

[943] Ac. do TRP, de 12/10/2017.

[944] Pedro Romano Martinez, "Empreitada de Consumo", 2001, p. 33; Sara Larcher, "Contratos Celebrados Através da Internet", 2005, p. 226.

[945] André Janssen, "I Termini della Direttiva 1999/44/CE", 2004, p. 881; Jean Calais-Auloy, "Une Nouvelle Garantie pour l'Acheteur: La Garantie de Conformité", 2005, p. 708.

[946] Fernando de Gravato Morais, *União de Contratos de Crédito e de Venda para o Consumo*, 2004, p. 141.

[947] Ac. do STJ, de 5/3/2013.

do funcionário em causa[948]. A denúncia também pode ser feita nos articulados da ação (judicial[949], arbitral ou nos julgados de paz[950]) ou resultar de contacto de um terceiro no âmbito de um processo de mediação.

A denúncia tem de fazer referência à falta de conformidade alegada pelo consumidor, não relevando para este efeito observações genéricas e vagas sobre o estado do bem[951].

A falta de conformidade que se revele depois de uma denúncia de outra falta de conformidade não se encontra abrangida por ela, devendo o consumidor voltar a contactar o profissional, denunciando a nova desconformidade.

Mais discutível é a questão de saber se a falta de conformidade que se agrave depois de uma denúncia se encontra ainda abrangida por essa denúncia, caso em que não é necessário voltar a contactar o profissional, ou se não se encontra abrangida por ela, sendo necessária nova denúncia. A questão era mais relevante face à versão originária do diploma, em que o prazo de caducidade da ação, contado a partir da data da denúncia, era curto. Nesse contexto, parece-nos que seria mais adequado defender a não abrangência da primeira denúncia, correndo novo prazo para o consumidor – se assim entendesse, face à nova extensão da falta de conformidade – denunciar e propor ação judicial para exercer os seus direitos. Atualmente, tendo em conta que o prazo de caducidade nunca será inferior ao prazo da garantia legal, entende-se mais adequada a solução contrária, não se vislumbrando qualquer utilidade na exigência de nova denúncia da falta de conformidade, que apenas se agravou[952].

No regime da compra e venda de coisa defeituosa, o comprador não tem o dever de denunciar o defeito no caso de o vendedor ter usado de dolo (art. 916º-1, *in fine*, do CC). Esta exceção também deve ser aplicada na venda de bens de consumo[953], diretamente ou por analogia. Sendo, neste aspeto, mais favorável para o consumidor o regime do Código Civil e não

[948] Ac. do TRL, de 6/12/2011.

[949] Ac. do TRP, de 2/10/2014. Aparentemente contra: Ac. do TRE, de 12/3/2015.

[950] Aparentemente contra: Sentença do JP do Funchal, de 7/11/2012.

[951] Ac. do TRL, de 5/6/2007; Ac. do TRP, de 3/3/2008.

[952] João Cura Mariano, *Responsabilidade Contratual do Empreiteiro pelos Defeitos da Obra*, 2015, p. 102. Jurisprudência: Ac. do TRL, de 9/2/2010.

[953] Calvão da Silva, *Venda de Bens de Consumo*, 2010, p. 121; Armando Braga, *A Venda de Coisas Defeituosas no Código Civil*, 2005, p. 69. Jurisprudência: Ac. do TRP, de 23/6/2005

tendo o DL 67/2003 como objetivo restringir os seus direitos, impõe-se, por maioria de razão, a aplicação da exceção. Em geral, a lei especial de proteção só deve ser aplicada se for mais favorável tendo em conta os interesses que visa proteger. Acrescente-se que o dolo nesta norma se refere ao conhecimento do defeito e à sua ocultação por parte do vendedor[954] e, como já foi referido, o objetivo da denúncia é dar a conhecer ao vendedor a existência de falta de conformidade. Atuando com dolo, o vendedor conhece a desconformidade do bem, pelo que deixa de ser necessária a denúncia pelo consumidor.

3.3.7.2.2. Caducidade da ação

Após a denúncia da falta de conformidade, a lei impõe um prazo para o consumidor exercer judicialmente os direitos de reparação do bem, substituição do bem, redução do preço ou resolução do contrato. Trata-se de dois prazos distintos, pelo que a invocação de uma das causas de caducidade não implica a consideração oficiosa da outra[955].

O art. 5º-A-3 estabelece que os direitos caducam decorridos dois anos a partir da data da denúncia se se tratar de um bem móvel (novo ou usado, neste último caso mesmo que as partes tenham convencionado a redução do prazo da garantia legal[956]) e três anos tratando-se de bem imóvel.

Este prazo foi alargado pelo DL 84/2008. O prazo originário era de seis meses, nos termos do art. 5º-4, revogado pelo diploma referido, independentemente de se tratar de bem móvel ou imóvel. Este prazo de seis meses, além de diminuir a proteção do consumidor em caso de empreitada defeituosa, uma vez que o art. 1224º-1 do CC prevê um prazo de um ano[957], implicava uma transposição incorreta da Diretiva 1999/44/CE[958], no que

[954] PIRES DE LIMA e ANTUNES VARELA, *Código Civil Anotado*, Vol. II, 1997, p. 211.

[955] Ac. do TRP, de 18/2/2010.

[956] Ac. do TJUE, de 13/7/2017.

[957] PEDRO ROMANO MARTINEZ, "Empreitada de Consumo", 2001, p. 35; ANTÓNIO PINTO MONTEIRO, "Garanties dans la Vente de Biens de Consommation", 2003, p. 56; PAULO MOTA PINTO, "O Anteprojecto de Código do Consumidor e a Venda de Bens de Consumo", 2006, p. 127; HERNANI LÚCIO ANDRÉ CAMBINDA, *Empreitada para Consumo*, 2015, pp. 75 a 77. Jurisprudência: Ac. do STJ, de 24/5/2012; Ac. do STJ, de 11/2/2016; Ac. do STJ, de 12/1/2017; Sentença do JP de Coimbra, de 27/6/2007.

[958] ANTÓNIO PINTO MONTEIRO, "Garantias na Venda de Bens de Consumo – A Transposição da Directiva 1999/44/CE para o Direito Português", 2003, pp. 135 e 136; PAULO MOTA PINTO, "O Anteprojecto de Código do Consumidor e a Venda de Bens de Consumo", 2006, p. 127;

respeita aos bens móveis (e não aos imóveis, excluídos do diploma europeu[959]), que determina que o prazo de caducidade não pode "ser inferior a dois anos a contar da data da entrega" (art. 5º-1). Assim, o DL 84/2008 teve como objetivo conformar o direito português com a Diretiva[960]. O prazo de seis meses era curto, dificultando o exercício dos direitos pelo consumidor.

Aplicam-se as regras gerais sobre caducidade, pelo que tem de se observar se se verifica alguma causa impeditiva, nos termos do art. 331º do CC. É especialmente relevante o nº 2, que estatui que impede "a caducidade o reconhecimento do direito por parte daquele contra quem deva ser exercido"[961]. Assim, se o vendedor admitir a falta de conformidade[962], de forma expressa ou tácita[963], o prazo de caducidade da ação deixa de correr[964], podendo o direito ser exercido pelo consumidor após o seu termo. A questão era mais relevante face ao prazo apertado de seis meses, mas a norma continua a aplicar-se com os novos prazos.

Os prazos de caducidade da ação encontram-se na disponibilidade das partes, pelo menos no que respeita ao seu alargamento, pelo que, nos termos do art. 333º-2 do CC, que remete para o art. 303º do mesmo diploma, não são de conhecimento oficioso[965].

Nos termos do art. 5º-A-4, o prazo de caducidade da ação suspende-se em dois casos.

Em primeiro lugar, o prazo suspende-se "durante o período de tempo em que o consumidor estiver privado do uso dos bens com o objetivo de realização das operações de reparação ou substituição". Tal como o prazo da garantia de conformidade, também o de caducidade da ação se suspende

Mário Frota, "Garantia das Coisas Móveis Duradouras", 2008, p. 34. Jurisprudência: Ac. do TRC, de 9/4/2013.

959 Ac. do STJ, de 11/10/2011; Ac. do TRE, de 12/7/2012.

960 Considerando imediatamente aplicável o prazo da lei nova: Ac. do TRC, de 17/4/2012; Ac. do TRP, de 24/2/2014; Ac. do TRL, de 3/3/2015; Ac. do TRL, de 23/4/2015; Ac. do TRP, de 3/5/2016.

961 João Calvão da Silva, *Compra e Venda de Coisas Defeituosas,* 2008, p. 127.

962 Ac. do STJ, de 28/4/2009; Ac. do STJ, de 6/4/2017; Ac. do TRL, de 1/7/2004; Ac. do TRP, de 30/6/2009.

963 Ac. do STJ, de 21/5/2009; Ac. do STJ, de 9/7/2015.

964 Ac. do STJ, de 27/11/2007; Ac. do STJ, de 24/9/2009; Ac. do TRC, de 18/3/2014; Ac. do TRC, de 16/2/2016; Ac. do TRL, de 2/6/2016; Ac. do TRP, de 12/10/2017. No sentido de que o reconhecimento posterior ao termo do prazo de caducidade não impede a caducidade (embora concluindo pela existência de abuso do direito a invocá-la): Ac. do TRL, de 19/5/2015.

965 Ac. do TRE, de 30/4/2015; Sentença do CNIACC, de 22/11/2010.

enquanto o consumidor aguarda a resolução do problema pelo profissional, repondo a conformidade do bem. Se o bem for reparado várias vezes, o prazo só se reinicia com a última reparação[966].

Em segundo lugar, o prazo suspende-se "durante o período em que durar a tentativa de resolução extrajudicial do conflito de consumo que opõe o consumidor ao vendedor ou ao produtor, com exceção da arbitragem". Trata-se de uma norma muito relevante, introduzida pelo DL 84/2008, não só porque permite que a tentativa de resolução do litígio não se encontre pressionada pelo prazo de caducidade, mas também pelo caráter pedagógico da referência, dando a conhecer ao consumidor a existência de formas mais rápidas, económicas e eficazes para a resolução do conflito em comparação com os tribunais judiciais[967]. Note-se que se incluem neste preceito as negociações com o produtor, esclarecendo-se assim que a circunstância de o consumidor se dirigir diretamente a este não afasta o exercício dos direitos perante o vendedor. A norma exclui a arbitragem, por se tratar de um modo adversarial em que o terceiro decide, tendo a sua decisão o mesmo valor do que a de um tribunal judicial. Logo, iniciado o processo arbitral dentro do prazo, o direito considera-se exercido tempestivamente (art. 331º-1 do CC).

O art. 5º-A-5 esclarece que se considera iniciada a tentativa de resolução extrajudicial do litígio no momento em que "as partes acordem no sentido de submeter o conflito a mediação ou conciliação", "a mediação ou a conciliação seja determinada no âmbito de processo judicial" ou "se constitua a obrigação de recorrer à mediação ou conciliação"[968]. Portanto, o juiz pode impor o recurso à mediação no âmbito de um processo judicial. A inserção da mediação obrigatória no conceito de mediação constitui uma solução muito discutível, na medida em que um dos princípios basilares deste meio de resolução de conflitos é a voluntariedade (art. 4º da Lei da Mediação, aprovada pela Lei 29/2013) e esta encontra-se comprometida a partir do momento em que a presença das partes é

[966] Alexandre Mota Pinto, "Venda de Bens de Consumo e Garantias", 2016, p. 208.

[967] Sobre a resolução alternativa de litígios de consumo, v. Jorge Morais Carvalho, João Pedro Pinto-Ferreira e Joana Campos Carvalho, *Manual de Resolução Alternativa de Litígios de Consumo*, 2017.

[968] Para distinção entre mediação e conciliação: Joana Paixão Campos, *A Conciliação Judicial*, 2009; Jorge Morais Carvalho, João Pedro Pinto-Ferreira e Joana Campos Carvalho, *Manual de Resolução Alternativa de Litígios de Consumo*, 2017, pp. 163 a 170.

obrigatória[969]. Além dos casos em que a mediação é imposta, a suspensão dá-se quando as partes acordem no sentido de submeter o conflito a mediação, podendo o acordo ser prévio ou posterior à existência do litígio. A prática da mediação de conflitos de consumo mostra que esta tem caraterísticas específicas face à mediação em geral[970], não existindo normalmente um acordo prévio de mediação. Neste sentido, deve entender-se que há acordo, para efeitos desta norma, sempre que o consumidor submete o caso a uma entidade de resolução de litígios e o profissional aceita tacitamente o processo, respondendo à solicitação dessa entidade[971].

3.3.8. Responsabilidade do produtor

Podemos distinguir dois planos diversos da responsabilidade do produtor.

Em primeiro lugar, o produtor pode ser diretamente responsável perante o consumidor pela reposição da conformidade num bem de consumo prestado em desconformidade com o contrato.

Em segundo lugar, o nosso ordenamento jurídico contém um regime específico relativo à responsabilidade objetiva do produtor que coloca em circulação uma coisa defeituosa pelos danos resultantes de morte ou lesão pessoal e os danos causados em coisa diversa do bem defeituoso.

Embora se trate de matéria não contratual, opta-se por integrar esta matéria neste capítulo por uma questão de coerência sistemática, uma vez que se trata de mecanismos a que o consumidor pode recorrer no caso de determinado bem ser defeituoso.

969 Jorge Morais Carvalho, "A Consagração Legal da Mediação em Portugal", 2011, p. 281. Admitindo como "hipótese a experimentar": Mariana França Gouveia, *Curso de Resolução Alternativa de Litígios*, 2014, p. 71. Sobre o princípio da voluntariedade e, em especial, a adequação da mediação obrigatória, v. Jorge Morais Carvalho, João Pedro Pinto-Ferreira e Joana Campos Carvalho, *Manual de Resolução Alternativa de Litígios de Consumo*, 2017, pp. 101 a 109.

970 Mariana França Gouveia e Jorge Morais Carvalho, "A Experiência da UMAC na Mediação de Conflitos de Consumo", 2006, p. 38.

971 Joana Campos Carvalho e Jorge Morais Carvalho, "Problemas Jurídicos da Arbitragem e da Mediação de Consumo", 2016, pp. 26 a 29; Jorge Morais Carvalho, João Pedro Pinto-Ferreira e Joana Campos Carvalho, *Manual de Resolução Alternativa de Litígios de Consumo*, 2017, pp. 153 a 155.

3.3.8.1. Responsabilidade pela reposição da conformidade

Portugal não esperou por uma intervenção da União Europeia e consagrou a responsabilidade direta do produtor no art. 6º do DL 67/2003, sem prejuízo da responsabilidade do vendedor, solução que, no essencial, foi aplaudida pela doutrina[972]. Assim, face a uma falta de conformidade do bem (móvel ou imóvel[973]) com o contrato, o consumidor pode dirigir-se quer ao vendedor quer ao produtor, podendo até exigir simultaneamente a ambos a satisfação da sua pretensão[974]. Se o produtor for o vendedor, não se aplica esta norma, devendo ser responsabilizado nos termos gerais do diploma.

No entanto, a responsabilidade do produtor não é tão ampla como a responsabilidade do vendedor, tornando assim o exercício dos direitos perante este último mais vantajoso para o consumidor.

Em primeiro lugar, o art. 6º-1 refere-se a *coisa defeituosa* e não a *falta de conformidade com o contrato*. O objetivo é claramente optar nesta sede por uma conceção objetiva de defeito, não relevando as circunstâncias concretas relativas ao contrato celebrado. Uma vez que o produtor não é parte no contrato com o consumidor, considera-se que não é responsável por qualquer falta de conformidade que resulte das declarações dos contraentes. No entanto, deve considerar-se incluída no conceito de *defeito* qualquer falta de conformidade derivada de elementos contratualmente relevantes que resultem de declarações do produtor, situação bastante comum, tendo em conta que uma boa parte das mensagens introduzidas nos rótulos e na publicidade tem essa origem.

[972] CALVÃO DA SILVA, *Venda de Bens de Consumo*, 2010, p. 127; LUÍS MENEZES LEITÃO, "O Novo Regime da Venda de Bens de Consumo", 2005, p. 62; SARA LARCHER, "Contratos Celebrados Através da Internet", 2005, p. 233; JOSÉ A. ENGRÁCIA ANTUNES, *Direito dos Contratos Comerciais*, 2009, p. 283.

[973] Sentença do JP do Porto, de 30/6/2005.

[974] A circunstância de o produtor proceder à reparação ou substituição do bem não impede o consumidor de, posteriormente, mantendo-se a falta de conformidade do bem com o contrato, exigir do vendedor a sua reposição (através de nova reparação ou substituição). O mesmo se deve concluir se for o vendedor a, num primeiro momento, tentar a reparação ou a substituição. Neste caso, o consumidor, perante nova manifestação de falta de conformidade, pode dirigir-se ao produtor. Em suma, o consumidor pode dirigir-se, em qualquer momento, quer ao vendedor quer ao produtor, desde que se encontrem verificados os pressupostos que determinam a responsabilidade de ambos.

Em segundo lugar, o consumidor apenas pode exercer os direitos de reparação ou substituição do bem. Os direitos de redução do preço e de resolução do contrato não podem ser exercidos, solução compreensível, dado não existir contrato entre consumidor e produtor, passível de ser resolvido ou de ver reduzida a prestação[975]. Esta conclusão poderia ser contornada, considerando-se que se trata de direito a indemnização, ressarcindo-se o consumidor dos danos causados pelo defeito.

Em terceiro lugar, ao contrário do que sucede no que respeita à responsabilidade do vendedor, a escolha entre os dois remédios previstos não é livre. A redação do art. 6º-1 foi alterada pelo DL 84/2008, tendo passado a escolha a caber ao consumidor (antes cabia ao produtor). Em contrapartida, a norma passou a prever critérios para controlar essa escolha. No conjunto, a posição do consumidor parece-nos que fica fortalecida[976].

A opção encontra-se limitada, num primeiro momento, pela impossibilidade da operação. Trata-se de um limite lógico, não podendo ser exigida uma operação que não seja possível.

Encontra-se ainda limitada por um critério de proporcionalidade. Esta é aferida "tendo em conta o valor que o bem teria se não existisse falta de conformidade, a importância desta e a possibilidade de a solução alternativa ser concretizada sem grande inconveniente para o consumidor". É necessário analisar o valor do bem em conformidade com o contrato, concluindo-se no sentido da inexigibilidade da reparação ou da substituição no caso de esse valor ser reduzido. Também não pode ser exigida uma ou ambas as soluções se, em comparação com a relevância da falta de conformidade, a solução for dispendiosa para o produtor, sendo que parece consagrar-se nesta norma que, perante um defeito insignificante, o consumidor nada pode pedir ao produtor. Por fim, se o consumidor optar por um dos direitos, o produtor pode socorrer-se do outro, bastando para tal que esta solução não cause inconveniente ao consumidor. Permite-se assim que o produtor obste à substituição do bem no caso de conseguir repará-lo num prazo aceitável.

Pode, portanto, concluir-se que a preferência da lei é clara no sentido de responsabilizar o vendedor pela falta de conformidade do bem, sem

[975] JOÃO CALVÃO DA SILVA, *Venda de Bens de Consumo*, 2010, p. 130; RUI PAULO DE MASCARENHAS ATAÍDE, "Direitos e Garantias do Comprador. Meios de Tutela", 2017, p. 169.

[976] Contra: FERNANDO DIAS SIMÕES, *Marca do Distribuidor e Responsabilidade por Produtos*, 2009, p. 375.

prejuízo do direito de regresso deste contra o produtor ou genericamente contra aquele a quem tenha adquirido o bem (art. 7º)[977].

A preferência da lei no sentido de o consumidor exercer os direitos contra o vendedor revela-se também no art. 6º-2, que contém uma série de factos que permitem ao produtor opor-se ao exercício dos direitos.

Trata-se de situações que permitem concluir que a responsabilidade não é do produtor, o que, no entanto, contende com o princípio de que a responsabilidade prevista no art. 6º existe independentemente de culpa[978]. Esta norma acaba por consagrar um caso de responsabilidade objetiva (embora limitado à reparação ou substituição do bem e com possibilidade de direito de regresso contra o responsável), mas prevê depois alguns limites, a partir dos quais o produtor deixa de poder ser responsabilizado em primeira linha pelo consumidor. A lei considera que nestes casos não cabe ao produtor responder perante o consumidor.

O art. 6º-2-*a*) estabelece que o consumidor não se pode dirigir ao produtor no caso de o defeito resultar "exclusivamente de declarações do vendedor sobre a coisa e a sua utilização, ou de má utilização". Tratando-se de má utilização, não é responsabilizado nem o produtor nem o vendedor. No caso de declarações do vendedor, compreende-se que o produtor não seja responsabilizado, uma vez que se está já em momento posterior ao do fornecimento do bem e este não teve qualquer intervenção no elemento gerador da falta de conformidade[979].

A alínea *b*) exclui a responsabilidade do produtor no caso de "não ter colocado a coisa em circulação". Se esta foi colocada no mercado inadvertidamente, sem culpa do produtor, este não responde perante o consumidor, que pode, no entanto, dirigir-se ao vendedor. Este, por sua vez, pode exigir o ressarcimento do prejuízo junto daquele que colocou o bem em circulação.

A alínea *c*) é relativamente ampla, desresponsabilizando o produtor no caso de "poder considerar-se, tendo em conta as circunstâncias, que o defeito não existia no momento em que colocou a coisa em circulação".

[977] Sobre este regime: Rui Pinto Duarte, "O Direito de Regresso do Vendedor Final na Venda para Consumo", 2001; Paulo Mota Pinto, "O Direito de Regresso do Vendedor Final de Bens de Consumo", 2002; Jorge Morais Carvalho, *Os Contratos de Consumo – Reflexão sobre a Autonomia Privada no Direito do Consumo*, 2012, pp. 608 a 612.

[978] Sara Larcher, "Contratos Celebrados Através da Internet", 2005, p. 233.

[979] João Calvão da Silva, *Venda de Bens de Consumo*, 2010, p. 133.

Não necessita, portanto, de provar que o defeito não existia, bastando a prova da probabilidade da sua inexistência[980].

Na alínea *d*), prevê-se a situação de o bem não ter sido fabricado para comercialização com fins lucrativos ou no âmbito da atividade profissional do vendedor e, na alínea *e*), o caso de "terem decorrido mais de dez anos sobre a colocação da coisa em circulação". Estas duas limitações são *de iure constituendo* muito discutíveis, entendendo-se, em relação à primeira, que o objetivo comercial constitui um requisito essencial da responsabilidade por defeitos no bem e, em relação à segunda, que após dez anos de colocação da coisa em circulação, o produtor deixa de ter controlo sobre a coisa.

As exceções acabam por ser estatisticamente mais relevantes do que a regra, pelo que mais uma vez se demonstra que a possibilidade de exercício dos direitos face ao produtor é menor do que face ao vendedor.

Além do produtor, também o representante deste na zona do domicílio do consumidor é responsável pelo defeito da coisa, nos termos definidos no art. 6º, segundo o nº 3 do preceito. O regime aplicável é o da responsabilidade solidária, pelo que o consumidor pode exigir junto de qualquer um deles a satisfação do seu direito (art. 512º do CC). Pode também dirigir-se a ambos, sendo que, se um deles satisfizer a pretensão do consumidor, o outro fica exonerado da responsabilidade.

Tal como no que diz respeito aos direitos que podem ser exercidos pelo consumidor perante o vendedor, também se deve entender que os direitos conferidos face ao produtor se transmitem a um terceiro adquirente do bem. A razão de ser do art. 4º-6 do DL 67/2003 também se aplica no contexto do art. 6º, pelo que não faria sentido distinguir as duas situações.

3.3.8.2. Regime da responsabilidade objetiva do produtor

Além de o produtor responder diretamente perante o consumidor, ao abrigo do art. 6º do DL 67/2003, pela reposição da conformidade na coisa vendida pelo profissional, o produtor também é responsável pelos danos resultantes de morte ou lesão pessoal e pelos danos causados em coisa diversa do bem defeituoso, independentemente de culpa[981], nos termos do DL 383/89.

[980] João Calvão da Silva, *Venda de Bens de Consumo*, 2010, p. 133.
[981] Fernando Dias Simões, *Marca do Distribuidor e Responsabilidade por Produtos*, 2009, p. 87.

Este diploma resulta da transposição da Diretiva 85/374/CEE, um dos primeiros diplomas europeus de direito privado[982]. Trata-se de uma diretiva de harmonização máxima, que parece ter como principal objetivo limitar os casos de responsabilidade objetiva do produtor.

Estamos perante um caso de responsabilidade civil extracontratual, pelo que se aplicam os pressupostos gerais desta figura, com a especificidade de se prescindir da culpa (art. 1º), cuja prova seria praticamente impossível de fazer pelo lesado.

O facto ilícito consiste na colocação em circulação de um bem defeituoso, ou seja, um bem que "não oferece a segurança com que legitimamente se pode contar, tendo em atenção todas as circunstâncias, designadamente a sua apresentação, a utilização que dele razoavelmente possa ser feita e o momento da sua entrada em circulação" (art. 4º-1). O art. 5º lista várias situações em que se exclui a responsabilidade do produtor.

O art. 6º do DL 67/2003 abrange os danos na própria coisa defeituosa, enquanto o DL 383/89 se restringe (i) aos danos resultantes de morte ou lesão pessoal, incluindo os causados "por uma operação cirúrgica de substituição de um produto defeituoso, como um estimulador cardíaco ou um desfibrilhador automático implantável, [...] quando essa operação é necessária para eliminar o defeito do produto em causa"[983], e (ii) aos danos causados em coisa diversa da coisa defeituosa (art. 8º).

No que respeita aos danos causados em coisa diversa do bem defeituoso, a lei limita a sua ressarcibilidade, ao abrigo deste regime, aos casos em que a coisa (diversa do bem defeituoso) é "normalmente destinada ao uso ou consumo privado e o lesado lhe tenha dado principalmente este destino". Portanto, só são indemnizáveis os danos causados em bens de consumo. Note-se que o bem defeituoso que causa o dano não tem de ser um bem de consumo, podendo ser um bem destinado a uso profissional. Acrescente-se que não tem de ser um dano causado ao consumidor que adquiriu o bem defeituoso, podendo ter sido causado a um terceiro, lesado, sem qualquer relação com o bem defeituoso. Além desta limitação, o art. 9º, alterado pelo DL 131/2001, estabelece um limite mínimo de € 500 para a indemnização, impondo assim uma franquia[984], só sendo indemnizáveis danos na medida em que ultrapassem aquele valor.

982 Fernando Dias Simões, *Marca do Distribuidor e Responsabilidade por Produtos*, 2009, p. 79.

983 Ac. do TJUE, de 5/3/2015.

984 João Calvão da Silva, *Responsabilidade Civil do Produtor*, 1990, p. 701; Fernando Dias Simões, *Marca do Distribuidor e Responsabilidade por Produtos*, 2009, p. 358. Para um

No que respeita aos danos resultantes de morte ou lesão pessoal, a lei não prevê qualquer limitação, pelo que estes são sempre ressarcíveis.

Para que o direito a indemnização nasça na esfera jurídica do lesado, é ainda necessário que exista um nexo de causalidade[985] entre o facto resultante do defeito do bem e os danos.

Vejamos um exemplo: o carro produzido por X e vendido por A a B explode enquanto estava estacionado num centro comercial, causando um morto (C), dois feridos (D e E) e danos num computador portátil, no valor de € 650 (de B), utilizado essencialmente para partilhar fotografias pessoais nas redes sociais, numa máquina fotográfica no valor de € 1 300 (de E), utilizada pelo lesado na sua profissão, e num carrinho de bebé no valor de € 250 (de F). Neste caso, B, além dos direitos que poderá exercer perante A, pode dirigir-se a X para que este reponha a conformidade no carro que explodiu, ao abrigo do art. 6º do DL 67/2003. Pode também exigir de X, nos termos do DL 383/89, indemnização de € 150 pelo computador portátil (650 – 500, referentes ao limite mínimo previsto no art. 9º), uma vez que este se destinava a uso privado. Os danos pessoais causados a C, D e E são ressarcíveis, sem qualquer limite. Os danos causados na máquina fotográfica não se encontram abrangidos pelo regime, uma vez que, apesar de o limite mínimo do art. 9º ser ultrapassado, o bem é destinado a uso profissional. Em relação ao carrinho de bebé, F não pode recorrer ao DL 383/89, porque o limite mínimo do art. 9º não é ultrapassado.

Nos casos em que os danos não sejam ressarcíveis por via do regime previsto no DL 383/89, o lesado pode recorrer ao regime geral do art. 483º do CC[986], embora a tarefa se revele hercúlea, uma vez que tem de ser provada a culpa do produtor.

Com quase trinta anos de vida, o regime da responsabilidade objetiva do produtor tem-se revelado um fracasso em Portugal[987], quando observado do ponto de vista dos lesados. Recorre-se muito pouco ao instituto, sendo escassa[988] a jurisprudência sobre a matéria[989]. Não se encontra,

exemplo de aplicação desta norma, v. Leonora Correia e Mariana Brito, "A Explosão do Congelador", 2019, p. 20.

985 Mafalda Miranda Barbosa, "Responsabilidade Civil do Produtor e Nexo de Causalidade", 2018.

986 João Calvão da Silva, *Responsabilidade Civil do Produtor*, 1990, p. 702.

987 David Saraiva, *A Tutela Preventiva da Responsabilidade Civil*, 2015, p. 77.

988 Ac. do STJ, de 5/1/2016; Ac. do STJ, de 2/6/2016; Ac. do TRL, de 11/4/2013.

também, adaptado ao mercado digital[990]. Na ótica dos produtores, e tendo em conta os objetivos de limitação da responsabilidade que estiveram na base da adoção do diploma, trata-se certamente de uma lei de sucesso.

3.3.9. Garantia voluntária

A matéria da garantia voluntária, também designada garantia comercial, não é exclusiva da venda de bens de consumo, mas tem com esta grande afinidade, encontrando-se regulada no art. 9º do DL 67/2003.

O art. 1º-B-*g*) do DL 67/2003, aditado pelo DL 84/2008, define garantia voluntária como "qualquer compromisso ou declaração, de caráter gratuito ou oneroso, assumido por um vendedor, por um produtor ou por qualquer intermediário perante o consumidor, de reembolsar o preço pago, substituir, reparar ou ocupar-se de qualquer modo de um bem de consumo, no caso de este não corresponder às condições enumeradas na declaração de garantia ou na respetiva publicidade".

O principal efeito da garantia é a vinculação do emitente a uma prestação (devolver o preço ou substituir ou reparar o bem) no caso de se verificar determinado evento (facto relativo ao bem, abrangido pelo conteúdo da declaração, direta ou indiretamente, incluindo a publicidade).

A garantia pode ser gratuita (ou aparentemente gratuita, uma vez que o seu preço é repercutido no preço do bem[991]) ou onerosa e ser prestada por qualquer pessoa. Em regra, o garante é o produtor, o vendedor ou um terceiro com interesse na satisfação do consumidor (por exemplo, o operador de telecomunicações, no que respeita ao telemóvel vendido).

Um primeiro aspeto que deve ser salientado é a total independência entre a denominada *garantia legal*, que consiste na obrigação de cumprimento em conformidade com o contrato, e a *garantia voluntária*. A primeira não é afetada nem pode ser afastada pela segunda[992]. A garantia

[989] Considerando positivo o reduzido alcance do diploma: José Miguel Júdice, "Uma Reflexão sobre o Direito do Consumo", 2002, p. 52. José Miguel Júdice, "Regime da Responsabilidade Objetiva do Produtor", 2016, p. 216, realça sobretudo a posição de especial desproteção em que se encontra o importador.

[990] Kristin Nemeth e Jorge Morais Carvalho, "Time for a Change? Product Liability in the Digital Era", 2019, p. 160.

[991] Mário Tenreiro, "La Proposition de Directive sur la Vente et les Garanties des Biens de Consommation", 1996, pp. 214 e 215.

[992] Sentença do JP de Lisboa, de 16/6/2011.

legal vincula o vendedor e o produtor (este, nos termos do art. 6º), independentemente da sua vontade, enquanto a garantia voluntária depende de uma declaração do emitente. Face à lei portuguesa, ninguém – nem o vendedor, nem o produtor – é obrigado a prestar uma garantia voluntária. Trata-se de um ato de autonomia, cabendo a decisão a quem pretenda prestar a garantia.

Na generalidade dos bens duráveis, o produtor presta uma garantia voluntária, com o objetivo principal de aumentar a confiança dos consumidores nos bens, potenciando-se assim as trocas comerciais e o funcionamento do mercado[993].

A garantia voluntária também é utilizada, em muitos casos, para confundir o consumidor quanto ao alcance da garantia legal[994]. A lei preocupa-se em afastar este efeito, destacando-se duas normas. Em primeiro lugar, o art. 9º-3-*a*) impõe ao emitente a declaração, no documento de garantia, "de que o consumidor goza dos direitos previstos no presente Decreto-Lei, e na demais legislação aplicável, e de que tais direitos não são afetados pela garantia", estando o incumprimento da norma sujeito a sanções contraordenacionais. Em segundo lugar, o art. 8º-*m*) do DL 57/2008 considera enganosa, em qualquer circunstância, a prática comercial que consiste em "apresentar como caraterística distintiva da oferta do profissional direitos do consumidor previstos na lei". As práticas comerciais enganosas são desleais (art. 6º) e "os contratos celebrados sob a influência de alguma prática comercial desleal são anuláveis a pedido do consumidor, nos termos do art. 287º do CC" (art. 14º-1), além de se encontrar prevista a possibilidade de aplicação de sanções contraordenacionais ao infrator.

Já se salientou que ninguém se encontra vinculado a prestar uma garantia voluntária. No entanto, quem, num ato de autonomia, decidir emiti-la, encontra-se vinculado ao cumprimento do dever previsto no art. 9º do DL 67/2003[995].

Assim, a declaração de garantia tem de ser transmitida através de um suporte durável (art. 9º-2), garantindo-se com esta exigência a permanência, a acessibilidade e a inalterabilidade da informação nele contida ("dis-

[993] Carlos Ferreira de Almeida, *Direito do Consumo*, 2005, p. 177.

[994] Carlos Ferreira de Almeida, *Direito do Consumo*, 2005, p. 180; Luís Menezes Leitão, "O Novo Regime da Venda de Bens de Consumo", 2005, p. 67.

[995] Carlos Ferreira de Almeida, *Direito do Consumo*, 2005, p. 179.

quete informática, CD-ROM, DVD, o disco duro do computador pessoal do consumidor"[996]; "envio por e-mail"[997]).

Além de ter de constar de um suporte durável, a declaração de garantia tem de ser emitida por escrito (em papel ou através de documento informático). É o que resulta da exigência de redação "de forma clara e concisa na língua portuguesa" do proémio do nº 3. Exige-se que o conteúdo da garantia seja claro para um consumidor normal daquele bem e que o documento contenha apenas a informação relevante e seja redigido em língua portuguesa.

As várias alíneas estabelecem os elementos que devem obrigatoriamente constar do documento, constituindo cláusulas da declaração do emitente[998]. Além da referência aos termos da garantia legal, já mencionada, deve constar da declaração de garantia o preço da garantia (se não constar, deve entender-se que é gratuita), "os benefícios atribuídos ao consumidor por meio do exercício da garantia, bem como as condições para a atribuição destes benefícios, incluindo a enumeração de todos os encargos, nomeadamente aqueles relativos às despesas de transporte, de mão-de-obra e de material, e ainda os prazos e a forma de exercício da mesma", a "duração e âmbito espacial da garantia" e a "firma ou nome e endereço postal, ou, se for o caso, eletrónico, do autor da garantia que pode ser utilizado para o exercício desta".

Note-se que, quanto às condições para atribuição das vantagens da garantia voluntária, o emitente pode impor as que entender, no respeito pelo princípio da boa-fé, cabendo ao consumidor cumprir essas condições para delas beneficiar. Assim, por exemplo, se um vendedor exigir o carimbo da fatura no prazo de quinze dias após a celebração do contrato para a efetivação da garantia voluntária, esta exigência é válida, tal como o será a exigência de que o consumidor guarde e apresente a embalagem do bem. É importante perceber que estamos a referir-nos à garantia voluntária e não à garantia legal. Em relação à garantia legal de dois anos, aquelas condições seriam inadmissíveis, tendo-se por não escritas.

O incumprimento dos deveres impostos pelo art. 9º-2 e 3 não afeta a validade da garantia, mantendo-se o garante vinculado à realização das

[996] João Calvão da Silva, *Venda de Bens de Consumo*, 2010, p. 151.

[997] Sara Larcher, "Contratos Celebrados Através da Internet", 2005, p. 239.

[998] Carlos Ferreira de Almeida, *Direito do Consumo*, 2005, p. 179.

prestações prometidas (art. 9º-5)[999], consequência eficaz no sentido de dissuadir a prática em causa[1000].

Além de poder gerar responsabilidade civil[1001], nos termos gerais, o incumprimento desta norma, ou seja, a prestação de uma garantia sem ser através de suporte durável, sem estar redigida de forma clara e concisa, em língua portuguesa, ou sem conter os elementos apontados, constitui ilícito contraordenacional, nos termos do art. 12º-A-1-*b*), aditado pelo DL 84/2008.

No caso de o comprador transmitir a coisa adquirida a um terceiro, a título gratuito ou oneroso, a garantia voluntária acompanha o bem, podendo ser invocada pelo novo proprietário (art. 9º-4).

No que respeita à natureza jurídica, nos casos em que o vendedor é o garante, a garantia voluntária constitui uma cláusula acessória do contrato de compra e venda, tendo portanto natureza contratual, independentemente do seu caráter gratuito ou oneroso. A obrigação associada à garantia tem autonomia em relação às obrigações caraterísticas do contrato[1002]. Quando o garante é um terceiro em relação ao contrato de compra e venda, nomeadamente o produtor (ou o prestador de serviços de comunicações eletrónicas), discute-se se a obrigação de garantia tem como fonte um contrato ou um negócio jurídico unilateral. A qualificação da obrigação como contratual seria, neste caso, mera ficção, uma vez que não existe nem se afigura necessária a aceitação por parte do consumidor. Trata-se de um negócio jurídico unilateral, na modalidade de promessa pública, ficando o terceiro vinculado por "prometer uma prestação a quem se encontre em determinada situação ou pratique certo facto" (art. 459º-1 do CC)[1003]. Neste caso, o facto consiste na celebração do contrato de compra e venda, eventualmente associado a outras situações previstas na promessa, como por exemplo o carimbo da fatura ou a conservação da embalagem do bem.

999 Rui Paulo de Mascarenhas Ataíde, "Direitos e Garantias do Comprador. Meios de Tutela", 2017, p. 168.

1000 Yves Picod e Hélène Davo, *Droit de la Consommation*, 2005, p. 237.

1001 João Calvão da Silva, *Venda de Bens de Consumo*, 2010, p. 152; Luís Menezes Leitão, "O Novo Regime da Venda de Bens de Consumo", 2005, p. 69.

1002 Carlos Ferreira de Almeida, *Direito do Consumo*, 2005, p. 181.

1003 Carlos Ferreira de Almeida, *Texto e Enunciado na Teoria do Negócio Jurídico*, Vol. II, 1992, p. 1031.

3.3.10. Diretivas 2019/771 e 2019/770[1004]

No dia 22 de maio de 2019, foram publicadas no Jornal Oficial da União Europeia a Diretiva (UE) 2019/770, do Parlamento Europeu e do Conselho, de 20 de maio de 2019, sobre certos aspetos relativos aos contratos de fornecimento de conteúdos e serviços digitais, e a Diretiva (UE) 2019/771, do Parlamento Europeu e do Conselho, de 20 de maio de 2019, relativa a certos aspetos dos contratos de compra e venda de bens, que altera o Regulamento (UE) 2017/2394 e a Diretiva 2009/22/CE e que revoga a Diretiva 1999/44/CE.

Trata-se da principal inovação no direito europeu dos contratos, em especial de consumo, pelo menos nas duas últimas décadas.

As duas diretivas são complementares[1005], não coincidindo em nenhum caso, como se verá, o seu âmbito objetivo de aplicação.

As matérias tratadas são, no essencial, as mesmas: conformidade dos bens ou conteúdos ou serviços digitais com o contrato; meios de ressarcimento (direitos) em caso de falta de conformidade; modalidades para o exercício desses meios de ressarcimento.

Note-se que a Diretiva 2019/771 complementa a Diretiva 2011/83/EU[1006], em especial no que respeita às normas que, nesta, regulam os contratos de consumo em geral (requisitos de informação, entrega, transferência do risco), dando-se, assim, mais um passo para um direito harmonizado da compra e venda a nível europeu. Aos contratos abrangidos pela Diretiva 2019/770 também se aplicam, em regra, os requisitos de informação previstos na Diretiva 2011/83/UE.

Por as normas da Diretiva 2011/83/UE que regulam a entrega não se aplicarem a contratos que não tenham por objeto bens, a Diretiva 2019/770 aborda uma matéria que não consta da Diretiva 2019/771. Trata-se do fornecimento do conteúdo ou serviço digital, ou seja, o equivalente à "entrega" do objeto do contrato. Os Estados-Membros são livres no que respeita à

[1004] Jorge Morais Carvalho, "New Developments in EU Consumer Contract Law", 2019; Kristin Nemeth e Jorge Morais Carvalho, "Current Challenges for Consumer Law", 2019; Jorge Morais Carvalho, "Sale of Goods and Supply of Digital Content and Digital Services – Overview of Directives 2019/770 and 2019/771", 2019; Jorge Morais Carvalho, "Venda de Bens de Consumo e Fornecimento de Conteúdos e Serviços Digitais – As Diretivas 2019/771 e 2019/770 e o seu Impacto no Direito Português", 2019.

[1005] Considerandos 13 da Diretiva 2019/771 e 20 da Diretiva 2019/770.

[1006] Considerando 11.

questão da natureza jurídica dos contratos de fornecimento de conteúdos ou serviços digitais[1007], mas têm agora de definir um regime uniforme de cumprimento ("fornecimento") da obrigação[1008].

Outra matéria que consta apenas da Diretiva 2019/770 é a das alterações ao contrato no caso de se tratar de um contrato de execução duradoura (art. 19º).

Em sentido contrário, apenas a Diretiva 2019/771 trata da matéria das garantias comerciais (art. 17º).

As diretivas têm de ser transpostas para as ordens jurídicas nacionais até ao dia 1 de julho de 2021, devendo definir como data de início da vigência das normas de transposição o dia 1 de janeiro de 2022. Prevê-se, assim, um período mínimo de *vacatio legis* de seis meses.

No que respeita à aplicação no tempo, as normas de transposição da Diretiva 2019/771 devem aplicar-se apenas aos contratos celebrados após o início da vigência do diploma em causa[1009]. Já as da Diretiva 2019/770 devem aplicar-se "a contratos por tempo indeterminado ou a termo certo celebrados antes da data de aplicação, e que disponham o fornecimento de conteúdos ou serviços digitais durante um determinado período, quer continuamente, quer através de uma série de atos individuais de fornecimento, mas apenas no que diz respeito aos conteúdos ou serviços digitais que sejam fornecidos a partir da data de aplicação das disposições nacionais de transposição", com exceção das normas relativas à alteração dos conteúdos ou serviços digitais e ao direito de regresso, que apenas se devem aplicar aos contratos celebrados após o início da vigência do diploma[1010].

As diretivas são de harmonização máxima. É o resulta do art. 4º de cada uma das Diretivas, ressalvando-se, no entanto, "disposição em contrário" constante dos próprios diplomas.

Provavelmente por se tratar de matéria que se encontrava anteriormente abrangida por uma diretiva de harmonização mínima (Diretiva 1999/44/CE),

1007 Considerando 12 da Diretiva 2019/770. Defendendo a necessidade de uma nova categoria de bens digitais, v. José Antonio Castillo Parrilla, *Bienes Digitales: Una Necesidad Europea*, 2018, p. 259.

1008 Karin Sein e Gerald Spindler, "The new Directive on Contracts for the Supply of Digital Content and Digital Services – Scope of Application and Trader's Obligation to Supply", 2019, pp. 276 e segs..

1009 Considerando 66.

1010 Considerando 83.

a Diretiva 2019/771 confere maior liberdade aos Estados-Membros do que a Diretiva 2019/770.

Ambas as diretivas se aplicam, naturalmente, dentro do respetivo âmbito de aplicação, subjetivo e objetivo, abrangendo a harmonização máxima precisamente esse âmbito. Assim, os Estados-Membros não podem restringir o âmbito de aplicação dos diplomas. Podem, no entanto, alargar livremente o âmbito de aplicação dos regimes materiais em causa[1011].

3.3.10.1. Âmbito de aplicação

3.3.10.1.1. Âmbito de aplicação subjetivo

No que respeita ao âmbito de aplicação subjetivo, os regimes visam proteger o consumidor, entendido como "uma pessoa singular que (...) atue com fins que não se incluam no âmbito da atividade comercial, empresarial, artesanal ou profissional" [arts. 2º-2) da Diretiva 2019/771 e 2º-6) da Diretiva 2019/770].

Os Estados-Membros podem alargar a proteção conferida por estes regimes a outras pessoas que não sejam aqui qualificadas como consumidores. Tal pode ser feito por três vias: (i) alargamento do conceito de consumidor, nomeadamente abrangendo também pessoas coletivas e/ou pessoas que atuem com fins profissionais; (ii) aplicação genérica do(s) regime(s) independentemente da natureza do adquirente de bens ou conteúdos ou serviços digitais; (iii) alargamento da proteção a outra categoria de pessoas, como, por exemplo, as microempresas[1012]. Esta é uma decisão que cabe a cada um dos Estados-Membros.

Julgamos que, no direito português, se justifica a manutenção de um conceito de consumidor relativamente restrito, que inclua apenas aqueles que destinem os bens ou serviços a um uso não profissional [arts. 2º-1 da LDC e 1º-B-a) do DL 67/2003].

No caso de uso misto do bem ou do conteúdo ou serviço digital, importa assinalar uma mudança relevante de orientação do direito europeu, que restringe o âmbito da harmonização máxima, por via de uma restrição do conceito de consumidor.

1011 Considerandos 21 da Diretiva 2019/771 e 16 da Diretiva 2019/770.

1012 Nos considerandos 21 da Diretiva 2019/771 e 16 da Diretiva 2019/770 refere-se expressamente a hipótese de alargar a proteção conferida a consumidores a organizações não-governamentais, *start-ups* ou PME.

Nos regimes materiais de direito do consumo, podia afirmar-se até agora que o critério do uso predominante era o critério adotado a nível europeu.

Nos considerandos das diretivas em análise[1013], que devem ser incluídas na categoria dos regimes materiais de direito do consumo, pode ler-se, "no caso de contratos com dupla finalidade, em que o contrato é celebrado para fins tanto parcialmente abrangidos pela atividade comercial da pessoa como parcialmente exteriores a esse âmbito e em que a finalidade comercial é de tal modo limitada que não é predominante no contexto global do contrato, os Estados-Membros deverão igualmente continuar a ser livres de determinar se, e em que condições, essa pessoa deverá ser igualmente considerada um consumidor".

Ora, se os Estados-Membros são "livres de determinar se, e em que condições, essa pessoa deverá ser igualmente considerada um consumidor", isto significa que as diretivas não qualificam essa pessoa necessariamente como um consumidor, ou seja, ao contrário do que era a orientação anterior nos regimes materiais de direito do consumo, poderemos ter Estados-Membros que não considerem essa pessoa como um consumidor. Naturalmente, os Estados-Membros são livres de qualificar essa pessoa como consumidor, tal como o podem fazer em relação a pessoas coletivas ou a empresas.

Esta restrição do conceito de consumidor parece-nos criticável[1014], uma vez que pode gerar discrepâncias a nível europeu, prejudicando simultaneamente o mercado interno e uma proteção eficaz dos consumidores.

O conceito de profissional[1015], designado vendedor na Diretiva 2019/771[1016], não apresenta novidades significativas relativamente a anteriores diplomas europeus. Há, no entanto, uma questão interessante, abordada nos considerandos 23 da Diretiva 2019/771 e 18 da Diretiva 2019/770, que diz respeito ao papel do operador de plataforma digital, que será, naturalmente, considerado profissional se estiver a atuar "como parceiro con-

[1013] Considerandos 22 da Diretiva 2019/771 e 17 da Diretiva 2019/770.

[1014] CAROLINE CAUFFMAN, "New EU Rules on Business-to-Consumer and Platform-to-Business Relationships", 2019, p. 479, considera a solução problemática, enquanto KARIN SEIN E GERALD SPINDLER, "The new Directive on Contracts for the Supply of Digital Content and Digital Services – Scope of Application and Trader's Obligation to Supply", 2019, p. 262, defendem que pode ser confusa para os profissionais.

[1015] V. art. 2º-5) da Diretiva 2019/770.

[1016] Art. 2º-3).

tratual direto do consumidor". Nos casos em que não está a atuar "como parceiro contratual direto do consumidor", os Estados-Membros são livres de também qualificar o operador da plataforma como profissional[1017], responsabilizando-o perante o consumidor pela falta de conformidade do bem ou conteúdo ou serviço digital.

3.3.10.1.2. Âmbito de aplicação objetivo

A Diretiva 2019/771 é aplicável a contratos de compra e venda (art. 3º-1) e a contratos "para o fornecimento de mercadorias a fabricar ou a produzir" (art. 3º-2). Encontram-se apenas abrangidos contratos onerosos, pelos quais "o consumidor paga ou se compromete a pagar o respetivo preço"[1018]. Não é aplicável aos contratos abrangidos pela Diretiva 2019/770.

A Diretiva 2019/771 aplica-se, ainda, integralmente, aos designados "bens como elementos digitais", incluindo-se assim no seu âmbito os "conteúdos ou serviços digitais que estejam incorporados em bens, ou com eles estejam interligados (...) e sejam fornecidos com os bens nos termos de um contrato de compra e venda, independentemente de os conteúdos ou serviços digitais serem fornecidos pelo vendedor ou por um terceiro" (art. 3º-3).

A Diretiva 2019/770 aplica-se a contratos de fornecimento de conteúdos ou de serviços digitais (art. 3º-1). Nos termos do segundo parágrafo do mesmo preceito, para a aplicação do regime, é necessário que exista uma contrapartida, mas essa contrapartida não tem de ser em dinheiro, podendo resultar do fornecimento de dados pessoais.

Note-se que a Diretiva 2019/770 se aplica a contratos relativos a um suporte material que seja utilizado exclusivamente como meio de disponibilização de conteúdos digitais (art. 3º-3). É o caso, por exemplo, de um CD de músicas. Neste caso, não se aplicam as regras da Diretiva relativas ao fornecimento, sendo aplicáveis, por se tratar de um bem, as normas da Diretiva 2011/83/EU que regulam a entrega e a transferência do risco.

Como referimos atrás, os Estados-Membros podem alargar a proteção conferida por estes regimes a outros contratos. Assim, por exemplo,

[1017] Caroline Cauffman, "New EU Rules on Business-to-Consumer and Platform-to-Business Relationships", 2019, p. 473; Karin Sein e Gerald Spindler, "The new Directive on Contracts for the Supply of Digital Content and Digital Services – Scope of Application and Trader's Obligation to Supply", 2019, p. 261.

[1018] Art. 2º-1).

o regime da Diretiva 2019/771 pode ser aplicado a contratos de locação e o regime da Diretiva 2019/770 pode ser estendido a outros contratos de prestação de serviços.

É igualmente possível a adoção de um regime único de conformidade dos bens, serviços ou direitos fornecidos a consumidores, desde que esse regime único integre as especificidades constantes dos dois diplomas em análise.

Considera-se que esta seria a melhor solução para o direito português, em linha com o DL 67/2003. Poderá colocar-se a hipótese de alterar a LDC, nela incluindo uma regulação completa dos contratos de consumo.

Procede-se agora a uma análise do âmbito de aplicação objetivo dos diplomas, partindo de alguns exemplos.

A) O consumidor A compra uma camisola na Zara. Ao contrato de compra e venda da camisola aplica-se a Diretiva 2019/771 [arts. 2º-5)-a) e 3º-1], não relevando se o contrato é celebrado presencialmente ou à distância.

B) O consumidor B compra um carro num stand, com uma aplicação de GPS instalada[1019]. Esta situação é integralmente abrangida pela Diretiva 2019/771. Quanto ao automóvel propriamente dito, vale a análise feita em relação à camisola. Já no que respeita à aplicação de GPS, o art. 3º-3 da Diretiva 2019/771 estabelece que o diploma "é aplicável a conteúdos ou serviços digitais que estejam incorporados em bens", como a aplicação de GPS instalada no carro. O carro é, portanto, qualificado como um bem com elementos digitais [v. art. 2º-5)-b)]. Refira-se, ainda, no mesmo sentido, que o art. 3º-4 da Diretiva 2019/770 estabelece que esta não é aplicável nestes casos.

C) O consumidor C compra um carro num stand, com uma aplicação de GPS instalada, comprometendo-se o vendedor a fazer atualizações de *software* durante um ano. Em comparação com a situação anterior, nesta, além do conteúdo digital (aplicação de GPS), o contrato inclui ainda um serviço digital (a atualização de *software*). Aplica-se também, neste caso, a Diretiva 2019/771, por se tratar de um serviço digital incorporado numa coisa.

D) O consumidor D compra um carro num stand, com uma aplicação de GPS instalada, comprometendo-se o vendedor a fazer atualizações de

1019 Em geral, sobre os diferentes modelos e problemas colocados pelos automóveis ligados a um sistema de navegação, v. Piia Kalamees e Karin Sein, "Connected Consumer Goods: Who is Liable for Defects in the Ancillary Digital Service?", 2019.

software durante três anos. A situação é idêntica à anterior, verificando-se apenas uma diferença no que respeita ao prazo dentro do qual o profissional é responsável. Esta questão será analisada mais à frente neste texto. Face a este enquadramento factual, aplica-se, ainda, a Diretiva 2019/771.

E) O consumidor E compra um carro num stand, sem aplicação de GPS instalada[1020], e vai depois à Internet e adquire a última versão de uma aplicação de GPS à Tom Tom. Ao contrário do que sucede nos casos anteriores, neste temos de distinguir o contrato de compra e venda do automóvel, ao qual se aplica a Diretiva 2019/771, e o contrato de fornecimento da aplicação de GPS, que não está incorporado no automóvel e, por isso, não se encontra abrangido no âmbito desse diploma. Aplica-se ao contrato de fornecimento da aplicação de GPS a Diretiva 2019/770 [arts. 2º-1) e 3º-1].

F) O consumidor F adquire um ficheiro da música Happier, de Ed Sheeran, no iTunes. Neste caso, trata-se igualmente de um contrato de fornecimento de um conteúdo digital, aplicando-se a Diretiva 2019/770. A conclusão seria a mesma se o consumidor tivesse adquirido um CD, ou seja, uma coisa corpórea, com essa música. Com efeito, a Diretiva é aplicável "a qualquer suporte material utilizado exclusivamente como meio de disponibilização dos conteúdos digitais" (art. 3º-3).

G) O consumidor G celebra um contrato com a Netflix que lhe permite aceder aos conteúdos disponibilizados por esta empresa, tendo o contrato duração indeterminada, com fidelização de um mês. O objeto deste contrato é um serviço digital, através do qual o consumidor pode aceder

[1020] Para concluir se a aplicação de GPS está ou não incluída no contrato de compra e venda é necessário analisar o conteúdo do contrato (Karin Sein e Gerald Spindler, "The new Directive on Contracts for the Supply of Digital Content and Digital Services – Scope of Application and Trader's Obligation to Supply", 2019, p. 274), constituindo um problema de interpretação das declarações das partes, nomeadamente a declaração do profissional (tendo em conta os critérios de conformidade elencados no ponto seguinte deste estudo). Este aspeto resulta de forma clara do considerando 15 da Diretiva 2019/771, podendo aplicar-se este diploma mesmo nos casos em que os conteúdos ou serviços digitais não estejam pré-instalados e tenham de ser descarregados posteriormente, fazendo parte do objeto do contrato de compra e venda. Veja-se igualmente o considerando 22 da Diretiva 2019/770: "outro exemplo é o caso em que é *expressamente acordado* que o consumidor compra um telemóvel inteligente sem um sistema operativo específico e posteriormente celebra com um terceiro um contrato para o fornecimento de um sistema operativo. Nesse caso, o fornecimento do sistema operativo comprado em separado não faz parte do contrato de compra e venda" (itálico nosso). Parece-nos que o critério das expetativas razoáveis do consumidor é decisivo [v. art. 7º-1-d) da Diretiva 2019/770].

a dados em formato digital [art. 2º-2)-a)], pelo que é aplicável a Diretiva 2019/770 (art. 3º-1).

H) O consumidor H celebra um contrato com a empresa gestora do Finantial Times, nos termos do qual esta envia todos os dias a versão digital do jornal por e-mail para o consumidor. Estamos aqui perante um conteúdo digital [art. 2º-1)], aplicando-se a Diretiva 2019/770 (art. 3º-1).

3.3.10.2. Critérios de conformidade

A separação explícita dos critérios de conformidade em critérios subjetivos e objetivos é uma das principais inovações no que respeita à avaliação da conformidade do bem com o contrato.

Não se verificam alterações muito significativas nos critérios propriamente ditos, embora ambas as diretivas acrescentem requisitos de funcionalidade, compatibilidade e interoperabilidade para conteúdos e serviços digitais e para bens com elementos digitais.

Resulta claramente das novas diretivas que os vícios de direito estão incluídos no conceito de falta de conformidade. Os arts. 9º da Diretiva 2019/771 e 10º da Diretiva 2019/770 estabelecem que, quando uma restrição resultante da violação de um direito de um terceiro (direitos de propriedade intelectual, entre outros direitos) impede ou limita a utilização dos bens, conteúdos digitais ou serviços digitais de acordo com os requisitos de conformidade, o consumidor tem direito aos meios de ressarcimento resultantes da falta de conformidade. Os Estados-Membros têm, no entanto, a opção de prever, em alternativa, a nulidade ou a resolução do contrato nesses casos.

O profissional deve entregar bens (ou fornecer conteúdos digitais ou serviços digitais) ao consumidor que cumpram os requisitos de conformidade[1021].

Os arts. 6º e 7º da Diretiva 2019/771 e os arts. 7º e 8º da Diretiva 2019/770 incluem critérios que visam determinar os elementos que fazem parte do contrato. Em vez de caracterizar o que está ou não em conformidade com o contrato, o objetivo destas regras é especificar o que está incluído no contrato e depois, no momento do cumprimento, avaliar se os bens, conteúdos digitais ou serviços digitais fornecidos correspondem aos bens, conteúdos digitais ou serviços digitais acordados.

[1021] Arts. 5º da Diretiva 2019/771 e 6º da Diretiva 2019/770.

A distinção entre requisitos subjetivos e objetivos refere-se ao facto de existirem elementos que resultam diretamente da relação entre o consumidor e o profissional (subjetivos) e elementos que só indiretamente fazem parte do contrato, porque são razoavelmente esperados pelo consumidor (objetivo).

Neste sentido, se uma amostra ou modelo dos bens (ou versão experimental ou pré-visualização do conteúdo digital ou do serviço digital) tiver sido disponibilizado ao consumidor pelo profissional e se houver uma declaração pública feita pelo profissional, ainda estamos dentro dos requisitos subjetivos.

As diferenças neste domínio entre as duas diretivas são pouco relevantes e, por vezes, incompreensíveis.

Assim, a Diretiva 2019/771 não parece incluir qualquer "apoio ao cliente" acordado contratualmente. Esta omissão não faz sentido e o apoio ao cliente também deve ser considerado parte integrante do contrato de compra e venda se for acordado entre as partes. Pode ser um elemento importante na decisão de celebração do contrato tomada pelo consumidor.

O "tipo" de bens é apenas referido como um critério de conformidade na Diretiva 2019/771, mas também deve ser considerado como incluído no contexto dos conteúdos digitais e dos serviços digitais. O tipo de conteúdo digital ou de serviço digital é um elemento importante do contrato. Esta não é uma questão problemática, uma vez que o tipo está claramente incluído na descrição, um dos outros critérios incluídos em ambas as diretivas.

No que diz respeito à durabilidade (ou continuidade)[1022], embora a referência expressa seja uma novidade[1023], a abordagem ao tema da obsolescência programada ainda é muito tímida. O considerando 32 da Diretiva 2019/771 refere que "assegurar uma maior durabilidade dos bens é importante para se alcançarem padrões de consumo mais sustentáveis e uma economia circular". No entanto, é dada preferência à "legislação específica da União relativa a produtos", sendo o regime jurídico da venda de bens de consumo apenas complementar.

Pode ler-se no mesmo considerando que "para que os bens estejam em conformidade, deverão possuir a durabilidade que é normal para bens do

[1022] Arts. 7º-1-d) da Diretiva 2019/771 e 8º1-b) da Diretiva 2019/770.

[1023] Geraint Howells, Christian Twigg-Flesner e Thomas Wilhelmsson, *Rethinking EU Consumer Law*, 2018, p. 183.

mesmo tipo e que o consumidor pode razoavelmente esperar dada a natureza dos bens, incluindo a eventual necessidade de manutenção razoável dos bens, como a inspeção periódica ou a mudança de filtros de um automóvel, e tendo em conta qualquer declaração pública feita por qualquer pessoa que faça parte da cadeia de transações ou em seu nome". Ora, um automóvel tem uma vida útil muito mais longa do que os dois anos que a Diretiva estabelece como regra para a responsabilidade do vendedor e não estão previstas regras que possam garantir ao consumidor a possibilidade de utilizar o automóvel após esses dois anos.

No entanto, este problema pode ser resolvido ao nível dos Estados-Membros, embora neste caso não de forma harmonizada. Em primeiro lugar, como veremos no próximo ponto, os Estados-Membros podem prever um período mais longo para a responsabilidade do profissional. Em segundo lugar, o profissional pode ser obrigado a prestar assistência pós-venda ao consumidor, mesmo que paga, durante a vida útil prevista dos bens, por exemplo, disponibilizando peças de substituição.

Os requisitos de conformidade estão incluídos no âmbito da harmonização máxima de ambas as diretivas, o que significa que os Estados-Membros não podem desviar-se das suas disposições. Assim, os Estados-Membros que, como Portugal, não preveem atualmente a exclusão da responsabilidade do profissional por declarações públicas deverão agora reduzir o nível de proteção dos consumidores[1024]. A partir do momento em que se verificar a transposição do diploma europeu, a vinculação dos profissionais à publicidade passará a ser menor nesses Estados-Membros.

As atualizações constituem uma questão nova e importante em ambas as diretivas, que diz respeito principalmente a bens com elementos digitais, a conteúdos digitais e a serviços digitais.

Quando estiver envolvido um único ato de fornecimento (ou vários atos individuais de fornecimento), o profissional deve fazer atualizações no prazo que o consumidor possa razoavelmente esperar, tendo em conta o tipo e a finalidade dos bens e dos elementos, conteúdos ou serviços digitais, bem como as circunstâncias e a natureza do contrato[1025].

Caso os conteúdos digitais ou os serviços digitais devam ser fornecidos de forma contínua durante um determinado período de tempo, o profis-

[1024] Arts. 7º-2 da Diretiva 2019/771 e 8º-1-b) da Diretiva 2019/770.

[1025] Arts. 7º-3-a) da Diretiva 2019/771 e 8º-2-b) da Diretiva 2019/770.

sional deve atualizá-los durante esse período[1026]. No caso de bens com elementos digitais, este período não pode ser inferior a dois anos[1027].

O consumidor não tem o dever de instalar atualizações, mas o incumprimento desse ónus tem consequências negativas. O profissional não é responsável pela falta de conformidade resultante da falta de atualização, desde que (i) tenha informado o consumidor da disponibilidade da atualização e das consequências da sua não instalação e (ii) a não instalação ou a instalação incorreta da atualização pelo consumidor não tenha sido devida a deficiências nas instruções de instalação[1028].

A Diretiva 2019/770 estabelece que, salvo acordo em contrário das partes, os conteúdos digitais ou serviços digitais devem ser fornecidos na versão mais recente disponível no momento da celebração do contrato[1029]. Embora esta regra não esteja prevista na Diretiva 2019/771, não há razão para que não se aplique também aos contratos de compra e venda. Em primeiro lugar, deve aplicar-se aos elementos digitais dos bens com elementos digitais. Mas deve também aplicar-se aos próprios bens. Se as partes acordarem em celebrar um contrato de compra e venda de um automóvel novo do modelo X, deve ser entregue a versão mais recente desse modelo.

O consumidor está também protegido contra a instalação incorreta dos bens se a instalação fizer parte do contrato e tiver sido efetuada pelo profissional (ou pelo fornecedor de conteúdos digitais ou de serviços digitais, no caso de bens com elementos digitais) ou pelo próprio consumidor, neste caso se as instruções que lhe foram fornecidas estiverem incorretas[1030]. A *instalação* corresponde, nos contratos de fornecimento de conteúdos digitais e de serviços digitais, à *integração* no ambiente digital do consumidor.

3.3.10.3. Responsabilidade do profissional e prazos

O profissional é responsável perante o consumidor por qualquer desconformidade que exista no momento da entrega do bem, mas essa responsabilidade está sujeita a um prazo para a manifestação da desconformidade.

[1026] Arts. 7º-3-b) da Diretiva 2019/771 e 8º-2-a) da Diretiva 2019/770.

[1027] Art. 10º-2 da Diretiva 2019/771.

[1028] Arts. 7º-4 da Diretiva 2019/771 e 8º-3 da Diretiva 2019/770.

[1029] Art. 8º-6.

[1030] Arts. 8º da Diretiva 2019/771 e 9º da Diretiva 2019/770.

Seguindo o que já estava previsto na Diretiva 1999/44/CE (art. 5º-1)[1031], este prazo é de dois anos quer na Diretiva 2019/771[1032], incluindo, em regra, no que respeita a bens com elementos digitais (art. 10º-1), quer na Diretiva 2019/770, embora neste caso apenas se o contrato estabelecer um ato único de fornecimento ou uma série de atos individuais de fornecimento (art. 12º-1-primeiro parágrafo). Se as partes tiverem estabelecido um fornecimento contínuo durante um determinado período de tempo, o vendedor é responsável se a desconformidade se manifestar durante esse período (art. 11º-3 da Diretiva 2019/770).

Recorrendo novamente aos exemplos dados no ponto relativo ao âmbito de aplicação objetivo, o prazo de dois anos para a manifestação da desconformidade não seria aplicado apenas aos contratos celebrados pelos consumidores D e G.

Em relação ao consumidor G, aplica-se o art. 11º-3 da Diretiva 2019/770, tendo o serviço de acesso à página de ser prestado em conformidade com o contrato enquanto se mantiver vigente o contrato. A natureza deste contrato aponta para a possibilidade de o consumidor aceder à página (e aos conteúdos acordados) durante um determinado período (independentemente de ter sido ou não previamente fixada a sua duração), não relevando a conformidade em momento posterior, no qual o consumidor já não pode aceder à página.

Quanto ao consumidor D, aplica-se a segunda parte do art. 10º-2 da Diretiva 2019/771, sendo o profissional responsável por qualquer falta de conformidade que ocorra ou se manifeste ao longo do prazo de três anos definido no contrato. Note-se que em relação ao carro propriamente dito se aplica o prazo de dois anos para a manifestação da desconformidade. O consumidor D terá, portanto, prazos diferentes para a manifestação da desconformidade consoante a desconformidade incida sobre o carro (dois anos) ou sobre a aplicação de GPS (três anos).

1031 Tal como na lei portuguesa para os bens móveis, com a designação de prazo de garantia (art. 5º-1).

1032 No caso de bens em segunda mão, os Estados-Membros podem prever que as partes possam acordar em cláusulas contratuais com um prazo de responsabilidade (ou de prescrição) mais curto, no mínimo de um ano (art. 10º-6). A jurisprudência do TJUE é aqui parcialmente alterada (*Acórdão Ferenschild*), uma vez que o prazo de prescrição também está incluído. O acordo previsto nesta disposição deve também estar sujeito ao regime jurídico da Diretiva relativa às cláusulas abusivas.

Nos restantes casos, aplica-se o prazo de dois anos. O consumidor C, apesar de as atualizações de software terem sido acordadas apenas para o período de um ano, encontra-se protegido, relativamente a desconformidades na aplicação de GPS que se manifestem no prazo de dois anos (segunda parte do art. 10º-2 da Diretiva 2019/771). O consumidor E adquiriu a última versão da aplicação de GPS, sem convencionar atualizações, pelo que esta aplicação poderá ser utilizada, à partida, para sempre, respondendo o profissional por desconformidades que se manifestem no prazo de dois anos (art. 11º-2 da Diretiva 2019/770). Esta conclusão vale igualmente para a música de Ed Sheeran e para cada exemplar do Finantial Times.

Ambas as Diretivas dão ampla liberdade aos Estados-Membros para regular esta matéria.

Por um lado, o prazo para a manifestação da desconformidade pode ser alargado[1033].

Por outro lado, pode não se prever um prazo relativo à manifestação da desconformidade, mas neste caso a norma nacional terá de estabelecer um prazo de prescrição (ou de caducidade) para o exercício dos direitos. No considerando 42 da Diretiva 2019/771 pode ler-se que "os Estados-Membros deverão ter a possibilidade de prever que o vendedor seja responsável por uma falta de conformidade que se manifeste durante um determinado período, possivelmente em conjunto com um prazo de prescrição, ou que os meios de ressarcimento do consumidor sejam apenas sujeitos a um prazo de prescrição". Visa-se, na terminologia do considerando 56 da Diretiva 2019/770, "garantir a segurança jurídica" a profissionais e consumidores, que têm sempre de poder contar com um prazo, podendo este ser ou um prazo de responsabilidade do profissional ou um prazo para o exercício dos direitos pelo consumidor. É igualmente possível o estabelecimento dos dois prazos.

O ónus da prova da falta de conformidade na venda de bens de consumo recai sobre o consumidor.

O ónus da prova da falta de conformidade nos contratos de fornecimento de conteúdos digitais ou de serviços digitais depende da natureza do ato de cumprimento. Se estiver em causa um ato individual de fornecimento ou uma série de atos individuais de fornecimento, o ónus da prova

[1033] Arts. 10º-3 da Diretiva 2019-771 e 11º-2-segundo parágrafo da Diretiva 2019/770. Na última norma indicada parece, até, partir-se da regra de que não está previsto este prazo.

recai sobre o consumidor. Se as partes tiverem estabelecido um fornecimento contínuo ao longo de um período de tempo, o ónus da prova da falta de conformidade recai sobre o profissional[1034].

O prazo durante o qual o consumidor não tem de provar que a falta de conformidade já existia no momento da entrega é de um ano a contar do momento em que os bens foram entregues ou os conteúdos digitais ou serviços digitais foram fornecidos[1035].

Permitindo que alguns Estados-Membros, como Portugal, não reduzam significativamente o nível de proteção dos consumidores, a Diretiva 2019/771 oferece a possibilidade de alargar este prazo para dois anos[1036]. Será, assim, possível manter o prazo de dois anos atualmente previsto no art. 3º-2 do DL 67/2003. A Diretiva 2019/770 não prevê esta possibilidade, pelo que o período deve ser de apenas um ano no que respeita aos conteúdos digitais e aos serviços digitais.

O estabelecimento de um ónus de denúncia por parte do consumidor é facultativo para os Estados-Membros na Diretiva 2019/771, embora, sendo imposto, o prazo para o consumidor notificar o vendedor deva ser de, pelo menos, dois meses a contar da data em que o consumidor tomou conhecimento da falta de conformidade[1037]. Esta possibilidade não está prevista na Diretiva 2019/770, pelo que os Estados-Membros não a vão poder utilizar nos contratos de fornecimento de conteúdos digitais ou de serviços digitais. Poderá ser uma boa oportunidade para deixar de se prever no direito português o ónus de denúncia da falta de conformidade por parte do consumidor.

3.3.10.4. Direitos do consumidor

Em caso de falta de conformidade, o consumidor tem direito a:

- Reposição da conformidade dos bens, conteúdos digitais ou serviços digitais (através de reparação ou substituição no caso de bens);

[1034] Art. 12º-3 da Diretiva 2019/770.

[1035] Arts. 11º-1 da Diretiva 2019/771 e 12º-2 da Diretiva 2019/770. Este prazo não se aplica quando o contrato prevê um fornecimento contínuo durante um período de tempo – art. 12º-3 da Diretiva 2019/770. Considerando tratar-se da principal melhoria dos direitos dos consumidores no âmbito da venda de bens de consumo, v. CAROLINE CAUFFMAN, "New EU Rules on Business-to-Consumer and Platform-to-Business Relationships", p. 471.

[1036] Art. 11º-2.

[1037] Art. 12º.

- Redução do preço;
- Resolução do contrato.

Está prevista em ambas as diretivas uma hierarquia entre os direitos. Em regra, a primeira tentativa deve consistir em repor a conformidade dos bens (conteúdos digitais ou serviços digitais), só depois tendo o consumidor direito a uma redução proporcional do preço ou à resolução do contrato. Neste domínio, os Estados-Membros não podem divergir das disposições das diretivas. Isto significa que os Estados-Membros que atualmente não preveem uma hierarquia dos direitos[1038], como Portugal, terão um nível inferior de proteção dos consumidores após a transposição das diretivas.

Este problema é parcialmente atenuado, no que respeita à venda de bens de consumo, pela possibilidade de os Estados-Membros preverem que os consumidores possam escolher um "meio de ressarcimento específico" no caso de a falta de conformidade dos bens se manifestar num prazo curto após a entrega, o qual não pode ser superior a 30 dias[1039]. Os Estados-Membros podem assim prever que o consumidor possa resolver o contrato imediatamente se a falta de conformidade se manifestar nos primeiros 30 dias após a entrega.

A solução agora imposta pela Diretiva 2019/771, que consiste na existência de hierarquia entre os direitos, parece ser a mais equilibrada se colocarmos em perspetiva os vários elementos da questão. Além de estar de acordo com os princípios do *favor negotii* e da proporcionalidade, esta solução parece ser a mais sustentável do ponto de vista ambiental[1040], na medida em que privilegia a reparação, pelo menos em relação à resolução do contrato.

A principal diferença entre as duas diretivas resulta de a Diretiva 2019/770 não mencionar a reparação e a substituição entre as formas de tornar os conteúdos digitais ou os serviços digitais conformes com o con-

[1038] Geraint Howells, Christian Twigg-Flesner e Thomas Wilhelmsson, *Rethinking EU Consumer Law*, 2018, p. 186.

[1039] Art. 3º-7 da Diretiva 2019/771.

[1040] Evelyne Terryn, "A Right to Repair? Towards Sustainable Remedies in Consumer Law", *in European Review of Private Law*, 2019, p. 858. Sobre a importância de um equilíbrio entre a proteção do consumidor e a sustentabilidade, v. também Vanessa Mak e Enna Lujinovic, "Towards a Circular Economy in EU Consumer Markets – Legal Possibilities and Legal Challenges and the Dutch Example", *in EuCML – Journal of Consumer and Market Law*, nº 1, 2019, p. 7.

trato. A ideia é que os conceitos de reparação e substituição só são adequados para bens, o que é discutível.

O consumidor tem direito à reposição da conformidade dos bens, dos conteúdos digitais ou dos serviços digitais e, no caso dos bens, pode escolher entre a reparação e a substituição, sendo os limites a impossibilidade do direito ou a desproporcionalidade dos custos[1041].

Na Diretiva 2019/771, os limites indicados aplicam-se igualmente à escolha entre reparação e substituição, por um lado, e redução do preço e resolução do contrato, por outro lado. Tal altera a regra resultante da jurisprudência do TJUE[1042]. O TJUE concluiu no processo *Acórdão Weber & Putz* que o direito da União Europeia se opõe a que "uma legislação nacional confira ao vendedor o direito de recusar a substituição de um bem não conforme, único modo possível de ressarcimento, pelo facto de esta lhe impor, devido à obrigação de proceder à remoção deste bem do local onde foi instalado e de aí instalar o bem de substituição, custos desproporcionados em relação ao valor que o bem teria se fosse conforme e à importância da falta de conformidade". Num futuro caso semelhante, após a transposição da diretiva, a decisão será no sentido de que o consumidor não tem direito à substituição do bem.

Os bens, conteúdos digitais ou serviços digitais devem ser repostos em conformidade cumprindo os seguintes requisitos:

- Gratuitamente[1043];
- Num prazo razoável. Existe uma diferença entre as duas diretivas quanto à possibilidade de os Estados-Membros definirem um prazo fixo. Assim, no considerando 55 da Diretiva 2019/771 afirma-se que "os Estados-Membros deverão poder interpretar o conceito de prazo razoável para a conclusão da reparação ou da substituição, prevendo prazos fixos que podem ser geralmente considerados razoáveis para

[1041] Arts. 13º-1, 2 e 3 da Diretiva 2019/771 e 14º-1 e 2 da Diretiva 2019/770.

[1042] Caroline Cauffman, "New EU Rules on Business-to-Consumer and Platform-to-Business Relationships", 2019, p. 471.

[1043] Parece que a decisão do TJUE no caso *Acórdão Fülla* continuará a ser aplicável no contexto das novas diretivas: "o direito do consumidor a que o bem, adquirido à distância, seja reposto em conformidade «sem encargos» não abrange a obrigação do vendedor de adiantar as despesas de transporte do bem, para efeitos dessa reposição em conformidade, para a sede do estabelecimento desse vendedor, a menos que o facto de tal consumidor adiantar essas despesas constitua um encargo suscetível de o dissuadir de exercer os seus direitos".

a reparação ou substituição, em especial no que respeita a categorias específicas de produtos";
- Sem qualquer inconveniente significativo para o consumidor[1044].

Como se pode ler no considerando 56 da Diretiva 2019/771, esta não especifica onde deve ser efetuada a reparação ou a substituição, questões que são deixadas para a legislação nacional.

O local onde os bens devem ser repostos em conformidade, nomeadamente através da reparação, é discutido no já referido *Acórdão Fülla*. Este caso dizia respeito a uma tenda de cinco por seis metros que não estava em conformidade com o contrato, tendo o consumidor solicitado ao vendedor que "procedesse à sua reposição em conformidade, no seu domicílio". O vendedor rejeitou a alegação de falta de conformidade e o consumidor resolveu o contrato. O TJUE conclui que "uma situação como a que está em causa no processo principal, o consumidor que informou o vendedor da não conformidade do bem adquirido à distância, cujo transporte para a sede do estabelecimento do vendedor corre o risco de constituir, para ele, um grave inconveniente e que pôs esse bem à disposição do vendedor no seu domicílio para ser reposto em conformidade, tem direito à resolução do contrato por falta de uma solução num prazo razoável, se o vendedor não tiver tomado nenhuma medida adequada para repor a conformidade do referido bem, incluindo a de informar o consumidor do lugar onde esse mesmo bem deve ser posto à sua disposição para a referida reposição em conformidade".

O art. 14º-4 da Diretiva 2019/771 segue a regra estabelecida pelo TJUE no *Acórdão Quelle*: "O consumidor não é obrigado a pagar pela utilização normal dos bens substituídos durante o período anterior à sua substituição". O considerando 57 esclarece que "a utilização dos bens deverá ser considerada normal se for efetuada em conformidade com a natureza e a finalidade dos mesmos".

Tendo em conta ambas as diretivas, os direitos à redução do preço ou à resolução do contrato podem ser exercidos, em resumo, nos seguintes casos:

- Ausência de tentativa de reposição conformidade dos bens, conteúdos digitais ou serviços digitais (quer por ser impossível ou des-

[1044] Arts. 14º da Diretiva 2019/771 e 14º-3 da Diretiva 2019/770.

proporcionado quer por qualquer outro motivo relacionado com o profissional);

- Falta de conformidade apesar de uma tentativa de repor a conformidade dos bens, conteúdos digitais ou serviços digitais;
- Gravidade da falta de conformidade;
- Declaração (expressão ou tácita) do profissional no sentido de que não reporá a conformidade dos bens, conteúdos digitais ou serviços digitais.

As diretivas fazem, ainda, referência a outras situações jurídicas.

A exceção de não cumprimento encontra-se expressamente prevista no art. 13º-6 da Diretiva 2019/771.

No que respeita ao direito a indemnização, o articulado das diretivas aponta no sentido de os Estados-Membros terem ampla liberdade na sua regulação[1045], mas o considerando 61 da Diretiva 2019/771 parece ir um pouco mais longe, estabelecendo que "o consumidor deverá ter o direito de exigir uma indemnização por quaisquer danos sofridos em razão de uma violação da presente diretiva por parte do vendedor, nomeadamente por danos sofridos em consequência de uma falta de conformidade" e apontando no sentido de se tratar de um direito a indemnização pelo interesse contratual positivo ("tal indemnização deverá repor a situação em que o consumidor se encontraria se o bem estivesse em conformidade").

3.4. Serviços públicos essenciais

Nos termos do art. 9º-8 da LDC, "incumbe ao Governo adotar medidas adequadas a assegurar o equilíbrio das relações jurídicas que tenham por objeto bens e serviços essenciais, designadamente água, energia elétrica, gás, telecomunicações e transportes públicos". A Lei 23/96 regula certos aspetos dos contratos relativos a serviços públicos essenciais. A relevância dos serviços públicos essenciais resulta claramente dos dados da conflitualidade de consumo, que mostram que mais de metade dos litígios surge neste âmbito[1046].

Tratamos aqui cinco das questões mais relevantes em matéria de serviços públicos essenciais: o âmbito de aplicação do diploma e, em especial, o conceito de serviço público essencial; a problemática ligada à existência,

[1045] Arts. 3º-6 da Diretiva 2019/771 e 10º da Diretiva 2019/770.

[1046] Teresa Moreira, "Regulação e Proteção dos Consumidores", 2016, p. 263.

ou não, de um dever de contratar por parte do prestador do serviço; a suspensão da prestação do serviço; o direito a faturação detalhada; o regime especial de prescrição do direito ao recebimento do preço.

3.4.1. Âmbito de aplicação da Lei 23/96

A Lei 23/96 não se aplica apenas aos contratos de consumo, tendo um âmbito subjetivo de aplicação mais alargado. Com efeito, o art. 1º-1 refere-se "à proteção do utente" e o nº 3 considera "utente, para os efeitos previstos nesta lei, a pessoa singular ou coletiva a quem o prestador do serviço se obriga a prestá-lo". Assim, o diploma aplica-se a todos os contratos em que se verifique a prestação de um serviço público essencial, independentemente da natureza jurídica ou da dimensão do utente[1047]. Só no caso de o utente ser simultaneamente um consumidor, nos termos da LDC, por exemplo, é que se trata de uma relação de consumo[1048], mas em todas as situações o objeto das normas tem uma grande afinidade com o direito do consumo, consistindo também na proteção de uma das partes do contrato, precisamente aquela que, no contrato em concreto, não tem conhecimentos específicos na área do serviço em causa. Neste sentido, justifica-se a inclusão desta matéria no estudo do direito do consumo[1049].

Apesar da referência a serviços públicos, os contratos a que a Lei 23/96 se refere são contratos de direito privado[1050], independentemente de o prestador de serviço ser uma entidade pública ou privada, sendo competentes para a resolução dos litígios os tribunais comuns e não os tribunais administrativos[1051]. Estes contratos são atualmente celebrados, na maioria

[1047] António Menezes Cordeiro, "O Anteprojecto de Código do Consumidor", 2006, p. 706; Pedro Falcão, *Novos Estudos sobre Serviços Públicos Essenciais*, 2018, p. 17.

[1048] Carlos Ferreira de Almeida, "Serviços Públicos, Contratos Privados", 2002, p. 123.

[1049] António Pinto Monteiro, "A Protecção do Consumidor de Serviços de Telecomunicações", 1999, p. 141; Mafalda Miranda Barbosa, "Acerca do Âmbito da Lei dos Serviços Públicos Essenciais", 2004, p. 407. Pedro Falcão, "A Tutela do Prestador de Serviços Públicos Essenciais no Ordenamento Jurídico Português", 2017, p. 401, salienta, neste sentido, o facto de este diploma ter sido discutido (e aprovado) em conjunto com a Lei de Defesa do Consumidor, como propostas de lei de proteção do consumidor.

[1050] Carlos Ferreira de Almeida, "Serviços Públicos, Contratos Privados", 2002, p. 124; Pedro Falcão, "A Tutela do Prestador de Serviços Públicos Essenciais no Ordenamento Jurídico Português", 2017, p. 397. Jurisprudência: Ac. do TRP, de 1/7/2019. Contra: Alexandra Leitão, "A Protecção dos Consumidores no Sector das Telecomunicações", 2002, p. 147.

[1051] Ac. do TRP, de 29/5/2014.

dos casos, com exceção dos serviços de fornecimento de água[1052], de gestão de resíduos sólidos urbanos e de recolha e tratamento de águas residuais, geridos em regra pelos municípios, entre os utentes e as empresas privadas que prestam os serviços previstos no diploma, ainda que no âmbito de um contrato de concessão[1053]. O art. 1º-4, aditado pela Lei 12/2008, esclarece que se considera prestador de serviço "toda a entidade pública ou privada que preste ao utente qualquer dos serviços [...], independentemente da sua natureza jurídica, do título a que o faça ou da existência ou não de contrato de concessão".

O caráter público dos serviços está essencialmente relacionado com o interesse geral nestes serviços, que devem estar acessíveis ao público na sua globalidade. Neste sentido, seria preferível a referência a serviços de interesse geral em detrimento de serviços públicos essenciais[1054].

O requisito da essencialidade remete, principalmente, para a sua relevância na vida dos cidadãos, embora possa ser objeto de críticas[1055].

Tendo em conta a natureza privada destes contratos, não se pode considerar excluída a aplicação do regime das cláusulas contratuais gerais, por força do art. 3º-1-*c*) do DL 446/85, uma vez que não se trata de contratos submetidos a normas de direito público[1056]. Esta conclusão aplica-se igualmente às normas especiais que regulam aspetos específicos relativos a alguns dos serviços públicos essenciais.

No que respeita aos serviços abrangidos, deve atender-se à lista do art. 1º-2 da Lei 23/96. Apesar de se debater acerca do caráter taxativo ou meramente exemplificativo da lista[1057], é muito duvidoso que, face à letra

1052 Cátia Mendes, *O Contrato de Prestação de Serviços de Fornecimento de Água*, 2015, pp. 6 a 10.

1053 António Pinto Monteiro, "A Protecção do Consumidor de Serviços Públicos Essenciais", 2000, p. 340; Mafalda Miranda Barbosa, "Acerca do Âmbito da Lei dos Serviços Públicos Essenciais", 2004, p. 422.

1054 Carlos Ferreira de Almeida, "Serviços Públicos, Contratos Privados", 2002, p. 139; Elionora Cardoso, *Os Serviços Públicos Essenciais*, 2010, p. 137; Pedro Falcão, "A Tutela do Prestador de Serviços Públicos Essenciais no Ordenamento Jurídico Português", 2017, p. 395.

1055 António Menezes Cordeiro, "O Anteprojecto de Código do Consumidor", 2006, p. 707.

1056 Carlos Ferreira de Almeida, "Serviços Públicos, Contratos Privados", 2002, p. 127.

1057 Carlos Ferreira de Almeida, "Serviços Públicos, Contratos Privados", 2002, pp. 140 e 141; Mafalda Miranda Barbosa, "Acerca do Âmbito da Lei dos Serviços Públicos Essenciais", 2004, p. 423.

do preceito ("são os seguintes os serviços públicos abrangidos"), possam ser acrescentados serviços na sequência de simples determinação, por via interpretativa, da sua natureza de serviço público essencial[1058]. Pode, no entanto, ser alargado o âmbito dos serviços públicos essenciais por via legal, ainda que em diploma diverso. Neste sentido, o art. 5º do DL 5/2018 estabelece que à comercialização de gás de petróleo liquefeito (GPL) se aplica, com as necessárias adaptações, o disposto na Lei 23/96. Já o art. 4º da Lei 5/2019 determina que "o direito ao recebimento do preço pelo fornecimento e ou prestação de serviços aos consumidores de energia elétrica, gás natural, GPL e *combustíveis derivados do petróleo*" (itálico nosso) se rege pelo disposto na Lei 23/96.

Na redação originária, o diploma aplicava-se aos serviços de fornecimento de água, de energia elétrica, de gás e de telefone, estabelecendo o art. 13º-2 que "a extensão das regras [...] aos serviços de telecomunicações avançadas, bem como aos serviços postais, ter[ia] lugar no prazo de 120 dias, mediante Decreto-Lei, ouvidas as entidades representativas dos respetivos sectores", o que só veio a suceder em 2008.

O art. 127º-2 da Lei das Comunicações Eletrónicas (Lei 5/2004) excluiu o serviço de telefone do âmbito de aplicação da Lei 23/96. Esta situação foi retificada pela Lei 12/2008, que alterou o art. 1º-2, alargando a lista dos serviços públicos essenciais a que o diploma se aplica.

Além de o serviço de telefone se encontrar novamente abrangido pelo regime[1059], incluindo naturalmente todos os serviços ligados a telefone fixo ou móvel, como as mensagens escritas[1060], este acolhe ainda todos os outros serviços relativos a comunicações eletrónicas (em especial, Internet e televisão por cabo[1061]) e os serviços postais, de recolha e tratamento de águas residuais e de gestão de resíduos sólidos urbanos.

Os serviços de transporte de passageiros, apesar de serem referidos desde a versão originária da LDC, a par dos restantes serviços públicos

[1058] António Pinto Monteiro, "A Protecção do Consumidor de Serviços Públicos Essenciais", 2000, p. 339; Mafalda Miranda Barbosa, "Acerca do Âmbito da Lei dos Serviços Públicos Essenciais", 2004, p. 414; Flávia da Costa de Sá, *Contratos de Prestação de Serviços de Comunicações Electrónicas*, 2014, p. 18; Pedro Falcão, "A Tutela do Prestador de Serviços Públicos Essenciais no Ordenamento Jurídico Português", 2017, p. 393. Contra: Marcelino Abreu, *Lei dos Serviços Públicos Essenciais (Anotada e Comentada)*, 2017, p. 39.

[1059] Ac. do TRL, de 4/6/2013.

[1060] Ac. do TRL, de 20/2/2014.

[1061] Elionora Cardoso, *Os Serviços Públicos Essenciais*, 2010, p. 103.

essenciais [arts. 9º-8 e 18º-1-h)][1062], só foram incluídos no elenco do art. 1º-2 da Lei 23/96 em 2019, através da Lei 51/2019.

Em relação ao telefone, discutia-se, face à redação originária, se os serviços relativos aos telemóveis se encontravam abrangidos pelo regime, questão que se encontra atualmente resolvida, em sentido afirmativo, pela referência a comunicações eletrónicas[1063].

Quanto à compatibilização do regime da Lei 23/96 com o da Lei das Comunicações Eletrónicas, não parecem levantar-se problemas teóricos complexos, uma vez que não se verifica uma contradição entre as normas dos dois diplomas. Os princípios gerais previstos no regime dos serviços públicos essenciais constituem uma boa base para a interpretação das normas específicas sobre proteção dos utentes de serviços relativos a comunicações eletrónicas consagradas na Lei das Comunicações Eletrónicas. A grande vantagem para o utente que resulta da aplicação da Lei 23/96 a estes contratos consiste na sujeição dos prestadores de serviços a normas que não encontram paralelo na Lei das Comunicações Eletrónicas, como a proibição de imposição de consumos mínimos (art. 8º) e, em especial, o estabelecimento de um prazo de prescrição relativamente curto do direito de exigir o pagamento do preço do serviço (art. 10º)[1064].

No que respeita à água, à eletricidade e ao gás, note-se que o contrato em causa não consiste num simples fornecimento de uma quantidade determinada, caso em que se trataria de simples contratos de compra e venda, mas na disponibilização de um sistema de abastecimento[1065] que permite ao utente a utilização de bem com as caraterísticas acordadas sempre que entenda adequado, sendo, no entanto, devida a quantidade efetivamente consumida[1066]. Assim, por exemplo, o contrato que tem por objeto uma garrafa de água não pode ser qualificado como relativo a um serviço público essencial, pois neste caso o bem é vendido isoladamente, fora de um sistema contínuo de fornecimento de água. Ao contrato de fornecimento de garrafa de gás de petróleo liquefeito (GPL) aplica-se, contudo, a Lei 23/96, com as necessárias adaptações, nos termos do art. 6º do DL 5/2018.

1062 Mário Frota, "Serviços Públicos Essenciais", 2017, p. 178.

1063 João Calvão da Silva, "Serviços Públicos Essenciais", 2008, p. 168.

1064 Mafalda Miranda Barbosa, "Acerca do Âmbito da Lei dos Serviços Públicos Essenciais", 2004, pp. 414 e 415.

1065 Ac. do TRC, de 17/11/2015; Ac. do TRP, de 1/7/2019.

1066 Ac. do TRL, de 28/11/2013.

Todos os serviços atualmente consagrados na lista do art. 1º-2 da Lei 23/96 pressupõem uma prestação contínua, incluindo os serviços postais, na parte em que respeita à deslocação diária do carteiro para entrega de correspondência. Esta pode, assim, ser considerada uma caraterística dos serviços públicos essenciais. Nos casos da água, da eletricidade, do gás, da televisão por cabo e, parcialmente, das comunicações eletrónicas, o fornecimento resulta, em regra, de contratos de execução duradoura, que têm por objeto uma prestação de execução continuada, a cargo do prestador do serviço (fornecimento permanente do bem ou do serviço), e uma prestação de execução periódica, a cargo do utente (pagamento do preço)[1067].

Estes contratos envolvem mais do que o simples fornecimento do bem, implicando um serviço correspondente ao acesso a uma determinada rede[1068], pelo que existe uma relação duradoura unitária, determinando-se as prestações concretas em conformidade com o contrato e, em regra, consoante as necessidades e os acessos do utente ao bem, através de atos materiais, como abrir a torneira, acender a luz ou realizar uma chamada telefónica. Estes atos não correspondem à aceitação tácita de uma proposta de contrato resultante de um contrato quadro anterior, mas a um pedido (também tácito) do utente, do qual deve resultar, nos termos do contrato previamente celebrado, o seu cumprimento imediato e automático.

Estes contratos são, sem dúvida, contratos duradouros essenciais à existência da pessoa[1069].

3.4.2. Dever de contratar

A doutrina refere-se vulgarmente, a propósito dos limites à autonomia privada[1070], a um dever de contratar por parte das empresas concessioná-

[1067] Mafalda Miranda Barbosa, "Acerca do Âmbito da Lei dos Serviços Públicos Essenciais", 2004, p. 423; Antunes Varela, *Das Obrigações em Geral*, Vol. I, 2003, pp. 92 e 93.

[1068] Os contratos incluem, ainda, em regra, o fornecimento de outros bens, necessários para a prestação do serviço, como a box, no que respeita ao serviço de televisão (Ac. do TRC, de 24/9/2019).

[1069] Jorge Morais Carvalho, "Os Contratos de Prestação de Serviços Públicos Essenciais como *Life Time Contracts*", 2016.

[1070] Sobre os limites à autonomia privada, em geral: Jorge Morais Carvalho, "Os Princípios da Autonomia Privada e da Liberdade Contratual", 2014.

rias de serviços públicos, resultante da lei[1071]. Esta imposição encontra-se associada à ligação que estes autores estabelecem entre a essencialidade destes serviços para os utentes e a circunstância de existir nestas relações um forte pendor intervencionista do Estado. Pode, portanto, dizer-se que esta conclusão tem a sua origem numa fase anterior à da generalizada privatização das entidades que fornecem os serviços públicos essenciais e da abertura destes mercados às regras da concorrência e da economia de mercado.

A Lei 23/96 não contém qualquer norma que imponha expressamente o dever de contratar. O art. 3º apenas estabelece, em termos genéricos, que o prestador do serviço deve proceder de boa-fé[1072] e o art. 4º impõe um dever acrescido de comunicação e esclarecimento das cláusulas do contrato celebrado ou a celebrar. Não se pode retirar destes preceitos a existência de um dever de contratar do prestador do serviço.

A nível europeu, foram aprovados vários documentos não vinculativos sobre esta matéria, entre os quais se destaca o Livro Verde sobre Serviços de Interesse Geral, apresentado pela Comissão em 2003, que se refere, nos pontos 50 a 54, a *serviço universal*, estabelecendo o princípio de que os serviços de interesse geral devem ser disponibilizados, com qualidade, "a todos os consumidores e utentes no território de um Estado-Membro, independentemente da sua localização geográfica, e a um preço acessível, em função das condições nacionais específicas". Acrescenta-se ainda que este conceito "impõe às indústrias obrigações no sentido de garantirem a oferta de um dado serviço em determinadas condições, designadamente no que se refere à cobertura geográfica integral".

Para uma análise aprofundada desta questão, é necessário analisar também os diplomas que regulam especificamente alguns dos serviços públicos essenciais.

[1071] ANTUNES VARELA, *Das Obrigações em Geral*, Vol. I, 2003, p. 236; MÁRIO JÚLIO DE ALMEIDA COSTA, *Direito das Obrigações*, 2009, p. 232; ELIONORA CARDOSO, *Os Serviços Públicos Essenciais*, 2010, pp. 54 e 63; PEDRO FALCÃO, "A Tutela do Prestador de Serviços Públicos Essenciais no Ordenamento Jurídico Português", 2017, p. 400; PEDRO FALCÃO, *O Contrato de Fornecimento de Energia Eléctrica*, 2019, p. 64. Considerando não haver "fundamento legal expresso": CARLOS FERREIRA DE ALMEIDA, "Serviços Públicos, Contratos Privados", 2002, p. 129.

[1072] O reforço do dever de boa-fé deve ter em conta, nesta sede, a natureza da relação entre as partes e a relevância social do objeto do contrato: JORGE MORAIS CARVALHO, *Os Limites à Liberdade Contratual*, 2016, p. 139. Jurisprudência: Sentença do CNIACC, de 20/6/2016.

No que respeita às comunicações eletrónicas, a Lei das Comunicações Eletrónicas acolhe o conceito de serviço universal, transpondo a Diretiva 2002/22/CE. O art. 88º-1 estabelece que "os prestadores de serviço universal devem satisfazer todos os pedidos razoáveis de ligação à rede telefónica pública num local fixo e de acesso aos serviços telefónicos acessíveis ao público num local fixo". Trata-se, neste caso, de uma verdadeira imposição de um dever de contratar[1073], podendo mesmo a autoridade reguladora nacional (Instituto de Comunicações de Portugal – Autoridade Nacional de Comunicações, ICP-ANACOM) impor limites máximos de preços ou tarifas comuns ou alterar as condições dos contratos (art. 93º) e, em certos casos, determinar que os prestadores sejam financiados para a manutenção do serviço essencial (arts. 95º a 98º).

A Lei das Comunicações Eletrónicas obriga, em geral, todas as empresas que oferecem redes ou serviços telefónicos acessíveis ao público a indicarem as condições dos contratos que se propõem celebrar. A comunicação das cláusulas oferecidas pelas empresas é imposta pelo art. 47º, do qual resulta claramente um dever de apresentação de uma proposta ao público, que, uma vez aceite, implica a celebração do contrato.

O art. 46º do mesmo diploma, aplicável a todas empresas que oferecem redes e serviços de comunicações eletrónicas, contém uma norma que exceciona a conclusão retirada no parágrafo anterior, de que a empresa fica vinculada ao contrato pela aceitação, nos casos em que seja conhecido o incumprimento de contratos anteriores por parte do aceitante. Com efeito, sob a epígrafe "Mecanismos de prevenção da contratação", estabelece-se que as empresas podem criar bases de dados com vista "a identificar os assinantes que não tenham satisfeito as suas obrigações de pagamento relativamente aos contratos celebrados", estatuindo o nº 5 que "as empresas [...] podem recusar a celebração de um contrato relativamente a um assinante que tenha quantias em dívida respeitantes a contratos anteriores celebrados com a mesma ou outra empresa, salvo se o assinante tiver invocado exceção de não cumprimento do contrato ou tiver reclamado ou impugnado a faturação apresentada". Portanto, as empresas só podem evitar os efeitos da aceitação da proposta por parte do cliente no caso de este ter dívidas anteriores. Por outras palavras, entende-se que a proposta contém uma

[1073] Flávia da Costa de Sá, *Contratos de Prestação de Serviços de Comunicações Electrónicas*, 2014, p. 31.

cláusula legal que permite às empresas fazer depender a produção de efeitos do contrato da não existência de dívidas anteriores por parte do cliente.

O art. 48º da Lei das Comunicações Eletrónicas, aplicável aos contratos de prestação de serviços de ligação ou acesso à rede telefónica pública e, por extensão do nº 2, aos "contratos celebrados entre consumidores e empresas que oferecem serviços de comunicações eletrónicas distintos dos que fornecem ligação ou acesso à rede telefónica pública", estabelece, no nº 1 que os contratos assinalados são "objeto de contrato do qual devem constar obrigatoriamente" alguns elementos, como "os serviços fornecidos, os níveis de qualidade de serviço oferecidos, bem como o tempo necessário para a ligação inicial", "a duração do contrato, as condições de renovação, suspensão e de cessação dos serviços e do contrato" ou "os sistemas de indemnização ou de reembolso dos assinantes, aplicáveis em caso de incumprimento dos níveis de qualidade de serviço previstos no contrato", entre outros. A exigência de um contrato só pode ser interpretada no sentido de documento contratual escrito, até porque a inclusão de certos elementos pressupõe um documento, um suporte que contenha essa informação, correspondente ao conteúdo do contrato. No entanto, como se impõe a obrigação de emissão da proposta contratual por parte da empresa, este documento deve ser entendido como a materialização de um acordo anteriormente obtido, especialmente relevante para o utente dada a natureza duradoura destes contratos. Não pode, assim, o prestador do serviço invocar a sua inexistência para obstar ao cumprimento de um contrato que já tenha sido celebrado na sequência da aceitação da proposta por parte do utente.

Em matéria de eletricidade, o DL 29/2006, que estabelece os princípios gerais relativos à organização e funcionamento do sistema elétrico nacional, determina que, "em prejuízo do exercício das atividades em regime livre e concorrencial, são estabelecidas obrigações de serviço público", em especial as garantias de universalidade e de ligação de todos os clientes às redes. Nos termos do art. 48º deste diploma, o comercializador de eletricidade sujeito a obrigações de serviço universal "é obrigado a fornecer eletricidade aos clientes que lha requisitem e que preencham os requisitos legais definidos para o efeito", segundo as condições estabelecidas no diploma, no Regulamento Tarifário, no Regulamento de Relações Comerciais e no Regulamento da Qualidade de Serviço[1074]. Neste caso, pode dizer-se que a

[1074] FILIPE MATIAS SANTOS, "Regulação e Proteção dos Consumidores de Energia", 2016, p. 240.

celebração do contrato é imposta pela lei, uma vez que nem todas as condições são livremente definidas pelo profissional. No entanto, refira-se que o art. 54º deste diploma, sob a imprecisa epígrafe "Direitos de informação", impõe ao comercializador de eletricidade a elaboração de uma proposta de contrato "completa e adequada", devendo ainda permitir o "acesso atempado a toda a informação de caráter público, de uma forma clara e objetiva, capaz de permitir a liberdade de escolha sobre as melhores opções de fornecimento".

O DL 30/2006, que estabelece os princípios gerais relativos à organização e ao funcionamento do Sistema Nacional de Gás Natural, contém um regime em tudo semelhante ao descrito no parágrafo anterior, mas relativo ao gás, estabelecendo que "o comercializador de último recurso fica sujeito à obrigação de fornecimento, garantindo, nas áreas abrangidas pela [... Rede pública de gás natural], a todos os clientes que o solicitem, a satisfação das suas necessidades, na observância da legislação aplicável, nomeadamente a relativa à proteção do consumidor" (art. 40º-3)[1075].

No que respeita aos serviços postais, há que ter em conta o DL 448/99, que aprova as bases da concessão do serviço postal universal, a outorgar entre o Estado Português e os CTT – Correios de Portugal, S. A., estabelecendo, na Base XII, que a concessionária deve garantir a prestação dos serviços em todo o território nacional, sem demonstrar preferência ou exercer qualquer tipo de discriminação relativamente a qualquer pessoa que pretenda aceder aos serviços condicionados, "mediante o cumprimento dos requisitos e o pagamento dos preços correspondentes". Assim, também neste caso se exige o estabelecimento prévio das condições do contrato, que integram uma proposta ao público, celebrando-se o negócio com a aceitação por parte do cliente. A situação encontra-se, no entanto, próxima de um dever de contratar, uma vez que a liberdade de fixação dos termos da proposta não é total, prevendo-se a compensação da concessionária pelos "encargos económicos e financeiros não razoáveis emergentes do cumprimento de obrigações da prestação do serviço universal" (Base IX-1).

Sintetizando, nalguns casos existe um *dever de contratar* propriamente dito (em especial, nas situações em que se verifique ou se admita a intervenção de uma entidade administrativa na definição do clausulado contra-

[1075] Este é um dos casos de obrigação de contratar expressamente referidos por José A. Engrácia Antunes, *Direito dos Contratos Comerciais*, 2009, p. 127.

tual), mas em todos o prestador do serviço está vinculado por um *dever de emitir uma proposta contratual ao público* que não discrimine qualquer utente, com ou sem a inclusão de cláusulas legalmente impostas.

3.4.3. Suspensão da prestação do serviço

O artigo 5º da Lei 23/96 consagra o princípio da continuidade, segundo o qual os serviços públicos essenciais devem ser prestados de forma ininterrupta[1076].

Nos termos do nº 1, "a prestação do serviço não pode ser suspensa sem pré-aviso adequado, salvo caso fortuito ou de força maior". Impõe-se, assim, que o prestador de serviço avise previamente o utente de que o fornecimento do serviço poderá ser suspenso. Esta regra protege o utente contra uma suspensão inesperada[1077], não se aplicando se a suspensão for devida a caso fortuito ou de força maior.

O nº 2 regula especificamente os casos de mora do utente[1078], estabelecendo que, sempre que se "justifique a suspensão do serviço, esta só pode ocorrer após o utente ter sido advertido, por escrito, com a antecedência mínima de vinte dias relativamente à data em que ela venha a ter lugar"[1079]. Esta advertência, "além de justificar o motivo da suspensão, deve informar o utente dos meios que tem ao seu dispor para evitar a suspensão do serviço e, bem assim, para a retoma do mesmo, sem prejuízo de poder fazer valer os direitos que lhe assistam nos termos gerais" (nº 3). O utente tem, assim, de ser informado da possibilidade de suspensão, com uma antecedência bastante razoável, e dos passos que deve dar se pretender evitar a suspensão ou, já depois de esta ter tido lugar, se quiser voltar a beneficiar da prestação do serviço. A notificação ao consumidor deve ser feita por

[1076] FERNANDO DIAS SIMÕES e MARIANA PINHEIRO ALMEIDA, *Lei dos Serviços Públicos Essenciais Anotada e Comentada*, 2012, p. 88.

[1077] FERNANDO DIAS SIMÕES e MARIANA PINHEIRO ALMEIDA, *Lei dos Serviços Públicos Essenciais Anotada e Comentada*, 2012, p. 89.

[1078] FLÁVIA DA COSTA DE SÁ, *Contratos de Prestação de Serviços de Comunicações Electrónicas*, 2014, p. 59.

[1079] Nos termos do art. 222º-E-8 do CIRE, não pode ser suspensa a prestação dos serviços públicos essenciais, no âmbito do processo especial para acordo de pagamento, a partir do momento em que for nomeado pelo juiz o administrador judicial provisório e durante todo o tempo em que perdurarem as negociações. Sobre este preceito, v. JORGE MORAIS CARVALHO e MARIA JERÓNIMO, "As Garantias dos Novos Financiamentos", 2017, pp. 288 a 290.

escrito. Não se exige o envio de carta, pelo que é possível, por exemplo, a notificação por contacto pessoal ou por mensagem de correio eletrónico. Contudo, cabe ao prestador do serviço fazer a prova de que houve pré-aviso, pelo que a carta registada com aviso de receção é, provavelmente, o meio mais eficaz para a advertência.

O nº 4 reforça a posição do utente, ao prever que "a prestação do serviço público não pode ser suspensa em consequência de falta de pagamento de qualquer outro serviço, ainda que incluído na mesma fatura, salvo se forem funcionalmente indissociáveis". Sendo dissociáveis os serviços, não pode ser suspensa a prestação de um na sequência da falta de pagamento de outro. Por exemplo, se o utente tiver celebrado um contrato de fornecimento de energia elétrica e de gás, mas não pagar a parte da fatura relativa ao gás, o fornecimento de energia elétrica não pode ser interrompido; se o utente tiver celebrado um contrato de prestação de serviços de telefone, Internet e televisão, o não pagamento da verba relativa a um dos serviços não permite a suspensão dos outros.

Note-se que o critério é o da indissociabilidade funcional[1080] e não o da indissociabilidade jurídica ou contratual. É irrelevante que o preço a pagar pelo utente seja unitário, podendo ser exigida por este a separação dos vários serviços na fatura para este efeito.

Em estreita articulação com este preceito, o art. 6º da Lei 23/96 estabelece que "não pode ser recusado o pagamento de um serviço público, ainda que faturado juntamente com outros, tendo o utente direito a que lhe seja dada quitação daquele". Se o utente não tivesse este direito, inutilizar-se-ia a regra do artigo 5º-4, uma vez que os valores relativos a todos os serviços ficariam por pagar.

No que respeita aos serviços de comunicações eletrónicas, se estiver em causa uma relação de consumo, o regime é consideravelmente menos favorável para o consumidor, sendo mesmo incompreensível no que respeita aos seus objetivos. Aplica-se, neste caso, o art. 52º-A da Lei das Comunicações Eletrónicas, aditado pela Lei 10/2013.

O nº 1 deste artigo alarga o prazo do pré-aviso da Lei 23/96 para trinta dias.

O nº 2 determina que o pré-aviso seja comunicado por escrito ao consumidor, impondo o prazo para a sua comunicação ("dez dias após a data

[1080] FLÁVIA DA COSTA DE SÁ, *Contratos de Prestação de Serviços de Comunicações Electrónicas*, 2014, pp. 62 e 63.

de vencimento da fatura") e o respetivo conteúdo (indicação específica da "consequência do não pagamento, nomeadamente a suspensão do serviço e a resolução automática do contrato, e informá-lo dos meios ao seu dispor para as evitar"). Isto significa que, mesmo que não o queira fazer[1081], o prestador do serviço de comunicações eletrónicas tem o dever de desencadear o mecanismo que conduzirá à suspensão do serviço e, posteriormente, à resolução do contrato, no prazo de dez dias após a data do vencimento da fatura. Não se admite, aparentemente, sequer que as partes acordem numa dilação do prazo para pagamento da fatura, interpretação do preceito que parece ser de afastar, por ser totalmente inadequada face aos princípios gerais de direito.

Comunicada ao consumidor a possibilidade de suspensão, este tem trinta dias para pagar (não podendo a suspensão ocorrer antes do termo final deste prazo[1082]). Se não o fizer, o prestador de serviço deve, "obrigatoriamente, no prazo de dez dias após o fim do prazo [...], suspender o serviço, por um período de trinta dias" (nº 3). A suspensão só pode ser evitada pelas partes se tiverem celebrado um acordo de pagamento por escrito com vista à regularização dos valores em dívida.

A suspensão também não tem lugar, nos termos do nº 4, nos casos em que "os valores da fatura sejam objeto de reclamação por escrito junto da empresa, com fundamento na inexistência ou na inexigibilidade da dívida, até à data em que deverá ter início a suspensão". Encontram-se aqui abrangidos todos os casos em que o consumidor entende que não tem de pagar o valor exigido, podendo exemplificar-se com a alegação do pagamento ou da falta de pagamento por incumprimento da contraparte ou prescrição da dívida[1083], entre outras causas.

Se o consumidor pagar os valores em dívida ou se as partes tiverem celebrado um acordo de pagamento por escrito, cessa a suspensão do serviço, devendo este ser resposto no prazo máximo de cinco dias úteis (nº 6).

O nº 7 estatui que, "findo o período de 30 dias de suspensão sem que o consumidor tenha procedido ao pagamento da totalidade dos valores

1081 Pedro Falcão, "A Tutela do Prestador de Serviços Públicos Essenciais no Ordenamento Jurídico Português", 2017, p. 413, defende que a norma apenas "admite" a resolução do contrato pelo prestador do serviço.

1082 Sentença do CNIACC, de 20/10/2016.

1083 Flávia da Costa de Sá, "Contratos de Prestação de Serviços de Comunicações Electrónicas: A Suspensão do Serviço em Especial", 2016, p. 374.

em dívida ou sem que tenha sido celebrado um acordo de pagamento por escrito, o contrato considera-se automaticamente resolvido". Ou seja, mais uma vez, independentemente da sua vontade, o prestador de serviço tem o dever de resolver o contrato.

Este regime parece ter tido como objetivo, por um lado, resolver o problema das pendências nos tribunais portugueses, tendo como pressuposto que estes litígios *entopem* os tribunais, e, por outro lado, combater o sobre-endividamento dos consumidores[1084], evitando a acumulação de dívidas.

Não se evita, contudo, a propositura de ações em tribunal, uma vez que será sempre devido, pelo menos, o valor relativo ao mês que desencadeou este procedimento mais o correspondente à prestação do serviço nos quarenta dias seguintes. Teremos, portanto, sempre uma dívida correspondente a um período superior a dois meses. Se o regime ficasse por aqui, ainda se poderia considerar cumprida uma parte dos seus objetivos, pois conter-se-ia a acumulação de dívidas pelo consumidor.

No entanto, o nº 8 do preceito em análise estabelece que a resolução "não prejudica a cobrança de uma contrapartida a título indemnizatório ou compensatório pela resolução do contrato durante o período de fidelização". Ou seja, além dos valores relativos aos dois meses em que o serviço não esteve suspenso, o prestador do serviço pode ainda exigir a contrapartida relativa ao incumprimento da cláusula de fidelização. É a própria lei que impõe que se mantêm os efeitos do período de fidelização, mas apenas para o utente. Resulta deste regime, portanto, que o prestador de serviço está obrigado a resolver o contrato, deixando de prestar o serviço, mas mantém o direito a exigir os valores previstos na cláusula de fidelização. Esta norma não resolve, como se vê, nem o problema das pendências nos nossos tribunais nem o problema da acumulação de dívidas pelos consumidores, acentuando o desequilíbrio da relação.

Se a empresa decidir continuar a prestar o serviço depois de ultrapassados os prazos aqui referidos, deixa de poder exigir o seu pagamento, sendo também responsável pelo pagamento das custas processuais devidas pela cobrança do crédito (nº 10). A consequência é bastante gravosa para o prestador de serviço, que por esta via se vê compelido a suspender o

1084 PEDRO FALCÃO, "A Tutela do Prestador de Serviços Públicos Essenciais no Ordenamento Jurídico Português", 2017, p. 414.

serviço e a resolver o contrato sempre que se verifiquem as situações aqui indicadas[1085], independentemente das circunstâncias concretas do caso.

3.4.4. Direito a faturação detalhada[1086]

O art. 9º-1 da Lei 23/96 estabelece que "o utente tem direito a uma fatura que especifique devidamente os valores que apresenta".

A fatura deve ter uma periodicidade mensal, o que impede a emissão de faturas relativas a dois meses ou mais, mesmo com acordo do utente[1087]. Nos termos do art. 7º da Lei 5/2019, admite-se que a fatura relativa ao fornecimento de energia elétrica e/ou gás natural tenham uma periodicidade diferente, desde que se verifiquem dois requisitos cumulativos: (i) existência de acordo entre as partes nesse sentido; (ii) esse acordo ser obtido "no interesse do consumidor".

A fatura deve discriminar os serviços prestados e as correspondentes tarifas (art. 9º-2 da Lei 23/96).

O art. 9º-3 acrescenta que, "no caso do serviço de comunicações eletrónicas, e a pedido do interessado, a fatura deve traduzir com o maior pormenor possível os serviços prestados, sem prejuízo do legalmente estabelecido em matéria de salvaguarda dos direitos à privacidade e ao sigilo das comunicações". A referência, neste nº 3, *à* fatura – e não a *uma* fatura – revela que está em causa a fatura indicada nos nºs 1 e 2.

O art. 9º-4 estatui que, "quanto ao serviço de fornecimento de energia elétrica, a fatura referida no nº 1 deve discriminar, individualmente, o montante referente aos bens fornecidos ou serviços prestados, bem como cada custo referente a medidas de política energética, de sustentabilidade ou de interesse económico geral (geralmente denominado de custo de interesse económico geral), e outras taxas e contribuições previstas na lei", discriminação que não pode levar a um *acréscimo* dos custos (nº 5).

[1085] Flávia da Costa de Sá, *Contratos de Prestação de Serviços de Comunicações Electrónicas*, 2014, p. 73.

[1086] Sentença do CNIACC, de 31/12/2014.

[1087] Contra: Filipe Matias Santos, "Regulação e Proteção dos Consumidores de Energia", 2016, p. 249. Pedro Falcão, *O Contrato de Fornecimento de Energia Eléctrica*, 2019, p. 79, entende que a flexibilização desta regra parece razoável, "na medida em que é susceptível de beneficiar os utentes que optem em conformidade".

No domínio da energia elétrica e do gás natural, é necessário ter igualmente em conta a Lei 5/2019, que regula de forma bastante pormenorizada a fatura (v., em especial, arts. 8º e 9º).

Embora o elemento literal de interpretação da Lei 23/96 não resolva a questão de saber se a fatura deve ser, por um lado, emitida por via eletrónica ou em papel e, por outro lado, disponibilizada gratuitamente ou com custos, os elementos sistemático e teleológico apontam claramente para o envio gratuito de uma fatura através de um meio acessível ao utente.

O dever de emitir fatura está associado ao direito à informação, direito fundamental expressamente consagrado nos arts. 60º da CRP e 3º-*d*) e 8º da LDC.

O exercício do direito à informação pelo utente não pode estar associado a quaisquer custos, sob pena de se limitar a sua ação nas relações que estabelece com o prestador do serviço. Também não pode o exercício do direito à informação ser impedido por via da exigência de condições ou conhecimentos técnicos que impeçam, na prática, o acesso à informação pelo utente.

Neste sentido aponta também a história da Lei 23/96[1088].

Tratando-se do serviço de comunicações eletrónicas, é necessário ter em conta, além da Lei 23/96, a Lei das Comunicações Eletrónicas. Nota-se, contudo, que não se pode considerar que esta constitua lei especial em relação ao art. 9º-3 da Lei 23/96, uma vez que este preceito regula especificamente os contratos de prestação de serviços de comunicações eletrónicas. A Lei das Comunicações Eletrónicas regula, complementando, o que é indicado genericamente na Lei 23/96.

O art. 39º-3-*c*) da Lei das Comunicações Eletrónicas estabelece que "constituem direitos dos assinantes [...] obter faturação detalhada, quando solicitada"[1089]. O nº 4 do mesmo preceito acrescenta que "a ARN pode definir o nível mínimo de detalhe e informação que, sem quaisquer encargos, as empresas devem assegurar aos assinantes que solicitem faturação detalhada". A ANACOM emitiu uma decisão, datada de 5 de setembro de 2018, sobre esta matéria, definindo o "nível mínimo de detalhe e informa-

[1088] FERNANDO DIAS SIMÕES e MARIANA PINHEIRO ALMEIDA, *Lei dos Serviços Públicos Essenciais Anotada e Comentada*, 2012, p. 182.

[1089] Para salvaguardar o direito à privacidade dos utentes (PEDRO FALCÃO, *Novos Estudos sobre Serviços Públicos Essenciais*, 2018, p. 25), estes têm igualmente o direito a receber faturas não detalhadas (art. 8º-1 da Lei 41/2004).

ção das faturas a assegurar aos assinantes sem quaisquer encargos"[1090]. Impõe-se, assim, que a fatura detalhada possa ser obtida pelos assinantes "sem quaisquer encargos".

O art. 48º-1-*j*) da Lei das Comunicações Eletrónicas determina que o documento contratual deve conter uma cláusula relativa às "condições em que é disponibilizada a faturação detalhada". Numa leitura sistemática da norma, em articulação com o art. 39º-3-*c*) da mesma lei e com o art. 9º-3 da Lei 23/96, além da CRP e da LDC, o conceito de "condições" não abarca o preço, uma vez que, como já se referiu, a fatura deve ser disponibilizada gratuitamente. Estarão aqui em causa as condições relativas ao pedido de fatura detalhada, os elementos de detalhe que constam da fatura, a forma pela qual a fatura é disponibilizada, se existirem limitações, etc., mas não o preço.

Conclui-se, portanto, que a fatura detalhada deve ser disponibilizada gratuitamente.

Importa agora, tendo em conta os argumentos apresentados, discutir a questão de saber se a fatura detalhada tem de ser fornecida gratuitamente em papel ou se pode ser apenas fornecida gratuitamente por via eletrónica, nomeadamente através de mensagem de correio eletrónico ou de acesso a uma página[1091].

No espírito original da Lei 23/96, a exigência de faturação detalhada impunha a sua disponibilização gratuita ao utente em papel. Não só os meios tecnológicos não estavam tão desenvolvidos, como os utentes tinham poucos meios e conhecimentos técnicos que permitissem a receção da fatura por outra via. A lei deve, no entanto, ser interpretada numa perspetiva atualista. Resulta do espírito do art. 9º-3 da Lei 23/96, numa interpretação atualista, que a fatura detalhada pode ser prestada através de qualquer meio que permita ao utente conhecer, em detalhe, a razão de ser dos valores apresentados.

A interpretação da lei deve também levar a que, de entre as várias hipóteses possíveis, a solução adotada seja a mais eficaz na proteção do

[1090] https://bit.ly/2UNA2l3.

[1091] De uma análise de ordenamentos jurídicos estrangeiros, conclui-se que a questão é debatida, não havendo uma resposta única transversal. Segundo KARIN SEIN, "A Consumer's Right to a Free Paper Bill in Mobile Phone Contracts", 2017, pp. 8 e 9, na Finlândia, admite-se a cobrança de um valor adequado pela fatura em papel, na Áustria o consumidor tem direito a uma fatura gratuita em papel e, na Alemanha e na Estónia, aceita-se que, nos contratos celebrados através da Internet, seja cobrado um valor pela fatura em papel.

ambiente, princípio norteador do nosso ordenamento jurídico (art. 66º da CRP). A emissão de fatura eletrónica, quando acessível ao utente, implica a utilização de menos papel, sendo, por esta razão, claramente mais protetora do ambiente.

A regra geral será, portanto, a da possibilidade de apenas ser disponibilizada gratuitamente a fatura eletrónica.

Contudo, o direito à informação impede que o prestador do serviço imponha ao utente um meio que este não tem possibilidade de utilizar para aceder à informação. Se o utente não tiver conhecimentos informáticos nem meios eletrónicos que lhe permitam aceder à faturação através da Internet, só o envio de uma fatura em papel é eficaz.

No domínio da energia elétrica e do gás natural, a questão encontra-se expressamente resolvida no art. 6º-1 da Lei 5/2019, destacando-se que a fatura deve ser "transmitida preferencialmente em suporte eletrónico". Ou seja, privilegia-se a fatura eletrónica em detrimento do papel. O utente pode, no entanto, "optar por recebê-la em suporte papel, não podendo daí decorrer qualquer acréscimo de despesa para o mesmo". Se o utente assim o entender, tem o direito a receber uma fatura em papel sem quaisquer custos adicionais.

3.4.5. Prescrição e caducidade

Na sua redação originária, o art. 10º-1, que estabelecia que "o direito de exigir o pagamento do preço do serviço prestado prescreve no prazo de seis meses após a sua prestação", foi objeto de controvérsia na doutrina e na jurisprudência[1092].

A discussão centrava-se, no essencial, na questão de saber se o prazo de seis meses se referia simplesmente à apresentação da fatura ou se dizia respeito ao direito de exigir judicialmente o cumprimento da obrigação.

Segundo os defensores da primeira orientação, ao prestador do serviço bastava enviar a fatura no prazo de seis meses a contar da data da prestação do serviço para evitar a prescrição, dispondo depois de um novo prazo para propor ação judicial com vista ao pagamento do preço[1093].

[1092] Jorge Morais Carvalho, "Prescrição do Direito de Exigir o Pagamento do Preço nos Contratos Relativos a Serviços Públicos Essenciais", 2011.

[1093] António Menezes Cordeiro, "Da Prescrição do Pagamento dos Denominados Serviços Públicos Essenciais", 2001, pp. 809 e 810. Jurisprudência: Ac. do STJ, de 23/1/2007;

Para os defensores da segunda, o envio da fatura não era suficiente para evitar a prescrição, devendo o prestador do serviço propor ação judicial para exigir o cumprimento do contrato no prazo de seis meses[1094].

Parece-nos que a letra e o espírito da lei apontavam no sentido de que se tratava de um prazo de prescrição do direito a exigir o cumprimento da obrigação, que apenas se suspendia ou interrompia pela verificação de um dos factos previstos nos arts. 318º e segs. do CC, nomeadamente a propositura de ação judicial.

O prazo de prescrição de seis meses é curto, limitando consideravelmente a possibilidade de o prestador do serviço tentar resolver o litígio fora dos tribunais. Contudo, o objetivo da norma passa pela proteção do utente, com vista a evitar o risco de acumulação de dívidas e sobreendividamento[1095]. Nos serviços públicos essenciais em que as prestações são periodicamente renovadas, a fatura é normalmente remetida ao consumidor mensalmente, com prazos curtos para o pagamento, o que permite ao prestador ter fortes indícios da intenção da contraparte de não pagar espontaneamente.

As Leis 12/2008 e 24/2008 vieram clarificar que se trata de um prazo de prescrição do direito e não apenas de um prazo para apresentação da fatura[1096]. O art. 10º-1 determina atualmente que "o direito ao recebimento do preço do serviço prestado prescreve no prazo de seis meses após a sua prestação". A diferença não é muito significativa, embora agora a prescrição se oriente diretamente para o ato de receber a prestação e não para o ato de exigir a prestação. Mais claro é o novo nº 4, que estatui que "o prazo para a propositura da ação ou da injunção pelo prestador de serviços é de seis meses, contados após a prestação do serviço". Face a esta norma, deixou de haver lugar para dúvidas sobre a possibilidade de a apresentação da fatura suspender ou interromper o prazo de prescrição[1097]. A apresentação da fatura não é suficiente para impedir a prescrição.

Ac. do TRL, de 20/10/2009; Ac. do TRP, de 2/2/2006.

1094 João Calvão da Silva, "Anotação dos Acórdãos", 1999, p. 155. Jurisprudência: Ac. do TRL, de 4/2/2010; Ac. do TRC, de 8/4/2008.

1095 João Calvão da Silva, "Anotação dos Acórdãos", 1999, p. 154; Elionora Cardoso, *Os Serviços Públicos Essenciais*, 2010, p. 112. Jurisprudência: Ac. do STJ, de 3/12/2009.

1096 Jorge Morais Carvalho, "O Serviço Público Essencial de Telefone Móvel", 2011, p. 51.

1097 João Calvão da Silva, "Serviços Públicos Essenciais", 2008, p. 176.

O art. 10º consagra uma prescrição extintiva e não presuntiva[1098]. Em primeiro lugar, tendo em conta o espírito da norma, não está em causa a presunção do cumprimento da obrigação, pensada essencialmente para os casos em que a prática mais comum consiste no pagamento imediato do bem ou serviço, sem exigência de documento de quitação[1099]. Em segundo lugar, parece-nos que resulta da lógica do regime jurídico da prescrição que esta só é presuntiva quando a lei expressamente o refere, encontrando-se portanto o regime especial reservado para situações especiais em que se justifique a sua aplicação[1100]. Em terceiro lugar, se se considerasse tratar-se de prescrição fundada na presunção de cumprimento, esta poderia ser ilidida pelo prestador do serviço por confissão, expressa ou tácita, do utente, nos termos dos arts. 313º e 314º do CC. Bastaria, para esse efeito, que o utente afirmasse em juízo que a dívida, embora existente, tinha prescrito ou até que a dívida era inexistente ou de menor valor[1101]. Este resultado não é pretendido pela lei.

A prescrição interrompe-se, nos termos do art. 323º do CC, por qualquer "meio judicial pelo qual se dê conhecimento do ato àquele contra quem o direito pode ser exercido", o que inclui propor uma ação ou iniciar um procedimento de injunção[1102].

Nos contratos relativos a serviços públicos essenciais, estão geralmente em causa prestações periódicas dependentes de um cálculo a realizar pelo prestador do serviço, devendo este remeter ao utente uma fatura com uma periodicidade mensal (art. 9º-2 da Lei 23/96). O art. 10º-3 impõe que a fatura seja remetida ao utente com uma antecedência mínima de 10 dias úteis em relação ao último dia fixado para o cumprimento da obrigação. O ónus da prova cabe ao prestador do serviço (art. 11º-2).

[1098] João Calvão da Silva, "Anotação dos Acórdãos", 1999, pp. 152 a 154; Carlos Ferreira de Almeida, "Serviços Públicos, Contratos Privados", 2002, p. 139. Jurisprudência: Ac. do TRP, de 4/4/2005; Ac. do STJ, de 4/10/2007; Ac. do TRL, de 25/9/2008; Ac. do TRP, de 15/10/2009; Ac. do TRL, de 20/10/2009; Ac. do TRL, de 4/2/2010; Sentença do CICAP, de 23/12/2016. Contra: António Menezes Cordeiro, "Da Prescrição de Créditos das Entidades Prestadoras de Serviços Públicos Essenciais", 2005, p. 329. Jurisprudência: Ac. do TRP, de 31/3/2008.

[1099] Ac. do TRC, de 23/6/2009.

[1100] Ana Filipa Morais Antunes, *Prescrição e Caducidade*, 2008, pp. 92 e 93.

[1101] João Calvão da Silva, "Anotação dos Acórdãos", 1999, p. 154; Mário Frota, "Os Serviços de Interesse Geral", 2007, p. 60.

[1102] Obtida decisão condenatória, o prazo de prescrição da ação executiva é o geral e não o previsto neste diploma: Ac. do TRL, de 14/2/2013.

As questões da periodicidade e da antecedência do envio da fatura não se confundem com a do momento em que começa a contar o prazo de prescrição.

Este conta-se a partir da data em que terminar o período de faturação em causa e o direito puder ser exercido (art. 306º-1 do CC). Para efeitos da prescrição, o momento relevante é o último dia do período mensal de referência para efeitos de faturação[1103] e não o do envio da fatura ou o de qualquer outra forma de exigência de pagamento. Por exemplo, se a fatura mensal respeitar ao período entre o dia 16 de janeiro e o dia 15 de fevereiro, o prazo conta-se a partir do dia 15 de fevereiro.

No caso de o utente apenas pagar uma parte do preço, o direito do prestador do serviço a receber a diferença entre o valor pago e valor devido caduca no prazo de seis meses a contar do pagamento parcial. É o que resulta do art. 10º-2, que assim estende o regime do nº 1 a todos os valores que não tenham sido pagos pelo utente.

Este regime é igualmente aplicável aos acertos na faturação. No caso de se verificar que o utente consumiu serviços de valor superior ao valor cobrado, o prestador só pode exigir o pagamento relativo aos serviços prestados nos seis meses anteriores ao momento da cobrança. Se estiverem em causa valores correspondentes a mais do que os seis meses exigíveis, sem ser, no entanto, possível averiguar em que período os serviços foram efetivamente prestados, o valor total deve ser dividido pelo número de meses em causa, sendo apenas devido o valor proporcionalmente apurado nesta operação. Por exemplo, se a última contagem foi feita em dezembro do ano X e a fatura com os acertos é exigida em dezembro do ano X+4, apenas é devido o valor relativo ao período compreendido entre junho do ano X+4 e dezembro do ano X+4, ou seja, um oitavo do valor não cobrado[1104]. O art. 67º-5 do DL 194/2009 contém uma regra especial aplicável ao contrato de prestação de serviços de fornecimento de água: "o prazo de caducidade das dívidas relativas aos consumos reais não começa a correr enquanto não puder ser realizada a leitura por parte da entidade gestora por *motivos imputáveis ao utilizador*" (itálico nosso)[1105]. Esta regra deve ser estendida,

1103 João Calvão da Silva, "Anotação dos Acórdãos", 1999, p. 155. Jurisprudência: Ac. do TRL, de 5/5/2017.

1104 Fernando Dias Simões e Mariana Pinheiro Almeida, *Lei dos Serviços Públicos Essenciais*, 2012, p. 202.

1105 O art. 67º-3 do DL 194/2009 estabelece que "o utilizador deve facultar o acesso da entidade gestora ao instrumento de medição, com a periodicidade a que se refere o número anterior, por analogia, aos restantes serviços públicos essenciais, nomeadamente a eletricidade e o gás, que implicam leituras de contador para aferição dos consumos reais, podendo sempre recorrer-se, adicionalmente, à figura do abuso do direito, que pode limitar, estando verificados os pressupostos para a sua aplicação, o direito do utente a invocar a caducidade[1106].

O prazo conta-se a partir da data do pagamento parcial. Enquanto o utente não pagar, o prazo não se inicia, mas não deixa de correr o prazo de seis meses do nº 1.

Importa ainda discutir a questão de saber se o crédito do prestador de serviço relativo ao incumprimento da cláusula relativa ao período de fidelização também prescreve no prazo de seis meses previsto no art. 10º da Lei 23/96. Parece-nos claro que este preceito abrange qualquer valor faturado ao consumidor no âmbito de um contrato relativo a serviços públicos essenciais, não relevando se está em causa uma verba respeitante a um mês ou a vários meses[1107].

Embora a lei se refira a "serviço *prestado*" (nº 1) e determine que os seis meses são "contados *após* a prestação do serviço" (nº 4), o espírito do regime inclui, na nossa perspetiva, a verba relativa a serviços não prestados eventualmente exigível antes do prazo por via do incumprimento da cláusula de fidelização.

Neste sentido, defende-se de forma exemplar na Sentença do CNIACC, de 27/11/2013 (Patrícia da Guia Pereira), que, "perante a concreta contraposição de interesses em causa – por um lado, a remuneração do prestador do serviço pela prestação efectuada e, por outro lado, a celeridade no exercício desse direito, fundada na necessidade de segurança da posição devedora do utente dos serviços públicos essenciais –, entendeu-se ajustado sacrificar o primeiro em detrimento do segundo. Ora, se esta foi a ponderação de interesses que norteou a solução a dar aos casos em que o serviço foi efectivamente prestado (com a inerente probabilidade de o prestador ter incorrido em despesas com o fornecimento do serviço), deverá, por maioria de razão, pressupor-se idêntica ponderação de interesses para os casos em que está em causa uma indemnização fundada na

quando este se encontre localizado no interior do prédio servido". V. Sentença do CNIACC, de 31/3/2017.

1106 Pedro Falcão, "A Tutela do Prestador de Serviços Públicos Essenciais no Ordenamento Jurídico Português", 2017, p. 413.

1107 Ac. do TRL, de 24/4/2012.

expectativa de ganhos gerados pelo contrato, que nem sequer faz relevar as eventuais despesas incorridas com a prestação do serviço. Por outras palavras, não pode entender-se que a lei procura proteger a posição do utente dos serviços quando o prestador os tenha efectivamente prestado, mas recusa esta protecção quando o prestador dos serviços nem sequer os chega a prestar".

No Ac. do TRL, de 4/6/2015, pode ler-se que "a cláusula penal mais não é que a antecipação de todas as mensalidades que seriam devidas até ao termo do período de vinculação de permanência. Não deixam de ser mensalidades reportadas à prestação de um serviço, embora esse serviço não tenha sido prestado por o contrato ter cessado".

Esse valor, relativo a vários meses, passa a ser exigível no momento em que a cláusula de fidelização deve ser considerada definitivamente incumprida pelo consumidor, pelo que o prazo do art. 10º deve ser contado a partir desse momento. Se o consumidor tiver denunciado o contrato antes do prazo, a prescrição conta-se a partir da data em que a denúncia produz efeitos. Se o consumidor tiver incumprido as suas obrigações, a prescrição conta-se a partir da data em que o prestador de serviço resolve o contrato. Evita-se, assim, que o consumidor fique por muito tempo numa situação indefinida, acumulando dívidas, prevenindo-se por esta via o sobreendividamento.

A circunstância de se tratar de uma cláusula penal não altera esta conclusão. Na já referida Sentença do CNIACC, de 27/11/2013, defende-se que, "se a intenção legislativa subjacente à norma interpretanda é a de tornar inexigível o direito a receber uma prestação fundada numa obrigação contratual principal, é forçoso considerar que a intenção legislativa não deve ser entendida de modo diferente quanto ao direito a exigir uma prestação fundada numa cláusula acessória. Com efeito, carece de sentido aplicar um prazo prescricional mais alargado a uma obrigação que encontra o seu fundamento, a sua razão de ser, o seu pressuposto, numa obrigação – principal – que se tornou inexigível por se encontrar prescrita".

Sendo a cláusula penal uma cláusula acessória, não faz sentido que o prazo de prescrição do direito a exigi-la seja mais alargado do que o das cláusulas principais do contrato, relativas ao preço, enquanto contraprestação do serviço.

Nos casos em que a prestação principal tenha prescrito, a solução é mais simples. Com efeito, tem-se entendido que, nos termos do art. 810º-2 do CC, que estabelece que "a cláusula penal está sujeita às formalidades exigidas para a obrigação principal, e é nula se for nula esta obrigação", a acessoriedade da cláusula não se circunscreve aos casos de nulidade da obrigação principal. Segundo Pires de Lima e Antunes Varela, se a prestação, "por qualquer razão, deixa de ser devida, a cláusula caduca"[1108]. No caso de a prescrição da obrigação principal (de pagamento do preço relativo a um ou mais meses de serviço prestado) ter sido invocada, a prestação deixa de ser devida, pelo que a cláusula de fidelização, resultante do incumprimento da obrigação prescrita, caduca[1109].

Independentemente da sua qualificação como preço ou cláusula penal, que resulta da interpretação, em concreto, do conteúdo do contrato, o valor a pagar em caso de incumprimento do período contratual mínimo deixa, assim, de ser exigível, por prescrição ou caducidade, no prazo de seis meses previsto no art. 10º da Lei 23/96[1110].

A questão pode colocar-se também relativamente ao crédito de juros, no caso de o crédito principal (direito ao recebimento do preço do serviço prestado) ter prescrito no prazo de seis meses previsto no art. 10º da Lei 23/96.

Neste caso, apesar do caráter acessório do crédito de juros relativamente ao crédito principal, é necessário ter igualmente em conta o art. 561º do CC, que determina que, "desde que se constitui, o crédito de juros não fica necessariamente dependente do crédito principal, podendo qualquer deles [...] extinguir-se sem o outro". Será que o crédito de juros tem autonomia suficiente relativamente ao crédito relativo ao direito ao recebimento do preço do serviço prestado, ao ponto de permitir considerar que aquele sobrevive a este?

[1108] Pires de Lima e Antunes Varela, *Código Civil Anotado*, Vol. II, 1997, p. 74.

[1109] Sentença do CNIACC, de 27/11/2013. Considerando que não há fundamento para o pagamento de indemnização, uma vez que o direito à prestação incumprida (que aciona a cláusula de fidelização) se encontra prescrito: Ac. do TRL, de 25/2/2010; Ac. do TRL, de 16/6/2011; Ac. do TRL, de 29/11/2011. Contra: Ac. do TRL, de 15/2/2011; Ac. do TRL, de 7/6/2011; Ac. do TRL, de 21/6/2011; Ac. do TRL, de 8/6/2017[2]. No sentido de que a própria cláusula de fidelização é nula: Ac. do TRG, de 11/9/2012.

[1110] No Ac. do TRL, de 20/12/2016, defende-se ser "ética e socialmente inaceitável [...] configurar que possa existir um prazo prescricional de seis meses para a obrigação principal [...] e um prazo prescricional geral de vinte anos [...] para a obrigação cuja existência só se justificava em face daquela".

No Ac. do TRL, de 20/12/2016, pode ler-se que, "não obstante o disposto no art. 561º do CC, porque a obrigação da Ré em indemnizar a Autora com o correspondente aos juros moratórios resulta directa e necessariamente da infracção pela primeira do dever de cumprimento do contrato de prestação de serviços de telecomunicações que celebrou com a segunda, isto é, porque *a obrigação de juros surge em consequência da obrigação de capital, visto que representa o rendimento dele* (ou se torna devida face ao incumprimento do dever de pagar essa obrigação), é [...] ontologicamente incompreensível [...] conceber a existência dessa obrigação de juros quando o dever de que ela depende deixou de existir ou se tornou inexigível".

Com efeito, na interpretação do art. 10º da Lei 23/96, o elemento teleológico implica que se responda negativamente à questão colocada[1111]. Em primeiro lugar, o risco de acumulação de dívidas e de sobreendividamento, que está na base da consagração de um prazo curto de prescrição, existe quer para a obrigação de juros quer para a obrigação principal. Em segundo lugar, a consagração de um prazo especial de prescrição de cinco anos para os créditos de juros [art. 310º-*d*) do CC], que começa a correr "desde a exigibilidade da primeira prestação que não for paga" (art. 307º do CC), aponta claramente no sentido de uma redução do prazo prescricional (relativamente ao prazo ordinário de vinte anos previsto no art. 309º do CC) e não do seu alargamento. Ora, no que respeita ao crédito do prestador de serviços públicos essenciais, a aplicar-se esta regra, verifica-se um alargamento do prazo de seis meses para cinco anos, o que contraria também o espírito do já citado regime do CC. Em terceiro lugar, decorrendo este argumento do anterior, temos muitas dúvidas de que a *ratio* do art. 561º do CC inclua, nas causas de extinção a que alude, a prescrição. O preceito está essencialmente pensado para o caso de cumprimento da obrigação principal, esclarecendo-se que a extinção desta não implica a extinção do crédito de juros. Neste sentido, note-se que não resulta da letra do art. 561º o caráter automático da autonomia entre crédito de juros e crédito principal ("não fica *necessariamente* dependente"), devendo a análise ser feita casuisticamente.

Pelas razões apontadas, defende-se a aplicação do art. 10º da Lei 23/96 aos créditos de juros relativos às obrigações prescritas nos termos do

[1111] Contra: Ac. do TRP, de 21/10/2014; Ac. do TRL, de 4/6/2015; Ac. do TRL, de 5/5/2017; Ac. do TRL, de 8/6/2017[2].

mesmo preceito[1112]. Mesmo que se entendesse que o crédito de juros prescreve no prazo alargado de cinco anos, parece-nos que a invocação da prescrição pelo utente apenas ficaria paralisada relativamente aos juros constituídos nos primeiros seis meses a contar da data da prestação do serviço, impondo a boa-fé que não se permita ao prestador do serviço obter por via do crédito de juros o que deixou de poder obter por via do crédito principal.

A prescrição, tal como a caducidade (neste caso)[1113], não é de conhecimento oficioso, podendo ser invocada judicial ou extrajudicialmente (art. 303º do CC). Sendo a prescrição invocada pelo utente em oposição a requerimento de injunção, o autor deve responder à exceção na ação declarativa subsequente, sob pena de o juiz poder conhecer de imediato do mérito da causa[1114].

Note-se que a lei impõe a invocação da prescrição pelo devedor, não para lhe criar uma espécie de *armadilha* com vista à irreversibilidade do cumprimento, mas por se tratar "de uma posição privada", concedida no interesse do devedor, da sua autodeterminação, que este pode não querer usar, o que "nada tem de anormal: poderão prevalecer aspectos morais ou, até, patrimoniais e pragmáticos"[1115]. A lei preocupa-se, como já vimos, com o início do curso da prescrição, mas não, naturalmente, com o seu termo final. Com efeito, a prescrição pode ser invocada, como exceção que é, para impedir o exercício do respetivo direito pelo credor. Também não se aplica à invocação da prescrição o princípio da preclusão[1116], pelo menos com o rígido sentido que tem no processo civil português, podendo esta ter lugar em qualquer fase do processo, desde que ainda seja possível o exercício do contraditório[1117]. Vaz Serra refere que se "trata de uma superveniência, aconselhada pela índole particular da prescrição"[1118].

[1112] Daniela Mota Pedro, *Cláusulas de Fidelização Contratual*, 2016, p. 52; Sentença do CNIACC, de 16/10/2017.

[1113] Ac. do TRP, de 14/7/2010. Contra: Mário Frota, "Serviços Públicos Essenciais", 2017, p. 211.

[1114] Ac. do TRL, de 4/2/2014.

[1115] António Menezes Cordeiro, *Tratado de Direito Civil Português*, Vol. I, Tomo IV, 2015, p. 165.

[1116] Adriano Vaz Serra, "Prescrição e Caducidade", 1961, pp. 151 e 152.

[1117] Sentença do CNIACC, de 10/2/2016.

[1118] Adriano Vaz Serra, "Prescrição e Caducidade", 1961, p. 152.

O prazo de prescrição suspende-se durante a tentativa de resolução extrajudicial do conflito (art. 15º-2)[1119]. Permite-se, assim, que a tentativa de resolução do litígio não se encontre pressionada pelo prazo de prescrição. Esta regra especial de suspensão do prazo não se aplica à arbitragem ou aos julgados de paz[1120], uma vez que, nestes casos, a citação interrompe o prazo de prescrição. Sendo a arbitragem e os julgados de paz procedimentos de resolução alternativa de litígios[1121], seria possível argumentar no sentido de que o art. 15º-2 é uma regra especial face ao art. 323º do CC, mas o elemento teleológico parece-nos afastar uma interpretação neste sentido, porque, apesar de constituírem uma alternativa aos meios tradicionais, são adjudicatórios. Como já vimos em relação a norma idêntica do regime da venda de bens de consumo, o momento em que se deve considerar iniciada a mediação é aquele em que o profissional aceita tacitamente o processo, respondendo à solicitação da entidade de resolução de litígios[1122].

Nos termos do art. 304º-1 do CC, completada a prescrição, o utente pode recusar o pagamento do preço. No entanto, "não pode [...] ser repetida a prestação realizada espontaneamente em cumprimento de uma obrigação prescrita, ainda quando feita com ignorância da prescrição [...]" (art. 304º-2). Portanto, com a prescrição do direito, a obrigação transforma-se de obrigação civil em obrigação natural, encontrando-se esta regulada nos arts. 402º a 404º do CC. Nos termos do art. 403º-2, "a prestação considera-se espontânea, quando é livre de toda a coação", entendendo-se feito sob coação o ato determinado "pelo receio de um mal de que o [... utente] foi ilicitamente ameaçado [...]" (art. 255º-1). Assim, não se pode considerar verificado o requisito da espontaneidade no caso de o cumprimento da prestação resultar de ameaça de corte no fornecimento do serviço[1123], o mesmo se devendo concluir de um acordo de pagamento feito sob ameaça[1124]. O prestador do serviço não pode deixar de fornecer um serviço público

1119 Jorge Morais Carvalho, João Pedro Pinto-Ferreira e Joana Campos Carvalho, *Manual de Resolução Alternativa de Litígios de Consumo*, 2017, pp. 153 a 155.

1120 Contra: João Calvão da Silva, "Serviços Públicos Essenciais", 2008, p. 180.

1121 Mariana França Gouveia, *Curso de Resolução Alternativa de Litígios*, 2014, pp. 119 e segs. e 317 e segs..

1122 Sentença do CNIACC, de 22/6/2016.

1123 Sentença do CICAP, de 25/5/2016. Contra: Pedro Falcão, "A Tutela do Prestador de Serviços Públicos Essenciais no Ordenamento Jurídico Português", 2017, p. 410, n. 41.

1124 Sentença do CNIACC, de 10/2/2016. Interrompe a prescrição, por reconhecimento do direito (art. 325º do CC), o pedido de acordo de pagamento anterior ao decurso do prazo de essencial com fundamento no não pagamento pelo utente de dívidas prescritas, pelo que não pode invocar perante este último a possibilidade de corte do serviço com o fim de obter o cumprimento da obrigação natural. Se o utente pagar na sequência da ameaça, pode exigir do prestador do serviço a devolução do valor pago. No caso de o serviço ter sido cortado, o não pagamento da dívida prescrita não constitui fundamento para a recusa da prestação do serviço.

A circunstância de o demandante não ter invocado a prescrição antes de pagar – ou no momento em que pagou – é irrelevante, uma vez que a prescrição existe independentemente da sua invocação, constituindo a invocação apenas requisito de eficácia. Aponta neste sentido o art. 303º do CC: a prescrição "necessita, *para ser eficaz*, de ser invocada" (itálico nosso). Esta situação não se encontra expressamente prevista na lei. Com efeito, o art. 304º-2 do CC regula diretamente o caso em que a prestação é realizada espontaneamente, ainda que feita com ignorância da prescrição. Não regula, pelo menos diretamente, a situação em que a prestação não é feita espontaneamente. Numa interpretação *a contrario sensu*, o preceito deve ser lido no seguinte sentido: "pode ser repetida a prestação realizada não-espontaneamente em cumprimento de uma obrigação prescrita, ainda quando feita com ignorância da prescrição"[1125].

Deve entender-se, ainda, que não é decisiva a designação dada pelo utente à sua declaração, relevando o efeito jurídico pretendido: assim, se o utente invocar a caducidade, num caso que é de prescrição, ou vice-versa, a declaração produz efeito, devendo o tribunal considerar verificada a exceção prevista legalmente[1126]. Também se deve considerar que não é decisiva a invocação de um determinado preceito legal, quando não é esse o preceito legal aplicável ao caso[1127].

3.5. Crédito ao consumo

O primeiro regime português sobre crédito ao consumo foi adotado pelo DL 359/91, que transpôs para o nosso ordenamento jurídico a Diretiva

prescrição, mesmo feito sob ameaça de corte, uma vez que, nesse momento, a ameaça é lícita: Sentença do CNIACC, de 25/7/2016.

[1125] Sentença do CNIACC, de 10/2/2016.

[1126] Sentença do JP de Coimbra, de 6/6/2014.

[1127] Ac. do TRE, de 20/10/2016.

87/102/CEE. Esta Diretiva foi revogada pela Diretiva 2008/48/CE, transposta pelo DL 133/2009. A Diretiva é de harmonização máxima, pelo que a lei portuguesa reproduz, no essencial, as suas disposições, embora regulando alguns aspetos que aquela não abrange, como a matéria da usura.

3.5.1. Conceito de contrato de crédito ao consumo

O art. 4º-1-*c*) do DL 133/2009 define contrato de crédito, para efeitos do diploma, como "o contrato pelo qual um credor concede ou promete conceder a um consumidor um crédito sob a forma de diferimento de pagamento, mútuo, utilização de cartão de crédito, ou qualquer outro acordo de financiamento semelhante", não sendo como tal considerado "o contrato de prestação continuada de serviços ou de fornecimento de bens do um mesmo tipo em que o consumidor tenha o direito de efetuar o pagamento dos serviços ou dos bens à medida que são fornecidos" (art. 4º-2).

Em primeiro lugar, pressupõe-se a existência de uma relação jurídica de consumo, devendo as partes ser, por um lado, o consumidor, definido para este efeito como "a pessoa singular que [...] atua com objetivos alheios à sua atividade comercial ou profissional" [art. 4º-1-*a*)], e, por outro lado, o profissional, denominado credor, que é "a pessoa, singular ou coletiva, que concede ou que promete conceder um crédito no exercício da sua atividade comercial ou profissional" [art. 4º-1-*b*)]. No crédito ao consumo, apenas estão em causa os contratos de mútuo em que o mutuante é um profissional. Não se encontram, portanto, abrangidos os contratos em que o profissional é o mutuário, em especial os contratos de depósito bancário.

Em segundo lugar, a lei recorre a uma noção ampla para caraterizar o contrato de crédito, bastando a concessão ou a promessa de concessão de um crédito[1128].

Procede-se na definição a uma enumeração de situações em que se considera verificada a concessão ou a promessa de concessão do crédito, também ela aberta, pela referência a outros acordos de financiamento semelhantes[1129], aludindo a norma expressamente ao diferimento de pagamento, ao mútuo e à utilização de cartão de crédito.

[1128] Fernando de Gravato Morais, "União de Contratos de Crédito e de Venda para Consumo", 2005, p. 282; Paulo Duarte, "Algumas Questões sobre o ALD", 2001, p. 316.
[1129] Fernando de Gravato Morais, *Contratos de Crédito ao Consumo*, 2007, p. 45; Paulo Duarte, "Algumas Questões sobre o ALD", 2001, p. 317.

O diferimento de pagamento constituiu, em termos históricos, a primeira forma de crédito ao consumo[1130]. Apesar de as instituições financeiras terem hoje um papel central nos modelos de concessão de crédito ao consumo, e de em muitos casos serem também parte de um contrato em que se preveja o diferimento de pagamento, ainda subsistem situações de crédito concedido pelo fornecedor do bem ou prestador do serviço. Nestes casos, saliente-se que a relação jurídica é apenas bilateral, entre, por um lado, o profissional que fornece o bem ou presta o serviço e concede a possibilidade de diferimento do pagamento e, por outro lado, o consumidor. O diferimento de pagamento pressupõe o pagamento do preço de alguma coisa, ou seja, que o consumidor assumiu uma obrigação de entrega de um preço. Não releva, no entanto, nem de que coisa se trata – bem, serviço ou até direito – nem o tipo ou categoria de contrato que está na base dessa obrigação de pagamento do preço[1131]. Integram, assim, esta categoria tanto a venda a prestações, com ou sem reserva de propriedade[1132], como, apesar da redundância da expressão, a prestação de serviços a prestações[1133].

No que respeita ao mútuo, trata-se de um contrato previsto no CC, que o define como "o contrato pelo qual uma das partes empresta à outra dinheiro ou outra coisa fungível, ficando a segunda obrigada a restituir outro tanto do mesmo género e qualidade" (art. 1142º). No crédito ao consumo, além de o contrato não poder ser qualificado como contrato real *quoad constitutionem* (ou quanto à constituição)[1134], a letra e o espírito do diploma apenas abarcam o empréstimo de dinheiro e não o de outra coisa fungível e encontram-se abrangidos pelo diploma unicamente os contratos de mútuo onerosos. Com efeito, nos termos do art. 2º-1-*f*), o regime não se aplica aos contratos em que "o crédito seja concedido sem juros ou outros encargos", considerando-se o prémio de um eventual contrato de seguro associado como um encargo do contrato de crédito[1135].

1130 Paulo Duarte, "A Posição Jurídica do Consumidor na Compra e Venda Financiada", 2005, p. 380.

1131 Higina Orvalho Castelo, "Crédito ao Consumo e Diversidade de Tipos Contratuais", 2014, p. 109.

1132 Fernando de Gravato Morais, *Contratos de Crédito ao Consumo*, 2007, p. 48.

1133 Fernando de Gravato Morais, "Do Regime Jurídico do Crédito ao Consumo", 2000, p. 380.

1134 Fernando de Gravato Morais, *Contratos de Crédito ao Consumo*, 2007, p. 50.

1135 Ac. do TRC, de 26/2/2008.

O mútuo pode, em primeiro lugar, ser concedido pelo fornecedor de um bem ou prestador de um serviço no caso de se destinar ao pagamento do preço de um bem ou de um serviço, distinguindo-se do diferimento de pagamento por, no caso do mútuo, se celebrarem dois contratos, embora continue a existir uma relação apenas entre duas partes.

O mútuo pode, em segundo lugar, ser concedido por uma instituição de crédito ou sociedade financeira. Neste caso, pode ou não existir uma ligação a um outro contrato celebrado com um terceiro (fornecedor de um bem, prestador de um serviço, etc.). Se existir, o dinheiro mutuado destina-se à aquisição do bem ou do serviço (mútuo de escopo ou de "destinação"[1136]), sendo que, na generalidade dos contratos que têm esta caraterística, o dinheiro é diretamente entregue pela instituição de crédito ou sociedade financeira ao fornecedor do bem ou prestador do serviço[1137]; em qualquer caso, é inadmissível a inclusão de uma cláusula de reserva de propriedade a favor do mutuante[1138], por ser legalmente impossível, nos termos do art. 280º-1 do CC[1139]. Se não existir, o consumidor pode utilizar o dinheiro com tendencial liberdade, tratando-se então de uma relação bilateral, neste caso entre instituição de crédito ou sociedade financeira e consumidor.

Igualmente abrangido na noção de mútuo encontra-se a facilidade de descoberto[1140], definida no art. 4º-1-*d*) como "o contrato expresso pelo qual um credor permite a um consumidor dispor de fundos que excedam

[1136] Fernando de Gravato Morais, *Contratos de Crédito ao Consumo*, 2007, p. 49.

[1137] Fernando de Gravato Morais, *Contratos de Crédito ao Consumo*, 2007, pp. 49 e 50.

[1138] Alexandre Mota Pinto, "Venda de Bens de Consumo e Garantias", 2016, p. 196; João Marques Bernardo, "A Cláusula de Reserva de Propriedade a Favor do Financiador", 2017, p. 406. Jurisprudência: Ac. do TRL, de 12/8/2013; Ac. do TRL, de 7/11/2013; Ac. do TRC, de 17/12/2014; Ac. do TRE, de 26/2/2015; Ac. do TRC, de 8/3/2016; Ac. do TRP, de 10/10/2016. Contra: Ac. do STJ, de 30/9/2014; Ac. do TRL, de 14/11/2013; Ac. do TRL, de 10/2/2015. Parecendo admitir a figura, embora como mera garantia, sem efeito translativo para o financiador: Ac. do TRG, de 2/5/2016. As posições em sentido contrário ao do texto parecem não ter em conta, além dos limites lógicos do direito, a natureza desequilibrada da relação de consumo, em especial de crédito ao consumo, desprotegendo em concreto, de forma pouco razoável, o consumidor. Ou seja, poderíamos admitir uma interpretação atualista das normas (e dos conceitos) em causa se a solução fosse equilibrada, mas, sendo a justiça um objetivo que deve ser tendencialmente procurado pelo aplicador do direito, não nos parece adequado fazê-lo nestes casos.

[1139] Jorge Morais Carvalho, *Os Limites à Liberdade Contratual*, 2016, pp. 45 a 48.

[1140] Fernando de Gravato Morais, *Crédito aos Consumidores*, 2007, p. 29.

o saldo da sua conta de depósito à ordem". Algumas normas do diploma aplicam-se especificamente a estas operações, com destaque para o art. 15º, que impõe acrescidos deveres contratuais ao profissional.

Por definição, na ultrapassagem de crédito – definida no art. 4º-1-*e*) como o "descoberto aceite tacitamente pelo credor permitindo a um consumidor dispor de fundos que excedem o saldo da sua conta de depósito à ordem ou da facilidade de descoberto acordada" – também há facilidade de descoberto. A diferença é que a primeira resulta de acordo expresso e a segunda de acordo tácito, pela aceitação de uma efetiva ultrapassagem do crédito.

Deve salientar-se que o diploma não era aplicável, nos termos do art. 2º-1-*e*), na versão originária, aos contratos de crédito sob a forma de facilidade de descoberto no caso de o prazo de reembolso ser igual ou inferior a um mês. A razão de ser da exclusão resultava do entendimento de que, tratando-se de um prazo curto, o consumidor não necessitava de proteção[1141]. Esta exclusão foi revogada pelo DL 42-A/2013, pelo que o diploma se aplica agora a estes contratos, embora apenas parcialmente, nos termos do art. 2º-3. Aos contratos de crédito sob a forma de facilidade de descoberto no caso de obrigação de reembolso a pedido ou no prazo de três meses (neste caso, entre um mês e três meses), aplica-se o art. 2º-2, verificando-se também uma exclusão parcial do âmbito de aplicação do diploma.

No conceito de mútuo também deve ser integrado, para este efeito, o contrato de abertura de crédito[1142], tipo contratual com estrutura e função próximas do mútuo[1143], incluindo na modalidade de abertura de crédito em conta corrente, a que se respeita o regime especial do art. 23º. Neste preceito, impõem-se deveres pré-contratuais específicos aos profissionais que, em contratos de crédito em conta corrente, admitam a possibilidade de ultrapassagem do limite de crédito. Aliás, nos termos do art. 2º-4, o art. 23º é a única norma do diploma aplicável aos contratos de crédito na modalidade de ultrapassagem de crédito, além das disposições gerais dos arts. 1º a 4º e 26º e seguintes, que não regulam qualquer regime específico.

Ao contrário do que sucede com o diferimento de pagamento e com o mútuo, os contratos relativos à utilização de cartão de crédito não se encon-

[1141] Fernando de Gravato Morais, *Crédito aos Consumidores*, 2009, p. 17.

[1142] Fernando de Gravato Morais, *Contratos de Crédito ao Consumo*, 2007, p. 51.

[1143] Carlos Ferreira de Almeida, *Contratos*, Vol. II, 2016, p. 150.

tram referidos no diploma europeu, tratando-se, assim, de uma inovação introduzida pela lei de transposição portuguesa, embora o efeito desta inovação se resuma ao esclarecimento de que tais contratos se encontram abrangidos pelo âmbito de aplicação do diploma[1144].

A expressão utilizada na lei é pouco rigorosa, uma vez que o que está em causa não são os contratos relativos à utilização de cartão de crédito mas os contratos de emissão de cartão de crédito[1145].

A atividade de emissão e gestão de cartões de crédito está reservada, por lei, às instituições de crédito ou às sociedades financeiras [arts. 4º-1-*c*) e 8º-2 do Regime Geral das Instituições de Crédito e Sociedades Financeiras].

Na noção de "qualquer outro acordo de financiamento semelhante" pode caber qualquer contrato que tenha por finalidade a concessão de crédito ao consumo[1146], mas não a fiança[1147]. É o caso do contrato de locação financeira[1148] e dos designados aluguer de longa duração[1149] e locação (financeira) restitutiva, que se encontram abrangidos pela exceção à exclusão prevista no art. 2º-1-*d*) do DL 133/2009.

Esta alínea estabelece que o diploma não é aplicável aos "contratos de locação de bens móveis de consumo duradouro que não prevejam o direito ou a obrigação de compra da coisa locada, seja no próprio contrato, seja em contrato separado". Em relação ao texto do diploma europeu, que apenas se refere a *obrigação* de compra, acrescenta-se a menção ao *direito* de com-

1144 JOANA VASCONCELOS, "Emissão de Cartões de Crédito", 2002, p. 167, n. 6; FERNANDO DE GRAVATO MORAIS, *Crédito aos Consumidores*, 2009, p. 28.

1145 FERNANDO DE GRAVATO MORAIS, *Contratos de Crédito ao Consumo*, 2007, p. 47.

1146 PAULO DUARTE, "O Direito do Consumidor ao Cumprimento Antecipado", 2012, pp. 420 e 421 ("instrumento técnico-jurídico idóneo para realizar a função económica de conceder temporariamente poder de compra").

1147 FERNANDO DE GRAVATO MORAIS, *União de Contratos de Crédito e de Venda para o Consumo*, 2004, p. 320, n. 591. Jurisprudência: Ac. do TJUE, de 23/3/2000.

1148 RICARDO MUNHOZ, "Contrato de *Leasing* (Locação Financeira)", 1997, p. 16; FERNANDO DE GRAVATO MORAIS, *Crédito aos Consumidores*, 2009, p. 28; ÂNGELA FROTA, "Crédito ao Consumidor", 2017, p. 376; L. MIGUEL PESTANA DE VASCONCELOS, *Direito Bancário*, 2017, p. 337.

1149 PAULO DUARTE, "Algumas Questões sobre o ALD", 2001, p. 317; FERNANDO DE GRAVATO MORAIS, *Crédito aos Consumidores*, 2009, p. 28; MARCO DE OLIVEIRA PRAZERES, "Breves Notas sobre o ALD", 2013, p. 18; L. MIGUEL PESTANA DE VASCONCELOS, *Direito Bancário*, 2017, p. 337. Só quando se "preveja o direito ou a obrigação de compra da coisa locada são havidos como contratos de crédito": Ac. do STJ, de 25/10/2011.

pra da coisa locada, hipótese mais provável e certamente também presente no espírito da Diretiva[1150].

Portanto, o diploma não se aplica aos contratos de locação, o que se entende, uma vez que nestes não existe, em princípio, o objetivo de concessão de crédito. Excetuam-se da exclusão os casos em que, por um lado, o consumidor tem o direito ou a obrigação de adquirir a coisa locada num prazo convencionado e, por outro lado, o contrato tem por finalidade a concessão de crédito.

O art. 2º-1-*a*) exclui do seu âmbito de aplicação os "contratos de crédito garantidos por hipoteca sobre coisa imóvel ou por outro direito sobre coisa imóvel".

A alínea *b*) exclui os contratos em que "cuja finalidade seja a de financiar a aquisição ou a manutenção de direitos de propriedade sobre terrenos ou edifícios existentes ou projetados". Esta norma, resultante da transposição da Diretiva, tem uma redação enigmática, em especial pela referência à manutenção de direitos de propriedade, esclarecendo a parte final do considerando (14) da Diretiva que "não deverão ser excluídos [...] os contratos de crédito apenas pelo facto de a sua finalidade ser a renovação ou a valorização de prédios existentes". Embora se tenha retirado da exclusão, em relação ao DL 359/91, a palavra *predominantemente*, parece dever entender-se que, se a finalidade de financiar a aquisição ou a manutenção de direitos de propriedade for menos relevante do que outras finalidades do contrato de crédito, este encontra-se abrangido pelo diploma.

No essencial, pode concluir-se que se encontram abrangidos por estas exclusões os contratos de crédito à habitação, regulados por diplomas específicos[1151], que também conferem proteção aos consumidores, tratando-se, aliás, de um dos contratos mais relevantes do ponto de vista social para as famílias portuguesas[1152], sendo a sua principal fonte de endividamento[1153].

[1150] FERNANDO DE GRAVATO MORAIS, *Crédito aos Consumidores*, 2009, p. 17.

[1151] ISABEL MENÉRES CAMPOS, "Crédito à Habitação", 2016; ANA TAVEIRA DA FONSECA, "O Contrato de Crédito para Aquisição de Habitação Permanente Garantido por Hipoteca à Luz dos Princípios de *Life Time Contracts*", 2016.

[1152] JORGE MORAIS CARVALHO e KRISTIN NEMETH, "Implementation of the Mortgage Credit Directive in the EU Member States", 2017, p. 131; MARIA DA GRAÇA MONIZ, "Notas Breves Sobre a Habitação em Geral e Especificidades da Região Autónoma da Madeira", 2006/2007, p. 609.

[1153] MARIANA FONTES DA COSTA, "The Impact of the Mortgage Credit Directive 2014/17/EU – Views from Portugal", 2017, p. 424; JOAQUIM CARRAPIÇO, "Reflexões em Torno da Qualidade e dos Direitos dos Consumidores na Compra de Habitação", 2003, p. 54.

O regime do contrato de crédito à habitação esteve fragmentando por vários diplomas legais e regulamentares até 2017, encontrando-se atualmente consagrado, no essencial, no DL 74-A/2017[1154], que transpôs parcialmente a Diretiva 2014/17/UE para a ordem jurídica portuguesa. O DL 74-A/2017 regula os principais aspetos dos contratos de crédito à habitação, tendo entrado em vigor no dia 1 de janeiro de 2018. A transposição da Diretiva 2014/17/UE foi completada pelo DL 81-C/2017, que regula a atividade de intermediário de crédito e de prestação de serviços de consultoria relativamente a contratos de crédito, englobando quer o crédito à habitação quer o crédito ao consumo.

Com a aprovação do DL 74-A/2017, verifica-se um grande paralelismo na regulação do crédito ao consumo e do crédito à habitação, objetivo expressamente manifestado no considerando (20) da Diretiva 2014/17/UE.

Nos termos do art. 2º do DL 74-A/2017, o regime aplica-se a "contratos de crédito para a aquisição ou construção de habitação própria permanente, secundária ou para arrendamento"[1155], a "contratos de crédito para aquisição ou manutenção de direitos de propriedade sobre terrenos ou edifícios já existentes ou projetados", a "contratos de locação financeira de bens imóveis para habitação própria permanente, secundária ou para arrendamento" (neste caso, com exceção de algumas normas) e a "contratos de crédito que, independentemente da finalidade, estejam garantidos por hipoteca ou por outra garantia equivalente habitualmente utilizada sobre imóveis, ou garantidos por um direito relativo a imóveis".

Como é possível verificar, o diploma não se aplica, assim, apenas a contratos de crédito à habitação, mas também a outros contratos de crédito que não se destinem a habitação, desde que seja prestada uma garantia relativamente a um imóvel, sendo a hipoteca o exemplo paradigmático. Por esta razão, designa-se comummente o diploma por regime do crédito

1154 Sobre o DL 74-A/2017: Isabel Menéres Campos e Jorge Morais Carvalho, "Mortgage Credit in Portugal", 2017; Jorge Morais Carvalho, "Crédito ao Consumo e Crédito à Habitação", 2018, pp. 317 a 324; Rui Pinto Duarte, *O Novo Regime do Crédito Imobiliário a Consumidores*, 2018; Sandra Passinhas, "O Novo Regime do Crédito aos Consumidores para Imóveis de Habitação", 2018.

1155 Os Estados Membros podiam decidir não aplicar o regime no caso de a habitação em causa se destinar necessariamente a arrendamento [art. 3º-3-*b*) da Diretiva 2014/17/UE], opção que não foi tomada pela lei portuguesa. Nota-se que os Estados Membros que o fizessem teriam de "assegurar a aplicação de um enquadramento adequado para este tipo de crédito a nível nacional" (art. 3º-4).

hipotecário[1156], designação que não corresponde exatamente à de crédito à habitação, mais tradicional em Portugal. Note-se que também a designação crédito hipotecário não é ideal para abarcar todos os contratos regulados pelo diploma, uma vez que, embora o mais comum seja a existência de uma hipoteca, admite-se a existência de contratos de crédito à habitação sem que seja estipulada esta garantia. A estes contratos aplica-se, igualmente, o regime.

O art. 2º-1-*c*) do DL 133/2009 exclui os contratos em que o "montante total de crédito seja inferior a € 200 ou superior a € 75 000"[1157].

A consagração desta exclusão não era imposta pela Diretiva, como se pode ler no considerando 10, onde se diz que "um Estado-Membro pode [...] manter ou introduzir legislação nacional correspondente às disposições da presente diretiva [...] fora do [seu] âmbito [...], por exemplo contratos de crédito de montante inferior a € 200 ou superior a € 75 000".

A razão de ser desta exclusão está essencialmente na consideração de que, nos contratos de reduzido valor económico, a imposição de obrigações excessivas ao profissional poderia desincentivar a própria celebração do contrato, por desinteresse da parte destes, e, nos contratos de valor económico elevado, o consumidor não necessitar de uma especial proteção, uma vez que a cautela associada à celebração desse contrato é maior[1158].

Uma vez que o valor mínimo não é assim tão baixo (€ 200), esta solução beneficia essencialmente as empresas que operam no setor do designado *crédito rápido*, no qual são geralmente aplicadas taxas de juro muito elevadas, contribuindo-se, assim, para o agravamento do problema do sobre-endividamento.

Entendemos que a opção também é criticável por deixar os consumidores desprotegidos em relação a alguns dos contratos mais relevantes, tendo em conta o seu elevado valor[1159].

[1156] Jorge Morais Carvalho e Kristin Nemeth, "Implementation of the Mortgage Credit Directive in the EU Member States", 2017.

[1157] Note-se que o DL 74-A/2017 aditou um nº 5 ao art. 2º, que determina que o diploma se aplica "aos contratos de crédito sem garantia hipotecária ou outro direito sobre coisa imóvel, cuja finalidade seja a realização de obras em imóveis e com um montante total de crédito superior a € 75 000".

[1158] Gilles Paisant, *Défense et Illustration du Droit de la Consommation*, 2015, p. 167, n. 214, levanta a hipótese de se considerar que, nestes casos, o consumidor não se encontra numa situação de vulnerabilidade.

[1159] Fernando de Gravato Morais, *Crédito aos Consumidores*, 2009, p. 16.

O elemento determinante é o montante do crédito; portanto, por um lado, não é relevante o preço do bem ou do serviço para a aquisição do qual o crédito é concedido e, por outro lado, não importa o custo total do contrato para o consumidor, incluindo juros ou outros encargos[1160]. Nos casos em que o montante exato do crédito não se encontra definido no momento da celebração do contrato, como por exemplo nos contratos de abertura de crédito ou de descoberto bancário, o regime é aplicável enquanto o montante máximo não for atingido, o que significa que as normas relativas ao período pré-contratual e à própria celebração do contrato são sempre aplicáveis. Excetuam-se os casos em que se defina imediatamente e no próprio contrato que o montante mínimo do crédito é superior ao montante máximo referido.

A alínea *f*) exclui os contratos em que "o crédito seja concedido sem juros ou outros encargos".

Não podem ser como tal considerados os contratos em que a gratuitidade é ilusória, por o preço proposto para a venda do bem ou para a prestação do serviço já incluir o montante previsto dos juros[1161], o que será a regra, pelo menos nos casos em que o credor é um profissional que se dedica à concessão de crédito, sendo intrínseca ao seu negócio a cobrança de um preço (juro ou outro encargo) como contrapartida do montante disponibilizado.

No Ac. do TJUE, de 8/12/2016, conclui-se que "um acordo de pagamento a prestações de um crédito que é celebrado, na sequência de um incumprimento do consumidor, entre este e o mutuante, por intermédio de uma agência de cobranças, não é «sem encargos» [...], quando, através desse acordo, o consumidor se obriga a reembolsar o montante total desse crédito e a pagar juros ou encargos que não estavam previstos no contrato inicial nos termos do qual o referido crédito foi concedido".

A alínea *g*) exclui os contratos em que, em primeiro lugar, o credor não é uma instituição de crédito, em segundo lugar, o montante deve ser reembolsado no prazo máximo de três meses e, em terceiro lugar, apenas são cobrados encargos insignificantes.

Uma vez que o diploma europeu não se refere à natureza do credor – art. 2º-2-*f*) – no sentido de deixar de aplicar a exclusão no caso de o cre-

1160 FERNANDO DE GRAVATO MORAIS, *Crédito aos Consumidores*, 2009, p. 16.

1161 FERNANDO DE GRAVATO MORAIS, *Crédito aos Consumidores*, 2009, p. 17.

dor ser instituição de crédito, a norma nacional foi além do disposto na Diretiva. Tal não implica a sua transposição incorreta, na medida em que se admite a aplicação do regime a situações não abrangidas pelo diploma europeu. Neste sentido, o considerando 10 esclarece que a Diretiva "não deverá obstar a que os Estados-Membros apliquem, de acordo com o direito comunitário, as disposições nela contidas a domínios não abrangidos pelo seu âmbito de aplicação".

Segundo a alínea *h*), o regime não se aplica aos contratos de crédito celebrados entre a entidade patronal e os seus trabalhadores, se se verificarem três requisitos: concessão do crédito a título subsidiário; concessão do crédito sem juros ou com uma TAEG associada inferior às taxas praticadas no mercado; concessão de crédito nessas condições exclusivamente aos trabalhadores da empresa.

A alínea *i*) exclui do âmbito de aplicação do diploma os "contratos de crédito celebrados com empresas de investimento, tal como definidas no nº 1 do art. 4º da Diretiva nº 2004/39/CE, do Parlamento Europeu e do Conselho, de 21 de abril, relativa aos mercados de instrumentos financeiros, ou com instituições de crédito, tal como definidas no art. 4º da Diretiva nº 2006/48/CE, do Parlamento Europeu e do Conselho, de 14 de junho, que tenham por objeto autorizar um investidor a realizar uma transação que incida sobre um ou mais dos instrumentos especificados na secção C do anexo I da Diretiva nº 2004/39/CE, sempre que a empresa de investimento ou a instituição de crédito que concede o crédito intervenha nessa transação". Estão aqui em causa os contratos de crédito celebrados com uma empresa de investimento que tenham por objeto instrumentos financeiros específicos, como valores mobiliários, opções, futuros ou outros.

Os contratos de crédito que resultem de transação perante autoridade pública, nomeadamente tribunal, também não se encontram abrangidos pelo diploma. Neste caso, entende-se que o controlo por parte do juiz é suficiente para proteção do consumidor.

Em relação aos contratos que se limitam "a estabelecer o pagamento diferido de uma dívida preexistente, sem quaisquer encargos" – alínea *l*) –, não se aplica o diploma, na medida em que o crédito é concedido sem juros. Esta exclusão já se poderia considerar abrangida pela situação prevista na alínea *f*), que se refere aos contratos de crédito em que este seja concedido sem juros.

Nos termos da alínea *m*), o DL 133/2009 não se aplica no caso de o contrato ser celebrado no âmbito da atividade prestamista, o consumidor dever entregar ao credor um bem em penhor e a responsabilidade do consumidor se limitar exclusivamente a essa garantia. Estes contratos têm caraterísticas específicas, com uma forte relação entre a quantia mutuada e o bem entregue, podendo mesmo a sua venda, após o vencimento da obrigação de restituição, ser feita extrajudicialmente, se as partes assim o tiverem convencionado (art. 675º-1 do CC).

A última exclusão total prevista no art. 2º-1 diz respeito a contratos de crédito em que este é concedido "a um público restrito, ao abrigo de disposição legal de interesse geral, com taxas de juro inferiores às praticadas no mercado ou sem juros ou noutras condições mais favoráveis para os consumidores do que as praticadas no mercado e com taxas de juro não superiores às praticadas no mercado". Esta norma incide sobre contratos de crédito celebrados com pessoas pertencentes a um grupo restrito e identificável, que, por se encontrarem em condições especiais, têm a possibilidade de aceder a vantagens contratuais, nomeadamente em termos de taxa de juro.

O art. 4º-2 do DL 133/2009 esclarece que "não é considerado contrato de crédito o contrato de prestação continuada de serviços ou de fornecimento de bens de um mesmo tipo em que o consumidor tenha o direito de efetuar o pagamento dos serviços ou dos bens à medida que são fornecidos". Não se trata, no entanto, de uma exclusão destes contratos do âmbito de aplicação do diploma, uma vez que já não se encontravam abrangidos, por neles não existir um elemento de financiamento[1162]. Esta norma remete essencialmente para os contratos relativos aos designados serviços públicos essenciais – água, eletricidade ou gás, entre outros –, nos quais as prestações das partes são em regra de execução duradoura, de execução continuada a do prestador do serviço (fornecimento permanente do bem ou do serviço) e de execução periódica a do utente (pagamento do preço). Aplica-se também a contratos de compra e venda, nos casos em que o bem seja entregue regularmente ao consumidor e este proceda ao pagamento no momento da sua receção. É o que sucede, por vezes, nos contratos relativos a coleções ou fascículos. O caráter periódico da prestação do utente, aspeto em que pode existir algum paralelismo com o contrato de crédito, está na base da norma adotada.

1162 Fernando de Gravato Morais, *Contratos de Crédito ao Consumo*, 2007, p. 37.

3.5.2. Taxa anual de encargos efetiva global (TAEG)

A figura da taxa anual de encargos efetiva global (TAEG) é central no regime do contrato de crédito ao consumo.

3.5.2.1. Conceito e função

O art. 4º-*i*) do DL 133/2009 define a TAEG como "o custo total do crédito para o consumidor expresso em percentagem anual do montante total do crédito, acrescido, se for o caso, dos custos previstos no nº 4 do art. 24º". O art. 24º regula o cálculo da TAEG, estabelecendo o nº 4 que esta inclui, em regra, "os custos relativos à manutenção de conta que registe simultaneamente operações de pagamento e de utilização do crédito", "os custos relativos à utilização ou ao funcionamento de meio de pagamento que permita, ao mesmo tempo, operações de pagamento e utilização do crédito" e "outros custos relativos às operações de pagamento".

Um dos aspetos mais relevantes para a decisão de contratar do consumidor de crédito consiste na possibilidade de comparar as propostas apresentadas por eventuais financiadores. A comparação só é possível no caso de o consumidor dispor de elementos comparáveis, pelo que as taxas apresentadas por diferentes instituições de crédito devem ser calculadas com a mesma base e tendo em conta os mesmos elementos.

Neste sentido, a consagração da figura da TAEG é fundamental para o esclarecimento efetivo do consumidor[1163], uma vez que o fornecimento deste elemento garante simultaneamente o conhecimento da taxa proposta e a comparação com outras taxas de mercado[1164], tratando-se de um elemento mais objetivo[1165].

A comparação é possível porque o art. 24º-1 do DL 133/2009 determina que "a TAEG torna equivalentes, numa base anual, os valores atuais do conjunto das obrigações assumidas, considerando os créditos utilizados,

[1163] Claus-Wilhelm Canaris, "A Liberdade e a Justiça Contratual na «Sociedade de Direito Privado»", 1997, p. 62; Fernando de Gravato Morais, *Crédito aos Consumidores*, 2009, p. 110; António Menezes Cordeiro, *Manual de Direito Bancário*, 2010, p. 291; L. Miguel Pestana de Vasconcelos, *Direito Bancário*, 2017, p. 351.

[1164] Sandro Nardi, "Il Credito al Consumo", 2005, p. 453; Fernando de Gravato Morais, *Contratos de Crédito ao Consumo*, 2007, p. 84; Roberto Conti, "Il Credito al Consumo", 2007, p. 415.

[1165] Jean Calais-Auloy e Frank Steinmetz, *Droit de la Consommation*, 2006, p. 416.

os reembolsos e os encargos, atuais ou futuros, que tenham sido acordados entre o credor e o consumidor".

Incluem-se assim, para efeitos de cálculo da TAEG, todos os valores a pagar pelo consumidor (no pressuposto de que o contrato de crédito é cumprido), nomeadamente os encargos com o contrato, evitando-se assim a prática tendencialmente enganosa de prever uma taxa nominal baixa, associada a encargos significativos[1166]. Estes encargos, se não forem integrados para efeitos de cálculo da taxa, podem desvirtuar a decisão de contratar por parte do consumidor, dificultando significativamente a análise adequada do valor da contraprestação e a comparação de propostas.

O cálculo é feito de acordo com uma fórmula matemática constante da parte I do anexo I do diploma, sendo uniforme em todos os Estados-Membros[1167]. A parte II do mesmo anexo, alterada pelo DL 42-A/2013, contém alguns "pressupostos adicionais para o cálculo da taxa anual de encargos efetiva global", com vista a garantir a homogeneidade dos elementos de cálculo entre os vários financiadores, facilitando-se assim, também, a comparação das propostas pelo consumidor.

O cálculo deve ser feito no pressuposto de que o contrato vigora pelo período previsto e de que as prestações são pontualmente cumpridas (art. 24º-5); no caso de o contrato prever eventuais alterações da taxa nominal, que não possam ser previstas no momento do cálculo, este é feito no pressuposto de que a taxa e os encargos se mantêm fixos no nível inicial (nº 6).

A TAEG constitui um elemento muito relevante ao longo da fase pré-contratual e no momento da celebração do contrato. Deve ser indicada em qualquer mensagem publicitária relativa à celebração de um contrato de crédito (art. 5º), é um dos elementos que deve constar da ficha sobre «Informação Normalizada Europeia em Matéria de Crédito aos Consumidores», impondo-se ainda a sua ilustração através de um exemplo representativo [art. 6º-3-*g*)], e o contrato de crédito tem de a especificar, "de forma clara e concisa" (art. 12º-3).

A omissão da indicação da TAEG no contrato de crédito determina a sua nulidade, nos termos do art. 13º-1, a qual só pode ser invocada pelo consumidor (nº 5).

1166 Jean Calais-Auloy e Frank Steinmetz, *Droit de la Consommation*, 2006, p. 416; Fernando de Gravato Morais, *Crédito aos Consumidores*, 2009, p. 110.

1167 Guido Alpa, Guido, *Introduzione al Diritto dei Consumatori*, 2006, p. 118.

3.5.2.2. Usura[1168]

O DL 133/2009 veio regular, no seu art. 28º, a matéria da usura no contrato de crédito ao consumo, inovando quer em relação à Diretiva 2008/48/CE quer em relação ao DL 359/91. O DL 42-A/2013 alterou profundamente o preceito.

O regime geral da usura no direito português apresentava limitações significativas[1169], em especial nos contratos celebrados entre um consumidor e uma instituição de crédito ou sociedade financeira, o que justificou a criação de um regime especial. Com efeito, o art. 1146º do CC aplicava-se aos contratos de crédito ao consumo que fossem celebrados entre profissionais e consumidores, exceto se o profissional fosse uma instituição de crédito ou uma sociedade financeira, caso em que se aplicava[1170] o Aviso nº 3/93, do Banco de Portugal, que liberalizou os juros bancários[1171].

A exceção acabava por ser a regra, uma vez que a generalidade dos contratos de crédito ao consumo, pelo menos os onerosos, é celebrada por instituições de crédito. A concessão de crédito por parte de fornecedores de bens ou prestadores de serviços tem diminuído, não só por o risco associado

[1168] Jorge Morais Carvalho, "Limites das Taxas de Juro e Usura", 2014, pp. 186-203.

[1169] Jorge Morais Carvalho, "Usura nos Contratos de Crédito ao Consumo", 2006, p. 48.

[1170] Esta conclusão – da aplicação do Aviso nº 3/93 – assenta numa perspetiva realista do direito. Apesar da existência de algumas vozes, recentes, em sentido contrário (v., por todos, L. Miguel Pestana de Vasconcelos, *Direito Bancário*, 2017, pp. 366 a 373), o entendimento dominante é o de que se encontram liberalizados os juros bancários, não se conhecendo decisões dos tribunais em sentido contrário. Pode ler-se no sumário do Ac. do TRP, de 14/11/2017, que "a jurisprudência, sem qualquer excepção, tem vindo a entender que as taxas de juro bancárias, quer relativamente aos juros remuneratórios, quer quanto aos juros de mora, estão liberalizadas por força do disposto no nº. 2 do [...] Aviso 3/93 de 20 de Maio de 1993, podendo instituições de crédito e sociedades financeiras estabelecer livremente as taxas de juro das suas operações, salvo nos casos em que sejam fixadas por diploma legal". V., também, Ac. do TRP, de 11/4/2018. O legislador também parte do princípio da liberalização, no art. 28º do DL 133/2009, que, numa perspetiva lógica, a pressupõe.

[1171] Maria Cristina Portugal, "Taxas Máximas de Juros e Limites da Usura: O Puzzle Nacional", 2016, p. 381. No mesmo sentido, Carlos Ferreira de Almeida, *Contratos*, Vol. V, 2017, p. 161, defende que o alcance do regime do CC está "atualmente muito reduzido em consequência da liberalização das taxas de juro em que intervenham instituições de crédito e sociedades financeiras", acrescentando (n. 435) que, não sendo isenta de dúvidas a lei habilitante que suporta o Aviso nº 3/93, "não é fácil contrariar a liberalização a que se refere, seja pelo efeito implícito da liberalização da circulação de capitais ou de outras normas da União Europeia seja pelo reconhecimento de um costume".

ao mútuo ser carateristicamente assumido por instituições de crédito, mas também devido à legislação que permitia diferenças significativas na taxa de juro fixada por fornecedores e instituições de crédito. Os fornecedores de bens ou prestadores de serviços com maior capacidade económica podiam optar por criar instituições de crédito com o objetivo de financiar as aquisições por parte de consumidores, contornando desta forma a lei.

A questão assume maior gravidade nas situações em que o contrato é celebrado na sequência de práticas comerciais agressivas, que não permitem uma reflexão sobre as condições do contrato por parte do consumidor, acabando por ser fixada uma taxa de juro consideravelmente elevada.

Nos contratos celebrados fora do estabelecimento comercial, nomeadamente aqueles em que o consumidor é convidado a deslocar-se a um determinado local, acabando por celebrar, em muitos casos na sequência de forte pressão por parte do representante do outro contraente, dois contratos, um de fornecimento de um bem ou de prestação de um serviço e outro de crédito ao consumo, a questão também se coloca com especial intensidade.

Em alguns casos, o consumidor não chega sequer a ter conhecimento de que celebrou um contrato de crédito, não recebendo, portanto, qualquer informação sobre a taxa de juro aplicável. O consumidor assina, sob alguma pressão, uma série de documentos, sem proceder à sua leitura, e fica vinculado a determinadas obrigações – muitas vezes desproporcionadas em relação ao seu rendimento – sem o ter desejado. A taxa de juro fixada nestes contratos é em regra manifestamente excessiva.

Esta questão não se coloca apenas em Portugal, como se pode concluir da primeira versão da Proposta de Diretiva relativa a contratos de crédito ao consumo [Documento COM (2002) 443 final], que determinava, no seu art. 5º, a proibição de "toda e qualquer negociação de um contrato de crédito [...] fora dos estabelecimentos comerciais". Esta solução foi abandonada nas versões seguintes do diploma.

As taxas de juro são também, em regra, muito elevadas nos contratos de concessão do denominado crédito rápido e, em geral, nos contratos de emissão de cartão de crédito. O risco associado a estes contratos também é muito elevado, uma vez que as entidades de crédito acabam por não ter informações relativas ao outro contraente. No entanto, esta situação não justifica a fixação de taxas de juro a este nível, dada a imperfeição no funcionamento do mercado, por a posição de fragilidade do consumidor distorcer a concorrência do lado da procura. Além deste argumento, deve salientar-se que o financiador tem atualmente, por via legal, dois deveres que colidem com estas práticas: o de assistência ao consumidor (art. 7º do DL 133/2009) e o de avaliar a solvabilidade do consumidor (art. 10º). As consequências são limitadas, pelo que não incentivam verdadeiramente o seu cumprimento.

Esta matéria está umbilicalmente ligada à do endividamento e, em especial, à do sobreendividamento. É sabido que os níveis de endividamento das famílias portuguesas atingiram valores preocupantes. Aceitando que o valor das taxas de juro pode não constituir a principal razão para o sobreendividamento, parece-nos que a sua regulação eficaz era (e ainda é) uma das medidas que devia (e ainda deve) ser tomada para atenuar este problema[1172]. Evitam-se, assim, as práticas abusivas anteriormente descritas e impede-se a concessão de crédito nos casos em que o risco de não cumprimento do contrato é muito elevado.

Temos consciência de que, como defende ANTÓNIO MANUEL HESPANHA, "a lei que obrigue a juros módicos nos empréstimos, embora se destine a proteger os devedores economicamente débeis, pode privá-los do crédito, por ninguém querer emprestar dinheiro a remuneração tão baixa"[1173]. No entanto, privar alguns consumidores, em algumas circunstâncias, do crédito, pode ser a melhor solução do ponto de vista político, não só para proteção do interesse desses consumidores, mas também para proteger os interesses gerais ligados a um funcionamento eficaz do mercado de crédito e à prevenção do sobreendividamento.

O art. 28º consagra um duplo limite, bastando que um dos valores máximos relativos à taxa seja ultrapassado para se considerar o contrato de crédito usurário.

O art. 28º-1 estabelece que "é havido como usurário o contrato de crédito cuja TAEG, no momento da celebração do contrato[1174], exceda em um quarto a TAEG média praticada pelas instituições de crédito no trimestre anterior, para cada tipo de contrato de crédito aos consumidores". Exem-

[1172] MANUEL ÁNGEL LÓPEZ SÁNCHEZ, "La Prevención del Sobreendeudamiento en la Propuesta de Directiva sobre Crédito a los Consumidores", 2004, p. 624.

[1173] ANTÓNIO MANUEL HESPANHA, *O Caleidoscópio do Direito*, 2009, pp. 232 e 233, nota 260.

[1174] A "renovação" de um contrato de crédito constitui, naturalmente, um novo contrato de crédito, verificando-se o caráter usurário da taxa com referência ao momento dessa renovação (CARLOS FERREIRA DE ALMEIDA, *Contratos*, Vol. V, 2017, p. 162).

plificando, se a taxa média para determinado tipo de contrato de crédito for de 12%, o limite da usura, por aplicação deste nº 1, situar-se-á nos 15%.

O nº 2 determina que "é igualmente tido como usurário o contrato de crédito cuja TAEG, no momento da celebração do contrato, embora não exceda o limite definido no número anterior, ultrapasse em 50% a TAEG média dos contratos de crédito aos consumidores celebrados no trimestre anterior".

Este segundo limite não distingue em função do tipo de contrato de crédito aos consumidores, ou seja, além da média por tipo de contrato, é também necessário fazer a média de todos os contratos de crédito e, se a TAEG ultrapassar em 50% essa TAEG média, o negócio considera-se usurário.

Este preceito tem como principal finalidade reduzir o limite da usura relativamente aos tipos de contrato de crédito em que a média da TAEG praticada é mais elevada[1175].

Retomando o exemplo anterior, no pressuposto de que a taxa média relativa a todos os contratos de crédito, no período relevante, é de 9%, a taxa máxima permitida é de 13,5%, pelo que, aplicando o duplo limite, deixa de relevar o limite de 15% que concluímos ser aplicável por força do nº 1.

Nos termos do nº 3, o Banco de Portugal deve identificar os tipos de contrato de crédito aos consumidores relevantes, calcular o valor máximo resultante da aplicação do duplo limite referido e divulgar trimestralmente os limites aplicáveis para os contratos a celebrar no trimestre seguinte[1176].

O momento relevante para determinar se a TAEG excede em um quarto a TAEG média para o tipo de contrato em causa ou em 50% a TAEG média relativa a qualquer contrato de crédito é o da celebração do contrato. Assim, não releva uma alteração do limite máximo durante a vigência do contrato. Por exemplo, se a TAEG prevista num contrato de crédito celebrado a 20 de setembro de um determinado ano for de 11% e o limite máximo tiver

[1175] No final de 2012, relativamente ao designado crédito *revolving* (cartões de crédito, linhas de crédito, contas correntes bancárias e facilidades de descoberto), a TAEG máxima permitida aproximava-se dos 40%, tendo esta situação alarmante levado, não só à alteração da lei, mas também a uma equiparação, por parte do Banco de Portugal, dos tipos de contrato de crédito com taxas mais elevadas (o crédito *revolving* e o crédito pessoal geral).

[1176] No contrato de mútuo garantido por penhor, "a taxa de juro remuneratória a cobrar na atividade prestamista não pode exceder, em cada ano civil, 85% do valor máximo da taxa anual de encargos efetiva global (TAEG), aplicável aos cartões de crédito destinada a vigorar no 1º trimestre de cada ano civil" (art. 20º-1 do DL 160/2015).

sido alterado, para o último trimestre desse ano, de 12% para 10%, o contrato não é havido como usurário. No mesmo contrato, se o limite tiver sido alterado de 10% para 12%, o contrato não deixa de ser havido como usurário.

Note-se, ainda, que o art. 28º não impede a aplicação dos arts. 282º a 284º do CC, quando se verifiquem os respetivos requisitos.

A estipulação de uma TAEG usurária, além de ser fonte geradora de responsabilidade contraordenacional (art. 30º-1), tem como consequência a sua redução para metade do limite máximo (art. 28º-6).

O regime não é totalmente satisfatório, permitindo taxas de juro objetivamente muito elevadas em alguns tipos de contratos de crédito, entendendo-se preferível a solução que passa por estabelecer um limite máximo idêntico no regime geral do Código Civil e no regime especial do crédito ao consumo. A fixação do limite através de taxas médias também é criticável, uma vez que permite o seu controlo pelos profissionais[1177]. Em caso de usura, julga-se que a lei deveria remeter para a taxa de juro legal relativa aos contratos em que esta não tenha sido fixada pelas partes (art. 559º-1 do CC; nº 1 da Portaria 291/2003) e não a redução para metade do limite máximo.

3.5.3. Deveres pré-contratuais

Na transposição da Diretiva 2008/48/CE, o DL 133/2009 criou um regime jurídico bastante sólido no que respeita aos deveres pré-contratuais que incumbem ao profissional que pretenda celebrar um contrato de crédito ao consumo.

Nos próximos pontos, procede-se a uma análise de três dos momentos mais importantes do *iter* do contrato de crédito ao consumo: publicidade, conteúdo da declaração do profissional e dever de avaliar a solvabilidade do consumidor.

[1177] Fernando de Gravato Morais, *Crédito aos Consumidores*, 2009, p. 119; José Miguel Melo Rodrigues, *Limites da TAEG no Crédito ao Consumo*, 2013, p. 52; Maria Cristina Portugal, "Taxas Máximas de Juros e Limites da Usura: O Puzzle Nacional", 2016, p. 391. Considerando uma "virtualidade": Carlos Gabriel da Silva Loureiro, "Juros Usurários no Crédito ao Consumo", 2006, p. 276.

3.5.3.1. Publicidade

A matéria da publicidade encontra-se regulada no art. 5º do DL 133/2009.

O art. 5º-1, que não encontra paralelo na Diretiva 2008/48/CE, começa por esclarecer que se aplica à publicidade relativa a contratos de crédito ao consumo quer o regime geral da publicidade quer o regime das práticas comerciais desleais, acrescentando depois que "a publicidade ou qualquer comunicação comercial em que um credor se proponha conceder crédito ou se sirva de um intermediário de crédito para a celebração de contratos de crédito deve indicar a TAEG para cada modalidade de crédito, mesmo que este seja apresentado como gratuito, sem juros ou utilize expressões equivalentes".

O nº 2 esclarece que, no caso de a comunicação se referir a um ou a mais (eventuais porque ainda não celebrados) contratos e possa haver "lugar à aplicação de diferentes TAEG", devem ser indicadas todas as TAEG aplicáveis.

Já o nº 3 ocupa-se do modo como este elemento deve ser indicado ou, com mais rigor, como não deve ser indicado. Assim, não se considera cumprido o dever previsto neste artigo caso a "indicação da TAEG [...], pelo seu tratamento gráfico ou audiovisual, não seja, em termos objetivos, legível ou percetível pelo consumidor".

São dois os pressupostos para a aplicação da regra: em primeiro lugar, o credor tem de emitir uma declaração que constitua uma comunicação comercial; em segundo lugar, o credor tem de propor a concessão de crédito ou servir-se de um intermediário de crédito para esse efeito.

No que respeita ao primeiro elemento, as normas aplicam-se a qualquer comunicação comercial, independentemente da sua qualificação como publicidade. Face à ampla definição de publicidade do art. 3º-1 do Código da Publicidade ["qualquer forma de comunicação feita por entidades de natureza pública ou privada, no âmbito de uma atividade comercial, industrial, artesanal ou liberal, com o objetivo direto ou indireto de: *a*) Promover, com vista à sua comercialização ou alienação, quaisquer bens ou serviços; *b*) Promover ideias, princípios, iniciativas ou instituições"], pode concluir-se que nela se encontram abrangidas todas as comunicações comerciais a que alude o art. 5º do regime do crédito ao consumo. No entanto, é importante salientar que a norma se aplica quer a comunicações dirigidas ao público em geral (por exemplo, através dos jornais, rádios, televisões ou da afixação na via pública) quer a comunicações dirigidas especificamente a um consumidor (ou a um grupo restrito). Também a exibição de um texto com referência à possibilidade de concessão de um crédito num estabelecimento comercial constitui uma forma de comunicação comercial.

A lei também não opera qualquer distinção em função do suporte utilizado para a divulgação da mensagem, pelo que a norma se aplica a qualquer comunicação comercial[1178].

Quanto ao segundo elemento, a lei refere-se à situação "em que um credor se proponha conceder crédito ou se sirva de um intermediário de crédito para a celebração de contratos de crédito". Em primeiro lugar, salienta-se que a comunicação comercial pode não ser da responsabilidade do financiador, mas do intermediário de crédito, nomeadamente o vendedor do bem ou prestador do serviço ao pagamento do qual se destina o crédito. Em segundo lugar, é importante referir que a utilização do verbo *propor* não remete necessariamente para a existência de uma proposta contratual[1179], sendo a solução contrária demasiado restritiva do âmbito de aplicação da norma, não cumprindo o seu objetivo de proteção do consumidor. A indicação de uma TAEG também não implica a qualificação da declaração como proposta, uma vez que, por um lado, se pode verificar a falta de elementos essenciais do contrato e, por outro lado, nos contratos de crédito existe a necessidade de o financiador averiguar da solvabilidade do outro contraente antes da celebração do contrato.

Os pressupostos podem ser resumidos na existência de uma comunicação comercial na qual se proponha ao consumidor a concessão de um crédito. Neste caso, o responsável pela comunicação comercial deve indicar sempre a TAEG.

A TAEG deve ser indicada em qualquer comunicação comercial que tenha por objeto a eventual concessão de um crédito e não apenas nas comunicações em que seja mencionada a taxa de juro ou seja feita uma referência ao custo do contrato de crédito.

Exige-se a indicação da TAEG "para cada modalidade de crédito" a que essa comunicação se refira, ou seja, se se tratar de uma publicidade genérica, que não se refira a uma modalidade de crédito concreta, não existe a obrigação.

A indicação da TAEG deve abranger todas as modalidades de crédito e todas as condições concretas do crédito que possam estar em causa. Não é, portanto, suficiente a indicação da TAEG aplicável a apenas uma das ope-

[1178] Fernando de Gravato Morais, *Crédito aos Consumidores*, 2009, p. 41.

[1179] Fernando de Gravato Morais, *Contratos de Crédito ao Consumo*, 2007, p. 82.

rações objeto da comunicação comercial. Se a comunicação comercial se refere apenas a uma modalidade de crédito, e independentemente do contrato de crédito em especial, apenas deve ser indicada a TAEG que lhe é aplicável. A solução é a mesma se, da comunicação comercial em concreto, se puder concluir que apenas está em causa uma modalidade de crédito e uma condição concreta do contrato, devendo ser indicada apenas a TAEG respetiva. No entanto, se estiverem em causa diversas condições concretas do crédito, ainda que no âmbito da mesma modalidade de crédito, já têm de ser indicadas as diferentes TAEG aplicáveis. Caso esta possibilidade se revele impossível, por estarem em causa muitas TAEG, exige-se a indicação da TAEG máxima que, em concreto, puder ser aplicada.

No caso de a comunicação comercial apenas indicar uma TAEG, sem indicação de que se trata da TAEG máxima, deve entender-se que esta abrange todas as modalidades de crédito e todas as condições concretas dos contratos que são objeto dessa comunicação[1180].

O art. 5º aplica-se independentemente de a concessão de crédito ser apresentada como gratuita ou de serem utilizadas expressões de que resulte não ser devido qualquer preço pela celebração do contrato. Esta norma entra em rota de colisão com o art. 2º-1-*f*), que exclui do âmbito de aplicação do DL 133/2009 os contratos em que o crédito é "concedido sem juros e outros encargos". Verifica-se uma efetiva contradição entre as duas normas, uma vez que a parte final do art. 5º-1 apenas tem utilidade nos casos em que o crédito é gratuito. Imagine-se que esta exigência não constava do preceito: se, por um lado, o crédito fosse promovido como gratuito e se verificasse que não o era, existiria um claro incumprimento da norma, já que não seria indicada a verdadeira TAEG aplicável ao contrato; se, por outro lado, a TAEG não fosse indicada no âmbito de uma comunicação comercial, ou o crédito era oneroso e neste caso teria de ter sido indicada a TAEG, ou o crédito era gratuito e não existiria a obrigação de a indicar. São estes os casos que se procura evitar, não se aplicando, assim, a este art. 5º a exceção prevista no art. 2º-1-*f*). A TAEG tem de ser indicada em todas as comunicações comerciais em que se proponha a concessão de um crédito a um consumidor.

O objetivo não é, assim, o do art. L 311-6 do Code de la consommation, que estabelece que "toda a publicidade em locais de venda que contenha

1180 Fernando de Gravato Morais, *Contratos de Crédito ao Consumo*, 2007, p. 85.

a menção «crédito gratuito» ou proponha uma vantagem equivalente deve indicar o montante do desconto concedido no caso de pagamento a contado". Contudo, entende-se que esta questão também deveria ser tratada na lei portuguesa com vista a uma efetiva proteção do consumidor[1181].

O art. 5º-2 ocupa-se da forma de indicação da TAEG, ou, com mais rigor, de uma forma pela qual aquela não pode ser indicada. Assim, sob pena de se considerar como não indicada, a TAEG devia ser facilmente legível ou percetível pelo consumidor. O tratamento gráfico ou audiovisual não pode levar a que, mesmo que a TAEG seja indicada, essa indicação de nada sirva, por não permitir ao destinatário da mensagem a sua absorção. Estão em causa, por exemplo, os casos em que a TAEG é indicada num jornal ou na televisão através de uma letra de tamanho muito reduzido ou na vertical ou na rádio num tom de voz impercetível, pelo nível do som ou pela rapidez de transmissão da mensagem. Não releva, para efeitos do cumprimento desta norma, se as demais informações transmitidas na mensagem o são através da mesma forma, já que, independentemente dessa circunstância, a TAEG tem de ser indicada de forma facilmente legível ou percetível.

Os três primeiros números do art. 5º constituem uma inovação da lei portuguesa, mas os restantes números resultam da transposição do art. 4º da Diretiva.

O nº 4 impõe que "a publicidade a operações de crédito reguladas pelo [... diploma] em que se indique uma taxa de juros ou outros valores relativos ao custo do crédito para o consumidor" inclua um determinado número de elementos, constantes do nº 5, relativos aos termos em que o financiador se propõe realizar os contratos: taxa, montante total do crédito, duração do contrato, entre outros.

A transmissão deve ser feita "de modo claro, conciso, legível e destacado, por meio de exemplo representativo". Como se pode ler no considerando 18 da Diretiva, "um limite máximo deverá ser indicado caso não seja possível especificar o montante total do crédito na forma da totalidade dos montantes disponibilizados". Se for imposta a celebração de um contrato de seguro, acessório ao contrato de crédito, essa obrigação também deve ser referida na publicidade de forma clara, concisa e visível (art. 5º-6).

1181 Fernando de Gravato Morais, *Contratos de Crédito ao Consumo*, 2007, p. 87.

Note-se que a norma da Diretiva não se aplica quando "o direito interno exige que a publicidade relativa a contratos de crédito indique a taxa anual de encargos efetiva global" (segundo parágrafo do art. 4º-1). Portanto, impondo o art. 5º a indicação da TAEG em todas as comunicações comerciais relativas a contratos de crédito ao consumo, o art. 4º da Diretiva não tinha de ter sido transposto para o nosso ordenamento jurídico.

A sua transposição tornou o regime mais complexo, com sobreposição de normas. Pode concluir-se que os nºs 4 a 6, mais exigentes para o profissional, se aplicam apenas a publicidade e só a operações reguladas pelo diploma, enquanto os nºs 1 a 3 se aplicam a outras comunicações comerciais e a outras operações, mesmo que se encontrem excluídas do seu âmbito de aplicação, como os contratos de crédito gratuitos.

3.5.3.2. Conteúdo da declaração do profissional

Uma das principais inovações do DL 133/2009 no que respeita ao período prévio em relação à celebração de um contrato de crédito ao consumo consiste na imposição ao profissional de um dever de fornecer ao consumidor os elementos essenciais relativos ao negócio.

Assim, o art. 6º do DL 133/2009, transpondo o art. 5º da Diretiva 2008/48/CE, tem por epígrafe "Informações pré-contratuais" e determina quais são os elementos relativos ao contrato a que o consumidor deve ter acesso antes da sua celebração.

A designação *informação* é equívoca, questão agravada por, no considerando 30 da Diretiva, se distinguir claramente a oferta, entendida neste caso como declaração do financiador, do documento relativo à *informação*. Com efeito, pode ler-se aí que, "se for efetuada ao mesmo tempo [em] que é dada a informação pré-contratual [...], a oferta deverá ser, tal como qualquer outra informação adicional que o mutuante deseje dar ao consumidor, apresentada num documento separado que pode ser anexado à «Informação Normalizada Europeia em Matéria de Crédito aos Consumidores»". O art. 6º-4 indica que "todas as informações adicionais que o credor queira apresentar ao consumidor devem ser entregues em documento separado, elaborado de forma clara, concisa e legível, podendo ser anexadas à ficha sobre «Informação normalizada europeia em matéria de crédito a consumidores»".

Estabelece o art. 6º-1 que, "na data de apresentação de uma oferta de crédito ou previamente à celebração do contrato de crédito, o credor e, se for o caso, o intermediário de crédito[1182] devem, com base nos termos e nas condições oferecidas pelo credor e, se for o caso, nas preferências expressas pelo consumidor e nos elementos por este fornecidos, prestar ao consumidor as informações necessárias para comparar diferentes ofertas, a fim de este tomar uma decisão esclarecida e informada". Acrescenta o nº 2 que "tais informações devem ser prestadas, em papel ou noutro suporte duradouro, através da ficha sobre «Informação normalizada europeia em matéria de crédito a consumidores» constante do anexo II". As informações em causa devem especificar os elementos referidos, de forma exaustiva, nas várias alíneas do nº 3.

Assim, o profissional que pretenda celebrar contratos de crédito ao consumo tem o dever de entregar aos consumidores potencialmente interessados um formulário normalizado, igual para todos os países em que o diploma deve ser transposto, que consta do anexo II quer da Diretiva quer do DL 133/2009[1183]. Permite-se assim que as empresas elaborem um formulário único aplicável na generalidade dos países onde pretendam celebrar contratos e que os consumidores acedam, independentemente do país onde se encontrem, aos elementos essenciais relativos aos contratos a celebrar, mas não se pode presumir o cumprimento do designado dever de informação da simples entrega desse formulário[1184].

Apesar de não ser feita referência ao idioma do formulário, deve entender-se que este deve ser adequado ao público a que se destina. A oferta de um produto em Portugal implica a elaboração e o fornecimento de um formulário em português. É a solução constante do art. 9º do DL 95/2006, que regula a comercialização à distância de serviços financeiros prestados a consumidores, embora a exigência da utilização da língua portuguesa seja feita por referência à nacionalidade do consumidor. Parece-nos que o critério do público-alvo da mensagem é mais adequado do que o da nacio-

[1182] No Ac. do TJUE, de 8/12/2016, conclui-se que "uma agência de cobranças que celebra, em nome do mutuante, um acordo de pagamento a prestações de um crédito em dívida, mas que atua como intermediário de crédito apenas a título acessório, o que cabe ao órgão jurisdicional de reenvio verificar, deve ser considerada um «intermediário de crédito» [...] e não está sujeita à obrigação de informação pré-contratual do consumidor".

[1183] Gilles Paisant, *Défense et Illustration du Droit de la Consommation*, 2015, p. 234, critica bastante este formulário normalizado, por não potenciar uma informação efetiva do consumidor, referindo-se mesmo a uma "religião do detalhe".

[1184] Ac. do TRP, de 28/3/2012.

nalidade do consumidor. Assim, se um consumidor português consultar um sítio na Internet que não tem os portugueses como público-alvo, não pode esperar nem exigir que a informação seja prestada em português.

Ao contrário da norma que visa transpor, o art. 6º-1 do DL 133/2009 não reproduz um dos elementos relativos ao momento em que o formulário deve ser entregue ao consumidor. Assim, não se refere a exigência de entrega do formulário *em tempo útil*, termo mais genérico, que permite a análise da conformidade casuisticamente. De qualquer forma, o regime tem de ser interpretado em conformidade com o texto do diploma europeu, pelo que se exige o fornecimento do formulário *em tempo útil*.

O outro elemento é mais concreto, exigindo o conhecimento dos elementos relevantes do contrato por parte do consumidor antes de este se encontrar contratualmente vinculado, não sendo especialmente relevante a diferença de redação ("antes de o consumidor se encontrar obrigado por um contrato de crédito ou uma oferta", na Diretiva, e "previamente à celebração do contrato de crédito", no DL 133/2009).

No fundo, o formulário deve ser fornecido, em regra, antes de o consumidor aceitar uma proposta de contrato de crédito ou de formular ele próprio uma proposta, colocando-se em situação de sujeição, face ao direito potestativo de aceitação por parte do financiador. Em concreto, a *Informação normalizada* deve ser prestada ao consumidor, ou no momento em que o financiador, por sua iniciativa, lhe dá a conhecer um determinado produto financeiro, ou no momento em que o consumidor indaga junto da empresa sobre produtos que se adequem aos seus interesses. Trata-se da "data de apresentação de uma oferta de crédito" a que se refere a parte inicial do art. 6º-1 do diploma português.

Neste último caso, de contrato celebrado na sequência de uma iniciativa do consumidor, se o meio de comunicação não permitir a entrega imediata do formulário, o art. 6º-7 permite o seu fornecimento após a celebração do contrato de crédito, exigindo-se, no entanto, que tal suceda *imediatamente*, ou seja, assim que o cumprimento deste dever se tornar possível.

No que respeita à forma, o formulário deve ser prestado "em papel ou noutro suporte duradouro".

Esta norma apenas é excecionada no que respeita às "comunicações por telefone, previstas em sede de contratação à distância de serviços financeiros", caso em que, devido à natureza do meio de comunicação utilizado, apenas devem ser fornecidos alguns elementos (art. 6º-6). A norma homóloga da Diretiva remetia para o art. 3º-3 da Diretiva 2002/65/CE, que foi transposto para o art. 18º do DL 95/2006, estabelecendo, no seu nº 1, que, "quando o contacto com o consumidor seja estabelecido por telefonia vocal, o prestador deve indicar inequivocamente, no início da comunicação, a sua identidade e o objetivo comercial do contacto". Exige-se, assim, também o respeito por este preceito para a aplicação do art. 6º-6.

Nestes casos, o consumidor encontra-se numa posição mais fragilizada, cedendo o princípio da sua proteção face à necessidade de facilitar a realização de negócios jurídicos. Potencia-se, desta forma, a negociação de contratos de crédito através do telefone.

Os critérios de determinação dos dados a fornecer também se encontram previstos no art. 5º-1, sendo uns relativos ao financiador e outros relativos ao consumidor. Com efeito, por um lado, os elementos devem ser fornecidos "com base nos termos e nas condições de crédito oferecid[o]s pelo credor", não se impondo a este contratos ou cláusulas que não esteja disposto a oferecer. Por outro lado, os elementos devem ser fornecidos, "se for o caso, [com base] nas preferências expressas pelo consumidor e nos elementos por este fornecidos". Portanto, o financiador não deve entregar um documento com elementos relativos a contratos ou cláusulas que não interessem ao consumidor ou que se concluam não serem adequados às suas pretensões naquela circunstância.

Quanto aos objetivos da entrega do formulário, o art. 6º-1 também dá algumas indicações. Este serve para "prestar ao consumidor as informações necessárias para comparar diferentes ofertas, a fim de este tomar uma decisão esclarecida e informada". É a esta luz que o cumprimento desta norma deve ser avaliado, concluindo-se se, no caso concreto, foram fornecidos ao consumidor todos os dados de que necessita para averiguar da adequação do contrato aos seus interesses e necessidades.

Todos os elementos referidos até ao momento têm natureza objetiva, tratando-se de elementos de informação e essencialmente de condições concretas de um projeto de contrato, os quais devem ser analisados pelo consumidor antes de o negócio se tornar perfeito.

O art. 7º do DL 133/2009 exige ainda um pouco mais do profissional.

Assim, o financiador ou o intermediário de crédito "devem esclarecer de modo adequado o consumidor, por forma a colocá-lo em posição que lhe permita avaliar se o contrato de crédito proposto se adapta às suas necessidades e à sua situação financeira". Não se trata aqui da prestação de elementos objetivos relativos aos contratos de crédito ou a cláusulas específicas destes, mas de esclarecimentos concretos, relativos àquele consumidor, tendo em conta a sua capacidade financeira e os seus conhecimentos sobre os produtos e o mercado, e à relação entre o consumidor e o contrato ou os contratos que pode ou deve celebrar nas condições particulares em que se encontra. Devem ser explicadas "as caraterísticas essenciais dos produtos propostos" e "os efeitos específicos deles decorrentes para o consumidor, incluindo as consequências da respetiva falta de pagamento". Note-se a referência a *produtos propostos* e a *efeitos específicos*, que remetem para o esclarecimento de questões que, em concreto, interessam àquele consumidor. No fundo, o financiador torna-se um conselheiro do consumidor.

Nos termos do art. 7º-2 do DL 133/2009, os esclarecimentos "devem ser fornecidos antes da celebração do contrato de crédito, devem ser entregues ao consumidor em suporte duradouro reprodutível e devem ser apresentados de forma clara, concisa e legível".

Exige-se, portanto, que todos os esclarecimentos fornecidos oralmente pelo profissional sejam reduzidos a escrito e entregues ao consumidor através de um suporte duradouro, para que este possa posteriormente fazer prova da informação transmitida.

Se o dever de assistência couber ao financiador, mas a negociação for feita através de um intermediário de crédito, a este cabe a transmissão de todos os elementos relevantes ao consumidor (art. 7º-3).

O ónus da prova do cumprimento do dever de assistência é do profissional, podendo ser do financiador ou do intermediário de crédito, conforme a situação (art. 7º-4).

Distingue-se claramente, quanto a nós mal, entre informação pré-contratual e declaração negocial do financiador. A generalidade dos elementos que devem constar do formulário sobre «Informação normalizada europeia em matéria de crédito a consumidores» constitui condições do contrato de crédito, vinculando o emitente nos termos aí estabelecidos. Desta distinção resulta que a lei não considera a possibilidade de o formulário constituir a declaração negocial do financiador; no entanto, se contiver todos os elementos necessários para que possa ser qualificada como tal nos termos gerais, deve entender-se que, se se tratar de uma proposta contratual, a aceitação por parte do consumidor leva à celebração do contrato (eventualmente sob condição suspensiva de avaliação da solvabilidade deste).

Na generalidade dos casos, as comunicações comerciais relativas à concessão de crédito não constituem propostas contratuais, estando a conclusão do negócio dependente, entre outros aspetos, da avaliação por parte do financiador da solvabilidade do consumidor. Pode, no entanto, adiantar-se desde já que, se o financiador se recusar a contratar, não aplicando uma TAEG por si indicada numa comunicação comercial, pode estar-se perante um caso de responsabilidade civil pré-contratual por rutura de negociações[1185]. Já parece mais difícil de conceber o recurso a este instituto no caso de não ter sido feita qualquer indicação da TAEG, uma vez que, nesta situação, o dano não é facilmente identificável[1186].

Em qualquer caso, o consumidor pode pedir ao financiador "uma cópia da minuta do contrato de crédito" (art. 6º-8), minuta que não pode deixar de ser entendida como proposta contratual, quando contiver todos os elementos necessários para tal, a qual deve ser fornecida gratuitamente em conjunto com o já referido formulário. Nos termos do art. 5º-4 da Diretiva, este dever não existe quando, "no momento em que é feito o pedido, o mutuante não estiver disposto a proceder à celebração do contrato de crédito com o consumidor". Neste caso, o profissional está a declarar que não pretende contratar com o consumidor, o que apenas será legítimo se, nos termos gerais, não se encontrar vinculado juridicamente por nenhuma declaração. No entanto, mesmo nestas situações a entrega do formulário é obrigatória, uma vez que pode permitir ao consumidor "comparar diferentes ofertas" e, assim, conhecer de forma mais aprofundada o mercado da concessão de crédito ao consumo. Parece-nos, assim, adequada a não transposição desta ressalva para a nossa ordem jurídica interna, consagrando-se o dever de entrega da minuta do contrato de crédito sempre que um consumidor a solicite.

Nos termos do art. 6º-4, quaisquer elementos adicionais que o profissional entenda transmitir ao consumidor devem constar de um documento separado em relação à «Informação normalizada europeia em matéria de crédito a consumidores». Trata-se de uma norma muito importante para a proteção dos consumidores e que deveria ser estendida a outros diplomas em que é obrigatória a inclusão de elementos essenciais na declaração do profissional ou no contrato (por exemplo, em geral, no diploma das práti-

1185 FERNANDO DE GRAVATO MORAIS, *Contratos de Crédito ao Consumo*, 2007, p. 91.

1186 FERNANDO DE GRAVATO MORAIS, *Contratos de Crédito ao Consumo*, 2007, pp. 90 e 91.

cas comerciais desleais e, em concreto, no regime dos contratos celebrados fora do estabelecimento ou dos contratos relativos a viagens turísticas). Com efeito, permite-se desta forma que o consumidor tenha acesso a um texto que inclui as principais cláusulas relativas ao contrato celebrado ou a celebrar, sem introdução de cláusulas acessórias e pouco relevantes, que tornem a leitura complexa, dificultando assim o conhecimento dos elementos essenciais da declaração ou do contrato.

Em termos estruturalmente próximos do art. 6º, o art. 8º trata dos deveres do financiador no período pré-contratual, no que respeita a "contratos de crédito sob a forma de facilidade de descoberto e em determinados contratos de crédito específicos". Valem, quanto a estes, no essencial, as observações feitas anteriormente, constando o formulário respetivo do anexo III do diploma – "Informação normalizada europeia em matéria de crédito a consumidores relativa a descobertos, crédito a consumidores concedido por certas organizações de crédito (art. 2º-5 da Diretiva 2008/48/CE) e conversão de dívidas".

3.5.3.3. Dever de avaliar a solvabilidade do consumidor

No contrato de concessão de crédito, é natural que o financiador, em algum momento, embora sempre antes da celebração do contrato, se reserve o direito de avaliar em concreto se a outra parte tem condições financeiras para o cumprimento das suas obrigações. Neste sentido, defende-se que se trata de um contrato celebrado *intuitu personae*, não podendo a declaração (dirigida ao público) do financiador ser considerada uma proposta contratual mas apenas um convite para contratar[1187].

No entanto, assiste-se com cada vez maior frequência a situações em que o crédito é concedido automaticamente, sem uma avaliação adequada da solvabilidade do consumidor e, portanto, da sua capacidade para cumprir o contrato. É o que sucede, nomeadamente, na concessão do chamado *crédito rápido*, de valores relativamente baixos, e também, em larga escala, nos contratos celebrados fora do estabelecimento, em que normalmente o financiador nem sequer intervém no processo de celebração do contrato, servindo-se do vendedor ou do prestador de serviços como intermediário nessa transação.

Nestes casos, além de a declaração do financiador dirigida ao público poder constituir uma proposta contratual, coloca-se essencialmente a ques-

[1187] Carlos Ferreira de Almeida, *Contratos*, Vol. I, 2008, p. 120.

tão de saber se o financiador não deve ter, não um ónus, mas um dever de avaliar se o consumidor tem condições para a celebração daquele contrato de concessão de crédito em concreto[1188]. É a este nível que entra a noção de *concessão de crédito responsável*, como medida preventiva de combate ao sobreendividamento[1189].

O art. 10º-1 do DL 133/2009 determina que, "antes da celebração do contrato de crédito, o credor deve avaliar a solvabilidade do consumidor com base em informações que para tal sejam consideradas suficientes, se for caso disso obtidas junto do consumidor que solicita o crédito e, se necessário, através da consulta a bases de dados de responsabilidades de crédito, enquadradas pela legislação em vigor e com cobertura e detalhe informativo adequados para fundamentar essa avaliação". Em complemento, o financiador pode consultar a lista pública de execuções ou outras bases de dados com informação útil a que possa legalmente ter acesso (art. 10º-2). O financiador só poderá consultar outras bases de dados se tiver autorização nesse sentido, não se podendo considerar que o art. 10º-2 concede autorização genérica para consulta de todas as bases de dados relevantes. Atualmente, a utilização de *big data* vem alterar consideravelmente a dinâmica associada a esta avaliação[1190].

Antes da celebração do contrato de crédito, o credor deve avaliar a solvabilidade do consumidor

O financiador pode assim recorrer a vários elementos para avaliar a solvabilidade do consumidor, consistindo o mais relevante nas informações prestadas pelo próprio consumidor. Com efeito, o credor deve colocar à contraparte as questões relevantes que entenda adequadas – nomeadamente acerca do seu rendimento –, para tentar perceber se esta tem condições para celebrar o contrato. Este é um momento muito importante da operação de avaliação da solvabilidade do consumidor[1191], admitindo-se até que, se as informações forem suficientes e estiverem acompanhadas de documentos que as comprovem, a avaliação se baseie apenas nelas[1192].

[1188] JORGE MORAIS CARVALHO, *Os Contratos de Consumo – Reflexão sobre a Autonomia Privada no Direito do Consumo*, 2012, pp. 370 a 374.

[1189] MANUEL ÁNGEL LÓPEZ SÁNCHEZ, "La Prevención del Sobreendeudamiento en la Propuesta de Directiva sobre Crédito a los Consumidores", 2004, p. 639.

[1190] ANA ALVES LEAL, "Aspetos Jurídicos da Análise de Dados na Internet (*Big Data Analytics*) nos Setores Bancário e Financeiro", 2017, pp. 197 a 200.

[1191] Desvalorizando este dever: FERNANDO DE GRAVATO MORAIS, *Crédito aos Consumidores*, 2009, p. 56.

[1192] Ac. do TJUE, de 18/12/2014.

No caso de o profissional rejeitar a concessão do crédito com fundamento numa avaliação negativa da solvabilidade do consumidor, este deve ser informado "imediata, gratuita e justificadamente desse facto, bem como dos elementos constantes da base de dados consultada", exceto nos casos em que a prestação da informação é contrária à lei, à ordem pública ou à segurança pública (arts. 10º-3 e 11º-3). Também no caso de ser concedido o crédito se poderá justificar a prestação de informações adicionais relativas ao contrato[1193].

O dever de avaliar a solvabilidade do consumidor renasce se as partes decidirem aumentar o montante total do crédito durante a vigência do contrato (art. 10º-4).

O art. 10º tem conteúdo imperativo, uma vez que visa a proteção de interesses relevantes, não apenas relativos ao consumidor.

Em primeiro lugar, está em causa o interesse do consumidor à prevenção de uma situação de sobreendividamento e de insolvência[1194]. Neste caso, a lei é paternalista, defendendo o consumidor contra a sua própria vontade, manifestada pelo desejo e eventual necessidade de recurso ao crédito. No equilíbrio entre dois interesses do consumidor – acesso mais facilitado ao crédito e prevenção do sobreendividamento e da insolvência – a lei opta pelo segundo, consagrando a solução mais favorável a longo prazo.

Em segundo lugar, relacionada com a opção indicada no final do parágrafo anterior, não está apenas em causa um interesse do consumidor, mas também um interesse geral. A concessão irresponsável de crédito é uma das causas da crise económica e financeira, devendo atuar-se preventivamente no sentido de a evitar ou agravar. O incumprimento generalizado de contratos, motivado pela concessão de crédito a pessoas que poderiam não ter condições para cumprir, associada a um período recessivo da economia, pode ter como efeito o colapso do sistema económico. Na base da exigência de uma concessão de crédito responsável, em consequência do dever de avaliar a solvabilidade do consumidor, podemos, assim, encontrar um interesse geral.

Estando em causa um interesse geral, não subsistem dúvidas de que o conteúdo imperativo da norma não pode ser afastado, pelo que as partes de um contrato de crédito ao consumo não podem excluir o dever de avaliar a solvabilidade do consumidor.

[1193] Ac. do TJUE, de 18/12/2014.

[1194] Ac. do TJUE, de 27/3/2014.

As consequências previstas na lei para as situações de desrespeito pelo conteúdo imperativo do preceito são, no entanto, insuficientes, não parecendo dissuasoras de práticas que o contrariem. Prevê-se a aplicação de uma sanção contraordenacional (art. 30º), mas não se consagra expressamente qualquer sanção civil.

Trata-se aqui de um caso em que a lei não prevê expressamente, a par da sanção contraordenacional, consequência ao nível do contrato celebrado, sendo necessário interpretar o conteúdo imperativo do art. 10º, tendo em conta que este visa a proteção de interesses simultaneamente gerais e do consumidor, para concluir se a sanção contraordenacional é suficiente para os proteger ou se é necessária e adequada a previsão de consequências civis.

O conteúdo imperativo da norma tem como objetivo principal a proteção de um interesse geral, sendo que, nestes casos, torna-se necessário distinguir a contrariedade à lei que se situa ao nível do objeto do contrato daquela que diz respeito a elementos circunstanciais deste, apenas no primeiro caso se estabelecendo a nulidade do negócio (280º do CC).

Ora, aqui não estamos ao nível do objeto do contrato, pelo que, resultando outra solução da lei, neste caso uma sanção contraordenacional (art. 294º do CC), deve entender-se que não existe no regime um juízo suficientemente negativo sobre o contrato celebrado a ponto de justificar a sua invalidade.

Outro argumento neste sentido pode ser encontrado no art. 13º do DL 133/2009, que regula de forma aprofundada as situações de invalidade e inexigibilidade do contrato de crédito, não prevendo qualquer consequência a este nível para os casos de incumprimento do dever de avaliar a solvabilidade do consumidor.

3.5.4. Formação do contrato

Nos termos do art. 12º-1, "os contratos de crédito devem ser exarados em papel ou noutro suporte duradouro, em condições de inteira legibilidade", exigindo-se ainda a entrega de um exemplar do contrato de crédito a todos os contraentes (art. 12º-2)[1195].

Embora a norma aluda a contratos "exarados em papel ou noutro suporte duradouro", dificilmente a forma pode não ser a escrita, na medida em que o próprio nº 1 se refere a "condições de inteira legibilidade".

[1195] O contrato de mútuo garantido por penhor também está sujeito a forma escrita (art. 17º-1 do DL 160/2015).

A forma de celebração do contrato apenas se encontra implícita, uma vez que não faz sentido referir que o contrato se celebra através de um suporte duradouro ou durável; o suporte, por definição, é o local onde a informação é armazenada, exigindo-se apenas no preceito citado que o documento contratual – físico ou eletrónico – esteja contido num suporte que ofereça determinadas garantias de durabilidade no que respeita ao acesso à informação nele contida.

Quer a legibilidade quer a existência de um exemplar implicam a exigência de forma escrita, forma que já se encontrava prevista no regime anterior, nos termos do art. 6º-1 do DL 359/91.

Impõe-se assim uma forma especial para a celebração do contrato, o documento escrito, exigindo-se ainda o cumprimento de duas formalidades: a assinatura do documento pelos contraentes (implícita no nº 2)[1196] e a entrega ao consumidor de um exemplar desse documento (expressa nesse mesmo preceito).

Quanto ao momento da entrega do documento, distingue-se, com a redação dada ao nº 2 pelo DL 42-A/2013, entre os contratos celebrados presencialmente e os contratos celebrados à distância. Nos primeiros, o exemplar deve ser entregue imediatamente após a celebração do contrato[1197]. Nos segundos, pode ser entregue mais tarde; apesar de a lei, nesta infeliz intervenção legislativa, não prever quando é que o exemplar deve ser entregue, entendemos que este deve ser remetido ao consumidor logo que tal se revelar possível, após a celebração do contrato. Não nos parece admissível a hipótese, aparentemente admitida na doutrina[1198], de o exemplar não ter de ser entregue nos contratos celebrados à distância.

1196 O TJUE (Ac. de 9/11/2016) já se pronunciou no sentido de que o direito europeu "não se opõe a que o Estado-Membro preveja, na sua regulamentação nacional, por um lado, que o contrato de crédito abrangido pelo âmbito de aplicação da Diretiva 2008/48 e estabelecido em papel ou noutro suporte duradouro tenha de ser assinado pelas partes e, por outro, que esta exigência de assinatura se aplique a toda a informação desse contrato mencionada no artigo 10º, nº 2, desta diretiva". Note-se que, nesta decisão, o TJUE concluiu também que "o contrato de crédito não tem necessariamente de ser estabelecido num único documento, mas toda a informação mencionada no artigo 10º, nº 2, da referida diretiva deve ser estabelecida em papel ou noutro suporte duradouro".

1197 Ac. do TRP, de 14/11/2011; Ac. do TRL, de 22/11/2012.

1198 Fernando de Gravato Morais, "Proteção do Consumidor a Crédito na Celebração e na Execução do Contrato", 2014, p. 6, n. 4.

Exclui-se a regra geral de liberdade de forma prevista no art. 219º do CC, entendendo-se que, como noutros contratos de consumo, é necessária a existência de um documento para que o consumidor tome consciência da celebração do contrato e tenha a possibilidade de refletir sobre o seu conteúdo. A existência de um documento escrito permite, ainda, a prova da celebração do contrato. A questão da prova pode ser muito relevante para o financiador, especialmente nos casos, infelizmente bastante comuns, em que o consumidor, apesar de assinar o documento contratual, não tem consciência de celebrar o contrato de crédito.

Ao contrário do que já defendemos[1199], consideramos que a prova da entrega do exemplar do contrato de crédito cabe ao credor, não porque a primeira parte do art. 13º-5 isente o consumidor de provar que não lhe foi entregue uma cópia do contrato[1200], mas porque, aplicando a teoria da distribuição dinâmica do ónus da prova[1201], é para o credor muito mais fácil fazer prova da entrega do que ao consumidor provar o contrário[1202]. Segue-se, por esta via, a orientação da jurisprudência[1203].

Não vale, naturalmente, como reconhecimento de entrega do exemplar por parte do consumidor a inserção de uma cláusula contratual geral com esse conteúdo no documento contratual[1204]. O esclarecimento (oral) do conteúdo do contrato também não supre a falta de entrega do exemplar[1205].

Se o contrato de crédito for celebrado simultaneamente por dois ou mais consumidores, exige-se naturalmente a assinatura de todos e a entrega a

[1199] Jorge Morais Carvalho, *Os Contratos de Consumo – Reflexão sobre a Autonomia Privada no Direito do Consumo*, 2012, p. 379.

[1200] Fernando de Gravato Morais, *Contratos de Crédito ao Consumo*, 2007, p. 101. Jurisprudência: Ac. do TRC, de 12/2/2008; Ac. do TRP, de 26/1/2009; Ac. do TRL, de 15/10/2009.

[1201] Micael Martins Teixeira, "Por uma Distribuição Dinâmica do Ónus da Prova", 2014.

[1202] Jorge Morais Carvalho e Micael Teixeira, "Crédito ao Consumo – Ónus da Prova da Entrega de Exemplar do Contrato e Abuso do Direito de Invocar a Nulidade", 2013, p. 49. Jurisprudência (com preocupação semelhante, embora fundamentação diversa): Ac. do TRP, de 10/5/2010. Aceitando a tese defendida no texto (embora a considere, neste caso, desnecessária, por a solução corresponder à da regra geral): Ac. do TRL, de 27/3/2014.

[1203] Ac. do STJ, de 2/6/1999; Ac. do STJ, de 7/1/2010; Ac. do TRP, de 8/7/2004; Ac. do TRL, de 9/11/2006; Ac. do TRE, de 25/10/2007; Ac. do TRC, de 4/5/2010; Ac. do TRL, de 14/3/2013; Sentença do JP de Lisboa, de 20/9/2006.

[1204] Ac. do TRC, de 10/9/2013.

[1205] Ac. do TRL, de 22/10/2015.

todos de um exemplar do contrato[1206]. Exige-se, ainda, a entrega do exemplar do contrato a qualquer garante, incluindo o cônjuge do consumidor, mesmo que não seja (ou, melhor, se não for, porque se for recebe como contraente) parte no contrato[1207], e o seu fiador[1208].

A redação dada ao nº 2 pelo DL 42-A/2013 veio esclarecer que o contrato de crédito ao consumo pode ser celebrado à distância, não constituindo a forma um obstáculo a este entendimento.

Com efeito, o documento escrito pode ser um documento eletrónico e a assinatura das partes também pode ser eletrónica[1209]. O regime jurídico dos documentos eletrónicos e da assinatura digital (DL 290-D/99) determina, no art. 3º-1, que "o documento eletrónico satisfaz o requisito legal de forma escrita quando o seu conteúdo seja suscetível de representação como declaração escrita", enquanto o art. 26º-1 do DL 7/2004, que aprovou o regime jurídico do comércio eletrónico, estabelece que "as declarações emitidas por via eletrónica satisfazem a exigência legal de forma escrita quando contidas em suporte que ofereça as mesmas garantias de fidedignidade, inteligibilidade e conservação".

Note-se que, em ambas as normas, não está em causa o requisito legal previsto no art. 373º do CC ("os documentos particulares devem ser assinados pelo seu autor"). A questão específica da assinatura é tratada no nº 2 de cada um dos artigos referidos. Trata-se aqui apenas da questão de saber quando é que se considera que um documento é escrito, o que pode ser relevante ou numa fase prévia à da aposição da assinatura (pode assinar-se eletronicamente um documento que não seja escrito) ou sempre que se exija, num caso concreto, que um documento seja transmitido por escrito, mas não que contenha a assinatura do seu autor.

No crédito ao consumo, como se exige um documento escrito, não podem ser celebrados contratos de crédito ao consumo através de meios de comunicação à distância em que apenas seja utilizada a voz, como o telefone ou a rádio. Isto não significa que a negociação prévia entre as par-

1206 Fernando de Gravato Morais, *Contratos de Crédito ao Consumo*, 2007, p. 97.

1207 Fernando de Gravato Morais, *Crédito aos consumidores*, 2009, p. 62.

1208 Ac. do TRC, de 7/2/2017[2]. Face ao regime anterior, que não continha norma expressa neste sentido: Ac. do TRP, de 26/6/2012. Contra: Ac. do TRL, de 29/11/2012; Ac. do TRP, de 18/3/2014.

1209 Para uma análise da questão, face ao direito brasileiro: Guilherme Magalhães Martins, *Formação dos Contratos Eletrônicos de Consumo Via Internet*, 2010.

tes não possa ser realizada através de telefone, como expressamente reconhece o art. 6º-6, ao impor, nestes casos, especiais deveres de informação pré-contratual ao profissional.

Tendo deixado de se exigir a simultaneidade entre a assinatura das partes e a entrega do exemplar ao consumidor[1210], o meio de comunicação à distância já não tem necessariamente de permitir o contacto direto entre as partes, podendo o contrato ser celebrado na sequência de troca de correspondência, por exemplo.

A Internet também constitui um meio apto para a celebração de contratos de crédito ao consumo à distância. Aliás, o principal objetivo da referência a um suporte duradouro, no art. 12º-1, consiste na admissibilidade da contratação eletrónica.

No que respeita à celebração do contrato de emissão de cartão de crédito, é ainda necessário ter em conta o Aviso nº 11/2001, do Banco de Portugal, de 20 de novembro, que, no seu nº 9º, determina que "um contrato só se considera celebrado quando o titular recebe o cartão e uma cópia das condições contratuais por ele aceites". O nº 10 deste Aviso esclarece que "os emitentes não podem conceder cartões sem a aceitação expressa do titular", situação que na prática é relativamente comum. Note-se que se trata aqui, não de um elemento necessário para a conclusão do contrato, como parece resultar da letra do preceito, mas de um dever contratual do profissional, que se encontra vinculado ao envio do cartão e de um documento contendo as cláusulas do acordo obtido anteriormente, com o objetivo de aumento do nível de proteção do titular; os efeitos do contrato só se produzem com a entrega do cartão, elemento essencial para a sua utilização, mas o contrato já está celebrado[1211]. Baseia-se a opinião, no essencial, em dois argumentos: por um lado, os requisitos impostos neste Aviso não obstam – nem nunca poderiam obstar – a aplicação do DL 133/2009, pelo que o contrato deve ser celebrado por documento escrito e assinado pelas partes, seguido da entrega de um exemplar ao consumidor (imediatamente,

[1210] Considerando, antes da alteração, que não era admissível o contrato de crédito entre ausentes no caso de o consumidor ser o primeiro a assinar, v., por todos, Ac. do TRP, de 24/1/2013. Em sentido contrário: Ac. do TRG, de 10/3/2016.

[1211] Contra: Joana Vasconcelos, "Emissão de Cartões de Crédito", 2002, p. 174; Maria Raquel Guimarães e Maria Regina Redinha, "A Força Normativa dos Avisos do Banco de Portugal", 2007, p. 717; Maria Raquel Guimarães, "Algumas Considerações sobre o Aviso nº 11/2001 do Banco de Portugal", 2004, p. 253.

se o contrato for celebrado presencialmente, ou assim que for possível, se for celebrado à distância), constituindo a cópia das condições contratuais *aceites* um segundo documento[1212]; por outro lado, se a norma visa proteger o titular do cartão, não se admite que seja ainda dada uma nova oportunidade à instituição financeira para evitar a celebração do contrato, num momento em que já existe acordo. A suspensão da produção de efeitos do contrato é a solução mais compatível com as várias disposições aplicáveis, acautelando os interesses do titular do cartão de forma eficaz.

A inobservância da forma legal acarreta a nulidade do contrato (art. 13º-1 do DL 133/2009), nos termos gerais do art. 220º do CC. Esta consequência opera se o contrato não for celebrado por escrito, em papel ou noutro suporte duradouro (incluindo a assinatura das partes) ou se não for entregue ao consumidor um exemplar do contrato, presumindo-se estas omissões imputáveis ao credor (primeira parte do art. 13º-4). Trata-se, no entanto, de uma nulidade atípica, uma vez que apenas pode ser invocada pelo consumidor (art. 13º-4, *in fine*).

A nulidade não é de conhecimento oficioso. Esta afirmação é correta nos casos em que o consumidor pretenda a manutenção do contrato de crédito, mas deixa de o ser nas situações em que este se pretenda desvincular do contrato, mas não invoque a sua nulidade, não obstante apresentar factos que o demonstrem[1213].

A entrega do exemplar num momento posterior ao legalmente exigido não pode constituir um meio apto para a sanação da invalidade, pois, se assim fosse, a exigência de entrega no momento da celebração do contrato (ou logo que possível, nos contratos celebrados à distância) deixaria de ter sentido útil[1214].

Se, apesar da nulidade do contrato, o montante do crédito vier a ser concedido ao consumidor e este agir posteriormente em conformidade com uma celebração válida do contrato, admite-se que o financiador possa recorrer à figura do abuso do direito, se se verificarem os pressupostos do art. 334º do CC ("o titular exceda manifestamente os limites impostos pela boa-fé, pelos bons costumes ou pelo fim social ou económico" do

1212 Contra: Maria Raquel Guimarães e Maria Regina Redinha, "A Força Normativa dos Avisos do Banco de Portugal", 2007, p. 722.

1213 Ac. do TRL, de 9/11/2006. Contra: Ac. do TRP, de 21/9/2006; Ac. do TRE, de 25/10/2007; Ac. do TRP, de 19/1/2010; Ac. do TRL, de 4/3/2010.

1214 Fernando de Gravato Morais, *Crédito aos consumidores*, 2009, p. 67.

direito que pretende exercer)[1215]. No entanto, esta faculdade apenas deve ser conferida ao financiador em situações extremas[1216] e em que a sua conduta aquando da celebração do contrato e da inobservância da forma e das formalidades legalmente prescritas não tenha sido, por sua vez, atentatória da boa-fé[1217]. Isto porque a nulidade do contrato também constitui uma sanção para o financiador[1218], não podendo depois vir a ser beneficiado pela circunstância de o consumidor ter agido como se o contrato fosse válido, em especial nos casos em que desconhece essa invalidade no momento da celebração do contrato[1219].

Uma questão controversa consiste em saber se o cônjuge do consumidor e o fiador podem substituir-se ao consumidor na arguição da invalidade do contrato, no caso de este ser nulo por violação do art. 12º do DL 133/2009[1220]. Se a dívida responsabilizar ambos os cônjuges, nos termos do art. 1691º do CC, a nulidade pode ser arguida por qualquer um deles, uma vez que os bens de ambos são afetados. No que respeita à fiança, a questão pode ser discutida, mas, apesar de existirem opiniões em sentido contrário[1221],

[1215] Fernando de Gravato Morais, *Crédito aos consumidores*, 2009, p. 67; Ânia Marques Florença, *O Abuso do Direito no Direito do Consumo*, 2015, p. 60. Jurisprudência: Ac. do TRP, de 19/9/2000; Ac. do TRL, de 9/5/2006; Ac. do TRL, de 28/6/2007; Ac. do TRC, de 12/2/2008; Ac. do TRP, de 26/6/2008; Ac. do TRP, de 16/12/2009; Ac. do TRP, de 19/1/2010; Ac. do TRP, de 9/10/2012; Ac. do TRG, de 30/1/2014; Ac. do TRG, de 9/4/2015; Ac. do TRL, de 22/6/2016; Ac. do TRG, de 23/6/2016; Ac. do TRL, de 14/9/2017². Casos em que os tribunais consideraram não haver abuso de direito: Ac. do STJ, de 7/1/2010; Ac. do TRP, de 23/5/2005; Ac. do TRP, de 10/5/2010; Ac. do TRC, de 18/5/2010; Ac. do TRP, de 30/6/2011; Ac. do TRL, de 13/9/2012; Ac. do TRP, de 25/10/2012; Ac. do TRL, de 22/10/2015; Ac. do TRE, de 30/6/2016; Ac. do TRC, de 14/3/2017.

[1216] Ac. do TRL, de 23/10/2014.

[1217] Jorge Morais Carvalho e Micael Teixeira, "Crédito ao Consumo – Ónus da Prova da Entrega de Exemplar do Contrato e Abuso do Direito de Invocar a Nulidade", 2013, p. 51. Jurisprudência: Ac. do TRE, de 8/9/2011; Ac. do TRL, de 13/10/2016; Ac. do TRC, de 7/2/2017²; Ac. do TR, de 29/6/2017. Neste sentido, no Ac. do TRL, de 14/9/2017¹, a propósito do regime das cláusulas contratuais gerais (CCG), conclui-se que, "para poder invocar o abuso de direito, a predisponente das cláusulas não poderia ter dado causa à situação que está na origem da exclusão das CCG". Sobre a figura do *tu quoque*: António Menezes Cordeiro, *Da Boa Fé no Direito Civil*, 2001, pp. 837 a 852.

[1218] Ac. do TRL, de 22/10/2015.

[1219] Neste sentido (com fundamentação diversa): Ac. do STJ, de 28/4/2009; Ac. do TRC, de 4/5/2010; Ac. do TRG, de 25/5/2012.

[1220] Fernando de Gravato Morais, *Contratos de Crédito ao Consumo*, 2007, p. 112.

[1221] António Garcia, Inês Carreiro e Yelyzaveta Lemeshko, "O Fiador e a Nulidade do Contrato de Crédito", 2019, p. 123. Jurisprudência: Ac. do TRL, de 9/2/2006.

parece-nos que se deve concluir no sentido de o fiador poder arguir a nulidade do contrato, mesmo que o consumidor/devedor principal não o faça, uma vez que, nos termos do art. 637º do CC, "o fiador tem o direito de opor ao credor [... os meios de defesa] que competem ao devedor", não produzindo efeitos em relação ao fiador "a renúncia do devedor a qualquer meio de defesa"[1222].

O art. 13º-2 estabelece que "a garantia prestada é nula se, em relação ao garante, não for observado o prescrito no nº 2 do artigo anterior", ou seja, se não for entregue o exemplar do contrato devidamente assinado pelo garante. Neste caso, é nula a fiança, mas não o contrato de crédito[1223].

3.5.5. Direito de arrependimento

Nos termos do art. 17º-1 do DL 133/2009, o consumidor tem o direito de "exercer o direito de revogação do contrato de crédito, sem necessidade de indicar qualquer motivo".

A redação do preceito é clara no sentido de o exercício do direito ser posterior ao momento da celebração do contrato de crédito, uma vez que está em causa a *revogação* do contrato e não a revogação da declaração pelo consumidor[1224].

[1222] Ac. do TRL, de 28/6/2007.

[1223] Isabel Menéres Campos, "Notas Breves sobre os Mecanismos de Garantia do Cumprimento no Crédito ao Consumo", 2012, p. 300.

[1224] Diferente é a situação no crédito à habitação, em que, nos termos do art. 13º do DL 74-A/2017, o mecanismo é anterior à celebração do contrato (Isabel Menéres Campos e Jorge Morais Carvalho, "Mortgage Credit in Portugal", 2017, pp. 220 e 221; Jorge Morais Carvalho, "Crédito ao Consumo e Crédito à Habitação", 2018, pp. 318 a 320). A Diretiva 2014/17/UE dava a cada Estado-Membro a possibilidade de adotar, em alternativa, um período de reflexão prévio à celebração do contrato ou um direito de arrependimento, posterior à celebração do contrato (no caso de reflexão anterior prévia à celebração do contrato não "se pode falar em rigor em direito de arrependimento", como defende, em geral, Carlos Ferreira de Almeida, *Direito do Consumo*, 2005, p. 110), admitindo-se ainda uma conjugação de ambos (art. 14º-6). O prazo mínimo imposto pela Diretiva é de 7 dias, independentemente do modelo adotado. O mesmo preceito prevê, ainda, que, "caso um Estado-Membro fixe um período de reflexão antes da celebração do contrato de crédito, [...] o consumidor pode aceitar a proposta contratual em qualquer momento durante o período de reflexão", podendo os Estados-Membros, no entanto, "dispor que os consumidores não podem aceitar a proposta contratual durante um período que não pode exceder os primeiros 10 dias do período de reflexão". Temos aqui duas regras, uma imposta aos Estados-Membros, embora admitindo a transposição por diferentes vias (período de reflexão ou direito de arrependimento, com prazo mínimo de 7 dias) e outra facultativa (a possibilidade de se prever que os consumidores não podem aceitar a proposta durante um determinado período de tempo, que não pode ser superior a 10 dias). Vejamos como é que estas regras foram transpostas para a ordem jurídica interna portuguesa. O DL 74-A/2017 vem impor aos mutuantes, no momento em que o contrato de contrato de crédito é por si aprovado, a entrega (i) de uma ficha de informação normalizada que incorpore as condições do contrato de crédito e (ii) de uma minuta do contrato de crédito (art. 13º-2). Nos termos do art. 13º-4, "o mutuante permanece vinculado à proposta contratual feita ao consumidor durante um prazo mínimo de 30 dias contados, para que o consumidor tenha tempo suficiente para comparar propostas, avaliar as suas implicações e tomar uma decisão informada". O período de vigência da proposta contratual emitida pelo mutuante não pode, assim, ser inferior a 30 dias. Este prazo pode ser alargado por via negocial, mas não pode ser reduzido. Por lapso, não se indica no preceito a partir de quando são contados os 30 dias, mas esta omissão não é especialmente grave, uma vez que, da sua articulação com o nº 2 do mesmo artigo, o início da vigência do prazo não pode corresponder a outro momento que não o da entrega da ficha de informação normalizada e da minuta do contrato de crédito, desde que estas contenham todas os elementos relativos ao contrato a celebrar. É neste momento que o consumidor dispõe de todos os elementos necessários para fazer a sua avaliação do contrato proposto. Se for entregue apenas um destes elementos, o prazo não começa a correr, mas deve entender-se que o mutuante já está vinculado nos termos que definiu. Este prazo implica que o consumidor, se assim o entender, tem 30 dias para ponderar sobre a celebração do contrato. Transpõe-se, aqui, a norma da Diretiva que determina que a lei deve atribuir ao consumidor o direito a um período de reflexão mínimo de 7 dias (ou, em alternativa, um direito de arrependimento com esse mesmo prazo mínimo). A opção recaiu, em Portugal, no estabelecimento de um período de reflexão anterior à celebração do contrato, o qual é atribuído por via da vinculação do mutuante à sua proposta contratual por um período mínimo de 30 dias. Alargou-se, assim, também, e consideravelmente, o prazo indicado no diploma europeu. A possibilidade de dispor que os consumidores não podem aceitar a proposta contratual durante um determinado período de tempo foi aproveitada por Portugal, prevendo-se que os consumidores não possam aceitar a proposta nos primeiros 7 dias a contar da data da entrega da ficha de informação normalizada e da minuta do contrato de crédito (art. 13º-5), período que designamos como *período de reflexão obrigatório* (designação seguida, também, por Sandra Passinhas, "O Novo Regime do Crédito aos Consumidores para Imóveis de Habitação", 2018, p. 471), não se confundindo, como já vimos, com o período de reflexão que a Diretiva impõe. Nos termos da Diretiva, este período, no caso de ser estabelecido no direito nacional, não poderia ser superior a 10 dias. Tendo sido estabelecido, no direito português, um período de 7 dias, não há problema de conformidade com a Diretiva. A formulação do preceito não é muito feliz, uma vez que apenas se encontra subentendida a consagração desse *período de reflexão obrigatório*. Determina o art. 13º-5, literalmente, apenas a prestação de informação, pelo mutuante, ao consumidor, sobre a existência desse *período de reflexão obrigatório*, o qual não é consagrado em nenhum outro preceito. Deve, no entanto, interpretar-se este art. 13º-5 no sentido de este ser efetivamente consagrado. Em suma, a proposta contratual emitida pelo mutuante vigora pelo prazo de 30 dias a contar da data da entrega da ficha de informação normalizada e da minuta do contrato de crédito, não podendo, no entanto, o consumidor aceitar essa proposta nos 7 primeiros dias. Entre o 8º e o 30º dia, o

3.5.5.1. Prazo

O art. 17º-1 determina que o consumidor pode exercer o direito de arrependimento no prazo de 14 dias de calendário, i.e., 14 dias seguidos. Estranha-se a manutenção da expressão da Diretiva, sem grande tradição quer no direito português quer na linguagem comum.

Em conjunto com esta norma, aplica-se o art. 279º-*e*) do CC, pelo que, se o prazo terminar em Domingo ou feriado, transfere-se o seu termo para o primeiro dia útil seguinte.

O prazo conta-se a partir da data "da celebração do contrato" ou da data "de receção pelo consumidor do exemplar do contrato e das informações a que se refere o art. 12º", se esta última for posterior à primeira (art. 17º-2).

O contrato de crédito ao consumo está sujeito a forma especial, celebrando-se através de documento escrito, assinado pelos contraentes, e entrega de um exemplar ao consumidor. Não sendo cumpridos estes requisitos formais, o contrato é nulo (art. 13º-1).

Com a alteração do art. 12º-2 pelo DL 42-A/2013, distinguindo-se, quanto ao momento da entrega do exemplar do contrato de crédito, os contratos celebrados presencialmente (entrega imediata) e à distância (entrega logo que possível), a distinção feita no art. 17º-2, relativa ao início da contagem do prazo para o exercício do direito de arrependimento, passa a ser especialmente relevante.

Assim, nos contratos de crédito ao consumo celebrados à distância, o prazo para o exercício do direito de arrependimento só começa a contar a partir do momento em que o consumidor recebe o exemplar do contrato.

A distinção pode ter ainda outros efeitos em relação ao início da contagem do prazo.

Com efeito, o documento contratual tem de conter determinados elementos relativos ao contrato, enunciados no art. 12º. Faltando algum destes elementos, o contrato é nulo ou anulável, consoante a sua relevância, previamente definida pela lei no art. 13º.

consumidor tem o direito potestativo de aceitar a proposta, celebrando-se, então, o contrato de crédito à habitação. Sendo o crédito garantido por fiança, o fiador também dispõe de um *período de reflexão obrigatório* de sete dias, antes de se vincular (art. 13º-6), período esse que deve ser contado da data em que (o fiador) tiver recebido, simultaneamente, a cópia da ficha de informação normalizada e da minuta do contrato, além de lhe terem sido prestadas as explicações adequadas.

No que respeita ao direito de arrependimento, não é feita no art. 17º-2 qualquer distinção em função do elemento em falta, pelo que o prazo só começa a contar a partir da data em que o consumidor recebe a última informação que deveria ter sido obrigatoriamente prestada pelo profissional[1225].

Até esse momento, considera-se que o prazo não começa a correr, o que não significa que o consumidor não possa exercer o direito. Não faria sentido que o consumidor tivesse de esperar pela receção do exemplar do contrato ou dos elementos em falta para exercer o direito de arrependimento. Este pode ser de imediato exercido, com mais eficácia e menos custos para as partes.

3.5.5.2. Forma

O art. 17º-3 determina que o exercício do direito só produz efeitos se o consumidor expedir a declaração no prazo de 14 dias "em papel ou noutro suporte duradouro à disposição do credor e ao qual este possa aceder, observando os requisitos a que se refere a alínea *h*) do nº 3 do art. 12º".

O art. 13º-*h*) estabelece, por seu lado, que o contrato de crédito deve indicar de forma clara e concisa "a existência do direito de livre revogação pelo consumidor, o procedimento previsto para o seu exercício, incluindo designadamente informações sobre a obrigação do consumidor pagar o capital utilizado e os juros, de acordo com o nº 4 do art. 17º, bem como o montante dos juros diários".

Apesar de a norma referir a possibilidade de o profissional indicar o procedimento para o exercício do direito no documento contratual[1226], deve entender-se que a margem que lhe é atribuída não pode constituir um obstáculo à utilização de qualquer meio que permita a emissão de uma declaração em papel ou noutro suporte duradouro, desde que esse meio esteja à sua disposição e ele possa aceder à informação. Ou seja, o profissional pode indicar o endereço, físico ou de correio eletrónico, ou o número de fax que o consumidor pode utilizar para o exercício do direito, mas não pode impedir o exercício do direito por carta, e-mail ou fax.

A declaração deve ser enviada até ao último dia do prazo, não sendo relevante que a data da sua receção pelo profissional seja posterior[1227]. Por

[1225] FERNANDO DE GRAVATO MORAIS, *Crédito aos Consumidores*, 2009, p. 80.

[1226] Contra: FERNANDO DE GRAVATO MORAIS, *Crédito aos Consumidores*, 2009, p. 81.

[1227] FERNANDO DE GRAVATO MORAIS, *Crédito aos Consumidores*, 2009, p. 81.

esta razão, entende-se que quer o risco de atraso quer o risco de perda da declaração correm por conta deste[1228], cabendo ao consumidor unicamente a prova do envio atempado.

A norma apenas impede o exercício do direito através de uma declaração verbal[1229]. No entanto, se o profissional aceitar o arrependimento através do telefone ou de contacto presencial e o consumidor o conseguir provar, será abusivo da parte daquele vir depois invocar um vício de forma para obstar a produção de efeitos da declaração.

3.5.5.3. Efeitos do contrato na pendência do prazo

Salvo acordo das partes em sentido contrário, o contrato produz efeitos a partir da data da celebração, podendo o consumidor exigir imediatamente a entrega do montante do crédito.

Nada impede, no entanto, as partes de acordarem no sentido de o montante do crédito só ser disponibilizado ao consumidor após o decurso do prazo para o exercício do direito de arrependimento. Nestes casos, o contrato celebra-se sob condição suspensiva de não exercício do direito pelo consumidor, não produzindo efeitos até esse momento.

Trata-se de uma prática comum nos casos em que existe um contrato de crédito ligado a um contrato de compra e venda ou de prestação de serviços, impondo o profissional como cláusula deste último contrato que a entrega do bem ou a prestação do serviço só se dê no momento em que expira o prazo para o exercício do direito de arrependimento do contrato de crédito. Neste cenário, celebram-se os dois contratos sob condição suspensiva de não exercício do direito pelo consumidor.

A análise feita nos dois parágrafos anteriores depende do acordo das partes, não impondo a lei, em qualquer norma, que o contrato não possa produzir efeitos dentro de determinado prazo.

No caso de o consumidor poder exigir imediatamente a entrega do montante do crédito, o contrato começa a produzir todos os seus efeitos normalmente, devendo entender-se como celebrado sob condição resolutiva de exercício do direito de arrependimento pelo consumidor.

[1228] Contra: FERNANDO DE GRAVATO MORAIS, *Crédito aos Consumidores*, 2009, p. 84.

[1229] FERNANDO DE GRAVATO MORAIS, *Crédito aos Consumidores*, 2009, p. 81.

3.5.5.4. Efeitos do exercício do direito

No caso de o profissional disponibilizar imediatamente o montante do crédito ao consumidor, o exercício por este do direito de arrependimento tem as consequências previstas no art. 17º-4.

O consumidor deve devolver ao profissional o capital, ou seja, o montante do crédito, e pagar-lhe os juros relativos ao período em que o valor foi utilizado.

Nos termos do nº 5, os juros são calculados com base na taxa nominal acordada pelas partes, não podendo ser imputado um valor superior a esse período de tempo, situação que poderia ser utilizada para evitar o exercício do direito pelo consumidor.

Portanto, o arrependimento não produz qualquer efeito em relação ao período que decorre entre a data da disponibilização (acordada) do montante do crédito e a data do pagamento do capital acrescido dos juros. O exercício do direito não tem efeito retroativo, apenas produzindo efeitos para o futuro. Não se pode, assim, com rigor, falar em arrependimento no que respeita a este período.

Trata-se de uma norma importante para o consumidor, na medida em que pode impedir a manutenção da produção de efeitos do contrato, provocando a sua extinção. Celebrando-se o contrato sob condição resolutiva, o exercício do direito de arrependimento pelo consumidor destrói os seus efeitos, mas, como não tem efeito retroativo, deve ser paga a remuneração do capital em relação ao período em que o contrato vigorou.

No caso de o profissional apenas disponibilizar o montante do crédito ao consumidor após o decurso do prazo para o exercício do direito de arrependimento sem que este o tenha feito, já se viu que o contrato se celebra sob condição suspensiva de facto negativo. A verificação da condição – o não exercício do direito – gera a produção de efeitos do contrato. A não verificação da condição – o exercício do direito – impede a produção de efeitos do contrato.

Neste sentido, pode concluir-se que estão em causa duas figuras jurídicas distintas, consoante se verifique ou não a entrega do montante do crédito durante o período do arrependimento.

No caso de o consumidor exercer o direito de arrependimento, deve devolver o valor do capital, se este tiver sido disponibilizado, acrescido dos juros correspondentes ao período em que o contrato vigorou[1230], no prazo

[1230] Fernando de Gravato Morais, *Crédito aos Consumidores*, 2009, p. 83.

máximo de 30 dias (parte final do nº 4). Além destes valores, o profissional apenas pode exigir indemnização por "despesas não reembolsáveis pagas [...] a qualquer entidade da Administração Pública" (parte final do nº 5), nomeadamente relativas a impostos[1231], proibindo a lei portuguesa a cobrança de qualquer outro encargo. A possibilidade de exigir os últimos custos referidos é independente da disponibilização do montante do crédito.

O exercício do direito de arrependimento tem ainda outro efeito, resultante do art. 18º-1 e 5, que consiste na sua repercussão em qualquer contrato coligado com o contrato de crédito ou relativo a um serviço acessório com ele conexo (por exemplo, um contrato de seguro[1232]), prestado pelo credor ou por um terceiro. Extintos os efeitos do contrato de crédito, extinguem-se os efeitos do contrato coligado ou conexo.

3.5.6. Cumprimento antecipado do contrato pelo consumidor

O art. 19º regula o direito do consumidor ao cumprimento antecipado do contrato de crédito ao consumo, com um regime muito mais eficaz, do ponto de vista do consumidor, do que o anterior[1233].

Trata-se de questão complexa, na medida em que se procura conciliar interesses contrapostos das partes. De um lado, o financiador tem interesse na manutenção do contrato nos termos e com o prazo definido inicialmente. Do outro lado, o consumidor pode ter interesse em reduzir a contraprestação, prescindindo do benefício do prazo.

O art. 779º do CC determina que "o prazo tem-se por estabelecido a favor do devedor, quando se não mostre que o foi a favor do credor, ou do devedor e do credor conjuntamente". No contrato de mútuo oneroso, "o prazo presume-se estipulado a favor de ambas as partes", só podendo o mutuário antecipar o pagamento se satisfizer os juros por inteiro (art. 1147º do CC). Esta é a regra geral aplicável ao contrato de mútuo, porventura generalizável, se não existisse norma específica, a grande parte dos contratos de crédito do consumo.

1231 Fernando de Gravato Morais, *Crédito aos Consumidores*, 2009, p. 84.

1232 Fernando de Gravato Morais, *Crédito aos Consumidores*, 2009, p. 92.

1233 Paulo Duarte, "O Direito do Consumidor ao Cumprimento Antecipado", 2012, p. 411; Fernando de Gravato Morais, "Proteção do Consumidor a Crédito na Celebração e na Execução do Contrato", 2014, p. 10.

No entanto, no contrato de crédito ao consumo, entende-se que, apesar de o prazo se presumir estipulado a favor de ambas as partes[1234], o consumidor deve ter a possibilidade de se desvincular (total ou parcialmente) do contrato, pagando um valor inferior ao do custo total do crédito.

O art. 19º-1 determina que "o consumidor tem o direito de, a todo o tempo, mediante pré-aviso ao credor, cumprir antecipadamente, parcial ou totalmente, o contrato de crédito, com correspondente redução do custo total do crédito, por via da redução dos juros e dos encargos do período remanescente do contrato".

O direito pode ser exercido várias vezes e em qualquer momento, não relevando o tempo decorrido desde a celebração do contrato ou o que falte até ao seu termo.

O cumprimento antecipado pode ser total ou parcial, pelo que se admite que o consumidor amortize gradualmente o valor da dívida, podendo imputar o pagamento à prestação que entender[1235].

O exercício do direito depende de comunicação ao financiador (pré-aviso), com antecedência mínima de trinta dias em relação ao momento em que se pretende que o cumprimento antecipado produza os seus efeitos. A comunicação deve ser feita por escrito, em papel ou noutro suporte duradouro. É o que estabelece o nº 2.

O exercício do direito implica a diminuição do custo total do crédito, por via da redução dos juros e de outros encargos, relativos ao período remanescente do contrato.

O art. 19º-3 distingue os contratos em que a taxa nominal relativa ao período ainda não cumprido é fixa daqueles em que é variável. No primeiro caso, o financiador tem direito, se estiver prevista no contrato[1236], a uma "compensação, justa e objetivamente justificada, pelos custos diretamente relacionados com o reembolso antecipado", defendendo-se na doutrina que "apenas se podem considerar custos *concretamente* apurados, *especificamente conexionados* com a antecipação do cumprimento realmente ocor-

[1234] Entendendo que se atribui apenas ao consumidor o benefício do prazo: PAULO DUARTE, "O Direito do Consumidor ao Cumprimento Antecipado", 2012, p. 426; FRANCESCO OLIVIERO, "L'Anticipato Adempimento dell'Obbligazione Restitutoria nel Credito ai Consumatori", 2014, p. 380.

[1235] PAULO DUARTE, "O Direito do Consumidor ao Cumprimento Antecipado", 2012, p. 425.

[1236] FRANCESCO OLIVIERO, "L'Anticipato Adempimento dell'Obbligazione Restitutoria nel Credito ai Consumatori", 2014, p. 394.

rida, com exclusão de outros que apenas, de modo abstrato ou hipotético, possam deduzir-se da aplicação de fórmulas estatísticas e de matemática financeira"[1237]. No segundo caso, o financiador não tem direito a qualquer compensação[1238], conforme se confirma, aliás, no nº 5-*c*) do mesmo artigo.

Os termos da compensação são definidos no art. 19º-4, não podendo o consumidor ser obrigado a pagar uma comissão de reembolso antecipado que exceda 0,5% do montante do capital reembolsado antecipadamente, no caso de faltar mais de um ano para o termo do contrato, ou 0,25%, se faltar um ano ou menos. Por exemplo, se o montante do capital reembolsado antecipadamente for de € 30 000 e faltarem dois anos para o termo do contrato, a comissão de reembolso antecipado não pode ser superior a € 150. Em qualquer caso, o valor da comissão não pode ser superior ao valor em dívida relativo a juros (art. 19º-6). Ou seja, se da aplicação dos 0,25% resultar um valor superior aos juros em dívida, o limite é o valor dos juros, não sendo aplicável a referida percentagem.

A comissão de reembolso não pode ser cobrada nas situações previstas no nº 5, ou seja, "se o reembolso tiver sido efetuado em execução de contrato de seguro destinado a garantir o reembolso do crédito" e "no caso de facilidade de descoberto".

Este regime é bastante favorável para o consumidor, estabelecendo valores incentivadores do exercício do direito ao cumprimento antecipado do contrato. Tendo em conta o problema associado ao sobreendividamento dos consumidores, parece tratar-se de solução adequada para o conflito de interesses subjacente a esta questão.

O regime tem conteúdo imperativo. O art. 26º estatui expressamente que o consumidor não pode renunciar aos direitos atribuídos pelo diploma, regra que tem plena aplicação em sede do direito de cumprir antecipadamente o contrato de crédito. Um acordo entre as partes no sentido de facilitar o cumprimento antecipado, salvaguardando de forma acrescida os interesses do consumidor subjacentes ao conteúdo imperativo do preceito, não implica uma renúncia total ou parcial ao direito, pelo que é válido. Já uma estipulação das partes que afaste o direito ao cumprimento antecipado implica uma renúncia ao direito. Note-se que, entre os interesses protegidos pela norma, está também o interesse geral de prevenção do

[1237] PAULO DUARTE, "O Direito do Consumidor ao Cumprimento Antecipado", 2012, p. 435.

[1238] FERNANDO DE GRAVATO MORAIS, *Crédito aos Consumidores*, 2009, p. 96.

sobreendividamento, acautelado por uma diminuição do custo do crédito resultante do cumprimento antecipado.

3.5.7. Vencimento antecipado das prestações

O cumprimento do contrato de crédito pelo consumidor consiste no pagamento das prestações acordadas entre as partes, nas quais se inclui, por um lado, o pagamento do montante do crédito, acrescido de outras despesas relativas ao contrato, e, por outro lado, o pagamento dos juros remuneratórios[1239].

Segundo o regime geral, sendo a dívida liquidável em prestações, aplica-se o art. 781º do CC. A não realização de uma das prestações, ou seja, o não pagamento de uma prestação, implica o vencimento de todas as outras. Trata-se apenas de uma possibilidade conferida ao credor, que pode optar pelo não vencimento imediato de todas as prestações. Portanto, deve entender-se que a produção do efeito opera na sequência de comunicação dirigida ao devedor pelo credor.

Tratando-se de contrato de compra e venda a prestações, aplica-se o regime especial do art. 934º do CC. A falta de pagamento de uma prestação que não exceda a oitava parte do preço não dá lugar à perda do benefício do prazo relativamente às prestações seguintes. Interpretando a norma *a contrario sensu*, conclui-se que a falta de pagamento de uma prestação que exceda a oitava parte do preço ou a falta de pagamento de duas prestações, independentemente do seu valor, implica a perda do benefício do prazo, podendo o credor exigir o cumprimento imediato de todas as prestações.

O DL 133/2009 consagrou um regime especial para o contrato de crédito ao consumo. Assim, nos termos do art. 20º-1, "em caso de incumprimento do contrato de crédito pelo consumidor, o credor só pode invocar a perda do benefício do prazo ou a resolução do contrato se, cumulativamente [... se verificar] a falta de pagamento de duas prestações sucessivas que exceda 10% do montante total do crédito [e] ter o credor, sem sucesso, concedido ao consumidor um prazo suplementar mínimo de 15 dias para proceder ao pagamento das prestações em atraso, acrescidas da eventual indemnização devida, com a expressa advertência dos efeitos da perda do benefício do prazo ou da resolução do contrato". O nº 2 esclarece que

[1239] O direito a exigir o pagamento do montante do crédito e dos juros prescreve no prazo de cinco anos, nos termos do art. 310º-*g*) do CC: Ac. do TRE, de 20/10/2016.

"a resolução do contrato pelo credor não obsta a que este possa exigir o pagamento de eventual sanção contratual ou a indemnização, nos termos gerais".

Portanto, no crédito ao consumo, a lei equipara os requisitos para a perda do benefício do prazo e para a resolução do contrato.

O credor só tem a possibilidade de invocar um destes institutos no caso de falta de pagamento de duas prestações sucessivas, desde que excedam 10% do montante do crédito. Não o pode fazer nas seguintes situações: falta de pagamento de uma só prestação, ainda que exceda 10% do montante do crédito; falta de pagamento de duas ou mais prestações, ainda que excedam 10% do montante do crédito, mas não sejam sucessivas; falta de pagamento de duas ou mais prestações que não excedam 10% do montante do crédito[1240].

Além do requisito ligado ao valor e ao número de prestações incumpridas, exige-se ainda do credor o cumprimento de um dever de interpelação do consumidor para que este cumpra, só após o decurso do prazo aí definido podendo ser invocada a perda do benefício do prazo ou a resolução do contrato. A prova do cumprimento deste dever cabe ao credor, não sendo suficiente a prova de que a carta enviada não foi devolvida[1241].

A perda do benefício do prazo pelo consumidor não implica a perda do benefício do prazo pelo fiador[1242].

No caso de vencimento antecipado de todas as prestações, é necessário analisar se o credor tem direito ao pagamento de juros remuneratórios relativos às prestações vincendas. Esta questão, que não é tratada pelo DL 133/2009, tem sido objeto de tratamento significativo por parte da jurisprudência, apontando as decisões no sentido de uma resposta negativa, ou seja, da inexigibilidade dos juros remuneratórios relativos a prestações vincendas[1243], com poucas exceções[1244].

O Supremo Tribunal de Justiça veio, entretanto, uniformizar jurisprudência no sentido de que, "no contrato de mútuo oneroso liquidável em

1240 Em sentido contrário, ignorando a letra e o espírito da lei, com o fundamento de que a solução "significaria uma forte penalização do credor": Ac. do TRL, de 21/5/2015.

1241 Ac. do TRL, de 22/10/2015.

1242 Ac. do TRE, de 12/10/2017; Ac. do TRP, de 21/11/2017.

1243 Ac. do STJ, de 19/4/2005; Ac. do STJ, de 14/11/2006; Ac. do STJ, de 6/3/2008; Ac. do STJ, de 9/12/2008; Ac. do STJ, de 14/5/2009; Ac. do STJ, de 17/11/2009.

1244 Ac. do STJ, de 22/2/2005; Ac. do TRL, de 13/5/2008.

prestações, o vencimento imediato destas ao abrigo de cláusula de redação conforme ao art. 781º do CC não implica a obrigação de pagamento dos juros remuneratórios nelas incorporados"[1245]. O Supremo Tribunal de Justiça consagrou assim a solução maioritária da nossa jurisprudência, negando ao credor o direito ao pagamento de juros remuneratórios no caso de vencimento antecipado de todas as prestações, ao abrigo do art. 781º do CC.

A questão é especialmente complexa, existindo argumentos válidos nos dois sentidos.

No sentido do pagamento de juros remuneratórios, pode referir-se que o art. 781º do CC, tal como o art. 20º do DL 133/2009, não distingue entre o montante do crédito e os juros remuneratórios, estabelecendo apenas que se dá o vencimento de todas as prestações. A obrigação do mutuário, que é fracionada em várias prestações, consiste na restituição do montante do crédito, acrescido – tratando-se de mútuo oneroso – dos juros acordados pelas partes. Normalmente nem sequer se distingue no valor das prestações a pagar pelo devedor entre montante mutuado e remuneração do crédito.

Contra este argumento, pode dizer-se que a circunstância de não se distinguir nas prestações entre o valor relativo à restituição do montante do crédito e o valor relativo à remuneração do crédito não releva para este efeito. Parte-se do princípio, na fixação do valor das prestações, de que o contrato será cumprido pontualmente pelas partes. Não o sendo – e desencadeando o credor o expediente do art. 781º do CC ou do art. 20º do DL 133/2009, o que, para o efeito, é indiferente[1246] – altera-se a lógica em que se baseou a determinação do valor das prestações. O contrato já não tem um prazo de duração tão longo, pelo que não se justifica o pagamento da remuneração pressuposta tendo em conta a duração definida contratualmente. Em termos práticos, o montante do crédito é facilmente determinável em cada momento, pelo cálculo do valor pago na proporção do tempo decorrido.

No sentido da exigibilidade do pagamento de juros remuneratórios, pode acrescentar-se que a solução contrária tem o efeito perverso de premiar o incumprimento do devedor. Se o devedor quiser cumprir antecipadamente o contrato, tem de pagar (pelo menos) parte substancial dos

[1245] Ac. do STJ, de 25/3/2009.
[1246] Ac. do TRE, de 16/5/2013.

juros remuneratórios. Se deixar de cumprir o contrato e o credor se socorrer do art. 781º do CC ou de cláusula contratual similar, o devedor deixa de ter de pagar os juros remuneratórios. Portanto, não pagar pode tornar-se mais rentável para o devedor.

Contra este argumento, afirma-se que o recurso ao art. 781º (ou ao art. 20º do DL 133/2009) é apenas uma opção do credor, permitindo-lhe o regime decidir se pretende manter o prazo do contrato, recebendo a contraprestação acordada (e eventuais juros moratórios) ou pôr termo à possibilidade do cumprimento faseado da obrigação, deixando de ter direito aos valores diretamente ligados a esse fracionamento da prestação (sem prejuízo do direito a juros moratórios). Trata-se de mera possibilidade[1247], cabendo ao credor decidir se pretende ou não manter o contrato, ao contrário do caso em que o devedor cumpre antecipadamente, em que não é atribuída ao credor a possibilidade de se opor ao termo do contrato. Esta diferença explica a diversidade do regime.

Com efeito, se o montante do crédito não se encontra disponível num determinado período, por efeito da obrigação de restituição na sequência do incumprimento contratual, não faz sentido o pagamento de remuneração pelo devedor relativamente a esse período. Os juros remuneratórios são o resultado de forte relação entre o contrato e o elemento temporal da obrigação de restituição[1248], deixando de ser exigíveis se se verificar uma quebra nessa relação[1249]. O credor tem de decidir, em cada momento, se prefere exigir de imediato o pagamento de todas as prestações, perdendo o direito aos juros remuneratórios, ou se prefere manter a vigência do contrato e do seu elemento temporal, mantendo o direito a esses juros.

Na decisão referida considera-se "inaceitável que pretendendo o mutuante usufruir as vantagens da imediata recuperação do capital disponibilizado ao mutuário, através do mecanismo do art. 781º do CC [...], pretenda igual e concomitantemente que este lhe pague o rendimento do mesmo, preço do seu diferimento no tempo, situação por ele próprio feita cessar".

Esta parece-nos ser a solução mais justa tendo em conta os interesses em jogo[1250]. Por um lado, o credor emprestou um determinado valor, na

[1247] Ac. do TRC, de 9/1/2017.

[1248] A. Vaz Serra, "Obrigação de Juros", 1956, p. 162.

[1249] Maria de Lurdes Pereira e Pedro Múrias, "Sobre o Conceito e a Extensão do Sinalagma", 2008, p. 389.

[1250] Fernando de Gravato Morais, *Contratos de Crédito ao Consumo*, 2007, p. 202.

expetativa da sua restituição faseada num prazo determinado, acrescido de juros; por outro lado, o devedor recebeu uma quantia, obrigando-se a restituí-la de forma faseada num prazo determinado, acrescida de juros. Se não pagar uma prestação, o devedor incumpre a sua obrigação. O credor pode reagir contra esse incumprimento, se ele for reiterado, no sentido de falta de pagamento de duas ou mais prestações sucessivas de valor superior a 10% do montante do crédito (art. 20º do DL 133/2009), sendo uma das formas de reação a concessão à outra parte de um prazo para cumprir, sob pena de vencimento de todas as prestações. A interpelação para o pagamento, "com a expressa advertência dos efeitos da perda do benefício do prazo ou da resolução do contrato", nos termos do art. 20º-1-*b*), é suficiente, na medida em que o devedor toma imediatamente conhecimento da intenção do credor e do efeito automático da perda do benefício do prazo ou da resolução do contrato[1251/1252].

Altera-se de forma muito radical o equilíbrio do contrato, uma vez que a restituição deixa de ser faseada e o prazo é encurtado, por vezes significativamente. Portanto, tendo em conta que o regime não é meramente sancionatório, é adequado que, para salvaguardar algum equilíbrio entre as prestações, deixe de ser possível o credor exigir o pagamento de juros remuneratórios. O credor pode optar[1253] entre um esquema que passe pela restituição faseada, com juros remuneratórios, ou pela restituição imediata, sem juros remuneratórios.

No âmbito de uma ação especial para cumprimento de obrigações pecuniárias emergentes de contratos (DL 269/98), o juiz não deve conferir força executiva à petição, mesmo no caso de o réu não deduzir contestação, se o pedido incluir um montante respeitante a juros remuneratórios relativamente a um contrato de crédito em que o financiador despoletou o mecanismo do vencimento antecipado das prestações, uma vez que se trata de pedido manifestamente improcedente, que contraria jurisprudência uniformizada (art. 2º do respetivo regime)[1254].

[1251] Fernando de Gravato Morais, *Crédito aos Consumidores*, 2009, p. 100.

[1252] Aplica-se, "por maioria de razão", a doutrina aqui explanada ao caso em que há resolução do contrato e não perda do benefício do prazo: Ac. do TRL, de 26/1/2017.

[1253] Ac. do TRC, de 7/6/2016; Ac. do TRC, de 8/11/2016.

[1254] Ac. do TRL, de 4/2/2010; Ac. do TRC, de 9/2/2010; Ac. do TRE, de 10/2/2010; Ac. do TRP, de 13/4/2010; Ac. do TRC, de 11/5/2010; Ac. do TRL, de 24/6/2010; Ac. do TRC, de 29/6/2010. Já tendo como base o DL 133/2009: Ac. do TRE, de 17/1/2013; Ac. do TRL, de 7/2/2013. Contra: Ac. do TRC, de 16/12/2009; Ac. do TRP, de 18/3/2010.

Coloca-se ainda a questão de saber se este regime pode ser afastado contratualmente pelas partes, impondo ao devedor o pagamento de juros remuneratórios relativos a período posterior ao do vencimento de todas as prestações. Embora com muitas dúvidas, admitimos que, numa relação jurídica entre profissionais, as partes possam afastar o regime constante do art. 781º do CC, interpretado no sentido de que são devidos os juros remuneratórios no caso de o credor invocar a perda do benefício do prazo, como já foi defendido, em abstrato, pela jurisprudência portuguesa[1255]. Tratando-se de um contrato de crédito ao consumo, a referência deve ser feita, já não para o art. 781º do CC, mas para o art. 20º do DL 133/2009. É este que deve ser interpretado no sentido de não poderem ser exigidos juros remuneratórios no caso de ser invocada a perda do benefício do prazo, devendo considerar-se que o conteúdo imperativo abrange este aspeto do regime[1256]. A razão de ser é idêntica, consistindo na proteção exclusiva de interesses do consumidor. Esse interesse do consumidor só é salvaguardado, com eficácia, se as partes não puderem estabelecer que são devidos juros remuneratórios.

3.5.8. Conexão de contratos

A questão da conexão entre o contrato de compra e venda (ou prestação de serviço) e o contrato para o seu financiamento e as repercussões dessa conexão em caso de ineficácia ou incumprimento de um dos contratos tem sido objeto de um grande número de decisões jurisprudenciais e de algum debate doutrinário, existindo uma dissertação de doutoramento sobre o assunto[1257] e constituindo um tema central para o estudo da problemática da conexão de contratos em geral[1258].

O problema pode colocar-se nos dois sentidos: repercussão da ineficácia do contrato de crédito no contrato de compra e venda ou prestação de

[1255] Ac. do STJ, de 27/11/2008.

[1256] Ana Patrícia Pereira, *O Incumprimento do Contrato de Crédito ao Consumo pelo Consumidor*, 2015, p. 106. Jurisprudência: Ac. do TRL, de 7/2/2013; Ac. do TRE, de 12/2/2015; Ac. do TRP, de 10/11/2015; Ac. do TRG, de 14/4/2016; Ac. do TRE, de 8/9/2016; Ac. do TRP, de 25/10/2016; Ac. do TRE, de 9/3/2017; Ac. do TRL, de 22/6/2017. Neste sentido, com fundamentação diversa: Ac. do TRE, de 13/2/2014; Ac. do TRL, de 17/10/2017. Contra: Ac. do TRL, de 4/7/2013; Ac. do TRG, de 15/10/2013; Ac. do TRP, de 9/6/2015.

[1257] F. de Gravato Morais, *União de Contratos de Crédito e de Venda para o Consumo*, 2004.

[1258] F. Pereira Coelho, "Coligação Negocial e Operações Negociais Complexas", 2003, p. 268.

serviço; consequência para o contrato de crédito da ineficácia ou incumprimento do contrato de compra e venda ou prestação de serviço.

O DL 133/2009 alterou profundamente, em benefício do consumidor[1259], o regime jurídico anteriormente consagrado no art. 12º do DL 359/91, que gerou grande controvérsia[1260].

O conceito de contrato de crédito coligado constitui o conceito central e unitário[1261] para a compreensão (e a aplicação) do regime. O art. 4º-1-*o*) determina que o contrato de crédito se considera coligado a um contrato de compra e venda ou prestação de serviço se "o crédito servir exclusivamente para financiar o pagamento do preço do contrato de fornecimento de bens ou prestação de serviços específicos" e se "ambos os contratos constituírem objetivamente uma unidade económica, designadamente se o crédito ao consumidor for financiado pelo fornecedor ou pelo prestador de serviços ou, no caso de financiamento por terceiros, se o credor recorrer ao fornecedor ou ao prestador de serviços para preparar ou celebrar o contrato de crédito ou o serviço específico estiverem expressamente previstos no contrato de crédito".

O preenchimento cumulativo dos dois pressupostos é necessário para se concluir no sentido da existência de conexão entre os dois contratos.

Em primeiro lugar, o crédito tem de se destinar ao financiamento do pagamento do preço de um bem ou de um serviço específico, devendo esta finalidade ser exclusiva. Portanto, não se inclui o crédito que seja conferido para utilização livre por parte do consumidor, ainda que esta liberdade se refira apenas a uma parte do montante mutuado. Igualmente excluído encontra-se o crédito concedido na sequência da utilização de cartão de crédito[1262], uma vez que não existe destinação exclusiva a um bem ou serviço, mas a vários bens ou serviços, negociados em contratos independentes uns dos outros.

Em segundo lugar, exige-se a existência de unidade económica entre os dois contratos. A lei indica expressamente várias situações em que se considera existir essa unidade económica, mas deve considerar-se que a enumeração é meramente exemplificativa, conforme resulta, aliás, da utilização do advérbio *designadamente*.

[1259] V., por exemplo, a decisão tomada, ao abrigo da lei anterior, no Ac. do TRL, de 9/10/2014.

[1260] Assinalada ainda nos Acórdãos do TRL, de 10/9/2013 e 31/5/2016.

[1261] Fernando de Gravato Morais, *Crédito aos consumidores*, 2009, p. 33.

[1262] Fernando de Gravato Morais, *Crédito aos consumidores*, 2009, p. 34.

Considera-se que há unidade económica entre os dois contratos, desde logo, sempre que o financiador e o fornecedor do bem ou serviço coincidam, ou seja, o crédito for concedido pelo vendedor (ou prestador do serviço). Quando não coincidam, sendo o crédito concedido por um terceiro, a lei aponta vários factos dos quais se presume, de forma inilidível, a unidade económica: utilização do vendedor por parte do financiador para a negociação ou a celebração do contrato de crédito, caso em que, perante o consumidor, aparece num dado momento apenas uma pessoa; indicação expressa do bem ou serviço no contrato de crédito.

Preenchidos os dois pressupostos, considera-se que o contrato de crédito está coligado a um contrato de compra e venda ou prestação de serviço.

Nos termos do art. 18º-1 do DL 133/2009, a invalidade ou ineficácia do contrato de crédito determina a invalidade ou ineficácia do contrato de compra e venda ou prestação de serviço com ele coligado. A Diretiva não regula esta matéria, mas entendeu-se resolver a questão de forma clara.

A referência à *validade* e à *ineficácia* tem como objetivo incluir todos os casos em que o contrato de crédito não produz efeitos.

A invalidade abrange a nulidade ou a anulabilidade do contrato. Exemplo da primeira situação é o não cumprimento de requisitos formais ou a falta de entrega de um exemplar do contrato. A anulabilidade pode resultar da falta de elementos exigidos legalmente (por exemplo, art. 13º-3 do DL 133/2009) ou, em geral, de qualquer vício em relação ao qual se encontre prevista essa possibilidade, como o erro na declaração (art. 247º do CC) ou a coação moral (arts. 255º e 256º do CC).

As causas de ineficácia do contrato são variadas, destacando-se, no âmbito desta norma, a relevância do exercício do direito de arrependimento previsto no art. 17º do DL 133/2009 ou o direito de resolução do contrato de crédito com fundamento no incumprimento do contrato por parte do financiador[1263].

A aplicação desta norma pressupõe a invalidade ou ineficácia do contrato de crédito, pelo que o consumidor que pretenda prevalecer-se dela tem de atuar previamente no sentido da produção desse efeito. Assim, por exemplo, para que o direito de arrependimento relativo ao contrato de crédito se reflita no contrato de compra e venda ou prestação de serviço é necessário que o consumidor o exerça previamente.

[1263] Fernando de Gravato Morais, *Crédito aos consumidores*, 2009, p. 87.

A repercussão é automática, mas o consumidor tem o ónus de informar o vendedor ou prestador do serviço da invalidade ou ineficácia do contrato de crédito para que este possa tomar as medidas que entenda adequadas no âmbito da sua relação com o financiador. No caso de a ineficácia do contrato de crédito resultar do exercício do direito de arrependimento, parece-nos que é suficiente essa referência. Na prática, o consumidor pode enviar uma comunicação ao vendedor ou prestador do serviço com a inclusão de documento probatório do exercício do direito.

O consumidor tem, ainda, a possibilidade de, no âmbito de ação contra o financiador para reconhecimento da invalidade ou ineficácia do contrato de crédito, demandar igualmente o vendedor ou prestador do serviço, evitando, assim, em caso de litígio, a existência de dois processos[1264].

O art. 18º-2 prevê a situação inversa. Assim, "a invalidade ou a revogação do contrato de compra e venda repercute-se, na mesma medida, no contrato de crédito coligado".

A lei refere-se a *invalidade* e a *revogação*, não aludindo a *ineficácia*. A explicação para esta diferença em relação à redação do nº 1 pode resultar da intenção de transpor norma paralela da Diretiva, que utiliza a palavra *revogação*. No entanto, tendo em conta a razão de ser do preceito, e não existindo diferenças substanciais entre as duas situações, parece-nos que, noutros casos de ineficácia, diversos da revogação (leia-se exercício do direito de arrependimento), a norma também tem aplicação.

A repercussão da invalidade ou ineficácia do contrato de compra e venda ou prestação de serviço no contrato de crédito não se encontrava expressamente prevista no art. 12º do DL 359/91, mas a doutrina e a jurisprudência já interpretavam extensivamente ora o nº 1 ora o nº 2 de forma a nela abranger a situação[1265].

A invalidade do contrato pode resultar de qualquer falta ou vício a que esteja associada essa consequência, podendo estar em causa a nulidade (por exemplo, por falta de forma) ou a anulabilidade (por exemplo, por erro ou dolo[1266]) do contrato.

[1264] Fernando de Gravato Morais, *Crédito aos consumidores*, 2009, p. 87.

[1265] Fernando de Gravato Morais, *Crédito aos consumidores*, 2009, p. 88; Francisco Manuel de Brito Pereira Coelho, "Operação Complexa de «Crédito ao Consumo» e Excepção de Não Cumprimento do Contrato", 2009, p. 63 Contra: Paulo Duarte, "A Posição Jurídica do Consumidor na Compra e Venda Financiada", 2005, p. 398.

[1266] Ac. do TRL, de 5/2/2015.

A ineficácia pode resultar do exercício do direito de arrependimento no contrato de compra e venda ou prestação de serviço. Esta possibilidade encontra-se igualmente prevista ou salvaguardada em alguns diplomas que concedem este direito ao consumidor (art. 16º-6 do DL 275/93; art. 16º do DL 24/2014).

O efeito previsto na norma é automático, tendo o consumidor o dever de informar o financiador da invalidade ou ineficácia do contrato de crédito para que este possa tomar as medidas que entenda adequadas no âmbito da sua relação com o vendedor ou prestador do serviço.

No que respeita às situações de incumprimento, aplicando-se cegamente o princípio da relatividade dos contratos, o consumidor nada poderia fazer contra o financiador, terceiro em relação ao contrato de compra e venda ou de prestação de serviço incumprido[1267].

O art. 18º-3 regula esta questão, determinando o que o consumidor pode fazer no caso de, existindo contrato de crédito coligado, o contrato de compra e venda ou prestação de serviço não ser cumprido. Determina-se que, "no caso de incumprimento ou de desconformidade no cumprimento de contrato de compra e venda ou de prestação de serviços coligado com contrato de crédito, o consumidor que, após interpelação do vendedor, não tenha obtido deste a satisfação do seu direito ao exato cumprimento do contrato, pode interpelar o credor para exercer qualquer uma das seguintes pretensões: *a*) A exceção de não cumprimento do contrato; *b*) A redução do montante do crédito em montante igual ao da redução do preço; *c*) A resolução do contrato de crédito".

O incumprimento pode resultar da não entrega do bem (ou não prestação do serviço) ou da entrega de um bem (ou prestação de um serviço) em desconformidade com o contrato. A noção de desconformidade remete essencialmente para o DL 67/2003, mas deve notar-se que o art. 18º-3 se aplica a contratos não abrangidos pelo âmbito de aplicação deste diploma (por exemplo, a reparação de um bem), pelo que se trata de mais uma situação em que a lei molda o cumprimento ou incumprimento do contrato com base no conceito de conformidade.

O consumidor apenas pode interpelar o financiador depois de ter interpelado o vendedor (ou o prestador do serviço), o que significa que

1267 Carlos Ferreira de Almeida, *Direito do Consumo*, 2005, p. 188; Paulo Duarte, "A Posição Jurídica do Consumidor na Compra e Venda Financiada", 2005, p. 383.

o consumidor não pode dirigir-se imediatamente a quem lhe concedeu o crédito[1268].

No caso de o vendedor (ou o prestador do serviço) não proceder ao cumprimento pontual do contrato após a interpelação, prestando ou repondo o bem ou serviço em conformidade com o contrato dentro de um prazo razoável, o consumidor pode recorrer ao financiador com o objetivo de salvaguardar a sua contraprestação.

As várias possibilidades dadas ao consumidor pelas alíneas do nº 3 têm correspondência com direitos de que dispõe face ao vendedor ou prestador do serviço.

Assim, o consumidor pode recorrer à figura da exceção de não cumprimento do contrato. Enquanto ainda for possível a prestação, pelo cumprimento conforme da obrigação resultante do contrato de compra e venda ou de prestação de serviço, e verificados os requisitos gerais da figura, embora tendo em conta que estes se devem verificar em relação ao vendedor ou prestador do serviço e não em relação ao financiador, o consumidor tem a possibilidade de não cumprir o contrato de crédito. A pressão normalmente associada à exceção de não cumprimento funciona aqui de forma ainda mais eficaz, uma vez que o financiador também tem interesse em pressionar o vendedor ou prestador do serviço no sentido do cumprimento da sua obrigação.

No regime da compra e venda de bens de consumo, em caso de desconformidade do bem, o consumidor pode optar por exigir do vendedor a redução do preço (art. 4º-1 do DL 67/2003). Existindo contrato de crédito coligado, o preço é normalmente entregue diretamente pelo financiador ao outro profissional, ficando o consumidor com a obrigação de pagar o preço ao primeiro de forma faseada. Poderia pensar-se que a redução do preço não era possível nestes casos, uma vez que afeta essencialmente o contrato de crédito. O art. 18º-3-*b*) do DL 133/2009 vem clarificar a questão, estabelecendo que pode ser exigida a redução do montante do crédito em montante igual ao da redução do preço. Assim, exercido o direito à redução do preço junto do vendedor, tem o consumidor direito a correspondente redução do montante do crédito. A redução do montante do crédito tem efeitos no que respeita a todas as prestações do contrato de crédito, incluindo as que já foram pagas pelo consumidor, pelo que o seu valor deve ser revisto.

[1268] Fernando de Gravato Morais, *Crédito aos consumidores*, 2009, p. 89.

A resolução do contrato de crédito também é uma das pretensões que o consumidor pode exercer junto do financiador, nos termos do art. 18º-3-*c*). Esta possibilidade existe quando o consumidor tenha resolvido o contrato de compra e venda ou prestação de serviço, nos termos gerais do CC (arts. 790º e seguintes) ou no âmbito do regime especial da compra e venda de bens de consumo (art. 4º-1 do DL 67/2003).

A redução do preço e a resolução do contrato são dois direitos que podem ser exercidos mesmo que a coisa tenha perecido ou se tenha deteriorado por motivo não imputável ao consumidor (art. 4º-4 do DL 67/2003).

Como já foi referido, em caso de contrato de crédito coligado, o preço é normalmente entregue diretamente pelo financiador ao vendedor (ou prestador do serviço), ficando o consumidor com a obrigação de pagar o preço ao primeiro de forma faseada. Em caso de exercício do direito de redução do preço ou do direito de resolução do contrato, quem é que deve assumir a responsabilidade pela devolução do montante entregue pelo financiador ao vendedor? Destruindo-se os dois contratos, a lógica impõe a devolução dos valores recebidos por cada uma das partes na relação triangular. É o que nos diz o art. 18º-4, ficando assim claro que "o consumidor não está obrigado a pagar ao credor o montante correspondente àquele que foi recebido pelo vendedor"[1269].

A situação pode ser especialmente relevante em caso de insolvência do vendedor ou do prestador do serviço. Reduzida a prestação ou resolvido o contrato, o financiador não recebe o montante entregue a este nem as prestações do contrato de crédito. Pode assim dizer-se que o risco de insolvência do vendedor ou prestador de serviço corre por conta do financiador[1270].

Este regime tem a consequência prática de impor ao financiador alguma cautela na seleção dos profissionais com quem colabora na concessão de crédito[1271].

[1269] Ac. do TRP, de 28/3/2012; Sentença do JP de Coimbra, de 25/11/2011.

[1270] Fernando de Gravato Morais, *Crédito aos consumidores*, 2009, p. 91; L. Miguel Pestana de Vasconcelos, *Direito Bancário*, 2017, p. 344.

[1271] Fernando de Gravato Morais, *União de Contratos de Crédito e de Venda para o Consumo*, 2004, p. 84.

3.6. Transporte em veículo descaracterizado (Uber, Bolt, Kapten)[1272]

O transporte individual e remunerado de passageiros em veículos descaracterizados a partir de plataforma eletrónica, referido de forma simplificada na lei como TVDE, está associado a plataformas digitais como a Uber, a Bolt ou a Kapten.

Desde 2014, quando a Uber começou a exercer a sua atividade em Portugal, tem havido muita discussão no país quanto à licitude da atividade em causa, tradicionalmente reservada, em exclusivo, a táxis.

O DL 251/98 regula os transportes públicos de aluguer em veículos automóveis ligeiros de passageiros, também designados por transportes em táxi, impondo requisitos bastante exigentes, como a existência de taxímetro e de um sistema de preços rígido ou a necessidade de licença[1273]. Em 2015, um tribunal de primeira instância decidiu a favor da Antral numa providência cautelar interposta contra a Uber[1274], determinando, entre outras medidas, a cessação da atividade da empresa. A decisão acabou por ter poucos efeitos práticos, tendo continuado a ser exercida em Portugal a atividade em causa. No final de 2017, a decisão foi confirmada pelo Tribunal da Relação de Lisboa.

A Lei 45/2018[1275], ao aprovar o regime jurídico da atividade de TVDE, autonomizando-o da atividade de transporte em táxi, veio legitimar a atividade de empresas como a Uber, regulando alguns aspetos do esquema contratual em causa. A lei parece moldada à medida dos interesses das empresas do setor, copiando em vários pontos os procedimentos até aqui adotados por essas empresas, em especial pela Uber. A contrapartida cen-

[1272] Jorge Morais Carvalho, "O Contrato de Transporte em Veículo Descaracterizado (Uber, Cabify, Taxify)", 2018.

[1273] Jorge Morais Carvalho, "Uber in Portugal", 2015, p. 64. Para uma análise da legislação relevante, antes da Lei 45/2018, v. Joana Campos Carvalho, "Enquadramento Jurídico da Atividade da Uber em Portugal", 2016, pp. 228 a 233; João E. Gata, "A Economia de Partilha", 2016, p. 208, n. 33.

[1274] Jorge Morais Carvalho, "Developments on Uber in Portugal", 2015, p. 157; Joana Campos Carvalho, "Enquadramento Jurídico da Atividade da Uber em Portugal", 2016, p. 222.

[1275] Araya Alicia Estancona Pérez, "La Sentencia del Tribunal de Justicia de la Unión Europea de 20 de Diciembre de 2017 (Caso Uber) y su Influencia en la Iniciativa Legislativa Portuguesa", 2018, pp. 73 e segs., debruça-se sobre o processo legislativo prévio a este diploma, em especial a Proposta de Lei nº 50/XIII, de 22 de dezembro de 2016.

tra-se, essencialmente, numa contribuição de regulação e supervisão que deve ser paga pelos operadores de plataforma eletrónica (art. 30º). O veto presidencial à primeira versão do diploma teve precisamente como argumento o escasso alcance dessa contribuição, o que justificou que, na versão final, a percentagem tenha sido aumentada para 5% da parte do preço destinada ao operador da plataforma.

O regime tem vários problemas de base que resultam da intenção de, contra a realidade, para proteger as empresas do setor, pretender qualificar-se a atividade do operador da plataforma digital como de mera intermediação[1276]. Confundem-se, assim, os papéis do operador da plataforma e do operador de TVDE, sendo incerto, em alguns casos, a quem cabe, nos termos da lei, a responsabilidade pelo incumprimento de vários deveres nela previstos. O papel do utilizador, enquanto contraente, acaba por ser objeto de pouca discussão quer prática quer teórica[1277].

3.6.1. Intervenientes no contrato e crítica à qualificação legal

A lei distingue cinco intervenientes no contrato de TVDE:

(i) Operador de TVDE ou prestador de serviço de TVDE. Este tem que ser uma pessoa coletiva (art. 2º-1), estando o início de atividade sujeito a licenciamento (art. 3º);
(ii) Motorista ao serviço de um operador de TVDE. O motorista deve estar inscrito junto de (pelo menos) uma plataforma e cumprir os requisitos previstos nos arts. 10º e 11º, nomeadamente ser titular de um certificado de motorista de TVDE;
(iii) Utilizador de plataforma;
(iv) Passageiro, que pode não coincidir com o utilizador da plataforma. Desde logo, o utilizador de plataforma é, relativamente a uma determinada viagem, apenas um e os passageiros podem ser

1276 Neste sentido, ARAYA ALICIA ESTANCONA PÉREZ, "La Sentencia del Tribunal de Justicia de la Unión Europea de 20 de Diciembre de 2017 (Caso Uber) y su Influencia en la Iniciativa Legislativa Portuguesa", 2018, p. 82, defende que o que é "preocupante neste regime é que parte de uma premissa errada: não considerar as plataformas Uber serviços de transporte".

1277 ARAYA ALICIA ESTANCONA PÉREZ, "La Sentencia del Tribunal de Justicia de la Unión Europea de 20 de Diciembre de 2017 (Caso Uber) y su Influencia en la Iniciativa Legislativa Portuguesa", 2018, p. 59, assinala precisamente a escassez de estudos, em geral, sobre a posição do passageiro que contrata serviços de transporte em veículo automóvel.

mais. Pode também o utilizador não ser passageiro, contratando a viagem para um terceiro;

(v) Operador de plataforma eletrónica.

A lei define plataformas eletrónicas como "as infraestruturas eletrónicas da titularidade ou sob exploração de pessoas coletivas que prestam, segundo um modelo de negócio próprio, o serviço de intermediação entre utilizadores e operadores de TVDE aderentes à plataforma, na sequência efetuada pelo utilizador por meio de aplicação informática dedicada" (art. 16º).

Como se pode verificar, não se trata de uma definição de plataforma eletrónica. Este preceito tem como objetivo qualificar a atividade do operador da plataforma, considerando-o um mero intermediário no contrato celebrado entre o utilizador e o operador de TVDE.

Esta qualificação contraria a opinião dominante em Portugal e na Europa, segundo a qual o operador da plataforma não é, pelo menos no caso da Uber, simples intermediário, sendo parte no contrato[1278].

Com efeito, apesar de os operadores das plataforma digitais (Uber, Bolt, etc.) indicarem normalmente nas cláusulas contratuais gerais por si elaboradoras que são meros intermediários, juntando apenas quem transporta e quem quer ser transportado, esses operadores surgem perante o utilizador como contraparte no contrato, não sendo fácil para este concluir das circunstâncias que aquele age como um simples intermediário sem responsabilidade no serviço[1279]. Aplicando o art. 236º-1 do CC, o utilizador normal, quando colocado na posição do utilizador real, deduz da conduta do operador da plataforma que este é parte no contrato. Na verdade, a força de empresas como a Uber está precisamente ligada à marca e à plataforma, não tendo os prestadores de serviços de TVDE qualquer

[1278] Jorge Morais Carvalho, "Uber in Portugal", 2015, p. 64; Jorge Morais Carvalho, "Developments on Uber in Portugal", 2015; Joana Campos Carvalho, "A Proteção do Consumidor na *Sharing Economy*", 2016, p. 306; Joana Campos Carvalho, "Enquadramento Jurídico da Atividade da Uber em Portugal", 2016, p. 227; Christoph Busch, Hans Schulte-Nölke, Aneta Wiewiórowska-Domagalska e Fryderyk Zoll, "The Rise of the Platform Economy", 2016, p. 8; Araya Alicia Estancona Pérez, "La Sentencia del Tribunal de Justicia de la Unión Europea de 20 de Diciembre de 2017 (Caso Uber) y su Influencia en la Iniciativa Legislativa Portuguesa", 2018, p. 81.

[1279] Jorge Morais Carvalho, "Uber in Portugal", 2015, p. 64.

notoriedade. Como refere JOANA CAMPOS CARVALHO, mesmo na gíria, a forma como a Uber é percecionada é evidente. Já se tornou comum a expressão «chamar um Uber». Ninguém diz que vai «chamar um motorista através da Uber», como por exemplo se diz «marcar um hotel pela Booking»"[1280]. Acresce a estes argumentos que os serviços são prestados de forma tendencialmente homogeneizada por todos os motoristas[1281], independentemente do prestador de serviços de TVDE em causa, e que o utilizador, como veremos no próximo ponto, por um lado, só tem conhecimento da identidade do motorista após a celebração do contrato[1282] e, por outro lado, em nenhum momento sabe quem é o prestador de serviços de TVDE (exceto no momento em que recebe a fatura[1283]).

O Ac. do TJUE, de 20/12/2017[1284], embora não se pronunciando sobre questões contratuais, também aponta claramente no sentido de que a Uber presta serviços de transporte[1285]. Note-se que estava aqui em causa o serviço UberPOP, que nunca esteve disponível em Portugal e que se carateriza por os motoristas não serem profissionais. Nesta decisão, depois de descrever os serviços prestados pela empresa, o TJUE conclui que "há que considerar que este serviço de intermediação faz parte integrante de um serviço global cujo elemento principal é um serviço de transporte e, portanto, corresponde à qualificação, não de «serviço da sociedade da informação» [...], mas sim de «serviço no domínio dos transportes» [...]". Desta decisão não resulta que os Estados Membros tenham de limitar o exercício da atividade em causa, mas tão-só que não possam qualificar essa atividade como de mera intermediação, no sentido de se tratar de um serviço

1280 JOANA CAMPOS CARVALHO, "Enquadramento Jurídico da Atividade da Uber em Portugal", 2016, p. 228.

1281 JOANA CAMPOS CARVALHO, "Enquadramento Jurídico da Atividade da Uber em Portugal", 2016, pp. 227 e 228.

1282 JOANA CAMPOS CARVALHO, "Enquadramento Jurídico da Atividade da Uber em Portugal", 2016, p. 226.

1283 No caso da Uber, o utilizador recebe um e-mail com o título "Recibos Uber". No final do e-mail, em letras pequenas, surge a referência "Emitido em nome de (...)".

1284 Sobre esta decisão e a sua relação com a legislação portuguesa, v. ARAYA ALICIA ESTANCONA PÉREZ, "La Sentencia del Tribunal de Justicia de la Unión Europea de 20 de Diciembre de 2017 (Caso Uber) y su Influencia en la Iniciativa Legislativa Portuguesa", 2018.

1285 ALBERTO DE FRANCESCHI, "*Uber Spain* and the «Identity Crisis» of Online Platforms", 2018, p. 2, MARGHERITA COLANGELO e MARIATERESA MAGGIOLINO, "Uber In Europe: Are There Still Judges In Luxembourg?", 2018, p. 3.

da sociedade da informação[1286]. Se é esta a decisão do TJUE num caso em que os motoristas não são profissionais, por maioria de razão se imporá, nos casos em que o serviço de transporte é prestado a título profissional, a qualificação do contrato como de transporte, limitando-se, consequentemente, a possibilidade de interpretar a intervenção do operador da plataforma como sendo de mera intermediação.

A interpretação da lei no sentido de que o operador da plataforma é um mero intermediário contraria, assim, o direito europeu[1287].

Note-se, contudo, que, de um ponto de vista contratual, o efeito prático da qualificação da atividade do operador da plataforma como de intermediação acaba por não ser significativo, uma vez que se estabelece simultaneamente a sua responsabilidade solidária "perante os utilizadores pelo pontual cumprimento das obrigações resultantes do contrato" (art. 20º-1 da Lei 45/2018). O principal efeito da qualificação como intermediário seria a desresponsabilização do operador da plataforma pelo não cumprimento do contrato de transporte[1288]. Determinando-se na lei que este é totalmente responsável, os direitos dos utilizadores encontram-se salvaguardados. A posição dos utilizadores acaba até por ser reforçada, uma vez que, além do operador da plataforma, podem ainda responsabilizar o operador de TVDE (se o conseguirem identificar), o que não seria possível se este fosse considerado um mero auxiliar para o cumprimento da obrigação.

3.6.2. Celebração do contrato

O contrato de TVDE é, nos termos da lei, necessariamente celebrado através de plataforma digital (art. 5º-1 da Lei 45/2018). Os veículos afetos a este serviço estão, aliás, proibidos de "recolher passageiros na via pública, mediante solicitação no local", ou "em praças dedicadas ao serviço de táxi

[1286] MARTIEN Y. SCHAUB, "Why Uber is an Information Society Service", 2018, p. 109, critica a decisão do TJUE, por entender que a Uber presta um serviço da sociedade da informação. O autor realça que o objetivo do tribunal de permitir aos Estados a aplicação das regras que regulam o transporte poderia ter sido igualmente atingido com base na qualificação da Uber como prestador de serviços da sociedade da informação.

[1287] Neste sentido, com referência à Proposta de Lei, v. ARAYA ALICIA ESTANCONA PÉREZ, "La Sentencia del Tribunal de Justicia de la Unión Europea de 20 de Diciembre de 2017 (Caso Uber) y su Influencia en la Iniciativa Legislativa Portuguesa", 2018, p. 88.

[1288] JOANA CAMPOS CARVALHO, "Enquadramento Jurídico da Atividade da Uber em Portugal", 2016, p. 228.

ou para outros veículos, cujo regime legal permita a permanência nessas praças" (art. 5º-3).

A celebração de um contrato de TVDE pressupõe a celebração de um contrato-quadro prévio entre o operador da plataforma e o utilizador. Este contrato vai enquadrar os futuros contratos de transporte a celebrar entre as partes, tornando a pessoa em causa num potencial utilizador da plataforma. Fica definida a generalidade das cláusulas dos futuros contratos a celebrar e são transmitidos pelo utilizador dados relevantes para a relação contratual entre as partes.

3.6.2.1. Proposta contratual

Já inscrito na plataforma (ou seja, em linguagem jurídica, estando já celebrado o contrato-quadro referido), o utilizador abre a página ou a aplicação, sendo emitida uma proposta contratual relativa à celebração de um contrato de TVDE. Não haverá proposta contratual nos casos em que o serviço esteja indisponível e essa informação surja no ecrã do utilizador[1289]. Tratando-se de uma proposta contratual, o operador da plataforma encontra-se desde logo numa situação de sujeição, vinculando-se à celebração do contrato de transporte se o utilizador aceitar a proposta emitida.

A lei preocupa-se especialmente com os passageiros com mobilidade reduzida, impondo que a proposta contratual emitida abranja a possibilidade do seu transporte e do transporte dos seus meios de locomoção (art. 6º-1), sem agravamento de preço (art. 6º-4). Também é garantido pela lei o transporte de cães guia de passageiros individuais e de carrinhos e acessórios para o transporte de crianças (art. 6º-5).

O operador da plataforma encontra-se vinculado a emitir uma proposta contratual dirigida a todos os utilizadores que desejem contratar o serviço de transporte, não podendo ser limitado o acesso em função de qualquer um dos fatores de discriminação indicados, a título exemplificativo, no art. 7º (ascendência, idade, sexo, orientação sexual, estado civil, situação familiar, situação económica, origem ou condição social, deficiência, doença crónica, nacionalidade, origem étnica ou raça, território de

[1289] Se o utilizador pretender iniciar o trajeto em local diverso daquele em que se encontra, não se pode considerar que o esquema seja este. Nesse caso, o utilizador deve indicar o local de partida e, na opção subsequente da página ou aplicação, poderá verificar se, para esse local, está ou não vigente proposta contratual emitida pelo operador da plataforma.

origem, língua, religião, convicções políticas ou ideológicas e filiação sindical). A lista é de tal forma extensa, indo muito além do art. 13º da CRP, que permite uma interpretação no sentido de que o acesso ao serviço não pode ser limitado a ninguém, salvo justificação atendível, como será o caso da existência de uma situação de perigo (art. 8º-1). Em linha com o art. 13º da CRP, o art. 7º parece impedir, entre outros modelos de negócio, o funcionamento em Portugal de uma aplicação (ou de uma opção dentro de uma aplicação) destinada exclusivamente a mulheres, como já existe noutros países (FemiTaxi, no Brasil, ou Kolett, em França, por exemplo).

Uma questão interessante consiste em saber se a proposta emitida pode ser qualificada como proposta ao público ou se estamos perante uma proposta dirigida a pessoa determinada. Nesta fase, o utilizador já celebrou um contrato-quadro com o operador da plataforma e a informação que aparece no seu aparelho eletrónico é personalizada, desde logo no que respeita à sua localização geográfica, fundamental para se saber se existem veículos disponíveis. A informação relativa a outros elementos do contrato, como o preço, poderá ou não divergir em função do utilizador, sendo a admissibilidade desta divergência um dos desafios mais interessantes para o direito na era da revolução digital. Voltamos a este problema a propósito do preço. Respondendo à questão colocada, parece que a proposta não pode ser qualificada como proposta ao público. Por muito que a informação seja padronizada, sendo idêntica para todos os utilizadores num mesmo contexto espácio-temporal, a verdade é que a declaração é dirigida de forma personalizada a cada utilizador, tendo em conta a sua localização exata.

3.6.2.2. Aceitação

Ao fazer o pedido, premindo o botão com a ligação definida para o efeito, o utilizador aceita a proposta emitida, celebrando-se o contrato de TVDE. Note-se que, neste momento, ainda não está definido quem será o motorista ou o operador de TVDE. Aliás, o utilizador não chega a saber a identidade do operador de TVDE (a não ser, eventualmente, no momento em que recebe a fatura, se a ler com atenção), o que constitui argumento no sentido de que não pode ser este a contraparte do contrato.

A aceitação da viagem por parte do motorista não está, assim, incluída no processo de celebração do contrato de TVDE, sendo já um ato de execução do contrato, que diz respeito à relação interna entre o operador da plataforma e os seus colaboradores. Com efeito, o operador da plataforma obriga-se a transportar o(s) passageiro(s), tendo que encontrar um motorista disponível para o efeito. A identidade do motorista é irrelevante, bastando que este cumpra os requisitos definidos na lei (e no contrato, se tal constar das cláusulas do contrato-quadro celebrado entre as partes). Se o operador da plataforma não conseguir encontrar um motorista disponível para realizar o transporte, estamos perante uma situação de não cumprimento do contrato, que poderá ou não ser culposa, aplicando-se a presunção de culpa do art. 799º-1 do CC.

O art. 2º-3 determina que "a prestação de um serviço de TVDE inicia-se com a aceitação, por um motorista ao serviço de um operador, de um pedido de transporte entre dois pontos submetido por um ou mais utilizadores numa plataforma eletrónica e termina com o abandono pelo utilizador desse veículo, depois de realizado o transporte para o destino selecionado, ou por qualquer outra causa que implique a cessação de fruição do veículo pelo utilizador" (art. 2º-3).

Esta norma não trata da questão da celebração do contrato, ocupando-se do seu cumprimento. Com efeito, aí se determina que a execução da obrigação de transporte se inicia (início da prestação do serviço) no momento da aceitação do serviço por parte do motorista. É nesse momento que o motorista começa a deslocar-se para o local indicado pelo utilizador, começando a praticar atos necessários para a execução do contrato celebrado. Se não existisse esta regra, poderia considerar-se como momento de início da execução do contrato o momento em que o motorista recolhe o passageiro. Parece, contudo, que o tempo decorrido e/ou a distância percorrida anteriormente à recolha do(s) passageiro(s) não pode ser contabilizado para efeito de cálculo do preço. Volta-se a esta questão, no próximo ponto, a propósito do objeto do contrato.

Igualmente posterior à celebração do contrato, constituindo, portanto, já obrigações dele resultantes, são a indicação pelo operador da plataforma da "identificação do motorista, incluindo o seu número único de registo de motorista de TVDE e fotografia" e a apresentação na plataforma de "uma fotografia do veículo de TVDE que o motorista está autorizado a utilizar, bem como a respetiva matrícula, a sua marca e modelo, o número de lugares e o ano de fabrico" [art. 19º-1-e) e f)].

3.6.3. Função e objeto(s) do contrato

O contrato de TVDE é um contrato de transporte, tendo função de troca para a prestação de serviços[1290].

No âmbito do contrato de transporte[1291], carateriza-se por ser dominante o elemento relativo ao transporte de pessoas. No entanto, não pode ser restringido, em regra, o transporte de bagagem (art. 8º-2) e de animais de companhia (art. 8º-3).

Na classificação em função da via de transporte, é utilizada a estrada.

No que respeita à natureza do veículo, trata-se de um automóvel ligeiro de passageiros (art. 12º-3). Por definição, com vista a distingui-lo dos táxis, esse automóvel deve ser descaracterizado (art. 1º-1). Note-se, contudo, que, apesar de circular "sem qualquer sinal exterior indicativo do tipo de serviço", impõe-se a existência no automóvel de um "dístico, visível do exterior e amovível". O veículo tem de ter matrícula nacional, lotação igual ou inferior a nove lugares, incluindo o do motorista (art. 12º-3), e idade inferior a sete anos, a contar da data da primeira matrícula (art. 12º-4). Deve ser inspecionado anualmente (art. 12º-5) e estar abrangido por seguro de responsabilidade civil (art. 12º-6).

A principal caraterística distintiva deste contrato face a outros contratos de transporte, nomeadamente o transporte em táxi, é precisamente o processo de celebração do contrato, ou seja, a circunstância de o contrato ser celebrado através de uma plataforma digital.

A obrigação principal do transportador consiste no transporte do(s) passageiros(s) e, eventualmente, se for o caso, da sua bagagem e animais de companhia, incluindo cães guia de passageiros invisuais, cadeiras de rodas ou outros meios de locomoção de pessoas com mobilidade reduzida e carrinhos e acessórios para o transporte de crianças.

Incumbe ainda ao transportador o cumprimento de outras obrigações acessórias (e complementares ao transporte), nomeadamente de acomodação, de proteção e de segurança[1292].

Uma medida legal para proteger o passageiro, e não só, é a que impõe que o motorista tenha um máximo de dez horas de atividade dentro de

[1290] Carlos Ferreira de Almeida, *Contratos*, Vol. II, 2016, p. 169.

[1291] A generalidade destas classificações pode ser encontrada aqui: Carlos Ferreira de Almeida, *Contratos*, Vol. II, 2016, p. 170.

[1292] Carlos Ferreira de Almeida, *Contratos*, Vol. II, 2016, p. 169.

um período de 24 horas (art. 13º-1). A lei não é aqui especialmente exigente, uma vez que não garante que, nas outras 14 horas do dia, o motorista está efetivamente a descansar, não desenvolvendo outras atividades profissionais.

Lamenta-se que a lei não imponha ao transportador a disponibilização de acessórios para o transporte de crianças, o que poderia representar uma importante medida com vista a assegurar a sua segurança.

A lei impõe ainda ao operador da plataforma que disponibilize ao utilizador "mapas digitais para acompanhamento em tempo real do trajeto do veículo" [art. 19-1-c)]. A natureza digital do processo de celebração do contrato reflete-se, assim, também em sede de execução do mesmo.

Por definição, o contrato de TVDE é oneroso[1293], consistindo a obrigação do utilizador no pagamento do preço. Opta-se por autonomizar, no próximo ponto, o tratamento das questões relacionadas com o preço.

3.6.4. Preço

Ao contrário do que sucede com o transporte em táxi, o preço é livremente fixado pelas partes (art. 15º-2), ou seja, na prática, é definido pelo operador da plataforma. O valor final a pagar pelo utilizador deve, no entanto, cobrir todos os custos associados ao serviço.

Nos termos do art. 15º-1, admite-se que o preço seja fixado no momento da celebração do contrato ("aplicação de um preço fixo determinado antes da contratação do serviço") ou que se encontre apenas definida contratualmente a sua fórmula de cálculo. Neste último caso, a variação de preço pode estar dependente (i) da distância percorrida, (ii) do tempo despendido no transporte ou (iii) da distância e do tempo. O art. 15º-6 introduz uma importante limitação a esta liberdade de estipulação do preço, impondo que, se for proposto um preço variável, também deve ser apresentada, "em alternativa, uma proposta de preço fixo pré-determinado, que, em caso de aceitação pelo utilizador, corresponde ao preço a cobrar no final do serviço independentemente da distância percorrida ou do tempo despendido" (art. 15º-6). Ou seja, o utilizador tem de ter sempre a possibilidade de optar pela aceitação de um preço fixado no momento da celebração do contrato.

[1293] Nos termos do art. 1º-1, a "lei estabelece o regime jurídico da atividade de transporte individual e *remunerado* de passageiros (...)" (itálico nosso).

Sem prejuízo desta possibilidade, seguindo a prática do setor, a lei admite a fixação de preços dinâmica, ou seja, que o preço a pagar pelo mesmo serviço possa variar por indicação do operador da plataforma. As tarifas dinâmicas são normalmente aplicadas em função de uma pressão acrescida do lado da procura, mas a lei não restringe a sua admissibilidade a esses casos, admitindo a prática de forma generalizada. Inclui, no entanto, limites. Com efeito, a tarifa dinâmica "não pode ser superior ao valor decorrente da aplicação de um fator de majoração de 100% ao valor médio do preço cobrado pelos serviços prestados nas 72 horas imediatamente anteriores por esse operador" (art. 15º-5). Isto significa o que o preço não pode ser superior a 2x o preço médio cobrado pelos serviços nos três dias anteriores.

A lei admite a fixação de preços dinâmica, mas não resolve, pelo menos expressamente, a questão de saber se é lícita a fixação de preços personalizada, que consiste na definição contratual do preço ou do seu modo de cálculo para cada utilizador, podendo, num mesmo momento, para um mesmo trajeto, ser cobrados valores diferentes. À partida, desde que sejam cumpridas as regras relativas, por um lado, ao modo de cálculo do preço e, por outro lado, à inserção no contrato e à comunicação e esclarecimento ao utilizador, parece possível a fixação de preços personalizada. É uma questão que, neste e noutros domínios[1294], deveria, no entanto, merecer uma atenção especial da lei, em especial em contratos de consumo.

O art. 15º-3 vem estabelecer que o operador da plataforma pode cobrar uma "taxa de intermediação", que não pode ser superior a 25% do valor da viagem calculada nos termos já indicados. Esta regra é bastante infeliz, por duas razões: em primeiro lugar, é feita uma referência pouco rigorosa à qualificação do operador da plataforma como intermediário; em segundo lugar, torna mais difícil a perceção pelo utilizador do valor a pagar pelo transporte (uma vez que o "valor da viagem", utilizando a expressão da lei, não é, afinal o valor a pagar pela viagem).

Com efeito, se se admite a fixação do preço em função da distância e do tempo, a taxa de intermediação pode ser aplicada a um valor que não é fixo, o que significa que a um determinado valor obtido no final do trajeto

[1294] Em geral, no mercado digital, com a análise de *big data* e a generalização da *Internet of things*, a personalização do preço é possível, de um ponto de vista técnico, na generalidade dos contratos celebrados através da Internet.

(segundo a fórmula de cálculo definida) será aplicada essa taxa, somando o valor apurado para se obter o preço.

Teria sido muito melhor adotar uma solução em que a questão da taxa fosse deixada para a relação entre o operador da plataforma e o operador de TVDE, mas incluída diretamente na tarifa indicada ao utilizador e definida em função da distância e do tempo.

O art. 15º-4-a) impõe a disponibilização, na plataforma digital, da "forma de cálculo do preço, indicando nomeadamente de forma discriminada o preço total, a taxa de intermediação aplicada e as tarifas aplicáveis, nomeadamente por distância, tempo e fator de tarifa dinâmica". Estes elementos têm de ser disponibilizados de um "modo claro, percetível e objetivo, antes do início de cada viagem e durante a mesma". Apesar de estar essencialmente pensada para esses casos, esta norma não é passível de ser aplicada nos casos em que a fixação do preço depende de elementos variáveis (distância e/ou tempo), que só serão verificados no final do trajeto. Com efeito, se pode ser indicado o valor do quilómetro e/ou do minuto, por exemplo, este não inclui a taxa de intermediação, pelo que sempre haverá que somar o valor resultante da aplicação dessa taxa, valor que não pode ser definido no início.

Talvez por prever a dificuldade no cumprimento desta regra, o art. 15º-4-b) vem impor a indicação na plataforma de "uma estimativa do preço da viagem a realizar, calculada com base nos elementos fornecidos pelo utilizador e fatores de ponderação que compõem a fórmula de cálculo do preço a cobrar pelo operador do serviço". Trata-se de uma estimativa do preço final a pagar pelo utilizador, definida em função do destino indicado por este. Inclui todos os custos imputáveis ao utilizador, permitindo-lhe ter uma ideia aproximada do valor a pagar. Esta estimativa vincula, naturalmente, o operador da plataforma, só podendo o valor final a pagar pelo utilizador ser superior ao da estimativa se houver um motivo atendível, não imputável ao transportador, como a necessidade de viajar por um trajeto alternativo, por estar fechada uma estrada, ou um acréscimo imprevisível no trânsito.

No que respeita à indicação da estimativa do preço durante a viagem, a lei impõe ao operador da plataforma que atualize, em cada momento, essa estimativa, permitindo ao utilizador, à medida que se vai aproximando do destino, ter uma ideia mais precisa do valor que vai pagar.

Já em sede de cumprimento da obrigação de pagamento do preço, a lei limita consideravelmente os meios de pagamento, apenas admitindo que este seja feito por meios eletrónicos (art. 15º-7). Não é, assim, lícito o pagamento em numerário.

No final da viagem, o operador da plataforma tem a obrigação de remeter ao utilizador uma fatura, que indique o código da viagem, elementos relativos ao percurso (origem, destino, tempo e distância), o preço, incluindo taxas e impostos, e a demonstração da forma como o preço foi calculado (se a sua determinação for variável, nos termos já referidos).

Note-se que, nos termos deste preceito, a fatura não tem de indicar a identidade do operador de TVDE, o que significa que o utilizador, desde o primeiro momento em que acede à plataforma até ao último momento em que recebe a fatura eletrónica, pode não saber com quem, na pouco rigorosa perspetiva da lei, está a contratar. A legislação fiscal impõe, naturalmente, a identificação do emitente da fatura. Na prática, como já se referiu, no caso da Uber, o utilizador recebe um e-mail com o título "Recibos Uber". No final do e-mail, em letras pequenas, surge a referência "Emitido em nome de (...)", presumindo-se que a empresa indicada é o operador de TVDE.

3.6.5. Aplicação da legislação de direito do consumo

O art. 5º-2 estabelece que "os contratos de adesão celebrados por via da plataforma eletrónica com os utilizadores observam a legislação sobre cláusulas contratuais gerais e demais legislação aplicável em matéria de proteção dos consumidores".

A formulação ("demais legislação em matéria de proteção dos consumidores") é imprecisa, uma vez que a legislação sobre cláusulas contratuais gerais não pode, em Portugal, com rigor, ser considerada "legislação aplicável em matéria de proteção dos consumidores", tendo um âmbito que vai muito além de relações de consumo, incluindo nomeadamente as relações entre profissionais (B2B).

No fundo, este preceito não é inovador.

Com efeito, por um lado, estando em causa cláusulas contratuais gerais, aplica-se naturalmente o regime das cláusulas contratuais gerais (DL 446/85). Esta conclusão não dependeria nunca da questão de saber quem elaborou as cláusulas, o predisponente ou um terceiro (neste caso, a plataforma, se se considerar, contra o que defendemos neste texto, que o contrato é celebrado diretamente com o prestador de serviço de TVDE), uma vez que o regime português não distingue as duas situações. A conclusão também não dependeria da qualificação do utilizador/aderente como consumidor, uma vez que, como já se disse, o DL 446/85 se aplica a todas as cláusulas contratuais gerais. A qualificação como consumidor apenas pode relevar para efeito de aplicação das duas listas de cláusulas proibidas constantes dos arts. 21º e 22º do DL 446/85, que não se aplicam às relações entre profissionais.

Por outro lado, o que resulta da parte final do preceito é, no fundo, que *se aplica* a legislação em matéria de proteção dos consumidores *que for aplicável*. Portanto, não se aplicará o regime do crédito imobiliário ao consumo ou o regime dos direitos de habitação turística, mas aplica-se, naturalmente, se estiver em causa uma relação de consumo, entre outros, os regimes da LDC ou das práticas comerciais desleais[1295]. Se a relação for B2B não serão aplicáveis estes regimes.

Apesar de o regime não ser inovador, não deixa de ser positiva a consagração expressa na lei da aplicação destes diplomas. Com efeito, não se abre assim a porta a interpretações criativas que poderiam eventualmente vir a apontar no sentido da não aplicação da legislação de consumo ao contrato de TVDE.

Apesar de, por definição, se tratar de um contrato celebrado à distância, o regime dos contratos celebrados à distância, constante dos arts. 4º a 21º do DL 24/2014, não é aplicável ao contrato de TVDE, por força da exclusão operada pelo art. 2º-2-m) dos "contratos de serviços de transporte de passageiros". Excetuam-se da exclusão os nºs 2, 3 e 4 do art. 5º, que são assim aplicáveis a este contrato.

Assim, implicando este contrato uma obrigação de pagamento, o profissional, neste caso, o operador da plataforma, "deve dar ao consumidor, de forma clara e bem visível, e imediatamente antes de o consumidor concluir a encomenda, as informações pré-contratuais previstas nas alíneas *c), d), e), f), g), h), p)* e *t)* do nº 1" do art. 4º. Analisando os elementos em causa, verifica-se que não se acrescenta no art. 5º-2 nada de significativo em relação à Lei 45/2018.

Quanto ao art. 15º-3 e 4, temos aqui uma importante regra que deve ser cumprida pelo operador da plataforma, incumbindo-lhe "garantir que o consumidor, ao concluir a encomenda confirma, de forma expressa e cons-

[1295] Com referência ao contrato de transporte em geral, no sentido da aplicação da legislação de direito do consumo, v. CARLOS LACERDA BARATA, "Contrato de Transporte Terrestre: Formação e Conclusão", 2013, p. 638.

ciente, que a encomenda implica a obrigação de pagamento", sendo que, "quando a conclusão da encomenda implicar a ativação de um botão ou função semelhante", o que acontece nas plataformas de TVDE, "o botão ou a referida função é identificada de forma facilmente legível, apenas com a expressão «encomenda com obrigação de pagar» ou uma formulação correspondente e inequívoca, que indique que a realização da encomenda implica uma obrigação de pagamento ao profissional".

Como vimos, o utilizador aceita a proposta emitida pelo operador da plataforma, celebrando-se o contrato de TVDE, no momento em que faz o pedido, premindo o botão com a ligação definida para o efeito. É precisamente esse o botão que tem de indicar, de forma expressa, que nascerá na esfera jurídica do consumidor uma obrigação de pagamento de um preço. Não é, assim, suficiente, por exemplo, a indicação "Confirmar UberX". Cumpriria a norma legal, entre outras, a indicação "Confirmar UberX. Implica pagamento".

Não se aplicando as restantes normas do regime dos contratos celebrados à distância, não se prevê a possibilidade de os consumidores exercerem o direito de arrependimento nos contratos de TVDE. Esta possibilidade pode, no entanto, resultar, como é a regra na prática, de acordo entre as partes. Neste caso, o direito de arrependimento tem fonte contratual, sendo o respetivo regime definido pelas partes.

O regime da venda de bens de consumo também não é aplicável ao contrato de TVDE[1296], uma vez que o âmbito de aplicação do DL 67/2003 pressupõe, mesmo no que respeita a contratos de prestação de serviço, o fornecimento de um bem de consumo (art. 1º-A-2), ou seja, de uma coisa móvel corpórea [art. 1º-B-b)].

Igualmente aplicável é o regime dos serviços públicos essenciais. Com efeito, a Lei 51/2019 veio acrescentar ao elenco dos serviços públicos essenciais abrangidos pela Lei 23/96 o "serviço de transporte de passageiros" [art. 1º-2-h)]. Entre outras, aplicam-se as regras que impõem especiais padrões de qualidade na prestação do serviço (art. 7º), as relativas à prescrição do direito ao recebimento do preço (art. 10º) ou a que estabelece um direito potestativo do consumidor à arbitragem (art. 15º-1).

[1296] ARAYA ALICIA ESTANCONA PÉREZ, "La Sentencia del Tribunal de Justicia de la Unión Europea de 20 de Diciembre de 2017 (Caso Uber) y su Influencia en la Iniciativa Legislativa Portuguesa", 2018, p. 72, n. 23. Contra: CARLOS LACERDA BARATA, "Contrato de Transporte Terrestre: Formação e Conclusão", 2013, pp. 639 e 640.

3.6.6. Mecanismos de avaliação da qualidade

Os mecanismos de avaliação da qualidade do profissional pelo consumidor constituem uma das principais novidades dos últimos anos na prática das relações de consumo.

As plataformas digitais, em geral, baseiam uma parte significativa do seu modelo de negócio precisamente nesses instrumentos privados de autocontrolo da qualidade, sem que existam mecanismos de controlo da sua autenticidade.

No que respeita às plataformas de TVDE, a Lei 45/2018 vem ocupar-se, ainda que de forma tímida, dos mecanismos de "avaliação da qualidade do serviço pelo utilizador" [art. 19º-1-d)].

Impõe o preceito indicado que esses mecanismos sejam "transparentes, credíveis e fiáveis". Importa analisar com um pouco mais de atenção o que resulta desta exigência, tendo especialmente em conta o seu caráter inovador no ordenamento jurídico português.

A palavra "transparente" é aqui utilizada, entre as suas várias definições, neste sentido: "que deixa ver claramente a realidade psicológica, a *verdade das coisas*" (itálico nosso)[1297]. Neste sentido, que pode ser conjugado com outro ("que se percebe facilmente sem ser necessário um grande esforço de interpretação"), a circunstância de os mecanismos terem de ser transparentes implica que não sejam utilizados subterfúgios com vista a torná-los pouco claros, dúbios ou, no limite, enganadores ou que a apresentação dos resultados da avaliação não seja feita de forma a que se suscitem dúvidas interpretativas quanto a essa avaliação.

O sentido do adjetivo "credível" aponta para algo em "que se pode acreditar ou crer" ou "que merece credibilidade"[1298], sendo a credibilidade definida como a "qualidade ou caráter do que pode ser verdadeiro ou do que é digno de confiança ou de crédito" ou a "qualidade do que é crível ou credível"[1299]. Reforça-se, aqui, portanto, com a referência à credibilidade, o caráter verdadeiro que tem de resultar do mecanismo de avaliação. Acres-

1297 AAVV, *Dicionário da Língua Portuguesa Contemporânea da Academia das Ciências de Lisboa*, Vol. II, 2001, p. 3614.

1298 AAVV, *Dicionário da Língua Portuguesa Contemporânea da Academia das Ciências de Lisboa*, Vol. I, 2001, p. 1016.

1299 AAVV, *Dicionário da Língua Portuguesa Contemporânea da Academia das Ciências de Lisboa*, Vol. I, 2001, p. 1016.

centa-se, no entanto, a ideia de confiança, já bastante estudada no direito privado, essencialmente em torno do conceito de boa-fé.

A ideia de confiança, especialmente reforçada com a exigência de que o mecanismo de avaliação seja fiável[1300], liga-se à "segurança, garantia, esperança firme que se sente em relação [...] a alguma coisa"[1301].

Por sua vez, a ideia de garantia, subjacente ao preceito, aponta para a responsabilização do operador da plataforma no caso de o mecanismo de avaliação não ter as caraterísticas indicadas. Além da sanção contraordenacional [art. 25º-2-r)], haverá responsabilidade civil, nos termos gerais, a qual será, em princípio, qualificável como contratual se o contrato tiver sido celebrado.

Um aspeto interessante do regime legal consiste na proibição da criação e utilização de mecanismos de avaliação dos utilizadores por parte dos motoristas (art. 19º-5), o que contraria a prática de alguns operadores de plataforma digital. Esta prática terá, assim, de ser abandonada.

3.6.7. Reclamações e resolução alternativa de litígios de consumo

No contexto do contrato de TVDE, marcado pela utilização de plataformas digitais, não se justifica que as reclamações não sejam preferencialmente feitas também por meios digitais, o mesmo se devendo concluir em relação à resolução de litígios.

3.6.7.1. Reclamações

O art. 19º-1-d) da Lei 45/2018 impõe a disponibilização na plataforma digital de um "botão eletrónico para apresentação de queixas", estabelecendo o art. 19º-2-a) que esse botão deve, por um lado, ser "visível e facilmente acessível na página principal da plataforma" e, por outro lado, permitir que o utilizador seja redirecionado para o Livro de Reclamações Eletrónico.

Esta norma aponta para uma dupla função deste botão de apresentação de queixas. Em primeiro lugar, permite ao utilizador apresentar uma recla-

[1300] A definição relevante de fiável, neste contexto, parece-nos ser a seguinte: "que pode ser considerado de confiança; que é passível de ter crédito" (AAVV, *Dicionário da Língua Portuguesa Contemporânea da Academia das Ciências de Lisboa*, Vol. I, 2001, p. 1737).

[1301] AAVV, *Dicionário da Língua Portuguesa Contemporânea da Academia das Ciências de Lisboa*, Vol. I, 2001, p. 914.

mação diretamente ao operador da plataforma digital, que poderá tramitar esse processo de reclamação exclusivamente *in-house*, sem intervenção de terceiros. Em segundo lugar, o utilizador pode reclamar de imediato no Livro de Reclamações, sendo a sua reclamação dirigida à entidade competente, que será, em princípio, o Instituto da Mobilidade e dos Transportes, I. P.. Não se admite ao operador da plataforma que crie um sistema de apresentação de queixas puramente interno, que não se encontre ligado ao Livro de Reclamações Eletrónico.

A disponibilização do formato eletrónico do livro de reclamações já resultaria do art. 5º-B-1 do DL 156/2005, que regula o livro de reclamações. O nº 2 do mesmo preceito determina que os profissionais "devem divulgar nos respetivos sítios na Internet, em local visível e de forma destacada, o acesso à Plataforma Digital". A plataforma digital a que se refere esta norma é a plataforma do livro de reclamações e não a plataforma do profissional.

Note-se que, no art. 19º-2-a), se especifica um pouco mais o conceito de "local visível", estabelecendo-se que a informação deve ser colocada "na página principal" da plataforma. A página principal é aquela a que se acede normalmente quando se entra na plataforma, a que está predefinida para acesso inicial, isto independentemente do suporte utilizado e de se tratar de um sítio na Internet ou de uma aplicação digital. Assim, por exemplo, quando o utilizador abre a aplicação da Uber, tem de ser imediatamente visível o "botão eletrónico para apresentação de queixas".

O art. 19º-3 impõe duas obrigações ao operador da plataforma: (i) avaliar a reclamação e, quando necessário, corrigir o problema detetado; (ii) manter o registo das reclamações e do procedimento adotado por um período não inferior a dois anos a contar da data da reclamação, isto sem prejuízo do respeito pela legislação de proteção de dados pessoais (art. 19º-4).

Não se impõe, pelo menos expressamente, a resposta à reclamação apresentada. Esse dever resulta, no entanto, do princípio da boa-fé, transversal ao nosso ordenamento jurídico e reforçado nas relações de consumo. Se tiver sido apresentada uma reclamação no Livro de Reclamações Eletrónico, o art. 5º-B-4 do DL 156/2005 impõe que o operador da plataforma responda ao utilizador no prazo máximo de 15 dias úteis a contar da data da reclamação.

3.6.7.2. Resolução alternativa de litígios de consumo

As duas normas da Lei 45/2018 que se ocupam de RALC não vão além do que está previsto na Lei 144/2015[1302], não sendo, por isso, inovadoras.

O art. 19º-2-b) estabelece que o operador da plataforma deve disponibilizar "informações sobre resolução alternativa de litígios", nos termos da Lei 144/2015. O art. 22º-1 esclarece que "os litígios de consumo no âmbito dos serviços previstos na presente lei podem ser resolvidos através de meios extrajudiciais de resolução de litígios", nos termos gerais previstos na Lei 144/2015.

A Lei 63/2019, sem alterar a Lei 45/2018, veio, no entanto, alterar totalmente o enquadramento da questão, ao alterar a LDC, passando a prever-se no art. 14º-2 deste diploma que "os conflitos de consumo de reduzido valor económico estão sujeitos a arbitragem necessária ou mediação quando, por opção expressa dos consumidores, sejam submetidos à apreciação de tribunal arbitral adstrito aos centros de arbitragem de conflitos de consumo legalmente autorizados". O nº 3 estabelece que se consideram "conflitos de consumo de reduzido valor económico aqueles cujo valor não exceda a alçada dos tribunais de 1ª instância", ou seja, nos termos do art. 44º-1 da Lei da Organização do Sistema Judiciário, os € 5000.

Assim, estando vinculado à arbitragem, o operador da plataforma deve disponibilizar sempre informações sobre RALC.

Uma vez que estamos perante plataformas digitais, estranha-se a omissão de qualquer referência na Lei 45/2018 à plataforma de resolução de litígios em linha (RLL) e ao Regulamento RLL.

O art. 14º do Regulamento RLL determina que "os comerciantes estabelecidos na União que celebrem contratos de venda ou de serviços em linha e os mercados em linha estabelecidos na União devem disponibilizar nos seus sítios *web* uma ligação eletrónica à plataforma de ODR. Essa ligação deve ser facilmente acessível aos consumidores. Os comerciantes estabelecidos na União que celebrem contratos de venda ou de serviços em linha devem comunicar igualmente o seu endereço de correio eletrónico". Esta regra aplica-se independentemente de o profissional se ter vinculado a uma entidade de RALC.

[1302] Sobre a RALC, em geral, v. Jorge Morais Carvalho, João Pedro Pinto-Ferreira e Joana Campos Carvalho, *Manual de Resolução Alternativa de Litígios de Consumo*, 2017; Jorge Morais Carvalho e Kristin Nemeth, "Implementation of the Consumer ADR Directive in the EU Member States", 2018.

Esta obrigação tem de ser cumprida pelos operadores das plataformas digitais que atuam no domínio do TVDE. Teria sido interessante reforçar esta obrigação na Lei 45/2018. Infelizmente, não tendo sido adotadas em Portugal regras de aplicação do Regulamento RLL, não está prevista qualquer sanção, nomeadamente contraordenacional, para o incumprimento do referido art. 14º.

O art. 22º-2 da Lei 45/2018, que estabelece que, "quando as partes, em caso de litígios de consumo emergentes da prestação dos serviços previstos no presente regime, optem por recorrer a mecanismos de resolução extrajudicial de conflitos suspende-se no seu decurso o prazo para a propositura da ação judicial ou da injunção", também não é inovador. Esta regra, que apenas se justifica nos procedimentos sem caráter jurisdicional, já resulta, entre outras normas, do art. 13º-2 da Lei da Mediação e do art. 14º-3 da Lei 144/2015. Poderá ter o preceito, no entanto, caráter pedagógico.

3.7. Alojamento local[1303]

3.7.1. Introdução

O alojamento local (AL), embora corresponda a uma atividade antiga, é uma figura jurídica relativamente recente, com consagração legal desde 2008 (DL 39/2008), que tem visto a sua relevância crescer exponencialmente ao longo dos últimos anos, em especial devido a um aumento igualmente exponencial do turismo em Portugal.

Tal como sucede no setor do turismo em geral[1304], o AL encontra-se muito ligado a plataformas digitais como a Airbnb, criada em 2008, e a Booking, que tem apostado cada vez mais neste setor e não apenas no dos empreendimentos turísticos.

O conceito de AL abrange, simultaneamente, o estabelecimento e o contrato celebrado entre o titular desse estabelecimento e um cliente, encontrando-se, atualmente, regulado pelo DL 128/2014. Este diploma autonomizou o regime do AL em relação ao regime dos empreendimen-

[1303] Jorge Morais Carvalho e Pedro Policarpo, "Regulating Airbnb in Portugal", 2018.

[1304] Vera Gouveia Barros, *Turismo em Portugal*, 2015, p. 67; Apol·lònia Martínez Nadal, *Las Cláusulas de Paridad Tarifaria en la Comercialización Electrónica de Servicios de Alojamiento Turístico*, 2017, p. 15.

tos turísticos (DL 39/2008)[1305]. O DL 128/2014 sofreu, entretanto, duas alterações, uma pelo DL 63/2015 e a outra pela Lei 62/2018.

Os estabelecimentos de alojamento turístico podem ser incluídos em três categorias principais (cfr. art. 2º do DL 39/2008):

- Empreendimentos turísticos;
- Estabelecimentos de AL;
- Instalações ou estabelecimentos explorados sem intuito lucrativo ou para fins exclusivamente de solidariedade social e cuja frequência seja restrita a grupos limitados.

Fora destas categorias, as únicas vias possíveis para o alojamento de uma pessoa numa casa que não é sua são (i) o contrato de arrendamento urbano e (ii) o contrato de comodato, neste último caso quando o negócio é gratuito.

Os empreendimentos turísticos podem, por sua vez, ser incluídos em diferentes categorias (arts. 4º e 11º a 19º do DL 39/2008):

- Estabelecimentos hoteleiros (hotéis, aparthotéis, pousadas e hotéis rurais);
- Aldeamentos turísticos;
- Apartamentos turísticos;
- Conjuntos turísticos (resorts);
- Empreendimentos de turismo de habitação;
- Empreendimentos de turismo no espaço rural [casas de campo (que podem ser turismo de aldeia) e agroturismo];
- Parques de campismo e de caravanismo.

Já os estabelecimentos de AL podem ser assim classificados (art. 3º do DL 128/2014):

- Moradia: edifício autónomo, de caráter unifamiliar.
- Apartamento: fração autónoma de edifício ou parte de prédio urbano suscetível de utilização independentemente.
- Estabelecimento de hospedagem: conjunto de quartos integrados numa fração autónoma de edifício, num prédio urbano ou numa

[1305] Manuela Patrício, *Direito do Turismo e Alojamento Turístico*, 2016, p. 163.

parte de prédio urbano suscetível de utilização independente. Pode ser, por sua vez, classificado como:

- Estabelecimento de hospedagem em sentido estrito;
- Hostel (número de utentes em dormitório superior ao número de utentes em quarto).

– Quarto.

3.7.2. Conceito e intervenientes

O contrato de AL é o contrato oneroso celebrado entre o titular da exploração do estabelecimento de AL (que designaremos por titular do AL) e o cliente para a prestação de serviços de alojamento temporário.

Elementos caraterizadores do AL são (i) o alojamento temporário (nomeadamente a turistas), (ii) a remuneração e (iii) a não-qualificação do alojamento como empreendimento turístico (v. art. 2º do DL 128/2014).

Ao contrário do que parece resultar da letra do art. 2º-1, o cumprimento dos requisitos previstos no diploma não carateriza o alojamento local, mas é um dever resultante dessa qualificação.

Relativamente ao elemento do alojamento temporário, foi acrescentada pela Lei 62/2018 a palavra "nomeadamente", referindo-se a "turistas". A utilização do advérbio "nomeadamente" aponta para o caráter meramente exemplificativo da referência a "turistas", pelo que a relevância desta se torna, do ponto de vista legal, reduzida. Esclareceu-se, no entanto, que o regime não é apenas aplicado ao alojamento a "turistas"[1306], sendo igualmente aplicável, por exemplo, ao alojamento a estudantes.

Por definição, turista é a "pessoa que viaja por prazer ou com fins culturais; pessoa que faz turismo"[1307]. Na definição de turismo, é dado um exemplo que engloba a expressão "turismo de negócios"[1308]. Em linha com este exemplo, o conceito de turista deve ser entendido em sentido amplo, abrangendo qualquer utente, independentemente da sua finalidade.

[1306] No sentido de que já se impunha uma interpretação extensiva do conceito: Manuela Patrício, *Direito do Turismo e Alojamento Turístico*, 2016, p. 171; Aristides Rodrigues de Almeida, "A Actividade de Exploração de Estabelecimento de Alojamento Local", 2017, p. 13; Maria Olinda Garcia, "Arrendamento de Curta Duração a Turistas: Um (Impropriamente) Denominado Contrato de Alojamento Local", 2017, p. 4, n. 3.

[1307] AAVV, *Dicionário da Língua Portuguesa Contemporânea da Academia das Ciências de Lisboa*, Vol. II, 2001, p. 3661.

[1308] AAVV, *Dicionário da Língua Portuguesa Contemporânea da Academia das Ciências de Lisboa*, Vol. II, 2001, p. 3661.

As dificuldades de qualificação podem surgir, por um lado, entre contrato de AL e contrato de arrendamento urbano e, por outro lado, entre contrato de AL e contrato de alojamento em estabelecimento de turismo de habitação, que é qualificado pela lei como empreendimento turístico.

Para ajudar a resolver a primeira dificuldade identificada, o DL 128/2014 estabelece uma presunção no art. 4º-2. Assim, "presume-se existir exploração e intermediação de estabelecimento de alojamento local quando um imóvel ou fração deste [...] seja publicitado, disponibilizado ou objeto de intermediação, por qualquer forma, entidade ou meio, nomeadamente em agências de viagens e turismo ou sites da Internet, como alojamento para turistas ou como alojamento temporário; ou [...] estando mobilado e equipado, neste sejam oferecidos ao público em geral, além de dormida, serviços complementares ao alojamento, nomeadamente limpeza, por períodos inferiores a 30 dias". Esta presunção "pode ser ilidida nos termos gerais de direito, designadamente mediante apresentação de contrato de arrendamento urbano devidamente registado nos serviços de finanças" (art. 4º-3).

A segunda distinção é mais complexa, justificando-se uma intervenção legal a esse nível.

O contrato de AL pode ter vários intervenientes.

Os intervenientes necessários são (i) o titular do AL e (ii) o cliente.

O titular do AL é o titular da exploração do estabelecimento de AL, que é a pessoa singular ou coletiva que presta os serviços de alojamento local (art. 16º-1 e 2). Não tem de ser, naturalmente, o proprietário do imóvel. Além da designação "titular da exploração do estabelecimento de AL", a mais comum no diploma legal, este contém, ainda, referências a "titular da exploração de AL", "titular do AL" e "entidade exploradora". A gestão diária do AL pode ser entregue a funcionários ou a uma empresa, mas estes não deixam de ser representantes legais do titular do AL. Logo, não existe autonomia relevante para o contrato de AL de uma entidade que faça a exploração de um AL e não seja titular desse AL.

O cliente é a pessoa (singular ou coletiva) que celebra o contrato de AL.

O cliente não se confunde necessariamente com o hóspede (três referências na lei), o utente (sete referências na lei) ou o utilizador (três referências na lei), que, nos três casos, é a pessoa que fica hospedada no estabelecimento de AL. O hóspede, utente ou utilizador não é parte no contrato, se não coincidir com o cliente.

Outro interveniente (eventual), já na fase de execução do contrato, é o convidado, referido uma vez no diploma legal (art. 19º-3). Trata-se da pessoa que é convidada pelo cliente e/ou pelo(s) hóspede(s) para aceder e permanecer no estabelecimento de AL. Distingue-se do hóspede por não poder pernoitar. Ao criar especificamente a figura do convidado, a lei vem admitir que acedam e permaneçam no estabelecimento de AL pessoas que não sejam hóspedes.

Outro interveniente na relação de AL é o responsável do estabelecimento, pessoa (singular) designada pelo titular do AL e que deve ser indicada no livro de informações, podendo ser contactada pelo hóspede ou pelo condomínio, a quem deve ser dado o seu contacto telefónico, se houver algum problema ao longo da execução do contrato (art. 12º-6 e 9). O responsável do estabelecimento pode ou não coincidir com o titular do AL.

Interveniente eventual, mas muito comum, é o operador da plataforma digital (ou a agência de viagens e turismo). Não é parte no contrato de alojamento, mas, se o contrato for celebrado através de si, tem uma relação contratual quer com o titular do AL quer com o cliente. Apesar de poucas normas lhes serem diretamente aplicáveis, o art. 23º-1-a) e b) determina que constituem contraordenações a "intermediação de estabelecimentos de alojamento local" não registados ou com registos desatualizados, por um lado, e em violação, desrespeito ou incumprimento do contrato de arrendamento e da autorização de utilização, por outro lado. Cabe, portanto, à plataforma fazer esta análise.

3.7.3. Registo e exploração de estabelecimento de AL

O registo de um estabelecimento de AL é efetuado mediante comunicação prévia com prazo, dirigida ao Presidente da Câmara Municipal, através do Balcão Único Eletrónico.

Pressupõe, previamente, o início ou a alteração da atividade, apresentada junto da Autoridade Tributária e Aduaneira [art. 6º-2-e)].

A não-oposição à comunicação, por parte da Câmara Municipal, no prazo de 10 dias (20 dias, no caso dos hostels), confere ao documento emitido pelo Balcão Único Eletrónico, que contém o número de registo, a natureza de título de abertura ao público, permitindo ao titular a exploração do estabelecimento de AL (arts. 6º-9 e 7º-1)[1309].

[1309] Note-se que é necessária a celebração de um contrato de seguro multirrisco de responsabilidade civil antes de abrir o estabelecimento ao público (art. 13º-A-2).

A Câmara Municipal realiza depois, no prazo de 30 dias, uma vistoria para verificar o cumprimento dos requisitos legais (art. 8º-1).

Existem vários limites legais à exploração de estabelecimentos de AL:

- Na modalidade de "apartamento", o proprietário ou titular da exploração (bem como os seus cônjuge, descendentes e ascendentes, se for pessoa singular, ou pessoa coletiva distinta em que haja sócios comuns, se for pessoa coletiva) não pode ter mais de nove estabelecimentos de alojamento local num edifício, se essas nove frações representarem mais de 75% do número de frações (art. 11º-4 e 9);
- Na modalidade de "hostel", é necessária a autorização do condomínio, se se tratar de edifício constituído em propriedade horizontal em que coexista habitação (art. 4º-4);
- Na modalidade de "quarto", este tem de estar integrado na residência do titular da exploração e esta tem de corresponder ao seu domicílio fiscal, prevendo-se, ainda, o limite máximo de três unidades de alojamento nessa residência (art. 3º-7);
- Áreas de contenção (art. 15º-A).

A área de contenção é um território – correspondente a parte ou à totalidade de uma freguesia – na qual existem limites relativos ao número de estabelecimentos de AL. Cabe à Câmara Municipal onde se situa o território em causa aprovar a existência de áreas de contenção, através de Regulamento. A deliberação deve ser fundamentada, tendo como objetivo preservar a realidade social dos bairros e lugares. Aplica-se apenas a novos pedidos de registo. Nas áreas de contenção, prevê-se, ainda, o limite máximo de sete estabelecimentos por pessoa.

O Presidente da Câmara Municipal pode determinar o cancelamento do registo, nos termos do art. 9º, com um dos seguintes fundamentos:

- Desconformidade dos elementos de informação ou documentos fornecidos;
- Violação de área de contenção;
- Não-cumprimento dos requisitos relativos aos estabelecimentos de AL;
- Falta de seguro válido (art. 13º-A-3);
- Prática reiterada e comprovada de atos que perturbem a normal utilização do prédio, bem como de atos que causem incómodo e afetem

o descanso dos condóminos (só constitui fundamento de cancelamento no caso de haver pedido do condomínio nesse sentido).

A transmissão de estabelecimentos de AL também se encontra limitada. Com efeito, nas modalidades "moradia" e "apartamento", o número de registo do estabelecimento de alojamento local localizado em áreas de contenção "é pessoal e intransmissível ainda que na titularidade ou propriedade de pessoa coletiva" (art. 7º-2), caducando o título de abertura ao público "em caso de: a) Transmissão da titularidade do registo, cessação de exploração, arrendamento ou outra forma de alteração da titularidade da exploração; b) Transmissão do capital social da pessoa coletiva titular do registo, acumulada ou não, em percentagem superior a 50 %" (art. 7º-3). Este regime não se aplica em caso de sucessão por morte (art. 7º-4).

3.7.4. Alojamento local e condomínio

A Lei 62/2018 introduziu alterações ao DL 128/2014, regulando de forma mais aprofundada as relações entre AL e condomínio.

A Lei 62/2018 veio legitimar, embora não de forma expressa, o exercício da atividade em condomínios habitacionais, questão que era bastante discutida anteriormente.

O DL 128/2014 exige a "autorização de utilização ou título de utilização válido do imóvel", não especificando qualquer uso (habitação, comércio, serviços, etc.). Se, na versão originária do diploma, já parecia dever entender-se que qualquer autorização de utilização, nomeadamente a habitacional, permitia a instalação de um AL[1310], o reforço dos poderes do con-

[1310] Segundo Aristides Rodrigues de Almeida, "A Actividade de Exploração de Estabelecimento de Alojamento Local", 2017, p. 16, não estamos "perante uma lacuna legal, mas sim perante uma *opção clara* do legislador de exigir apenas que o imóvel tenha licença de utilização válida". No mesmo sentido, Maria Olinda Garcia, "Arrendamento de Curta Duração a Turistas: Um (Impropriamente) Denominado Contrato de Alojamento Local", 2017, p. 10, refere que, "quer se trate de um arrendamento de imóvel mobilado, quer de um contrato misto (de locação e prestação de serviços), o tipo de utilidades que o locatário/turista retira do imóvel é, na essência, idêntico e traduz-se na satisfação de uma necessidade habitacional transitória". Jurisprudência (neste sentido): Ac. do STJ, de 28/3/2017; Ac. do TRP, de 15/9/2016. Em sentido contrário: Ac. do TRL, de 20/10/2016; Ac. do TRP, de 27/4/2017. Sobre a questão, v., ainda, Fernanda Paula Oliveira, Sandra Passinhas e Dulce Lopes, *Alojamento Local e Uso de Fração Autónoma*, 2017, p. 26.

domínio, pela Lei 62/2018, vem tornar ainda mais clara esta conclusão, sendo estes poderes acrescidos pressuposto claro da referida autorização.

Vejamos, então, de forma breve, os poderes do condomínio na relação com o titular do AL.

O titular da exploração deve disponibilizar ao condomínio o contacto telefónico do responsável do estabelecimento (art. 12º-9).

Cabe ao titular do AL suportar as despesas com obras que sejam realizadas nas partes comuns para adaptar ou licenciar o locado para alojamento local, no que respeita ao cumprimento dos requisitos de segurança (art. 13º-3). Uma questão que o diploma legal não resolve consiste em saber se essas obras nas partes comuns podem ser impostas pelo titular do AL ao condomínio. A resposta deve ser positiva, em linha com a orientação geral do diploma legal no sentido de permitir o exercício da atividade de AL em condomínios. Se a atividade só pode ser exercida se as obras forem realizadas, então o condómino deve poder impor essas obras ao condomínio.

A lei prevê, ainda, a responsabilidade solidária do titular do AL com os hóspedes pelos danos causados por estes no edifício (art. 13º-A-1).

No que respeita aos poderes do condomínio, identificamos os seguintes:

- Autorizar a instalação e exploração de hostels (art. 4º-4);
- Pedir ao Presidente da Câmara Municipal o cancelamento do registo de estabelecimento de alojamento local (art. 9º-2). Esta decisão (i) tem de ser tomada por mais de metade da permilagem do edifício, (ii) com fundamento na "prática reiterada e comprovada de atos que perturbem a normal utilização do prédio, bem como de atos que causem incómodo e afetem o descanso dos condóminos";
- Fixar o pagamento de uma contribuição adicional (art. 20º-A).

Com efeito, o condomínio pode impor ao proprietário da fração autónoma em que está instalado o AL o pagamento de uma contribuição adicional.

São vários os requisitos relativos a esta contribuição adicional.

Em primeiro lugar, a contribuição adicional tem de constar do regulamento do condomínio e ser aprovada "sem oposição por maioria representativa de dois terços do valor total do prédio" (art. 1424º-2 do CC *ex vi* art. 20º-A do DL 128/2014). O proprietário pode, portanto, opor-se à sua fixação. Acrescenta-se que, constando o regulamento do condomínio do título constitutivo [art. 1418º-2-b) do CC], a sua alteração pressupõe o "acordo de todos os condóminos" (art. 1419º-1 do CC).

A contribuição adicional deve, ainda, corresponder a despesas decorrentes da utilização acrescida das partes comuns e tem como limite 30% do valor anual da quota.

Na prática, a alteração do regulamento no sentido do pagamento de uma contribuição adicional é praticamente impossível, uma vez que é necessário o consentimento do interessado na exploração do AL. Apenas será aplicada esta contribuição adicional se o interessado concordar com a alteração ou se o regulamento for aprovado ou alterado antes de algum condómino pretender desenvolver essa atividade. A intenção legislativa não deveria ser esta (tornar tão difícil a fixação de uma contribuição adicional), mas não parece haver na letra da lei margem para uma interpretação em sentido diverso.

3.7.5. Celebração do contrato

O contrato de AL não está sujeito a forma especial, aplicando-se o princípio geral da liberdade de forma consagrado no art. 219º do CC. As partes podem, no entanto, convencionar ou adotar um nível formal mais exigente.

No que respeita aos modelos de celebração do contrato, não se encontra também prevista qualquer regra especial. O modelo mais comum é o de proposta seguida de aceitação, embora seja também possível celebrar o contrato através de documento contratual único ou na sequência de diálogo oral concentrado no tempo.

O contrato pode ser celebrado presencialmente ou à distância.

No AL, é muito comum a contratação através de plataformas digitais (como a Airbnb ou a Booking, entre outras), sendo, portanto, o contrato celebrado à distância.

Nestes casos, a declaração emitida pelo titular do AL consta da plataforma, constituindo, num primeiro momento, um mero convite a contratar, uma vez que falta, pelo menos, um elemento essencial relativo ao contrato a celebrar, que são as datas do alojamento, as quais determinam a disponibilidade e o preço.

Após o cliente indicar as datas desejadas e ter surgido a informação da disponibilidade nessas mesmas datas, com as condições concretas, é emitida nova declaração, qualificável já como uma proposta contratual.

Se o primeiro contacto, na página, com o AL ocorrer já depois de terem sido indicadas as datas, teremos, então, logo, uma proposta contratual.

Trata-se de uma declaração recetícia, uma vez que tem como destinatário aquele potencial cliente, que já identificou as datas desejadas. O titular do AL fica, no momento da elaboração da proposta contratual, numa situação de sujeição, tendo o cliente o direito potestativo de aceitar a proposta. Em regra, a proposta vigora por pouco tempo, exigindo-se uma resposta imediata. A aceitação por parte do cliente, carregando na ligação correspondente, tem como consequência a celebração do contrato de AL.

A plataforma digital é, neste caso, um mero intermediário, pelo que a relação contratual se estabelece, como já se referiu, entre o titular do AL e o cliente. A informação constante da plataforma que diga respeito ao AL ou ao contrato de AL vincula, portanto, o titular do AL independentemente de ter sido comunicada diretamente por si.

Nos termos do art. 17º-1 do DL 128/2014, a declaração do titular do AL deve indicar que a oferta incide sobre um estabelecimento de alojamento local, não podendo ser utilizada a qualificação de empreendimento turístico ou de qualquer tipologia de empreendimento turístico (por exemplo, hotel, pousada, aldeamento, apartamentos turístico, turismo de habitação, casa de campo etc.).

Naturalmente, apenas o hostel pode identificar-se como tal (art. 17º-3), admitindo-se que os estabelecimentos de hospedagem, incluindo o estabelecimento de hospedagem em sentido estrito e o hostel, e os quartos sejam identificados como "Bed & Breakfast" ou "guest house" (art. 17º-4).

No que respeita à identificação, é igualmente necessário ter em conta a obrigatoriedade de afixação de placa identificativa do estabelecimento de AL (art. 18º), que deve seguir o modelo constante do anexo ao diploma legal.

O local onde a placa deve ser afixada depende da modalidade de AL. Assim, numa moradia, não é necessária a afixação; num apartamento, num estabelecimento de hospedagem em sentido estrito e num quarto, deve ser colocada junto à entrada do estabelecimento, em princípio no exterior [v. art. 23º-1-i)]; num hostel, impõe-se a afixação no exterior do edifício, junto à entrada principal.

Qualquer mensagem publicitária ao estabelecimento de AL, incluindo a declaração contratual do titular do AL, deve indicar, ainda, obrigatoriamente, o nome ou logótipo e o número de registo (art. 17º-2). O nome ou logótipo não pode suscitar confusão relativamente à natureza de alojamento local (e não de empreendimento turístico) nem sugerir caraterísticas de forma enganadora. Devem, ainda, necessariamente ser indicadas as normas de funcionamento e as regras de ruído (art. 19º-5). O período de funcionamento só é imposto se se tratar de estabelecimentos de hospedagem que não estão abertos o ano todo (art. 19º-2).

Não pode ser feita referência a "qualquer sistema de classificação" (art. 17º-1). Julgamos que esta regra se refere apenas a sistemas de classificação públicos, previstos em normas legais ou regulamentares, como as estrelas associadas a empreendimentos turísticos, e não também a mecanismos de avaliação da qualidade privados, precisamente ligados a plataformas digitais. Assim, por exemplo, se o contrato for celebrado através da Airbnb, a classificação atribuída ao estabelecimento de AL pelo mecanismo criado e preparado por esta plataforma deve poder ser exibida. É esta uma das principais vantagens para os clientes quando celebram contratos através de plataformas digitais. Da mesma forma, o titular do AL deve poder anunciar, independentemente do suporte utilizado, por exemplo, a classificação que tem na plataforma Booking.

A declaração contratual do titular do AL não pode ser discriminatória. O princípio da igualdade está consagrado no art. 13º da CRP, proibindo-se a discriminação "em razão de ascendência, sexo, raça, língua, território de origem, religião, convicções políticas ou ideológicas, instrução, situação económica, condição social ou orientação sexual".

3.7.6. Função e objeto(s) do contrato

O contrato de AL tem função de troca, sendo um contrato misto de arrendamento (do imóvel ou uma sua fração autónoma), aluguer (do mobiliário) e prestação de serviço[1311].

A obrigação principal do titular do AL consiste no alojamento, ou seja, na disponibilização do imóvel ou de uma sua fração autónoma (arrendamento) com o equipamento adequado para o efeito (arrendamento ou aluguer, consoante o equipamento em causa, que pode ser qualificado como coisa imóvel ou móvel).

[1311] Carlos Ferreira de Almeida, *Contratos*, Vol. II, 2016, p. 197; Manuela Patrício, *Direito do Turismo e Alojamento Turístico*, 2016, pp. 167 e 168.

Incumbe ainda ao titular do AL o cumprimento de outras obrigações acessórias (e complementares ao alojamento), nomeadamente de limpeza, de proteção e de segurança, bem como outros serviços de apoio contratados.

A lei preocupa-se particularmente com os requisitos de qualidade da prestação do titular do AL, nomeadamente no que respeita ao estabelecimento de AL e à unidade de alojamento. Note-se que a unidade de alojamento só não corresponde ao estabelecimento de AL no estabelecimento de hospedagem. Nos restantes, a unidade de alojamento confunde-se com o estabelecimento de AL.

Assim, quanto ao estabelecimento de AL, a moradia, o apartamento e o estabelecimento de hospedagem em sentido estrito devem ter um máximo de 9 quartos e 30 hóspedes (art. 11º-1). A moradia, o apartamento, o estabelecimento de hospedagem em sentido estrito e o quarto têm uma capacidade máxima, por quarto, de 2 hóspedes, com possibilidade de receber mais 2 hóspedes com idade inferior a 12 anos, se tiver condições de habitabilidade adequadas, em duas camas suplementares colocadas para o efeito (art. 11º-3). O quarto tem de estar integrado na residência do titular do AL e esta residência tem de corresponder ao seu domicílio fiscal (art. 3º-7) e ter, no máximo, três unidades de alojamento (art. 3º-7).

O acesso ao estabelecimento de AL é reservado a hóspedes e convidados. O titular do AL apenas pode recusar o acesso e a permanência se houver justa causa, considerando-se como tal a perturbação do normal funcionamento do estabelecimento e/ou o desrespeito à ordem pública, por incumprimento de regras de urbanidade, funcionamento e ruído (art. 19º-3 e 4).

No estabelecimento de AL, as instalações e os equipamentos devem ter adequadas condições de conservação e de funcionamento [art. 12º-1-a)].

No que respeita ao fornecimento de água, exige-se, por um lado, a ligação à rede pública de abastecimento de água ou um sistema privativo de abastecimento de água com origem devidamente controlada, o que visa garantir a sua qualidade, e, por outro lado, a disponibilização de água corrente quente e fria [art. 12º-1-b) e d)].

Impõe-se, ainda, nos termos do art. 12º-1-c), a ligação à rede pública de esgotos ou a dotação de fossas séticas dimensionadas para a capacidade do estabelecimento.

O estabelecimento deve dispor de instalações sanitárias, com um sistema de segurança que garanta privacidade (art. 12º-3). Se as instalações sanitárias se situarem dentro de uma unidade de alojamento privada, julgamos ser suficiente a possibilidade de trancar a própria unidade de alojamento. Assim, por exemplo, se se tratar de um quarto com casa de banho, basta que seja possível trancar a porta do quarto, não sendo necessário que também a casa de banho tenha um sistema de segurança próprio.

O estabelecimento deve reunir condições de higiene e de limpeza (art. 12º-4). Isto significa que, entre outros aspetos, no mínimo, tenha de ser realizada uma limpeza profunda no estabelecimento antes da entrada de novos hóspedes.

Em matéria de segurança (art. 13º), é necessário distinguir os estabelecimentos com capacidade para mais de 10 utentes, em relação aos quais o titular do AL é obrigado a cumprir as regras de segurança contra riscos de incêndio definidas em legislação específica. Já no que respeita aos estabelecimentos com capacidade para 10 utentes ou menos, a lei é menos exigente. Ainda assim, exige-se a disponibilização de extintor e de manta de incêndio e de equipamento de primeiros socorros e a indicação do número nacional de emergência (112) em local visível.

Já no que respeita às unidades de alojamento, que como já se disse correspondem, com exceção dos estabelecimentos de hospedagem, aos estabelecimentos de AL, o art. 12º-2 impõe, ao nível da qualidade, que disponham de:

- Janela ou sacada direta com comunicação direta para o exterior, com o objetivo de assegurar adequadas condições de ventilação e arejamento;
- Mobiliário, equipamento e utensílios adequados;
- Sistema que permita vedar a entrada de luz exterior;
- Porta (exterior) equipada com um sistema de segurança que assegure a privacidade dos hóspedes.

Uma obrigação acessória imposta legalmente consiste na disponibilização aos hóspedes, no estabelecimento, de um livro de informações (art. 12º-6 a 8).

O livro de informações consiste num documento em papel ou noutro suporte, desde que facilmente acessível pelos hóspedes. Pode, por exemplo, ser disponibilizado um *tablet* que contenha um documento com as informações exigidas.

O documento deve estar disponível em pelo menos 4 línguas, duas das quais devem ser o português e o inglês. Apesar de a lei não o referir expressamente, se um dos públicos-alvo principal da oferta do titular do AL tiver origem num país com uma língua diversa do português ou do inglês, impõe-se que o livro esteja redigido também nessa língua. Assim, por exemplo, se um estabelecimento de AL dirigir a sua oferta principalmente para o mercado holandês, o livro de informações deve ser também redigido em holandês. O objetivo deste livro é a prestação de informações ao hóspede, pelo que a não-inclusão da informação numa língua em que espera ter um número considerável de hóspedes, contraria a disposição legal.

Os elementos de informação que devem constar do livro são (i) o funcionamento do estabelecimento e (ii) as suas regras de utilização internas. Quanto às regras, impõe-se, no mínimo, se não existirem outras relevantes, as relativas à recolha e seleção de resíduos urbanos, ao funcionamento dos eletrodomésticos, ao ruído e às práticas e regras relevantes do condomínio.

Os estabelecimentos de hospedagem podem integrar no seu interior outros estabelecimentos comerciais (estabelecimentos de restauração e bebidas, papelarias, cabeleireiros, etc.), mas apenas (i) se a autorização de utilização o permitir e (ii) se estiverem cumpridos os requisitos específicos relativos a essas atividades (art. 15º).

Por definição, o contrato de AL é oneroso[1312], consistindo a obrigação do cliente no pagamento do preço.

O preço é livremente fixado pelas partes, ou seja, na prática, é definido pelo titular do AL.

No caso em que o contrato é celebrado através de plataforma digital e esta tenha a possibilidade, nos termos do contrato celebrado com o titular do AL, de definir autonomamente alguns aspetos relativos ao preço, o preço não pode deixar de considerar-se fixado pelo titular do AL. A plataforma é, neste caso, um mero intermediário, devendo as declarações relativas ao contrato de AL ser imputadas às respetivas partes (titular do AL e cliente).

Nos casos em que esteja em causa uma relação de consumo, a lei é especialmente exigente no que respeita à indicação do preço. Esta questão é abordada no ponto relativo à aplicação da legislação de direito do consumo.

[1312] Nos termos do art. 2º-1, "consideram-se «estabelecimentos de alojamento local» aqueles que prestam serviços de alojamento temporário, nomeadamente a turistas, *mediante remuneração* [..]" (itálico nosso).

3.7.7. Regras específicas sobre responsabilidade civil

O DL 128/2014 contém algumas regras especiais em matéria de responsabilidade civil, que importa aqui analisar.

Nos termos do art. 6º-2-b), o titular do AL deve subscrever um "termo de responsabilidade, [...] assegurando a idoneidade do edifício ou sua fração autónoma para a prestação de serviços de alojamento e que o mesmo respeita as normas legais e regulamentares aplicáveis". Este termo de responsabilidade constitui condição necessária para o registo do estabelecimento.

Pelos danos causados aos hóspedes ou a terceiros, decorrentes da atividade de prestação de serviços de alojamento, em desrespeito ou violação do termo de responsabilidade, o titular do AL "responde, independentemente da existência de culpa" (art. 16º-3).

Também se prevê, no art. 13º-A-1, a responsabilidade solidária do titular do AL com os hóspedes pelos danos causados por estes no edifício, se este estiver constituído em propriedade horizontal.

O titular do AL deve, ainda, celebrar e manter válido um seguro multirrisco de responsabilidade civil (art. 13º-A-2).

3.7.8. Aplicação da legislação de direito do consumo

A primeira questão a que é necessário dar resposta neste ponto consiste em saber se o contrato de AL pode ser qualificado como contrato de consumo, sendo necessário analisar o conceito de consumidor.

Nos termos do art. 2º-1 da LDC, "considera-se consumidor todo aquele [elemento objetivo] a quem sejam fornecidos bens, prestados serviços ou transmitidos quaisquer direitos [elemento subjetivo], destinados a uso não profissional [elemento teleológico], por pessoa que exerça com carácter profissional uma atividade económica que vise a obtenção de benefícios [elemento relacional]".

Os elementos subjetivo e objetivo não levantam problemas.

Em relação ao elemento teleológico, a qualificação do contrato de AL como contrato de consumo dependerá da natureza do uso dado ao alojamento. Se for integrado numa atividade profissional do cliente (por exemplo, o alojamento é contratado para o hóspede se deslocar a uma reunião de negócios), este não será consumidor. Se estiver fora do âmbito de uma sua atividade profissional, será consumidor. A análise terá de ser feita em cada caso, tendo em conta o uso que a pessoa pretende dar ao alojamento.

Já quanto ao elemento relacional, a questão é mais complexa. O exercício com caráter profissional de uma atividade económica que vise a obtenção de benefícios implica um mínimo de estabilidade ou permanência no exercício dessa atividade, não relevando atos isolados, mas não é necessário que seja a única ou a principal atividade profissional, bastando que seja uma atividade profissional.

A propósito desta questão, pode ler-se na Comunicação da Comissão Europeia "Uma Agenda Europeia para a Economia Colaborativa"[1313] que, "para efeitos de regulamentação das atividades em causa, os particulares que oferecem serviços *entre pares e a título ocasional* através de plataformas colaborativas *não devem ser automaticamente considerados como prestadores de serviços profissionais*" (itálicos nossos). Acrescenta-se que "a fixação de limiares (eventualmente por setores específicos) em função dos quais uma atividade económica possa ser considerada como uma atividade não profissional entre pares poderá constituir a abordagem adequada".

O DL 128/2014 parece apontar em sentido diverso, impondo o exercício profissional desta atividade.

Com efeito, exige-se, entre outros aspetos, o registo do estabelecimento, a declaração de início de atividade, apresentada junto da Autoridade Tributária, requisitos de qualidade exigentes e a disponibilização de livro de reclamações. Estas exigências não fazem sentido a não ser relativamente a alguém que exerça esta atividade com um mínimo de estabilidade ou permanência, ainda que não seja sua principal atividade.

Logo, devemos concluir que, face à lei portuguesa, o titular do AL deve ser sempre considerado profissional[1314], estando, assim, sempre verificado o elemento relacional do conceito de consumidor.

Num contrato de AL, a qualificação do cliente como consumidor vai depender apenas, portanto, do uso privado ou profissional que pretender dar ao alojamento. Tendo em conta o objeto do contrato, arriscamo-nos a concluir que os contratos de AL serão, na sua maioria, contratos de consumo.

[1313] https://bit.ly/2OHAEnM.

[1314] Neste sentido, noutro contexto, Sandra Passinhas, "O Novo Regime do Crédito aos Consumidores para Imóveis de Habitação", 2018, p. 433, defende que a aquisição de imóvel para o exercício da atividade de prestação de serviços de AL determina a não-aplicação do regime do crédito imobiliário a consumidores, por o titular do AL não estar a atuar com objetivos alheios à sua atividade profissional.

A consequência é a aplicação dos diplomas de direito do consumo.

O cliente consumidor está protegido constitucionalmente (art. 60º da CRP).

Aplica-se igualmente a LDC, o DL 138/90 (indicação de preços) e o DL 57/2008 (práticas comerciais desleais).

Estes três diplomas são muito relevantes em matéria de indicação de preços.

Com efeito, o art. 8º-1 da LDC impõe ao profissional, durante a fase de negociação do contrato, a indicação de forma clara, objetiva e adequada do preço total do bem ou do serviço, incluindo taxas e impostos e quaisquer encargos suplementares, se for o caso, podendo o consumidor, em caso de incumprimento deste dever, além de exigir o pagamento de uma indemnização, resolver o contrato nos termos do nº 4 do mesmo artigo.

O DL 138/90 estabelece que "todos os bens destinados à venda a retalho devem exibir o respetivo preço de venda" (art. 1º-1), incluindo impostos, taxas ou quaisquer outros encargos a pagar pelo consumidor (art. 1º-5). O diploma também se aplica à indicação do preço nos contratos de prestação de serviços, por força da extensão operada pelo art. 10º. O incumprimento do dever de indicação do preço constitui contraordenação, nos termos do art. 11º.

O DL 57/2008 considera enganosa a prática comercial que omita uma informação essencial para a decisão do consumidor (art. 9º-1), sendo essencial, nos termos do art. 10º-*c*), a indicação do "preço, incluindo impostos e taxas" ou o modo de cálculo deste, quando não puder ser determinado no momento da declaração.

A alegação pelo profissional da existência de um lapso no preço indicado só releva em situações excecionais, sob pena de se desvirtuar o regime descrito. Tratando-se de erro de cálculo ou de escrita, que tem como pressuposto o seu caráter ostensivo, procede-se, por via de interpretação[1315], à sua retificação (art. 249º do CC). O regime do erro na declaração (art. 247º do CC) não deverá ser aplicado nestes casos, na medida em que coloque em causa a "protecção da confiança do declaratário e do comércio jurídico; protecção esta, que surge no contexto de uma relação jurídica de consumo e que beneficia ainda da tutela jurídica prevista para o consumidor"[1316].

[1315] Carlos Ferreira de Almeida, *Contratos*, Vol. V, 2017, p. 118.

[1316] Sentença do CNIACC, de 20/2/2014.

A propósito da questão da indicação de preços, em julho de 2018, "a Comissão Europeia e as autoridades de defesa do consumidor da União Europeia instaram a empresa Airbnb a harmonizar as suas condições de utilização com as normas de defesa do consumidor da União Europeia e a ser mais transparente na apresentação dos preços"[1317]. Estavam em causa, segundo a Comissão Europeia, as regras sobre práticas comerciais desleais, cláusulas abusivas e competência judiciária.

No que respeita ao preço, a Airbnb deveria "alterar a forma como apresenta as informações [...] desde o início da pesquisa no sítio *web*, de modo a garantir que os consumidores podem ver o preço total dos imóveis, incluindo todas as taxas e encargos, nomeadamente taxas de serviço e limpeza, ou, se não for possível calcular previamente o preço final, informar claramente o consumidor de que poderão ser aplicadas taxas suplementares".

Quando faz uma pesquisa, o consumidor deve, portanto, ter a informação sobre o preço final a pagar. Não se admite, como resulta da prática da empresa, imputável ao titular do AL, que surja em momento posterior a referência a valores adicionais, relativos a taxa de limpeza, taxa de serviço e impostos de ocupação e taxas. A questão que se coloca consiste na abertura que é dada à possibilidade de não ser possível calcular antecipadamente o preço final. Não se vê em que casos é que verifica essa impossibilidade, abrindo-se desta forma a via para a manutenção de uma política pouco transparente em matéria de preços.

Igualmente relevante em matéria de indicação de preços, o art. 9º-A da LDC trata dos pagamentos adicionais a efetuar pelo consumidor, expressão que parece remeter para o preço de elementos acessórios ao objeto principal do contrato, estabelecendo que estes têm de ser comunicados de forma clara e compreensível ao consumidor, devendo ser dada a este a possibilidade de optar pela inclusão ou não desses pagamentos adicionais. A vinculação do consumidor não pode resultar, relativamente a estes elementos acessórios, de opções estabelecidas por defeito pelo profissional. Esta regra está pensada para os contratos eletrónicos, em que aparece selecionada no equipamento do consumidor, no momento da celebração do contrato, a opção de inclusão de outros bens ou serviços, acessórios do bem ou serviço que este pretende adquirir, devendo ser retirada a seleção para que esse outro bem ou serviço não seja incluído no contrato. O incumpri-

[1317] https://bit.ly/2K1t5HY.

mento desta regra pelo profissional tem como consequência o direito do consumidor à restituição do valor adicional pago, ou seja, o acesso gratuito ao bem ou serviço acessório. Falamos aqui de serviços adicionais optativos. O referido caso da Airbnb é relativo a serviços adicionais obrigatórios.

Estando em causa cláusulas contratuais gerais, aplica-se naturalmente o respetivo regime jurídico (DL 446/85). Esta conclusão não depende da questão de saber quem elaborou as cláusulas, o predisponente (titular do AL) ou um terceiro (por exemplo, a plataforma digital), uma vez que o regime português não distingue as duas situações (art. 2º). A conclusão também não depende da qualificação do cliente/aderente como consumidor, uma vez que o DL 446/85 se aplica a todas as cláusulas contratuais gerais, independentemente da natureza da relação entre as partes. A qualificação como consumidor apenas pode relevar para efeito de aplicação das duas listas de cláusulas proibidas constantes dos arts. 21º e 22º do DL 446/85, que não se aplicam às relações entre profissionais.

No que respeita às cláusulas contratuais gerais, no já referido alerta à Airbnb[1318], depois de esclarecer que as cláusulas não podem criar um desequilíbrio significativo em detrimento do consumidor e que devem ser redigidas numa linguagem simples e facilmente compreensível, a Comissão Europeia elenca os principais problemas identificados, indicando que a Airbnb "não pode induzir os consumidores a recorrer a um tribunal de um país diferente do seu Estado-Membro de residência", "não pode decidir, de forma unilateral e injustificada, as condições que vigoram em caso de rescisão do contrato", "não pode privar os consumidores do direito fundamental a processar um anfitrião em caso de danos pessoais ou de outro tipo de danos", "não pode alterar unilateralmente as condições de utilização sem antes ter informado claramente os consumidores e lhes ter dado a possibilidade de rescindir o contrato", que "as condições de utilização dos serviços não podem conferir ao Airbnb um poder ilimitado e discricionário quanto à eliminação de conteúdos", que "a rescisão ou a suspensão do contrato pelo Airbnb deve ser explicada aos consumidores e regida por regras claras, não podendo privá-los do direito a uma indemnização adequada ou do direito de recurso", que "a política do Airbnb em matéria de reembolsos e indemnizações por danos deve ser claramente enunciada, não podendo privar os consumidores do direito a acionar as vias de

[1318] https://bit.ly/2K1t5HY.

recurso judicial existentes", e que a "Airbnb deve disponibilizar no seu sítio web uma ligação acessível para a plataforma de Resolução de Litígios em Linha (RLL), juntamente com todas as informações necessárias sobre a resolução de litígios ao abrigo do Regulamento RLL".

Em setembro de 2018, a Comissão Europeia informou que a Airbnb se comprometeu a "fazer as alterações necessárias aos seus termos e condições e a melhorar a apresentação dos seus preços"[1319]. Já em julho de 2019, "a Comissão Europeia anunciou que, em resultado das negociações com o Airbnb, a plataforma melhorou e clarificou plenamente a forma como apresenta as ofertas de alojamento aos consumidores, que passaram agora a estar em conformidade com as normas estabelecidas na legislação da UE em matéria de defesa do consumidor"[1320].

O regime das práticas comerciais com redução de preço (DL 70/2007) "aplica-se [...] à oferta de serviços, com as devidas adaptações", nos termos do art. 2º-b), pelo que o anúncio de uma redução de preços tem de respeitar as regras nele previstas, nomeadamente indicar o preço anteriormente praticado e o novo preço ou a percentagem de redução e o novo preço.

O regime dos contratos celebrados à distância (DL 24/2014) é aplicável ao contrato de AL, uma vez que não se encontra abrangido pela exclusão geral dos "contratos relativos à construção, à reconversão substancial, à compra e venda ou a outros direitos respeitantes a imóveis, incluindo o arrendamento" [art. 2º-2-d)]. Embora se trate de um contrato misto em que a parte de arrendamento é muito relevante, a exclusão geral não está pensada para os contratos de alojamento, como aliás resulta da exclusão expressa, relativamente a estes contratos, do direito de arrependimento. Com efeito, o art. 17º-1-k) determina que "o consumidor não pode resolver livremente os contratos de [...] fornecimento de alojamento, para fins não residenciais [...]". Não faria sentido esta exclusão se estes contratos já estivessem excluídos do âmbito de aplicação do diploma.

Assim, se o contrato for celebrado à distância, nomeadamente através da Internet, o titular do AL deve, entre outras, cumprir as regras relativas à informação pré-contratual (art. 4º), às formalidades em torno da celebração do contrato (art. 5º) ou à confirmação (art. 6º).

O cliente/consumidor não tem, no entanto, como já se referiu, nos termos da lei, direito de arrependimento.

1319 https://bit.ly/2QE2cMQ.

1320 https://bit.ly/36W6p6k.

Pode, no entanto, ser estipulado entre as partes um direito de arrependimento, ou seja, um direito do cliente a desvincular-se unilateralmente do contrato sem necessidade de indicação de um motivo. É uma prática relativamente comum nos contratos de AL, prevendo-se um prazo dentro do qual, após a celebração do contrato, o cliente ainda pode desistir (ou, em linguagem comum, cancelar a reserva efetuada).

O regime da venda de bens de consumo é aplicável, ainda que de forma limitada. Com efeito, nos termos do art. 1º-A-2 do DL 67/2003, o diploma "é, ainda, aplicável, com as necessárias adaptações, aos bens de consumo fornecidos no âmbito de um contrato de empreitada ou de outra prestação de serviços, bem como à locação de bens de consumo".

Em traços gerais, impõe-se, assim, que o imóvel ou fração autónoma deste e o mobiliário sejam conformes com o contrato celebrado (art. 2º-1).

3.7.9. Livro de reclamações

O art. 20º-1 do DL 128/2014 determina que os estabelecimentos de AL devem dispor de livro de reclamações, remetendo para o respetivo regime (DL 156/2005).

O nº 2 esclarece que o original da folha de reclamação é enviado à ASAE. Podemos encontrar a mesma regra no art. 11º-1-a) do DL 156/2005, lido em conjugação com o nº 3-b) do Anexo ao diploma.

O titular do AL é obrigado a dispor do livro de reclamações, não só em formato físico [art. 3º-1-a) do DL 156/2005], mas também em formato eletrónico [art. 5º-B-1]. Ambos são obrigatórios.

No que respeita ao livro em formato físico, o art. 3º-1 impõe, entre outros aspetos, que este esteja disponível no estabelecimento e seja facultado ao hóspede "imediata e gratuitamente".

Num estabelecimento de AL, o livro tem, assim, de estar disponível no próprio estabelecimento. Não tem, por definição, de estar disponível na unidade de alojamento, o que significa que, nos estabelecimentos de hospedagem, poderá estar na receção, se existir, ou em outro local. Nos restantes casos, correspondendo a unidade de alojamento ao próprio estabelecimento, o livro de reclamações terá de estar na unidade de alojamento, num local a que o hóspede tenha acesso, ou seja, que não esteja equipado com um sistema de segurança que impeça a abertura.

Deve ser igualmente afixado no estabelecimento, "em local bem visível e com caracteres facilmente legíveis" a informação de que o estabelecimento dispõe de livro de reclamações, com indicação da ASAE como entidade competente para apreciar a reclamação [art. 3º-1-c)].

No caso de o livro de reclamações não ser imediatamente facultado ao hóspede, este pode, nos termos do art. 3º-4, requerer a presença da autoridade policial.

O titular do AL é obrigado a remeter o original da folha da reclamação à ASAE, como já foi referido, mas não é obrigado a responder ao hóspede. Essa obrigação apenas está prevista no que diz respeito a serviços públicos essenciais (art. 3º-5). O titular do AL também não tem de apresentar esclarecimentos à ASAE, embora possa fazê-lo (art. 5º-4).

O formato eletrónico do livro de reclamações também é obrigatório (art. 5º-B-1), embora tenha sido definido um período de adaptação para os operadores económicos até 1 de julho de 2019[1321].

O titular do AL, se tiver uma página na Internet, deve divulgar, "em local visível e de forma destacada", a Plataforma do Livro de Reclamações Eletrónico (art. 5º-B-2).

Note-se que as plataformas digitais, como a Airbnb e a Booking, por exemplo, também são prestadores de serviços, nos termos do art. 5º-B-2, uma vez que têm uma relação contratual quer com o titular do AL quer com o cliente, pelo que devem igualmente incluir uma referência à Plataforma na sua página (e nas suas aplicações).

A colocação da informação na página da plataforma de intermediação não afasta a obrigatoriedade de o titular do AL também fornecer a informação aos seus potenciais clientes na sua página.

A reclamação pode ser apresentada pelo hóspede em formato eletrónico através da Plataforma (art. 5º-C-1), tendo este, portanto, a opção entre a reclamação em suporte físico ou digital.

Ao contrário do que sucede com a reclamação feita em suporte físico, a reclamação feita em suporte digital deve ser objeto de resposta por parte do titular do AL (art. 5º-B-4). A resposta deve ser dada no prazo de 15 dias úteis a contar da data da reclamação.

A ASAE, depois de receber a reclamação, toma as providências que entenda adequadas, nos termos do art. 6º e de outros diplomas aplicáveis, nomeadamente o DL 128/2014, que impõe, como já se viu, vários deveres aos titulares de AL (e às plataformas digitais de intermediação).

[1321] https://www.livroreclamacoes.pt/apoio-utilizador.

BIBLIOGRAFIA

AAVV, *Sinopse da Acção, Regulamento e Colectânea de Jurisprudência (2000-2007)*, Centro de Arbitragem de Conflitos de Consumo de Lisboa, Lisboa, 2007

AAVV, *Lei do Comércio Electrónico Anotada*, Coimbra Editora, Coimbra, 2005

AAVV, *Dicionário da Língua Portuguesa Contemporânea da Academia das Ciências de Lisboa*, Vol. I, Verbo, Lisboa, 2001
– *Dicionário da Língua Portuguesa Contemporânea da Academia das Ciências de Lisboa*, Vol. II, Verbo, Lisboa, 2001

Abrantes, José João, *A Excepção de Não Cumprimento do Contrato*, 3ª edição, Almedina, Coimbra, 2018

Abreu, Marcelino, *Lei dos Serviços Públicos Essenciais (Anotada e Comentada)*, Nova Causa – Edições Jurídicas, Vila Nova de Famalicão, 2017

Afonso, Isabel, "Cláusulas Contratuais Gerais", in *Estudos de Direito do Consumidor*, nº 1, 1999, pp. 465-478

Allix, Jean, "La Directive 97/7/CE: Contrats à Distance et Protection des Consommateurs", in *Revue des Affaires Européennes & Law and European Affairs*, Ano 8, nº 3, 1998, pp. 176-187

Almeida, António, "Cláusulas Contratuais Gerais e o Postulado da Liberdade Contratual", in *Lusíada – Revista de Ciência e Cultura*, nº 2, 1998, pp. 283-311

Almeida, Aristides Rodrigues de, "A Actividade de Exploração de Estabelecimento de Alojamento Local", in *RED – Revista Electrónica de Direito*, nº 3, 2017

ALMEIDA, Carlos Ferreira de, *Contratos*, Vol. V, Almedina, Coimbra, 2017
- "Formação do Contrato no Código Civil de 1966", in *Colóquio de Direito Civil de Santo Tirso – O Código Civil 50 Anos Depois: Balanço e Perspectivas*, Almedina, Coimbra, 2017, pp. 25-35
- *Contratos*, Vol. II, 4ª edição, Almedina, Coimbra, 2016
- "O Futuro do Direito do Consumo", in *I Congresso de Direito do Consumo*, Almedina, Coimbra, 2016, pp. 27-34
- "Presságios sobre o Direito do Consumo", in *Estudos de Direito do Consumo – Homenagem a Manuel Cabeçadas Ataíde Ferreira*, DECO, 2016, pp. 125-135
- *Contratos*, Vol. IV, Almedina, Coimbra, 2014
- "O Futuro do Direito do Consumo na Crise Económica Global", in *I Congresso Luso-Brasileiro de Direito*, Almedina, Coimbra, 2014, pp. 33-39
- "A Crise do Direito do Consumo", in *A Crise e o Direito*, Colecção SPEED, Vol. 6, Almedina / Faculdade de Direito da Universidade Nova de Lisboa, Coimbra, 2013, pp. 215-223
- "A Doação e a Dádiva", in *Themis – Revista da Faculdade de Direito da Universidade Nova de Lisboa*, Ano IX, nº 17, 2009, pp. 5-18
- *Contratos*, Vol. I, 4ª edição, Almedina, Coimbra, 2008
- "Cláusulas Contratuais Gerais Abusivas (Introdução)", in *Sub Judice – Justiça e Sociedade*, nº 39 – Cláusulas Contratuais Gerais Abusivas, 2007, pp. 7-8 (com RUI PINTO DUARTE)
- "Contrato Formal e Pré-Contrato Informal", in *Comemorações dos 35 Anos do Código Civil e dos 25 Anos da Reforma de 1977*, Vol. II – A Parte Geral do Código e a Teoria Geral do Direito Civil, Coimbra Editora, Coimbra, 2006, pp. 349-365
- *Direito do Consumo*, Almedina, Coimbra, 2005
- "Qualidade do Objecto Contratual", in *Estudos de Direito do Consumidor*, nº 7, 2005, pp. 17-47
- "Serviços Públicos, Contratos Privados", in *Estudos em Homenagem à Professora Doutora Isabel de Magalhães Collaço*, Vol. II, Almedina, Coimbra, 2002, pp. 117-143
- "Os Contratos de Prestação de Serviço Médico no Direito Civil Português", in *Revista de Direito do Consumidor*, nº 16, 1995, pp. 5-21
- "Relevância Contratual das Mensagens Publicitárias", in *Congresso Internacional de Responsabilidade Civil*, Blumenau, 1995, pp. 31-41
- *Texto e Enunciado na Teoria do Negócio Jurídico*, Vol. II, Almedina, Coimbra, 1992
- *Os Direitos dos Consumidores*, Almedina, Coimbra, 1982

ALMEIDA, Cláudia, "Não há Peças para o Robô de Cozinha de António", in *Casos Práticos Resolvidos de Direito do Consumo*, Almedina, Coimbra, 2019, pp. 109-110

ALMEIDA, Maria Mariana Oliveira, "O Ginásio só para Mulheres", in *Casos Práticos Resolvidos de Direito do Consumo*, Almedina, Coimbra, 2019, pp. 25-27 (com BEATRIZ DE BARROS PEREIRA)

ALMEIDA, Mariana Pinheiro, "A Dignidade da Pessoa Humana e o Consumidor Sobre-Endividado", in *Estudos de Direito do Consumo – Homenagem a Manuel Cabeçadas Ataíde Ferreira*, DECO, 2016, pp. 64-87 (com ANA SOFIA CARVALHO)

– *Lei dos Serviços Públicos Essenciais – Anotada e Comentada*, Almedina, Coimbra, 2012 (com Fernando Dias Simões)

Almeida, Moitinho de, "Cláusulas Abusivas: o Artigo 6º da Directiva nº 93/13/CEE", in *Scientia Ivridica*, nº 314, 2008, pp. 223-239
– "A Celebração à Distância do Contrato de Seguro", in *Actualidad Jurídica Uría Menéndez*, nº 18, 2007, pp. 9-26

Alpa, Guido, *Introduzione al Diritto dei Consumatori*, Editori Laterza, Roma, 2006
– "Autonomie Privée et «Garanties» Commerciales dans les Ventes aux Consommateurs", in *Revue Européenne de Droit de la Consommation*, nº 3, 2001, pp. 195-220

Alves, Francisco Luís, "A Responsabilidade nas Reparações: do Contrato de Empreitada às Garantias de Consumo", in *Boletim da Ordem dos Advogados*, nº 30, 2004, pp. 26-29

Alves, Hugo Ramos, "Sobre o Dito «Paternalismo Contratual»", in *Estudos do Instituto de Direito do Consumo*, Vol. IV, 2014, pp. 43-78
– "Nótula sobre a Venda à Distância e a Limitação Contratual da Responsabilidade dos Prestadores de Serviços em Rede", in Liber Amicorum *Mário Frota – A Causa dos Direitos dos Consumidores*, Almedina, Coimbra, 2012, pp. 271-289

Alves, Inês, "A Montra sem Preços", in *Casos Práticos Resolvidos de Direito do Consumo*, Almedina, Coimbra, 2019, pp. 27-28 (com Gonçalo Silva e Pedro Silva)

Alves, João, "Cláusulas Contratuais Gerais: A Pretensa Individualização dos Contratos com Vista a «Impedir» o Controlo Preventivo Através da Acção Inibitória", in *Revista do CEJ*, nº 13, 2010, pp. 9-19

Alves, Maria Beatriz Cecílio de Sousa Botão, *Mensagem Publicitária da iEra nos Pequenos Ecrãs em Conexão com o Consumidor*, Escola Superior de Marketing e Publicidade, Lisboa, 2014 (policopiado)

Alves, Maria Miguel dos Santos, *Os Direitos dos Consumidores em Caso de Desconformidade da Coisa Comprada e a Sua Articulação com o Abuso do Direito*, Faculdade de Direito da Universidade Nova de Lisboa, Lisboa, 2010/2011 (policopiado)

Alves, Paula Ribeiro, "Os Desafios Digitais no Mercado Segurador", in *FinTech – Desafios da Tecnologia Financeira*, Almedina, Coimbra, 2017, pp. 33-57
– *Contrato de Seguro à Distância – O Contrato Electrónico*, Almedina, Coimbra, 2009

Amorim, Ana Clara Azevedo de, *Manual de Direito da Publicidade*, Petrony, 2018

Andrade, José Carlos Vieira de, "Os Direitos dos Consumidores como Direitos Fundamentais na Constituição Portuguesa de 1976", in *Boletim da Faculdade de Direito da Universidade de Coimbra*, Vol. LXXVIII, 2002, pp. 43-64

ANDRADE, Manuel Domingues de, *Teoria Geral da Relação Jurídica*, Vol. I, Almedina, Coimbra, 1997 (reimpressão da edição de 1972)

ANSIP, Andrus, "The Digital Single Market Strategy Two Years On", in *EuCML – Journal of European Consumer and Market Law*, nº 4, 2017, pp. 145-147

ANTUNES, Ana Filipa Morais, *Comentário à Lei das Cláusulas Contratuais Gerais*, Coimbra Editora, Coimbra, 2013
– *Prescrição e Caducidade – Anotação aos Artigos 296º a 333º do Código Civil*, Coimbra Editora, Coimbra, 2008

ANTUNES, José Engrácia, *Direito do Consumo*, Almedina, Coimbra, 2019
– *Direito dos Contratos Comerciais*, Almedina, Coimbra, 2009

ARIZA, Ariel, "Contratación Inmobiliaria y Defensa del Consumidor", in *La Reforma del Régimen de Defensa del Consumidor por Ley 26.361*, AbeledoPerrot, Buenos Aires, 2009, pp. 39-55

ARNAUT, José Luís, "Intervenção em Cerimónia Organizada pelo Centro de Direito do Consumo", in *Estudos de Direito do Consumidor*, nº 5, 2003, pp. 45-48

ARROYO APARICIO, Alicia, *Los Contratos a Distancia en la Ley de Ordenación del Comercio Minorista*, Aranzadi, Navarra, 2003

ASCENSÃO, José de Oliveira, "Direito Autoral e Direito do Consumidor", in *I Congresso de Direito do Consumo*, Almedina, Coimbra, 2016, pp. 35-38
– "Direito Civil e Direito do Consumidor", in *Themis – Revista da Faculdade de Direito da Universidade Nova de Lisboa*, Edição Especial – Código Civil Português (Evolução e Perspectivas Actuais), 2008, pp. 163-182
– "Direito Industrial e Consumidor", in *Scientia Ivridica*, Vol. LVII, nº 313, 2008, pp. 71-92
– "Bases para uma Transposição da Directriz nº 00/31, de 8 de Junho (Comércio Electrónico)", in *Relatório, Conclusões e Parecer da Comissão de Assuntos Constitucionais, Direitos, Liberdades e Garantias*, Anexo 4, publicado em Diário da Assembleia da República, II série A, nº 79/IX/1 – Suplemento 2003.03.20, pp. 3320(41)-3320(55)
– "Contratação Electrónica", in *Direito da Sociedade da Informação*, Vol. IV, 2003, pp. 43-68
– *Concorrência Desleal*, Almedina, Coimbra, 2002
– "Cláusulas Contratuais Gerais, Cláusulas Abusivas e Boa Fé", in *Revista da Ordem dos Advogados*, Ano 60, 2000, pp. 573-595
– *Direito Civil – Teoria Geral*, Vol. II, Coimbra Editora, Coimbra, 1999

ATAÍDE, Rui Paulo Coutinho de Mascarenhas, "Direitos e Garantias do Comprador. Meios de Tutela", in *Estudos de Direito do Consumo*, Vol. V, 2017, pp. 149-171

AURELIANO, Nuno, *O Risco nos Contratos de Alienação – Contributo para o Estudo do Direito Privado Português*, Almedina, Coimbra, 2009

Avilés García, Javier, "Compraventa", in *Tratado de Contratos*, Vol. II, Tirant lo blanch, Valencia, 2009, pp. 1763-2161

Baptista, Fátima, "Cláusulas Abusivas nos Contratos com os Consumidores", in *Estudos de Direito do Consumo*, Vol. V, 2017, pp. 13-39

Barata, Carlos Lacerda, "Contratos Celebrados Fora do Estabelecimento Comercial", in *Estudos de Direito do Consumo*, Vol. V, 2017, pp. 41-127
– "Contratos Celebrados Fora do Estabelecimento Comercial", in *Revista de Direito Civil*, Ano I, nº 4, 2016, pp. 861-919
– "Contrato de Transporte Terrestre: Formação e Conclusão", in *Revista da Ordem dos Advogados*, Ano 73, nºs 2/3, 2013, pp. 619-668

Barbieri, Diovana, "The Binding of Individuals to Fundamental Consumer Rights in the Portuguese Legal System: Can/Should it be Thought of in Terms of Direct Horizontal Effect?", in *European Review of Private Law*, Vol. 16, nº 5, 2008, pp. 665-692

Barbosa, Mafalda Miranda, "Responsabilidade Civil do Produtor e Nexo de Causalidade: Breves Considerações", in *Estudos de Direito do Consumidor*, nº 14, 2018, pp. 233-271
– "O Regime das Práticas Comerciais Desleais (no Contexto Mais Amplo do Ordenamento Jurídico): O Diálogo com os Regimes Específicos de Proteção dos Consumidores e com o Regime dos Vícios da Vontade", in *Estudos de Direito do Consumidor*, nº 13, 2017, pp. 67-105
– "Acerca do Âmbito da Lei dos Serviços Públicos Essenciais: Taxatividade ou Carácter Exemplificativo do Artigo 1º, nº 2, da Lei nº 23/96, de 26 de Julho", in *Estudos de Direito do Consumidor*, nº 6, 2004, pp. 401-434
– "Os Contratos de Adesão no Cerne da Protecção do Consumidor", in *Estudos de Direito do Consumidor*, nº 3, 2001, pp. 389-424

Barros, Carolina Pia, "O Computador da Advogada", in *Casos Práticos Resolvidos de Direito do Consumo*, Almedina, Coimbra, 2019, pp. 15-16 (com Maria Rita Neves)

Barros, João Pedro Leite, "O Direito de Arrependimento nos Contratos Eletrônicos e Consumo Como Forma de Extinção das Obrigações – Um Estudo de Direito Comparado Luso-Brasileiro", in *Revista de Direito do Consumidor*, nº 14, 2018, pp. 113-183
– "Os Contratos de Consumo Celebrados pela Internet. Um Estudo de Direito Comparado Luso-Brasileiro", in *Estudos de Direito do Consumo*, Vol. V, 2017, pp. 493-549

Barros, José Manuel de Araújo, *Cláusulas Contratuais Gerais*, Coimbra Editora, Coimbra, 2010

Barossi-Filho, Milton, "Natureza Jurídica da Moeda e Desafios da Moeda Virtual", in *Revista Jurídica Luso-Brasileira*, Ano 1, nº 1, 2015, pp. 1669-1690 (com Rachel Sztajn)

Barros, Vera Gouveia, *Turismo em Portugal*, FFMS, Lisboa, 2015

Bauermann, Sandra, "A Transposição da Diretiva 1999/44/CE para o Direito Português e Breves Considerações sobre Algumas Soluções Adotadas pela Espanha e Alemanha", in *Revista Portuguesa de Direito do Consumo*, nº 51, 2007, pp. 229-253

Belmonte, Cláudio Petrini, *A Redução do Negócio Jurídico e a Protecção dos Consumidores – Uma Perspectiva Luso-Brasileira*, Coimbra Editora, Coimbra, 2003

Benjamin, Antônio Herman, *Comentários ao Código de Defesa do Consumidor*, Editora Revista dos Tribunais, São Paulo, 2003 (com Claudia Lima Marques e Bruno Miragem)

Bernal-Fandiño, Mariana, "Ventas a Distancia y su Tratamiento en el Nuevo Estatuto del Consumidor", in *Vniversitas*, nº 124, 2012, pp. 43-61

Bernardeau, Ludovic, "La Directive Communautaire 97/7 en Matière de Contrats à Distance", in *Cahiers de Droit Européen*, Ano 36, n.os 1-2, 2000, pp. 117-140

Bernardo, João Marques, "A Cláusula de Reserva de Propriedade a Favor do Financiador", in *Estudos de Direito do Consumo*, Vol. V, 2017, pp. 395-408

Bianca, C. Massimo, "L'Attuazione della Direttiva 99/44/CE in Italia e in Europa", in *L'Attuazione della Direttiva 99/44/CE in Italia e in Europa*, CEDAM, Padova, 2002, pp. 103-107

Bjerg, Ole, "How is Bitcoin Money?", in *Theory, Culture & Society*, Vol. 33, nº 1, 2016, pp. 53-72

Bourgoignie, Thierry, "Droit et Politique Communautaires de la Consommation – Une Évaluation des Acquis", in *Études de Droit de la Consommation* – Liber amicorum *Jean Calais-Auloy*, Dalloz, Paris, 2004, pp. 95-129

– "À la Recherche d'un Fait Générateur de Responsabilité Unique et Autonomie dans les Rapports de Consommation: Le Défaut de Conformité à l'Attente Légitime du Consommateur", in *Law and Diffuse Interests in the European Legal Order – Recht und Diffuse Interessen in der Europäischen Rechtordnung – Liber Amicorum Norbert Reich*, Nomos Verlagsgesellschaft, Baden-Baden, 1997, pp. 221-243

Bradgate, Robert, *Blackstone's Guide to Consumer Sales and Associated Guarantees*, Oxford University Press, Oxford, 2003 (com Christian Twigg-Flesner)

Braga, Armando, *A Venda de Coisas Defeituosas no Código Civil – A Venda de Bens de Consumo*, Vida Económica, Porto, 2005

Bravo, Fabio, *I Contratti a Distanza nel Codice del Consumo e nella Direttiva 2011/83/UE*, Giuffrè Editore, Milano, 2013

Brito, Mariana, "A Explosão do Congelador", in *Casos Práticos Resolvidos de Direito do Consumo*, Almedina, Coimbra, 2019, pp. 19-21 (com Leonora Correia)

Brito, Pedro Quelhas, *Promoção de Vendas e Comunicação de Preços*, Almedina, Coimbra, 2012

Britto, Igor Rodrigues, "Dever de Informação nos Contratos à Distância e ao Domicílio", in *Estudos de Direito do Consumidor*, nº 7, 2005, pp. 477-517

Busch, Christoph, "Towards a «New Approach» in European Consumer Law: Standardisation and Co-Regulation in the Digital Single Market", in *EuCML – Journal of European Consumer and Market Law*, nº 5, 2016, pp. 197-198
- "Peer-to-Peer Lending in the European Union", in *EuCML – Journal of European Consumer and Market Law*, nº 4, 2016, p. 181 (com Vanessa Mak)
- "Crowdsourcing Consumer Confidence – How to Regulate Online Rating and Review Systems in the Collaborative Economy", in *European Contract Law and the Digital Single Market – The Implications of the Digital Revolution*, Intersentia, Cambridge, 2016, pp. 223-243
- "The Rise of the Platform Economy: A New Challenge for EU Consumer Law", in *EuCML – Journal of European Consumer and Market Law*, nº 1, 2016, pp. 3-10 (com Hans Schulte-Nölke, Aneta Wiewiórowska-Domagalska e Fryderyk Zoll)
- "The Future of Pre-Contractual Information Duties: From Behavioural Insights to Big Data", in *Research Handbook on EU Consumer and Contract Law*, Edward Elgar Publishing, 2016, pp. 221-240

Cabral, Matheus, "O Computador de Bernardo e as Maravilhas da Tecnologia", in *Casos Práticos Resolvidos de Direito do Consumo*, Almedina, Coimbra, 2019, pp. 91-102 (com Mariana Cruz)

Cabral, Raquel, "A Casa na Quinta da Armada", in *Casos Práticos Resolvidos de Direito do Consumo*, Almedina, Coimbra, 2019, pp. 102-109 (com Roxana Cardoso Zbora)

Calais-Auloy, Jean, *Droit de la Consommation*, 7ª edição, Dalloz, Paris, 2006 (com Frank Steinmetz)
- "Une Nouvelle Garantie pour l'Acheteur: La Garantie de Conformité", in *Revue Trimestrielle de Droit Civil*, nº 4, 2005, pp. 701-712

Caldas, Luís Miguel, "Anotação Judicial – Módulo I", in *Estudos do Instituto de Direito do Consumo*, Vol. IV, 2014, pp. 277-304
- "Direito à Informação no Âmbito do Direito do Consumo", 2003, in *Julgar*, nº 21, 2013, pp. 203-225

Cámara Lapuente, Sergio, *Contratos y Protección Jurídica del Consumidor*, Ediciones Olejnik, Santiago de Chile, 2018

CAMBINDA, Hernani Lúcio André, *Empreitada para Consumo*, Universidade Católica Editora, Lisboa, 2015

CAMPOS, Isabel Menéres, "Mortgage Credit in Portugal", in *EuCML – Journal of European Consumer and Market Law*, nº 5, 2017, pp. 219-222 (com JORGE MORAIS CARVALHO)
– "Crédito à Habitação", in *I Congresso de Direito do Consumo*, Almedina, Coimbra, 2016, pp. 159-175
– "Notas Breves sobre os Mecanismos de Garantia do Cumprimento no Crédito ao Consumo", in Liber Amicorum *Mário Frota – A Causa dos Direitos dos Consumidores*, Almedina, Coimbra, 2012, pp. 291-310

CANARIS, Claus-Wilhelm, "A Liberdade e a Justiça Contratual na «Sociedade de Direito Privado»", in *Contratos: Actualidade e Evolução*, Faculdade de Direito da Universidade Católica Portuguesa, Porto, 1997, pp. 49-66

CANOTILHO, J. J. Gomes, *Constituição da República Portuguesa Anotada*, Vol. I, 4ª edição, Coimbra Editora, Coimbra, 2007 (com VITAL MOREIRA)

CAPILLI, Giovanna, "Las Garantías en la Venta de Bienes de Consumo", trad. de María Teresa Álvarez Moreno, in *Anuario de Derecho Civil*, Vol. LX, nº 4, 2007, pp. 1679-1728

CARDOSO, Elionora, *Os Serviços Públicos Essenciais – A Sua Problemática no Ordenamento Jurídico Português*, Coimbra Editora, Coimbra, 2010

CARRAPIÇO, Joaquim, "Reflexões em Torno da Qualidade e dos Direitos dos Consumidores na Compra de Habitação", in *Estudos de Direito do Consumidor*, nº 5, 2003, pp. 53-66

CARRASCO, Marta S. S., "A Impressora Oferecida que não foi Oferecida", in *Casos Práticos Resolvidos de Direito do Consumo*, Almedina, Coimbra, 2019, pp. 32-34 (com JOANA SIMÕES COELHO)

CARREIRO, Inês, "O Fiador e a Nulidade do Contrato de Crédito", in *Casos Práticos Resolvidos de Direito do Consumo*, Almedina, Coimbra, 2019, pp. 121-123 (com ANTÓNIO GARCIA e YELYZAVETA LEMESHKO)

CARVALHO, Ana Sofia, "A Dignidade da Pessoa Humana e o Consumidor Sobre-Endividado", in *Estudos de Direito do Consumo – Homenagem a Manuel Cabeçadas Ataíde Ferreira*, DECO, 2016, pp. 64-87 (com MARIANA PINHEIRO ALMEIDA)

CARVALHO, Joana Campos, "Insurance in Today's Sharing Economy: New Challenges Ahead or a Return to the Origins of Insurance?", in P. MARANO e K. NOUSSIA (eds.), *InsurTech: A Legal and Regulatory View*, Springer, 2020, pp. 27-47 (com MARGARIDA LIMA REGO)

– "From Bilateral to Triangular: Concluding Contracts in the Collaborative Economy", in Maria Regina Redinha, Maria Raquel Guimarães e Francisco Liberal Fernandes (eds.), *The Sharing Economy: Legal Problems of a Permutations and Combinations Society*, Cambridge Scholars Publishing, 2019, pp. 196-210
– "Consumer ADR in Portugal", in *EuCML – Journal of European Consumer and Market Law*, nº 2, 2018, pp. 89-91 (com João Pedro Pinto-Ferreira)
– *Manual de Resolução Alternativa de Litígios de Consumo*, Almedina, Coimbra, 2017 (com Jorge Morais Carvalho e João Pedro Pinto-Ferreira)
– "A Resolução Alternativa de Litígios de Consumo em Linha na União Europeia", in *XX – Estudos Comemorativos dos 20 Anos da FDUP*, Almedina, Coimbra, 2017, pp. 735-762 (com Jorge Morais Carvalho)
– "A Proteção do Consumidor na *Sharing Economy*", in *I Congresso de Direito do Consumo*, Almedina, Coimbra, 2016, pp. 115-129
– "Enquadramento Jurídico da Atividade da Uber em Portugal", in *Revista de Concorrência e Regulação*, Ano VII, nº 26, 2016, pp. 221-238
– "Problemas Jurídicos da Arbitragem e da Mediação de Consumo", in *RED – Revista Electrónica de Direito*, nº 1, 2016 (com Jorge Morais Carvalho)
– "Online Dispute Resolution Platform – Making European Contract Law More Effective", in *European Contract Law and the Digital Single Market – The Implications of the Digital Revolution*, Intersentia, Cambridge, 2016, pp. 245-266 (com Jorge Morais Carvalho)
– "A Proteção do Consumidor na *Sharing Economy*", in *Estudos de Direito do Consumo – Homenagem a Manuel Cabeçadas Ataíde Ferreira*, DECO, 2016, pp. 294-309
– "Fundamentos de Resolução por Incumprimento: Comparação entre o Direito Português e a Convenção de Viena sobre os Contratos de Compra e Venda Internacional de Mercadorias", in *Themis – Revista da Faculdade de Direito da Universidade Nova de Lisboa*, Ano XVI, nºs 28/29, 2015, pp. 175-241
– *A Conciliação Judicial*, Faculdade de Direito da Universidade Nova de Lisboa, Lisboa, 2009 (policopiado)

Carvalho, João Maria Larcher Neves Santos, *A (Hipotética) Remuneração do Mutuário. Efeitos das Taxas de Juro de Referência Negativas em Contratos de Crédito Bancário*, Faculdade de Direito da Universidade Nova de Lisboa, Lisboa, 2017 (policopiado)

Carvalho, Jorge Morais, "Sale of Goods and Supply of Digital Content and Digital Services – Overview of Directives 2019/770 and 2019/771", in *EuCML – Journal of European Consumer and Market Law*, nº 5, 2019, pp. 194-201
– "Time for a Change? Product Liability in the Digital Era", in *EuCML – Journal of European Consumer and Market Law*, nº 4, 2019, pp. 160-161 (com Kristin Nemeth)
– "Portugal", in *A Guide to Consumer Insolvency Proceedings in Europe*, Edward Elgar Publishing, 2019, pp. 802-815 (com João Pedro Pinto-Ferreira)
– "New Developments in EU Consumer Contract Law", in *PoLaR – Portuguese Law Review*, Vol. 3, nº 1, 2019, pp. 11-17
– "Current Challenges for Consumer Law", in *EuCML – Journal of European Consumer and Market Law*, nº 3, 2019, pp. 119-121 (com Kristin Nemeth)

- "Análisis del Anteproyecto de Ley de Defensa del Consumidor a la Luz del Derecho Europeo: Conceptos, Principios y Régimen de Responsabilidad por Daños", in *Comentarios al Anteproyecto de Ley de Defensa del Consumidor – Homenaje a Rubén S. Stiglitz*, Thomson Reuters – La Ley, Buenos Aires, 2019, pp. 757-771 (com ARAYA ALICIA ESTANCONA PÉREZ).
- "Venda de Bens de Consumo e Fornecimento de Conteúdos e Serviços Digitais – As Diretivas 2019/771 e 2019/770 e o seu Impacto no Direito Português", in *Revista Electrónica de Direito*, Vol. 20, nº 3, 2019
- "Ambush Marketing e Práticas Comerciais Desleais", in *Revista de Direito do Desporto*, nº 3, 2019, pp. 25-36
- "O Carro do Contabilista", in *Casos Práticos Resolvidos de Direito do Consumo*, Almedina, Coimbra, 2019, pp. 13-15
- "Contrato de Compra e Venda de Imóvel para Consumo no Direito Português", in *Revista IBRADIM de Direito Imobiliário*, nº 1, 2018, pp. 216-247
- "Regulating Airbnb in Portugal", in *EuCML – Journal of European Consumer and Market Law*, nº 6, 2018, pp. 256-259 (com PEDRO POLICARPO)
- "O Direito Civil e o Direito do Consumo: Os Desafios do Mercado Digital", in *50 Anos do Código Civil de 1966*, Almedina, Coimbra, 2018, pp. 255-274
- "O Contrato de Transporte em Veículo Descaracterizado (Uber, Cabify, Taxify)", in *Revista de Direito Comercial*, 2018, pp. 1191-1224
- "Duas Presunções Que Não São Presunções: A Desconformidade na Venda de Bens de Consumo em Portugal", in *Revista de Direito do Consumidor*, Vol. 27, nº 115, 2018, pp. 311-330 (com MICAEL MARTINS TEIXEIRA)
- "Implementation of the Consumer ADR Directive in the EU Member States", in *EuCML – Journal of European Consumer and Market Law*, nº 2, 2018, pp. 81-82 (com KRISTIN NEMETH).
- "O Direito Português dos Contratos Eletrónicos", in *Res Severa Verum Gaudium – Revista Científica dos Estudantes de Direito da UFRGS*, Vol. 3, nº 2, 2018, pp. 68-92
- "As Entidades de Resolução Alternativa de Litígios de Consumo", in *Themis – Revista da Faculdade de Direito da UNL*, Edição Especial nº 6, 2018, pp. 427-452.
- "O Conceito de Consumidor no Direito Português", in *Estudos de Direito do Consumidor*, nº 14, 2018, pp. 185-232
- "A Resolução Alternativa de Litígios de Consumo em Linha na União Europeia", in *XX – Estudos Comemorativos dos 20 Anos da FDUP*, Almedina, Coimbra, 2017, pp. 735-762 (com JOANA CAMPOS CARVALHO)
- "Crédito ao Consumo e Crédito à Habitação", in *Estudos de Direito Bancário I*, Almedina, Coimbra, 2018, pp. 297-329
- "Desafios do Mercado Digital para o Direito do Consumo", in *Direito do Consumo 2015-2017*, Centro de Estudos Judiciários, Lisboa, 2018, pp. 109-123
- *Manual de Resolução Alternativa de Litígios de Consumo*, Almedina, Coimbra, 2017 (JOÃO PEDRO PINTO-FERREIRA e JOANA CAMPOS CARVALHO)
- "Digital Inheritance in the European Union", in *EuCML – Journal of European Consumer and Market Law*, nº 6, 2017, p. 253 (com KRISTIN NEMETH)
- "Mortgage Credit in Portugal", in *EuCML – Journal of European Consumer and Market Law*, nº 5, 2017, pp. 219-222 (com ISABEL MENÉRES CAMPOS)

- "Direitos do Consumidor na Compra de Bens de Consumo", in *Estudos de Direito do Consumidor*, nº 12, 2017, pp. 35-73
- "As Garantias dos Novos Financiamentos", in *IV Congresso de Direito da Insolvência*, Almedina, Coimbra, 2017, pp. 269-291 (com Maria Jerónimo)
- "Implementation of the Mortgage Credit Directive in the EU Member States", in *EuCML – Journal of European Consumer and Market Law*, nº 3, 2017, pp. 131-132 (com Kristin Nemeth)
- "«Dieselgate» and Consumer Law: Repercussions of the Volkswagen Scandal in the European Union", in *EuCML – Journal of European Consumer and Market Law*, nº 1, 2017, p. 35 (com Kristin Nemeth)
- "Desafios do Mercado Digital e a Proteção do Consumidor na União Europeia e em Portugal", in *Sociedade de Consumo: Pesquisa em Direito do Consumidor*, Espaço Acadêmico, Goiânia, 2017, pp. 259-274
- "Direitos do Consumidor em Caso de Falta de Conformidade do Bem com o Contrato", in *Revista de Legislação e de Jurisprudência*, Ano 145º, nº 3997, 2016, pp. 237-248 (com António Pinto Monteiro)
- "Problemas Jurídicos da Arbitragem e da Mediação de Consumo", in *RED – Revista Electrónica de Direito*, nº 1, 2016 (com Joana Campos Carvalho)
- *Os Limites à Liberdade Contratual*, Almedina, Coimbra, 2016
- "Online Dispute Resolution Platform – Making European Contract Law More Effective", in *European Contract Law and the Digital Single Market – The Implications of the Digital Revolution*, Intersentia, Cambridge, 2016, pp. 245-266 (com Joana Campos Carvalho)
- "Consumer Sales in Portugal After the Implementation of the Consumer Rights Directive", in *Consumer Sales in Europe*, Intersentia, Cambridge, 2016, pp. 143-162
- "Períodos de Fidelização", in *I Congresso de Direito do Consumo*, Almedina, Coimbra, 2016, pp. 51-72
- "Contratos celebrados à Distância e Fora do Estabelecimento Comercial", in *I Congresso de Direito do Consumo*, Almedina, Coimbra, 2016, pp. 95-113 (com João Pedro Pinto-Ferreira)
- "Reflexão sobre a Cláusula Relativa ao Período de Fidelização em Contratos de Consumo", in *Estudos de Direito do Consumo – Homenagem a Manuel Cabeçadas Ataíde Ferreira*, DECO, 2016, pp. 333-355
- "Os Contratos de Prestação de Serviços Públicos Essenciais como *Life Time Contracts*", in *Em Torno de* Life Time Contracts, Braga, 2016, pp. 131-151
- "Reflexão sobre as Normas Imperativas", in Liber Amicorum *Manuel Simas Santos*, Rei dos Livros, 2016, pp. 741-761
- *Manual de Direito do Consumo*, 3ª edição, Almedina, Coimbra, 2016
- "Developments on Uber in Portugal", in *EuCML – Journal of European Consumer and Market Law*, nº 4, 2015, pp. 157–158
- "Uber in Portugal", in *EuCML – Journal of European Consumer and Market Law*, n.os 1-2, 2015, pp. 63-65
- "Implementation of the Consumer Rights Directive: Portugal", in *euvr – Zeitschrift für Europäisches Unternehmens- und Verbraucherrecht – Journal of European Consumer and Market Law*, Vol. 3, nº 4, 2014, pp. 285-288

- *Contratos Celebrados à Distância e Fora do Estabelecimento Comercial – Anotação ao Decreto-Lei nº 24/2014, de 14 de Fevereiro*, Almedina, Coimbra, 2014 (com João Pedro Pinto-Ferreira)
- "Crise e Consumo", in *Revista de Direito Público*, nº 12, 2014, pp. 103-112
- "Venda de Bens de Consumo", in *I Congresso Luso-Brasileiro de Direito*, Almedina, Coimbra, 2014, pp. 79-106
- "Limites das Taxas de Juro e Usura", in *Direito do Consumo – E-Book*, Centro de Estudos Judiciários, 2014, pp. 186-203
- "Perspetivas Extracontratuais e Contratuais da Prevenção do Perigo na Prática Desportiva do Golfe — A Propósito do Acórdão do TRL, de 16 de Abril de 2013, e do Acórdão do STJ, de 15 de Novembro de 2013", in *Desporto & Direito – Revista Jurídica do Desporto*, Ano XI, nº 32, 2014, pp. 141-172 (com Miguel Calado Moura)
- "Contratos Civis e Próprios do Fenómeno Desportivo", in *O Desporto que os Tribunais Praticam*, Coimbra Editora, Coimbra, 2014, pp. 69-90
- "Os Princípios da Autonomia Privada e da Liberdade Contratual", in *Para Jorge Leite – Escritos Jurídicos*, Vol. II, Coimbra Editora, Coimbra, 2014, pp. 99-119
- *Manual de Direito do Consumo*, 1ª edição, Almedina, Coimbra, 2013
- "Crédito ao Consumo – Ónus da Prova da Entrega de Exemplar do Contrato e Abuso do Direito de Invocar a Nulidade", in *Cadernos de Direito Privado*, nº 42, 2013, pp. 36-52 (com Micael Martins Teixeira)
- "Consumidores", in *Enciclopédia da Constituição Portuguesa*, Quid Juris, Lisboa, 2013, pp. 86 e 87
- "A Ordem Pública como Limite à Autonomia Privada", in *Estudos em Homenagem ao Professor Doutor Alberto Xavier*, Vol. III, Almedina, Coimbra, 2013, pp. 351-378
- "Avaliação Legislativa e Perspetivas de Desenvolvimento – Inquérito sobre o Incumprimento dos Contratos", in *Incumprimento dos Contratos*, Almedina, Coimbra, 2013, pp. 73-104
- "Contrato para a Utilização de Instalações e Equipamentos Desportivos", in *Desporto & Direito – Revista Jurídica do Desporto*, Ano X, nº 28, 2012, pp. 33-59 (com João Pedro Pinto-Ferreira)
- *Os Contratos de Consumo – Reflexão sobre a Autonomia Privada no Direito do Consumo*, Almedina, Coimbra, 2012
- "Reflexão em Torno dos Contratos Promocionais com Objecto Plural", in *Estudos em Homenagem ao Professor Doutor Carlos Ferreira de Almeida*, Vol. I, Almedina, Coimbra, 2011, pp. 499-520
- "A Consagração Legal da Mediação em Portugal", in *Julgar*, nº 15, 2011, pp. 271-290
- "Prescrição do Direito de Exigir o Pagamento do Preço nos Contratos Relativos a Serviços Públicos Essenciais", in *Scientia Ivridica*, Tomo LX, nº 325, 2011, pp. 81-99
- "Práticas Comerciais Desleais das Empresas Face aos Consumidores", in *Revista de Direito das Sociedades*, Ano III, nº 1, 2011, pp. 187-219
- "O Serviço Público Essencial de Telefone Móvel – Ac. de Uniformização de Jurisprudência nº 1/2010, de 3.12.2009", in *Cadernos de Direito Privado*, nº 34, 2011, pp. 37-54
- "Contrato para a Assistência a Espectáculo Desportivo", in *Desporto & Direito – Revista Jurídica do Desporto*, Ano VIII, nº 24, 2011, pp. 355-387

– "Conceito de Viagem Organizada na Directiva 90/314/CEE e no Decreto-Lei nº 209/97 – Comentário ao Acórdão Club-Tour", in *20 Anos de Jurisprudência da União sobre Casos Portugueses*, Instituto Diplomático, Lisboa, 2011, pp. 261-273
– "Reduções de Preços e Vendas Abaixo do Custo", in *Themis – Revista da Faculdade de Direito da Universidade Nova de Lisboa*, Ano X, nº 19, 2010, pp. 115-134
– "Prestação de Informações nos Contratos Celebrados à Distância", in *Direito Privado e Direito Comunitário – Alguns Ensaios*, Âncora Editora, Lisboa, 2007, pp. 13-144
– "Usura nos Contratos de Crédito ao Consumo", in *Sub Judice – Justiça e Sociedade*, nº 36 – Crédito ao Consumo, 2006, pp. 35-53
– "La Protección de los Consumidores en la Unión Europea: ¿Mito o Realidad?", in *Criterio Jurídico – Revista de la Pontificia Universidad Javeriana Cali*, Vol. 6, 2006, pp. 243-266
– "Comércio Electrónico e Protecção dos Consumidores", in *Themis – Revista da Faculdade de Direito da Universidade Nova de Lisboa*, Ano VII, nº 13, 2006, pp. 41-62
– "A Experiência da UMAC na Mediação de Conflitos de Consumo", in *Conflitos de Consumo*, Almedina, Coimbra, 2006, pp. 23-39 (com Mariana França Gouveia)
– "Venda de Bens de Consumo: Garantia das Peças Inseridas num Bem no Âmbito da sua Reparação", in *Conflitos de Consumo*, Almedina, Coimbra, 2006, pp. 225-244 (com Joana Galvão Teles, Pedro Félix e Sofia Cruz)
– "Transmissão da Propriedade e Transferência do Risco na Compra e Venda de Coisas Genéricas", in *Themis – Revista da Faculdade de Direito da Universidade Nova de Lisboa*, Ano VI, nº 11, 2005, pp. 19-63

Carvalho, Pedro Nunes de, "O Silêncio como Declaração de Vontade", in *Lusíada – Revista de Ciência e Cultura*, nº 1, 1991, pp. 117-130

Casnocha, Ben, *Start-Up – Um Novo Futuro*, trad. de Luís Santos, Clube do Autor, Lisboa, 2012 (com Reid Hoffman)

Castelo, Higina Orvalho, "Crédito ao Consumo e Diversidade de Tipos Contratuais", in *Direito do Consumo – E-Book*, Centro de Estudos Judiciários, 2014, pp. 103-112

Castillo Parrilla, José Antonio, *Bienes Digitales: Una Necesidad Europea*, Dykinson, 2018

Castro, Mário Gabriel de, "Direito dos Contratos – Contrato Electrónico de Consumo", in *Estudos de Direito do Consumidor*, nº 8, 2006/2007, pp. 559-615

Catalan, Marcos, *O Direito do Consumidor em Movimento – Diálogos com Tribunais Brasileiros*, UnilaSalle Editora, Canoas, 2017

Cauffman, Caroline, "New EU Rules on Business-to-Consumer and Platform-to-Business Relationships", in *Maastricht Journal of European and Comparative Law*, Vol. 26, nº 4, 2019, pp. 469-479
– "The Commission's European Agenda for the Collaborative Economy – (Too) Platform and Service Provider Friendly?", in *EuCML – Journal of European Consumer and Market Law*, nº 6, 2016, pp. 235-243

– "The Consumer Rights Directive – Adopted", in http://ssrn.com/abstract=2000132, 2012

Cebola, Cátia Marques, "ADR 3.0 @ Resolução Online de Conflitos de Consumo em Portugal", in *Revista Luso-Brasileira de Direito do Consumo*, Vol. V, nº 22, 2016, pp. 67-92

Chaves, Rui Moreira, *Regime Jurídico da Publicidade*, Almedina, Coimbra, 2005

Chillon, Sandie, "Le Droit Communautaire de la Consommation après les Traités de Maastricht et d'Admsterdam: un Droit Émancipé?", in *Revue Européenne de Droit de la Consommation*, nº 4, 1998, pp. 259-275

Cian, Giorgio, "Presentazione del Convegno", in *L'Attuazione della Direttiva 99/44/CE in Italia e in Europa*, CEDAM, Padova, 2002, pp. 3-16

Citro, Flávio, "Da Garantia de Produtos Defeituosos ou Não-Conformes no Brasil e em Portugal", in Liber Amicorum *Mário Frota – A Causa dos Direitos dos Consumidores*, Almedina, Coimbra, 2012, pp. 171-207

Coelho, Francisco Manuel de Brito Pereira, "Operação Complexa de «Crédito ao Consumo» e Excepção de Não Cumprimento do Contrato – Ac. do TRC de 3.6.2008, Proc. 39/07", in *Cadernos de Direito Privado*, nº 28, 2009, pp. 54-68
– "Coligação Negocial e Operações Negociais Complexas: Tendências Fundamentais da Doutrina e Necessidade de uma Reconstrução Unitária", in *Boletim da Faculdade de Direito da Universidade de Coimbra*, Vol. Comemorativo, 2003, pp. 233-268

Coelho, Joana Simões, "A Impressora Oferecida que não foi Oferecida", in *Casos Práticos Resolvidos de Direito do Consumo*, Almedina, Coimbra, 2019, pp. 32-34 (com Marta S. S. Carrasco)

Coelho, Nuno Miguel Pereira Ribeiro, "O Consumidor e a Tutela do Consumo no Âmbito do Crédito ao Consumo – Algumas Questões", in *Revista do Ministério Público*, Ano 26, nº 103, 2005, pp. 79-109

Colangelo, Margherita, "Uber In Europe: Are There Still Judges In Luxembourg?", Competition Policy International, 2018 (com Mariateresa Maggiolino) – https://www.competitionpolicyinternational.com/wp-content/uploads/2018/05/ CPI-Colangelo-Maggiolino.pdf

Conti, Roberto, "Il Credito al Consumo", in *I Contratti dei Consumatori*, UTET, Torino, 2007, pp. 413-430

Cordeiro, A. Barreto Menezes, "Inteligência Artificial e Consultoria Robótica (*Automation in Financial Advice*)", in *FinTech – Desafios da Tecnologia Financeira*, Almedina, Coimbra, 2017, pp. 203-218

CORDEIRO, António Menezes, *Tratado de Direito Civil Português*, Vol. XI, Almedina, Coimbra, 2018
– *Tratado de Direito Civil Português*, Vol. I, Tomo IV, Almedina, Coimbra, 2015
– "O Direito à Não-Informação", in *Estudos de Direito do Consumidor*, nº 9, 2015, pp. 45-50
– "A Tutela do Consumidor de Produtos Financeiros", in Liber Amicorum *Mário Frota – A Causa dos Direitos dos Consumidores*, Almedina, Coimbra, 2012, pp. 51-60
– *Tratado de Direito Civil Português – Vol. II – Direito das Obrigações*, Tomo II, Almedina, Coimbra, 2010
– *Tratado de Direito Civil Português – Vol. II – Direito das Obrigações*, Tomo IV, Almedina, Coimbra, 2010
– *Manual de Direito Bancário*, 4ª edição, Almedina, Coimbra, 2010
– "O Anteprojecto de Código do Consumidor", in *O Direito*, Ano 138º, IV, 2006, pp. 685-715
– *Tratado de Direito Civil Português – Vol. I – Parte Geral*, Tomo I, 3ª edição, Almedina, Coimbra, 2005
– "Da Prescrição de Créditos das Entidades Prestadoras de Serviços Públicos Essenciais", in *Regulação e Concorrência – Perspectivas e Limites da Defesa da Concorrência*, Almedina, Coimbra, 2005, pp. 287-332
– "Da Natureza Civil do Direito do Consumo", in *O Direito*, Ano 136º, IV, 2004, pp. 605-640
– *Tratado de Direito Civil Português – Vol. I – Parte Geral*, Tomo II, 2ª edição, Almedina, Coimbra, 2002
– "Da Prescrição do Pagamento dos Denominados Serviços Públicos Essenciais", in *O Direito*, Ano 133º, IV, 2001, pp. 769-810
– *Da Boa Fé no Direito Civil*, Almedina, Coimbra, 2001 (reimpressão da edição de 1985)
– *Cláusulas Contratuais Gerais – Anotação ao Decreto-Lei nº 446/85, de 25 de Outubro*, Almedina, Coimbra, 1986 (com MÁRIO JÚLIO DE ALMEIDA COSTA)

CORREIA, Francisco Mendes, "A Tecnologia Descentralizada de Registo de Dados (Blockchain) no Sector Financeiro", in *FinTech – Desafios da Tecnologia Financeira*, Almedina, Coimbra, 2017, pp. 69-74

CORREIA, Leonora, "A Explosão do Congelador", in *Casos Práticos Resolvidos de Direito do Consumo*, Almedina, Coimbra, 2019, pp. 19-21 (com MARIANA BRITO)

CORREIA, Miguel Pupo, "Contratos à Distância: Uma Fase na Evolução da Defesa do Consumidor na Sociedade de Informação?", in *Estudos de Direito do Consumidor*, nº 4, 2002, pp. 165-180

COSTA, Mariana Fontes da, "The Impact of the Mortgage Credit Directive 2014/17/EU – Views from Portugal", in *The Impact of the Mortgage Credit Directive in Europe – Contrasting Views From Member States*, Europa Law Publishing, Groningen, 2017, pp. 422-443

COSTA, Mário Júlio de Almeida, *Direito das Obrigações*, 12ª edição, Almedina, Coimbra, 2009
– *Síntese do Regime Jurídico Vigente das Cláusulas Contratuais Gerais*, 2ª edição, Universidade Católica Editora, Lisboa, 1999

– *Cláusulas Contratuais Gerais – Anotação ao Decreto-Lei nº 446/85, de 25 de Outubro*, Almedina, Coimbra, 1986 (com António Menezes Cordeiro)

Costa, Paulo Nogueira da, "O Direito do Consumidor à Informação na Teoria Geral do Negócio Jurídico", in *Galileu – Revista de Economia e Direito*, Vol. VII, nº 2, 2002, pp. 123-137

Costas Rodal, Lucía, "Aprovechamento por Turno de Bienes Inmuebles de Uso Turístico", in *Tratado de Contratos*, Vol. II, Tirant lo blanch, Valencia, 2009, pp. 2688-2721

Cristas, Assunção, "Incumprimento Contratual – O Código Civil Português e o DCFR – Notas Comparadas", in *Estudos em Homenagem ao Professor Doutor Carlos Ferreira de Almeida*, Vol. II, Almedina, Coimbra, 2011, pp. 239-266
– "Portuguese Contract Law: The Search for Regimes Unification?", in *European Review of Contract Law*, Vol. 5, nº 3, 2009, pp. 357-367
– "É Possível Impedir Judicialmente a Resolução de um Contrato?", in *Estudos Comemorativos dos 10 Anos da Faculdade de Direito da Universidade Nova de Lisboa*, Vol. II, Almedina, Coimbra, 2008, pp. 53-79
– "Protecção Constitucional do Consumidor e Suas Implicações no Direito Contratual", in *Direito Contratual entre Liberdade e Protecção dos Interesses e Outros Artigos Alemães-Lusitanos*, Almedina, Coimbra, 2008, pp. 47-60
– "Concorrência Desleal e Protecção do Consumidor: A Propósito da Directiva 2005/29/CE", in *Prof. Doutor Inocêncio Galvão Telles: 90 Anos – Homenagem da Faculdade de Direito de Lisboa*, Almedina, Coimbra, 2007, pp. 141-162
– "Recensão de Carlos Ferreira de Almeida, *Contratos I*, e Inocêncio Galvão Telles, *Dos Contratos em Geral*", in *European Review of Contract Law*, Vol. I, nº 4, 2005, pp. 499-502

Cristofaro, Giovanni De, "After the Implementation of the Consumer Rights Directive in the Member States. Are the National Provisions on Consumer Sales Effectively Harmonised?", in *Consumer Sales in Europe*, Intersentia, Cambridge, 2016, pp. 1-13
– "Consumer Sales in Italy After the Implementation of the Consumer Rights Directive", in *Consumer Sales in Europe*, Intersentia, Cambridge, 2016, pp. 89-107
– "Unfair Business-to-Microenterprise Commercial Practices: The Italian Solution in the European Context – The Extended Scope of Application of UCP Directive's Implementing Provisions", in *EuCML – Journal of European Consumer and Market Law*, nºs 1-2, 2015, pp. 20-29
– "After Implementing Directive 2011/83/EU in the Member States: Are the National Provisions on Consumer Contracts Really Harmonised? Some Critical Remarks", in *euvr – Zeitschrift für Europäisches Unternehmens- und Verbraucherrecht – Journal of European Consumer and Market Law*, Vol. 3, nº 4, 2014, pp. 217-223

Cruz, Duarte Ivo, "Notas sobre Defesa do Consumidor", in *Ciência e Técnica Fiscal*, nº 149, 1971, pp. 23-82 (com Nuno de Siqueira)

CRUZ, Mariana, "O Computador de Bernardo e as Maravilhas da Tecnologia", in *Casos Práticos Resolvidos de Direito do Consumo*, Almedina, Coimbra, 2019, pp. 91-102 (com MATHEUS CABRAL)

CRUZ, Sofia, "Venda de Bens de Consumo: Garantia das Peças Inseridas num Bem no Âmbito da sua Reparação", in *Conflitos de Consumo*, Almedina, Coimbra, 2006, pp. 225-244 (com JOANA GALVÃO TELES, JORGE MORAIS CARVALHO e PEDRO FÉLIX)

CUNHA, Carolina, "Vendas com Prejuízo: Porquê Proibir?", in *Estudos de Direito do Consumidor*, nº 13, 2017, pp. 57-66
- "Métodos de Venda a Retalho Fora do Estabelecimento: Regulamentação Jurídica e Protecção do Consumidor", in *Direito Industrial*, Vol. IV, 2005, pp. 285-330
- "Vendas com Prejuízo", in *Estudos de Direito do Consumidor*, nº 5, 2003, pp. 207-242

DANTAS, Eduardo, "O Inadimplemento do Contrato de Serviços Médicos", in *Estudos sobre Incumprimento do Contrato*, Coimbra Editora, Coimbra, 2011, pp. 51-75

DAVO, Hélène, *Droit de la Consommation*, Armand Colin, Paris, 2005 (com YVES PICOD)

DEMOULIN, Marie, "La Notion de «Support Durable» dans les Contrats à Distance: une Contrefaçon de l'écrit?", in *Revue Européenne de Droit de la Consommation*, nº 4, 2000, pp. 361-377

DESSAUNE, Marcos, *Teoria Aprofundada do Desvio Produtivo do Consumidor – O Prejuízo do Tempo Desperdiçado e da Vida Alterada*, 2ª ed., Edição de autor, Vitória, 2017

DIAS, João Álvaro, *Procriação Assistida e Responsabilidade Médica*, Coimbra Editora, Coimbra, 1996

DIAS, Marco, *O Vício de Não Incorporação da Cláusula Contratual nos Contratos de Adesão*, Escola de Direito da Universidade do Minho, Braga, 2012 (policopiado)
- "O Critério da Boa Fé no D.L. nº 446/85", in *Estudos de Direito do Consumidor*, nº 6, 2004, pp. 437-452

DICKIE, John, *Internet and Electronic Commerce Law in the European Union*, Hart Publishing, Oxford, 1999

DÍEZ-PICAZO, Luis, "Contratos de Consumo y Derecho de Contratos", in *Anuario de Derecho Civil*, Vol. LIX, nº 1, 2006, pp. 11-28

DJUROVIC, Mateja, "The Average Consumer Under EU Law", in *Estudos de Direito do Consumo – Homenagem a Manuel Cabeçadas Ataíde Ferreira*, DECO, 2016, pp. 411-430

DODSWORTH, Timothy J., "Intermediaries as Sellers – A Commentary on *Wathelet*", in *EuCML – Journal of European Consumer and Market Law*, nº 5, 2017, pp. 213-215

DRAY, Guilherme Machado, "Venda com Redução de Preços", in *Estudos do Instituto de Direito do Consumo*, Vol. I, 2002, pp. 233-253

DRECHSLER, Laura, "Data as Counter-Performance: A New Way Forward or a Step Back for the Fundamental Right of Data Protection? – A Data Protection Analysis of the Proposed Directive on Certain Aspects for the Supply of Digital Content", 2018 – https://cris.vub.be/files/36462976/IRIS2017_DRAF T_Drechsler_V3.pdf

DUARTE, Paulo, "Obrigações de Dinheiro (Obrigações Monetárias) e Obrigações de Bitcoins", in *Estudos de Direito do Consumidor*, nº 14, 2018, pp. 243-381
– "A Chamada «Arbitragem Necessária» de «Litígios de Consumo» no Domínio dos Serviços Públicos Essenciais: Âmbito, Natureza e Aspectos Processuais", in *Estudos de Direito do Consumo – Homenagem a Manuel Cabeçadas Ataíde Ferreira*, DECO, 2016, pp. 452-469
– "O Direito do Consumidor ao Cumprimento Antecipado nos Contratos de Concessão de Crédito", in Liber Amicorum *Mário Frota – A Causa dos Direitos dos Consumidores*, Almedina, Coimbra, 2012, pp. 409-437
– "A Posição Jurídica do Consumidor na Compra e Venda Financiada: Confronto entre o Regime em Vigor (RJCC) e o Anteprojecto do Código do Consumidor (AntpC-CONS.)", in *Estudos de Direito do Consumidor*, nº 7, 2005, pp. 379-408
– "Algumas Questões sobre o ALD", in *Estudos de Direito do Consumidor*, nº 3, 2001, pp. 301-327
– "O Conceito Jurídico de Consumidor, segundo o Artigo 2º, nº 1, da Lei de Defesa do Consumidor", in *Boletim da Faculdade de Direito da Universidade de Coimbra*, Vol. LXXV, 1999, pp. 649-703

DUARTE, Paulo Mendonça, "Concurso com Atribuição de Prémio «Para a Melhor Frase». Incumprimento do Promitente", in *Conflitos de Consumo*, Almedina, Coimbra, 2006, pp. 211-213

DUARTE, Rui Pinto, *O Novo Regime do Crédito Imobiliário a Consumidores (Dec.-Lei 74-A/2017) – Uma Apresentação*, Almedina, Coimbra, 2018
– *A Interpretação dos Contratos*, Almedina, Coimbra, 2016
– "Cláusulas Contratuais Gerais Abusivas (Introdução)", in *Sub Judice – Justiça e Sociedade*, nº 39 – Cláusulas Contratuais Gerais Abusivas, 2007, pp. 7-8 (com CARLOS FERREIRA DE ALMEIDA)
– "O Direito de Regresso do Vendedor Final na Venda para Consumo", in *Themis – Revista da Faculdade de Direito da Universidade Nova de Lisboa*, Ano II, nº 4, 2001, pp. 173-194

DUIVENVOORDE, Bram, "The CJEU Decision in Citroën/ZLW: Ready for REFIT?", in *EuCML – Journal of European Consumer and Market Law*, nº 2, 2017, pp. 77-80

ECCHER, Bernhard, "Il Recepimento della Direttiva 99/44/CE nell'Ordinamento Giuridico Austriaco", trad. de Francesco Schurr, in *L'Attuazione della Direttiva 99/44/CE in Italia e in Europa*, CEDAM, Padova, 2002, pp. 263-272

ENGENHEIRO, Andreia Sofia Lúcio, *O Crédito Bancário: A Prevenção do Risco e Gestão de Situações de Incumprimento*, Faculdade de Direito da Universidade Nova de Lisboa, Lisboa, 2015 (policopiado)

ESTANCONA PÉREZ, Araya Alicia, "Análisis del Anteproyecto de Ley de Defensa del Consumidor a la Luz del Derecho Europeo: Conceptos, Principios y Régimen de Responsabilidad por Daños", in *Comentarios al Anteproyecto de Ley de Defensa del Consumidor – Homenaje a Rubén S. Stiglitz*, Thomson Reuters – La Ley, Buenos Aires, 2019, pp. 757-771 (com JORGE MORAIS CARVALHO)
– "La Sentencia del Tribunal de Justicia de la Unión Europea de 20 de Diciembre de 2017 (Caso Uber) y su Influencia en la Iniciativa Legislativa Portuguesa", in *Revista de Direito do Consumidor*, nº 14, 2018, pp. 53-94

FACHIN, Luiz Edson, "Novo Código Civil Brasileiro e o Código de Defesa do Consumidor: Um *Approach* de Suas Relações Jurídicas", in *Estudos de Direito do Consumidor*, nº 7, 2005, pp. 111-135

FALCÃO, David José Geraldes, *Lições de Direito do Consumo*, Almedina, Coimbra, 2019
– "Conceito de Consumidor", in *Gestin*, Ano VIII, nº 8, 2010, pp. 151-152

FALCÃO, Pedro, *O Contrato de Fornecimento de Energia Eléctrica*, Petrony, 2019
– *Novos Estudos sobre Serviços Públicos Essenciais*, Petrony, 2018
– "WAP Billing: Problemas e Soluções", in *Estudos de Direito do Consumidor*, nº 14, 2018, pp. 383-413
– "A Tutela do Prestador de Serviços Públicos Essenciais no Ordenamento Jurídico Português", in *Estudos de Direito do Consumidor*, nº 12, 2017, pp. 389-422

FARRAJOTA, Joana, *A Resolução do Contrato sem Fundamento*, Almedina, Coimbra, 2015

FÉLIX, Pedro, "Venda de Bens de Consumo: Garantia das Peças Inseridas num Bem no Âmbito da sua Reparação", in *Conflitos de Consumo*, Almedina, Coimbra, 2006, pp. 225-244 (com JOANA GALVÃO TELES, JORGE MORAIS CARVALHO e SOFIA CRUZ)

FERNANDES, Luís Carvalho, *Teoria Geral do Direito Civil*, Vol. II, 5ª edição, Universidade Católica Editora, Lisboa, 2010

FERRER, María Cecilia, "Las Llamadas «Ventas Domiciliarias» y el Derecho a Revocar la Aceptación", in *La Reforma del Régimen de Defensa del Consumidor por Ley 26.361*, AbeledoPerrot, Buenos Aires, 2009, pp. 211-220

FESTAS, David de Oliveira, "A Contratação Electrónica Automatizada", in *Direito da Sociedade da Informação*, Vol. VI, 2006, pp. 411-461

FIGUEIREDO, André, "O Poder de Alteração Unilateral nos Contratos Bancários", in *Sub Judice – Justiça e Sociedade*, nº 39 – Cláusulas Contratuais Gerais Abusivas, 2007, pp. 9-26

FILHO, Sergio Cavalieri, *Programa de Direito do Consumidor*, 4ª edição, Atlas, São Paulo, 2014

FILOMENO, José Geraldo Brito, *Manual de Direitos do Consumidor*, 14ª edição, Atlas, São Paulo, 2016

FLORENÇA, Ânia Marques, *O Abuso do Direito no Direito do Consumo*, Faculdade de Direito da Universidade Nova de Lisboa, Lisboa, 2015 (policopiado)

FONSECA, Ana Taveira da, "O Contrato de Crédito para Aquisição de Habitação Permanente Garantido por Hipoteca à Luz dos Princípios de *Life Time Contracts*", in *Em Torno de* Life Time Contracts, Braga, 2016, pp. 153-173

FRADA, Manuel Carneiro da, "Erro e Incumprimento na Não-Conformidade da Coisa com o Interesse do Comprador", in *O Direito*, Ano 121º, III, 1989, pp. 461-484

FRAGOLA, Massimo, "La Corte di Giustizia Ritorna sui Pacchetti Turistici «Tutto Compreso»", in *Diritto Comunitario e degli Scambi Internazionali*, Napoli, Ano LXI, nº 3, 2002, pp. 489-496

FRANCESCHI, Alberto De, "*Uber Spain* and the «Identity Crisis» of Online Platforms", in *EuCML – Journal of European Consumer and Market Law*, nº 1, 2018, pp. 1–4
- *La Circolazione dei Dati Personali tra* Privacy *e Contratto*, Edizioni Scientifiche Italiane, Napoli, 2017
- "European Contract Law and the Digital Single Market – Current Issues and New Perspectives", in *European Contract Law and the Digital Single Market – The Implications of the Digital Revolution*, Intersentia, Cambridge, 2016, pp. 1-17
- "The EU Digital Single Market Strategy in Light of the Consumer Rights Directive: The «Button Solution» for Internet Cost Traps and the Need for a More Systematic Approach", in *EuCML – Journal of European Consumer and Market Law*, nº 4, 2015, pp. 144–148
- "Data as Tradeable Commodity and New Measures for their Protection", in *The Italian Law Journal*, Vol. I, nº 1, 2015, pp. 51-72 (com MICHAEL LEHMANN)
- "Il Commercio Elettronico nell'Unione Europea e la Nuova Direttiva sui Diritti dei Consumatori", in *Rassegna di Diritto Civile*, nº 2, 2012, pp. 419-458 (com MICHAEL LEHMANN)

FREITAS, Eduardo, "O Telemóvel 5 Estrelas", in *Casos Práticos Resolvidos de Direito do Consumo*, Almedina, Coimbra, 2019, pp. 56-59

FREITAS, José Lebre de, *A Acção Executiva – Depois da Reforma da Reforma*, 5ª edição, Coimbra Editora, Coimbra, 2009
- "O Ónus da Denúncia do Defeito da Empreitada no Artigo 1225º do Código Civil. O Facto e o Direito na Interpretação dos Documentos", in *O Direito*, Ano 131º, I-II, 1999, pp. 231-281

Freitas, Tiago Machado de, "A Extensão do Conceito de Consumidor em Face dos Diferentes Sistemas de Proteção Adotados por Brasil e Portugal", in *Estudos de Direito do Consumidor*, nº 5, 2003, pp. 391-421

Frias, Hélder, "A Internet de Coisas (*IoT*) e o Mercado Segurador", in *FinTech – Desafios da Tecnologia Financeira*, Almedina, Coimbra, 2017, pp. 219-236

Frota, Ângela, "Crédito ao Consumidor", in *Estudos de Direito do Consumo*, Vol. V, 2017, pp. 375-393

Frota, Mário, "Serviços Públicos Essenciais", in *Estudos de Direito do Consumo*, Vol. V, 2017, pp. 173-285
- "Garantia das Coisas Móveis Duradouras", in *Revista Portuguesa de Direito do Consumo*, nº 53, 2008, pp. 28-42
- "Os Serviços de Interesse Geral e o Princípio Fundamental da Protecção dos Interesses Económicos do Consumidor", in *MaiaJurídica*, Ano V, nº 2, 2007, pp. 39-63
- "O Tratado de Amesterdão e a Tutela dos Direitos do Consumidor", in *Revista Portuguesa de Direito do Consumo*, nº 15, 1998, pp. 91-93

Froufe, Pedro Madeira, "A Noção de Consumidor a Crédito", in *Scientia Ivridica*, Vol. XLVIII, nºs 280/282, 1999, pp. 427-441

Gálvez Krüger, María Antonieta, "O Consumidor de Referência para Avaliar a Deslealdade da Publicidade e de Outras Práticas Comerciais", in *Estudos em Homenagem ao Professor Doutor Carlos Ferreira de Almeida*, Vol. I, Almedina, Coimbra, 2011, pp. 521-548

Garcia, António, "O Fiador e a Nulidade do Contrato de Crédito", in *Casos Práticos Resolvidos de Direito do Consumo*, Almedina, Coimbra, 2019, pp. 121-123 (com Inês Carreiro e Yelyzaveta Lemeshko)

García-Granero, Mª Dolores Mezquita, "Los Plazos en la Compraventa de Consumo. Estudio Comparativo de la Cuestión en el Derecho Español y Portugués", in *Estudos de Direito do Consumidor*, nº 6, 2004, pp. 151-202

Garcia, Leonardo de Medeiros, *Código de Defesa do Consumidor Comentado*, 13ª edição, Juspodivm, Salvador, 2017

Garcia, Maria Olinda, "Arrendamento de Curta Duração a Turistas: Um (Impropriamente) Denominado Contrato de Alojamento Local", in *RED – Revista Electrónica de Direito*, nº 3, 2017
- "O Consumidor Mais Protegido – O Alcance do Decreto-Lei nº 84/2008, de 21 de Maio", in *Julgar*, nº 6, 2008, pp. 35-40

GARCIA, Sara Fernandes, *As Práticas Comerciais Desleais: Uma Visita Guiada pelo Regime Português*, Faculdade de Direito da Universidade Nova de Lisboa, Lisboa, 2014 (policopiado)

GARCÍA VICENTE, José Ramón, "Derecho de Desistimiento", in *Comentario del Texto Refundido de la Ley General para la Defensa de los Consumidores y Usuarios y Otras Leyes Complementarias*, Aranzadi, Navarra, 2009, pp. 845-881
– "La Contratación con Consumidores", in *Tratado de Contratos*, Vol. II, Tirant lo blanch, Valencia, 2009, pp. 1443-1582

GATA, João E., "A Economia de Partilha", in *Revista de Concorrência e Regulação*, Ano VII, nº 26, 2016, pp. 193-219

GHERSI, Carlos A., *Manual de los Derechos de Usuarios y Consumidores*, La Ley, Buenos Aires, 2011 (com CELIA WEINGARTEN)

GHESTIN, Jacques, "Le Juste et l'Utile dans les Effets du Contrat", in *Contratos: Actualidade e Evolução*, Faculdade de Direito da Universidade Católica Portuguesa, Porto, 1997, pp. 123-165 (com CHRISTOPHE JAMIN)

GIROLAMI, Matilde, *Le Nullità di Protezione nel Sistema delle Invalidità Negoziali*, CEDAM, Padova, 2009

GOMES, Carla Amado, "Os Novos *Trabalhos* do Estado: A Administração Pública e a Defesa do Consumidor", in *Estudos do Instituto de Direito do Consumo*, Vol. I, 2002, pp. 31-61

GOMES, Manuel Januário da Costa, "Ser ou Não Ser Conforme, Eis a Questão – Em tema de Garantia Legal de Conformidade na Venda de Bens de Consumo", in *Cadernos de Direito Privado*, nº 21, 2008, pp. 3-20
– "Apontamentos Sobre a Garantia de Conformidade na Venda de Bens de Consumo", in *Revista Portuguesa de Direito do Consumo*, nº 43, 2005, pp. 11-27
– *Assunção Fidejussória de Dívida – Sobre o Sentido e o Âmbito da Vinculação como Fiador*, Almedina, Coimbra, 2000
– "Sobre o «Direito de Arrependimento» do Adquirente de Direito Real de Habitação Periódica (Time-Sharing) e a sua Articulação com Direitos Similares noutros Contratos de Consumo", in *Revista Portuguesa de Direito do Consumo*, nº 3, 1995, pp. 70-86

GOMES, Rui Bayão de Sá, "Breves Notas sobre o Cumprimento Defeituoso no Contrato de Empreitada", in *Ab Vno ad Omnes – 75 Anos da Coimbra Editora*, Coimbra Editora, Coimbra, 1998, pp. 587-639

GÓMEZ, Soledad, "La Directive 1999/44CE sur Certains Aspects de la Vente et des Garanties des Biens de Consommation", in *Revue Européenne de Droit de la Consommation*, nº 5, 2000, pp. 5-39 (com MÁRIO TENREIRO)

Gomide, Alexandre Junqueira, *Direito de Arrependimento nos Contratos de Consumo*, Almedina, Coimbra, 2014

Gouveia, Mariana França, *Curso de Resolução Alternativa de Litígios*, 3ª edição, Almedina, Coimbra, 2014
– "A Experiência da UMAC na Mediação de Conflitos de Consumo", in *Conflitos de Consumo*, Almedina, Coimbra, 2006, pp. 23-39 (com Jorge Morais Carvalho)
– "Eficácia Negocial da Publicidade a Imóveis", in *Scientia Ivridica*, Vol. XLIX, 2000, pp. 135-172

Guimarães, Maria Raquel, "Enforcement and Effectiveness of Consumer Law in Portugal: Filling the Gap Between the Law on the Books and the Law in Action", in *Enforcement and Effectiveness of Consumer Law*, Springer, 2018, pp. 457-477 (com António Pinto Monteiro e Sandra Passinhas)
– "A Protecção do Consumidor na União Europeia entre o Universalismo e a Fragmentação: A Imposição e Difusão de «Valores Europeus» em Matéria de Contratos de Consumo Dentro e Fora das Fronteiras Europeias", in *Retos para la Acción Exterior de la Unión Europea*, Tirant lo Blach, Valencia, 2017, pp. 711-727
– "Os Contratos-Quadro de Prestação de Serviços de Pagamento", in *I Congresso de Direito do Consumo*, Almedina, Coimbra, 2016, pp. 177-188
– "A Força Normativa dos Avisos do Banco de Portugal – Reflexão a Partir do Aviso nº 11/2001, de 20 de Novembro", in *Nos 20 Anos do Código das Sociedades Comerciais – Homenagem aos Profs. Doutores A. Ferrer Correia, Orlando de Carvalho e Vasco Lobo Xavier*, Vol. III, Coimbra Editora, Coimbra, 2007, pp. 707-723 (com Maria Regina Redinha)
– "Algumas Reflexões sobre o Pagamento com Cartão de Crédito ou de Débito no âmbito da Contratação Electrónica", in *Temas de Direito da Informática e da Internet*, Coimbra Editora, Coimbra, 2004, pp. 161-180
– "Algumas Considerações sobre o Aviso nº 11/2001 do Banco de Portugal, de 20 de Novembro, Relativo aos Cartões de Crédito e de Débito", in *Revista da Faculdade de Direito da Universidade do Porto*, Ano I, 2004, pp. 247-276

Heirman, Glenn, "Core Terms: Interpretation and Possibilities of Assessment", in *EuCML – Journal of European Consumer and Market Law*, nº 1, 2017, pp. 30-34

Heras Hernández, María del Mar, "La Forma de los Contratos: el Neoformalismo en el Derecho de Consumo", in *Revista de Derecho Privado*, 2005, pp. 27-50

Herculano, Ana Filipa Peixe, *Contratos no Domicílio e Contratos à Distância – Um Contributo para a Análise Comparativa dos Regimes*, Faculdade de Direito da Universidade Nova de Lisboa, Lisboa, 2009 (policopiado)

Hespanha, António Manuel, *O Caleidoscópio do Direito – O Direito e a Justiça nos Dias e no Mundo de Hoje*, 2ª edição, Almedina, Coimbra, 2009

HOFFMAN, Reid, *Start-Up – Um Novo Futuro*, trad. de Luís Santos, Clube do Autor, Lisboa, 2012 (com BEN CASNOCHA)

HOMEM, Mariana Carvalho, "A Formação dos Contratos no Comércio Electrónico", in *RED – Revista Electrónica de Direito*, nº 1, 2013

HONDIUS, Ewoud, "Consumer Law and Private Law: Where the Twains Shall Meet", in *Law and Diffuse Interests in the European Legal Order – Recht und Diffuse Interessen in der Europäischen Rechtordnung – Liber Amicorum Norbert Reich*, Nomos Verlagsgesellschaft, Baden-Baden, 1997, pp. 311-337

HÖRSTER, Heinrich Ewald, *A Parte Geral do Código Civil Português – Teoria Geral do Direito Civil*, Almedina, Coimbra, 2007 (reimpressão da edição de 1992)

HOWELLS, Geraint, *Rethinking EU Consumer Law*, Routledge, 2018 (com CHRISTIAN TWIGG-FLESNER e THOMAS WILHELMSSON)
- "Reflections on Remedies for Lack of Conformity in Light of the Proposals of the EU Commission on Supply of Digital Content and Online and other Distance Sales of Goods", in *European Contract Law and the Digital Single Market – The Implications of the Digital Revolution*, Intersentia, Cambridge, 2016, pp. 145-161
- "Overview of the Proposed Consumer Rights Directive", in *Modernising and Harmonising Consumer Contract Law*, Sellier, Munich, 2009, pp. 3-25 (com REINER SCHULZE)
- "The Scope of European Consumer Law", in *European Review of Contract Law*, nº 3, 2005, pp. 360-372
- "The Right of Withdrawal in European Consumer Law", in *Europäisches Vertragsrecht im Gemeinschaftsrecht*, Bundesanzeiger, Köln, 2002, pp. 229-238
- *EC Consumer Law*, Dartmouth, Aldershot, 1997 (com THOMAS WILHELMSSON)

JAMIN, Christophe, "Le Juste et l'Utile dans les Effets du Contrat", in *Contratos: Actualidade e Evolução*, Faculdade de Direito da Universidade Católica Portuguesa, Porto, 1997, pp. 123-165 (com JACQUES GHESTIN)

JANSSEN, André, "I Termini della Direttiva 1999/44/CE ed il loro Recepimento nel Diritto Tedesco con Particolare Riguardo alla Convenzione di Vienna sulla Vendita Internazionale", trad. de Valentina Maglio, in *Contratto e Impresa / Europa*, Anno 9, nº 2, 2004, pp. 876-886

JERÓNIMO, Maria, "As Garantias dos Novos Financiamentos", in *IV Congresso de Direito da Insolvência*, Almedina, Coimbra, 2017, pp. 269-291 (com JORGE MORAIS CARVALHO)

JOHNSTON, Angus, *The German Law of Contract – A Comparative Treatise*, 2ª edição, Hart Publishing, Oxford, 2006 (com BASIL MARKESINIS e HANNES UNBERATH)

JONGENEEL, R.H.C., "The Sale of Goods in The Netherlands Civil Code: A Contribution to the Discussion about the Green Paper on Guarantees for Consumer Goods and After-Sales Services", in *Consumer Law Journal*, Vol. 3, 1995, pp. 143-148

JÚDICE, José Miguel, "Regime da Responsabilidade Objetiva do Produtor – Há Bens que Vêm para Mal ou a História do Zé dos Anzóis", in *I Congresso de Direito do Consumo*, Almedina, Coimbra, 2016, pp. 211-217
– "Uma Reflexão sobre o Direito do Consumo", in *Estudos de Direito do Consumidor*, nº 4, 2002, pp. 49-56

JUNIOR, Olavo Figueiredo Cardoso, "Criptomoedas à Luz da Globalização e seu Enquadramento no Âmbito do Direito das Relações de Consumo", in *Revista de Direito do Consumidor*, Vol. 27, nº 120, 2018, pp. 105-130 (com MARIANA RIBEIRO SANTIAGO)

KALAMEES, Piia, "Connected Consumer Goods: Who is Liable for Defects in the Ancillary Digital Service?", in *EuCML – Journal of Consumer and Market Law*, nº 1, 2019, pp. 13-22 (com KARIN SEIN)

KHAN, Muhammad Akbar, "The Role of Islamic State in Consumer Protection", in *Pakistan Journal of Islamic Research*, Vol 8, 2011, pp. 31-44

KHOURI, Paulo R. Roque A., "Cláusulas Gerais, Boa Fé, Dignidade da Pessoa Humana e Segurança Jurídica", in *I Congresso de Direito do Consumo*, Almedina, Coimbra, 2016, pp. 39-50
– *Direito do Consumidor – Contratos, Responsabilidade Civil e Defesa do Consumidor em Juízo*, 6ª edição, Atlas, São Paulo, 2013

KRÄMER, L., *EEC Consumer Law*, E. Story-Scientia, Bruxelles, 1986

LAFFINEUR, Jacques, "L'Évolution du Droit Communautaire Relatif aux Contrats de Consommation", in *Revue Européenne de Droit de la Consommation*, nº 1, 2001, pp. 19-42

LANGHANKE, Carmen, "Consumer Data as Consideration", in *EuCML – Journal of European Consumer and Market Law*, nº 6, 2015, pp. 218-223 (com MARTIN SCHMIDT-KESSEL)

LARCHER, Sara, "Contratos Celebrados Através da Internet: Garantias dos Consumidores contra Vícios na Compra e Venda de Bens de Consumo", in *Estudos do Instituto de Direito do Consumo*, Vol. II, 2005, pp. 141-253

LARISMA, Susana, "Contratação Electrónica", in *O Comércio Electrónico em Portugal – O Quadro Legal e o Negócio*, Anacom, Lisboa, 2004, pp. 157-170

LAURENTINO, Sandrina, "Os Destinatários da Legislação do Consumidor", in *Estudos de Direito do Consumidor*, nº 2, 2000, pp. 415-434

LEAL, Ana Alves, "Aspetos Jurídicos da Análise de Dados na Internet (*Big Data Analytics*) nos Setores Bancário e Financeiro: Proteção de Dados Pessoais e Deveres de Informação", in *FinTech – Desafios da Tecnologia Financeira*, Almedina, Coimbra, 2017, pp. 75-202

LEHMANN, Michael, "A European Market for Digital Goods", in *European Contract Law and the Digital Single Market – The Implications of the Digital Revolution*, Intersentia, Cambridge, 2016, pp. 111-126
- "Data as Tradeable Commodity and New Measures for their Protection", in *The Italian Law Journal*, Vol. I, nº 1, 2015, pp. 51-72 (com ALBERTO DE FRANCESCHI)
- "Il Commercio Elettronico nell'Unione Europea e la Nuova Direttiva sui Diritti dei Consumatori", in *Rassegna di Diritto Civile*, nº 2, 2012, pp. 419-458 (com ALBERTO DE FRANCESCHI)

LEITÃO, Adelaide Menezes, "Nótula sobre a Protecção dos Consumidores no Regime Jurídico do Contrato de Seguro", in *Estudos de Direito do Consumo – Homenagem a Manuel Cabeçadas Ataíde Ferreira*, DECO, 2016, pp. 11-17
- "Comércio Electrónico e Direito do Consumo", in Liber Amicorum *Mário Frota – A Causa dos Direitos dos Consumidores*, Almedina, Coimbra, 2012, pp. 31-39
- "A Publicidade no Anteprojecto do Código do Consumidor", in *Estudos do Instituto de Direito do Consumo*, Vol. III, 2006, pp. 135-146
- "Tutela do Consumo e Procedimento Administrativo", in *Estudos do Instituto de Direito do Consumo*, Vol. II, 2005, pp. 119-140
- *Estudo de Direito Privado sobre a Cláusula Geral de Concorrência Desleal*, Almedina, Coimbra, 2000

LEITÃO, Alexandra, "A Protecção dos Consumidores no Sector das Telecomunicações", in *Estudos do Instituto de Direito do Consumo*, Vol. I, 2002, pp. 131-152

LEITÃO, Luís Manuel Teles de Menezes, "A Revisão do Regime das Práticas Comerciais Desleais", in *I Congresso de Direito do Consumo*, Almedina, Coimbra, 2016, pp. 73-94
- "As Práticas Comerciais Desleais nas Relações de Consumo", in Liber Amicorum *Mário Frota – A Causa dos Direitos dos Consumidores*, Almedina, Coimbra, 2012, pp. 369-386
- *Direito das Obrigações*, Vol. I, 9ª edição, Almedina, Coimbra, 2010
- "O Novo Regime da Venda de Bens de Consumo", in *Estudos do Instituto de Direito do Consumo*, Vol. II, 2005, pp. 37-73
- "A Protecção do Consumidor contra as Práticas Comerciais Desleais e Agressivas", in *Estudos de Direito do Consumidor*, nº 5, 2003, pp. 163-181
- "O Direito do Consumo: Autonomização e Configuração Dogmática", in *Estudos do Instituto de Direito do Consumo*, Vol. I, 2002, pp. 11-30
- "A Distribuição de Mensagens de Correio Electrónico Indesejadas (*Spam*)", in *Estudos em Homenagem à Professora Doutora Isabel Magalhães Collaço*, Vol. I, Almedina, Coimbra, 2002, pp. 219-240

– "Caveat Venditor? A Directiva 1999/44/CE do Conselho e do Parlamento Europeu sobre a Venda de Bens de Consumo e Garantias Associadas e suas Implicações no Regime Jurídico da Compra e Venda", in *Estudos em Homenagem ao Prof. Doutor Inocêncio Galvão Telles,* Vol. I, Almedina, Coimbra, 2002, pp. 263-303

LEMESHKO, Yelyzaveta, "O Fiador e a Nulidade do Contrato de Crédito", in *Casos Práticos Resolvidos de Direito do Consumo*, Almedina, Coimbra, 2019, pp. 121-123 (com ANTÓNIO GARCIA e INÊS CARREIRO)

LENCASTRE, André, *Guia da Lei do Comércio Electrónico*, Centro Atlântico, Lisboa, 2004 (com ANA MARGARIDA MARQUES e MANUEL LOPES ROCHA)

LIMA, Pires de, *Código Civil Anotado,* Vol. II, 4ª edição, Coimbra Editora, Coimbra, 1997 (com ANTUNES VARELA)
– *Código Civil Anotado,* Vol. I, 4ª edição, Coimbra Editora, Coimbra, 1987 (com ANTUNES VARELA)

LIZ, Jorge Pegado, "Os Consumidores São Todos Vulneráveis", in *Estudos de Direito do Consumo – Homenagem a Manuel Cabeçadas Ataíde Ferreira*, DECO, 2016, pp. 257-293
– "Práticas Comerciais Proibidas", in *Estudos do Instituto de Direito do Consumo,* Vol. IV, 2014, pp. 79-141
– "Algumas Reflexões a Propósito do Direito dos Consumidores à Informação", in Liber Amicorum *Mário Frota – A Causa dos Direitos dos Consumidores*, Almedina, Coimbra, 2012, pp. 335-353
– "Que Informação para os Consumidores?", in *Revista Portuguesa de Direito do Consumo,* nº 54, 2008, pp. 129-140
– "Um Código do Consumidor, Para os Consumidores ou Nem uma Coisa Nem Outra?", in *Revista Portuguesa de Direito do Consumo,* nº 49, 2007, pp. 26-32
– "A «Lealdade» no Comércio ou as Desventuras de uma Iniciativa Comunitária (Análise Crítica da Directiva 2005/29/CE)", in *Revista Portuguesa de Direito do Consumo,* nº 44, 2005, pp. 17-93
– "Acerca das Garantias na Venda de Bens de Consumo – Da Perspectiva Comunitária ao Direito Interno Português – I Parte", in *Forum Iustitiae – Direito e Sociedade,* Ano II, nº 8, 2000, pp. 50-56
– "Acerca das Garantias na Venda de Bens de Consumo – Da Perspectiva Comunitária ao Direito Interno Português – II Parte", in *Forum Iustitiae – Direito e Sociedade,* Ano II, nº 9, 2000, pp. 55-58
– *Introdução ao Direito e à Política do Consumo,* Editorial Notícias, Lisboa, 1999

LÔBO, Paulo Netto, "A Informação como Direito Fundamental do Consumidor", in *Estudos de Direito do Consumidor,* nº 3, 2001, pp. 23-45

LOK, Ka Long, "A Tutela dos Consumidores nas Publicidades Enganosas", in *Estudos de Direito do Consumidor,* nº 12, 2017, pp. 423-453

LOOS, Marco B. M., "Double Dutch – On the Role of the Transparency Requirement with Regard to the Language in which Standard Contract Terms for B2C-Contracts must be Drafted", in *EuCML – Journal of European Consumer and Market Law*, nº 2, 2017, pp. 54-59

– "Consumer Sales in The Netherlands After the Implementation of the Consumer Rights Directive", in *Consumer Sales in Europe*, Intersentia, Cambridge, 2016, pp. 109-130

– "Implementation of CRD (Almost) Completed, Harmonisation Achieved?", in *euvr – Zeitschrift für Europäisches Unternehmens- und Verbraucherrecht – Journal of European Consumer and Market Law*, Vol. 3, nº 4, 2014, pp. 213-214

– "A Critical Analysis of the Proposal for a Consumer Rights Directive", in http://dare.uva.nl/document/161942, 2009

– "Rights of Withdrawal", in *Modernising and Harmonising Consumer Contract Law*, Sellier, Munich, 2009, pp. 237-277

LOPES, Dulce, *Alojamento Local e Uso de Fração Autónoma*, Almedina, Coimbra, 2017 (com FERNANDA PAULA OLIVEIRA e SANDRA PASSINHAS)

LOPES, Soraia Marisa de Matos, *Os Riscos da Comunicação Comercial em Rede para a Privacidade dos Consumidores*, Faculdade de Direito da Universidade Nova de Lisboa, Lisboa, 2016 (policopiado)

LÓPEZ CABANA, Roberto, "Derecho Iberoamericano del Consumidor", in *Revista de Derecho Privado*, 2001, pp. 265-316

– "La Protección del Consumidor en la Argentina", in *Estudos de Direito do Consumidor*, nº 2, 2000, pp. 181-195, p. 193

LÓPEZ SÁNCHEZ, Manuel Ángel, "La Prevención del Sobreendeudamiento en la Propuesta de Directiva sobre Crédito a los Consumidores", in *Études de Droit de la Consommation – Liber amicorum Jean Calais-Auloy*, Dalloz, Paris, 2004, pp. 621-649

LOUREIRO, Carlos Gabriel da Silva, "Juros Usurários no Crédito ao Consumo", in *Revista de Estudos Politécnicos*, Vol. V, nº 8, 2007, pp. 265-280

LUJINOVIC, Enna, "Towards a Circular Economy in EU Consumer Markets – Legal Possibilities and Legal Challenges and the Dutch Example", in *EuCML – Journal of Consumer and Market Law*, nº 1, 2019, pp. 4-13 (com VANESSA MAK)

LUMINOSO, Angelo, "Il Sistema dei Rimedi: La Riparazione e la Sostituzione del Bene Difettoso e il Diritto di Regresso del Venditore", in *L'Attuazione della Direttiva 99/44/CE in Italia e in Europa*, CEDAM, Padova, 2002, pp. 45-81

LUZAK, Joasia A., "The Consumer Rights Directive", in *Centre for the Study of European Contract Law Working Paper Series*, nº 1, 2013 (com VANESSA MAK) – http://papers.ssrn.com/sol3/papers.cfm?abstract_id=2192603

MACHADO, Ana Catarina, "O Frigorífico que a Ana Comprou ao Pedro no OLX", in *Casos Práticos Resolvidos de Direito do Consumo*, Almedina, Coimbra, 2019, pp. 164-172 (com ANTÓNIO MARIA NOVAIS e CAROLINA PEREIRA PIRES)

MACHADO, João Baptista, "Acordo Negocial e Erro na Venda de Coisas Defeituosas", in *Obra Dispersa*, Vol. I, Scientia Ivridica, Braga, 1991, pp. 31-124 (publicado originariamente, em 1972, no *Boletim do Ministério da Justiça*)
– "Do Princípio da Liberdade Contratual", in *Obra Dispersa*, Vol. I, Scientia Ivridica, Braga, 1991, pp. 623-646

MACHADO, Miguel Nuno Pedrosa, "Sobre Cláusulas Contratuais Gerais e Conceito de Risco", in *Revista da Faculdade de Direito da Universidade de Lisboa*, Vol. XXIX, 1988, pp. 77-155

MADALENO, Cláudia, "Informação e Publicidade. Em Especial, a Publicidade de Produtos Financeiros", in Liber Amicorum *Mário Frota – A Causa dos Direitos dos Consumidores*, Almedina, Coimbra, 2012, pp. 61-101

MAGGIOLINO, Mariateresa, "Uber In Europe: Are There Still Judges In Luxembourg?", Competition Policy International, 2018 (com MARGHERITA COLANGELO) – https://www.competitionpolicyinternational.com/wp-content/uploads/2018/05/ CPI-Colangelo-Maggiolino.pdf

MAGID, Larry, "It Pays To Read License Agreements", in http://www.pcpitstop.com/spycheck/eula.asp

MAIA, Pedro, "Portugal: The Implementation of Directive 2005/29/EU from the Perspective of Portuguese Private Law", in *EuCML – Journal of European Consumer and Market Law*, nº 5, 2015, pp. 204-208
– "Contratação à Distância e Práticas Comerciais Desleais", in *Estudos de Direito do Consumidor*, nº 9, 2015, pp. 143-176

MAK, Vanessa, "Towards a Circular Economy in EU Consumer Markets – Legal Possibilities and Legal Challenges and the Dutch Example", in *EuCML – Journal of Consumer and Market Law*, nº 1, 2019, pp. 4-13 (com ENNA LUJINOVIC)
– "Peer-to-Peer Lending in the European Union", in *EuCML – Journal of European Consumer and Market Law*, nº 4, 2016, p. 181 (com CHRISTOPH BUSCH)
– "The Consumer in European Regulatory Private Law", in *Tilburg Private Law Working Paper Series*, nº 5, 2015 –http://papers.ssrn.com/sol3/papers.cfm?abstract_id=2600474
– "The Consumer Rights Directive", in *Centre for the Study of European Contract Law Working Paper Series*, nº 1, 2013 (com JOASIA A. LUZAK) – http://papers.ssrn.com/sol3/papers.cfm?abstract_id=2192603

MALPARTIDA CASTILLO, Victor, "Apuntes en Torno al Derecho del Consumidor", in *Revista de Derecho y Ciencia Política*, Vol. 59, nº 1, 2002, pp. 91-113

MAŃKO, Rafał, "Contracts for the Supply of Digital Content and Personal Data Protection", 2017 (com SHARA MONTELEONE) – http://www.europarl.europa.e u/RegData/etudes/BRIE/2017/603929/EPRS_BRI(2017)603929_EN.pdf

MARÇAL, Sergio Pinheiro, "Definição Jurídica de Consumidor – Evolução da Jurisprudência do STJ", in *Revista do Advogado*, Ano XXVI, nº 89 – 15 Anos de Vigência do Código de Defesa do Consumidor, 2006, pp. 107-113

MARIANO, João Cura, *Responsabilidade Contratual do Empreiteiro pelos Defeitos da Obra*, 6ª edição, Almedina, Coimbra, 2015

MARINI, Luca, *Il Commercio Elettronico – Profili di Diritto Comunitario*, CEDAM, Padova, 2000

MARKESINIS, Basil, *The German Law of Contract – A Comparative Treatise*, 2ª edição, Hart Publishing, Oxford, 2006 (com HANNES UNBERATH e ANGUS JOHNSTON)

MARQUES, Ana Margarida, *Guia da Lei do Comércio Electrónico*, Centro Atlântico, Lisboa, 2004 (com ANDRÉ LENCASTRE e MANUEL LOPES ROCHA)

MARQUES, Claudia Lima, *Contratos no Código de Defesa do Consumidor – O Novo Regime das Relações Contratuais*, 5ª edição, Editora Revista dos Tribunais, São Paulo, 2006
– *Comentários ao Código de Defesa do Consumidor*, Editora Revista dos Tribunais, São Paulo, 2003 (com ANTÔNIO HERMAN BENJAMIN e BRUNO MIRAGEM)

MARTÍNEZ NADAL, Apol·lònia, *Las Cláusulas de Paridad Tarifaria en la Comercialización Electrónica de Servicios de Alojamiento Turístico*, Thomson Reuters Aranzadi, 2017

MARTINEZ, Pedro Romano, "Celebração de Contratos à Distância e o Novo Regime do Contrato de Seguro", in *Revista de Direito e de Estudos Sociais*, Ano L, n.os 3-4, 2009, pp. 85-116
– "Compra e Venda e Empreitada", in *Comemorações dos 35 Anos do Código Civil e dos 25 Anos da Reforma de 1977*, Vol. III – Direito das Obrigações, Coimbra Editora, Coimbra, 2007, pp. 235-263
– "Anteprojecto do Código do Consumidor – Contratos em Especial", in *Estudos do Instituto de Direito do Consumo*, Vol. III, 2006, pp. 57-64
– *Da Cessação do Contrato*, 2ª edição, Almedina, Coimbra, 2006
– "Empreitada de Bens de Consumo – A Transposição da Directiva nº 1999/44/CE pelo Decreto-Lei nº 67/2003", in *Estudos do Instituto de Direito do Consumo*, Vol. II, 2005, pp. 11-35
– "Empreitada de Consumo", in *Themis – Revista da Faculdade de Direito da UNL*, Ano II, nº 4, 2001, pp. 155-171
– *Cumprimento Defeituoso – Em Especial na Compra e Venda e na Empreitada*, Almedina, Coimbra, 1994

Martinho, Ana Rita, "O Jacuzzi do Alberto", in *Casos Práticos Resolvidos de Direito do Consumo*, Almedina, Coimbra, 2019, pp. 139-145 (com Carolina Rodrigues)

Martins, Alexandre Soveral, "A Transposição da Directiva sobre Práticas Comerciais Desleais", in *Estudos em Homenagem ao Professor Doutor Carlos Ferreira de Almeida*, Vol. I, Almedina, Coimbra, 2011, pp. 569-585

Martins, Ana Maria Guerra, "O Direito Comunitário do Consumo – Guia de Estudo", in *Estudos do Instituto de Direito do Consumo*, Vol. I, 2002, pp. 63-91

Martins, Guilherme Magalhães, *Formação dos Contratos Eletrônicos de Consumo Via Internet*, 2ª edição, Editora Lumen Juris, Rio de Janeiro, 2010

Masseno, Manuel David, "On the Relevance of *Big Data* for the Formation of Contracts Regarding *Package Tours* or *Linked Travel Arrangements*, According to the New Package Travel Directive", in *Comparazione e Diritto Civile*, Vol. 4, 2016, pp. 2-13

Matos, Filipe Miguel Cruz de Albuquerque, "A Fase Preliminar do Contrato", in *Comemorações dos 35 Anos do Código Civil e dos 25 Anos da Reforma de 1977*, Vol. III – Direito das Obrigações, Coimbra Editora, Coimbra, 2007, pp. 309-368

Medeiros, Rui, *Constituição Portuguesa Anotada*, Vol. I, 2ª edição, Coimbra Editora, Coimbra, 2010 (com Jorge Miranda)

Meirim, José Manuel, "A Constituição da República e os Consumidores", in *Revista do Ministério Público*, Ano 11º, nº 44, 1990

Melo, Manuel, *Regime Jurídico dos Centros Telefónicos de Relacionamento («Call Centers») em Portugal*, Faculdade de Direito da Universidade Nova de Lisboa, Lisboa, 2016 (policopiado)

Mendes, Armindo Ribeiro, "Contratos de Adesão e os Direitos do Consumidor", in *Progresso do Direito*, Ano II, nº 2, 1984, pp. 35-56

Mendes, Cátia Sofia Ramos, "O Contrato de Prestação de Serviços de Fornecimento de Água à Luz dos Princípios Emergentes da Lei dos Serviços Públicos Essenciais e do Decreto-Lei nº 194/2009, de 20 de agosto", in *Estudos de Direito do Consumo – Homenagem a Manuel Cabeçadas Ataíde Ferreira*, DECO, 2016, pp. 153-179
– *O Contrato de Prestação de Serviços de Fornecimento de Água*, Faculdade de Direito da Universidade Nova de Lisboa, Lisboa, 2015 (policopiado)

Mendes, Pedro Vaz, "A Excepção de Não Cumprimento nos Contratos Públicos", in *O Direito*, Ano 140º, I, 2008, pp. 119-207

MICKLITZ, Hans-W., "La Directive 97/7/CE sur les Contrats à Distance", in La Protection des Consommateurs Acheteurs à Distance, Bruylant, Bruxelles, 1999, pp. 23-56

MIRAGEM, Bruno, *Curso de Direito do Consumidor*, 5ª edição, Editora Revista dos Tribunais, São Paulo, 2014
– *Comentários ao Código de Defesa do Consumidor*, Editora Revista dos Tribunais, São Paulo, 2003 (com ANTÔNIO HERMAN BENJAMIN e CLAUDIA LIMA MARQUES)

MIRANDA, Jorge, "Anotação ao Artigo 60º da Constituição", in *Estudos do Instituto de Direito do Consumo*, Vol. IV, 2014, pp. 25-34
– *Constituição Portuguesa Anotada*, Vol. I, 2ª edição, Coimbra Editora, Coimbra, 2010 (com RUI MEDEIROS)

MIRANDA, Miguel, *O Contrato de Viagem Organizada*, Almedina, Coimbra, 2000

MIRANDA, Yara, "As Cláusulas Contratuais Abusivas em Matéria de Relações de Consumo", in *Direito Privado e Direito Comunitário – Alguns Ensaios*, Âncora Editora, Lisboa, 2007, pp. 643-750

MIRANTE, Daniela, "Os Contratos de Adesão e o Regime das Cláusulas Contratuais Gerais: O Caso Especial do Contrato de Trabalho de Adesão. Contributo para o Estudo da Questão", in *Questões Laborais*, Ano XXII, nº 46, 2015, pp. 47-86

MOMBERG, Rodrigo, "Standard Terms and Transparency in Online Contracts", in *European Contract Law and the Digital Single Market – The Implications of the Digital Revolution*, Intersentia, Cambridge, 2016, pp. 189-207

MONCADA, Luís Cabral de, *Lições de Direito Civil*, 4ª edição, Almedina, Coimbra, 1995

MONGILLO, Roberta, "Beni di Consumo, Beni ad Uso Promiscuo e Squilibrio Negoziale", in *Il Diritto dei Consumi – Realtà e Prospettive*, Edizioni Scientifiche Italiane, Napoli, 2008, pp. 359-384

MONIZ, Maria da Graça, "Notas Breves Sobre a Habitação em Geral e Especificidades da Região Autónoma da Madeira", in *Estudos de Direito do Consumidor*, nº 8, 2006/2007, pp. 609-634

MONTEIRO, António Pinto, "Enforcement and Effectiveness of Consumer Law in Portugal: Filling the Gap Between the Law on the Books and the Law in Action", in *Enforcement and Effectiveness of Consumer Law*, Springer, 2018, pp. 457-477 (com SANDRA PASSINHAS e MARIA RAQUEL GUIMARÃES)
– "Direitos do Consumidor em Caso de Falta de Conformidade do Bem com o Contrato", in *Revista de Legislação e de Jurisprudência*, Ano 145º, nº 3997, 2016, pp. 237-248 (com JORGE MORAIS CARVALHO)

- "O Direito do Consumidor em Debate: Evolução e Desafios", in *I Congresso de Direito do Consumo*, Almedina, Coimbra, 2016, pp. 11-26
- "O Novo Regime da Contratação à Distância – Breve Apresentação", in *Estudos de Direito do Consumidor*, nº 9, 2015, pp. 11-18
- "Ordinamento Portoghese e Clausole Vessatorie", in *Le Clausole Vessatorie a Vent'Anni dalla Direttiva CEE 93/13*, Edizioni Scientifiche Italiane, Napoli, 2013, pp. 165-173
- "A Contratação em Massa e a Protecção do Consumidor numa Economia Globalizada", in *Revista de Legislação e de Jurisprudência*, Ano 139º, nº 3961, 2010, pp. 221-235
- *Contratos de Distribuição Comercial*, Almedina, Coimbra, 2009 (reimpressão da edição de 2002)
- "Harmonização Legislativa e Protecção do Consumidor (A Propósito do Anteprojecto do Código do Consumidor Português)", in *Themis – Revista da Faculdade de Direito da Universidade Nova de Lisboa*, Edição Especial – Código Civil Português (Evolução e Perspectivas Actuais), 2008, pp. 183-206
- "Breve Nótula sobre a Protecção do Consumidor na Jurisprudência Constitucional", in *Direitos Fundamentais e Direito Privado – Uma Perspectiva de Direito Comparado*, Almedina, Coimbra, 2007, pp. 293-304
- "Sobre o Direito do Consumidor em Portugal e o Anteprojecto do Código do Consumidor", in *Estudos do Instituto de Direito do Consumo*, Vol. III, 2006, pp. 37-55
- *Teoria Geral do Direito Civil*, 4ª edição, Coimbra Editora, Coimbra, 2005 (com Carlos Alberto da Mota Pinto e Paulo Mota Pinto)
- "Discurso na Sessão de Abertura do 6º Curso de Pós-Graduação em Direito do Consumidor - Ano Lectivo 2003/2004", in *Estudos de Direito do Consumidor*, nº 5, 2003, pp. 19-22
- "Garantias na Venda de Bens de Consumo – A Transposição da Directiva 1999/44/CE para o Direito Português", in *Estudos de Direito do Consumidor*, nº 5, 2003, pp. 123-137
- "Garanties dans la Vente de Biens de Consommation. La Transposition de la Directive 1999/44/CE dans le Droit Portugais", in *Boletim da Faculdade de Direito da Universidade de Coimbra*, Vol. LXXIX, 2003, pp. 47-61
- "Contratos de Adesão / Cláusulas Contratuais Gerais", in *Estudos de Direito do Consumidor*, nº 3, 2001, pp. 131-163
- "A Protecção do Consumidor de Serviços Públicos Essenciais", in *Estudos de Direito do Consumidor*, nº 2, 2000, pp. 333-350
- "A Protecção do Consumidor de Serviços de Telecomunicações", in *As Telecomunicações e o Direito na Sociedade da Informação*, Instituto Jurídico da Comunicação, Coimbra, 1999, pp. 138-158
- "Do Direito do Consumo ao Código do Consumidor", in *Estudos de Direito do Consumidor*, nº 1, 1999, pp. 201-214
- "Quadro Jurídico da Protecção do Consumidor", in *Forum Iustitiae – Direito & Sociedade*, Ano I, nº 1, 1999, pp. 44-46
- "A Responsabilidade Civil na Negociação Informática", in *Direito da Sociedade da Informação*, Vol. I, 1999, pp. 229-239
- "O Papel dos Consumidores na Política Ambiental", in *Boletim da Faculdade de Direito da Universidade de Coimbra*, Vol. LXXII, 1996, pp. 383-390

– "Les Clauses Limitatives ou Exonératoires de Responsabilité", in *Boletim da Faculdade de Direito da Universidade de Coimbra*, Vol. LXIX, 1993, pp. 161-176
– "La Protection de l'Acheteur de Choses Défectueuses en Droit Portugais", in *Boletim da Faculdade de Direito da Universidade de Coimbra*, Vol. LXIX, 1993, pp. 259-288 (com Paulo Mota Pinto)
– "Contratos de Adesão: O Regime Jurídico das Cláusulas Contratuais Gerais Instituído pelo Decreto-Lei nº 446/85, de 25 de Outubro", in *Revista da Ordem dos Advogados*, Ano 46, 1986, pp. 733-769

Monteiro, Jorge Sinde, *Responsabilidade por Conselhos, Recomendações ou Informações*, Almedina, Coimbra, 1989

Monteleone, Shara, "Contracts for the Supply of Digital Content and Personal Data Protection", 2017 (com Rafał Mańko) – http://www.europarl.europa.e u/RegData/etudes/BRIE/2017/603929/EPRS_BRI(2017)603929_EN.pdf

Morais, Fernando de Gravato, "Proteção do Consumidor a Crédito na Celebração e na Execução do Contrato", in *RED – Revista Electrónica de Direito*, nº 1, 2014
– "A *Alternatividade* dos Meios de Defesa do Consumidor no Caso de Desconformidade da Coisa com o Contrato de Compra e Venda", in Liber Amicorum *Mário Frota – A Causa dos Direitos dos Consumidores*, Almedina, Coimbra, 2012, pp. 155-169
– *Crédito aos Consumidores*, Almedina, Coimbra, 2009
– *Contratos de Crédito ao Consumo*, Almedina, Coimbra, 2007
– "União de Contratos de Crédito e de Venda para Consumo: Situação Actual e Novos Rumos", in *Estudos de Direito do Consumidor*, nº 7, 2005, pp. 279-313
– *União de Contratos de Crédito e de Venda para o Consumo*, Almedina, Coimbra, 2004
– "Do Regime Jurídico do Crédito ao Consumo", in *Scientia Ivridica*, Vol. XLIX, nºs 286/288, 2000, pp. 375-411

Moreira, Teresa, "Regulação e Proteção dos Consumidores – Algumas Notas", in *I Congresso de Direito do Consumo*, Almedina, Coimbra, 2016, pp. 259-268
– "Novos Desafios para a Contratação à Distância – A Perspetiva da Defesa do Consumidor", in *Estudos de Direito do Consumidor*, nº 9, 2015, pp. 19-36

Moreira, Vital, *Constituição da República Portuguesa Anotada*, Vol. I, 4ª edição, Coimbra Editora, Coimbra, 2007 (com J. J. Gomes Canotilho)

Moreno, Guillermo Palao, "La Protección de los Consumidores en el Ámbito Comunitario Europeo", in *Derecho Privado de Consumo*, Tirant lo Blanch, Valencia, 2005, pp. 73-94

Moura, António Souto, *As Funções da Marca e a Tutela Jurídica da Expectativa do Consumidor*, Faculdade de Direito da Universidade Nova de Lisboa, Lisboa, 2016 (policopiado)

Moura, Miguel Calado Azevedo, *Os Limites da Vinculação Unilateral – A Promessa (Unilateral) no Direito Civil*, Faculdade de Direito da Universidade Nova de Lisboa, Lisboa, 2018 (policopiado)

– "Perspetivas Extracontratuais e Contratuais da Prevenção do Perigo na Prática Desportiva do Golfe — A Propósito do Acórdão do TRL, de 16 de Abril de 2013, e do Acórdão do STJ, de 15 de Novembro de 2013", in *Desporto & Direito – Revista Jurídica do Desporto*, Ano XI, nº 32, 2014, pp. 141-172 (com Jorge Morais Carvalho)

Munhoz, Ricardo, "Contrato de *Leasing* (Locação Financeira)", in *Revista Portuguesa de Direito do Consumo*, nº 12, 1997, pp. 7-16

Múrias, Pedro, "Sobre o Conceito e a Extensão do Sinalagma", in *Estudos em Honra do Professor Doutor José de Oliveira Ascensão*, Vol. I, Almedina, Coimbra, 2008, pp. 379-430, p. 386 (com Maria de Lurdes Pereira)

Nabais, José Casalta, "O Estatuto Constitucional dos Consumidores", in *Estudos em Homenagem ao Prof. Doutor Sérvulo Correia*, Vol. I, Coimbra Editora, Coimbra, 2010, pp. 479-508

Nakamoto, Satoshi, *Bitcoin: A Peer-to-Peer Electronic Cash System*, 2008 – https://bitcoin.org/bitcoin.pdf

Narciso, Madalena, "«Gratuitous» Digital Content Contracts in EU Consumer Law", in *EuCML – Journal of European Consumer and Market Law*, nº 5, 2017, pp. 198-206

– "Review Mechanisms in Online Marketplaces and Adverse Selection: A Law and Economics Analysis", in *Maastricht European Private Law Institute – Working Paper*, nº 2, 2017 – https://ssrn.com/abstract=2918764

– "Consumer Expectations in Digital Content Contracts – An Empirical Study", in *Tilburg Private Law Working Paper Series*, nº 1, 2017 – https://ssrn.com/abstract=2954491

Nardi, Sandro, "Il Credito al Consumo", in *Manuale di Diritto dei Consumatori*, G. Giappichelli Editore, Torino, 2005, pp. 444-463

Nascimento, Luís António Noronha, "As Cláusulas Contratuais Gerais na Jurisprudência do Supremo Tribunal de Justiça", in *Estudos de Direito do Consumidor*, nº 5, 2003, pp. 99-122

Navarrete, Miguel Moreno, *Contratos Electrónicos*, Marcial Pons, Madrid, 1999

Nemeth, Kristin, "Time for a Change? Product Liability in the Digital Era", in *EuCML – Journal of European Consumer and Market Law*, nº 4, 2019, pp. 160-161 (com Jorge Morais Carvalho)

– "Current Challenges for Consumer Law", in *EuCML – Journal of European Consumer and Market Law*, nº 3, 2019, pp. 119-121 (com Jorge Morais Carvalho)

– "Implementation of the Consumer ADR Directive in the EU Member States", in *EuCML – Journal of European Consumer and Market Law*, nº 2, 2018, pp. 81-82 (com Jorge Morais Carvalho).
– "Digital Inheritance in the European Union", in *EuCML – Journal of European Consumer and Market Law*, nº 6, 2017, p. 253 (com Jorge Morais Carvalho)
– "Implementation of the Mortgage Credit Directive in the EU Member States", in *EuCML – Journal of European Consumer and Market Law*, nº 3, 2017, pp. 131-132 (com Jorge Morais Carvalho)
– "«Dieselgate» and Consumer Law: Repercussions of the Volkswagen Scandal in the European Union", in *EuCML – Journal of European Consumer and Market Law*, nº 1, 2017, p. 35 (com Jorge Morais Carvalho)

Neves, Maria Rita, "O Computador da Advogada", in *Casos Práticos Resolvidos de Direito do Consumo*, Almedina, Coimbra, 2019, pp. 15-16 (com Carolina Pia Barros)

Nordhausen-Scholes, Annette, "Information Requirements", in *Modernising and Harmonising Consumer Contract Law*, Sellier, Munich, 2009, pp. 213-236

Novais, António Maria, "O Frigorífico que a Ana Comprou ao Pedro no OLX", in *Casos Práticos Resolvidos de Direito do Consumo*, Almedina, Coimbra, 2019, pp. 164-172 (com Ana Catarina Machado e Carolina Pereira Pires)

Nunes, Pedro Caetano, "Comunicação de Cláusulas Contratuais Gerais", in *Estudos em Homenagem ao Professor Doutor Carlos Ferreira de Almeida*, Vol. II, Almedina, Coimbra, 2011, pp. 507-534

O'Callaghan, Xavier, "Nuevo Concepto de la Compraventa cuando el Comprador es Consumidor", in *Revista de Derecho Privado*, 2005, pp. 23-41

Oliveira, Arnaldo Filipe, "Contratos Negociados à Distância", in *Revista Portuguesa de Direito do Consumo*, nº 7, 1996, pp. 52-96
– "Contratos de Seguro Face ao Regime das Cláusulas Contratuais Gerais", in *Boletim do Ministério da Justiça*, nº 448, 1995, pp. 69-85

Oliveira, Elsa Dias, "Contratação Eletrónica e Tutela do Consumidor", in *Estudos de Direito do Consumo*, Vol. V, 2017, pp. 129-148
– "A Proteção do Consumidor nas Viagens Organizadas", in *Estudos de Direito do Consumo – Homenagem a Manuel Cabeçadas Ataíde Ferreira*, DECO, 2016, pp. 208-232
– "Práticas Comerciais Proibidas", in *Estudos do Instituto de Direito do Consumo*, Vol. III, 2006, pp. 147-173
– "Tutela do Consumidor na Internet", in *Direito da Sociedade da Informação*, Vol. V, 2004, pp. 335-358
– *A Protecção dos Consumidores nos Contratos Celebrados Através da Internet*, Almedina, Coimbra, 2002

OLIVEIRA, Fernanda Paula, *Alojamento Local e Uso de Fração Autónoma*, Almedina, Coimbra, 2017 (com SANDRA PASSINHAS e DULCE LOPES)

OLIVEIRA, Fernando Baptista de, *O Conceito de Consumidor – Perspectivas Nacional e Comunitária*, Almedina, Coimbra, 2009

OLIVEIRA, Júlio Moraes, *Curso: Direito do Consumidor Completo*, D'Plácido Editora, Belo Horizonte, 2014

OLIVEIRA, Madalena Perestrelo de, "As Recentes Tendências da FinTech: Disruptivas e Colaborativas", in *FinTech – Desafios da Tecnologia Financeira*, Almedina, Coimbra, 2017, pp. 59-67

OLIVEIRA, Nuno Pinto, "Cláusulas Abusivas em Contratos com os Consumidores. A Directiva 1993/13/CE, de 5 de Abril de 1993, e a Jurisprudência do Tribunal de Justiça", in *Estudos em Homenagem ao Professor Doutor Alberto Xavier*, Vol. III, Almedina, Coimbra, 2013, pp. 581-610
- *Princípios de Direito dos Contratos*, Coimbra Editora, Coimbra, 2011
- *Contrato de Compra e Venda – Noções Fundamentais*, Almedina, Coimbra, 2007
- *Cláusulas Acessórias ao Contrato*, Almedina, Coimbra, 2005

OLIVIERO, Francesco, *La Riduzione del Prezzo nel Contratto di Compravendita*, Jovene Editore, Napoli, 2015
- "L'Anticipato Adempimento dell'Obbligazione Restitutoria nel Credito ai Consumatori", in *Le Nuove Leggi Civili Commentate*, Anno XXXVII, nº 2, 2014, pp. 373-402

PAISANT, Gilles, *Droit de la Consommation*, Thémis, Paris, 2019
- *Défense et Illustration du Droit de la Consommation*, LexisNexis, Paris, 2015

PAIVA, Rafael A. M., "Estudos sobre a Directiva 2008/122/CE", in *Revista Portuguesa de Direito do Consumo*, nº 60, 2009, pp. 113-132

PATRÍCIO, Manuela, *Direito do Turismo e Alojamento Turístico*, Almedina, Coimbra, 2016

PASSA, Jérôme, "Commerce Electronique et Protection du Consommateur", in *Recueil Le Dalloz – Cahier Droit des Affaires*, Ano 178, nº 6, 2002, pp. 555-564

PASSINHAS, Sandra, "O Novo Regime do Crédito aos Consumidores para Imóveis de Habitação", in *Estudos de Direito do Consumidor*, nº 14, 2018, pp. 415-487
- "Enforcement and Effectiveness of Consumer Law in Portugal: Filling the Gap Between the Law on the Books and the Law in Action", in *Enforcement and Effectiveness of Consumer Law*, Springer, 2018, pp. 457-477 (com ANTÓNIO PINTO MONTEIRO e MARIA RAQUEL GUIMARÃES)
- "A Propósito das Práticas Comerciais Desleais: Contributo para uma Tutela Positiva do Consumidor", in *Estudos de Direito do Consumidor*, nº 13, 2017, pp. 107-211

– "«Dieselgate» and Consumer Law: Repercussions of the Volkswagen Scandal in Portugal", in *EuCML – Journal of European Consumer and Market Law*, nº 1, 2017, pp. 42-45
– *Alojamento Local e Uso de Fração Autónoma*, Almedina, Coimbra, 2017 (com Fernanda Paula Oliveira e Dulce Lopes)
– "Alterações Recentes no Âmbito da Resolução Alternativa de Litígios de Consumo", in *O Contrato – Na Gestão do Risco e na Garantia da Equidade*, Instituto Jurídico – Faculdade de Direito da Universidade de Coimbra, Coimbra, 2015, pp. 357-388
– "A Directiva 2011/83/UE, do Parlamento Europeu e do Conselho, de 25 de Outubro de 2011, Relativa aos Direitos dos Consumidores: Algumas Considerações", in *Estudos de Direito do Consumidor*, nº 9, 2015, pp. 93-141

Paúl, Jorge Patrício, "Concorrência Desleal e Direito do Consumidor", in *Revista da Ordem dos Advogados*, Ano 65, 2005, pp. 89-108

Paz, Margarida, "Ações Inibitórias e Ações Coletivas", in *Estudos de Direito do Consumo*, Vol. V, 2017, pp. 409-446

Pazos, Ricardo, "Transparency in Contracts with Consumers – A New Beginning?", in *Revista de Direito do Consumidor*, Ano 26, nº 112, 2017, pp. 249-276

Pedro, Daniela Mota, *Cláusulas de Fidelização Contratual*, Faculdade de Direito da Universidade de Coimbra, Coimbra, 2016 (policopiado)

Pedro, Rute Teixeira, *A Responsabilidade Civil do Médico – Reflexões Sobre a Noção da Perda de Chance e a Tutela do Doente Lesado*, Coimbra Editora, Coimbra, 2008

Peifer, Karl-Nikolaus, "The Proposal of the EU Commission for a Regulation on Ensuring the Cross-Border Portability of Online Content Services in the Internal Market", in *European Contract Law and the Digital Single Market – The Implications of the Digital Revolution*, Intersentia, Cambridge, 2016, pp. 163-172

Pellegrino, Stefano, "Branding Pro-Consumer Contracts: Developing a New Consumer Protection Technique in Light of the CESL Proposal", in *EuCML – Journal of European Consumer and Market Law*, nºs 1-2, 2015, pp. 3-12

Pereira, Alexandre Dias, "Comércio Eletrónico de Conteúdos Digitais: Proteção do Consumidor a Duas Velocidades?", in *Estudos de Direito do Consumo – Homenagem a Manuel Cabeçadas Ataíde Ferreira*, DECO, 2016, pp. 42-63
– "Comércio Electrónico e Consumidor", in *Estudos de Direito do Consumidor*, nº 6, 2004, pp. 341-400
– "A Protecção do Consumidor no Quadro da Directiva sobre o Comércio Electrónico", in *Estudos de Direito do Consumidor*, nº 2, 2000, pp. 43-140

PEREIRA, Ana Patrícia do Rosário, *O Incumprimento do Contrato de Crédito ao Consumo pelo Consumidor*, Faculdade de Direito da Universidade Nova de Lisboa, Lisboa, 2015 (policopiado)

PEREIRA, Beatriz de Barros, "O Ginásio só para Mulheres", in *Casos Práticos Resolvidos de Direito do Consumo*, Almedina, Coimbra, 2019, pp. 25-27 (com MARIA MARIANA OLIVEIRA ALMEIDA)

PEREIRA, Maria de Lurdes, "Sobre o Conceito e a Extensão do Sinalagma", in *Estudos em Honra do Professor Doutor José de Oliveira Ascensão*, Vol. I, Almedina, Coimbra, 2008, pp. 379-430, p. 386 (com PEDRO MÚRIAS)

PEREIRA, Patrícia da Guia, "Nótula sobre Tipologia do Incumprimento", in *Estudos em Homenagem ao Professor Doutor Carlos Ferreira de Almeida*, Vol. II, Almedina, Coimbra, 2011, pp. 637-679
- "Cláusulas Contratuais Abusivas e Distribuição do Risco", in *Sub Judice – Justiça e Sociedade*, nº 39 – Cláusulas Contratuais Gerais Abusivas, 2007, pp. 91-113

PESCHEL, Oliver, "Consumer Sales in Austria After the Implementation of the Consumer Rights Directive", in *Consumer Sales in Europe*, Intersentia, Cambridge, 2016, pp. 15-30 (com CHRISTIANE WENDEHORST)

PICOD, Yves, *Droit de la Consommation*, Armand Colin, Paris, 2005 (com HÉLÈNE DAVO)

PIEDELIÈVRES, Stéphane, *Droit de la Consommation*, Economica, Paris, 2008

PINTO, Alexandre Mota, "Venda de Bens de Consumo e Garantias – O Direito Vivido nos Tribunais", in *I Congresso de Direito do Consumo*, Almedina, Coimbra, 2016, pp. 189-209
- "O Contrato de Trabalho de Adesão no Código de Trabalho: Notas sobre a Aplicação do Regime das Cláusulas Contratuais Gerais ao Contrato de Trabalho", in *Estudos de Direito do Consumidor*, nº 5, 2003, pp. 243-267

PINTO, Bruno Oliveira, "A Insolvência e a Tutela do Direito de Retenção – Em Especial os Casos do Promitente Comprador e do (Sub)empreiteiro – Uma Perspetiva Prática", in *Jurismat*, nº 5, 2014, pp. 81-100

PINTO, Carlos Alberto da Mota, *Teoria Geral do Direito Civil*, 4ª edição, Coimbra Editora, Coimbra, 2005 (com ANTÓNIO PINTO MONTEIRO e PAULO MOTA PINTO)

PINTO-FERREIRA, João Pedro, "Portugal", in *A Guide to Consumer Insolvency Proceedings in Europe*, Edward Elgar Publishing, 2019, pp. 802-815 (com JORGE MORAIS CARVALHO)
- "Consumer ADR in Portugal", in *EuCML – Journal of European Consumer and Market Law*, nº 2, 2018, pp. 89-91 (com JOANA CAMPOS CARVALHO)

- *Manual de Resolução Alternativa de Litígios de Consumo*, Almedina, Coimbra, 2017 (com Jorge Morais Carvalho e Joana Campos Carvalho)
- "Contratos Celebrados à Distância e Fora do Estabelecimento Comercial", in *I Congresso de Direito do Consumo*, Almedina, Coimbra, 2016, pp. 95-113 (com Jorge Morais Carvalho)
- "A Resolução Alternativa de Litígios de Consumo no Contexto da Lei nº 144/2015", in *Estudos de Direito do Consumo – Homenagem a Manuel Cabeçadas Ataíde Ferreira*, DECO, 2016, pp. 310-332
- *Contratos Celebrados à Distância e Fora do Estabelecimento Comercial – Anotação ao Decreto-Lei nº 24/2014, de 14 de Fevereiro*, Almedina, Coimbra, 2014 (com Jorge Morais Carvalho)
- "Contrato para a Utilização de Instalações e Equipamentos Desportivos – Anotação ao Acórdão do Tribunal da Relação de Lisboa, de 5 de junho de 2012", in *Desporto & Direito – Revista Jurídica de Direito do Desporto*, Ano X, nº 28, 2012, pp. 33-59 (com Jorge Morais Carvalho)

Pinto, Filipe Vaz, "Os Limites à Liberdade de Estipulação em Matéria de Denúncia", in *Sub Judice – Justiça e Sociedade*, nº 39 – Cláusulas Contratuais Gerais Abusivas, 2007, pp. 45-68

Pinto, João Fernando Ferreira, "A Tutela Efectiva dos Direitos. O Papel do Ministério Público na Promoção dos Interesses e na Protecção dos Direitos dos Consumidores", in *Revista Portuguesa de Direito do Consumo*, nº 27, 2001, pp. 11-31

Pinto, Paulo Mota, "O Novo Regime Jurídico dos Contratos a Distância e dos Contratos Celebrados Fora do Estabelecimento Comercial", in *Estudos de Direito do Consumidor*, nº 9, 2015, pp. 51-91
- *Interesse Contratual Negativo e Interesse Contratual Positivo*, Vol. I, Coimbra Editora, Coimbra, 2008
- *Interesse Contratual Negativo e Interesse Contratual Positivo*, Vol. II, Coimbra Editora, Coimbra, 2008
- "O Anteprojecto de Código do Consumidor e a Venda de Bens de Consumo", in *Estudos do Instituto de Direito do Consumo*, Vol. III, 2006, pp. 119-134
- *Teoria Geral do Direito Civil*, 4ª edição, Coimbra Editora, Coimbra, 2005 (com António Pinto Monteiro e Carlos Alberto da Mota Pinto)
- "Princípios Relativos aos Deveres de Informação no Comércio à Distância – Notas sobre o Direito Comunitário em Vigor", in *Estudos de Direito do Consumidor*, nº 5, 2003, pp. 183-206
- *Cumprimento Defeituoso do Contrato de Compra e Venda – Anteprojecto de Diploma de Transposição da Directiva 1999/44/CE para o Direito Português*, Instituto do Consumidor, Lisboa, 2002
- "O Direito de Regresso do Vendedor Final de Bens de Consumo", in *Estudos Dedicados ao Prof. Doutor Mário Júlio de Almeida Costa*, Universidade Católica Editora, Lisboa, 2002, pp. 1177-1225

– "Reflexões sobre a Transposição da Directiva 1999/44/CE para o Direito Português", in *Themis – Revista da Faculdade de Direito da Universidade Nova de Lisboa*, Ano II, nº 4, 2001, pp. 195-218
– "Conformidade e Garantias na Venda de Bens de Consumo – A Directiva 1999/44/CE e o Direito Português", in *Estudos de Direito do Consumidor*, nº 2, 2000, pp. 197-331
– "Notas sobre a Lei nº 6/99, de 27 de Janeiro – Publicidade Domiciliária, por Telefone e por Telecópia", in *Estudos de Direito do Consumidor*, nº 1, 1999, pp. 117-176
– *Declaração Tácita e Comportamento Concludente do Negócio*, Almedina, Coimbra, 1995
– "La Protection de l'Acheteur de Choses Défectueuses en Droit Portugais", in *Boletim da Faculdade de Direito da Universidade de Coimbra*, Vol. LXIX, 1993, pp. 259-288 (com António Pinto Monteiro)

Pires, Carolina Pereira, "O Frigorífico que a Ana Comprou ao Pedro no OLX", in *Casos Práticos Resolvidos de Direito do Consumo*, Almedina, Coimbra, 2019, pp. 164-172 (com Ana Catarina Machado e António Maria Novais)

Pita, Manuel António, "Notas sobre o Regime da Contratação Electrónica", in *Sub Judice – Justiça e Sociedade*, nº 35 – Internet, Direito e Tribunais, 2006, pp. 57-70

Pizarro, Sebastião Nóbrega, *Comércio Electrónico*, Almedina, Coimbra, 2005

Pizzio, Jean-Pierre, "La Protection des Consommateurs para le Droit Commun des Obligations", in *Revue Trimestrielle de Droit Commercial et de Droit Économique*, Ano 51º, 1998, pp. 53-69

Policarpo, Pedro, "Regulating Airbnb in Portugal", in *EuCML – Journal of European Consumer and Market Law*, nº 6, 2018, pp. 256-259 (com Jorge Morais Carvalho)

Pormeister, Kärt, "Informed Consent to Sensitive Personal Data Processing for the Performance of Digital Consumer Contracts on the Example of «23andMe»", in *EuCML – Journal of European Consumer and Market Law*, nº 1, 2017, pp. 17-23

Portugal, Maria Cristina, "Taxas Máximas de Juros e Limites da Usura: O Puzzle Nacional", in *Estudos de Direito do Consumo – Homenagem a Manuel Cabeçadas Ataíde Ferreira*, DECO, 2016, pp. 380-395

Prata, Ana, *Contratos de Adesão e Cláusulas Contratuais Gerais*, Almedina, Coimbra, 2010
– "O Regime do Artigo 796º do Código Civil («One Man's Platitude is Another's Revolution»)", in *Estudos Comemorativos dos 10 Anos da Faculdade de Direito da Universidade Nova de Lisboa*, Vol. II, Almedina, Coimbra, 2008, pp. 9-22
– *Dicionário Jurídico*, Vol. I, 5ª edição, Almedina, Coimbra, 2008
– *O Contrato-Promessa e Seu Regime Civil*, Almedina, Coimbra, 2006 (reimpressão da edição de 1994)

– *Notas Sobre Responsabilidade Pré-Contratual*, Almedina, Coimbra, 2002 (reimpressão da edição de 1991)
– "Venda de Bens Usados no Quadro da Directiva 1999/44/CE", in *Themis – Revista da Faculdade de Direito da Universidade Nova de Lisboa*, Ano II, nº 4, 2001, pp. 145-153

Prazeres, Marco de Oliveira, "Breves Notas sobre o ALD", in *Revista Jurídica da Associação Académica da Faculdade de Direito de Lisboa (AAFDL)*, Ano XXXV, nº 26, 2013, pp. 11-23

Proença, José Carlos Brandão, "Para a Necessidade de uma Melhor Tutela dos Promitentes-Adquirentes de Bens Imóveis (*Maxime*, com Fim Habitacional)", in *Cadernos de Direito Privado*, nº 22, 2008, pp. 3-26

Ragel Sánchez, Luis Filipe, "A Formação dos Contratos", in *Direito da Sociedade da Informação*, Vol. III, 2002, pp. 69-93

Ramos, António Gama, "Contratos de Venda ao Domicílio – Breve Abordagem a uma Área Conflitual no Domínio dos Contratos", in *Estudos de Direito do Consumidor*, nº 4, 2002, pp. 243-272

Ranchordás, Sofia, "Online Reputation and the Regulation of Information Asymmetries in the Platform Economy", in *Critical Analysis of Law*, Vol. 5, nº 1, 2018, pp. 127-147

Raymond, Guy, *Droit de la Consommation*, Litec, Paris, 2008

Rebelo, Fernanda Neves, "O Direito à Informação do Consumidor na Contratação à Distância", in Liber Amicorum *Mário Frota – A Causa dos Direitos dos Consumidores*, Almedina, Coimbra, 2012, pp. 103-153
– "O Direito de Livre Resolução no Quadro Geral do Regime Jurídico da Protecção do Consumidor", in *Nos 20 Anos do Código das Sociedades Comerciais – Homenagem aos Profs. Doutores A. Ferrer Correia, Orlando de Carvalho e Vasco Lobo Xavier*, Vol. II, Coimbra Editora, Coimbra, 2007, pp. 571-617

Redinha, Maria Regina, "A Força Normativa dos Avisos do Banco de Portugal – Reflexão a Partir do Aviso nº 11/2001, de 20 de Novembro", in *Nos 20 Anos do Código das Sociedades Comerciais – Homenagem aos Profs. Doutores A. Ferrer Correia, Orlando de Carvalho e Vasco Lobo Xavier*, Vol. III, Coimbra Editora, Coimbra, 2007, pp. 707-723 (com Maria Raquel Guimarães)

Rego, Margarida Lima, "Insurance in Today's Sharing Economy: New Challenges Ahead or a Return to the Origins of Insurance?", in P. Marano e K. Noussia (eds.), *InsurTech: A Legal and Regulatory View*, Springer, 2020, pp. 27-47 (com Joana Campos Carvalho)

Reis, Nuno Tiago Trigo dos, *A Eficácia Negocial da Mensagem Publicitária*, Faculdade de Direito da Universidade de Lisboa, Lisboa, 2007 (policopiado)

REZENDE, Jorge Mattamouros, "Jogo de Futebol. Desconformidade", in *Conflitos de Consumo*, Almedina, Coimbra, 2006, pp. 153-155

RIBEIRO, Joaquim de Sousa, "Cláusulas Contratuais Gerais", in *Colóquio de Direito Civil de Santo Tirso – O Código Civil 50 Anos Depois: Balanço e Perspectivas*, Almedina, Coimbra, 2017, pp. 97-115
– "O Regime dos Contratos de Adesão: Algumas Questões Decorrentes da Transposição da Directiva sobre as Cláusulas Abusivas", in *Comemorações dos 35 Anos do Código Civil e dos 25 Anos da Reforma de 1977*, Vol. III – Direito das Obrigações, Coimbra Editora, Coimbra, 2007, pp. 209-233
– "O Princípio da Transparência no Direito Europeu dos Contratos", in *Direito dos Contratos – Estudos*, Coimbra Editora, Coimbra, 2007, pp. 75-100
– "O Controlo do Conteúdo dos Contratos: Uma Nova Dimensão da Boa Fé", in *Revista da Faculdade de Direito da Universidade Federal do Paraná*, nº 42, 2005, pp. 5-34
– *O Problema do Contrato – As Cláusulas Contratuais Gerais e o Princípio da Liberdade Contratual*, Almedina, Coimbra, 2003 (reimpressão da edição de 1998)

RIBEIRO, Vinício A. P., "Os Direitos dos Consumidores à Luz da Constituição e da Lei", in Liber Amicorum *Mário Frota – A Causa dos Direitos dos Consumidores*, Almedina, Coimbra, 2012, pp. 463-473

RIEFA, Christine, "A Dangerous Erosion of Consumer Rights: the Absence of a Right to Withdraw from Online Auctions", in *Modernising and Harmonising Consumer Contract Law*, Sellier, Munich, 2009, pp. 177-187

RINESSI, Antonio Juan, *Relación de Consumo y Derechos del Consumidor*, Astrea, Buenos Aires, 2006

ROCHA, Manuel Lopes, *Guia da Lei do Comércio Electrónico*, Centro Atlântico, Lisboa, 2004 (com ANA MARGARIDA MARQUES e ANDRÉ LENCASTRE)

ROCHA, Maria Carla Gomes da, "A Problemática do Regime Aplicável no Âmbito do Contrato de Compra e Venda de Coisa Defeituosa", in *MaiaJurídica*, Ano I, nº 2, 2003, pp. 25-75

RODRIGUES, Carolina, "O Jacuzzi do Alberto", in *Casos Práticos Resolvidos de Direito do Consumo*, Almedina, Coimbra, 2019, pp. 139-145 (com ANA RITA MARTINHO)

RODRIGUES, José Cunha, "As Novas Fronteiras dos Problemas de Consumo", in *Estudos de Direito do Consumidor*, nº 1, 1999, pp. 45-67

RODRIGUES, José Miguel do Rosário Melo, *Limites da TAEG no Crédito ao Consumo – O Problema da Usura*, Faculdade de Direito da Universidade Nova de Lisboa, Lisboa, 2013 (policopiado)

RODRIGUES, Luís Silveira, "DECO – Uma Organização de Causas. Uma Organização Mobilizadora", in *I Congresso de Direito do Consumo*, Almedina, Coimbra, 2016, pp. 219-227
– "Práticas Comerciais Desleais na Perspetiva da Defesa do Consumidor", in *Direito do Consumo – E-Book*, Centro de Estudos Judiciários, 2014, pp. 131-165
– "Tendências Recentes sobre a Protecção do Consumidor na União Europeia", in *Estudos de Direito do Consumidor*, nº 5, 2003, pp. 311-319

RODRIGUES, Raúl Carlos de Freitas, *O Consumidor no Direito Angolano*, Almedina, Coimbra, 2009

RODRIGUES, Sofia Nascimento, "O Direito de Resolução do Investidor na Contratação de Serviços Financeiros à Distância", in *Direito dos Valores Mobiliários*, Vol. VII, 2007, pp. 233-273

RODRÍGUEZ DE LAS HERAS BALLELL, Teresa, *El Régimen Jurídico de los Mercados Electrónicos Cerrados (E-Marketplaces)*, Marcial Pons, Madrid, 2006

ROSA, Victor Castro, "Contratação Electrónica", in *Lei do Comércio Electrónico Anotada*, Coimbra Editora, Coimbra, 2005, pp. 191-208

ROUSSEAU, José António, *Manual de Distribuição*, 2ª edição, Principia, Cascais, 2008

ROSSI, Jorge Oscar, "Derecho del Consumidor: Ámbito de Aplicación, Documento de Venta y Garantía Legal, a la Luz de la Reforma de la Ley 26.361", in *La Reforma del Régimen de Defensa del Consumidor por Ley 26.361*, AbeledoPerrot, Buenos Aires, 2009, pp. 19-37

RUBIO TORRANO, Enrique, "Contratación a Distancia y Protección de los Consumidores en el Derecho Comunitario: en Particular, el Desistimiento Negocial del Consumidor", in *Estudos de Direito do Consumidor*, nº 4, 2002, pp. 59-77

RUSCONI, Dante D., "Esencia del Derecho del Consumidor", in *Manual de Derecho del Consumidor*, AbeledoPerrot, Buenos Aires, 2009, pp. 1-29
– "Nociones Fundamentales", in *Manual de Derecho del Consumidor*, AbeledoPerrot, Buenos Aires, 2009, pp. 115-186

SÁ, Almeno de, *Cláusulas Contratuais Gerais e Directiva sobre Cláusulas Abusivas*, 2ª edição, Almedina, Coimbra, 2001
– "Liberdade no Direito de Autor: a Caminho das Condições Gerais do Contrato", in *Boletim da Faculdade de Direito da Universidade de Coimbra*, Vol. LXX, 1994, pp. 407-432

SÁ, Flávia da Costa de, "Contratos de Prestação de Serviços de Comunicações Electrónicas: A Suspensão do Serviço em Especial", in *Estudos de Direito do Consumo – Homenagem a Manuel Cabeçadas Ataíde Ferreira*, DECO, 2016, pp. 356-379

– *Contratos de Prestação de Serviços de Comunicações Electrónicas: A Suspensão do Serviço em Especial*, Faculdade de Direito da Universidade Nova de Lisboa, Lisboa, 2014 (policopiado)

Santiago, Mariana Ribeiro, "Criptomoedas à Luz da Globalização e seu Enquadramento no Âmbito do Direito das Relações de Consumo", in *Revista de Direito do Consumidor*, Vol. 27, nº 120, 2018, pp. 105-130 (com Olavo Figueiredo Cardoso Junior)

Santo, Luís Espírito, *O Contrato de Viagem Organizada*, Almedina, Coimbra, 2016

Santos, Filipe Matias, "Regulação e Proteção dos Consumidores de Energia", in *I Congresso de Direito do Consumo*, Almedina, Coimbra, 2016, pp. 229-257

Santos, José Augusto Cerqueira dos, *A Harmonização do Direito do Consumo – Recentes Desenvolvimentos ao Nível Europeu e Nacional*, Faculdade de Direito da Universidade do Porto, Porto, 2015 (policopiado)

Santos, Mário Beja, *De Freguês a Consumidor – 70 Anos de Sociedade de Consumo – História da Defesa do Consumidor em Portugal*, Nexo, Alcochete, 2015

Santos, Pedro Manuel Moreira da Silva, *Responsabilidade Civil e Garantias no Âmbito do Direito do Consumo*, Faculdade de Direito da Universidade do Porto, Porto, 2012 (policopiado)

Santos, Teresa Moura dos, "A Tutela do Consumidor entre os Contratos de Adesão e as Práticas Comerciais Desleais", in *RED – Revista Electrónica de Direito*, nº 1, 2016

Saraiva, David Emanuel Chiquita, *A Tutela Preventiva da Responsabilidade Civil*, Faculdade de Direito da Universidade Nova de Lisboa, Lisboa, 2015 (policopiado)

Schaub, Martien Y., "Why Uber is an Information Society Service", in *EuCML – Journal of European Consumer and Market Law*, nº 3, 2018, pp. 109-115

Schmid, Jörg, "La Conclusion du Contrat de Vente à Distance", in *La Protection des Consommateurs Acheteurs à Distance*, Bruylant, Bruxelles, 1999, pp. 187-211

Schmidt-Kessel, Martin, "Consumer Sales in Germany After the Implementation of the Consumer Rights Directive", in *Consumer Sales in Europe*, Intersentia, Cambridge, 2016, pp. 73-87,
– "Consumer Data as Consideration", in *EuCML – Journal of European Consumer and Market Law*, nº 6, 2015, pp. 218-223 (com Carmen Langhanke)

Schmitt, Cristiano Heineck, *Consumidores Hipervulneráveis – A Proteção do Idoso no Mercado de Consumo*, Atlas, São Paulo, 2014

SCHULTE-NÖLKE, Hans, "The Rise of the Platform Economy: A New Challenge for EU Consumer Law", in *EuCML – Journal of European Consumer and Market Law*, nº 1, 2016, pp. 3-10 (com CHRISTOPH BUSCH, ANETA WIEWIÓROWSKA-DOMAGALSKA e FRYDERYK ZOLL)

SCHULZE, Reiner, "Supply of Digital Content – A New Challenge for European Contract Law", in *European Contract Law and the Digital Single Market – The Implications of the Digital Revolution*, Intersentia, Cambridge, 2016, pp. 127-143
- "Overview of the Proposed Consumer Rights Directive", in *Modernising and Harmonising Consumer Contract Law*, Sellier, Munich, 2009, pp. 3-25 (com GERAINT HOWELLS)
- "Deberes Precontractuales y Conclusión del Contrato en el Derecho Contractual Europeo", trad. de Esther Arroyo i Amayuelas, in *Anuario de Derecho Civil*, Vol. LIX, nº 1, 2006, pp. 29-58

SEBASTIÁN BAROCELLI, Sergio, "El Ámbito de Aplicación del Derecho del Consumidor ante el Nuevo Código Civil y Comercial", in *Impactos del Nuevo Código Civil y Comercial en el Derecho del Consumidor. Diálogos y Perspectivas a la Luz de sus Principios*, Facultad de Derecho – Universidad de Buenos Aires, Buenos Aires, 2016, pp. 60-89 (com IVÁN VLADIMIR PACEVICIUS)

SEGENDORF, Björn, "What is Bitcoin?", in *Sveriges Riksbank Economic Review*, nº 2, 2014, pp. 71-87

SEIN, Karin, "The new Directive on Contracts for the Supply of Digital Content and Digital Services – Scope of Application and Trader's Obligation to Supply", in *European Review of Contract Law*, Vol. 15, nº 3, 2019, pp. 257-279 (com GERALD SPINDLER)
- "Connected Consumer Goods: Who is Liable for Defects in the Ancillary Digital Service?", in *EuCML – Journal of Consumer and Market Law*, nº 1, 2019, pp. 13-22 (com PIIA KALAMEES)
- "The Draft Geoblocking Regulation and its Possible Impact on B2C Contracts", in *EuCML – Journal of European Consumer and Market Law*, nº 4, 2017, pp. 148-157
- "A Consumer's Right to a Free Paper Bill in Mobile Phone Contracts", in *EuCML – Journal of European Consumer and Market Law*, nº 1, 2017, pp. 3-9
- "Implementation of the Consumer Rights Directive: Estonia", in *euvr – Zeitschrift für Europäisches Unternehmens- und Verbraucherrecht – Journal of European Consumer and Market Law*, Vol. 3, nº 4, 2014, pp. 267-269

SERRA, Adriano Paes da Silva Vaz, "Prescrição e Caducidade", in *Boletim do Ministério da Justiça*, nº 105, 1961, pp. 5-248
- "Obrigação de Juros", in *Boletim do Ministério da Justiça*, nº 55, 1956, pp. 159-170

SERRA, Celso António, "Publicidade Ilícita e Abusiva na Internet", in *Direito da Sociedade da Informação*, Vol. IV, 2003, pp. 455-573

SHASHATI, Dália, *Períodos de Fidelização*, Faculdade de Direito da Universidade Nova de Lisboa, Lisboa, 2015 (policopiado)

SILVA, Delminda de Assunção Costa Sousa e, "Contratos à Distância – O Ciberconsumidor", in *Estudos de Direito do Consumidor*, nº 5, 2003, pp. 423-456

SILVA, Fernando dos Santos, "Dos Contratos Negociados à Distância", in *Revista Portuguesa de Direito do Consumo*, nº 5, 1996, pp. 45-58

SILVA, Gonçalo, "A Montra sem Preços", in *Casos Práticos Resolvidos de Direito do Consumo*, Almedina, Coimbra, 2019, pp. 27-28 (com INÊS ALVES e PEDRO SILVA)

SILVA, João Calvão da, *Venda de Bens de Consumo*, 4ª edição, Almedina, Coimbra, 2010
- *Compra e Venda de Coisas Defeituosas – Conformidade e Segurança*, 5ª edição, Almedina, Coimbra, 2008
- "Serviços Públicos Essenciais: Alterações à Lei nº 23/96 pelas Leis nºs 12/2008 e 24/2008", in *Revista de Legislação e de Jurisprudência*, Ano 137º, nº 3948, 2008, pp. 165-181
- *Banca, Bolsa e Seguros – Direito Europeu e Português*, Vol. I, 2ª edição, Almedina, Coimbra, 2007
- "A Publicidade na Formação do Contrato", in *Comemorações dos 35 Anos do Código Civil e dos 25 Anos da Reforma de 1977*, Vol. II – A Parte Geral do Código e a Teoria Geral do Direito Civil, Coimbra Editora, Coimbra, 2006, pp. 687-711
- "Anotação dos Acórdãos do Tribunal da Relação de Lisboa, de 9 de Julho de 1998, e do Tribunal da Relação do Porto, de 28 de Junho de 1999", in *Revista de Legislação e de Jurisprudência*, Ano 132º, nºs 3901 e 3902, 1999, pp. 135-160
- *Responsabilidade Civil do Produtor*, Almedina, Coimbra, 1999 (reimpressão da edição de 1990)

SILVA, Maria Miguel Oliveira, "O Novo Automóvel da Anabela", in *Casos Práticos Resolvidos de Direito do Consumo*, Almedina, Coimbra, 2019, pp. 172-177

SILVA, Paula Costa e, "Contratação Electrónica", in *Lei do Comércio Electrónico Anotada*, Coimbra Editora, Coimbra, 2005, pp. 181-189
- "A Contratação Automatizada", in *Direito da Sociedade da Informação*, Vol. IV, 2003, pp. 289-305

SILVA, Pedro, "A Montra sem Preços", in *Casos Práticos Resolvidos de Direito do Consumo*, Almedina, Coimbra, 2019, pp. 27-28 (com GONÇALO SILVA e INÊS ALVES)

SILVEIRA, Letícia Borges, *A Marca na Definição da Prestação nos Contratos de Consumo*, Faculdade de Direito da Universidade Nova de Lisboa, Lisboa, 2016 (policopiado)

SIMÕES, Fernando Dias, *Lei dos Serviços Públicos Essenciais – Anotada e Comentada*, Almedina, Coimbra, 2012 (com MARIANA PINHEIRO ALMEIDA)

– "O Conceito de Consumidor no Direito Português", in *JusNet 118/2012*, 2012 (jusnet.wolterskluwer.pt)
– *Marca do Distribuidor e Responsabilidade por Produtos*, Almedina, Coimbra, 2009

SIQUEIRA, Nuno de, "Notas sobre Defesa do Consumidor", in *Ciência e Técnica Fiscal*, nº 149, 1971, pp. 23-82 (com DUARTE IVO CRUZ)

SOUSA, Luís Filipe Pires de, "Cláusulas Abusivas na Jurisprudência Europeia", in *Direito do Consumo – E-Book*, Centro de Estudos Judiciários, 2014, pp. 9-102

SOUSA, Alexandra Teixeira de, "O Direito de Arrependimento nos Contratos Celebrados à Distância e Fora do Estabelecimento: Algumas Notas", in *Estudos de Direito do Consumo – Homenagem a Manuel Cabeçadas Ataíde Ferreira*, DECO, 2016, pp. 18-41
– *O Direito de Arrependimento nos Contratos Celebrados à Distância e Fora do Estabelecimento*, Faculdade de Direito da Universidade Nova de Lisboa, Lisboa, 2015 (policopiado)

SOUSA, Miguel Teixeira de, "O Valor Probatório dos Documentos Electrónicos", in *Direito da Sociedade da Informação*, Vol. II, 2001, pp. 171-201
– "O Cumprimento Defeituoso e a Venda de Coisas Defeituosas", in *Ab Vno ad Omnes – 75 Anos da Coimbra Editora*, Coimbra Editora, Coimbra, 1998, pp. 567-585

SOUSA, Pedro Pires de, "Audiotexto, o Serviço que nos Impõem", in *Consumir*, 2001, pp. 10-16

SOUZA, Miriam de Almeida, *A Política Legislativa do Consumidor no Direito Comparado*, 2ª edição, Nova Alvorada Edições, Belo Horizonte, 1996

SPINDLER, Gerald, "The new Directive on Contracts for the Supply of Digital Content and Digital Services – Scope of Application and Trader's Obligation to Supply", in *European Review of Contract Law*, Vol. 15, nº 3, 2019, pp. 257-279 (com KARIN SEIN)

STEINMETZ, Frank, *Droit de la Consommation*, 7ª edição, Dalloz, Paris, 2006 (com JEAN CALAIS-AULOY)

STIGLITZ, Ruben, "Contrato de Consumo y Clausulas Abusivas", in *Estudos de Direito do Consumidor*, nº 1, 1999, pp. 307-340

STRAETMANS, Gert, "Misleading Practices, the Consumer Information Model and Consumer Protection", in *EuCML – Journal of European Consumer and Market Law*, nº 5, 2016, pp. 199-210

STUYCK, Jules, "La Directive Vente à Distance et le Droit Belge", in *La Protection des Consommateurs Acheteurs à Distance*, Bruylant, Bruxelles, 1999, pp. 89-123

SZTAJN, Rachel, "Natureza Jurídica da Moeda e Desafios da Moeda Virtual", in *Revista Jurídica Luso-Brasileira*, Ano 1, nº 1, 2015, pp. 1669-1690 (com MILTON BAROSSI-FILHO)

SZILÁGYI, Ferenc, "Implementation of the Consumer Rights Directive: Hungary", in *euvr – Zeitschrift für Europäisches Unternehmens- und Verbraucherrecht – Journal of European Consumer and Market Law*, Vol. 3, nº 4, 2014, pp. 278-284

TEIXEIRA, Micael Martins, "Duas Presunções Que Não São Presunções: A Desconformidade na Venda de Bens de Consumo em Portugal", in *Revista de Direito do Consumidor*, Vol. 27, nº 115, 2018, pp. 311-330 (com JORGE MORAIS CARVALHO)
- "Estudo Comparativo sobre o Regime da Interpretação das Declarações de Vontade no DCFR e nos Direitos Português e Inglês", in *Themis – Revista da Faculdade de Direito da Universidade Nova de Lisboa*, Ano XVIII, nº 33, 2017, pp. 175-220
- "A Prova no Direito do Consumo: Uma Abordagem Tópica", in *I Congresso de Direito do Consumo*, Almedina, Coimbra, 2016, pp. 139-158
- "A Prova no Direito do Consumo: Uma Abordagem Tópica", in *Estudos de Direito do Consumo – Homenagem a Manuel Cabeçadas Ataíde Ferreira*, DECO, 2016, pp. 431-451
- "Por uma Distribuição Dinâmica do Ónus da Prova", in *Colecção Estudos – Instituto do Conhecimento AB*, nº 2, 2014, pp. 265-386
- "Crédito ao Consumo – Ónus da Prova da Entrega de Exemplar do Contrato e Abuso do Direito de Invocar a Nulidade", in *Cadernos de Direito Privado*, nº 42, 2013, pp. 36-52 (com JORGE MORAIS CARVALHO)

TELES, Joana Galvão, "Venda de Bens de Consumo: Garantia das Peças Inseridas num Bem no Âmbito da sua Reparação", in *Conflitos de Consumo*, Almedina, Coimbra, 2006, pp. 225-244 (com JORGE MORAIS CARVALHO, PEDRO FÉLIX e SOFIA CRUZ)

TELLES, Inocêncio Galvão, *Manual dos Contratos em Geral*, 4ª edição, Coimbra Editora, Coimbra, 2002
- *Direito das Obrigações*, 7ª edição, Coimbra Editora, Coimbra, 1997
- "Das Condições Gerais dos Contratos e da Directiva Europeia Sobre as Cláusulas Abusivas", in *O Direito*, Ano 127º, III-IV, 1995, pp. 297-339

TENREIRO, Mário, "O Consumidor como Artesão de um Novo Paradigma Político", in *Estudos de Direito do Consumo – Homenagem a Manuel Cabeçadas Ataíde Ferreira*, DECO, 2016, pp. 396-410
- "La Directive 1999/44/CE sur Certains Aspects de la Vente et des Garanties des Biens de Consommation", in *Revue Européenne de Droit de la Consommation*, nº 5, 2000, pp. 5-39 (com SOLEDAD GÓMEZ)
- "Un Code de la Consommation ou un Code Autour du Consommateur? Quelques Réflexions Critiques sur la Codification et la Notion du Consommateur", in *Law and Diffuse Interests in the European Legal Order – Recht und Diffuse Interessen in der Europäischen Rechtordnung – Liber Amicorum Norbert Reich*, Nomos Verlagsgesellschaft, Baden-Baden, 1997, pp. 339-356

– "La Proposition de Directive sur la Vente et les Garanties des Biens de Consommation", in *Revue Européenne de Droit de la Consommation*, nº 3, 1996, pp. 187-225
– "Garanties et Services Après-Vente: Brève Analyse du Livre Vert Présenté par la Commission Européenne", in *Revue Européenne de Droit de la Consommation*, nº 1, 1994, pp. 3-26

TERESZKIEWICZ, Piotr, "The Reform of Polish Sales Law – Re-Implementing the Consumer Sales Directive", in *EuCML – Journal of European Consumer and Market Law*, nº 4, 2016, pp. 175-180

TERRYN, Evelyne, "A Right to Repair? Towards Sustainable Remedies in Consumer Law", in *European Review of Private Law*, nº 4, 2019, pp. 851–874
– "Consumer Sales in Belgium After the Implementation of the Consumer Rights Directive", in *Consumer Sales in Europe*, Intersentia, Cambridge, 2016, pp. 31-54
– "Implementation of the Consumer Rights Directive: Belgium", in *euvr – Zeitschrift für Europäisches Unternehmens- und Verbraucherrecht – Journal of European Consumer and Market Law*, Vol. 3, nº 4, 2014, pp. 261-266

TORRES, Cristina, "MEO – O Direito do Consumo e as Empresas: A Proteção dos Consumidores como Fator Competitivo", in *I Congresso de Direito do Consumo*, Almedina, Coimbra, 2016, pp. 131-137

TWIGG-FLESNER, Christian, *Rethinking EU Consumer Law*, Routledge, 2018 (com GERAINT HOWELLS e THOMAS WILHELMSSON)
– "Bad Hand? The «New Deal» for EU Consumers", in *GPR – Zeitschrift für das Privatrecht der Europäischen Union*, Vol. 15, nº 4, 2018, pp. 166-175
– "From REFIT to a Rethink: Time for Fundamental EU Consumer Law Reform?", in *EuCML – Journal of European Consumer and Market Law*, nº 5, 2017, pp. 185-189
– "Disruptive Technology – Disrupted Law? – How the Digital Revolution Affects (Contract) Law", in *European Contract Law and the Digital Single Market – The Implications of the Digital Revolution*, Intersentia, Cambridge, 2016, pp. 21-48
– "Consumer Sales in the United Kingdom After the Implementation of the Consumer Rights Directive", in *Consumer Sales in Europe*, Intersentia, Cambridge, 2016, pp. 187-205
– "Pre-Contractual Duties in the *Acquis Communautaire*", in *European Review of Contract Law*, Vol. 2, nº 4, 2006, pp. 441-470 (com THOMAS WILHELMSSON)
– *Blackstone's Guide to Consumer Sales and Associated Guarantees*, Oxford University Press, Oxford, 2003 (com ROBERT BRADGATE)

TRONCOSO, Mauricio, "Consumer Sales in Spain After the Implementation of the Consumer Rights Directive", in *Consumer Sales in Europe*, Intersentia, Cambridge, 2016, pp. 163-186

UNBERATH, Hannes, *The German Law of Contract – A Comparative Treatise*, 2ª edição, Hart Publishing, Oxford, 2006 (com BASIL MARKESINIS e ANGUS JOHNSTON)

VARELA, João de Matos Antunes, *Das Obrigações em Geral*, Vol. I, 10ª edição, Almedina, Coimbra, 2003 (reimpressão da edição de 2000)
– "Direito do Consumo", in *Estudos de Direito do Consumidor*, nº 1, 1999, pp. 391-405
– *Código Civil Anotado*, Vol. II, 4ª edição, Coimbra Editora, Coimbra, 1997 (com PIRES DE LIMA)
– *Código Civil Anotado*, Vol. I, 4ª edição, Coimbra Editora, Coimbra, 1987 (com PIRES DE LIMA)

VARGAS, Maria de Lurdes, *Escândalos no Desporto e Perturbação do Contrato de Patrocínio*, AAFDL, Lisboa, 2018

VASCONCELOS, Joana, "Emissão de Cartões de Crédito", in *Estudos do Instituto de Direito do Consumo*, Vol. I, 2002, pp. 165-183

VASCONCELOS, Luís Miguel Pestana de, *Direito Bancário*, Almedina, Coimbra, 2017
– "Direito de Retenção, Contrato-Promessa e Insolvência", in *Cadernos de Direito Privado*, nº 33, 2011, pp. 3-29

VASCONCELOS, Pedro Pais de, *Teoria Geral do Direito Civil*, 6ª edição, Almedina, Coimbra, 2010

VENÂNCIO, Pedro Dias, "O Contrato Electrónico e o Momento da Sua Conclusão", in *MaiaJurídica*, Ano IV, nº 2, 2006, pp. 61-76

VENTURA, Catarina Sampaio, "Os Direitos Fundamentais à Luz da Quarta Revisão Constitucional", in *Boletim da Faculdade de Direito da Universidade de Coimbra*, Vol. LXXIV, 1998, pp. 493-527

VICENTE, Dário Moura, *Direito Comparado*, Vol. II, Almedina, Coimbra, 2017
– "A Formação dos Contratos Internacionais", in *Estudos de Direito Comercial Internacional*, Vol. I, Almedina, Coimbra, 2004, pp. 195-217
– "Comércio Electrónico e Responsabilidade Empresarial", in *Direito da Sociedade da Informação*, Vol. IV, 2003, pp. 241-288

VIEIRA, José Alberto, *Negócio Jurídico – Anotação ao Regime do Código Civil (Artigos 217º a 295º)*, Coimbra Editora, Coimbra, 2006

VIEIRA, Miguel Marques, "A Autonomia Privada na Contratação Eletrônica sem Intervenção Humana", in *Estudos sobre o Direito das Pessoas*, Almedina, Coimbra, 2007, pp. 179-202

VINCELLES, Carole Aubert de, "Consumer Sales in France After the Implementation of the Consumer Rights Directive", in *Consumer Sales in Europe*, Intersentia, Cambridge, 2016, pp. 55-71

VLADIMIR PACEVICIUS, Iván, "El Ámbito de Aplicación del Derecho del Consumidor ante el Nuevo Código Civil y Comercial", in *Impactos del Nuevo Código Civil y Comercial en el Derecho del Consumidor. Diálogos y Perspectivas a la Luz de sus Principios*, Facultad de Derecho – Universidad de Buenos Aires, Buenos Aires, 2016, pp. 60-89 (com SERGIO SEBASTIÁN BAROCELLI)

WALKER, Tim, "How Much...? The Rise of Dynamic and Personalised Pricing", in *The Guardian*, 20/11/2017 – http://bit.ly/2zTOboQ

WEBER, Rolf H., "Liability in the Internet of Things", in *EuCML – Journal of European Consumer and Market Law*, nº 5, 2017, pp. 207-212

WEINGARTEN, Celia, *Manual de los Derechos de Usuarios y Consumidores*, La Ley, Buenos Aires, 2011 (com CARLOS A. GHERSI)

WENDEHORST, Christiane, "Consumers and the Data Economy", in *EuCML – Journal of European Consumer and Market Law*, nº 1, 2017, pp. 1-2
– "Consumer Sales in Austria After the Implementation of the Consumer Rights Directive", in *Consumer Sales in Europe*, Intersentia, Cambridge, 2016, pp. 15-30 (com OLIVER PESCHEL)

WIEWIÓROWSKA-DOMAGALSKA, Aneta, "The Rise of the Platform Economy: A New Challenge for EU Consumer Law", in *EuCML – Journal of European Consumer and Market Law*, nº 1, 2016, pp. 3-10 (com CHRISTOPH BUSCH, HANS SCHULTE-NÖLKE e FRYDERYK ZOLL)

WILHELMSSON, Thomas, *Rethinking EU Consumer Law*, Routledge, 2018 (com GERAINT HOWELLS e CHRISTIAN TWIGG-FLESNER)
– "Pre-Contractual Duties in the *Acquis Communautaire*", in *European Review of Contract Law*, Vol. 2, nº 4, 2006, pp. 441-470 (com CHRISTIAN TWIGG-FLESNER)
– *EC Consumer Law*, Dartmouth, Aldershot, 1997 (com GERAINT HOWELLS)

WRBKA, Stefan, "Warranty Law in Cases of Planned Obsolescence – The Austrian Situation", in *EuCML – Journal of European Consumer and Market Law*, nº 2, 2017, pp. 67-76

YERMACK, David, "Is Bitcoin a Real Currency? An Economic Appraisal", in *NBER Working Paper Series*, Working Paper nº 19747, 2013 – http://www.nber.org/papers/w19747.pdf

ZBORA, Roxana Cardoso, "A Casa na Quinta da Armada", in *Casos Práticos Resolvidos de Direito do Consumo*, Almedina, Coimbra, 2019, pp. 102-109 (com RAQUEL CABRAL)

ZECH, Herbert, "Data as a Tradeable Commodity", in *European Contract Law and the Digital Single Market – The Implications of the Digital Revolution*, Intersentia, Cambridge, 2016, pp. 51-79

ZENTNER, Diego H., "Los Contratos de Consumo", in *Manual de Derecho del Consumidor*, AbeledoPerrot, Buenos Aires, 2009, pp. 315-345

ZOLL, Fryderyk, "The Rise of the Platform Economy: A New Challenge for EU Consumer Law", in *EuCML – Journal of European Consumer and Market Law*, nº 1, 2016, pp. 3-10 (com CHRISTOPH BUSCH, HANS SCHULTE-NÖLKE e ANETA WIEWIÓROWSKA-DOMAGALSKA)
– "Consumer Sales in Poland After the Implementation of the Consumer Rights Directive", in *Consumer Sales in Europe*, Intersentia, Cambridge, 2016, pp. 131-141

JURISPRUDÊNCIA[1322]

Tribunal Constitucional

- Acórdão nº 153/90, de 3 de maio de 1990 (publicado no Diário da República de 7 de setembro de 1990)
- Acórdão nº 650/2004, de 16 de novembro de 2004 (publicado no Diário da República de 22 de fevereiro de 2005)

Tribunal de Justiça da União Europeia

- Acórdão de 14 de março de 1991, Processo C-361/89, *Acórdão Di Pinto*
- Acórdão de 3 de julho de 1997, Processo C-269/95, *Acórdão Benincasa*
- Acórdão de 23 de março de 2000, Processo C-208/98, *Acórdão Berliner Kindl Brauerei*
- Acórdão de 20 de janeiro de 2005, Processo C-464/01, *Acórdão Gruber*
- Acórdão de 17 de abril de 2008, Processo C-404/06, *Acórdão Quelle*
- Acórdão de 4 de junho de 2009, Processo C-243/08, *Acórdão Pannon GSM*
- Acórdão de 3 de setembro de 2009, Processo C-489/07, *Acórdão Messner*
- Acórdão de 15 de abril de 2010, Processo C-511/08, *Acórdão Heinrich Heine*
- Acórdão de 3 de junho de 2010, Processo C-484/08, *Acórdão Caja de Ahorros y Monte de Piedad de Madrid*
- Acórdão de 9 de novembro de 2010, Processo C-137/08, *Acórdão VB Pénzügyi Lízing*
- Acórdão de 16 de novembro de 2010, Processo C-76/10, *Acórdão Pohotovosť*
- Acórdão de 12 de maio de 2011, Processo C-122/10, *Acórdão Ving Sverige*
- Acórdão de 16 de junho de 2011, Processos C-65/09 e C-87/09, *Acórdão Gebr. Weber e Putz*
- Acórdão de 15 de março de 2012, Processo C-453/10, *Acórdão Pereničová e Perenič*
- Acórdão de 5 de julho de 2012, Processo C-49/11, *Acórdão Content Services*
- Acórdão de 18 de outubro de 2012, Processo C-428/11, *Acórdão Purely Creative e o.*
- Acórdão de 7 de março de 2013, Processo C-343/12, *Acórdão Euronics Belgium*

[1322] Todas as decisões referidas sem indicação do local onde foram obtidas podem ser encontradas in *www.dgsi.pt* (decisões de tribunais nacionais) ou in *curia.europa.eu* (decisões de tribunais europeus).

- Acórdão de 30 de maio de 2013, Processo C-488/11, *Acórdão Asbeek Brusse e de Man Garabito*
- Acórdão de 14 de março de 2013, Processo C-415/11, *Acórdão Aziz*
- Acórdão de 21 de março de 2013, Processo C-92/11, *Acórdão RWE Vertrieb*
- Acórdão de 5 de dezembro de 2013, Processo C-508/12, *Acórdão Vapenik*
- Acórdão de 27 de março de 2014, Processo C-565/12, *LCL Le Crédit Lyonnais*
- Acórdão de 3 de abril de 2014, Processo C-515/12, *Acórdão 4finance*
- Acórdão de 30 de abril de 2014, Processo C-26/13, *Acórdão Kásler e Káslerné Rábai*
- Acórdão de 10 de setembro de 2014, Processo C-34/13, *Acórdão Kušionová*
- Acórdão de 18 de dezembro de 2014, Processo C-449/13, *Acórdão CA Consumer Finance SA*
- Acórdão de 15 de janeiro de 2015, Processo C-537/13, *Acórdão Šiba*
- Acórdão de 28 de janeiro de 2015, Processo C-375/13, *Acórdão Kolassa*
- Acórdão de 5 de março de 2015, Processos C-503/13 e C-504/13, *Acórdão Boston Scientific Medizintechnik*
- Acórdão de 16 de abril de 2015, Processo C-388/13, *Acórdão UPC Magyarország*
- Acórdão de 23 de abril de 2015, Processo C-96/14, *Acórdão Van Hove*
- Acórdão de 4 de junho de 2015, Processo C-497/13, *Acórdão Faber*
- Acórdão de 9 de julho de 2015, Processo C-348/14, *Acórdão Bucura*
- Acórdão de 3 de setembro de 2015, Processo C-110/14, *Acórdão Costea*
- Acórdão de 29 de outubro de 2015, Processo C-8/14, *Acórdão BBVA*
- Acórdão de 26 de novembro de 2015, Processo C-326/14, *Acórdão Verein für Konsumenteninformation*
- Acórdão de 18 de fevereiro de 2016, Processo C-49/14, *Acórdão Finanmadrid EFC*
- Acórdão de 21 de abril de 2016, Processo C-377/14, *Acórdão Radlinger e Radlingerová*
- Acórdão de 7 de julho de 2016, Processo C-476/14, *Acórdão Citroën Commerce*
- Acórdão de 16 de julho de 2016, Processo C-83/14, *Acórdão CHEZ Razpredelenie Bulgaria*
- Acórdão de 28 de julho de 2016, Processo C-168/15, *Acórdão Tomášová*
- Acórdão de 7 de setembro de 2016, Processo C-310/15, *Acórdão Deroo-Blanquart*
- Acórdão de 26 de outubro de 2016, Processo C-611/14, *Acórdão Canal Digital Danmark*
- Acórdão de 9 de novembro de 2016, Processo C-42/15, *Acórdão Home Credit Slovakia*
- Acórdão de 9 de novembro de 2016, Processo C-149/15, *Acórdão Wathelet*
- Acórdão de 8 de dezembro de 2016, Processo C-127/15, *Acórdão Verein für Konsumenteninformation*
- Acórdão de 15 de dezembro de 2016, Processo C-667/15, *Acórdão Nationale Loterij*
- Acórdão de 21 de dezembro de 2016, Processos C-154/15, C-307/15 e C-308/15, *Acórdão Gutiérrez Naranjo*
- Acórdão de 26 de janeiro de 2017, Processo C-421/14, *Acórdão Banco Primus*
- Acórdão de 2 de março de 2017, Processo C-568/15, *Acórdão Zentrale zur Bekämpfung unlauteren Wettbewerbs Frankfurt am Main*
- Acórdão de 30 de março de 2017, Processo C-146/16, *Acórdão Verband Sozialer Wettbewerb*
- Acórdão de 13 de julho de 2017, Processo C-133/16, *Acórdão Ferenschild*
- Acórdão de 20 de julho de 2017, Processo C-357/16, *Acórdão Gelvora*
- Acórdão de 7 de setembro de 2017, Processo C-247/16, *Acórdão Schottelius*

- Acórdão de 20 de setembro de 2017, Processo C-186/16, *Acórdão Andriciuc*
- Acórdão de 19 de outubro de 2017, Processo C-295/16, *Acórdão Europamur Alimentación*
- Acórdão de 20 de dezembro de 2017, Processo C-434/15, *Acórdão Asociación Profesional Elite Taxi*
- Acórdão de 25 de janeiro de 2018, Processo C-498/16, *Acórdão Schrems*
- Acórdão de 17 de maio de 2018, Processo C-147/16, *Acórdão Karel de Grote – Hogeschool Katholieke Hogeschool Antwerpen*
- Acórdão de 31 de maio de 2018, Processo C-483/16, *Acórdão Sziber*
- Acórdão de 7 de agosto de 2018, Processo C-485/17, *Acórdão Verbraucherzentrale Berlin*[1]
- Acórdão de 7 de agosto de 2018, Processo C-96/17, *Acórdão Banco Santander*[2]
- Acórdão de 13 de setembro de 2018, Processo C-332/17, *Acórdão Starman*[1]
- Acórdão de 13 de setembro de 2018, Processo C-176/17, *Acórdão Profi Credit Polska*[2]
- Acórdão de 19 de setembro de 2018, Processo C-109/17, *Acórdão Bankia*
- Acórdão de 20 de setembro de 2018, Processo C-448/17, *Acórdão EOS KSI Slovensko*[1]
- Acórdão de 20 de setembro de 2018, Processo C-51/17, *Acórdão OTP Bank e OTP Faktoring*[2]
- Acórdão de 4 de outubro de 2018, Processo C-107/17, *Acórdão Kamenova*
- Acórdão de 23 de janeiro de 2019, Processo C-430/17, *Acórdão Walbusch Walter Busch*
- Acórdão de 14 de fevereiro de 2019, Processo C-630/17, *Acórdão Milivojević*
- Acórdão de 23 de maio de 2019, Processo C-52/18, *Acórdão Fülla*

Supremo Tribunal de Justiça
- Acórdão de 26 de setembro de 1995, Processo nº 087043 (Torres Paulo)
- Acórdão de 2 de junho de 1999, Processo nº 99B387 (Quirino Soares)
- Acórdão de 17 de dezembro de 2002, Processo nº 02A544 (Afonso de Melo)
- Acórdão de 3 de junho de 2004, Processo nº 04B694 (Noronha do Nascimento)
- Acórdão de 6 de julho de 2004, Processo nº 04B1686 (Noronha do Nascimento)
- Acórdão de 22 de fevereiro de 2005, Processo nº 04A3447 (Pinto Monteiro)
- Acórdão de 15 de março de 2005, Processo nº 04B4400 (Lucas Coelho)
- Acórdão de 19 de abril de 2005, Processo nº 05A493 (Faria Antunes)
- Acórdão de 12 de janeiro de 2006, Processo nº 05B3756 (Moitinho de Almeida)
- Acórdão de 14 de novembro de 2006, Processo nº 06A2718 (Moreira Camilo)
- Acórdão de 23 de janeiro de 2007, Processo nº 06A4010 (Alves Velho)
- Acórdão de 24 de maio de 2007, Processo nº 07A1337 (Sebastião Póvoas)
- Acórdão de 4 de outubro de 2007, Processo nº 07B1996 (Maria dos Prazeres Pizarro Beleza)
- Acórdão de 27 de novembro de 2007, Processo nº 07A3581 (Mário Cruz)
- Acórdão de 13 de dezembro de 2007, Processo nº 07A4160 (Fonseca Ramos)
- Acórdão de 24 de janeiro de 2008, Processo nº 07B4302 (Pereira da Silva)
- Acórdão de 6 de março de 2008, Processo nº 07B4617 (Oliveira Vasconcelos)
- Acórdão de 15 de maio de 2008, Processo nº 08B357 (Mota Miranda)
- Acórdão de 16 de outubro de 2008, Processo nº 08A343 (Alves Velho)
- Acórdão de 27 de novembro de 2008, Processo nº 07B3198 (Maria dos Prazeres Pizarro Beleza)
- Acórdão de 9 de dezembro de 2008, Processo nº 08A2924 (Garcia Calejo)

- Acórdão de 25 de março de 2009, Processo nº 08A1992 (Cardoso de Albuquerque)
- Acórdão de 28 de abril de 2009, Processo nº 2/09.1YFLSB (Fonseca Ramos)
- Acórdão de 28 de abril de 2009, Processo nº 08B3604 (Maria dos Prazeres Pizarro Beleza)
- Acórdão de 7 de maio de 2009, Processo nº 09B0057 (Pires da Rosa)
- Acórdão de 14 de maio de 2009, Processo nº 218/09.OYFLSB (Sebastião Póvoas)
- Acórdão de 21 de maio de 2009, Processo nº 09B0641 (Santos Bernardino)
- Acórdão de 21 de maio de 2009, Processo nº 08B1356 (Maria dos Prazeres Pizarro Beleza)
- Acórdão de 7 de julho de 2009, Processo nº 369/09.01YFLSB (Oliveira Rocha)
- Acórdão de 24 de setembro de 2009, Processo nº 2210/06.8TVPRT.S1 (Lopes do Rego)
- Acórdão de 24 de setembro de 2009, Processo nº 09B0368 (Maria dos Prazeres Pizarro Beleza)
- Acórdão de 3 de dezembro de 2009, Processo nº 216/09.4YFLSB (Maria dos Prazeres Pizarro Beleza)
- Acórdão de 7 de janeiro de 2010, Processo nº 08B3798 (Maria dos Prazeres Pizarro Beleza)
- Acórdão de 16 de março de 2010, Processo nº 97/2002.L1.S1 (Alves Velho)
- Acórdão de 16 de março de 2010, Processo nº 6817/06.5TBBRG.G1.S1 (Urbano Dias)
- Acórdão de 8 de abril de 2010, Processo nº 3501/06.3TVLSB.C1.S1 (Lopes do Rego)
- Acórdão de 4 de maio de 2010, Processo nº 2990/06.0TBACB.C1.S1 (Helder Roque)
- Acórdão de 27 de maio de 2010, Processo nº 69/06-4TBMDB.P1.S1 (Azevedo Ramos)
- Acórdão de 27 de maio de 2010, Processo nº 976/06.4TBOAZ.P1.S1 (Oliveira Vasconcelos)
- Acórdão de 1 de junho de 2010, Processo nº 4854/03.0TBGDM.P1.S1 (Azevedo Ramos)
- Acórdão de 8 de junho de 2010, Processo nº 135/07.9YIVNG.P1.S1 (Oliveira Vasconcelos)
- Acórdão de 17 de junho de 2010, Processo nº 3262/07.9TVLSB.L1 (João Bernardo)
- Acórdão de 24 de junho de 2010, Processo nº 5611/03.0TVLSB.L1.S1 (Bettencourt de Faria)
- Acórdão de 7 de julho de 2010, Processo nº 31/04.1TBTMC.S1 (Ferreira de Almeida)
- Acórdão de 13 de julho de 2010, Processo nº 3/05.9TYLSB.P1.S1 (Fonseca Ramos)
- Acórdão de 28 de setembro de 2010, Processo nº 1048/03.9TBVIS.C1 (Ferreira de Almeida)
- Acórdão de 9 de novembro de 2010, Processo nº 12.764/03.5TOER.L1.S1 (Urbano Dias)
- Acórdão de 18 de janeiro de 2011, Processo nº 1313/03.5TBEPS.G1.S1 (Fonseca Ramos)
- Acórdão de 17 de fevereiro de 2011, Processo nº 1458/056.7TBVFR-A.P.S1 (Távora Victor)
- Acórdão de 17 de fevereiro de 2011, Processo nº 3958/06.3TBGDM.P1.S1 (Maria dos Prazeres Pizarro Beleza)
- Acórdão de 24 de março de 2011, Processo nº 1582/07.1TBAMT-B.P1.S1 (Granja da Fonseca)
- Acórdão de 6 de julho de 2011, Processo nº 13/06.9TBABT.E1.S1 (Granja da Fonseca)
- Acórdão de 6 de setembro de 2011, Processo nº 4757/05.4TVLSB.L1.S1 (Alves Velho)

- Acórdão de 11 de outubro de 2011, Processo nº 409/08.1TBVIS.C1.S1 (Gabriel Catarino)
- Acórdão de 20 de outubro de 2011, Processo nº 1097/04.0TBLLE.E1.S1 (Moreira Alves)
- Acórdão de 25 de outubro de 2011, Processo nº 1320/08.1YXLSB.L1.S1 (Alves Velho)
- Acórdão de 27 de outubro de 2011, Processo nº 2279/07.8TBOVR.C1.S1 (Oliveira Vasconcelos)
- Acórdão de 15 de dezembro de 2011, Processo nº 4867/07.3TBSTS.P1.S1 (Lopes do Rego)
- Acórdão de 20 de março de 2012, Processo nº 1557/05.5TBPTL.L1 (Martins de Sousa)
- Acórdão de 19 de abril de 2012, Processo nº 453/06.3TBSLV.E1.S1 (Ana Paula Boularot)
- Acórdão de 24 de maio de 2012, Processo nº 2565/10.0TBSTB.S1 (Serra Baptista)
- Acórdão de 5 de junho de 2012, Processo nº 805/07.1TCFUN.L1.S1 (Fernandes do Vale)
- Acórdão de 18 de outubro de 2012, Processo nº 1947/07.9TBAMT-A.P1.S1 (Álvaro Rodrigues)
- Acórdão de 15 de novembro de 2012, Processo nº 25106/10.4T2SNT.L1.S1 (Granja da Fonseca)
- Acórdão de 4 de junho de 2013, Processo nº 137/09.0TBPNH.C1.S1 (Mário Mendes)
- Acórdão de 26 de setembro de 2013, Processo nº 15/10.0TJLSB.L1.S1 (Serra Baptista)
- Acórdão de 26 de setembro de 2013, Processo nº 1735/06.0TBFLG-B.G1.S1 (Maria dos Prazeres Pizarro Beleza)
- Acórdão de 3 de outubro de 2013, Processo nº 1399/10.6TBPVZ.P1.S1 (Lopes do Rego)
- Acórdão de 14 de novembro de 2013, Processo nº 122/09.2TJLSB.L1.S1 (João Trindade)
- Acórdão de 2 de dezembro de 2013, Processo nº 306/10.0TCGMR.G1.S1 (Maria Clara Sottomayor)
- Acórdão de 14 de janeiro de 2014, Processo nº 378/07.5TBLNH.L1.S1 (Moreira Alves)
- Acórdão de 23 de janeiro de 2014, Processo nº 1117/10.9TVLSB.P1.S1 (Granja da Fonseca)
- Acórdão de 20 de março de 2014, Processo nº 783/11.2TBMGR.C1.S1 (Moreira Alves)
- Acórdão de 20 de março de 2014, Processo nº 92/05.6TYVNG-M.P1.S1 (Távora Victor)
- Acórdão de 10 de abril de 2014, Processo nº 2393/11.5TJLSB.L1.S1 (Granja da Fonseca)
- Acórdão de 10 de abril de 2014, Processo nº 1246/10.9TJLSB.L1.S1 (Granja da Fonseca)
- Acórdão de 24 de abril de 2014, Processo nº 6659/09.6TVLSB.L1.S1 (Granja da Fonseca)
- Acórdão de 29 de maio de 2014, Processo nº 1092/10.0TBLSD-G.P1.S1 (João Bernardo)
- Acórdão de 9 de setembro de 2014, Processo nº 77/09.3TBSVC.L1.S1 (Mário Mendes)
- Acórdão de 30 de setembro de 2014, Processo nº 844/09.8TVLSB.L1.S1 (Maria Clara Sottomayor)
- Acórdão de 9 de outubro de 2014, Processo nº 3925/07.9TVPRT.P1.S1 (João Bernardo)
- Acórdão de 14 de outubro de 2014, Processo nº 986/12.2TBFAF-G.G1.S1 (João Camilo)
- Acórdão de 25 de novembro de 2014, Processo nº 7617/11.6TBBRG-C.G1.S1 (Fernandes do Vale)
- Acórdão de 4 de dezembro de 2014, Processo nº 23/12.7TBESP.P1.S1 (Maria dos Prazeres Pizarro Beleza)
- Acórdão de 9 de dezembro de 2014, Processo nº 1004/12.6TJLSB.L1.S1 (Martins de Sousa)

- Acórdão de 11 de fevereiro de 2015, Processo nº 877/12.7TVLSB.L1-A.S1 (Gregório Silva Jesus)
- Acórdão de 26 de fevereiro de 2015, Processo nº 738/12.0TBCVL.C1.S1 (Maria dos Prazeres Pizarro Beleza)
- Acórdão de 22 de abril de 2015, Processo nº 34/12.2TBLSA.C1.S1 (Gabriel Catarino)
- Acórdão de 5 de maio de 2015, Processo nº 1725/12.3TBRG.G1.S1 (João Camilo)
- Acórdão de 2 de junho de 2015, Processo nº 109/13.0TBMLD.P1.S1 (Helder Roque)
- Acórdão de 4 de junho de 2015, Processo nº 319/06.7TVLSB.L2.S1 (Oliveira Vasconcelos)
- Acórdão de 9 de julho de 2015, Processo nº 3137/09.7TBCSC.L1.S1 (Paulo Sá)
- Acórdão de 9 de julho de 2015, Processo nº 1728/12.8TBBRR-A.L1.S1 (Ana Paula Boularot)
- Acórdão de 1 de outubro de 2015, Processo nº 279/10.0TBSTR.E1.S1 (Abrantes Geraldes)
- Acórdão de 8 de outubro de 2015, Processo nº 1944/11.0TBPBL.C1.S1 (Mário Mendes)
- Acórdão de 5 de novembro de 2015, Processo nº 1737/12.7TBVCT-D.G1.S1 (Mário Mendes)
- Acórdão de 17 de novembro de 2015, Processo nº 1999/05.6TBFUN-I.L1S1 (Fonseca Ramos)
- Acórdão de 19 de novembro de 2015, Processo nº 139/12.0TVLSB.L1.S1 (Oliveira Vasconcelos)
- Acórdão de 24 de novembro de 2015, Processo nº 7368/10.9TBVNG-C.P2.S1 (Pinto de Almeida)
- Acórdão de 17 de dezembro de 2015, Processo nº 1174/12.3TVLSB.L1.S1 (Maria da Graça Trigo)
- Acórdão de 5 de janeiro de 2016, Processo nº 2790/08.3TVLSB.L1.S1 (Pinto de Almeida)
- Acórdão de 11 de fevereiro de 2016, Processo nº 8727/06.7TBCSC.L1.S1 (Maria da Graça Trigo)
- Acórdão de 16 de fevereiro de 2016, Processo nº 135/12.7TBMSF.G1.S1 (Maria Clara Sottomayor)
- Acórdão de 5 de maio de 2016, Processo nº 13161/14.2T2SNT.L1.S1 (Salazar Casanova)
- Acórdão de 10 de maio de 2016, Processo nº 852/13.4TBSTS.P1.S1 (João Camilo)
- Acórdão de 24 de maio de 2016, Processo nº 3374/07.9TBGMR-C.G2.S1 (Nuno Cameira)
- Acórdão de 2 de junho de 2016, Processo nº 2213/10.8TVLSB.L1.S1 (Orlando Afonso)
- Acórdão de 16 de junho de 2016, Processo nº 2188/14.4TBVNG.P1.S1 (Tavares de Paiva)
- Acórdão de 21 de junho de 2016, Processo nº 2683/12.0TJLSB.L1.S1 (Hélder Roque)
- Acórdão de 5 de julho de 2016, Processo nº 1129/11.5TBCVL-C.C1.S1 (Ana Paula Boularot)
- Acórdão de 29 de julho de 2016, Processo nº 6193/13.0TBBRG-H.G1.S1 (Júlio Gomes)
- Acórdão de 13 de setembro de 2016, Processo nº 1262/14.1T8VCT-B.G1.S1 (Alexandre Reis)
- Acórdão de 15 de setembro de 2016, Processo nº 207/09.5TBVLP.G1.S1 (Maria da Graça Trigo)

- Acórdão de 27 de setembro de 2016, Processo nº 240/11.7TBVRM.G1.S1 (José Rainho)
- Acórdão de 4 de outubro de 2016, Processo nº 2679/13.4TBVCD.P1.S1 (Nuno Cameira)
- Acórdão de 14 de dezembro de 2016, Processo nº 20054/10.0T2SNT.L2.S1 (Fonseca Ramos)
- Acórdão de 12 de janeiro de 2017, Processo nº 222/11.9TBVCD.P1.S1 (Oliveira Vasconcelos)
- Acórdão de 14 de fevereiro de 2017, Processo nº 427/12.5TBFAF-F.G1.S1 (João Camilo)
- Acórdão de 15 de fevereiro de 2017, Processo nº 1776/11.5TVLSB.L1.S1 (Salazar Casanova)
- Acórdão de 28 de março de 2017, Processo nº 12579/16.0T8LSB.L1.S1 (Salreta Pereira)
- Acórdão de 6 de abril de 2017, Processo nº 1161/14.7T2AVR.P1.S1 (António da Silva Gonçalves)
- Acórdão de 4 de maio de 2017, Processo nº 1566/15.6T8OAZ.P1.S1 (António Piçarra)[1]
- Acórdão de 4 de maio de 2017, Processo nº 1961/13.5TVLSB.L1.S1 (Lopes do Rego)[2]
- Acórdão de 28 de setembro de 2017, Processo nº 580/13.0TNLSB.L1.S1 (Tomé Gomes)
- Acórdão de 3 de outubro de 2017, Processo nº 569/13.0TBCSC.L1.S1 (Henrique Araújo)[1]
- Acórdão de 3 de outubro de 2017, Processo nº 212/11.1T2AVR-B.P1.S1 (Júlio Gomes)[2]
- Acórdão de 31 de outubro de 2017, Processo nº 353/14.3T8AMT-E.P1.S1 (Henrique Araújo)
- Acórdão de 13 de novembro de 2018, Processo nº 380/14.0T8VRL.G1.S2 (Fátima Gomes)

Tribunal da Relação de Coimbra

- Acórdão de 13 de janeiro de 2004, Processo nº 3192/03 (Jorge Arcanjo)
- Acórdão de 4 de outubro de 2005, Processo nº 1461/05 (Monteiro Casimiro)
- Acórdão de 6 de fevereiro de 2007, Processo nº 16/06.3TBIDN.C1 (Coelho de Matos)
- Acórdão de 23 de janeiro de 2008, Processo nº 52/00.3GAPNC.C2 (Inácio Monteiro)
- Acórdão de 12 de fevereiro de 2008, Processo nº 366/05.6TBTND-A.C1 (Costa Fernandes)
- Acórdão de 26 de fevereiro de 2008, Processo nº 295/06.6TBCNT.C1 (Teles Pereira)
- Acórdão de 27 de fevereiro de 2008, Processo nº 1377/07.2TBGRD (Fernando Ventura)
- Acórdão de 11 de março de 2008, Processo nº 434/04.1TBVNO.C1 (Graça Santos Silva)
- Acórdão de 8 de abril de 2008, Processo nº 56/07.5TBFAG.C1 (Arlindo Oliveira)
- Acórdão de 2 de junho de 2009, Processo nº 2443/07.0TJCBR.C1 (Távora Vítor)
- Acórdão de 23 de junho de 2009, Processo nº 914/07.7TBTMR-A.C1 (Isaías Pádua)
- Acórdão de 30 de junho de 2009, Processo nº 486/03.1TBCBR.C1 (Sílvia Pires)
- Acórdão de 17 de novembro de 2009, Processo nº 4242/06.7TVLSB.C1 (Jorge Arcanjo)
- Acórdão de 16 de dezembro de 2009, Processo nº 14/09.5TBMLD.C1 (Judite Pires)
- Acórdão de 9 de fevereiro de 2010, Processo nº 174/09.5T2ALB.C1 (Emídio Costa)
- Acórdão de 4 de maio de 2010, Processo nº 193/09.1TBCVL-A.C1 (António Magalhães)
- Acórdão de 4 de maio de 2010, Processo nº 328/09.4TBGRD.C1 (Gonçalves Ferreira)
- Acórdão de 11 de maio de 2010, Processo nº 194/09.0TBSCD.C1 (António Beça Pereira)
- Acórdão de 18 de maio de 2010, Processo nº 3472/08.1TBVIS-A.C1 (Isaías Pádua)

- Acórdão de 29 de junho de 2010, Processo nº 1597/09.5T2AVR.C1 (Jacinto Meca)
- Acórdão de 25 de outubro de 2011, Processo nº 351/10.6TBPCV.C1 (Moreira do Carmo)
- Acórdão de 6 de dezembro de 2011, Processo nº 447/09.7TBVIS.C1 (Sílvia Pires)
- Acórdão de 17 de abril de 2012, Processo nº 3238/06.3TBLRA.C1 (Francisco Caetano)
- Acórdão de 17 de abril de 2012, Processo nº 5060/09.6TBLRA.C1 (Barateiro Martins)
- Acórdão de 13 de setembro de 2012, Processo nº 1098/07.6TVLSB.L1-2 (Jorge Vilaça)
- Acórdão de 25 de setembro de 2012, Processo nº 2153/11.3T2AVR.C1 (Carlos Moreira)
- Acórdão de 20 de novembro de 2012, Processo nº 6646/05.3TBLRA.C1 (Jorge Arcanjo)
- Acórdão de 9 de abril de 2013, Processo nº 330/09.6TBMLD-A.C1 (José Avelino Gonçalves)
- Acórdão de 28 de maio de 2013, Processo nº 469/11.8T2ILH.P1.C1 (Fernando Monteiro)
- Acórdão de 10 de setembro de 2013, Processo nº 968/09.1TBCBR-A.C1 (Albertina Pedroso)
- Acórdão de 18 de fevereiro de 2014, Processo nº 2817/09.1TBFIG.C1 (Sílvia Pires)
- Acórdão de 18 de março de 2014, Processo nº 71/13.0TBCVL.C1 (Luís Cravo)
- Acórdão de 20 de maio de 2014, Processo nº 144/10.0TBCNT.C1 (Arlindo Oliveira)
- Acórdão de 27 de maio de 2014, Processo nº 544/10.6TBCVL.C1 (Henrique Antunes)
- Acórdão de 28 de outubro de 2014, Processo nº 3516/13.5TJCBR.C1 (Maria Inês Moura)
- Acórdão de 17 de dezembro de 2014, Processo nº 4435/13.0TBLRA.C1 (Freitas Neto)
- Acórdão de 10 de março de 2015, Processo nº 181/13.3TBSPS.C1 (Carlos Moreira)
- Acórdão de 21 de abril de 2015, Processo nº 123740/08.5YIPRT.C1 (Barateiro Martins)
- Acórdão de 16 de junho de 2015, Processo nº 3389/08.0TJCBR-A.C1 (Maria João Areias)
- Acórdão de 30 de junho de 2015, Processo nº 90/12.3TBVZL.C2 (Maria João Areias)
- Acórdão de 17 de novembro de 2015, Processo nº 87/15.1YRCBR (Maria João Areias)
- Acórdão de 16 de dezembro de 2015, Processo nº 2153/13.9TJCBR.C1 (Moreira do Carmo)
- Acórdão de 26 de janeiro de 2016, Processo nº 4055/13.0TJCBR.C1 (Carlos Moreira)
- Acórdão de 16 de fevereiro de 2016, Processo nº 12/14.7TBAGN.C1 (Arlindo Oliveira)
- Acórdão de 1 de março de 2016, Processo nº 1684/08.7TBCBR.C1 (Jorge Arcanjo)
- Acórdão de 8 de março de 2016, Processo nº 934/15.8T8LMG.C1 (Sílvia Pires)
- Acórdão de 3 de maio de 2016, Processo nº 401/07.3TBSCD-C.C1 (Fernando Monteiro)
- Acórdão de 10 de maio de 2016, Processo nº 330/13.1TBSCD.C1 (Carlos Moreira)
- Acórdão de 7 de junho de 2016, Processo nº 783/13.8TBLMG-A.C1 (Maria João Areias)
- Acórdão de 13 de setembro de 2016, Processo nº 118/13.0TBMDA.C1 (Falcão de Magalhães)
- Acórdão de 8 de novembro de 2016, Processo nº 1343/14.1TBFIG-A.C1 (Maria João Areias)
- Acórdão de 15 de dezembro de 2016, Processo nº 1638/11.6TBACB.C1 (Maria Domingas Simões)
- Acórdão de 9 de janeiro de 2017, Processo nº 4208/15.6T8PBL-A.C1 (Jorge Manuel Loureiro)
- Acórdão de 7 de fevereiro de 2017, Processo nº 411/14.4TBCNT-A.C1 (Moreira do Carmo)[1]
- Acórdão de 7 de fevereiro de 2017, Processo nº 1288/11.7TBVIS-A.C1 (Maria João Areias)[2]

- Acórdão de 14 de março de 2017, Processo nº 1043/08.1TBFIG-A.C1 (Falcão de Magalhães)
- Acórdão de 24 de setembro de 2019, Processo nº 106/19.2YRCBR (Fernando Monteiro)

Tribunal da Relação de Évora

- Acórdão de 1 de abril de 2004, Processo nº 2737/03-2 (Ana Resende)
- Acórdão de 25 de outubro de 2007, Processo nº 883/07-2 (Tavares de Paiva)
- Acórdão de 10 de fevereiro de 2010, Processo nº 402/09.7TBLLE.E1 (Mata Ribeiro)
- Acórdão de 8 de setembro de 2011, Processo nº 1277/09.1TBBJA (João Gonçalves Marques)
- Acórdão de 12 de julho de 2012, Processo nº 3114/09.8TBSTB.E1 (Bernardo Domingos)
- Acórdão de 17 de janeiro de 2013, Processo nº 274/11.1TBSRP (Elisabete Valente)
- Acórdão de 16 de maio de 2013, Processo nº 1207/11.0TBOLH.E1 (Isabel Silva)
- Acórdão de 13 de fevereiro de 2014, Processo nº 1665/11.3 TBCTX.E1 (Sílvio Sousa)
- Acórdão de 15 de janeiro de 2015, Processo nº 268/13.2TBACN.E1 (Mário Serrano)
- Acórdão de 29 de janeiro de 2015, Processo nº 1840/11.0TTSTB.E1 (Elisabete Valente)
- Acórdão de 12 de fevereiro de 2015, Processo nº 341/13.7TBVV.E1 (Silva Rato)
- Acórdão de 26 de fevereiro de 2015, Processo nº 3269/07.6TBSTR-A.E1 (Silva Rato)
- Acórdão de 26 de fevereiro de 2015, Processo nº 176/14.0TBBJA.E1 (Abrantes Mendes)
- Acórdão de 12 de março de 2015, Processo nº 6330/11.9TBSTB.E1 (Sílvio Sousa)
- Acórdão de 12 de março de 2015, Processo nº 106/13.6TBBNV.E1 (Bernardo Domingos)
- Acórdão de 30 de abril de 2015, Processo nº 568/10.3BETZ.E1 (Cristina Cerdeira)
- Acórdão de 19 de maio de 2016, Processo nº 317/14.7TBEVR (Elisabete Valente)
- Acórdão de 16 de junho de 2016, Processo nº 1265/15.9T8STB.E1 (Rui Machado e Moura)
- Acórdão de 30 de junho de 2016, Processo nº 292/12.2TBARL-A (Canelas Brás)
- Acórdão de 8 de setembro de 2016, Processo nº 431/12.3TBBJA.E1 (Silva Rato)
- Acórdão de 20 de outubro de 2016, Processo nº 14073/15.8YIPRT.E1 (Mário Serrano)
- Acórdão de 9 de março de 2017, Processo nº 6589/15.2T8STB.E1 (Conceição Ferreira)
- Acórdão de 12 de outubro de 2017, Processo nº 3150/15.5T8ENT-A.E1 (Paulo Amaral)

Tribunal da Relação de Guimarães

- Acórdão de 11 de janeiro de 2007, Processo nº 2350/06-2 (Carvalho Martins)
- Acórdão de 27 de março de 2008, Processo nº 369/08-1 (Raquel Rêgo)
- Acórdão de 10 de julho de 2008, Processo nº 1348/08-2 (Raquel Rêgo)
- Acórdão de 16 de março de 2009, Processo nº 282/07.7BBG.G1 (Conceição Bucho)
- Acórdão de 13 de outubro de 2011, Processo nº 1327/07.6TBPVZ.G1 (António Sobrinho)
- Acórdão de 8 de maio de 2012, Processo nº 378/09.0TBEPS.G1 (Fernando Fernandes Freitas)
- Acórdão de 25 de maio de 2012, Processo nº 3808/09.8TBBRG-A.G1 (Maria da Purificação Carvalho)
- Acórdão de 29 de maio de 2012, Processo nº 2508/09.3TBBCL.G1 (Fernando Fernandes Freitas)
- Acórdão de 11 de setembro de 2012, Processo nº 34394/10.5YIPRT.G1 (Araújo de Barros)

- Acórdão de 11 de outubro de 2012, Processo nº 1159/08.4TBVCT.G2 (António Sobrinho)
- Acórdão de 4 de março de 2013, Processo nº 306/10.0TCGMR.G1 (Filipe Caroço)
- Acórdão de 10 de outubro de 2013, Processo nº 73529/10.0YIPRT.G1 (Helena Melo)
- Acórdão de 15 de outubro de 2013, Processo nº 85/12.7TBFLG.G1 (Maria da Purificação Carvalho)
- Acórdão de 15 de outubro de 2013, Processo nº 3258/11.6TBVCT.G1 (Maria Rosa Tching)
- Acórdão de 30 de janeiro de 2014, Processo nº 2603/08.6TBFLG-A.G1 (Ana Cristina Duarte)
- Acórdão de 13 de março de 2014, Processo nº 3874/11.6TBVCT.G1 (Fernando Fernandes Freitas)
- Acórdão de 19 de junho de 2014, Processo nº 124620/12.5YIPRT.G1 (Moisés Silva)
- Acórdão de 6 de novembro de 2014, Processo nº 94298/12.4YIPRT (António Sobrinho)
- Acórdão de 17 de dezembro de 2014, Processo nº 420/12.8TBBCL.G1 (Maria da Purificação Carvalho)
- Acórdão de 17 de dezembro de 2014, Processo nº 1633/12.8TBVVD.G1 (Manuela Fialho)
- Acórdão de 9 de abril de 2015, Processo nº 6718/07.0YYLSB-B.G1 (António Santos)
- Acórdão de 14 de maio de 2015, Processo nº 1737/12.7TBVCT-D.G1 (Helena Melo)
- Acórdão de 4 de fevereiro de 2016, Processo nº 8732/12.4TBBRG-A.G1 (Jorge Seabra)
- Acórdão de 11 de fevereiro de 2016, Processo nº 185/10.8TBPTL.G1 (Francisco Cunha Xavier)
- Acórdão de 25 de fevereiro de 2016, Processo nº 240/11.7TBVRM.G1 (Anabela Tenreiro)
- Acórdão de 10 de março de 2016, Processo nº 384/14.3T8VCT-A.G1 (Anabela Tenreiro)
- Acórdão de 10 de março de 2016, Processo nº 338/07.6TBAMR.G1 (Maria Amália Santos)
- Acórdão de 14 de abril de 2016, Processo nº 20/14.8T8FAF.G1 (Ana Cristina Duarte)
- Acórdão de 14 de abril de 2016, Processo nº 432/10.6TBCHV.G1 (Maria da Purificação Carvalho)
- Acórdão de 14 de abril de 2016, Processo nº 1174/13.6TJVNF.D.G1 (Joaquim Espinheira Baltar)
- Acórdão de 2 de maio de 2016, Processo nº 1854/14.9TBGMR.G1 (Jorge Seabra)
- Acórdão de 25 de maio de 2016, Processo nº 36/09.6TBSBR.G1 (Fernando Fernandes Freitas)
- Acórdão de 9 de junho de 2016, Processo nº 39226/14.2YIPRT.G1 (Anabela Tenreiro)
- Acórdão de 9 de junho de 2016, Processo nº 1510/12.2TBFAF-A.G1 (Anabela Tenreiro)
- Acórdão de 15 de dezembro de 2016, Processo nº 103791/11.3YIPRT.G1 (Higina Castelo)
- Acórdão de 26 de janeiro de 2017, Processo nº 1446/15.5T8CHV.G1 (Eva Almeida)[1]
- Acórdão de 26 de janeiro de 2017, Processo nº 1594/14.9TJVNF.2.G1 (Lina Castro Baptista)[2]
- Acórdão de 23 de fevereiro de 2017, Processo nº 4247/11.6TBBRG-B.G1 (Fernando Fernandes Freitas)

- Acórdão de 16 de março de 2017, Processo nº 2506/13.2TBGMR-D.G2 (Higina Castelo)
- Acórdão de 12 de outubro de 2017, Processo nº 107/14.7.T8VPA.G1 (Anabela Tenreiro)
- Acórdão de 27 de setembro de 2018, Processo nº 2062/17.2T8BCL.G1 (Joaquim Boavida)
- Acórdão de 15 de novembro de 2018, Processo nº 156/18.6YRGMR (Pedro Damião e Cunha)
- Acórdão de 2 de maio de 2019, Processo nº 4/19.0YRGMR (Alcides Rodrigues)

Tribunal da Relação de Lisboa

- Acórdão de 27 de setembro de 2001, Processo nº 0038038 (Salazar Casanova)
- Acórdão de 7 de dezembro de 2001, Processo nº 0067782 (Cordeiro Dias)
- Acórdão de 27 de maio de 2004, Processo nº 3288/2004-2 (Ezagüy Martins)
- Acórdão de 1 de julho de 2004, Processo nº 3284/2004-6 (Fátima Galante)
- Acórdão de 15 de dezembro de 2005, Processo nº 11735/2005-6 (Arlindo Rocha)
- Acórdão de 9 de fevereiro de 2006, Processo nº 371/2006-6 (Olindo Geraldes)
- Acórdão de 9 de março de 2006, Processo nº 1180/2006-6 (Granja da Fonseca)
- Acórdão de 9 de maio de 2006, Processo nº 12155/2005-7 (Rosa Maria Ribeiro Coelho)
- Acórdão de 8 de junho de 2006, Processo nº 2483/2006-8 (Salazar Casanova)
- Acórdão de 17 de outubro de 2006, Processo nº 3534/2006-7 (Graça Amaral)
- Acórdão de 9 de novembro de 2006, Processo nº 7333/2006-6 (Fátima Galante)
- Acórdão de 31 de maio de 2007, Processo nº 3862/2007-6 (Granja da Fonseca)
- Acórdão de 5 de junho de 2007, Processo nº 2371/2007-1 (Maria José Simões)
- Acórdão de 28 de junho de 2007, Processo nº 4307/2007-6 (Ferreira Lopes)
- Acórdão de 15 de novembro de 2007, Processo nº 8503/2007-8 (Ilídio Sacarrão Martins)
- Acórdão de 13 de março de 2008, Processo nº 1758/2008-8 (Salazar Casanova)
- Acórdão de 8 de maio de 2008, Processo nº 3611/2008-6 (Granja da Fonseca)
- Acórdão de 13 de maio de 2008, Processo nº 880/2008-1 (Rui Torres Vouga)
- Acórdão de 25 de setembro de 2008, Processo nº 6207/2008-2 (Ana Paula Boularot)
- Acórdão de 16 de abril de 2009, Processo nº 8849/05.1TBCSC-8 (Carla Mendes)
- Acórdão de 28 de maio de 2009, Processo nº 1242/2002.L1-6 (Carlos Valverde)
- Acórdão de 18 de junho de 2009, Processo nº 11157/2008-6 (Manuel Gonçalves)[1]
- Acórdão de 18 de junho de 2009, Processo nº 626/1998.L1-2 (Maria José Mouro)[2]
- Acórdão de 23 de junho de 2009, Processo nº 5421/07.5TCLRS.L1-7 (Roque Nogueira)
- Acórdão de 23 de junho de 2009, Processo nº 10826/06.6TBCSC.L1-7 (Abrantes Geraldes)
- Acórdão de 25 de junho de 2009, Processo nº 2963/07.6TVLSB.L1-8 (Ilídio Sacarrão Martins)
- Acórdão de 24 de setembro de 2009, Processo nº 3262/07.9TVLSB.L1-8 (António Valente)
- Acórdão de 8 de outubro de 2009, Processo nº 3359/07.5TBVD.L1-8 (Catarina Arêlo Manso)
- Acórdão de 15 de outubro de 2009, Processo nº 59659/05.4YYLSB-A.L1-6 (Manuel Gonçalves)
- Acórdão de 20 de outubro de 2009, Processo nº 39354/03.0YLSB.L1-7 (Luís Espírito Santo)

- Acórdão de 20 de outubro de 2009, Processo nº 698/06.6TJLSB.L1-7 (Maria do Rosário Morgado)
- Acórdão de 20 de outubro de 2009, Processo nº 1535/09.5YRLSB-7 (Rosa Maria Ribeiro Coelho)
- Acórdão de 4 de fevereiro de 2010, Processo nº 132140/08.6YIPRT.L1-8 (Teresa Prazeres Pais)
- Acórdão de 4 de fevereiro de 2010, Processo nº 415/09.9YXLSB.L1-8 (Ilídio Sacarrão Martins)
- Acórdão de 9 de fevereiro de 2010, Processo nº 72/08.0TBPST.L1-7 (Maria do Rosário Morgado)
- Acórdão de 25 de fevereiro de 2010, Processo nº 1591/08.3TVLSB.L1-6 (Márcia Portela)
- Acórdão de 2 de março de 2010, Processo nº 5711/06.4TVLSB.L1-1 (João Aveiro Pereira)
- Acórdão de 4 de março de 2010, Processo nº 257168/08.6YIPRT.L1-8 (Luís Correia Mendonça)
- Acórdão de 15 de abril de 2010, Processo nº 483/04.0TYLSB.L1-8 (Silva Santos)
- Acórdão de 20 de abril de 2010, Processo nº 215/10.3YRLSB-7 (Rosa Maria Ribeiro Coelho)
- Acórdão de 27 de abril de 2010, Processo nº 1892/06.5TVLSB.L1-7 (Cristina Coelho)
- Acórdão de 27 de maio de 2010, Processo nº 4294/06.0YXLSB.L1-2 (Neto Neves)
- Acórdão de 24 de junho de 2010, Processo nº 1247/09.0TBPDL.L1-2 (Ana Paula Boularot)
- Acórdão de 21 de outubro de 2010, Processo nº 4529/07.1TVLSB.L1-8 (Carlos Marinho)
- Acórdão de 18 de novembro de 2010, Processo nº 791/08.0TBVFX.L1-8 (Catarina Arêlo Manso)
- Acórdão de 15 de fevereiro de 2011, Processo nº 3084/08.0YXLSB-A.L2-7 (Gouveia de Barros)
- Acórdão de 7 de junho de 2011, Processo nº 2360/06.0YXLSB.L1-7 (Luís Lameiras)
- Acórdão de 14 de junho de 2011, Processo nº 3044/08.0YXLSB.L1-1 (Eurico Reis)
- Acórdão de 16 de junho de 2011, Processo nº 28934/03.3YXLSB.L1-6 (Aguiar Pereira)
- Acórdão de 21 de junho de 2011, Processo nº 264/06.6YXLSB.L1-7 (Luís Espírito Santo)
- Acórdão de 30 de junho de 2011, Processo nº 779/04.0TCSNT.L1-6 (Fátima Galante)
- Acórdão de 30 de junho de 2011, Processo nº 1410/08.0TJLSB.L1-7 (Luís Lameiras)
- Acórdão de 20 de setembro de 2011, Processo nº 374701/09.2YIPRT.L1-7 (Maria Amélia Ribeiro)
- Acórdão de 20 de outubro de 2011, Processo nº 2466/07.9TBOER.L1-6 (Fátima Galante)
- Acórdão de 29 de novembro de 2011, Processo nº 370/06.7YXLSB.L1-7 (Rosa Maria Ribeiro Coelho)
- Acórdão de 6 de dezembro de 2011, Processo nº 850/10.0YXLSB.L1-7 (Cristina Coelho)
- Acórdão de 6 de dezembro de 2011, Processo nº 2881/08.0YXLSB.L1-7 (Luís Espírito Santo)
- Acórdão de 14 de fevereiro de 2012, Processo nº 1131/10.4TVLSB.L1-7 (Pimentel Marcos)

- Acórdão de 14 de fevereiro de 2012, Processo nº 111/08.4TBMTA.L1-1 (Teresa Henriques)
- Acórdão de 1 de março de 2012, Processo nº 777/09.8TBALQ.L1-6 (Tomé Ramião)
- Acórdão de 8 de março de 2012, Processo nº 497/10.0TCFUN.L1-8 (Ferreira de Almeida)
- Acórdão de 24 de abril de 2012, Processo nº 2861/06.0TMSNT.L1-7 (Luís Lameiras)
- Acórdão de 24 de abril de 2012, Processo nº 1584/05.2YXLSB.L1-7 (Orlando Nascimento)
- Acórdão de 5 de junho de 2012, Processo nº 3095/08.5YXLSB.L1-7 (Maria da Conceição Saavedra)
- Acórdão de 5 de julho de 2012, Processo nº 7855/10.9TBOER.L (Teresa Prazeres Pais)
- Acórdão de 13 de setembro de 2012, Processo nº 6398/09.8TVLSB.L1-2 (Pedro Martins)
- Acórdão de 8 de novembro de 2012, Processo nº 428/11.0TVLSB.L1-2 (Pedro Martins)
- Acórdão de 15 de novembro de 2012, Processo nº 3058/08.0YXLSB.L1-8 (Rui da Ponte Gomes)
- Acórdão de 22 de novembro de 2012, Processo nº 9108/10.3TBCSC.L1-2 (Pedro Martins)
- Acórdão de 29 de novembro de 2012, Processo nº 4590/08.1TBVFX-A.L1-6 (Fátima Galante)
- Acórdão de 7 de fevereiro de 2013, Processo nº 10/11.2TBAGH.L1-2 (Pedro Martins)
- Acórdão de 14 de fevereiro de 2013, Processo nº 38130/11.0YYLSB-A.L1-6 (Carlos Marinho)
- Acórdão de 26 de fevereiro de 2013, Processo nº 122/09.2TJLSB.L1-7 (Gouveia de Barros)
- Acórdão de 14 de março de 2013, Processo nº 372230/08.0YIPRT.L1-2 (Pedro Martins)
- Acórdão de 11 de abril de 2013, Processo nº 1997/08.8TVLSB.L1-8 (Ana Luísa Geraldes)
- Acórdão de 18 de abril de 2013, Processo nº 3965/08.0TMSNT.L1-8 (Maria Amélia Ameixoeira)
- Acórdão de 28 de maio de 2013, Processo nº 56/12.3YHLSB.L1-7 (Ana Resende)
- Acórdão de 4 de junho de 2013, Processo nº 122618/08.7YIPRT.L1 (Rosa Maria Ribeiro Coelho)
- Acórdão de 18 de junho de 2013, Processo nº 2154/12.4.TBALM-A.L1-7 (Ana Resende)
- Acórdão de 4 de julho de 2013, Processo nº 1916/12.7TBPDL.L1-2 (Ezagüy Martins)
- Acórdão de 12 de agosto de 2013, Processo nº 3225/12.2YXLSB-2 (Pedro Martins)
- Acórdão de 10 de setembro de 2013, Processo nº 44223/04.3YYLSB-A.L1-7 (Ana Resende)
- Acórdão de 10 de outubro de 2013, Processo nº 2393/11.5TJLSB.L1-2 (Ezagüy Martins)
- Acórdão de 7 de novembro de 2013, Processo nº 558/13.4 TBTVR.L1-6 (Maria Teresa Pardal)
- Acórdão de 14 de novembro de 2013, Processo nº 844/09. 8TVLSB. L1-6 (Gilberto Jorge)
- Acórdão de 28 de novembro de 2013, Processo nº 35729/11.9YIPRT.L1-2 (Vaz Gomes)
- Acórdão de 4 de fevereiro de 2014, Processo nº 95907/12.0YIPRT.L1-1 (João Ramos de Sousa)

- Acórdão de 20 de fevereiro de 2014, Processo nº 2477/10.7YXLSB.L1-2 (Sousa Pinto)
- Acórdão de 20 de fevereiro de 2014, Processo nº 155374/12.4 YIPRT.L1-8 (Luís Correia de Mendonça)
- Acórdão de 25 de fevereiro de 2014, Processo nº 487/08.3TYLSB.L1-1 (Rui Torres Vouga)
- Acórdão de 27 de março de 2014, Processo nº 8493/03.8 TVLSB.L1-6 (Ana de Azeredo Coelho)
- Acórdão de 9 de outubro de 2014, Processo nº 611/09.9TVLSB.L1-6 (Tomé Ramião)
- Acórdão de 23 de outubro de 2014, Processo nº 85/10.1TBMTJ-A.L1-8 (Carla Mendes)
- Acórdão de 6 de novembro de 2014, Processo nº 918/08.2TCSNT.L2-6 (Maria de Deus Correia)
- Acórdão de 5 de fevereiro de 2015, Processo nº 697/11.6TJLSB.L1-6 (Anabela Calafate)
- Acórdão de 10 de fevereiro de 2015, Processo nº 813/10.5TBSCR.L1-7 (Pimentel Marcos)
- Acórdão de 10 de fevereiro de 2015, Processo nº 2360/13.4TBOER.L1-1 (Manuel Marques)
- Acórdão de 3 de março de 2015, Processo nº 766/14.0TVLSB.L1-1 (João Ramos de Sousa)
- Acórdão de 3 de março de 2015, Processo nº 1/11.3YXLSB.L3-7 (Orlando Nascimento)
- Acórdão de 14 de abril de 2015, Processo nº 1174/12.3TVLSB-7 (Maria Amélia Ribeiro)
- Acórdão de 23 de abril de 2015, Processo nº 1772/09.2BVFX.L1-2 (Jorge Leal)
- Acórdão de 28 de abril de 2015, Processo nº 928/13.8TJLSB.L1-7 (Maria Amélia Ribeiro)
- Acórdão de 30 de abril de 2015, Processo nº 721-12.5TCFUN.L1-8 (Ilídio Sacarrão Martins)
- Acórdão de 5 de maio de 2015, Processo nº 2107/08.7TBVIS.L1 (Maria da Conceição Saavedra)
- Acórdão de 19 de maio de 2015, Processo nº 252/10.8TCFUN.L1-1 (Manuel Marques)
- Acórdão de 21 de maio de 2015, Processo nº 1160/14.9TJLSB.L1-8 (Ilídio Sacarrão Martins)
- Acórdão de 4 de junho de 2015, Processo nº 143342/14.6YIPRT.L1-8 (Ilídio Sacarrão Martins)
- Acórdão de 4 de junho de 2015, Processo nº 9807-12.5TBOER.L1-8 (Teresa Pais)
- Acórdão de 23 de junho de 2015, Processo nº 2326/12.1 TVLSB.L1-1 (Pedro Brighton)
- Acórdão de 8 de outubro de 2015, Processo nº 154495-13.0YIPRT.L1-8 (Catarina Manso)
- Acórdão de 13 de outubro de 2015, Processo nº 28576/11.0T2SNT.L1-1 (Maria Adelaide Domingos)
- Acórdão de 22 de outubro de 2015, Processo nº 1129/13.0TJLSB.L1-2 (Farinha Alves)
- Acórdão de 22 de outubro de 2015, Processo nº 1805/13.8TBTVD.L1-2 (Ezagüy Martins)
- Acórdão de 5 de novembro de 2015, Processo nº 224/14.3TVLSB.L1-2 (Ezagüy Martins)
- Acórdão de 31 de maio de 2016, Processo nº 23079/09.5YYLSB-A.L1-7 (Luís Espírito Santo)
- Acórdão de 2 de junho de 2016, Processo nº 7277/11.4TBOER.L1.-2 (Magda Geraldes)

- Acórdão de 2 de junho de 2016, Processo nº 3941-14.4T8SNT-A.L1-6 (Maria Teresa Pardal)
- Acórdão de 9 de junho de 2016, Processo nº 5450/14.2T2SNT.L1.-2 (Ezagüy Martins)
- Acórdão de 22 de junho de 2016, Processo nº 171647/14.9YIPRT-2 (Farinha Alves)
- Acórdão de 22 de junho de 2016, Processo nº 338-14.0TVLSB.L1.-2 (Maria José Mouro)
- Acórdão de 22 de junho de 2016, Processo nº 78447/14.0YIPRT.L1-6 (Maria de Deus Correia)
- Acórdão de 29 de setembro de 2016, Processo nº 1138/13.0TJLSB.L1.-2 (Jorge Leal)
- Acórdão de 29 de setembro de 2016, Processo nº 1108/08.0TBMTJ.L1.-2 (Jorge Leal)
- Acórdão de 13 de outubro de 2016, Processo nº 28382/15.2YIPRT.L1-2 (Pedro Martins)
- Acórdão de 20 de outubro de 2016, Processo nº 12579-16.0T8LSB.L1-8 (Ilídio Sacarrão Martins)
- Acórdão de 20 de dezembro de 2016, Processo nº 140866/14.9YIPRT.L1-1 (Eurico Reis)
- Acórdão de 26 de janeiro de 2017, Processo nº 1570/13.9TBCSC-A-2 (Pedro Martins)
- Acórdão de 25 de maio de 2017, Processo nº 28927-16.0YIPRT.L1-6 (António Santos)
- Acórdão de 8 de junho de 2017, Processo nº 29207-15.4YIPRT.L1-6 (Maria Teresa Pardal)[1]
- Acórdão de 8 de junho de 2017, Processo nº 106094-15.0YIPRT.L1-6 (Maria Teresa Pardal)[2]
- Acórdão de 22 de junho de 2017, Processo nº 71/15.5T8MFR.L1-2 (Jorge Leal)
- Acórdão de 29 de junho de 2017, Processo nº 78/15.2T8VFC-A.L1-2 (Pedro Martins)
- Acórdão de 6 de julho de 2017, Processo nº 899/17.1YRLSB-8 (Ilídio Martins)
- Acórdão de 14 de setembro de 2017, Processo nº 9065/15.0T8LSB-2 (Pedro Martins)[1]
- Acórdão de 14 de setembro de 2017, Processo nº 603-06.0TBPTS-A.L1-6 (Eduardo Petersen Silva)[2]
- Acórdão de 28 de setembro de 2017, Processo nº 15249/15.3T8LSB.L1-2 (Jorge Leal)
- Acórdão de 12 de outubro de 2017, Processo nº 4761/15.4T8VNG-2 (Pedro Martins)
- Acórdão de 17 de outubro de 2017, Processo nº 201/15.7T8CSC.L1-7 (Carlos Oliveira)
- Acórdão de 8 de novembro de 2017, Processo nº 1199/16.0Y5LSB-3 (A. Augusto Lourenço)
- Acórdão de 18 de outubro de 2018, Processo nº 169/15.0T8VLS.L1-2 (Jorge Leal)

Tribunal da Relação do Porto

- Acórdão de 19 de setembro de 2000, Processo nº 0021004 (Cândido de Lemos)
- Acórdão de 8 de julho de 2004, Processo nº 0423910 (Alberto Sobrinho)
- Acórdão de 4 de abril de 2005, Processo nº 0550527 (Orlando Nascimento)
- Acórdão de 23 de maio de 2005, Processo nº 0550672 (Marques Pereira)
- Acórdão de 23 de junho de 2005, Processo nº 0532425 (José Ferraz)
- Acórdão de 2 de fevereiro de 2006, Processo nº 0537122 (Fernando Baptista)
- Acórdão de 21 de setembro de 2006, Processo nº 0632114 (Ana Paula Lobo)
- Acórdão de 5 de dezembro de 2006, Processo nº 0620332 (Mário Cruz)
- Acórdão de 14 de junho de 2007, Processo nº 0732302 (Amaral Ferreira)
- Acórdão de 3 de março de 2008, Processo nº 0756325 (António Eleutério)

- Acórdão de 31 de março de 2008, Processo nº 0850545 (Pinto Ferreira)
- Acórdão de 10 de abril de 2008, Processo nº 0831231 (Teles de Menezes)
- Acórdão de 26 de junho de 2008, Processo nº 0833784 (Fernando Baptista)
- Acórdão de 26 de junho de 2008, Processo nº 0831242 (Ana Paula Lobo)
- Acórdão de 11 de setembro de 2008, Processo nº 0834643 (Fernando Baptista)
- Acórdão de 24 de novembro de 2008, Processo nº 0856163 (Maria Adelaide Domingos)
- Acórdão de 26 de janeiro de 2009, Processo nº 0852451 (Marques Pereira)
- Acórdão de 11 de maio de 2009, Processo nº 16725/05.1YYPRT-A.P1 (Maria José Simões)
- Acórdão de 22 de junho de 2009, Processo nº 1490/07.6YXLSB.P1 (Isoleta Costa)
- Acórdão de 30 de junho de 2009, Processo nº 1329/04.4TBGDM.P1 (Henrique Araújo)
- Acórdão de 14 de setembro de 2009, Processo nº 542/2001.P1 (Abílio Costa)
- Acórdão de 15 de outubro de 2009, Processo nº 3883/07.0TJVNF.P1 (Filipe Caroço)
- Acórdão de 29 de outubro de 2009, Processo nº 452/08.0TJPRT.P1 (Deolinda Varão)
- Acórdão de 16 de dezembro de 2009, Processo nº 872/08.0TBCHV.P1 (Maria Catarina)
- Acórdão de 16 de dezembro de 2009, Processo nº 1179/08.9TBPFR.P1 (Filipe Caroço)
- Acórdão de 16 de dezembro de 2009, Processo nº 1179/08.9TJPRT.P1 (Ana Paula Amorim)
- Acórdão de 19 de janeiro de 2010, Processo nº 20/07.4TJPRT.P1 (Rodrigues Pires)
- Acórdão de 19 de janeiro de 2010, Processo nº 11692/04.1TJPRT-A.P1 (Henrique Antunes)
- Acórdão de 4 de fevereiro de 2010, Processo nº 1362/05.9TBGDM.P1 (José Ferraz)
- Acórdão de 18 de fevereiro de 2010, Processo nº 845/08.3TVPRT.P1 (Filipe Caroço)
- Acórdão de 18 de março de 2010, Processo nº 88/08.6TBVNG.P1 (Freitas Vieira)
- Acórdão de 13 de abril de 2010, Processo nº 2158/09.4TBPNF.P1 (Henrique Antunes)
- Acórdão de 20 de abril de 2010, Processo nº 1859/07.6YIVNG.P1 (Henrique Antunes)
- Acórdão de 20 de abril de 2010, Processo nº 1451/08.8TJPRT.P1 (Sílvia Pires)
- Acórdão de 10 de maio de 2010, Processo nº 674/08.4TBSJM-A.P1 (Soares de Oliveira)
- Acórdão de 14 de julho de 2010, Processo nº 255072/09.0YIPRT.P1 (Maria Adelaide Domingos)
- Acórdão de 30 de junho de 2011, Processo nº 5664/06.9YYPRT-A.P1 (Filipe Caroço)
- Acórdão de 15 de setembro de 2011, Processo nº 7679/08.3TBMTS.P1 (Teles de Menezes)
- Acórdão de 14 de novembro de 2011, Processo nº 13721/05.2YYPRT-A.P1 (Ana Paula Amorim)
- Acórdão de 28 de março de 2012, Processo nº 3585/09.2TBPRD.P1 (José Carvalho)
- Acórdão de 28 de março de 2012, Processo nº 614/11.3TBVCD.P1 (Vieira e Cunha)
- Acórdão de 26 de junho de 2012, Processo nº 416/08.4TBBAO.P1 (Ramos Lopes)
- Acórdão de 9 de outubro de 2012, Processo nº 5394/10.7TBSTS.P1 (José Igreja Matos)
- Acórdão de 25 de outubro de 2012, Processo nº 15/08.0TBCDR-A.P2 (Pinto de Almeida)
- Acórdão de 11 de dezembro de 2012, Processo nº 55/08.0TBETR.P1 (Márcia Portela)
- Acórdão de 24 de janeiro de 2013, Processo nº 11944/08.1TBVNG.P1 (Deolinda Varão)
- Acórdão de 9 de abril de 2013, Processo nº 1142/08.0TBVLG.P2 (Maria João Areias)

- Acórdão de 4 de novembro de 2013, Processo nº 4357/10.7TBGDM.P1 (Soares de Oliveira)
- Acórdão de 11 de novembro de 2013, Processo nº 270/12.1TBBGC.P1 (Manuel Domingos Fernandes)
- Acórdão de 21 de janeiro de 2014, Processo nº 1177/12.8T2OVR.P1 (Maria João Areias)
- Acórdão de 10 de fevereiro de 2014, Processo nº 585/08.3TVPRT.P1 (Manuel Domingos Fernandes)
- Acórdão de 24 de fevereiro de 2014, Processo nº 1175/11.9TBVLG.P1 (Ana Paula Amorim)
- Acórdão de 24 de fevereiro de 2014, Processo nº 2644/10.3TBMTS.P1 (Augusto de Carvalho)
- Acórdão de 27 de fevereiro de 2014, Processo nº 2334/10.7TBGDM.P1 (José Manuel de Araújo Barros)
- Acórdão de 13 de março de 2014, Processo nº 78/05.0TBMTS.P1 (Pedro Martins)
- Acórdão de 18 de março de 2014, Processo nº 400/12.3TBCNF.P1 (João Proença)
- Acórdão de 1 de abril de 2014, Processo nº 82657/13.0YIPRT.P1 (José Igreja Matos)
- Acórdão de 8 de abril de 2014, Processo nº 1801/12.2TBPVZ.P1 (Anabela Dias da Silva)
- Acórdão de 8 de maio de 2014, Processo nº 298/11.9TBPFR.P1 (Leonel Serôdio)
- Acórdão de 13 de maio de 2014, Processo nº 203179/12.2YIPRT.P1 (Rodrigues Pires)
- Acórdão de 20 de maio de 2014, Processo nº 83925/13.6YIPRT.P1 (Anabela Dias da Silva)
- Acórdão de 29 de maio de 2014, Processo nº 1295/11.0TBVCD-B.P1 (José Manuel de Araújo Barros)
- Acórdão de 29 de maio de 2014, Processo nº 167178/12.0IYPRT-A.P1 (Judite Pires)
- Acórdão de 29 de maio de 2014, Processo nº 2287/07.9TBVCD.P1 (Pedro Lima Costa)
- Acórdão de 26 de junho de 2014, Processo nº 28496/12.0YIPRT.P1 (Pedro Lima Costa)
- Acórdão de 16 de setembro de 2014, Processo nº 27076/13.8YIPRT.P1 (Henrique Araújo)
- Acórdão de 2 de outubro de 2014, Processo nº 362730/10.8YIPRT.P1 (Aristides Rodrigues de Almeida)
- Acórdão de 21 de outubro de 2014, Processo nº 83857/13.8YIPRT.P1 (Henrique Araújo)
- Acórdão de 25 de novembro de 2014, Processo nº 130850/12.2YIPRT.P1 (Fernando Samões)
- Acórdão de 24 de fevereiro de 2015, Processo nº 28627/14.6YIPRT.P1 (M. Pinto dos Santos)
- Acórdão de 2 de março de 2015, Processo nº 9455/09.7TBMAI.P1 (Caimoto Jácome)
- Acórdão de 27 de abril de 2015, Processo nº 4257/13.9TBMTS.P1 (Carlos Gil)
- Acórdão de 28 de abril de 2015, Processo nº 95926/13.0YIPRT.P1 (Vieira e Cunha)
- Acórdão de 7 de maio de 2015, Processo nº 134839/12.3YIPRT.P1 (Leonel Serôdio)
- Acórdão de 26 de maio de 2015, Processo nº 169640/13.8YIPRT.P1 (João Diogo Rodrigues)
- Acórdão de 9 de junho de 2015, Processo nº 2118/12.8TBPNF.P1 (João Proença)
- Acórdão de 15 de junho de 2015, Processo nº 2857/12.3TBVFR-G.P1 (Rita Romeira)
- Acórdão de 10 de novembro de 2015, Processo nº 1060/15.5T8PVZ.P1 (Fernando Samões)

- Acórdão de 10 de novembro de 2015, Processo nº 170314/13.5YIPRT.P1 (José Igreja Matos)
- Acórdão de 21 de janeiro de 2016, Processo nº 183/14.2T8AGD.P1 (Filipe Caroço)
- Acórdão de 10 de fevereiro de 2016, Processo nº 4990/14.8TBVNG.P1 (Tomé Raimão)
- Acórdão de 23 de fevereiro de 2016, Processo nº 2679/13.4TBVCD.P1 (Tomé Raimão)
- Acórdão de 19 de abril de 2016, Processo nº 8435/11.7TBVNG.P1 (Anabela Dias da Silva)
- Acórdão de 3 de maio de 2016, Processo nº 222/11.9TBVCD.P1 (Luís Cravo)
- Acórdão de 16 de maio de 2016, Processo nº 263/13.1T2ILH.P1 (Manuel Domingos Fernandes)
- Acórdão de 20 de junho de 2016, Processo nº 927/13.0TVPRT-A.P1 (Manuel Domingos Fernandes)
- Acórdão de 20 de junho de 2016, Processo nº 201/13.1T2ALB.P1 (Augusto de Carvalho)
- Acórdão de 23 de junho de 2016, Processo nº 36/14.4TBFAF.G1 (Fernando Fernandes Freitas)
- Acórdão de 23 de junho de 2016, Processo nº 1301/0.5TBFAF-A.G1 (Maria Purificação Carvalho)
- Acórdão de 7 de julho de 2016, Processo nº 4573/14.2T8LOU-A.P1 (Augusto de Carvalho)
- Acórdão de 15 de setembro de 2016, Processo nº 4910/16.5T8PRT-A.P1 (Aristides Rodrigues de Almeida)
- Acórdão de 10 de outubro de 2016, Processo nº 2548/14.0TBVNG-D.P1 (Isabel de São Pedro Soeiro)
- Acórdão de 25 de outubro de 2016, Processo nº 455/16.1T8VFR.P1 (Rui Moreira)
- Acórdão de 25 de outubro de 2016, Processo nº 343/09.8TBILH-B.P1 (Rui Moreira)
- Acórdão de 15 de dezembro de 2016, Processo nº 720/10.1TVPRT.P1 (Cura Mariano)[1]
- Acórdão de 15 de dezembro de 2016, Processo nº 103/14.4T8PFR.P1 (Jorge Seabra)[2]
- Acórdão de 6 de abril de 2017, Processo nº 1210/11.0TYVNG-C.P1 (Anabela Dias da Silva)
- Acórdão de 27 de abril de 2017, Processo nº 13721/16.7T8PRT.P1 (Ana Lucinda Cabral)
- Acórdão de 8 de maio de 2017, Processo nº 989/07.9TBMCN-Y.P1 (Jorge Seabra)
- Acórdão de 27 de setembro de 2017, Processo nº 1897/14.2T2AGD-A.P1 (Inês Moura)
- Acórdão de 12 de outubro de 2017, Processo nº 392/13.1TVPRT.P1 (Judite Pires)
- Acórdão de 11 de novembro de 2017, Processo nº 474/15.5T8ESP.P1 (Ana Lucinda Cabral)
- Acórdão de 23 de novembro de 2017, Processo nº 7429/13.3TBVNG-A.P1 (José Manuel de Araújo Barros)
- Acórdão de 23 de novembro de 2017, Processo nº 7429/13.3TBVNG-A.P1 (José Manuel de Araújo Barros)
- Acórdão de 11 de abril de 2018, Processo nº 67150/16.7YIPRT.P1 (Maria Cecília Agante)
- Acórdão de 30 de maio de 2018, Processo nº 1580/16.4T8OVR-A.P1 (Fernando Samões)
- Acórdão de 1 de julho de 2019, Processo nº 204/18.0YRPRT (Miguel Baldaia de Morais)

Julgado de Paz de Cantanhede
- Sentença de 27 de setembro de 2006, Processo nº 134/2006 (António Carreiro)

Julgado de Paz de Coimbra
- Sentença de 7 de dezembro de 2006, Processo nº 88/2006 (Dionísio Santos Campos)
- Sentença de 27 de junho de 2007, Processo nº 39/2007 (Dionísio Santos Campos)
- Sentença de 29 de abril de 2009, Processo nº 24/2009 (Dionísio Santos Campos)
- Sentença de 25 de novembro de 2011, Processo nº 101/2011 (Dionísio Santos Campos)
- Sentença de 15 de fevereiro de 2012, Processo nº 247/2011 (Dionísio Santos Campos)
- Sentença de 24 de maio de 2013, Processo nº 90/2013 (Dionísio Santos Campos)
- Sentença de 6 de junho de 2014, Processo nº 276/2013 (Filomena Matos)
- Sentença de 27 de janeiro de 2015, Processo nº 391/2014 (Daniela Santos Costa)

Julgado de Paz do Funchal
- Sentença de 17 de outubro de 2011, Processo nº 247/2011 (Margarida Simplício)
- Sentença de 7 de novembro de 2012, Processo nº 260/2012 (Margarida Simplício)
- Sentença de 15 de novembro de 2012, Processo nº 547/2012 (Margarida Simplício)
- Sentença de 15 de julho de 2013, Processo nº 169/2013 (Margarida Simplício)
- Sentença de 9 de dezembro de 2014, Processo nº 306/2014 (Margarida Simplício)
- Sentença de 7 de julho de 2015, Processo nº 55/2015 (Margarida Simplício)
- Sentença de 21 de março de 2017, Processo nº 346/2016 (Margarida Simplício)

Julgado de Paz de Lisboa
- Sentença de 20 de setembro de 2006, Processo nº 270/2006 (João Chumbinho)
- Sentença de 31 de agosto de 2007, Processo nº 160/2007 (João Chumbinho)
- Sentença de 28 de março de 2008, Processo nº 687/2007 (Maria de Ascensão Arriaga)
- Sentença de 5 de maio de 2008, Processo nº 109/2008 (João Chumbinho)
- Sentença de 31 de dezembro de 2008, Processo nº 613/2008 (João Chumbinho)
- Sentença de 5 de março de 2009, Processo nº 970/2008 (Marta Nogueira)
- Sentença de 13 de abril de 2009, Processo nº 96/2008 (Maria de Ascensão Arriaga)
- Sentença de 25 de fevereiro de 2010, Processo nº 545/2009 (João Chumbinho)
- Sentença de 16 de junho de 2011, Processo nº 182/2011 (Maria Judite Matias)
- Sentença de 6 de janeiro de 2012, Processo nº 959/2011 (João Chumbinho)
- Sentença de 7 de maio de 2013, Processo nº 179/2013 (João Chumbinho)
- Sentença de 21 de maio de 2013, Processo nº 275/2013 (João Chumbinho)
- Sentença de 25 de junho de 2013, Processo nº 237/2013 (João Chumbinho)
- Sentença de 30 de outubro de 2013, Processo nº 662/2013 (Maria Judite Matias)
- Sentença de 23 de março de 2016, Processo nº 1049/2015 (Maria Judite Matias)

Julgado de Paz de Odivelas
- Sentença de 24 de abril de 2013, Processo nº 69/2013 (Ana de Almeida Flausino)

Julgado de Paz de Oliveira do Bairro
- Sentença de 26 de junho de 2008, Processo nº 38/2008 (Sofia Campos Coelho)

Julgado de Paz de Palmela
- Sentença de 31 de janeiro de 2013, Processo nº 304/2012 (António Carreiro)

Julgado de Paz do Porto
- Sentença de 30 de junho de 2005, Processo nº 142/2005 (Paulo Brito)
- Sentença de 7 de junho de 2006, Processo nº 111/2006 (Paulo Brito)
- Sentença de 27 de maio de 2009, Processo nº 278/2008 (Luís Filipe Guerra)
- Sentença de 8 de junho de 2009, Processo nº 444/2007 (Luís Filipe Guerra)
- Sentença de 3 de janeiro de 2011, Processo nº 366/2011 (Luís Filipe Guerra)
- Sentença de 13 de junho de 2013, Processo nº 1379/2012 (Cristina Barbosa)
- Sentença de 11 de abril de 2014, Processo nº 582/2013 (Luís Filipe Guerra)

Julgado de Paz do Seixal
- Sentença de 29 de abril de 2008, Processo nº 93/2008 (Fernanda Carretas)
- Sentença de 11 de junho de 2013, Processo nº 189/2013 (Fernanda Carretas)
- Sentença de 6 de outubro de 2014, Processo nº 14/2014 (Sandra Marques)

Julgado de Paz de Setúbal
- Sentença de 15 de maio de 2009, Processo nº 36/2009 (Maria Judite Matias)
- Sentença de 31 de outubro de 2011, Processo nº 247/2012 (António Carreiro)

Julgado de Paz de Sintra
- Sentença de 28 de setembro de 2012, Processo nº 613/2012 (Gabriela Cunha)

Julgado de Paz de Tarouca
- Sentença de 18 de novembro de 2008, Processo nº 87/2008 (Daniela Santos Costa)

Julgado de Paz de Terras de Bouro
- Sentença de 28 de maio de 2009, Processo nº 8/2009 (Perpétua Pereira)

Julgado de Paz da Trofa
- Sentença de 12 de outubro de 2006, Processo nº 11/2006 (Ângela Cerdeira)
- Sentença de 30 de julho de 2013, Processo nº 156/2013 (Iria Pinto)
- Sentença de 29 de junho de 2016, Processo nº 88/2016 (Iria Pinto)

Centro de Arbitragem de Conflitos de Consumo de Lisboa (CACCL)[1323]
- Sentença de 28 de outubro de 2004 (José de Jesus Gil Roque)

Centro de Informação de Consumo e Arbitragem do Porto (CICAP)[1324]
- Sentença de 27 de agosto de 2014 (Paulo Duarte)

1323 AAVV, *Sinopse da Acção, Regulamento e Colectânea de Jurisprudência (2000-2007)*, Centro de Arbitragem de Conflitos de Consumo de Lisboa, Lisboa, 2007.

1324 http://www.cicap.pt.

- Sentença de 10 de setembro de 2014 (Paulo Duarte)
- Sentença de 19 de agosto de 2015 (Paulo Duarte)
- Sentença de 31 de agosto de 2015 (Paulo Duarte)
- Sentença de 28 de dezembro de 2015 (Rui Saavedra)
- Sentença de 12 de abril de 2016 (Rui Saavedra)
- Sentença de 18 de abril de 2016 (Rui Saavedra)
- Sentença de 27 de abril de 2016 (Sara Lopes Ferreira)
- Sentença de 24 de maio de 2016 (Sandra Passinhas)
- Sentença de 25 de maio de 2016 (Sandra Passinhas)
- Sentença de 23 de dezembro de 2016 (Rui Saavedra)
- Sentença de 6 de fevereiro de 2017 (Sara Lopes Ferreira)
- Sentença de 6 de março de 2017 (Sara Lopes Ferreira)

Centro Nacional de Informação e Arbitragem de Conflitos de Consumo (CNIACC)

- Sentença de 22 de novembro de 2010 (Carlos Ferreira de Almeida)
- Sentença de 23 de julho de 2012 (Ana Prata)
- Sentença de 27 de novembro de 2013 (Patrícia da Guia Pereira)
- Sentença de 20 de fevereiro de 2014 (Ricardo Pedro)
- Sentença de 31 de dezembro de 2014 (Jorge Morais Carvalho)
- Sentença de 12 de março de 2015 (Jorge Morais Carvalho)
- Sentença de 4 de junho de 2015 (Jorge Morais Carvalho)
- Sentença de 14 de janeiro de 2016 (Jorge Morais Carvalho)
- Sentença de 10 de fevereiro de 2016 (Jorge Morais Carvalho)
- Sentença de 19 de fevereiro de 2016 (Jorge Morais Carvalho)
- Sentença de 29 de março de 2016 (Jorge Morais Carvalho)
- Sentença de 20 de junho de 2016 (Jorge Morais Carvalho)
- Sentença de 22 de junho de 2016 (Jorge Morais Carvalho)
- Sentença de 12 de julho de 2016 (Jorge Morais Carvalho)
- Sentença de 25 de julho de 2016 (Jorge Morais Carvalho)
- Sentença de 20 de outubro de 2016 (Jorge Morais Carvalho)
- Sentença de 21 de novembro de 2016 (Jorge Morais Carvalho)
- Sentença de 24 de novembro de 2016 (Jorge Morais Carvalho)
- Sentença de 19 de dezembro de 2016 (Jorge Morais Carvalho)
- Sentença de 31 de março de 2017 (Jorge Morais Carvalho)
- Sentença de 5 de setembro de 2017 (Jorge Morais Carvalho)
- Sentença de 14 de setembro de 2017 (Jorge Morais Carvalho)
- Sentença de 19 de outubro de 2017 (Jorge Morais Carvalho)

LEGISLAÇÃO PORTUGUESA

- Decreto-Lei nº 490/71, de 10 de novembro, alterado pelo Decreto-Lei nº 451/75, de 21 de agosto, e revogado pelo Decreto-Lei nº 457/79, de 21 de novembro – *Venda e prestação de serviço a prestações (revogado)*
- Decreto-Lei nº 161/77, de 21 de abril – *Envio de bens não encomendados*
- Decreto-Lei nº 457/79, de 21 de novembro, alterado pelos Decretos-Leis n.os 359/91, de 21 de setembro, 67/81, de 6 de abril, e 227/86, de 13 de agosto, e revogado pelo Decreto-Lei nº 63/94, de 28 de fevereiro – *Venda e prestação de serviço a prestações (revogado)*
- Lei nº 29/81, de 22 de agosto, revogada pela Lei nº 24/96 de 31 de julho – *Primeira Lei de Defesa do Consumidor (revogada)*
- Decreto-Lei nº 28/84, de 20 de janeiro, rectificado pela Declaração nº DD 2370, de 21 de março, alterado pelos Decretos-Leis n.os 347/89, de 12 de outubro, 6/95, de 17 de janeiro, 20/99, de 28 de janeiro, 162/99, de 13 de maio, e 143/2001, de 26 de abril, pelas Leis n.os 13/2001, de 4 de junho, e 108/2001, de 28 de novembro, pelos Decretos-Leis n.os 81/2002, de 4 de abril, e 70/2007, de 26 de março, e pela Lei nº 20/2008, de 21 de Abril – *Infracções antieconómicas e contra a saúde pública*
- Decreto-Lei nº 446/85, de 25 de outubro, alterado pelos Decretos-Leis nºs 220/95, de 31 de agosto (retificado pela Declaração de Retificação nº 114-B/95, de 31 de agosto), 249/99, de 7 de julho, e 323/2001, de 17 de dezembro – *Cláusulas contratuais gerais*
- Decreto-Lei nº 238/86, de 19 de agosto, alterado pelo Decreto-Lei nº 42/88, de 6 de fevereiro – *Informações em língua portuguesa*
- Decreto-Lei nº 272/87, de 3 de julho, alterado pelo Decreto-Lei nº 243/95, de 13 de setembro, e revogado pelo Decreto-Lei nº 143/2001, de 26 de abril – *Modalidades de venda (revogado)*
- Decreto-Lei nº 383/89, de 6 de novembro, alterado pelo Decreto-Lei nº 131/2001, de 24 de abril – *Responsabilidade do produtor*
- Decreto-Lei nº 422/89, de 2 de dezembro, alterado pelas Leis nºs 28/2004, de 16 de julho, e 64-A/2008, de 31 de dezembro, e pelos Decretos-Leis nºs 10/95, de 19 de janeiro, 40/2005, de 17 de fevereiro, 114/2011, de 30 de novembro, e 64/2015, de 29 de abril – *Lei do Jogo*

- Decreto-Lei nº 138/90, de 26 de abril, alterado pelo Decreto-Lei nº 162/99, de 13 de maio (este retificado pela Declaração de Retificação nº 10-AF/99, de 31 de maio) – *Indicação de preços*
- Decreto-Lei nº 330/90, de 23 de outubro, alterado pelos Decretos-Leis nºs 74/93, de 10 de março, 6/95, de 17 de janeiro, e 61/97, de 25 de março, pela Lei nº 31-A/98, de 14 de julho, pelos Decretos-Leis nºs 275/98, de 9 de setembro, 51/2001, de 15 de fevereiro, e 332/2001, de 24 de dezembro, pela Lei nº 32/2003, de 22 de agosto, pelo Decreto-Lei nº 224/2004, de 4 de dezembro, pela Lei nº 37/2007, de 14 de agosto, pelo Decreto-Lei nº 57/2008, de 26 de março, pela Lei nº 8/2011, de 11 de abril, pelo Decreto-Lei nº 66/2015, de 29 de abril, e pela Lei nº 30/2019, de 23 de abril – *Código da Publicidade*
- Decreto-Lei nº 359/91, de 21 de setembro (retificado pela Declaração de Retificação nº 199-B/91, de 21 de setembro), alterado pelos Decretos-Leis nºs 101/2000, de 2 de junho, e 82/2006, de 3 de maio, e revogado pelo Decreto-Lei nº 133/2009, de 2 de junho – *Crédito ao consumo (revogado)*
- Decreto-Lei nº 275/93, de 5 de agosto, alterado pelos Decretos-Leis nºs 180/99, de 22 de maio, 22/2002, de 31 de janeiro, 76-A/2006, de 29 de março, 116/2008, de 4 de julho, 37/2011, de 10 de março, e 245/2015, de 20 de outubro – *Direitos de habitação periódica*
- Lei nº 23/96, de 26 de julho, alterada pelas Leis nºs 5/2004, de 10 de fevereiro, 12/2008, de 26 de fevereiro, 24/2008, de 2 de junho, 6/2011, de 10 de março, 44/2011, de 22 de junho, 10/2013, de 28 de janeiro, e 51/2019, de 29 de julho – *Serviços públicos essenciais*
- Lei nº 24/96, de 31 de julho (retificada pela Declaração de Retificação nº 16/96, de 13 de novembro), alterada pela Lei nº 85/98, de 16 de dezembro, pelo Decreto-Lei nº 67/2003, de 8 de abril, e pelas Leis nºs 10/2013, de 28 de janeiro, 47/2014, de 28 de julho, e 63/2019, de 16 de agosto – *Lei de Defesa do Consumidor*
- Decreto-Lei nº 176/96, de 21 de setembro, alterado pelos Decretos-Leis nºs 216/2000, de 2 de setembro, e 196/2015, de 16 de setembro – *Preço fixo do livro*
- Decreto-Lei nº 209/97, de 13 de agosto (retificado pela Declaração de Retificação nº 21-D/97, de 29 de novembro), alterado pelos Decretos-Leis nºs 12/99, de 11 de janeiro, 76-A/2006, de 29 de março, e 263/2007, de 20 de julho, e revogado pelo Decreto-Lei nº 61/2011, de 6 de maio – *Agências de viagem e viagens organizadas (revogado)*
- Decreto-Lei nº 251/98, de 11 de agosto, alterado pelas Leis nºs 156/99, de 14 de setembro, e 106/2001, de 31 de agosto, pelos Decretos-Leis nºs 41/2003, de 11 de março, e 4/2004, de 6 de janeiro, pelas Leis nºs 5/2013, de 22 de janeiro, e 35/2016, de 21 de novembro, e pelo Decreto-Lei nº 3/2019, de 11 de janeiro – *Transportes em táxi*
- Decreto-Lei nº 269/98, de 1 de setembro, alterado pelos Decretos-Leis nºs 383/99, de 23 de setembro, 183/2000, de 8 de outubro, 323/2001, de 17 de dezembro, 32/2003, de 17 de fevereiro, 38/2003, de 8 de março, 324/2003, de 27 de dezembro, 53/2004, de 18 de março, 107/2005, de 1 de julho, 14/2006, de 26 de abril, e 303/2007, de 24 de agosto, pela Lei nº 67-A/2007, de 31 de dezembro, e pelos Decretos-Leis nºs 34/2008, de 26 de fevereiro, e 226/2008, de 20 de novembro – *Procedimentos para cumprimento de obrigações pecuniárias emergentes de contratos*

- Lei nº 67/98, de 26 de outubro (retificada pela Declaração de Retificação nº 22/98, de 13 de novembro), alterada pela Lei nº 103/2015, de 24 de agosto – *Lei de Proteção de Dados Pessoais*
- Decreto-Lei nº 349/98, de 11 de novembro, alterado pelos Decretos-Leis nºs 137-B/99, de 22 de abril, 1-A/2000, de 22 de janeiro, 320/2000, de 15 de dezembro, 231/2002, de 4 de novembro, e 305/2003, de 9 de dezembro, pela Lei nº 60-A/2005, de 30 de dezembro, pelos Decretos-Leis nºs 107/2007, de 10 de abril, e 222/2009, de 11 de setembro, pela Lei nº 59/2012, de 9 de novembro, e pelo Decreto-Lei nº 74-A/2017, de 23 de junho – *Crédito à habitação (parcialmente revogado)*
- Lei nº 6/99, de 27 de janeiro – *Publicidade domiciliária por telefone e por telecópia*
- Decreto-Lei nº 290-D/99, de 2 de agosto, alterado pelos Decretos-Leis nºs 62/2003, de 3 de abril, 165/2004, de 6 de julho, 116-A/2006, de 16 de junho, e 88/2009, de 9 de abril – *Regime jurídico dos documentos eletrónicos e da assinatura digital*
- Decreto-Lei nº 448/99, de 4 de novembro (retificado pela Declaração de Retificação nº 23-A/99, de 31 de dezembro), alterado pelos Decretos-Leis nºs 150/2001, de 7 de maio, 116/2003, de 12 de junho, 112/2006, de 9 de junho, e 160/2013, de 19 de novembro – *Serviço postal universal*
- Decreto-Lei nº 143/2001, de 26 de abril (retificado pela Declaração de Retificação nº 13-C/2001, de 31 de maio), alterado pelos Decretos-Leis nºs 57/2008, de 26 de março, 82/2008, de 20 de maio, e 317/2009, de 30 de outubro, e revogado pelo Decreto-Lei nº 24/2014, de 14 de fevereiro – *Contratos celebrados à distância, contratos celebrados no domicílio e equiparados e outras modalidades de contratação (revogado)*
- Decreto-Lei nº 291/2001, de 20 de novembro, alterado pelo Decreto-Lei nº 43/2011, de 24 de março – *Comercialização dos géneros alimentícios com brindes*
- Decreto-Lei nº 67/2003, de 8 de abril, alterado pelo Decreto-Lei nº 84/2008, de 21 de maio – *Venda de bens de consumo*
- Decreto-Lei nº 7/2004, de 7 de janeiro, alterado pelo Decreto-Lei nº 62/2009, de 10 de março, e pela Lei nº 46/2012, de 29 de agosto – *Comércio eletrónico*
- Lei nº 5/2004, de 10 de fevereiro (retificada pela Declaração de Retificação nº 32-A/2004, de 10 de abril), alterada pelo Decreto-Lei nº 176/2007, de 8 de maio, pela Lei nº 35/2008, de 28 de Julho, pelos Decretos-Leis nºs 123/2009, de 21 de maio, e 258/2009, de 25 de setembro, pelas Leis nºs 46/2011, de 24 de junho, 51/2011, de 13 de setembro, 10/2013, de 28 de janeiro, e 42/2013, de 3 de julho, pelo Decreto-Lei nº 35/2014, de 7 de março, e pelas Leis nºs 82-B/2014, de 31 de dezembro, 127/2015, de 3 de setembro, e 15/2016, de 17 de junho – *Lei das Comunicações Eletrónicas*
- Lei nº 41/2004, de 18 de agosto, alterada pela Lei nº 46/2012, de 29 de agosto – *Tratamento de dados pessoais e proteção da privacidade no sector das comunicações eletrónicas*
- Decreto-Lei nº 69/2005, de 17 de março, alterado pelos Decretos Regulamentares nºs 57/2007, de 27 de abril, e 38/2012, de 10 de abril – *Segurança de bens e serviços*
- Decreto-Lei nº 156/2005, de 15 de setembro, alterado pelos Decretos-Leis nºs 371/2007, de 6 de novembro, 118/2009, de 19 de maio, 317/2009, de 30 de outubro, 242/2012, de 7 de novembro, e 74/2017, de 21 de junho – *Livro de reclamações*
- Decreto-Lei nº 29/2006, de 15 de fevereiro, alterado pelos Decretos-Leis nºs 104/2010, de 29 de setembro, 78/2011, de 20 de junho, 75/2012, de 26 de março, 112/2012, de

23 de maio, 215-A/2012, de 8 de outubro (retificado pela Declaração de Retificação nº 74/2012, de 7 de dezembro), e 178/2015, de 27 de agosto, e pela Lei nº 42/2016, de 28 de dezembro – *Sistema elétrico nacional*

- Decreto-Lei nº 95/2006, de 29 de maio, alterado pelo Decreto-Lei nº 317/2009, de 30 de outubro, pelas Leis nºs 46/2011, de 24 de junho, e 14/2012, de 26 de março, e pelo Decreto-Lei nº 242/2012, de 7 de novembro – *Contratos celebrados à distância relativos a serviços financeiros*
- Decreto-Lei nº 176/2006, de 30 de agosto (retificado pela Declaração de Retificação nº 73/2006, de 24 de outubro), alterado pelos Decretos-Leis nºs 182/2009, de 7 de agosto, 64/2010, de 9 de junho, e 106-A/2010, de 1 de outubro, pelas Leis nºs 25/2011, de 16 de junho, 62/2011, de 12 de dezembro, e 11/2012, de 8 de março, pelos Decretos-Leis nºs 20/2013, de 14 de fevereiro, e 128/2013, de 5 de setembro (retificado pela Declaração de Retificação nº 47/2013, de 4 de novembro), pela Lei nº 51/2014, de 25 de agosto, e pelos Decretos-Leis nºs 5/2017, de 6 de janeiro, 26/2018, de 24 de abril, e 112/2019, de 16 de agosto – *Medicamentos de uso humano*
- Decreto-Lei nº 230/2006, de 24 de novembro, alterado pelos Decretos-Leis nºs 66/2010, de 11 de junho, 77/2011, de 20 de junho, 74/2012, de 26 de março, 112/2012, de 23 de maio, e 230/2012, de 26 de outubro – *Sistema Nacional de Gás Natural (SNGN)*
- Decreto-Lei nº 70/2007, de 26 de março (retificado pela Declaração de Retificação nº 47-A/2007, de 25 de maio), alterado pelos Decretos-Leis nºs 10/2015, de 16 de janeiro, e 109/2019, de 14 de agosto – *Práticas comerciais com redução de preço*
- Decreto-Lei nº 171/2007, de 8 de maio, alterado pelo Decreto-Lei nº 88/2008, de 29 de maio – *Arredondamento da taxa de juro quando aplicado aos contratos de crédito e de financiamento celebrados por instituições de crédito e sociedades financeiras com entidades que não sejam consumidores*
- Lei nº 37/2007, de 14 de agosto, alterada pelas Leis nºs 109/2015, de 26 de agosto, e 63/2017, de 3 de agosto – *Lei do Tabaco*
- Decreto-Lei nº 331/2007, de 9 de outubro – *Promoção e comercialização de coleção cuja distribuição se realize por unidade ou fascículo*
- Decreto-Lei nº 357-D/2007, de 31 de outubro, retificado pela Declaração de Retificação nº 117-A/2007, de 28 de dezembro – *Contratos relativos ao investimento em bens corpóreos*
- Decreto-Lei nº 39/2008, de 7 de março, alterado pelos Decretos-Leis nºs 228/2009, de 14 de setembro, 15/2014, de 23 de janeiro, 128/2014, de 29 de agosto, 186/2015, de 3 de Setembro, e 80/2017, de 30 de junho – *Instalação, exploração e funcionamento dos empreendimentos turísticos*
- Lei nº 14/2008, de 12 de março, alterada pela Lei nº 9/2015, de 11 de fevereiro – *Combate à discriminação em função do sexo no acesso a bens e serviços e seu fornecimento*
- Decreto-Lei nº 57/2008, de 26 de março, alterado pelo Decreto-Lei nº 205/2015, de 23 de setembro – *Práticas comerciais desleais*
- Decreto-Lei nº 72/2008, de 16 de abril (retificado pela Declaração de Retificação nº 32-A/2008, de 13 de junho, por sua vez retificada pela Declaração de retificação nº 39/2008, de 23 de julho), alterado pela Lei nº 147/2015, de 9 de setembro – *Contrato de seguro*

- Decreto-Lei nº 217/2008, de 11 de novembro, alterado pelo Decreto-Lei nº 48/2014, de 26 de março – *Fórmulas para lactentes*
- Decreto-Lei nº 194/2009, de 20 de agosto, alterado pelo Decreto-Lei nº 92/2010, de 26 de julho, e pela Lei nº 12/2014, de 6 de março – *Abastecimento público de água, de saneamento de águas residuais e de gestão de resíduos urbanos*
- Decreto-Lei nº 133/2009, de 2 de junho (retificado pela Declaração de Retificação nº 55/2009, de 31 de julho), alterado pelos Decretos-Leis nºs 72-A/2010, de 18 de junho, 42-A/2013, de 28 de março, e 74-A/2017, de 23 de junho – *Crédito ao consumo*
- Decreto-Lei nº 134/2009, de 2 de junho, alterado pelo Decreto-Lei nº 72-A/2010, de 18 de junho – *Call Centers*
- Decreto-Lei nº 317/2009, de 30 de outubro, alterado pelos Decretos-Leis nºs 242/2012, de 7 de novembro, e 157/2014, de 24 de outubro, e revogado pelo Decreto-Lei nº 91/2018, de 12 de novembro – *Instituições de pagamento e prestação de serviços de pagamento*
- Decreto-Lei nº 3/2010, de 5 de janeiro – *Proibição de cobrança de encargos pela utilização de cartões de pagamento*
- Decreto-Lei nº 56/2010, de 1 de junho – *Desbloqueamento de equipamentos e períodos de fidelização*
- Decreto-Lei nº 92/2010, de 26 de julho, alterado pelo Decreto-Lei nº 80/2019, de 17 de junho – *Atividades de serviços realizadas em território nacional*
- Decreto-Lei nº 61/2011, de 6 de maio, alterado pelos Decretos-Leis nºs 199/2012, de 24 de agosto, e 26/2014, de 14 de fevereiro, e revogado pelo Decreto-Lei nº 17/2018, de 8 de março – *Agências de viagem e viagens organizadas*
- Decreto-Lei nº 227/2012, de 25 de outubro – *Plano de Ação para o Risco de Incumprimento (PARI)*
- Lei nº 58/2012, de 9 de novembro, alterada pela Lei nº 58/2014, de 25 de agosto – *Proteção de devedores de crédito à habitação em situação económica muito difícil*
- Lei nº 29/2013, de 19 de abril – *Lei da Mediação*
- Decreto-Lei nº 166/2013, de 27 de dezembro, alterado pelos Decretos-Leis nºs 220/2015, de 8 de outubro, e 128/2019, de 29 de agosto – *Práticas individuais restritivas do comércio*
- Decreto-Lei nº 23/2014, de 14 de fevereiro, alterado pelo Decreto-Lei nº 90/2019, de 5 de julho – *Espetáculos de natureza artística*
- Decreto-Lei nº 24/2014, de 14 de fevereiro, alterado pela Lei nº 47/2014, de 28 de julho, e pelo Decreto-Lei nº 78/2018, de 15 de outubro – *Contratos celebrados à distância e fora do estabelecimento comercial*
- Decreto-Lei nº 89/2014, de 11 de junho – *Espetáculos tauromáquicos*
- Decreto-Lei nº 128/2014, de 29 de agosto, alterado pelo Decreto-Lei nº 63/2015, de 23 de abril, e pela Lei nº 62/2018, de 22 de agosto – *Regime jurídico da exploração dos estabelecimentos de alojamento local*
- Aviso do Banco de Portugal nº 10/2014 (publicado no Diário da República, 2ª série, de 3 de dezembro de 2014) – *Informação durante a vigência de contratos de crédito ao consumo*
- Regulamento nº 561/2014, de 10 de dezembro, da Entidade Reguladora dos Serviços Energéticos (publicado no Diário da República, 2ª série, de 22 de dezembro de 2014) – *Regulamento de Relações Comerciais do Setor Elétrico*

- Decreto-Lei nº 9/2015, de 15 de janeiro (retificado pela Declaração de Retificação nº 3-A/2015, de 16 de janeiro) – *Contrato de transporte rodoviário de passageiros e bagagens*
- Decreto-Lei nº 10/2015, de 16 de janeiro, alterado pelo Decreto-Lei nº 102/2017, de 23 de agosto, e pela Lei nº 15/2018, de 27 de março – *Regime Jurídico de Acesso e Exercício de Atividades de Comércio, Serviços e Restauração*
- Decreto-Lei nº 160/2015, de 11 de agosto – *Atividade prestamista*
- Lei nº 144/2015, de 8 de setembro, alterada pelo Decreto-Lei nº 102/2017, de 23 de agosto, e pela Lei nº 14/2019, de 12 de fevereiro – *Resolução Alternativa de Litígios de Consumo (RALC)*
- Regulamento nº 829/2016, de 23 de agosto, da ANACOM, retificado pela Declaração de Retificação nº 878/2016, de 1 de setembro – *Regulamento sobre a informação pré-contratual e contratual no âmbito das comunicações eletrónicas*
- Lei nº 58/2016, de 29 de agosto – *Atendimento prioritário*
- Decreto-Lei nº 5/2017, de 6 de janeiro – *Princípios gerais da publicidade a medicamentos e dispositivos médicos*
- Decreto-Lei nº 74-A/2017, de 23 de junho, alterado pela Lei nº 32/2018, de 18 de julho – *Crédito à habitação*
- Decreto-Lei nº 81-C/2017, de 7 de julho – *Atividade de intermediário de crédito e prestação de serviços de consultoria*
- Lei nº 92/2017, de 22 de agosto – *Proibição de pagamentos em numerário*
- Lei nº 93/2017, de 23 de agosto – *Combate à discriminação, em razão da origem racial e étnica, cor, nacionalidade, ascendência e território de origem*
- Decreto-Lei nº 5/2018, de 2 de fevereiro – *Garrafas de gás de petróleo liquefeito*
- Decreto-Lei nº 17/2018, de 8 de março – *Agências de viagens e turismo, viagens organizadas e serviços de viagem conexos*
- Lei nº 45/2018, de 10 de agosto, retificada pela Declaração de Retificação nº 25-A/2018, de 10 de agosto – *Transporte individual e remunerado de passageiros em veículos descaracterizados a partir de plataforma eletrónica (TVDE)*
- Decreto-Lei nº 91/2018, de 12 de novembro – *Regime Jurídico dos Serviços de Pagamento e da Moeda Eletrónica*
- Lei nº 5/2019, de 11 de janeiro – *Dever de informação do comercializador de energia*

LEGISLAÇÃO EUROPEIA

- Diretiva 85/374/CEE, do Conselho, de 25 de julho de 1985, relativa à aproximação das disposições legislativas, regulamentares e administrativas dos Estados-Membros em matéria de responsabilidade decorrente dos produtos defeituosos
- Diretiva 85/577/CEE, do Conselho, de 20 de dezembro de 1985, relativa à proteção dos consumidores no caso de contratos negociados fora dos estabelecimentos comerciais (revogada pela Diretiva 2011/83/UE)
- Diretiva 87/102/CEE, do Conselho, de 22 de dezembro de 1986, relativa à aproximação das disposições legislativas, regulamentares e administrativas dos Estados-Membros relativas ao crédito ao consumo (revogada pela Diretiva 2008/48/CE)
- Diretiva 90/314/CEE, do Conselho, de 13 de junho de 1990, relativa às viagens organizadas, férias organizadas e circuitos organizados [revogada pela Diretiva (UE) 2015/2302]
- Diretiva 93/13/CEE, do Conselho, de 5 de abril de 1993, relativa às cláusulas abusivas nos contratos celebrados com os consumidores
- Diretiva 97/7/CE, do Parlamento Europeu e do Conselho, de 20 de maio de 1997, relativa à proteção dos consumidores em matéria de contratos à distância (revogada pela Diretiva 2011/83/UE)
- Diretiva 98/6/CE, do Parlamento Europeu e do Conselho, de 16 de fevereiro de 1998, relativa à defesa dos consumidores em matéria de indicações dos preços dos produtos oferecidos aos consumidores
- Diretiva 1999/44/CE, do Parlamento Europeu e do Conselho, de 25 de maio de 1999, relativa a certos aspetos da venda de bens de consumo e das garantias a ela relativas [revogada pela Diretiva (UE) 2019/771]
- Diretiva 2000/31/CE, do Parlamento Europeu e do Conselho, de 8 de junho de 2000, relativa a certos aspetos legais dos serviços da sociedade de informação, em especial do comércio eletrónico, no mercado interno (Diretiva sobre o comércio eletrónico)
- Diretiva 2002/22/CE, do Parlamento Europeu e do Conselho, de 7 de março de 2002, relativa ao serviço universal e aos direitos dos utilizadores em matéria de redes e serviços de comunicações eletrónicas (Diretiva serviço universal)

- Diretiva 2002/65/CE, do Parlamento Europeu e do Conselho, de 23 de setembro de 2002, relativa à comercialização à distância de serviços financeiros prestados a consumidores
- Diretiva 2005/29/CE, do Parlamento Europeu e do Conselho, de 11 de maio de 2005, relativa às práticas comerciais desleais das empresas face aos consumidores no mercado interno (Diretiva relativa às práticas comerciais desleais)
- Diretiva 2008/48/CE, do Parlamento Europeu e do Conselho, de 23 de abril de 2008, relativa a contratos de crédito aos consumidores
- Regulamento (CE) nº 593/2008, do Parlamento Europeu e do Conselho, de 17 de junho de 2008, sobre a lei aplicável às obrigações contratuais (Regulamento Roma I)
- Diretiva 2008/122/CE, do Parlamento Europeu e do Conselho, de 14 de janeiro de 2009, sobre a proteção do consumidor relativamente a determinados aspetos dos contratos de utilização periódica de bens, de aquisição de produtos de férias de longa duração, de revenda e de troca
- Diretiva 2011/83/UE, do Parlamento Europeu e do Conselho, de 25 de outubro de 2011, relativa aos direitos dos consumidores
- Regulamento (UE) nº 1215/2012, do Parlamento Europeu e do Conselho, de 12 de dezembro de 2012, relativo à competência judiciária, ao reconhecimento e à execução de decisões em matéria civil e comercial
- Diretiva 2013/11/UE, do Parlamento Europeu e do Conselho, de 21 de maio de 2013, sobre a resolução alternativa de litígios de consumo (Diretiva RALC)
- Regulamento (UE) nº 524/2013, do Parlamento Europeu e do Conselho, de 21 de maio de 2013, sobre a resolução de litígios de consumo em linha (Regulamento RLL)
- Diretiva 2014/17/UE, do Parlamento Europeu e do Conselho, de 4 de fevereiro de 2014, relativa aos contratos de crédito aos consumidores para imóveis de habitação
- Diretiva (UE) 2015/2302, do Parlamento Europeu e do Conselho, de 25 de novembro de 2015, relativa às viagens organizadas e aos serviços de viagem conexos
- Regulamento (UE) 2016/679, do Parlamento Europeu e do Conselho, de 27 de abril de 2016, relativo à proteção das pessoas singulares no que diz respeito ao tratamento de dados pessoais e à livre circulação desses dados (Regulamento Geral sobre a Proteção de Dados)
- Regulamento (UE) 2017/1128, do Parlamento Europeu e do Conselho, de 14 de junho de 2017, relativo à portabilidade transfronteiriça dos serviços de conteúdos em linha no mercado interno
- Regulamento (UE) 2018/302, do Parlamento Europeu e do Conselho, de 28 de fevereiro de 2018, que visa prevenir o bloqueio geográfico injustificado e outras formas de discriminação baseadas na nacionalidade, no local de residência ou no local de estabelecimento dos clientes no mercado interno
- Diretiva (UE) 2019/770, do Parlamento Europeu e do Conselho, de 20 de maio de 2019, sobre certos aspetos relativos aos contratos de fornecimento de conteúdos e serviços digitais
- Diretiva (UE) 2019/771, do Parlamento Europeu e do Conselho, de 20 de maio de 2019, relativa a certos aspetos dos contratos de compra e venda de bens que altera o Regulamento (UE) 2017/2394 e a Diretiva 2009/22/CE e que revoga a Diretiva 1999/44/CE

- Regulamento (UE) 2019/1150, do Parlamento Europeu e do Conselho, de 20 de junho de 2019, relativo à promoção da equidade e da transparência para os utilizadores profissionais de serviços de intermediação em linha
- Diretiva (UE) 2019/2161, do Parlamento Europeu e do Conselho, de 27 de novembro de 2019, que altera a Diretiva 93/13/CEE do Conselho e as Diretivas 98/6/CE, 2005/29/CE e 2011/83/UE, do Parlamento Europeu e do Conselho, a fim de assegurar uma melhor aplicação e a modernização das regras da União em matéria de defesa dos consumidores

ÍNDICE